Siegmar Gerndt · Unsere bayerische Landschaft

Bayerische Landeskunde

I. Unsere bayerische Heimat
Ein Kulturführer

II. Unsere bayerische Landschaft
Ein Naturführer

In Vorbereitung:
III. Unsere bayerische Vorzeit
*Ein Führer zu Kulturdenkmalen
und Fundstätten der Vor- und
Frühgeschichte*

Siegmar Gerndt

Unsere bayerische Landschaft

Ein Naturführer

Naturbild und Naturräume
        Geologie, Flora und Fauna

Natur- und Landschaftsschutzgebiete

Prestel Verlag München

Dritte, neu bearbeitete Auflage 1976
© Prestel-Verlag München 1976
Gesamtbearbeitung: Alfred Beron · Graph. Atelier · München 90
unter Mitarbeit von Ilse Schwaiger, Ludwig Hodina, Fritz Köhler, Heinz Haisch
Gefördert durch die bayerischen Sparkassen
Fotosatz: A. Kreuzer & Co., München
Offsetdruck: Klein & Volbert, München
Bindung: Grimm & Bleicher, München
ISBN 3-7913-0381-3

VORWORT

Will man die Naturlandschaft eines so großen und vielgestaltigen Landes wie Bayern beschreiben, stellen sich sofort mehrere Fragen, die nicht eindeutig zu beantworten sind. Was ist Naturlandschaft? Gibt es sie überhaupt noch? Wie kann man die Naturräume gliedern? Sollen Pflanzen und Tiere im Vordergrund stehen oder Landschaftsformen und Erdgeschichte? Wie weit muß die Einwirkung des Menschen berücksichtigt werden?

Bayern ist – im ästhetischen wie touristischen Sinne – mit den schönsten Landschaften Deutschlands gesegnet. Doch sind damit immer nur einige ausgewählte „Sonntagslandschaften" gemeint, die keineswegs dem Gesamtbild Bayerns entsprechen.

Dieses Buch geht davon aus, daß alle Landschaften ihren eigenen Wert besitzen und ihre eigenen, unverwechselbaren Züge. Diese Qualitäten aber sind gefährdet durch vielfältige zivilisatorische „Fortschritts"-Erscheinungen, die in den Naturhaushalt eingreifen. Deshalb hat der Verfasser den Schutz der Natur zum entscheidenden Gesichtspunkt seiner Darstellung gewählt. Der Begriff „Naturschutz" ist leider immer noch vielen Mißverständnissen ausgesetzt. Manchen gilt er als Ärgernis, weil er ihre Nutzungsrechte einschränkt, andere mißbrauchen ihn als politisches Schlagwort, viele Engagierte fürchten, daß der „Rummel" um die Schutzgebiete mehr Schaden als Nutzen stiftet. Im Grunde aber steht die Entscheidung zugunsten des Naturschutzes nicht mehr zur Debatte.

Die vorliegende dritte Auflage des Buches erfuhr wegen der Neufassung des Naturschutzgesetzes und wegen zahlreicher neu eingerichteter Schutzgebiete eine weitgehende Überarbeitung und Ergänzung. Seit seinem Erscheinen im Jahr 1970 ist eine „Revolution" im Umwelt-Bewußtsein der Bevölkerung vor sich gegangen, auf die man damals kaum zu hoffen gewagt hatte. Sie löste geradezu eine Lawine von Publikationen über Naturschutz aus, die sich jedoch vorrangig mit den allgemeinen technischen, ökologischen und hygienischen Problemen befassen, weniger mit der einzelnen Landschaft. Eine Zusammenschau und eine Einordnung der geschützten Flächen in die Landschaften Bayerns, wie sie dieses Buch unternimmt, fehlte bisher.

Die geweckte Einsicht in die Schutzwürdigkeit und Schutznotwendigkeit der Natur bedarf dringend der sachgemäßen Information auch außerhalb der Amtsstuben. Reine Theorie bleibt hohl, und jegliche Begeisterung erlahmt ohne lebendige Anschauung und ohne persönliche Begegnung mit der heimischen Landschaft. Dabei will dieser Band helfen.

Die erste Ausgabe war auf Anregung und Betreuung von Herrn Karl-Heinz Schmitt entstanden. Der Verfasser fand Rat und Unterstützung bei vielen Fachleuten, die privat oder in amtlichem Auftrag mit Problemen der Natur- und Landschaftspflege beschäftigt sind. Nennen möchte ich vor allem die Herren Hans Bibelriether, Eberhard Günther, Georg Keimel, Hans-Dieter Kleine, Anton Micheler, Dr. Helmut Roessler, Dr. Leopold Schua, Hans-Joachim Siede und Hubert Weinzierl. Ein fachkundiger Mitarbeiterstab unter Leitung von Herrn Alfred Beron hat die reiche künstlerische und kartographische Ausstattung des Buches geschaffen, Frau Annemie Beron half wesentlich bei Schreibarbeiten und Register. Darüber hinaus bin ich allen verpflichtet, die mir in Zuschriften durch Hinweise oder Kritik weitergeholfen haben. Ihnen allen sei herzlich gedankt.   S. G.

INHALT

VERZEICHNIS DER KARTEN UND FARBTAFELN

Abkürzungen:

NSG = Naturschutzgebiet; LSG = Landschaftsschutzgebiet; ND = Naturdenkmal

UNTERFRANKEN

OBERFRANKEN

OBERPFALZ

MITTEL-
FRANKEN

NIEDER-
BAYERN

SCHWABEN

OBERBAYERN

Die Buntsandsteinlandschaften Seite 302 - 331

Die Gäulandschaften Seite 291 - 301

Das Keuperbergland und seine Ostabdachung Seite 278 - 290

Das Rednitzbecken S. 274 - 277

Das Bruchschollenland Seite 224 - 236

Die Grundgebirgslandschaften Seite 180 - 223

Die Alblandschaften Seite 237 - 273

Das Donautal Seite 165 - 175

Das Tertiärhügelland in Ober- und Niederbayern Seite 156 - 164

Die Schotterplatten Seite 132 - 155

Die Moränenlandschaften Seite 94 - 131

Die Bergwelt der Alpen Seite 30 - 83

——————— Grenzen der im Text erscheinenden Hauptkapitel

×××××××××××××× Regierungsbezirksgrenze

LANDSCHAFT UND NATURSCHUTZ

„Der Genuß der Naturschönheiten und die Erholung in der freien Natur, insbesondere das Betreten von Wald und Bergweide, das Befahren der Gewässer und die Aneignung wildwachsender Waldfrüchte in ortsüblichem Umfang ist jedermann gestattet. Staat und Gemeinde sind berechtigt und verpflichtet, der Allgemeinheit die Zugänge zu Bergen, Seen, Flüssen und sonstigen landschaftlichen Schönheiten frei zu halten und allenfalls durch Einschränkungen des Eigentumsrechts frei zu machen sowie Wanderwege auf Erholungsparks anzulegen."
(Artikel 141, Absatz 3 der Verfassung des Freistaates Bayern vom 2. Dezember 1946.)

Die wunderbare Landschaft Bayerns wird gerühmt, gepriesen und geliebt in der ganzen Welt, am innigsten und selbstverständlichsten von seinen Bewohnern selbst. Die Harmonie, in der Natur und Mensch, Landschaft und Kultur noch in großen Teilen dieses Landes zusammenklingen, beglückt alle Besucher und wird jedem Einheimischen wieder voll bewußt, wenn er nach langer Abwesenheit seine Heimat wiedersieht. Bewußtheit ist auch der Schlüssel zum Verständnis dieser Harmonie, bewußtes Verständnis auch für die Bedrohungen, denen das harmonische Gleichgewicht ausgesetzt ist.

Unsere Sorge gilt in erster Linie der Landschaft, das heißt der Oberfläche des bayerischen Landes, ihren Formen, Gewässern, ihrem Pflanzenkleid und ihrer Tierwelt; denjenigen Bestandteilen also, die wir vom reinen Anschauen genießen können. Doch wie viele Dinge überfliegt der Blick, der ungeübt sich an der schönen Form allein sättigt, ohne ihren Sinn zu begreifen. Und um wieviel größer der Genuß, wenn das Wissen um die Entstehung eines Landschaftsbildes den Blick schärft und auf das Schauen die Erkenntnis folgt.

Wenn wir bei der Beschreibung der bayerischen Landschaft vom N a t u r - s c h u t z g e d a n k e n ausgehen, so geschieht dies in der Überzeugung, daß ein Schutz der Natur v o r dem Menschen, dem zerstörenden, zugleich ein Schutz f ü r den Menschen, den aufbauenden, zukünftigen ist. Seine Umwelt ist bedroht. Es geht nicht um die museale Konservierung der Landschaft, sondern um ein menschenwürdiges Verhalten ihr gegenüber und um die Wiederherstellung des Gleichgewichts zwischen Zivilisation und Natur. Es geht um die scharfe Trennung zwischen industrialisierten, besiedelten Zonen, in denen jede Lebenserleichterung durch die Technik begrüßt wird, und solchen Zonen, die der Natur gehören. Sie allein garantieren dem Menschen die Erholung, die Wiederbelebung und Gesundung, die ihm nach der Isolierung zwischen Stahl und Beton nottut.

Dem Naturschutz der vergangenen 80 Jahre ist es vor allem zu danken, daß heute eine derartige Regionalgliederung sinnvoll vorgenommen werden kann. Ohne die Natur- und Landschaftsschutzgebiete, die in Bayern rund 1030 bzw. 12 000 Quadratkilometer umfassen, wäre manche natürliche Landschaft angeschlagen und für immer geschädigt worden. Man hat früher den Begriff „Naturschutz" oft mißverstanden, belächelt oder mißbraucht. Heute wächst die Einsicht, daß er zu einer „Existenzfrage unserer Zeit" geworden ist, die beantwortet

12

werden muß, wenn wir nicht die Wurzeln unserer Zivilisation zerstören wollen. Auch die Regierungen sehen darin mehr und mehr eine zwingende Verpflichtung.

Die rasante Entwicklung der Zivilisation hat in den vergangenen Jahrzehnten zu einer derartigen Belastung aller natürlichen Grundlagen des Lebens auf der Erde geführt, daß man von einer Umweltkrise spricht. Diese Krise muß eine Revolution in unserem Verhältnis zur Natur bewirken, oder wir verzichten auf eine lebenswerte Zukunft. Mannigfach sind die Gefährdungen, denen die Naturlandschaften ausgesetzt sind. Entsprechend weitgefächert müssen die Maßnahmen zu ihrem Schutz sein.

Das vorliegende Buch schildert die bayerischen Naturräume vorrangig mit dem Blick auf den ökologischen Umweltschutz, d. h. den Schutz der Landschaft und ihrer sichtbaren Naturformen. Daneben gewinnt der sog. technisch-hygienische Umweltschutz an Bedeutung, der sich mit der Reinhaltung von Luft und Wasser, mit dem Schutz vor Lärm oder der Beseitigung von Abfall beschäftigt. Beide Zweige des Schutzes sind aber nicht isoliert zu sehen. Die Wechselbeziehungen zwischen sämtlichen Landschaftsfaktoren (Gewässer, Luft, Boden, Pflanzen- und Tierwelt) ergeben erst die lebensnotwendige Einheit. Die Störung eines der Faktoren beeinträchtigt alle übrigen. Der Wasservorrat ist der bedeutendste Etatposten im Haushalt der Natur. Ihn gefährden am schwersten Verschmutzung und Grundwasserabsenkung. Ungefilterte Abwässer vergiften die Uferlandschaften und töten das Tier- und Pflanzenleben, das für die Selbstreinigung (Regenerierung) der Gewässer unerläßlich ist. Erschütternde „Fischsterben", die immer wieder auftreten, sind nur ein, wenn auch sehr sinnfälliges Symptom der Wasserverseuchung. Ungereinigte Abfälle wie Öle, Salze und Gifte dringen bis in das Grundwasser und machen es für den Genuß des Menschen unbrauchbar. Eine weitere Gefahr liegt in der Absenkung des Grundwassers. Sie ist durch viele Faktoren bedingt. Voran steht der unmäßig erhöhte Wasserverbrauch in Industrie und Haushalt. Pro Person beträgt er bis zu 400 Litern täglich. Für die Fertigung von einer Tonne Stahl werden beispielsweise 5 cbm, von einer Tonne Benzin 20 cbm, von einer Tonne Zellstoff gar 550 cbm Wasser benötigt. Eine andere Ursache liegt in der Begradigung der Flüsse. Das Wasser wird zum Zwecke der Entwässerung bereits in den Mooren, Auen und feuchten Wiesen durch tiefgelegte Rohre schnell weggeführt und läßt das Land vertrocknen. Die Flüsse aber schwellen dadurch an Regentagen unvermittelt an. Ihr so herbeigeführtes Hochwasser wiederum wird durch Flußbegradigungen beschleunigt abgeleitet. Die rascher strömenden Flüsse graben nun das Flußbett tiefer ein, schneiden oft die Wasserhorizonte an und verursachen breitflächige Grundwasserabsenkungen. Die Bäume der Uferlandschaften beginnen dann an Wipfeldürre zu leiden, weil ihre Wurzeln den Wasserhorizont nicht mehr erreichen. Der Boden versteppt und die Biotope (Lebensgemeinschaften von Fauna und Flora) verarmen oder verändern sich in ungünstiger Weise. Der Lech zum Beispiel tiefte sich nach der Regulierung bei Lechhausen um 5,2 Meter ein. An der Donau zwischen Ulm und Passau ist dieser Vorgang noch nicht abgeschlossen. Der Fluß legt sein Bett jährlich um 1,5 Zentimeter tiefer. So gewiß Flußkorrekturen an vielen Stellen notwendig sind, so sicher ist in vergangenen Jahrzehnten des Guten zuviel getan worden.

Ein eigenes Kapitel bildet die Energiegewinnung durch Wasserkraftwerke. Im Zeitalter der Kernenergie zeigt es sich, daß der Umbau ganzer Flüsse zu Kraft-

13

anlagen nicht mehr rentabel ist. Allein das Atomkraftwerk Gundremmingen mit seiner Kapazität von 238 000 kW liefert mehr Strom als die 22 Kraftstufen des lahmgelegten Lechflusses. Andererseits schaffen aber auch die Atomanlagen neue Probleme. Die Erwärmung des Wassers durch seine Nutzung zur Kühlung reduziert die Selbstreinigungsfähigkeit der Gewässer und verändert ihre biologische Substanz. Auch die Strahlungsgefahr durch den „Atommüll" und durch mögliche Unfälle muß bedacht werden.

Aber nicht nur die Flüsse, auch Seen und Moore haben bedeutenden Anteil am Wasserhaushalt der Natur. Sie spielen eine ausgleichende Rolle im Kleinklima der Landschaft und im Anteil der Luftfeuchtigkeit. Die Moore z. B. vermögen in Zeiten des Wasserreichtums wie Schwämme große Mengen von Wasser aufzusaugen und in Zeiten der Trockenheit wieder abzugeben. Ihre Entwässerung stiftet mehr Schaden als Nutzen.

Die L u f t v e r s c h m u t z u n g durch Rauch und Abgase, die in Ballungsräumen bereits zu lebensgefährdenden Verdichtungen führt, kann jedermann erleben, der sich in den Großstadtverkehr begibt. Kraftfahrzeuge, Flugzeuge, Industriewerke, Schornsteine usw. füllen die Luft mit derart hohen Staub- und Gasmengen, daß die Atmungsorgane der Menschen, aber auch der Pflanzen angegriffen werden.

Sowohl auf dem Wasser- wie auf dem Luftsektor sind einschneidende und kostspielige Maßnahmen dringend notwendig.

Der E r d b o d e n prägt entscheidend das Bild der Landschaft. Von seiner Beschaffenheit hängt das Pflanzenkleid ab – in der vom Menschen gestalteten Kulturlandschaft wie in der mehr oder weniger beeinflußten Naturlandschaft. Der Boden ist am stärksten durch die Erosion (Abtragung) gefährdet. Wo die Hanglagen nicht durch Hecken, Bäume oder Waldstreifen geschützt sind, spült das Wasser der Regenfluten und Quellbäche wertvollen Mutterboden davon. Wo die Pflanzungen und Alleen abgeholzt oder abgebrannt wurden, kann der Sturmwind die offenliegende Humuskrume erfassen und restlos ausblasen. Im Erdinger Moos z. B. kennt man solche Staubstürme. Wie viele Hektar fruchtbaren Landes dadurch schon verlorengingen, ist kaum abzuschätzen.

Von entscheidender Bedeutung für das ökologische Wirkungsgefüge einer Landschaft ist der W a l d . Seine gesunde Zusammensetzung und Verteilung ist die Grundlage für den Naturhaushalt eines Landes. Durch Entwaldung wird die Wasserversorgung empfindlich gestört, denn der Wald besitzt eine hervorragende Fähigkeit zur Speicherung großer Wassermengen. Er schützt den Boden vor Austrocknung einerseits und vor Abschwemmung andererseits. Er läßt die Quellen reicher sprudeln, sichert die Luftfeuchtigkeit und steigert so indirekt die Fruchtbarkeit. Welche Folgen die Abholzung haben kann, zeigt das warnende Beispiel der Mittelmeerländer, deren paradiesische Landschaften und dichte Wälder wir nur noch aus der antiken Literatur kennen. Zum Bauen, Brennen und zur Landgewinnung war so lange Holz geschlagen worden, bis die dürre, verkarstete Landschaft zurückblieb, die wir heute dort sehen. Da die Humusdecke verschwunden ist, kämpfen alle Wiederaufforstungsversuche mit den größten Schwierigkeiten.

Aber auch der dichteste Forst ist nicht gesund, wenn er als Monokultur einer einzigen Baumart auftritt. In Bayern setzte sich der Wald bis zum Mittelalter aus einem Drittel Nadel- und zwei Dritteln Laubwald zusammen. Seither hat sich das Verhältnis umgekehrt. Die raschwüchsigeren Nadelhölzer wurden genüber den Laubhölzern bevorzugt. Im reinen Nadelwald aber erschöpft sich

14

der Boden nach einiger Zeit, die Erträge gehen zurück. Schädlinge breiten sich ungehindert aus. Die Nadelstreu führt durch Humusversäuerung zum Absterben der lebenswichtigen Mikroorganismen. Die Kraut- und Strauchschicht kommt nicht hoch, und in der Folge verarmt auch die Tierwelt, der Nahrung und Nistmöglichkeiten fehlen. Man hat daraus gelernt. Neuerdings wird bei Aufforstungen ein gesunder Mischwald angepflanzt.

Die angeführten Punkte weisen nur auf einige gravierende Beispiele für die Gefährdung der Landschaft und für die Dringlichkeit ihres Schutzes hin.

Der Schutz der Natur ist juristisch geregelt. Am 27. Juli 1973 hat der bayerische Landtag das „Gesetz über den Schutz der Natur, die Pflege der Landschaft und die Erholung in der freien Natur (B a y e r i s c h e s N a t u r s c h u t z - g e s e t z)" beschlossen. In sechzig Artikeln regelt es alle Probleme von der Landschaftsplanung über den Schutz von Flächen und Einzelobjekten der Natur sowie von Pflanzen und Tieren bis zu den Erholungsfunktionen der Natur.

Im Artikel 1 („Ziele und Aufgaben") ist ein grundsätzliches Bekenntnis zum allgemeinen Schutz der Natur abgelegt: „Natur und Landschaft sind als Lebensgrundlage, Umwelt und Erholungsbereich des Menschen zu schützen, zu pflegen und zu gestalten. Pflanzen- und Tierarten, Landschaftsteile und Einzelschöpfungen der Natur sind auch aus wissenschaftlichen und heimatpflegerischen Gründen zu schützen. Neben den Agrarbereichen einschließlich des Waldes sind auch die Wohn-, Gewerbe- und Verkehrsbetriebe und Erholungsbereiche zu pflegen und zu gestalten.

Natur und Landschaft sind in ihrem Leistungsvermögen zu erhalten. Sie sind insbesondere vor Eingriffen zu bewahren, die sie ohne wichtigen Grund in ihrem Wirkungsgefüge, ihrer Eigenart und ihrer Schönheit beeinträchtigen oder gefährden können. Eingetretene Schäden sind zu beseitigen oder auszugleichen. Für eine biologisch möglichst vielfältige Landschaft ist zu sorgen." Im Rahmen des vorliegenden Buches, das sich in erster Linie auf das Aussehen der Landschaft, auf das Schauen und Erleben ihrer Tier- und Pflanzenwelt konzentriert, müssen die Artikel 6 bis 28 besonders interessieren.

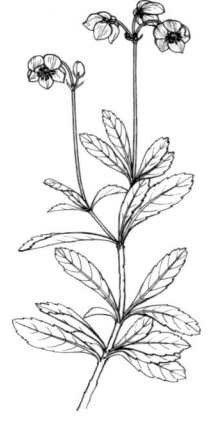

Eichenblättriges Wintergrün

Die Ausgangsposition für alle juristischen Verfahren zum Schutze der Natur ist in der „Generalsklausel" des Artikel 6 umrissen: „Für Vorhaben in der Natur, die den Naturhaushalt schädigen, das Landschaftsbild verunstalten, den Naturgenuß beeinträchtigen, den Zugang zur freien Natur ausschließen oder beeinträchtigen, kann die nach anderen Vorschriften erforderliche behördliche Gestattung von den hierfür zuständigen Behörden versagt oder an Auflagen und Bedingungen geknüpft werden, soweit nicht Bundesrecht entgegensteht."

FLÄCHENSCHUTZ

Von den wertvollsten Naturgebieten unserer bayerischen Landschaft genießen große Flächen einen verschärften rechtlichen Schutz. Man hat sie je nach Zielsetzung oder Schutzwürdigkeit in sogenannte Naturschutzgebiete, Nationalparke, Landschaftsschutzgebiete und Naturparke gegliedert.

N a t u r s c h u t z g e b i e t e (Artikel 7) sind bestimmt abgegrenzte Bezirke, in denen ein besonderer Schutz der Natur in ihrer Gesamtheit aus ökologischen, wissenschaftlichen, geschichtlichen, volks- oder heimatkundlichen Gründen im Interesse aller liegt. Es kann sich um erdgeschichtlich bedeutsame Formen der Landschaft handeln, wie z. B. Schluchten und Felsgebilde oder um natürliche Lebensgemeinschaften von Pflanzen und Tieren wie z. B. Schwingrasenmoore und Brutgebiete seltener Vögel.

15

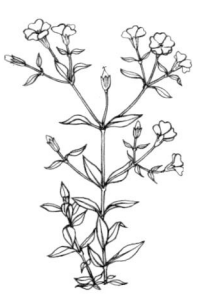

Felsenleimkraut

Häufig sind es Moore, Heiden, Wälder oder alpine Regionen, die als sogenannte Ödländer gar keinen oder nur geringen wirtschaftlichen Nutzen abwerfen, für die wissenschaftliche Grundlagenforschung aber um so größere Bedeutung besitzen. Um ihre Eigenart, ihren Erlebniswert oder ihre landschaftliche Schönheit im Naturzustand zu erhalten, dürfen in den Naturschutzgebieten überhaupt keine Veränderungen an der Landschaft vorgenommen werden. Ihre Nutzung, z. B. als Almen oder Wiesen, ist nur in begrenztem Umfang gestattet. Sie sind zwar allgemein zugänglich, sollten jedoch nur mit größter Achtsamkeit und Rücksichtnahme auf Pflanzen und Tiere betreten werden.

N a t i o n a l p a r k e (Artikel 8) sind Landschaftsräume, die wegen ihres ausgeglichenen Naturhaushaltes, ihrer Bodengestaltung, ihrer Vielfalt oder Schönheit überragende Bedeutung besitzen und alle Voraussetzungen eines Naturschutzgebietes erfüllen, jedoch eine Fläche von mindestens 100 qkm bedecken. Da sie der Bevölkerung zu Bildungs- und Erholungszwecken erschlossen werden, soweit es der Schutzzweck erlaubt, stellen sie eine Krönung des Naturschutzgedankens dar. Hier will man die Belange des Schutzes mit denen von Forschung, Bildung und Erholung in Einklang bringen. Die Pflanzen- und Tierwelt wird nur in unmerklichem Umfang gepflegt und unterstützt. Sie kehrt zu einem Urzustand zurück, den der Besucher von festgelegten Wegen aus kennenlernen kann. In Bayern besteht ein Nationalpark im Bayerischen Wald, ein zweiter im Königsseegebiet wird vorbereitet.

N a t u r d e n k m ä l e r (Artikel 9) sind repräsentative Einzelschöpfungen der Natur oder kleinere Flächen bis zu 5 ha, die alle Bedingungen eines Naturschutzgebietes erfüllen. Dazu gehören besonders charakteristische Bodenformen, Felsbildungen, erdgeschichtliche Aufschlüsse, Wanderblöcke, Gletscherspuren, Quellen, Wasserläufe, Wasserfälle, Weiher, alte oder seltene Bäume und Baumgruppen, Blumenfelder und besondere Pflanzenvorkommen. Vielfach ist zu ihrer Sicherung auch die nähere Umgebung unter Schutz gestellt.

L a n d s c h a f t s s c h u t z g e b i e t e (Artikel 10) sind Landschaftsräume, in denen ein besonderer Schutz oder besondere Pflegemaßnahmen im öffentlichen Interesse erforderlich sind, um die Leistungsfähigkeit des Naturhaushaltes zu gewährleisten, insbesondere schwere Landschaftsschäden zu verhindern oder zu beheben, die Schönheit, Vielfalt oder Eigenart des Landschaftsbildes zu bewahren oder ihren besonderen Erholungswert für die Allgemeinheit zu erhalten oder zu verbessern.

Zweck des Artikels ist es, ausgeglichene Naturreviere freizuhalten von industrieller und militärischer Nutzung, von Straßenbauten, Wochenendhäusern und anderer Besiedelung, einschließlich der Aufstellung von Wohnwagen oder Zelten außerhalb der dafür bestimmten Plätze. Für die Ausübung der Land- und Forstwirtschaft, der Jagd, der Fischerei sowie für die bereits vorhandenen Gewerbebetriebe bestehen keine besonderen Einschränkungen.

Dem Schutze dieses Artikels können daher auch Landschaftsteile unterstellt werden, die nicht alle Voraussetzungen für ein Naturschutzgebiet oder einen Nationalpark erfüllen, jedoch zur Zierde und zur Belebung des Landschaftsbildes beitragen oder im Interesse der Tierwelt, besonders der Singvögel und des Niederwildes, Erhaltung verdienen.

Da die Landschaftsschutzgebiete im Zusammenhang mit der Bayerischen Landesplanung ausgewiesen werden, dieser Vorgang aber noch nicht abgeschlossen ist, wird es im weiteren Verlauf der Entwicklung noch zu Veränderungen kommen.

Naturparke (Artikel 11) sind großflächige, der naturräumlichen Gliederung entsprechende und nach einem Plan zu entwickelnde und zu pflegende Gebiete. Naturparke müssen eine Mindestfläche von 200 qkm aufweisen und sollen zu mindestens 75 Prozent die Voraussetzungen von Landschaftsschutzgebieten erfüllen.

Im Naturpark liegt der Schwerpunkt auf der Erholungsfunktion der Natur für den Menschen. Landschaftspflege wird hier mit Blick auf den Besucher betrieben, der zur Entspannung Ruhe, Luft und Licht genießen will. Dazu sollte ein Naturpark in seinen Randzonen alle wünschenswerten Einrichtungen für die Erholung aufweisen wie Campingplätze, Wanderheime, Feriendörfer, Gaststätten, Spiel- und Sportplätze, Schwimmbäder, Parkplätze und ähnliches. In den Kernzonen hingegen sollen Liegewiesen, Wander-, Rad- und Reitwege gekennzeichnet sein, Schutzhütten, Aussichtstürme und Bänke aufgestellt sowie Naturpfade geschaffen werden, in deren Verlauf man Nutzen und Wert von Bäumen, Blumen, Waldgesellschaften, geologischen und ökologischen Gegebenheiten durch Schrift- und Bildtafeln erläutert findet.

Landschaftsbestandteile und Grünbestände (Artikel 12) sind u. a. Bäume, Baum- und Gebüschgruppen, Raine, Alleen, Hecken, Feldgehölze, Schutzpflanzungen, Schilf- und Rohrbestände, Moore, Streuwiesen, Friedhöfe, Parke und kleinere Wasserflächen, die geschützt werden können, obwohl sie nicht alle Voraussetzungen für Naturdenkmäler erfüllen. Sie können unter Schutz gestellt werden, wenn sie zur Belebung des Landschaftsbildes beitragen oder im Interesse des Naturhaushaltes, insbesondere der Tier- und Pflanzenwelt, Erhaltung verdienen. – Der Artikel ermöglicht vor allem den Schutz von Bäumen und Sträuchern innerhalb zusammenhängend bebauter Ortschaften.

Über all diese begrenzten Schutzgebiete hinaus bedarf die gesamte Landschaft der Pflege und des Schutzes, damit sie der Erholung des Menschen dienen kann. Verschiedene „Vereine zur Sicherstellung überörtlicher Erholungsgebiete" haben sich in den Ballungsräumen konstituiert, die den Zugang zu Seen und Wäldern für die Besucher öffnen wollen. Auch die Staatsforste werden zunehmend mit Erholungseinrichtungen versehen.

ARTENSCHUTZ

Neben dem Schutz von Naturflächen steht der sogenannte Artenschutz, d. h. der Schutz von wildwachsenden Pflanzen und wildlebenden Tieren (Artikel 14 bis 20). Viele von ihnen sind von der Ausrottung bedroht. Es werden bereits „Rote Listen" der gefährdeten Pflanzen- und Tierarten aufgestellt. Manche Arten sind schon aus unserem Lande verschwunden. Um diese Entwicklung zu bremsen, sind auch die ihnen als Nahrungsquellen, Brut- und Nistgelegenheiten dienenden Lebensbereiche (Biotope) wie Tümpel, Sumpfgebiete, Riede, Hecken und Feldgehölze nach Möglichkeit zu erhalten. Im besonderen ist die Verwendung von Mineraldünger und Pflanzenschutzmitteln einzuschränken.

Wilde Tulpe

Pflanzenschutz

Die Vorschriften verbieten generell, wildwachsende Pflanzen mißbräuchlich zu entnehmen, ihre Bestände zu verwüsten oder ohne vernünftigen Grund niederzuschlagen (Artikel 15). Zwar hat jedermann das Recht, sich wildwachsende Waldfrüchte (Pilze, Beeren, Tee- und Heilkräuter, Nüsse) in ortsüblichem Umfang anzueignen und von wildwachsenden Pflanzen Blüten, Zweige oder Blät-

17

ter in Mengen, die nicht über einen Handstrauß hinausgehen, zu entnehmen (Artikel 28), jedoch bedarf jeder, der wildwachsende Pflanzen oder Teile davon für den Handel oder für gewerbliche Zwecke sammeln will, der Erlaubnis der unteren Naturschutzbehörde. Die Erlaubnis kann zum Schutz der wildwachsenden Pflanzen insbesondere vor einer die Art gefährdenden Verminderung oder Ausrottung mit Auflagen verbunden werden; sie ist zu versagen, wenn Auflagen nicht ausreichen.

Nur betrachten, bewundern oder fotografieren darf man die siebenundzwanzig v o l l k o m m e n g e s c h ü t z t e n P f l a n z e n a r t e n. Auch ihre Blüten und Blätter sind für den Blumenliebhaber tabu. Wir haben sie in diesem Buche auf den Farbtafeln der Seiten 85 bis 93 abgebildet.

Darüber hinaus ist es verboten, wildwachsende Bäume und Sträucher der folgenden Arten auszugraben oder zu beschädigen: Eibe, Bergkiefer (Latsche), Wacholder, Sanddorn und Stechpalme.

In ähnlicher Weise wurde eine Tabelle der t e i l w e i s e g e s c h ü t z t e n P f l a n z e n a r t e n zusammengestellt: Traubenhyazinthe. Maiglöckchen, Grüne und Schwarze Nieswurz oder Christrose (Schneerose), Trollblume, Eisenhut, Sonnentau, Schlüsselblume, Tausendgüldenkraut, Arnika (Wohlverleih), Bärlapp, Wilde Tulpe, Meerzwiebel (Zweiblättriger Blaustern), Gemeines Schneeglöckchen, Großes Schneeglöckchen (Frühlingsknotenblume, Märzenbecher), Schwertlilie (Iris), Leberblümchen, alle rosetten- und polsterbildenden Arten der Gattungen Hauswurz, Steinbrech und Leimkraut, ferner Schweizer Mannsschild, Geißbart, Eichenblättriges Wintergrün und Silberdistel (Stengellose Eberwurz).

Es ist verboten, die Wurzeln, Wurzelstöcke, Zwiebeln oder Rosetten dieser Arten zu entnehmen oder zu beschädigen. Auch der Verkauf oder die Verarbeitung zu gewerblichen Zwecken (als Kränze, Gebinde, Heiltee etc.) ist strikt untersagt.

Tierschutz

Ganz allgemein bestimmt Artikel 16 des Bayer. Naturschutzgesetzes: „Tiere dürfen nicht unnötig gefangen oder getötet werden. Tiere dürfen nicht mutwillig beunruhigt oder belästigt werden."

Grundsätzlich ist der Schutz der Tierarten durch das Tierschutzgesetz vom 24. Juli 1972 geregelt, doch überlagern sich hier die Interessen des Jagd- und Fischereirechtes. So muß man zusätzlich jagdbares und nichtjagdbares Wild unterscheiden. Von den jagdbaren Tieren wiederum genießen die meisten sogenannte Schonzeiten, d. h. bestimmte Monate des Jahres, in denen sie nicht gejagt werden dürfen, einige sogar ganzjährige Schonzeit, d. h. sie dürfen bis auf weiteres überhaupt nicht gejagt werden.

Dem Naturschutz- bzw. Tierschutzgesetz unterliegende Arten:

Alle einheimischen, nichtjagdbaren V ö g e l sind vollkommen geschützt mit Ausnahme der Raben- und Nebelkrähe, der Saatkrähe, der Elster, des Eichelhähers, des Haussperlings, des Feldsperlings und der Haustaube in verwildertem Zustand.

Eine weitere Ausnahme besteht bei folgenden Vogelarten, von denen der Fang einzelner Tiere während bestimmter Zeiten zur Käfighaltung gestattet werden kann: Baumpieper, Bergfink, Bluthänfling, Buchfink, Dompfaff (Gimpel), Dorngrasmücke, Erlenzeisig, Fichtenkreuzschnabel, Gartengrasmücke, Gartenrotschwanz, Gelbspötter, Goldammer, Grauammer, Grünfink, Haubenlerche,

Stare

18

Kiefernkreuzschnabel, Kernbeißer, Mönchsgrasmücke, Neuntöter, Rohrammer, Rotkehlchen, Star, Stieglitz. Die Fangerlaubnis ist jedoch an viele Voraussetzungen geknüpft und wird nur von den Höheren Naturschutzbehörden erteilt. Da sich die Wildvögel nur schwer an das Leben in Käfigen gewöhnen und viele von ihnen zugrunde gehen, wird jeder Tierfreund auf die Haltung einheimischer Singvögel verzichten. Es besteht ein großes Angebot exotischer Ziervögel, die in Gefangenschaft gezüchtet werden und sich daher zur Käfighaltung eignen.

Die übrigen nicht jagdbaren wildlebenden Tiere sind mit folgenden Tierarten geschützt.

Säugetiere: Fledermäuse (alle einheimischen Arten), Igel, Gartenschläfer, Baumschläfer, Siebenschläfer, Haselmaus, Spitzmaus (mit Ausnahme der Wasserspitzmaus).

Kriechtiere (Reptilien): Sumpfschildkröte (soweit nicht fischbar), Eidechsen (alle einheimischen Arten einschließlich der Blindschleiche) und Schlangen (alle einheimischen Arten mit Ausnahme der Kreuzotter).

Lurche (Amphibien): Molche (alle einheimischen Arten), Feuersalamander, Alpensalamander, Kröten und Unken (alle einheimischen Arten) und alle einheimischen Froscharten mit Ausnahme des Wasser- oder Teichfrosches und des Gras- oder Taufrosches.

Alpenfledermaus

Kerbtiere (Insekten): Segelfalter, Apollofalter, Hirschkäfer, Rote Waldameise, Alpenbock und Puppenräuber.

Es ist verboten, Tiere der genannten Arten zu fangen oder zu töten oder Eier, Larven oder Puppen, Nester oder andere Brutstätten solcher Tiere zu beschädigen oder an sich zu nehmen. Es ist jedoch gestattet, einzelne Blindschleichen, Zaun- und Bergeidechsen, Ringelnattern, Molche, Feuersalamander, Alpensalamander, Kröten, Unken und Laubfrösche zur eigenen Haltung zu fangen.

Dem Jagdgesetz unterliegende Tierarten:

Ganzjährig geschonte Säugetiere sind: Wisent, Elch, Steinwild, Schneehase, Biber, Murmeltier, Wildkatze, Luchs und Fischotter. Nur zu bestimmten Zeiten jagdbare Säugetiere sind: Rot-, Dam- und Sikawild, Muffelwild, Reh, Gemse, Feldhase, Dachs, Edel- und Steinmarder. Ganzjährig gejagt werden darf – mit Ausnahme der Setzzeiten – der Fuchs, der Marderhund und das Wildschwein. Nur auf Wildkaninchen, Wiesel und Iltisse ist die Jagd jederzeit frei.

Ganzjährig geschonte Vogelarten sind: Haselhuhn, Schneehuhn, Steinhuhn, Auerhuhn, Birkhuhn, Wachtel, Wildschwan, Schnepfenvögel, Großer Brachvogel, Kiebitz, Regenpfeifer, Teichhuhn, Sumpfhuhn, Rallen, Kranich, Alken, Säger, Brand-, Eider- und Kolbenente, Kormoran, Schreitvögel (z. B. Störche), Löffler, Ibisse, Reiher (Graureiher), Rohrdommeln, Trappen, Hohl- und Turteltauben, Drosseln sowie alle Greifvögel (Adler, Falke, Habicht, Sperber, Bussard, Milan, Weihe und alle Eulenarten). Für folgende Vogelarten bestehen in Bayern Jagdzeiten: Rebhuhn, Fasan, Ringel- und Türkentaube, Waldschnepfe, Bekassine, Wildgans, Wildente, Möwen, Kolkrabe, Wildtruthahn und -henne. Ganzjährig (außer der Brutzeit) bejagt werden dürfen das Bläßhuhn und der Haubentaucher.

Der Laie mag fragen, was die Jagd auf wildlebende Tiere mit dem Schutz der Natur zu tun hat. Nun, für viele Wildarten fehlen bei uns deren natürliche Feinde, die Raubtiere, die einst den Bestand auf naturgemäße Weise dezimierten. Sie sind längst ausgerottet. Ohne Bejagung würde das Wild heute

19

schnell überhandnehmen; es würde große Schäden in Wald und Flur anrichten und Seuchen übertragen. Das ökologische Gleichgewicht wäre gestört.

Ohnehin verfügt Bayern trotz der hohen Besiedlungsdichte und der engmaschigen Verkehrserschließung über ungewöhnlich große Wildbestände. Mit der Jagderlaubnis (nach strenger Jägerprüfung) verbunden ist die Pflicht zur H e g e d e s W i l d e s, das bedeutet Fütterung in Notzeiten, Sicherung von Äsungsflächen, Bekämpfung von Seuchen usw. Zur Regulierung der Wildbestände werden von Jahr zu Jahr neue Abschußpläne aufgestellt, in denen die zu erlegenden Stückzahlen der einzelnen Wildarten festgesetzt sind.

All diese rechtlichen Bestimmungen liegen zwar wie ein Raster über den Problemen, die der Naturschutz in unserer bayerischen Landschaft aufwirft, doch ist es in der Sache selbst begründet, daß starre Gesetze und lebendige Natur nicht in ein Korsett gezwängt werden können. Der Justizapparat kann nur ein Hilfsmittel sein. Zur Durchsetzung der Schutzmaßnahmen bedarf es des informierten Menschen, der die Sinne offenhält für die Naturwunder der Schöpfung und der mit Engagement für das Weiterleben oder die Wiederherstellung einer natürlichen oder zumindest naturnahen Umwelt eintritt. „Urlandschaften" im wahren Sinne des Wortes gibt es in unserem Lande schon lange nicht mehr, aber immer noch viele Gebiete, die wir als „Vorbildlandschaften" erhalten oder gestalten können. Das wird ein Gang durch die bayerischen Landschaften und ihre Schutzgebiete zeigen.

Meerzwiebel

20

ERDGESCHICHTLICHE TABELLE

Zeitalter	Formation	Abteilung	Dauer in Mill. Jahren	Beginn vor Mill. Jahren
Erd-Neuzeit (Känozoikum)	Quartär	Holozän (Alluvium) Eiszeit (Pleistozän, Diluvium)	1	vor 25000 Jahren 1
	Tertiär	Pliozän Miozän Oligozän Eozän Paläozän	69	70
Erd-Mittelalter (Mesozoikum)	Kreide	Ob.Kreide Mittl.Kreide Unt.Kreide	60	130
	Jura	Malm Dogger Lias	35	165
	Trias	Keuper Muschelkalk Buntsandstein	35	200
	Perm	Zechstein Rotliegendes	30	230
Erd-Altertum (Paläozoikum)	Karbon		60	290
	Devon		45	335
	Silur		90	425
	Kambrium		100	525
Erd-Urzeit (Algonkium, Archaikum)			1700	2225
		Entstehung der Erde		4000

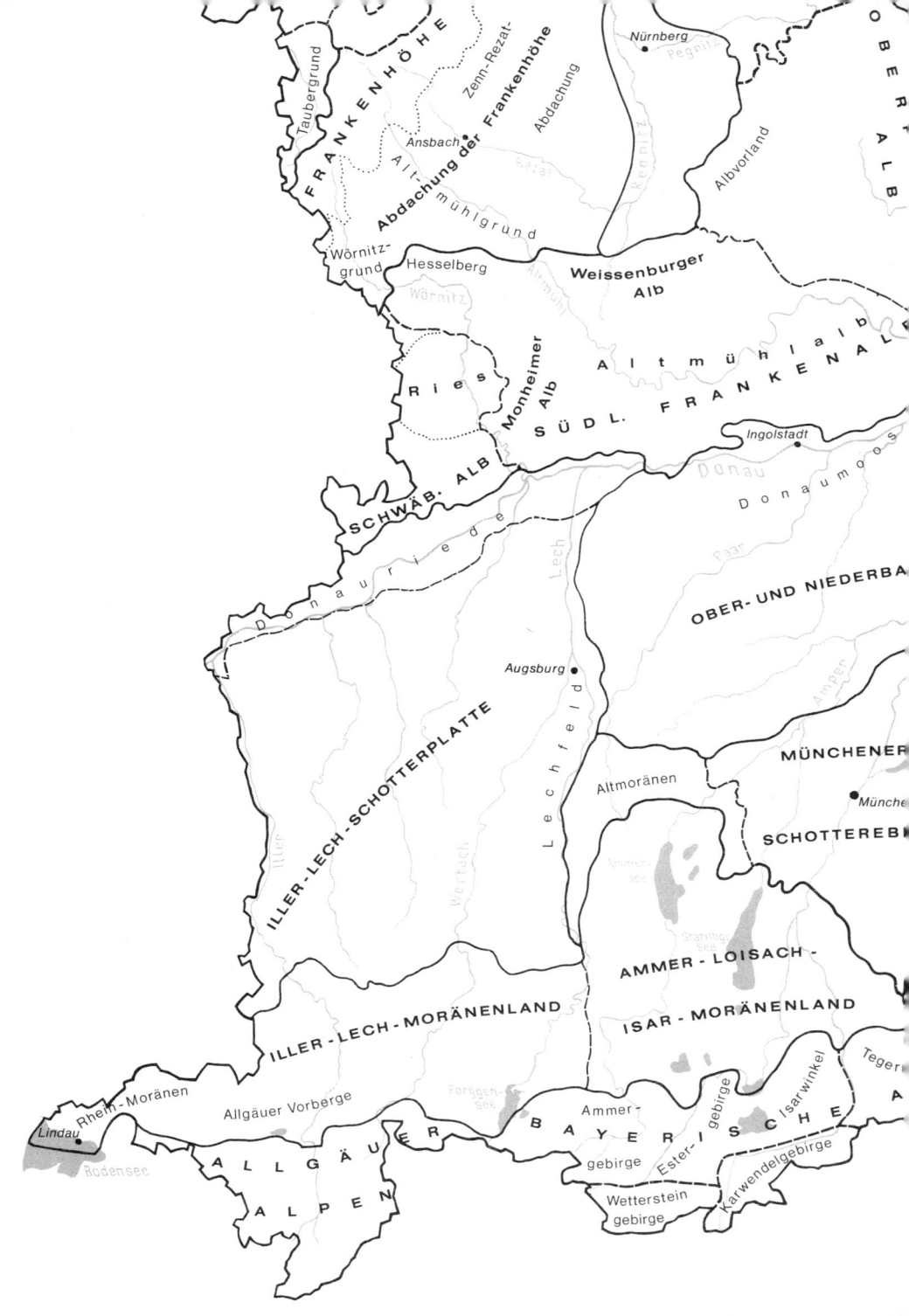

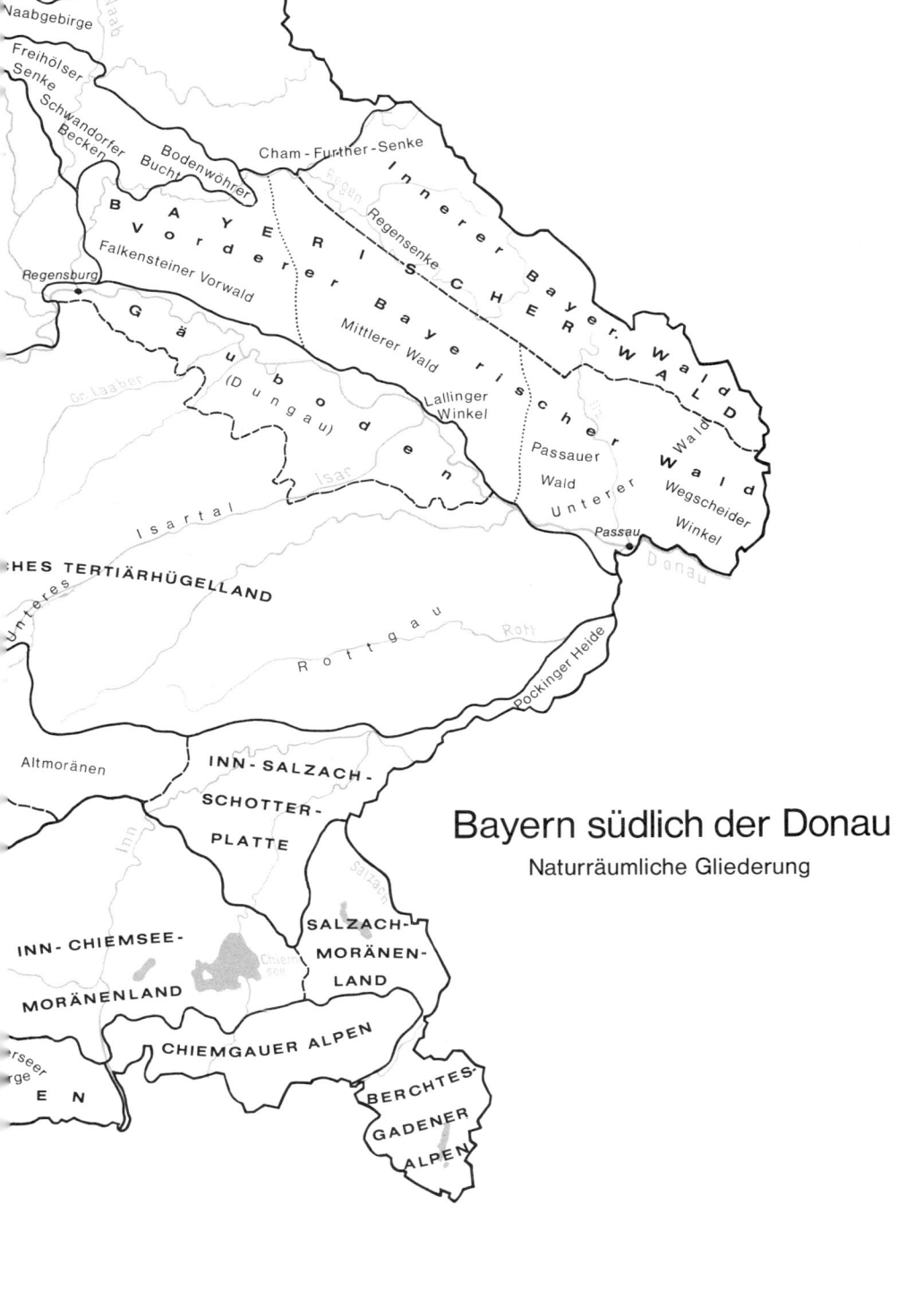

Bayern südlich der Donau

Naturräumliche Gliederung

ERDGESCHICHTE UND LANDSCHAFTSFORM

Aus der geologischen Entwicklung des Landes ergibt sich auch seine naturräumliche Gliederung. Ein grundsätzlicher Unterschied besteht zwischen Bayern nördlich der Donau und Bayern südlich der Donau. Im Norden ist der Landschaftscharakter von den kristallinen Gebirgen Bayerischer Wald, Oberpfälzer Wald und Fichtelgebirge sowie von der Schichtstufenlandschaft mit ihrer Folge von Jura, Keuper, Muschelkalk und Buntsandstein geprägt. Im Süden zeigen die A l p e n ihre landschaftsbildende Kraft bis zur Donauniederung hin. Wir unterscheiden generell Kalkhochalpen, Kalkvoralpen und Alpenvorland. Bis heute ist noch nicht restlos geklärt, wie es zur Bildung der Alpengebirge kam. Die Vorgänge sind überaus kompliziert und eine Darstellung der vielen Fragen und Probleme ginge weit über das Ziel unseres Buches hinaus. Wir wollen daher ihren Werdegang in einigen Hauptzügen anhand gesicherter Tatsachen nur kurz umreißen.

Bereits in der Urzeit der Erde, vor etwa 2 Milliarden Jahren, und im Erdaltertum, vor rund 600–200 Millionen Jahren, gab es in unseren Breiten Gebirge, Ebenen und Meere, die einander ablösten, deren Ablagerungen dem Geologen bekannt sind, deren Aussehen aber niemand rekonstruieren kann. Im Erdmittelalter bedeckte ein großes Meer, die sog. Tethys, den südeuropäischen Raum. Es wurde zur „Wiege der Kalkalpen". Denn in einem Zeitraum von etwa 150 Jahrmillionen, während der Zeitepochen Trias, Jura und Kreide, kamen in diesem Meer die mächtigen S e d i m e n t e (Ablagerungen) zustande, die heute einen Großteil der Alpen ausmachen. Die Gewässer schwemmten von den benachbarten Gebirgen den Gesteinsschutt, wie er durch die Verwitterung entsteht, in Form von Geröllen, Sanden und Tonen in diesen Meerestrog. Dazu kamen Algen und Kalkschalen tragende Tiere, deren Reste zu Boden sanken und sich allmählich zu K a l k s t e i n verfestigten. Das Meer wechselte im Laufe der Zeit seine Form, seine Tiefe und seine Temperatur, und mit ihm änderte sich die Beschaffenheit seiner Tier- und Pflanzenwelt. Infolgedessen sind auch die Sedimentschichten verschieden. Jede zeigt eine eigene Zusammensetzung, so daß sie sich auf Grund ihrer Dichte, Festigkeit und Farbe mehr oder weniger leicht unterscheiden lassen. Ein Hilfsmittel zur Bestimmung bieten die Versteinerungen (Fossilien oder Petrefakten) von Lebewesen in solchen Sedimentgesteinen. Man findet Korallen, Muscheln, Ammoniten, aber auch Fische, höhere Wirbeltiere und Pflanzenreste. Je nach ihrer Entwicklungsstufe verraten sie das Alter des umgebenden Gesteins.

Die wichtigsten Gesteinsschichten der deutschen Alpen sollen hier kurz erläutert werden. Sie entstanden als Ablagerungen in der Trias- und Jurazeit. Zu den ältesten zählen die W e r f e n e r S c h i c h t e n , bis zu 200 m mächtige, glimmerig-sandige Schiefer und Mergel. Dann folgen die leicht verwitternden P a r t n a c h s c h i c h t e n , deren graue, graugrüne und schwarze Mergel und Letten gerundete Landschaftsformen mit üppigem Pflanzenwuchs hervorrufen.

Der W e t t e r s t e i n k a l k (bis 1000 m mächtig) ist gewöhnlich ein sehr reiner, hellweißer, harter Kalkstein. Man gab ihm diesen Namen, weil er in den gezackten, scharfkantigen Felsmauern des Wettersteins am markantesten auftritt. Ihm entspricht im Berchtesgadener Land der R a m s a u d o l o m i t , ein massig ausgebildetes Kalkgestein, das zu eckigem Grus verwittert. Die R a i b l e r S c h i c h t e n ergeben auf Grund ihrer Mischung von löcherigen Dolomiten, Rauhwacken und Gipseinschlüssen gute Almböden. Der H a u p t - d o l o m i t (bis 1000 m mächtig) ist ein graues oder hellbräunliches Kalkge-

24

stein, das stark zerklüftet ist und grusig zerfällt. Mächtige Schutthalden und Hänge mit schütterem Waldwuchs sind sein Kennzeichen. In den Berchtesgadener Alpen entspricht ihm der D a c h s t e i n k a l k , der waagerecht geschichtet und daher widerstandsfähiger ist. Die K ö s s e n e r S c h i c h t e n schaffen infolge leichter Verwitterbarkeit (hoher Tongehalt) gerundete, ausgeglichene Formen mit guten Almböden. Die L i a s g e s t e i n e sind sehr verschieden ausgebildet. Im Allgäu rufen ihre Fleckenmergel weiche, begrünte Formen mit üppigen Almgründen hervor, in den Bayerischen Alpen dagegen steile Felswände aus roten oder grünlichen, marmorartigen Kalken. Die A p t y c h e n - s c h i c h t e n fallen oft wegen ihrer scharfgeschnittenen Formen in den bayerischen Alpenbergen auf.

Doch wie konnte aus dem flachen, kilometerdicken Schichtenpaket am Meeresboden der „Tethys" ein Gebirge von der großartigen Gewalt der Alpen entstehen? Dieses Rätsel versucht die vorherrschende Theorie – stark vereinfacht ausgedrückt – etwa so zu erklären: Die erstarrte Erdkruste schwimmt auf einem, durch seine hohen Temperaturen flüssigen Geoplasma, das in der Tiefe immer heißer wird. Das der Erdkruste benachbarte kühlere Plasma hat die Tendenz, nach unten abzusinken und die Erdkruste mitzuziehen. Kraftströme entwickeln sich unterhalb der Erdkruste, die an einer Stelle einen Sog nach unten, an anderer Stelle einen Trieb nach oben ausüben, bis die Spannung ausgeglichen ist. Ein solcher Sog muß auch im Alpenbereich bestanden haben. Der Meerestrog der „Tethys" sank unter der Last der Sedimentation ständig tiefer ein, er bildete eine sog. Geosynklinale. Die Ablagerungsschichten gerieten in den Bereich, wo Druck und Wärme das Gestein zu verformen beginnen. Das darunterliegende Geoplasma ist in weit höherem Grade flüssig. Auf seinem Rücken wird das starrere Krustengestein gestaut und in F a l t e n gelegt. Es löst sich von den nach unten gleitenden Plasmamassen und kann nicht in die Tiefe gezogen werden. An der Oberfläche äußert sich der während des Hinabbaues herrschende Druck in Überfaltungen und Überschiebungen. Landgroße Schichtpakete von mehreren hundert Metern Stärke, sog. D e c k e n , wurden bis zu 100 km weit horizontal übereinandergeschoben. Ältere Schichten kamen auf jüngere zu liegen; die einstige Gliederung war häufig auf den Kopf gestellt. Man mag sich fragen, wieso durch das Absinken des Gesteins in einem Sog Gebirge entstehen können. Nun, während der Jahrmillionen dauernden Alpenentwicklung seit der Mittleren Kreidezeit wechselten stetig Perioden des Senkens mit Perioden des Ruhens oder Aufsteigens, da die Erde bei derartigen Störungen des Gleichgewichtes sofort wieder nach Ausgleich sucht und die Kräfte des Erdinnern eine Einsenkung mit Hebungsvorgängen beantworten.

Noch ein zweites Phänomen hat an der Alpenbildung mitgewirkt: die sog. Kontinentaldrift. Zwei Urkontinente trieben aufeinander zu und verstärkten durch seitlichen Druck die vom Tiefensog verursachte Stauung und Faltung der Alpen. Die eurasiatische Scholle, in deren Vorfeld die alpine „Geosynklinale" entstanden war, trieb auf dem Geoplasma in Richtung Süden, während die afrikanische Scholle gegen Norden zog. Zwischen beiden Urkontinenten vollzog sich diese letzte große Gebirgsbildung der Erde.

Noch während der Faltungsvorgänge setzt bereits die A b t r a g u n g durch die exogenen (von außen wirkenden) Kräfte, wie Regen, Wind und Temperaturwechsel, ein. Gerade in Zeiten der Ruhe hat die Abtragung gewaltige Arbeit geleistet. Bergterrassen und Hochflächen sind auf solche frühen Einebnungen zurückzuführen. In Bayern kennen wir z. B. die flachen Karrenfelder des Steiner-

Swertie

25

nen Meeres, der Reiteralpe, des Zugspitzplatts und des Gottesackers im Allgäu. Als die Hebung wieder einsetzte, wurden sie hochgestemmt, verloren ihr Grundwasser und verkarsteten. In der Tertiär- und Kreidezeit waren die Alpen immer noch vom Meer umspült, und am Saum des Gebirges wurde in Randseen dieser Abtragungsschutt aus Ton, Sand und Konglomeraten abgelagert. Man nennt ihn F l y s c h. Eine folgende Welle der Alpenfaltung hat auch die Flyschzone erfaßt und diese noch weniger verfestigten Sedimente zu Bergen aufgestaut. Ähnlich erging es den Sedimentschichten der Helvetikumzone, die den ganzen nördlichen Alpenrand rahmen und in der Schweiz (Helvetia) ihre größte Ausdehnung haben. In Bayern wurden sie fast durchweg vom Flysch überdeckt; nur im westlichen Allgäu hat das Helvetikum noch eine Breite von 10–15 km. Der Grünten bei Sonthofen besteht bis zu seiner Höhe von 1738 m aus Ablagerungen des Helvetischen Meerestroges.

Der letzte große Ablagerungstrog der Alpen entstand seit der Mitte der Tertiärzeit vor etwa 50 Mill. Jahren. Diese Molassetrog genannte Vortiefe nahm den Schutt aus dem sich emporfaltenden Alpenkörper auf. Die Geologen nennen ihn M o l a s s e (von molere = zermahlen), denn die herabgeschwemmten Steine wurden auf dem langen Weg gespalten und poliert, ihre Kanten glätteten sich gegenseitig und weichere Gesteine wurden völlig zerrieben. Das feine Gesteinsmehl ergab Tone, Mergel und Flinz, die abwechselnd mit Kies- und Sandschichten auf den Boden des tertiären Molassemeeres sanken und es allmählich auffüllten. Unvorstellbare Mengen Schutt wanderten so in das Voralpenland zwischen Gebirge und Donauniederung. Stellenweise reichen die Molasseschichten bis in 5 km Tiefe hinab. Wie gewöhnlich bei Sedimentationsvorgängen, die sich über Millionen von Jahren erstrecken, sind die aufeinanderfolgenden Schichten unterschiedlich zusammengesetzt (u. a. Zementmergel, Sandsteine, Pechkohlenflöze). Von großer Bedeutung für unsere Vegetation ist die jüngste Stufe, die sog. Obere Süßwassermolasse. Das Molassemeer als Rest des Urmeeres „Tethys" war durch Hebungsvorgänge zeitweilig vom Ozean getrennt worden und ausgesüßt. Im Miozän bedeckte zum letztenmal ein flaches Süßwassermeer das Alpenland. Seine Ablagerung ist der Flinz, ein meist feinkörniges, glimmerreiches Gestein von grünlicher Tönung, das nahezu wasserundurchlässig und daher ein idealer Grundwasserträger ist. Wo er an Flußleiten oder Waldhängen ausstreicht, rieseln starke Quellen.

Madaun
(Alpen-Mutterwurz)

Die Alpen aber waren noch nicht zur Ruhe gekommen. Das letzte Stadium der Alpenfaltung am Ende der Miozänzeit ergriff am Alpenrand auch noch die Molasse, verbog ihre Schichten, stellte sie steil und verschob sie nach Norden. Die Nagelfluhketten bei Immenstadt sowie der Auerberg, der Hohenpeißenberg, der Taubenberg, der Irschenberg und die langgezogenen Molasserippen sind die Zeugen dieses letzten großen Alpenschubs. In ihnen treten die tiefsten Lagen des Molasse wieder ans Tageslicht, Gesteine, die im übrigen kilometertief unter den Deckenschichten begraben sind. Das Voralpenmeer lag damals im Bereich des Jurarandes. Dort hat später die Donau ihr Tal angelegt. Die aktive Gebirgsbildung der Alpen war damit beendet.

Seit einer Million Jahren etwa wirken allein die äußeren Kräfte der Verwitterung an der Gestaltung unserer Landschaft. Von ihnen wurde ihr Antlitz geprägt bis auf den heutigen Tag. In der ersten Epoche des Quartär, im Diluvium, brach ein gewaltiger Umformer über die Alpenlandschaft herein: die Gletschermassen des E i s z e i t a l t e r s. Vermutlich infolge einer Verlagerung der Erdachse sank die Durchschnittstemperatur unserer Breiten um etwa 8 Grad. Der

26

Schnee schmolz nicht mehr in den Bergen, sondern staute sich immer höher an, verwandelte sich zu körnigem Firn und schließlich zu Gletschereis. Bis über 1000 m dick, füllte das Eis die Gebirgstäler und begann hangabwärts zu wandern. Wie ein riesiger Hobel arbeiteten die Eismassen an den Felswänden. Sie vertieften die beim Querstau der Alpen angelegten Täler, formten sie aus und trugen riesige Mengen Schutt mit sich fort. Die Haupttäler waren vom Schub des Eises besonders stark betroffen. Sie wurden mit U-förmigem Querschnitt tief ausgeschürft – (von Flüssen gestaltete Gebirgstäler haben V-Querschnitt). Die Nebentäler dagegen wurden von den Seitenästen der Gletscher weniger tief ausgehobelt. Das Ergebnis sind die sog. Hängetäler, die in 100–200 m Höhe in ein Haupttal einmünden und deren Bäche diese Stufe in hohem Fall überwinden müssen.

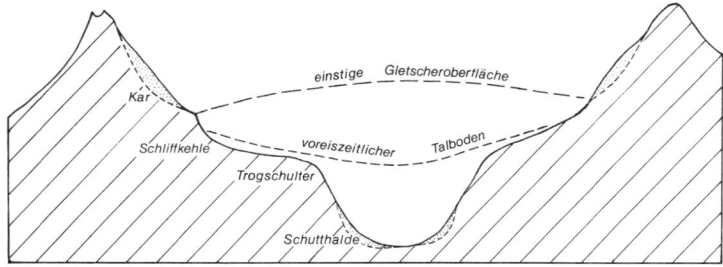

Schematischer Querschnitt durch ein „Trogtal"

Viele Alpengipfel waren unter der Eisflut begraben. Auch in dem heute von Inn und Salzach eingenommenen Längstal zwischen den Zentral- und den Kalkalpen stauten sich ungeheure Eismassen. Wo die Gletscher in der von West nach Ost verlaufenden Mauer der Kalkalpen eine Öffnung oder einen Paß fanden, brachen sie nach Norden aus und ergossen sich über die tertiären Ablagerungen des Voralpenlandes. Man nennt diese Öffnungen Alpentore. Durch sie verlassen noch heute die Alpenflüsse das Gebirge. Wie wenn eine Teigmasse den beschädigten Rand einer Kuchenform übersteigt und trichterförmig auseinanderfließt, so breiteten sich die Eismassen vom Alpentor her fächerartig in einzelnen „Gletscherzungen" aus. Freilich dauerte der Vorgang Jahrtausende, denn das strömende Eis bewegt sich jährlich nur wenige Meter fort. Die Ursache und der Mechanismus des Eisflusses sind bis heute ungeklärt. Die Gletscherzungen beförderten unvorstellbare Mengen von Gesteinsschutt aus den Bergen in das Vorland. Geröll, Kies, Sand und riesengroße Blöcke schleppten sie auf der Oberfläche, im Eis eingebacken oder an der Sohle mitgeschleift bis aus den Zentralpen herbei und verteilten das Material im Vorland. Vor allem an den Eisrändern, wo der Gletscher vor dem Rückzug längere Zeit verharrte, warf er einen Kranz von Schuttwällen halbmondförmig um sich her auf. Diese den äußersten Rand markierenden Wälle werden E n d m o r ä n e n genannt, im Gegensatz zu den G r u n d m o r ä n e n , die im überfahrenen Gebiet aufgeschüttet wurden. Zahllos sind die Spuren des Eiszeitgeschehens; ein Vielerlei von wechselnden Bodenformen macht dieses M o r ä n e n l a n d zum landschaftlich abwechslungsreichsten Gebiet Bayerns.
Da sind zunächst die Irrblöcke oder Findlinge, oft hausgroße Gesteinsbrocken, die auf dem Rücken der Gletscher hergetragen wurden. Viele von ihnen fielen als willkommenes Baumaterial der Spitzhacke zum Opfer. Ferner gibt es die

27

Gletscherschliffe und „Strudeltöpfe" am Gebirgsrand, wo das schürfende Eis die Felswände glattpolierte oder das Schmelzwasser am Grunde des Gletschers durch herumgewirbelte harte Kiesel runde Wannen und tiefe Töpfe in den Felsboden schliff (z. B. am Kälberstein in Berchtesgaden). Aus Grundmoränenmaterial gebildete Erscheinungen sind die sog. Drumlins, Oser und Toteiskessel. D r u m l i n s nennt man jene langgestreckten, gleichmäßig geformten Rücken, die immer in ganzen Scharen auftreten und der Stromrichtung des Gletschers folgen. Sie sind meist nicht länger als 300 m und nicht höher als 80 m. Die dem einstigen Eisschub zugekehrte Seite ist steil und trägt häufig einen Waldschopf. Die entgegengesetzte „Lee"-Seite verläuft in sanfter Kurve im Wiesengelände. Mit einer gewissen Regelmäßigkeit sind die Drumlins gegenseitig versetzt, vergleichbar den blauen Rautenfeldern im bayerischen Wappen. Ihrer Stromlinienform und ihrer geselligen Gruppierung wegen werden sie gern mit Delphinen verglichen. Anders entstanden die T o t e i s k e s s e l. Toteis werden Gletscherteile genannt, die vom zurückweichenden Eis abgeschnürt liegen blieben, vom Schmelzwasserschutt um- und überlagert wurden und nur allmählich wegschmolzen. Der darübergehäufte Kies sackte nach, und so entstanden unvermittelt Kavernen, steilwandige Kessel und Löcher in der Landschaft. Bis in das Grundwasser hinabreichend, bilden sie berühmte Seengebiete, wie z. B. die Osterseenfamilie oder die Seegruppen um Seeon und Eggstätt. O s e r wiederum sind lange, in Richtung der Eisbewegung aufgehäufte Rücken, die an Eisenbahndämme erinnern. Sie entstanden vermutlich aus Tunnels im weichenden Eis, wo die Schmelzwasser den mitgerissenen Schutt fortlaufend vor dem Gletschertor ablagerten. Eine interessante Erscheinung sind auch die R ü c k z u g s m o r ä n e n der Gletscher. Der Schmelzvorgang verlief nicht kontinuierlich, sondern in einzelnen Stadien. Bei jeder Rückzugspause häuften sich wiederum Moränenwälle am Rande der Gletscherzunge auf – wenn auch in geringerer Mächtigkeit.

Heute sind von den einstigen Gletschern nur noch kümmerliche Reste in den hohen Alpenregionen vorhanden. Deutschland besitzt solche Relikte im „Blaueis" am Hochkalter bei Berchtesgaden sowie im „Höllental- und im Schneeferner" an der Zugspitze.

Nach dem endgültigen Schmelzen des Eises blieben Schutt und Wasser zurück. Endlose Seenplatten stauten sich bis zu den Endmoränenkränzen. Sie sind in den letzten 10 bis 20 Jahrtausenden ausgelaufen – mit Ausnahme der heutigen S e e n unseres Alpenvorlandes. Auch zahlreiche M o o r e gehen auf verlandete Schmelzwasserseen zurück.

Das Klima der Eiszeit unterlag größeren Schwankungen. Kalte Perioden wech-

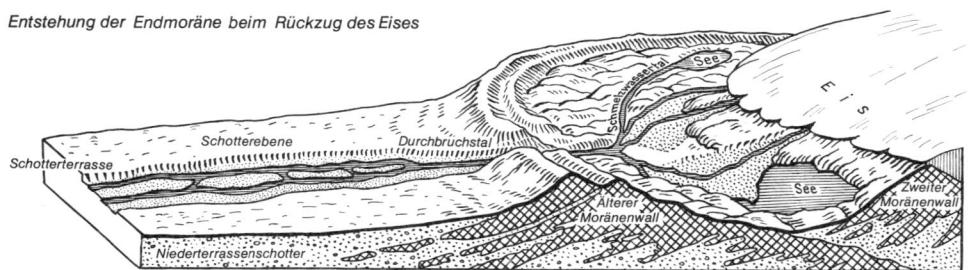

Entstehung der Endmoräne beim Rückzug des Eises

28

selten mit wärmeren und dementsprechend Zeiten des Gletscherwachstums mit Zeiten der Schmelze. Viermal drangen die Eisströme nach Norden vor und zogen sich während wärmerer Abschnitte (sog. Interglazialzeiten) in die Alpen zurück. Die Eisvorstöße sind nach den Flüssen benannt, in deren Tälern sie die deutlichsten Spuren hinterlassen haben. Wir unterscheiden in zeitlicher Folge G ü n z - , M i n d e l - , R i ß - und W ü r m e i s z e i t. Jede Eisperiode trug ihre Endmoränen verschieden weit ins Land hinaus. Die Moränen der jüngsten, der Würmeiszeit, sind am deutlichsten ausgeprägt. Die der älteren Eiszeiten wurden überschüttet oder von Schmelzwassern durchschnitten, soweit sie über die Würmendmoränen hinausreichten; so vor allem die Rißmoränen.

In den Moränenkranz wurden mit sinkendem Wasserspiegel D u r c h - b r u c h s t ä l e r gerissen, durch die das Schmelzwasser, zum Fluß gebündelt, ausbrach und die großen Flußtäler von Iller, Lech, Amper, Würm, Isar, Inn und Salzach im Alpenvorland schuf. Einige Durchbruchstäler (z. B. Teufelstal, Gleißental) liegen heute trocken. Auch innerhalb der Endmoränen zirkulierten noch vielerorts lange Zeit Wasserarme, die S c h m e l z w a s s e r r i n n e n hinterließen.

Beim Ausströmen rissen die Schmelzwasser große Schuttmassen mit sich und trugen sie über die Endmoränen hinaus in das Becken der tertiären Molasse. Man nennt diese eiszeitlichen Anschwemmungen S c h m e l z s c h o t t e r und spricht von D e c k e n s c h o t t e r , wenn sie den älteren Eiszeiten angehören, von H o c h t e r r a s s e n - und N i e d e r t e r r a s s e n s c h o t t e r , wenn sie aus der Riß- bzw. Würmeiszeit stammen. Diese Bezeichnungen stimmen nur in größeren Flußtälern, wo der Niederterrassenschotter den Talboden überzieht und die höheren Terrassen die nächstältere Schotterschicht tragen. So in der Iller-Lech-Platte. Bei flächiger Ausbreitung, wie z. B. in der Münchener Schotterebene, liegt infolge von Senkungsvorgängen der Niederterrassenschotter obenauf. Die Schmelzschotter überdecken in Schwaben heute noch das ganze Molassehügelland bis zur Donau. Im oberbayerischen und niederbayerischen Tertiärhügelland beschränken sie sich auf die Flußtäler.

Die Schwäbisch-Bayerische Hochebene, wie man das T e r t i ä r h ü g e l l a n d zwischen Donautal und Moränen auch nennt, erhielt ihre heutige Oberflächengestalt ebenfalls in den Eiszeiten. Die Schmelzwasser legten die großen Talzüge an und zerschnitten die tertiäre Molasse in kilometerlange Riedel, die wiederum von vielen kleinen Bächen „aufgefiedert" worden sind. Da der Flinzuntergrund wasserstauend wirkt, sprudeln viele Quellen im Hügelland. Unter der Humusschicht liegt vielfach meterdick der L ö ß l e h m , dem die Fruchtbarkeit großer Landstriche zu danken ist. Es ist ein kalkreicher, gelblicher Gesteinsstaub, der nach dem Rückzug der Gletscher durch Südwestwinde aus den kahlen Moränengebieten ausgeblasen wurde und sich auf rißeiszeitlichen Moränenresten und auf den wasserfreien Flächen des Tertiärhügellandes aufhäufte. Später zum Teil von den Flüssen wieder abgetragen, sammelte er sich in der Donauebene zu der großen Lößplatte des G ä u b o d e n s.

DIE BERGWELT DER ALPEN

Die Allgäuer Hochalpenkette vom Nebelhorn

DIE ALLGÄUER ALPEN

(Dazu Kartenseiten 46, 47, 52–54) Die Allgäuer Alpengipfel haben Charakter. Sie lassen sich mit keiner anderen Gebirgslandschaft verwechseln. Schon von weitem erkennt man ihre eigenwilligen, kühn aufgesteilten Gipfelgestalten, wie die zweizinkige Mädelegabel, den pultförmigen Hohen Ifen, den adlerförmigen Hochvogel oder die steile, vielzackige Kontur der Höfats. Der Grund für diese markante Formung liegt im Zusammentreffen verschiedener Gesteinsarten, vor allem Hauptdolomit, Hornsteinfels und Schrattenkalk, deren Verwitterung zu eigenwilligen Bildungen führt. Eine weitere Eigenheit der Allgäuer Alpen ist das lichte, frische Grün der Almen, das die Landschaft beherrscht. Das sonnige Grasland hat den dunklen Nadelwald zurückgedrängt. Auch das liegt an den Bodenverhältnissen. Aber die allgemeine wirtschaftliche Rührigkeit der Allgäuer und ihre Vorliebe für Weide- und Alpwirtschaft trug das ihre dazu bei.

Dem geologischen Aufbau entsprechend prägen sich drei Landschaftsgürtel stärker heraus: Bis zur Linie Säuling-Falkenstein-Sorgschrofen-Imberger Horn-Rubihorn-Himmelschrofen-Widderstein reichen die A l l g ä u e r H o c h a l p e n. Sie bestehen aus den gewaltigen Wänden des Hauptdolomits der sog. ostalpinen Decke (ostwärts im Säuling und Falkenstein durch den helleren Wettersteinkalk vertreten). Nicht nur seine Großformen sind eigenwillig gestaltet, auch in Kleinformen wie Türmen, Nadeln und Felsumrissen zeigt er einen abenteuerlichen

30

Phantasiereichtum. Dazwischengeschobene Jura-Schichten, wie vor allem die Allgäuer Fleckenmergel, ergeben einen guten Verwitterungsboden für üppigen Pflanzenwuchs. Wo Fleckenmergel auf Hornsteinfels liegt, entstanden tiefzerschrundete Berge, die trotz äußerst steiler Verhältnisse noch bewachsen sind. In dem Mergelhumus findet der Fuß keinen Halt, die Gefahr des Abrutschens ist größer als im nackten Fels. Von diesen, bei Bergsteigern berüchtigten „Grasbergen" ist die pflanzenreiche Höfats am bekanntesten.

Im nördlich anschließenden Flysch- und Kreidegürtel erheben sich die sanfteren und runderen F l y s c h b e r g e (z. B. Fellhorn 2037 m) und K r e i d e b e r g e , die kräftig über die Flyschumgebung ragen, wie der pyramidenkantige Grünten (1738 m) und der Hohe Ifen (2230 m) mit dem riesigen Karrenfeld der Gottesackerwände. Die abgeholzten rundkuppigen Flyschberge gehören zu den berühmtesten Skibergen. Im Juni und Juli bringen sie ein Meer von Blumen hervor, das aber durch den Viehauftrieb (Beweidung und Düngung) im Bestand verändert ist. Die unverfälschte Flora hat sich auf die steilen unzugänglichen Halden von Söllereck und Fellhorn zurückgezogen.

Der nördlichste Landschaftsstrich ist der Molassegürtel, dessen Berge vorwiegend der Alpwirtschaft dienen. Die höchsten M o l a s s e k e t t e n erreichen fast 2000 Meter (Hochgrat 1833 m, Rindalphorn 1822 m). Wo aufgerichtete Nagelfluhschichten von Gewässern durchsägt wurden, entstanden wilde Tobel. Der Zug der Nagelfluhberge vom Immenstädter Horn, Mittag, Steineberg und Stuiben bis zu den nördlichen und südlichen Talböden herab zeichnet sich durch eine besonders farbenprächtige und reichhaltige alpine Flora aus, was diesen Höhen den Namen „Blumenberge" eingetragen hat.

Der Naturschutz hat im Allgäuer Bergland eine seiner ganz großen Aufgaben. Schon sehr früh hatte man die Einmaligkeit der Pflanzenfülle im Allgäu erkannt. Schon bald auch begann die Jagd auf die Blütenjuwele. Vor allem den Enzianen und dem Edelweiß setzten die Blumendiebe zu. Die Allgäuer Berge sind einer der letzten Standorte des Edelweiß, des „Wahrzeichens der Alpen". Auf der berühmten Höfats, dem einst reichsten Edelweiß-Berg, wäre der Bestand heute vernichtet, wenn nicht ständige Streifen der Bergwacht die Blütenstandorte scharf überwachten.

Auch die T i e r w e l t ist gefährdet. Aber immer noch haben die Allgäuer Alpen neben den Berchtesgadener Alpen den größten Reichtum wildlebender Tiere in den nördlichen Alpen. Allein der Rotwildbestand bewegt sich zwischen 3000 und 4000 Stück. Gamsrudel können ohne große Mühe gesichtet werden. Allerdings leiden noch viele Tiere unter der Gamsräude. Drei ausgesetzte Paare von Steinwild lassen auf die Wiedereinbürgerung dieses hier seit dem 30jährigen Kriege ausgerotteten Tieres hoffen. Auf den fetten Liasböden sind die possierlichen Murmeltiere heimisch.

Gamsrudel

Daß der größte Teil der Allgäuer Alpen unter Schutz gestellt ist, versteht sich von selbst. Ausgenommen sind nur die besiedelten und genutzten Gebiete des Illertales zwischen Oberstdorf und Immenstadt, das Ostrachtal bis Hindelang, der Gebirgszug westlich Oberstdorf mit der Roten Wand, dem Piesenkopf und dem Hochschelpen sowie die Nagelfluhkette vom Immenstädter Horn bis zum Imberg. Das letztere Gebiet ist bevorzugtes Erholungs- und Wanderrevier. Es ist von guten Wanderwegen, Bergbahnen und Skiliften erschlossen.

Das Tal der Iller selbst hat auch nur wenige Schutzgebiete, da hier all die berühmten Orte liegen, die Ausgangspunkt für die Erschließung der Gebirgswelt sind: Oberstdorf, Immenstadt, Sonthofen, Altstädten, Fischen, Ofterschwang, Bolsterlang, Obermaiselstein, Tiefenbach u. a. Ihre schmucken Ortsbilder verteilen sich auf dem einstigen Talboden oder auf den einzelnen Terrassen, die sich in und nach der Eiszeit ausgebildet hatten. Auf der Terrasse von Tiefenberg blieb das Tiefenberger Moos (LSG) erhalten, das braun und geheimnisvoll inmitten grüner Wiesenflächen liegt. Die Terrasse fällt hier in einem von dichtem Mischwald bedeckten Hang zur Iller hinab. Es ist der sog. Alte Berg (LSG), durch den die Bundesstraße 19 führt. Am Ausgang des Illertales, wo Grünten und Mittagberg sich gegenüberstehen, breitet sich das Rauhenzeller Moos (LSG) mit seiner schönen Birkenallee, den kleinen Mooswäldchen und tiefbraunen Torfstichen aus.

Die erste markante Erhebung der Alpen ist der Grünten (LSG), der „Wächter des Allgäus". Tausend Meter ragt er über dem Illertal auf. Er ist im wesentlichen aus helvetischen Tertiär- und Kreideschichten aufgebaut, deren klare Ausprägung am Grünten das Entzücken der Geologen ist. Es gibt sogar ein Gestein, das im Allgäu nur am Grünten zutage tritt: die sog. „Grüntenschichten" (6 m mächtige, glaukonitische Kalke mit Phosphoritknollen), die kurz vor dem Übelhorn ausstreichen. Durch dichten Bergwald führt der Weg auf die beiden Gipfel des Grünten, die Hochwarte und das Übelhorn. Aus dem Blumenflor, der dem Grüntengipfel trotz der bereits projektierten Seilbahn erhalten bleiben möge, seien vor allem drei in Bayern nur dem Grünten vorbehaltene Pflanzen genannt: die Alpenfetthenne, die Einjährige Fetthenne und das Kriechende Netzblatt. Auf den Gipfeln wie auf dem ganzen Gratweg des Grünten breitet sich ein einmaliges Panorama um uns aus. Da der Grünten trotz seiner Höhe (1738 m) so weit vorgeschoben ist, verwirren keine nahen Nachbarberge den Blick, der vom Wettersteingebirge über sämtliche Allgäuer Gipfel bis zu den Schweizer Zentralalpen und zum Bodensee reicht. Im Norden liegt das Moränenland mit seinen blitzenden Seen und dahinter die weiten Flächen der Tertiärriedel.

Vom Grünten blicken wir auch auf zwei anschließende Landschaftsschutzgebiete: das Rauhenzeller Moos im Illertal und den Großen Wald im Osten, der sich bis zum LSG an der Alpenstraße Oberjoch-Unterjoch erstreckt. Sein Mittelpunkt ist das Wertacher Hörnle mit dem idyllischen Hörnlesee. Der Große Wald steht noch nicht lange unter Landschaftsschutz. In ihm soll eine Oase der Ruhe für den erholungssuchenden Wanderer erhalten bleiben. Auch die Trasse der Queralpenstraße zwischen Hindelang und Wertach, die an den Felsspitzen des Sorgschrofen vorbeiführt, ist als LSG vor unüberlegter Bebauung geschützt und behält ihren stillen landschaftlichen Reiz. Nach Süden schließt sich nun das Groß-Landschaftsschutzgebiet Allgäuer Alpen und das NSG Retterschwangtal an. Das Ostrachtal mit Hindelang und Bad Oberdorf genießt damit den Vorzug, auf drei Seiten von einmaligen und abwechslungsreichen Landschaftsschutzgebieten umgeben zu sein.

Sorgschrofen

32

Links der Iller steigt das LSG der N a g e l f l u h k e t t e an, das vom Mittagberg bei Immenstadt bis zum Hohen Häderich an der Landesgrenze reicht. Hier sehen wir die bis über 1800 m aufragenden, zusammengepreßten, dann gefalteten und überkippten Schichten der tertiären Molasse. Gleichmäßig ansteigende Südhänge und senkrecht abfallende Nordhänge kennzeichnen den Grat dieses Bergzuges. Mittagberg, Steineberg, Stuiben, Rindalphorn, Hochgrat, „Auf dem Falken" und Hoher Häderich heißen die Gipfelstationen der großartigen Wanderung über diese Kette. Es ist ein unbeschreibliches Erlebnis, bei klarer Fernsicht stundenlang durch dieses Blumenparadies zu wandern – stets die Gebirgskette der Allgäuer Hochalpen vor Augen, die über den grünen Matten und Rücken der Flyschberge unwirklich stählern und weiß in den Himmel ragt. Das Gebiet ist schon lange streng bewachtes Pflanzenschutzrevier, weil seine besonnten, waldfreien Südseiten den Alpenblumen optimale Verhältnisse bieten und einen dementsprechend großen Artenreichtum aufweisen. Die Steinnelke hat hier einen ihrer letzten Standorte in Bayern.

Nagelfluhschichtung am Rindalphorn

Nach Süden zu wird das Nagelfluhgestein vom Flysch abgelöst. Das Gebiet erhielt den Namen „H ö r n e r g r u p p e", weil einige seiner bekanntesten Gipfel diesen Namen tragen; so das Ofterschwanger Horn, das Sigiswanger Horn, das Bolsterlanger Horn und das Riedberghorn. Wie wir wissen, besteht der Flysch aus harten Kalk- und Sandsteinbänken, zwischen welche weiche, tonige Mergel geschichtet sind. Wenn nun die schnell verwitternde Mergelschicht zerfällt, brechen auch die harten Bänke ein. So entsteht eine gleichmäßige Verwitterungsdecke mit abgerundeten Formen. Ihre sanften Böschungen tragen Wälder, Wiesen und Weiden. Wo tonige Schichten ausstreichen, gibt es Quellhorizonte, die zahlreiche sumpfige Flächen und vermoorte Gehängeabsätze entstehen lassen. Wenn die Wasser sich konzentriert sammeln, kommt es zu eingerissenen Gräben und Tobeln, die selten begehbar sind und deshalb von üppigster Vegetation strotzen. Mit Ausnahme der dem Illertal zugewandten Hänge, die viel bewandert werden (Sessel- und Schlepplift bei Gunzesried, Bolsterlanger Hörnerbahn und Horngratlift), ist dieses Flyschgebiet sehr ruhig und erholsam. Einen guten Zugang bietet neuerdings die Mautstraße des Alpwegvereins von Obermaiselstein nach Balderschwang, die mehrere unerwartet schöne Ausblicke bietet (z. B. unterhalb des Bolgen), bevor sie in das weite Balderschwanger Tal hinabführt. Das LSG Hörnergruppe umfaßt auch noch den Bergzug des Besler mit seinen Gipfeln Schwarzenberg, Geißwiedenkopf, Besler, Beslerkopf und Schafkopf. Er besteht bereits aus Schrattenkalk, dem wir besonders an den Gottesackerwänden begegnen werden. Über grünen Matten und Waldhängen zeigen sich Felsriffe, die nach Norden zu steil abfallen. Am Fuße des Schwarzenberges hatte einst der Lochbach eine Klamm gesägt, durch die heute die Straße von Obermaiselstein nach Tiefenbach führt. Man nennt den Einschnitt mit seinen senkrechten Felsenmauern den „Hirschsprung", weil ein flüchtender Hirsch die mehrere Meter breite Schlucht im Sprung überwunden haben soll. Etwa einen Kilometer östlich vom Hirschsprung öffnet sich das lange Höhlentor zum Sturmannsloch. Diese Höhle gehört zum verzweigten Höhlensystem des Schwarzenberges. Sie ist für Besucher zugänglich und weist als Attraktion einen rieselnden Höhlenbach und einen 25 m langen Höhlensee auf.

Beherrschend wird der Schrattenkalk in den G o t t e s a c k e r w ä n d e n und dem Gottesackerplateau unter dem H o h e n   I f e n (NSG). Es ist eine einzigartige Naturschöpfung von großer Eindringlichkeit. Ihr Charakteristikum sind die dreifach hintereinander sich aufstufenden Riesenmauern der Unteren, Mittleren

33

Hoher Ifen

*Riezlern
im Kleinen Walsertal*

und Oberen Gottesackerwände und die schauerlich öden, zerrissenen Karrenfelder ihrer Plateaus. Alles gipfelt in dem pultartig ansteigenden und jäh in hartem Spitz abbrechenden Hohen Ifen. „Karren" oder „Schratten" entstehen überall da, wo verhältnismäßig reine und harte Kalkfelsen den Verwitterungswirkungen ausgesetzt sind. Regen und Wind zerfurchen die Felsoberfläche in Rillen und Runsen, die durch messerscharfe Grate und Zacken voneinander getrennt sind. Im Verlauf der Karrenbildung haben sich Hörner, Zacken und Türme entwickelt. Tiefe Spalten sind aufgerissen, Blöcke wurden abgelöst und zu Karen zusammengeschüttet. Nur das „Steinerne Meer" in den Berchtesgadener Alpen läßt sich im Umfang der Karrenbildung mit dem Gottesackerplateau vergleichen. Wüst, leer und tot erscheint diese Landschaft auf den ersten Blick − genauso trostlos, wie in früheren Jahrhunderten die Friedhöfe, die Gottesäcker, aussahen. Doch in den Karrenrissen und -löchern konnte sich Humus festsetzen und die darin keimenden Samen waren gegen die häufigen Stürme geschützt wie in einem Blumentopf. So ergibt sich die erstaunliche Tatsache, daß dieser Gottesacker zu den reichsten und wundervollsten Florenparadiesen der Alpen zählt. Freilich ist das Gebiet auch schwer zugänglich, und abseits der markierten Wege wächst die Gefahr, in überwachsene Spalten zu stürzen oder in dem Felsgewirr fehlzugehen.

An das NSG Hoher Ifen schließt bereits das Groß-LSG an, das die gesamte Allgäuer Hochalpenkette mit Einschluß der Oberstdorfer Täler und des Hintersteiner Tales umfaßt. Vorläufig befinden wir uns aber noch in der Kreideformation. Vom Gottesackerplateau südöstlich niedersteigend kommt man in das K l e i n e W a l s e r t a l, das eine liebliche, abgeschlossene Gebirgslandschaft für sich darstellt. Der Moränenschutt der Eiszeit hat die Formen der Talhänge sanft überpolstert. Sie stehen im Kontrast zur kantigen Härte der Schrattenkalkwände. Das Kl. Walsertal gehört zu Österreich und ist seit 1891 deutsches Zollanschlußgebiet. Mit seinen Bergbahnen und Liften entwickelte es sich zum vielbesuchten Erholungs- und Wintersportrevier. Das 13 km lange Tal wird von der Breitach entwässert, die durch die berühmte B r e i t a c h k l a m m deutschen Boden betritt. Der Fluß wird auf einer Länge von etwa 2 km ganz eng zusammengedrückt. Die 80 m hohen Schrattenkalkwände nähern sich einander auf 2 Meter und scheinen nach oben hin gänzlich zusammenzuwachsen. So erhält die Schlucht stellenweise Höhlencharakter. Tief unten donnern die eingeklemmten Wassermassen und setzen die nagende und schleifende Arbeit fort, die diese hohen Schluchtwände geschaffen hat. Allenthalben entdeckt man glattgeschliffene, kesselartige Vertiefungen. Es sind die Spuren von Strudeltöpfen oder Wassermühlen, wo das wirbelnde Wasser harte Geröllbrocken so lange in einer Mulde umhergeschleudert hat, bis diese kreisrund geschliffen wurde. Neben Höllental-, Partnach- und Wimbachklamm gehört die Breitachklamm zu den grandiosen Naturschauspielen der deutschen Alpen. Nach Verlassen der Klamm passiert die Breitach das liebliche Wiesental von Weidach und die romantische Breitachenge, bevor sie am Nordende des Oberstdorfer Kessels in die Iller mündet.

Nun wenden wir uns südlich einem Bergzug innerhalb des Groß-LSG zu, der mehrere Besonderheiten birgt. Es ist ein Flyschrücken, der vom Freiberg über Söllereck und Schlappolt zum Fellhorn aufsteigt. Unter den Flyschgebieten des Allgäus schiebt sich dieser grüne, mattenüberzogene Gebirgszug am tiefsten in die Dolomitregion hinein und schafft einen grandiosen Gegensatz zu den nahen Felsgipfeln der scharfkantigen Kalkberge. Von Oberstdorf kommend, vorbei an den schönen Wallfahrtskapellen von St. Loretto mit ihrer prachtvollen naturgeschützten Linde, findet man beim Talausgang der Stillach den Wanderweg zum

34

Freibergsee. Er ist der größte der vielen Allgäuer Bergseen und seine eigentümliche Anlage gibt bis heute Rätsel auf. Er liegt in einer steilwandigen Mulde des Freibergs, einhundert Meter über der den Berg umfließenden Stillach. Sicher ist, daß der eiszeitliche Gletscher des Stillachtales an seiner Ausbildung mitgearbeitet hat. Der Freibergsee ist groß genug, die Spiegelbilder des umliegenden Bergkranzes aufzunehmen und sie dem Wanderer beim Umkreisen des Sees in wechselnden Bildern vorzuführen. Da steigt der grüne Bergzug des Schlappolt und des Fellhorns, an den die Freiberghöhe sich lehnt, kühn empor, mündend in den Spitzen der Schafalpenköpfe. Hinter dem Gieskundkopf ragen die Profile des Biberkopfs, der Rappenköpfe und des Wilden Manns auf. Der lange Waldzug des Himmelschrofen beherrscht den Südosten des Panoramas, den Osten aber die Höfatsspitzen, der Schattenberg und die Berge des Nebelhornmassivs. Von der Höhe des Freibergrückens ist das Illertal bis zum Grünten sichtbar. An den Südhang des Freibergs lehnt sich die riesenhafte Skiflugschanze von Oberstdorf. Auch Baden im See ist möglich. Es ist eine begnadete, in sich geschlossene Landschaft von unverwechselbarem Reiz.

Freibergsee

Wer höher hinauf will, findet in der Söllereck-Bergbahn ein bequemes Transportmittel, das ihn bis zum Hotel Schönblick bringt. Doch der ganze Reichtum dieser Flysch-Hochberge erschließt sich erst dem ausdauernden Wanderer, der dem wunderbaren Gratweg folgend, bis zum F e l l h o r n vordringt. Schon unterhalb des Berghotels findet er im Juli die goldgemusterten Arnika-Wiesen, deren Teppich durchsetzt ist vom Gelb des Wachtelweizens, dem Blau der Glockenblumen, dem Rotbraun des Wald-Läusekrautes, dem Weiß des Zweiblättrigen Breitkölbchens, dem Schwarzviolett des Alpenhelmes, dem Rot des Heidekrautes und zuletzt dem Blau des Schwalbenwurzenzians. Unterhalb des Söllerecks wird eine Bergwaldregion durchquert, in der die Alpenerle vorherrscht. Hier finden wir zwischen Massenbeständen des Germers, Alpendosts, Alpenmilchlattichs und Gebirgswaldfarns die Blüten des Wolfseisenhuts, des Schlangenknöterichs, des Waldstorchschnabels, des Rundblättrigen Steinbrechs und der Großblättrigen Schafgarbe. Die folgenden Mattenhänge steigen zur Region der Rostroten Alpenrosen auf, die hier ihre immer wieder – und leider immer noch – stark gefährdeten Standplätze haben. Diese, nächst dem Edelweiß wichtigste Wappenblüte der Alpenflora wird erbarmungslos gesucht und gerupft. Hier wie auch an vielen anderen Standorten können nur regelmäßige Bergwachtstreifen und Abschreckung durch hohe Geldbußen einigen Schutz bieten.

Es ist die Flora der kalkarmen Flyschzone, die die Schlappolt-Fellhorn-Hänge überzieht (wie ja auch die Rostrote Alpenrose humusreichen, die Behaarte Alpenrose aber kalkreichen Boden anzeigen). Hier blüht bereits in Schneenähe der Alpenkrokus; das hellviolette Alpenglöckchen oder die Soldanelle streckt mutig ihre zarte Glocke über den Firnschnee. Die Enziane sind in vielen Arten vertreten. Das Fellhorn ist als einziger bayerischer Standort einer Kreuzung von Punktiertem und Purpurnem Enzian bekannt. Daneben aber sind diese Blumenberge mit einer Variationsfülle begnadet, die kaum angedeutet werden kann: Alpenheckenrosen, Trollblumen, Akeleiblättrige Wiesenraute, Narzissenblättrige Anemone, Horn- und Wundklee, Große Bibernelle, Kugelförmiges Knabenkraut, Einköpfiges Ferkelkraut, Goldfingerkraut, Kratzdistel, Silberwurz, Augentrost, Immergrüner Steinbrech u. v. a.

Große Bibernelle

35

Die Allgäuer Hochalpenkette

Der Zugang zu den höchsten Allgäuer Bergen führt vor allem über O b e r s t - d o r f. Der brettebene Talkessel von Oberstdorf war bis vor wenigen Jahrtausenden der Boden eines Schmelzwassersees, der bis zum – heute durchgesägten – Felsriegel von Langenwang reichte. Sieben berühmte Bergtäler münden in diesen Kessel. Die bekanntesten sind das Breitach-, das Stillach-, das Trettach-, das Dietersbach- und das Oybachtal. Sie alle bieten mehr oder weniger schwierige Aufstiegswege zu den Berggipfeln. Alle sind für Kraftwagen gesperrt. Wir wollen einige von ihnen betrachten, ehe wir in die Gipfelregion steigen. Am weitesten führt das S t i l l a c h t a l zwischen die Bergriesen hinein. Das Panorama kennen wir schon vom Freibergsee her. Es öffnet sich allerdings erst, wenn wir den Stillachfall hinter uns haben, der über einen vom Schlappolt herabkommenden Flyschriegel rauscht. Bei Anatswald mündet von hoch rechts oben das Hängetal des Warmatsgundbaches ein. Weiter geht der Weg entlang des sog. Bachergewänd,

Im Oberstdorfer Talkessel

einer klammengen Stillachschlucht, zum südlichsten Ort der Bundesrepublik, dem Weiler Einödsbach. Hier beginnt der Aufstieg zur Mädelegabel. Er führt durch das „Bacherloch", eine steilwandige, vom Wildwasser durchtoste Schneerinne. Die Schneeschollen schmelzen auch im Sommer nicht weg, so daß das schäumende Wasser an vielen Stellen in Schnee- und Eishöhlen verschwindet. Der Blick von Einödsbach in das Bacherloch und auf die darüber aufsteigende Zackenreihe der Trettachspitze, Mädelegabel, Hochfrottspitze und die Berge der guten Hoffnung gehört zu den beliebtesten Alpenbildern. Stufenweise vervollkommnen Schlucht, Wald, Matten, Fels und Eis ein klassisches Bild der Gebirgswelt.

Von Einödsbach zweigt nach Südwesten das stille R a p p e n a l p e n t a l ab. Es stellt den südlichsten Zipfel Deutschlands dar. Man übersieht es gut beim Aufstieg zum Rappensee, der in einer Karwanne zwischen die Felswände von Kleinem und Hoch-Rappenkopf, Rappenseekopf, Hochgundspitze, Rothgundspitze und Linkerskopf wunderbar eingebettet ist. Trotz der abweisenden Strenge und Majestät dieser Landschaft und trotz der scheinbaren Leblosigkeit versteckt sich eine große Fülle zäh um ihren Standort ringender Alpenpflanzen in den Geröll- und Felsspalten. Allein im größeren Umkreis um die Rappenseehütte erblickt das Auge des Blumenkenners mehrere Enzianarten, das schokoladenduftende Brändlein (Kohlröschen), die Aurikel, das Goldfingerkraut, die Alpenaster, das Alpenvergißmeinnicht, das Kopfige Läusekraut u. v. a.

Parallel zum Stillachtal erstreckt sich das T r e t t a c h t a l weit zwischen die Zweitausender hinein. Bereits in Oberstdorf sind die Anlagen an der Trettach gern aufgesuchte Spazierstrecken. Man kann den schönen Wegen durch die Moränenlandschaft von Gruben folgen, deren blumenduftige Wiesen sich rechts und links die Hänge hinaufziehen. Der Blick nach Süden steigert sich von Wegbiegung zu Wegbiegung. Links tost der Dietersbach aus dem Tal von Gerstruben herab. Er hat in die 200 m hohe Hängetalstufe seine Klamm, den sog. Hölltobel, gesägt. Es lohnt sich, den Abstecher nach Gerstruben zu machen und diese nur meterbreite Felsenspalte zu sehen, die allein von der Kraft des wirbelnden Wassers so tief eingerissen wurde. Gerstruben selbst ist ein überaus malerischer Flecken, hinter dem sich das schöne D i e t e r s b a c h t a l mit seinem zwischen Rauheck

Rappensee mit Rappenköpfle

und Kreuzeck eingespannten Trogschluß erstreckt, während links die steilen Grasmatten der Höfats aufsteigen.

Doch zurück zum Trettachtal. Hier stoßen wir bald auf den kleinen Christlessee, der sich in einer Einsturzdoline gebildet hat und dessen kristallklares Wasser bis

37

Steinadler

Seealpsee

zum 12 m tiefen Grunde blicken läßt. Abenteuerlich durcheinandergeworfene Baumruinen glänzen aus der blaugrünen Tiefe. Weiter südwärts öffnet sich das berühmte Tal der S p i e l m a n n s a u mit einem der schönsten Talschlüsse der Alpen. Ganz deutlich ist der Gegensatz der weicheren Liasschichten des Allgäuer Fleckenmergels und den harten Hauptdolomitmassen der Lechtaldecke zu erkennen, die hier Trettachspitze und Kratzer aufragen lassen. Geradezu unheimlich zeigt sich am Talende die Trettachklamm, die aus den Quellen der sog. wilden Gräben ihre Wasser sammelt. Aus der steilwandigen Trettachrinne, die von der Mädelegabel herabführt, kommen Schutt, Geröll, Lawinen und Wasser in wüstem Durcheinander herunter. Leichter zugänglich ist der östlich abzweigende Sperrbachtobel, den die Hauptdolomitpyramide des Muttlerkopfes krönt. Wie im Bacherloch taut auch hier die Schneedecke niemals restlos über der Klammtiefe auf. Weitersteigend gelangt man im Sperrbachtal zur Kemptner Hütte und damit zum großartigen Allgäuer Höhenweg entlang des deutsch-österreichischen Grenzkammes.

Als Seitental zweigt bei Spielmannsau dasjenige des T r a u f b a c h e s ab. Es ist ein Hängetal, dessen 100 m hohe Steilstufe zum Trettachtal erst überwunden werden muß, will man das ganze für Allgäuer Talschlüsse so typische Tal überschauen. Hier sind es die Krottenspitzen, deren stahlgraue Dolomitzacken die sanfteren Liasschichten überragen. Auch das Schotterfeld längs der Überschiebungsfläche beider Schichten fehlt nicht, es trägt hier den Namen „Im Märzle". Nicht weit von Oberstdorf mündet der Oybach in die Trettach. Er kommt aus dem berühmten O y t a l herab, dessen ganze Landschaft und Flora für das Allgäu charakteristisch ist. Bei einer Durchwanderung erlebt man nacheinander die geologischen Stufen des Allgäus und ihre Eigenheiten: den Flysch, den Hauptdolomit der Allgäu-Decke, die Kössener Schichten (am Schochen), die Fleckenmergel aller unteren Berghänge, die Aptychenschichten und Hornsteinkalke der Höfats, des Schneck, des Himmelhorns und schließlich die zerrissenen, nackten Hauptdolomitgipfel des Großen und Kleinen Wilden und der Höllhörner, die der Lechtaler Schubmasse zugehören.

Eine weitere Eigentümlichkeit des Oytales ist die grüne Talweitung um das Oytalhaus und seine Bergahornallee. Hier hatten niedergegangene Schuttmassen den Boden aufgefüllt und einen Stau gebildet, der einen etwa 2 km langen See entstehen ließ. Seit der Bach jedoch den Bergsturzriegel durchbrochen hat, ist der See ausgelaufen und der Bach selbst versickert beim Wirtshaus in den abgrundtiefen Schotter, um erst bei der Brücke wieder ans Tageslicht zu sprudeln. Linker Hand glitzert der Wasserfall des Seebaches von den steilen Seewänden; er kommt von dem stillen Seealpsee herab. In den senkrechten Dolomitwänden hier hatten einst die letzten Steinadler des Allgäus ihre Horste.

Im Weitergehen sehen wir noch manchen Bach silbern herabstürzen und im Kies des Talbodens versickern. Der machtvollste von ihnen ist der Stuibenfall, der gischtend über dunkle Kalkbänke herabdonnert. Nach Überwindung der Stuibenfallstufe betreten wir den großartigen Talkessel der Käseralpe, bewacht vom Großen Wilden, den Höfatsspitzen und dem Rauheck. In einem zweiten, erhöhten Talboden unterhalb des Rauhecks blitzt der kleine Eissee, seinem Namen alle Ehre machend.

Wer sich nun der legendären Höfats nähern will, steigt auf zum Älpele-Sattel, wo ihm neben der fabelhaften Rundsicht eine beglückende Blumenfülle beschert wird. Auf diesen Fleckenmergeln finden sich das hellviolette Alpenglöckchen, der gelbe Berghahnenfuß, Arnikablüten, Punktierter Enzian, Alpenrose, Kugelorchis, Schwarzrandige Wucherblume, Stengelloser Enzian, Bärtige

38

Glockenblume, Felsenleimkraut, Weißliche Höswurz, Alpenlattich, Bergnelkenwurz u. a.

Wem dieser Reichtum nicht genügt, den lockt der Weg über den messerscharfen Grat zur H ö f a t s. Aber nur dem schwindelfreien, mit Klettereisen ausgerüsteten Bergsteiger ist die Begehung der Höfats möglich, wobei jedoch in diesem NSG die Pfade nicht verlassen werden dürfen. Die bis oben hin begrünten Hänge sind so steil und rutschig, daß der unbewehrte Fuß jeden Halt verliert. Diesem Umstand und den freiwilligen Zeltposten der Bergwacht verdankt dieses einmalige Schutzgebiet die Erhaltung seiner Werte. Denn neben dem Edelweiß bewahrt die Höfats Kostbarkeiten wie die Frühlingsküchenschelle, das Federgras und das Kahlfrüchtige Felsenhungerblümchen, die kein anderer Alpenberg in Bayern trägt. Den Zarten Enzian und die Edelraute gibt es auf keinem anderen Allgäuer Berg. Hinzu kommen Seltenheiten wie Milchweißer Mannschild, Alpenhauswurz, Zwergmutterwurz, Gewimpertes Sandkraut, Dickblätterige Fetthenne und Stengelfingerkraut neben den populären Alpenjuwelen der Enziane und Alpenrosen.

Hauswurz

Eines der bei Oberstdorf mündenden Täler ist als solches kaum erkennbar: Das F a l t e n b a c h - oder S e e a l p t a l ist ein Hängetal, dessen Stufe 400 m tief zum Oberstdorfer Kessel hin abfällt. Erst oben öffnet sich die Talweitung, die – ähnlich dem Oytal – von Schottermassen aufgefüllt ist. Hier durchfließt der Faltenbach den Taltrog unterirdisch, um dann vom Abbruch weg den Faltenbachtobel in die Steilstufe des Flysch zu reißen. Durch das Faltenbachtal führt der klassische Aufstieg auf den besuchtesten Berg der Allgäuer Alpen, das N e b e l - h o r n. Hier verläuft auch die Trasse der Nebelhorn-Seilbahn. Von der Bergstation erreicht man in einer guten halben Stunde den Gipfel und damit einen Angelpunkt der Allgäuer Bergwelt. Die Aussicht ist unerwartet großartig. Es wäre müßig, die einzelnen Gipfel aufzuzählen, die nun alle sichtbar werden. Der Blick überstreicht sie alle vom Hohen Ifen bis zum Hochvogel und an klaren Tagen tauchen die Schweizer Hochalpen und das Zugspitzmassiv im Osten auf. Auch der Blick nach unten ist phantastisch. Nordwärts erstreckt sich das große NSG R e t t e r - s c h w a n g t a l , in sich geschlossen und wie verzaubert in seiner Stille und Einsamkeit. So greifbar nah die Einzelheiten erscheinen, so fern sind sie doch durch den nördlichen Steilabsturz des Nebelhorns, über dem wir stehen. Wendet man sich an der Kammlinie 500 m westwärts, so sieht man hinab auf die blitzenden Seespiegel der beiden Geißalpseen, die auf zwei Talstufen des von Rubihorn, Geißalphorn, Geißfuß, Nebelhorn und Entschenkopf geformten Bergkessels liegen. Die Flora des Nebelhorns gibt ein betrübliches Beispiel, wie stark die Blumenwelt durch Besuchermassen dezimiert werden kann, die auf Bergbahnen bequem in diese Höhen gelangen. Um so mehr ist das Projekt zu begrüßen, in Reichweite der Bergstation einen Alpenpflanzengarten anzulegen, der dem Besucher die Pflanzen nicht nur zeigen würde, sondern ihn auch auf ihre Schutzwürdigkeit aufmerksam machen könnte – wohl oft zum ersten Male.

Fetthenne-Steinbrech

In alle Richtungen gehen vom Nebelhorn-Hotel die Bergwege und Gratsteige aus: zum Daumen, zum Rubihorn, ins Ostrachtal, ins Oytal und zum Laufbacher Eck. Auf dem letzteren Weg finden wir die Blumenwelt noch einigermaßen geschont. So blühen an den Seeköpfen (Blick auf den Seealpsee) der Südliche Tragant, das weiße Wintergrün und die Schwarze Rauschbeere. Sehr blumenreich ist der sonnengewärmte Südhang zwischen Schochen und L a u f b a c h e r E c k , wo massenweise Glockenblumen, Ferkelkräuter, Taubenkröpfe, Margariten stehen und mit etwas Glück auch Alpenanemone, Brändlein, Punktierter Enzian, Goldpippau, Alpenaster und Trollblume zu finden sind. Natürlich ist auch die

39

Aussicht von diesem Weg wunderbar und besonders schön der Blick auf die gegenüberliegende Höfats.

Vom Laufbacher Eck führt der Weg hinab zum Bärgündele und ins Hintersteiner Tal. Diese Landschaft aber wollen wir von ihrem Eingang bei H i n d e l a n g her besuchen. Hier nämlich findet das Großlandschaftsschutzgebiet, das bei der Breitachklamm beginnt, seine nördliche Grenze mit den Stirnwänden von Iseler und Kühgundspitze. Der I s e l e r ist Hindelangs Hausberg. Einen Besuch belohnt er mit dem Anblick schöner Blumen (Silberwurz, Rauhhaarige Alpenrose, Steinrösel, Zwergwacholder, Kohlröschen, Kurzblätteriger Enzian, Schneeheide) und mit weiter Rundsicht. Wie so oft im Allgäu liegt ein großer Reiz in der ausgeglichenen Verteilung von Mattengrün, Waldgrün und Felsengrau. Man übersieht das weite Tal der Ostrach hinab bis nach Sonthofen, und wenn wir uns nach links drehen, überstreicht der Blick den Waldspitz des Imberger Horns und das Trogtal des NSG Retterschwangtal. Darüber thront der Große Daumen mit seinen Ausläufern. Ferner sehen wir die Gipfelkette entlang der Grenze (Hochvogel, Kastenkopf, Kugelhorn, Rauhhorn, Ponten, Bschießer), die Tannheimer Berge (Gimpel, Aggenstein, Breitenstein) und die Zugspitze. Zu Füßen und vor der Iseler Wand liegen Oberjoch mit seinen Skiliften, die braunen Hochmoorflächen des Tales, das Schleifenband der Jochstraße (LSG) und dahinter ansteigend die Berge der LSG „Großer Wald" und Grünten.

Zwischen Hindelang und Hinterstein muß sich die Ostrach durch eine romantische Enge zwängen, die durch den Hauptdolomit des Iseler bedingt ist. An dieser Stelle mündet auch das Retterschwangtal über eine hohe Stufe als Hängetal ein. Man müßte 200 m höher steigen, wollte man einen Blick in diesen zauberhaften Bergkessel werfen. Die Ostrachenge ist sozusagen die Pforte des H i n - t e r s t e i n e r O s t r a c h t a l e s. Dahinter öffnet sich ein weiter Talboden, von dem die Berghänge rechts und links sehr steil ansteigen. Riesige Schuttreißen haben manche Wunde in das Grün der Abhänge gerissen. An anderen Stellen zischen Wasserfälle und Tobel herab. So der Zipfelsbach und der Willersbach, der von der Willersalpe unterhalb des Geißhorns herabkommt. Ein Stückchen weiter finden wir die Ostrach selbst in einer Klamm gefangen. Durch die Aueles-Wände (ND) und in dem finsteren Felsspalt der E i s e n b r e c h e (ND) tobt 80 m tief der Bach dahin. Links zweigt der Weg zum Schrecksee ab, der unterhalb des Kastenkopfes glänzt. Von dort kann man auf dem „Jubiläumsweg" in einer schönen Höhenwanderung entlang des Grenzkammes (teils auf österreichischem Gebiet), vorbei am Lahnerkopf, Schänzlespitz, Schänzle-, Sattel-, Glasfelderkopf und Kesselspitz zur Prinz-Luitpold-Hütte gelangen. Folgen wir

Alpenfetthenne

aber der Ostrach aufwärts, so steht die spitze Gipfelpyramide des „Giebels" nun stets vor uns. An seiner Front gabelt sich das Tal. Rechts geht es durch das Obertalbachtal zum Nebelhorn oder über den hochgelegenen Engeratsgundsee zum Daumen (mit Höhenwanderung zum Nebelhorn). Links öffnet sich die Schlucht des Bärgündelebaches und dort beginnt der eigentliche A l l g ä u e r H ö h e n w e g, den wir zum Zwecke einer abschließenden Übersicht über die Allgäuer Hochalpen bis zur Rappenseehütte verfolgen wollen. Das B ä r g ü n - d e l e ist für seinen Wasserreichtum bekannt. Bereits eingangs stürzt der Wasserfall des Täschlegrabens brausend herab und es folgen noch viele auf dem Weg über die Bärgündelealmen zur Luitpoldhütte. Daß diese Wasserfülle auch ungewöhnliche Pflanzengesellschaften hervorruft, kann man sich denken. So gedeihen im Schluchtwald: Sterndolde, Pestwurz, Hainlattich, Alpendost, Nesselblätteriger Ehrenpreis u. a.; auf den kieselhaltigen Böden der Pointhütte: die Alpenfett-

40

henne, der Pyramidengünsel, die gelbe Platterbse; und oben bei der Bärgündelealm: Alpenrosen und Türkenbund, Glockenblumen und Teufelskrallen, Goldruten und Schafgarben, Gelber Enzian und Blauer Eisenhut.

Schauen wir beim Luitpoldhaus aber wieder auf die Bergmassive, so erfaßt uns Erstaunen; denn ganz selten prägen sich die Schichtfalten und Stauchungen der Gesteine so klar und charakteristisch aus wie hier am Wiedener, an der Kessel- und an der Fuchskarspitze. Auch der unbefangene Laie gewinnt den überwältigendsten Eindruck von den Kräften, die bei der Alpenfaltung tätig waren. Denn es sind harte Dolomitgesteine, die gehoben und geschoben worden sind wie weiches Plastilin. Die Luitpoldhütte ist zugleich der Ausgangspunkt für eine Besteigung des H o c h v o g e l. Der Pfad ist nicht ganz ungefährlich, aber wegen seiner prachtvollen Aussicht und der abwechslungsreichen Wegführung sehr reizvoll. Der Hochvogel hat unbestritten die markanteste Figur unter den Allgäuer Bergen. Seine regelmäßige, schwarzgraue Pyramide überragt machtvoll den umgebenden Bergkranz. Von Westen und Norden gesehen hat er symmetrisch angeordnete Flanken oder Flügel, die ihn als Riesenadler erscheinen lassen. Das nächste Ziel des Allgäuer Höhenweges heißt Kemptner Hütte. Es wird erreicht auf einer wunderbaren Fleckenmergelwanderung, die uns aus großer Höhe noch einmal in die berühmten Gebirgstäler von Oberstdorf schauen läßt. Zunächst durchqueren wir unterhalb des Hauptkammes von Kreuzkopf und Großem Wilden das Bärgündeletal, um über das Joch am Himmeleck ins Oytal zu gelangen. Wir wandern durch die Blumenparadiese am Mitteleck, unterhalb der Höllhörner, am Eissee vorbei, auf dem blütenreichen Grat zum Rauheck. Er gehört zu den umfassendsten Aussichtpunkten des Landes. Begeisternd ist auch der weitere Gratweg zum Kreuzeck und zu den Krottenspitzen, wo rechts das Dietersbach- und das Traufbachtal sowie links das langgestreckte Hornbachtal nach unten schwingen. Wir durchqueren das „Märzle" und gelangen über den Fürschießersattel in das wilde Tal des Sperrbachtobels, wo auf einer der Karstufen die Kemptner Hütte liegt. Die Dolomitzacken der Krottenspitzen, der Öfnerspitze, des Muttlerkopfes und des Kratzer bilden die Silhouette gegen den Himmel. Von hier kann man über das Trettachtal nach Oberstdorf absteigen oder einen Abstecher nach Österreich hinüber zum Großen Krottenkopf machen, der mit 2657 m der höchste Gipfel im Allgäu ist. Wir aber wollen dem Hauptkammweg folgen, der über das Mädelejoch auf die Südseite des Gebirgsgrates geht und unterhalb des Kratzers über die sog. Schwarze Milz (durch Eisenmangan dunkel getönte Fleckenmergel) auf die M ä d e l e g a b e l zuläuft. Sie ist neben Hochvogel und Höfats der bekannteste Allgäuer Gipfel. Ihr Name hat allerdings nichts mit den hübschen Allgäuer Mädchen zu tun, sondern geht auf die kleine Bergwiese (ein Mahdele) unterhalb des Berges zurück. Wieder ist die Aussicht überwältigend. An botanischen Kostbarkeiten sind seltene Vertreter der Hauptdolomitregion hier zu Hause: so die Blaue Gänsekresse, der Niedergestreckte Gelbling, das Kärntner und das Fladnitzer Hungerblümchen, das Breitblättrige Hornkraut, die Kriechende Nelkenwurz und das Benediktenkraut. Als Abstieg von der Mädelegabel bietet sich die kürzere Route über das Waltenberger Haus und das Bacherloch oder die weitere über die Rappenseehütte nach Einödsbach an. Die zweite, der sog. Heilbronner Weg, folgt dem Hauptgrat oder verläuft auf österreichischem Gebiet. Er führt über den Mädelegabel-Gletscher (auch „Schwarzmilzferner" genannt), den Bockkarkopf, am Wilden Mann und an dem skurrilen Zacken des „Wilden Männle" vorbei zum Hohen Licht und von da über die Große Steinscharte hinab zum Rappensee.

Ein Wurzelstock des Gelben Enzians, der zur Herstellung des Enzian-Schnapses verwendet wird

Hochvogel

41

Das östliche Allgäu

Überraschend und völlig anders zeigt sich die Gebirgslandschaft von Füssen und Pfronten, die zum „östlichen" Allgäu gezählt wird. Die Ursache dafür ist das Fehlen der sonst dem Alpensaum vorgelagerten Flyschzone, die ein mildes Übergleiten der Felsberge in die Hügellandschaft der Moränen bewirkt. Auf 20 km Länge (zwischen Edelsberg im Westen und Buchbichel im Osten) fehlt diese Formation, und so ragen die steilen Flanken der Kalk- und Kreideberge jäh hinter dem weiten Wellenfluß des ehem. Lechgletscher-Staubeckens aus dem Boden.

Doch ist sie nicht abweisend, diese Gebirgsmauer. So geschlossen sie von fern erscheint, so gastlich und beglückend öffnet sie sich dem Näherkommenden. Da sind die Alpentore von Füssen und Pfronten, die „Gebirgsnischen" bei Hohenschwangau, die Alpsee und Schwansee in sich aufnehmen, und da sind die Taleinschnitte des Faulenbachs, der Steinacher Ache und der Vils.

Hauptursache für die Entstehung dieser einzigartigen Landschaft war der schmale Gebirgsriegel aus hartem Wettersteinkalk, der sich vom Kienberg bis zum Falkenstein erstreckt. Er war zwar vom Eis des Lechgletschers überfahren worden, doch die Wasser des Lech konnten ihn lange nicht überwinden. So schuf der einstige Lech das breitgehobelte Vilstal, das südlich des Falkensteinzuges hinzieht und durch das breite Alpentor bei Pfronten ins heutige Wertachtal führt. Erst nach der Würmeiszeit wurde der Riegel überwunden. Der Lech sägte sich einen neuen Ausgang in der 6–7 m breiten Klamm bei Füssen. Im Lechfall (auch „Lusalten" oder „St.-Mang-Tritt" genannt) stürzen seine Wasser gischtend die Bresche hinab. Dann umrundet der Fluß, wieder breiter werdend, den Kalvarienberg und die Stadt Füssen und mündet in den Forggensee.

Der bewaldete F a l k e n s t e i n z u g steht in ganzer Länge unter Landschaftsschutz (LSG Weißensee-Pfronten). Wo zwischen den Wettersteinkalkschichten die weicheren Raiblerschichten lagerten, hat der F a u l e n b a c h seine Senke ausgeräumt. Am Eingang des lieblichen Tales liegt Bad Faulenbach (Schwefelquellen). Mittersee, Obersee und Alatsee sind auf Auslaugung von Gipslagern zurückzuführen, da den Raiblerschichten eigentümlich sind. Alte Gipsbrüche zeigen noch die senkrecht stehenden Gipsschichten.

Den westlichsten Gipfel des Falkensteinzuges krönt auf steilem Felssockel die Ruine Falkenstein. Es ist einer der großen Paradepunkte des Alpenrandes. Unbeschreiblich schön bietet sich das Panorama dar: ein Reichtum an Formen, Farben, Räumen und Linien, ein Verschmelzen aller Gegensätzlichkeiten landschaftlicher Schönheit, wie es ganz selten zu finden ist. Nach Süden zu liegt tief unten das breite Vilstal, dahinter die Dolomithöhen der Tannheimer Berge mit den zwei massigen Buckeln des A g g e n s t e i n s (NSG; nördlichster edelweißtragender Berg der Alpen) und davor die mattengrünen Liashänge und Latschenstreifen des Breitenberges (Kabinenseilbahn); nach Westen breiten sich die 13 Ortschaften der Gemeinde Pfronten im sog. Pfrontener Kessel aus, und darüber steigen zwischen den Tälern der Steinacher Ache und der Vils der felsige Kienberg und rechts davon der waldgrüne Edelsberg aus Flysch auf; nach Norden überblicken wir das Moränenland mit vielen silbernen Seespiegeln, braunen Moorflecken und grünen Hügeln und Drumlins. Noch zum LSG Weißensee-Pfronten gehören die vor uns liegenden Buckelwiesen am Wasenmoos, der Kohlbichel und die große Fläche des Weißensees. Etwas weiter entfernt markieren die Ruinen H o h e n f r e y b e r g und E i s e n b e r g (LSG) ihre wald-

Füssen am Lech

42

überzogenen Kreidehügel, an deren westlichem Rand der stille Schweinegger Weiher liegt.

Nun noch ein Blick nach Osten zum Füssener Winkel mit seiner Seenplatte, zum Kamm der Ammergauer Berge mit dem Säuling, wo weiß das Schloß Neuschwanstein vorspitzt, und in der Ferne zur gewaltigen Mauer der Zugspitze. Niemand ist erstaunt, zu hören, daß König Ludwig II. auf diesem, von der Natur so souverän ausgestatteten Gipfel sein Traumschloß Falkenstein errichten wollte, dessen gotische Phantastik Neuschwanstein noch übertroffen hätte: Der Plan kam nicht mehr zur Ausführung. Aber auch der mittelalterliche Ruinenrest der einstigen Falkenstein-Burg kann sich noch rühmen, mit 1268 m Deutschlands höchste Burgruine zu sein. Im Südabsturz des Burgfelsens liegt die von vielen Wallfahrern besuchte „Lourdes-Grotte", eine große natürliche Felsennische. Soweit nicht Fels und kleine Wiesen den Falkensteinriegel schmücken, macht sich Nadel- und Laubwald breit (Fichte, Föhre, Buche, Bergahorn, Wacholder, Felsenbirne, Steinmispel, Berberitze und Mehlbeere). In der üppigen

Blauer Eisenhut

Buschwaldflora gedeihen Schwalbenwurzenzian, Quirlblättriges Salomonssiegel, Rührmichnichtan, Christofskraut, Sterndolde, Blauer Eisenhut, Bergdistel, Bergflockenblume, Purpurroter Hasenlattich, Kahler Alpendost und die Mondviole. Auf den Felsen wiederum fallen Stengelfingerkraut, Weiße Fetthenne, Zwergkreuzdorn, Felsen-Kugelschötchen, Felsenlilie u. a. auf. Die Fülle der Pflanzen steht der Einmaligkeit der Landschaft nicht nach.

Das gleiche gilt von dem Winkel zwischen F ü s s e n und Hohenschwangau, dessen Wahrzeichen der Wetterstein-Felskopf des S ä u l i n g ist. Geschickt geführte Wege wie die Fürstenstraße, der Alpenrosenweg und der Schwanseeweg leiten durch die Wunder dieser Märchenlandschaft. Als Aussichtspunkte sind in erster Linie der Kalvarienberg, Schloß Neuschwanstein, Tegelberg (Seilbahn) und natürlich Säuling zu nennen. Mit den entsprechenden Verschiebungen ist ihr Landschaftsbild demjenigen vom Falkenstein vergleichbar. Hier sind im Norden die viel größeren Seeflächen des Lechstammbeckens bestimmend und am Bergfuß blinken der ernste A l p s e e und der smaragdgrüne S c h w a n s e e. Es ist eine heroisch-romantische Landschaft, deren intimer und einzigartiger Charakter zu den poetisch schimmernden Schlössern König Ludwigs II., Hohenschwangau und Neuschwanstein paßt. Hinter Schloß Neuschwanstein, das auf einem Vorsprung des Gassenthomaskopfes thront, hat die Pöllat eine Schlucht gerissen, deren Höhepunkt der brausende „P ö l l a t f a l l" ist. Der Steg der Marienbrücke quert die Schlucht in großer Höhe.

Hier verläuft die Grenze zum NSG Ammergauer Berge. Obwohl er gemeinhin zu den „Bayerischen Alpen" gezählt wird, gehört der Bergzug mit Säuling, Pilgerschrofen, Älpeleskopf und Tegelberg mit Branderschrofen doch unabdingbar zum Landschaftsbild der östlichen Allgäuer Alpen.

Schloß Neuschwanstein

Die Allgäuer Vorberge

Im Allgäu hat die Alpenfaltung weit über die Flyschzone hinaus auch die Schichten der Molasse ergriffen und bis in die Höhe von Kempten zu langgestreckten, südwest-nordost streichenden Zügen geformt. Während im übrigen Bayern nur zwei schmale Molasseriegel (Murnauer-Riegel, Tölzer-Riegel) dem Gebirge vorgelagert sind, ist es im Allgäu ein regelrechtes Mittelgebirge. Bereits die Immenstädter Nagelfluhberge gehören im Grunde der tertiären Molasse zu. Wie diese, so weisen auch die nördlich anschließenden Ketten in ihren Bergwiesen den Blumenzauber der Alpen auf. Der Bergwald überzieht vor allem die Nordwände, während er die der Sonne zugewandten Bergflanken den Almwiesen überläßt. Da die Höhen bis zu 1200 m aufsteigen, sichern sie dem Wanderer auch die schönsten Fernblicke auf die Alpenberge.

Zwischen den Immenstädter Bergen und dem nördlich davon parallellaufenden Zug mit Staufner Berg und Salmaser Höhe liegt die breite, trennende Senke der Konstanzer Ach, in der die A l p e n s t r a ß e nach Lindau dahinzieht. Die Talweitung steht unter Landschaftsschutz. Das Gebiet beginnt mit dem idyllischen K l e i n e n A l p s e e hinter Immenstadt. Er bereitet als busch- und baumgesäumter Badesee gewissermaßen den G r o ß e n A l p s e e (LSG) vor, auf dessen weitem Wasserspiegel weiße Segel blitzen. Am schönsten ist sein Anblick von einer der Randhöhen herab, die durch Wanderwege gut erschlossen sind. Ein weiterer Höhepunkt der Alpenstraße ist die Umgebung von O b e r s t a u - f e n , dessen Lage und Klima es zu einem der berühmtesten Genesungs- und Erholungsorte der Alpen gemacht haben. Bevorzugte Aussichtspunkte sind der Staufen und die Straßenkehre am sog. Paradies, von wo aus bereits die wildbewegten Moränenzüge der Rheingletscher-Landschaft überschaut werden können. Die folgende Molassewelle wird von Hauchenberg und S t o f f e l s b e r g gebildet. Der letztere steht unter Landschaftsschutz. Mit seinen prächtigen Hecken, Feldgehölzen, kleinen Tobeln und Moorwiesen bietet er das Bild einer anmutigen, vom Menschen maßvoll mitgestalteten Naturlandschaft. Zu seinen Füßen

Großer Alpsee

blitzt der N i e d e r s o n t h o f e n e r S e e (LSG). Der lange Rücken des Sonnenecks (mit der aussichtsreichen Ruine Alttrauchburg) und die Berge des großen K ü r n a c h e r W a l d e s westlich von Kempten stellen die nördlichsten Züge der gefalteten Molasse dar. Dieses umfangreiche Waldgebirge aus Holz, Stein und Wasser birgt viele geheimnisvolle Winkel, wilde Tobel und überraschende Aussichtspunkte. An seinem Ostrand füllt der E s c h a c h e r W e i h e r (LSG) in 1000 m Höhe eine kleine Wanne aus. Die Fürstäbte haben ihn einst zur Wasserversorgung der Stadt Kempten angelegt. Heute ist er ein beliebter Badesee.

Östlich der Iller setzen sich die Allgäuer Vorberge in den Molassezügen des Wertacher Rückens, des Rottachberges und der Senkelekopf-Zwieselberg-Illasberg-Rippe nördlich Füssen fort. Der langgezogene R o t t a c h b e r g vor allem ist eine bisher unentdeckte Naturoase mit Schlößchen und Burgruinen, aufsteigend zwischen der moorbraunen Senke des Kranzegger Baches und der eingetieften Waldschlucht der Rottach. In absehbarer Zeit soll dieser Landstrich zum Schutzgebiet werden und zugleich für Wanderer und Erholungssuchende nach dem Programm „Steig aus und wandere" mit neuen Wegen und Randparkplätzen ausgestattet sein.

*Frühlingstraße in Garmisch
mit Blick auf die Waxensteine*

DIE „BAYERISCHEN ALPEN"

Vom Ammergebirge im Westen bis zum Inntal im Osten erstreckt sich jener *(Dazu Kartenseiten 54–57)*
Teil des Alpengebirges, der historisch am engsten mit dem bayerischen Volks-
stamm verbunden ist. Man spricht daher von den „Bayerischen Alpen" oder
gar von den „Altbayerischen Alpen". Ihre Kerngebiete liegen im Wettersteingebirge mit dem Werdenfelser Land, im Karwendelgebirge und um den Wendelstein. Die Vorgebirge um Walchensee, Tegernsee, Schliersee und Spitzingsee
nehmen darin eine besondere Stellung ein.
Die Altbayer. Alpen fallen durch starke Bewaldung auf. Sie gehören ja noch
zum größten Teil den Voralpen an. Nur Wetterstein- und Karwendelgebirge
sind echte Hochalpen. Sodann erstaunt der große Reichtum an Seen. Er ist
den Eiszeiten zu verdanken. Der Inngletscher hatte aus seinem Tal große Eisströme herüberfließen lassen und viele süd-nord gerichtete Täler ausgeschürft, in
deren Becken Wasserflächen verblieben. Die Zertalung ist zudem für die Durch-
gangsstraßen bedeutsam geworden.
Der V o r a l p e n s t r e i f e n setzt sich aus einem schmalen Molassezug, höheren Flyschbergen (Hoher Trauchberg, Hörnle, Zwieselberg) und aus Bergen
der „ostalpinen Decke" zusammen. Nur wenige Gipfel übersteigen die 2000-Me-
ter-Linie (Säuling 2047, Kreuzspitze 2185 m, Krottenkopf 2085 m) und so

45

bleiben sie trotz ihrer scharf geschnittenen Häupter den Voralpen zugehörig. Sie reichen nicht über die Waldzone hinaus und auch die berühmten Ausflugs- und Aussichtsberge am Alpenrand, wie der Herzogstand, die Benediktenwand und der Wendelstein verbleiben in der Latschenregion. Wegen dieser dichten Walddecke, die 80% des Berglandes überzieht, spielt auch die Almwirtschaft hier eine wesentlich kleinere Rolle als in den Allgäuer Alpen.

Die dahinter aufsteigenden B a y e r i s c h e n H o c h a l p e n aber gehören trotz ihrer geringen Ausdehnung zu den formenreichsten Bergen Mitteleuropas. Ihre stolzen Gipfel umschließen so ziemlich alles, was die nördlichen Kalkalpen an Eindrucksvollem und Schönem aufzuweisen haben.

Im Ammergebirge

Garmisch-Partenkirchen ist der bedeutendste Angelpunkt der „Bayerischen Alpen". Hier treffen das Ammer-, das Ester- und das Wettersteingebirge zusammen. Im Westen steigt mit dem Massiv des Kramer das Ammergebirge an, das in seiner ganzen Länge von 28 km unter Naturschutz steht. Es reicht von Schloß Neuschwanstein im Westen bis zum Kloster Ettal im Osten und vom Loisach-Gries im Süden bis zum Kamm des Hohen Trauchberges im Norden. Damit ist es das größte NSG der Bundesrepublik (ca. 27 600 ha; dagegen Königssee-Gebiet 20 000, Karwendel 19 000, Chiemgauer Alpen 9500 ha) – und glücklicherweise auch das unberührteste. Es war durch die Jahrhunderte Ettaler Klosterbesitz und wurde nach der Säkularisation königlicher Hofjagdbezirk, in dem Ludwig II. neben den Märchenschlössern Linderhof und Neuschwanstein auch einige schöngelegene Jagdhäuser errichten ließ.

Getreppte Sperre an der Linder

Die Waldberge und Felsgipfel des Ammergebirges stehen nur dem Wanderer offen, denn Hütten und Fahrwege sind selten, Seilbahnen gar nicht vorhanden. Zwar reichen die Gipfel auch hier bis über 2000 m und gewähren eine weite Fernsicht auf Hochalpen, Voralpenland und auf eindrucksvolle Täler, doch die Masse der Besucher zieht das bequemer zugängliche, berühmtere Wettersteingebirge vor.

Das Ammergebirge ist geologisch recht kompliziert zusammengesetzt. Es hat an mehreren tektonischen Einheiten teil: den Kalkalpen, den Helvetischen Schichten, der Flyschzone und der Molasse. Der westliche Hauptzug mit Säuling, Branderschrofen und Hochplatte besteht aus Wettersteinkalk, der östliche mit Weitalpspitze, Firstberg und Klammspitz sowie der südliche mit Kreuzspitz und Kramer aus Hauptdolomit. Die schnellen Flüsse haben schöne Täler herausgearbeitet. Die P ö l l a t ist durch ihren romantischen Wasserfall hinter Schloß Neuschwanstein berühmt geworden. Die L i n d e r schuf die Szenerie für Schloß Linderhof. Sie zieht heute durch ein breites Auental, bis sie nach der Vereinigung mit den starken Ammerquellen ihren Namen an die Ammer abgibt. Hier bei Ettal, im Vorfeld des NSG, liegt im ehem. Stammbecken des Ammergauer Gletschers das W e i d m o o s , wo das prächtige rotgelbe Karlsszepter seinen dichtesten und größten Standort in ganz Mitteleuropa hat.

Kleinere Moore (z. B. Lösertalmösel mit Birkengruppen), Schuttkegel (z. B. Friedergrieß), Waldschluchten und Gipfel tragen eine ausgedehnte Pflanzendecke, deren Reichtum in den Bayerischen Alpen kaum wieder übertroffen wird. Den Fichtenbestand unterbrechen Föhre, Bergahorn, Birke, Erle, Vogelbeere und mitunter sogar die Eibe. Die unbeeinträchtigte Blütenflora weist noch viele Arten mit Seltenheitswert auf, so die kleinste Troddelblume, das Bunte Läuse-

Weidmoos

46

Balzende Birkhähne

kraut, das Kohlröschen, die beiden Alpenrosen, die Aurikel, verschiedene Arten des Leimkrautes und die sog. Monte-Baldo-Segge aus den Südalpen. Im Friedergrieß bei Griesen gedeihen seltene Flechten, am Schellschlicht eine erstaunliche Fülle von Steinröschen. Der Jagdschutz hat viel dazu beigetragen, daß auch das Wild, vor allem Gams und Rotwild in herdenmäßigen Ansammlungen anzutreffen ist. Seit 150 Jahren konnte sich der Bestand auf etwa 1200 Tiere vervierfachen. Murmeltier, Auer- und Birkwild fühlen sich in der Abgeschiedenheit des Ammergebirges wohl. Ab und zu soll sogar der Steinadler über den einsamen Felsrücken kreisen.

Durch den Talkessel von Ettal und Oberammergau abgetrennt liegt am Nordosteck des Gebirges der Höhenzug von H ö r n l e und E t t a l e r M a n d l. Streng mit Wald bedeckt, steigen nur wenige Felsgipfel über das Grün der Bäume auf. Die aber gewähren großartige Rundblicke auf das Murnauer Moos am Gebirgsrand und auf der Hochalpenmauer im Süden.

Der K r a m e r ist von den Garmischer Hausbergen der reservierteste, aber sein Fuß überm Loisachtal ist von freundlichen Terrassen umzogen, auf denen bequeme Wanderwege (Kramerplateauweg z. B.) verlaufen. Zielpunkte sind – neben den Wirtshäusern natürlich – der Schmölzersee (Sonnenbichlsee), der Pflegersee und auf einem Plattenkalkvorsprung die Ruine Werdenfels, die dem Lande den Namen gab. Sie herrscht über die Talweitung der Loisach von Oberau bis Garmisch-Partenkirchen. Im Rücken erhebt sich der sog. Königsstand, eine Felsschulter des Kramermassivs, die markant über der Seeleswand des Pflegersees aufragt.

Die L o i s a c h ist die Hauptwasserader des Werdenfelser Landes. Ihr Ursprungsgebiet liegt im Talkessel von Lermoos-Ehrwald. Nachdem sie den „Ehrwalder-Paß" durchlaufen hat, gelangt sie bei Griesen auf deutschen Boden. Von Miesingberg und Ofenberg eingezwängt, muß sie eine Strecke zurücklegen, die von Wildwasserfahrern bei Wettbewerben geschätzt und gefürchtet ist. Straße und Eisenbahn finden kaum Platz in dem scharf eingeschnittenen Talzug. Dann weitet sich die Enge zwischen Grießwald und Gschwandwald wieder, um bei der Schmölz, wo der Hammersbach zufließt, die weite Talaue von Garmisch zu erreichen. Vor allem die Vegetation aus Föhren-Schneeheidewald (auf den Südhängen) mit dem Unterwuchs aus südeuropäischen Arten, wie der Südtiroler Segge, der Felsenbirne, der schneeweißen Hainsimse u. a. bedarf des Schutzes. Den Uferrand bestimmt neben dem Gesträuch der Uferweide und vereinzelten Spirken die Flora der Alpenschwemmlinge mit Gipskraut, Kiessteinbrech, Blaugrünem Steinbrech, Löffelkrautblättriger Glockenblume. Grasnelkenblättrigem Habichtskraut, mit Steifer Segge, Berggamander, Alpendryade, Herzblättriger Kugelblume u. v. a.

Berggamander

Unterhalb von Garmisch-Partenkirchen beherrschen bis nach Eschenlohe dichtgeschlossene Auwälder die kilometerbreite Talweitung der Loisach (Wasserschutzgebiet), die bruchlos in das Murnauer Moos übergeht.

47

Im Estergebirge

*Flugbild des
Steinadlers*

Alpendohle

Mäusebussard

*Flugbild des
Mäusebussards*

Die Loisach scheidet hier das Ammer- vom Estergebirge, das östlich mit dem populären Wank, dem Krottenkopf und der Hohen Kisten aufragt. Im Süden ist es eindeutig begrenzt durch das Kankertal, im Osten durch das Isar-Obernachtal (bis zum Walchensee) und im Norden durch die schmale Furche der Eschenlaine, hinter der die Gruppe Heimgarten-Herzogstand liegt.

Den W a n k nennen die Garmischer ihren Sonnenberg, weil sein Scheitel auf eine Strecke von 2 km waldfrei ist und damit eines der schönsten Panoramen der Alpen überschauen läßt. Das Werdenfelser Land liegt zu unseren Füßen. Ganz nah treten Wetterstein und Karwendel, Lechtaler und Allgäuer Alpen heran. Der Blick fliegt über die Ammergauer, Trauchgauer und Tegernseer Berge, über Kramer und Krottenkopf, in die Täler von Loisach und Isar und in das Vorland hinaus zum Staffelsee und zum fernen Ammersee, „wohin das Ettaler Mandl mit steinernem Finger weist" (Hans Mayr).

Der K r o t t e n k o p f ist die höchste Erhebung des Estergebirges. Von hier aus laufen die Grate zum Rißkopf, zur Hohen Kisten, zum Bischof (am Ostabfall schön sichtbare Faltenbildungen des Plattenkalks) und zum Hohen Fricken. Es ist ein Gebirge für Bergwanderer, die dichte Wälder, enge Täler und lichte Höhen ohne größere Schwierigkeiten durchstreifen wollen. Unter den verschiedenen Naturschauspielen sei nur auf die K u h f l u c h t - W a s s e r f ä l l e hingewiesen. Sie kommen in einem gewaltigen Felszirkus an der Westflanke des Hohen Fricken herunter und fallen in Kaskaden über drei tischeben geschichtete Plattenkalkbänke hinab.

Die Rinne des K a n k e r t a l e s trennt das Estergebirge vom Wetterstein. In ihm verlaufen Eisenbahn und Straße gegen Mittenwald. Nach Osten schließt sich die Senke um den Wagenbrüchsee, den Barm-, Grub- und Tennsee an. Enge Schluchten (z. B. am Hirschbühel), kleine Kessel (z. B. um Kaltenbrunn) und allenthalben Moränenschüttungen bestimmen das Talbild. Die letzteren zeigen die eigenwilligen Formen der Buckelwiesen (s. S. 55). Wegen ihrer Blütenfülle wurde die Talung unter Schutz gestellt. Die Massen des Stengellosen Enzians, des Frühlingsenzians und der Mehlprimel müssen zur Blütezeit bewacht werden, weil Blumenräuber ihnen zusetzen. In das Schutzgebiet einbezogen sind ferner die waldigen Abhänge des Wank und die weiträumigen zauberhaften Buckelwiesen und Mooslandschaften um Barmsee und Grubsee.

Am Südhang des Wank, oberhalb von Partenkirchen, liegt die zentrale „Staatliche V o g e l s c h u t z w a r t e Garmisch-Partenkirchen", deren Aufgabe die wissenschaftliche Erforschung der Grundlagen des Vogelschutzes in Bayern ist. Daneben will sie beratend und aufklärend in die Breite wirken. Zu Studienzwecken werden Vögel auch gefangen und beringt. Eingelieferte Tiere werden untersucht bzw. geheilt; im Zeitraum von sieben Jahren waren darunter gut 300 Greifvögel, u. a. Mäusebussarde, Sperber, Habichte, Wespenbussarde, Wanderfalken, Baumfalken, Turmfalken, Schleiereulen, Waldohreulen, Sperlings-, Stein- und Waldkäuze.

Den Alpenhöhen paßt sich die V o g e l w e l t in besonderer Ausprägung an. Sie soll hier stellvertretend für alle bayerischen Alpenteile angeführt werden. Noch lange ehe wir Gams, Steinbock oder Murmeltier zu Gesicht bekommen, fallen uns die Alpendohlen auf, die großen Flugartisten der Alpengipfel. Weiter unten in der Bergwaldregion gibt es an spezifischen Alpenanpassungen den Berg-Laubsänger, einen der Grasmücke ähnlichen Vogel, die braune Felsenschwal-

48

be, die nur bei Pfronten, im Inntal bei Kufstein und im Berchtesgadener Land auftritt, ferner die Gebirgsspechte Dreizehen- und Weißrückenspecht, den schwarzbraunen Tannenhäher, den Rauhfußkauz und den kleinen Sperlingskauz. Der Almwiesenregion gehören die Ringdrossel, der Wasser- oder Bergpieper und der Steinschmätzer an. Im Krummholz lassen sich Buchfink, Gartenrotschwanz, Heckenbraunelle, Zaunkönig, Baumläufer und Rotkehlchen vernehmen, daneben die Bergvögel Alpenmeise, Alpenleinzeisig und Zitronenzeisig.

Wenn wir die Felsen, Kare und Wände erreichen und die letzten Latschen zurücklassen, bleiben nur noch Turmfalke und Hausrotschwanz als vertraute Vogelgestalten aus dem Unterland. Hier ist eigentlich das Reich des urtümlichen Alpen-Schneehuhns, das in der kalten Jahreszeit sein graues Federkleid mit einem schneeweißen Wintergewand vertauscht. Es ist ein Relikt der Eiszeit, dessen Artgenossen erst wieder weit im Norden Europas zu finden sind. Daneben ist das seltene Steinhuhn zu nennen, das aus dem Süden stammt und seine felsengraue Farbe auch im Winter nicht ablegt. Die Felswände sind bewohnt von der sangesfreudigen Alpenbraunelle, den seltenen weißen Schneefinken, dem Mauerläufer, dem farbigsten aller Alpenvögel, und den Scharen der schwarzen Alpendohlen. Der bevorzugteste Wappenvogel, der im hohen Gebirg horstet, ist der mächtige Steinadler. Er bleibt in den bayerischen Alpen eine Ausnahme; ihn zu erspähen, ist wenigen Bergsteigern vergönnt.

Schneehuhn

Berge um den Walchensee

Dem Estergebirge nördlich vorgelagert ist der Heimgarten-Herzogstandzug. Er zeigt gegen das Moränenland hin eine unverwechselbare Silhouette, weil er sich unmittelbar aus dem ebenen Gletscherstammbecken des Kochelsees erhebt. Vor allem der Herzogstand ist seit je ein vielbesuchter Hausberg der Münchner – wegen seiner Aussicht auf Kochelsee, Walchensee und sechs weitere Seeflächen geliebt und überlaufen. Eine Seilbahn erschließt seine Gipfelregion. Der W a l c h e n s e e zu seinen Füßen ist LSG. Da sein Spiegel rund 200 m über dem des nahen Kochelsees liegt, war die Verlockung groß, das Gefälle durch Kraftwerke zu nutzen. Bereits 1924 wurde das Walchensee-Kraftwerk seiner Bestimmung übergeben und hat seinerzeit als technisches Meisterwerk Aufsehen erregt. Man muß zugestehen, daß die Landschaft durch die Kraftanlage wenig gelitten hat. Nur bei Niedrigwasser senkt sich der Spiegel des Walchensees bis zu 6 m und läßt seinen weißen Kiesrand sehen. Mit einer Tiefe von rund 192 m und einer Ausdehnung von 16,4 qkm ist er der größte und tiefste Gebirgssee Deutschlands. Den Höhenunterschied zum Kochelsee hinab überwindet die kurvenreiche Kesselbergstraße, eine wichtige Verbindung von München nach Mittenwald. J. W. v. Goethe hatte auf seiner Reise nach Italien diese Strecke gewählt und war dabei einem Härfner-Mädchen begegnet, dem Urbild der „Mignon" aus dem Roman „Wilhelm Meisters Lehrjahre". Ein Ahornbaum, auf den ihn das Mädchen aufmerksam machte, wird heute noch bei Einsiedel gezeigt. Einen natürlichen Abfluß nach Osten hat der Walchensee mit dem Bach der J a c h e n a u , der ein stilles Tal bis zur Isar hin durchläuft. Das ganze Bergrevier und die Täler zwischen Isar, Walchensee und Bad Tölz tragen die alte Bezeichnung I s a r w i n k e l . Weil die Benediktenwand beherrschend seine Mitte kennzeichnet, hat man auch die etwas umständliche Bezeichnung „Benediktenwand-Gebirge" geprägt. Nördlich stehen in einem kleinförmig gegliederten

Goethes Ahornbaum am Walchensee

49

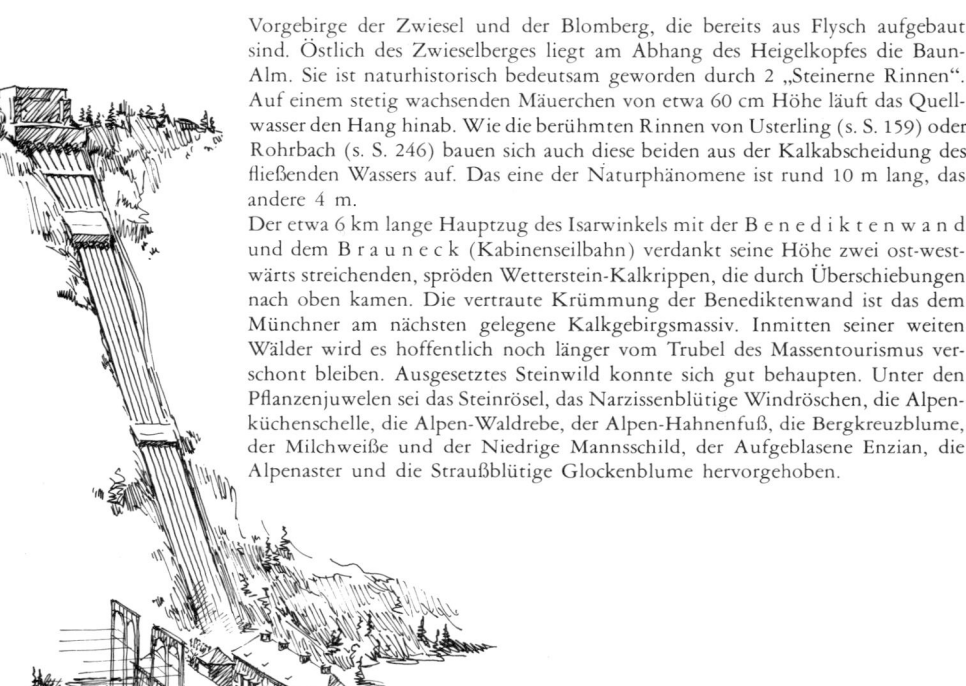

Vorgebirge der Zwiesel und der Blomberg, die bereits aus Flysch aufgebaut sind. Östlich des Zwieselberges liegt am Abhang des Heigelkopfes die Baun-Alm. Sie ist naturhistorisch bedeutsam geworden durch 2 „Steinerne Rinnen". Auf einem stetig wachsenden Mäuerchen von etwa 60 cm Höhe läuft das Quellwasser den Hang hinab. Wie die berühmten Rinnen von Usterling (s. S. 159) oder Rohrbach (s. S. 246) bauen sich auch diese beiden aus der Kalkabscheidung des fließenden Wassers auf. Das eine der Naturphänomene ist rund 10 m lang, das andere 4 m.

Der etwa 6 km lange Hauptzug des Isarwinkels mit der B e n e d i k t e n w a n d und dem B r a u n e c k (Kabinenseilbahn) verdankt seine Höhe zwei ost-west-wärts streichenden, spröden Wetterstein-Kalkrippen, die durch Überschiebungen nach oben kamen. Die vertraute Krümmung der Benediktenwand ist das dem Münchner am nächsten gelegene Kalkgebirgsmassiv. Inmitten seiner weiten Wälder wird es hoffentlich noch länger vom Trubel des Massentourismus verschont bleiben. Ausgesetztes Steinwild konnte sich gut behaupten. Unter den Pflanzenjuwelen sei das Steinrösel, das Narzissenblütige Windröschen, die Alpenküchenschelle, die Alpen-Waldrebe, der Alpen-Hahnenfuß, die Bergkreuzblume, der Milchweiße und der Niedrige Mannsschild, der Aufgeblasene Enzian, die Alpenaster und die Straußblütige Glockenblume hervorgehoben.

Walchensee-Kraftwerk

Im Wettersteingebirge

Südlich vom Ammer-, Estergebirge und Isarwinkel ragen die Hochgebirge des Wettersteins und des Karwendels auf. Das Wettersteinmassiv ist von großer Geschlossenheit. Auf 8 km Breite und 22 km Länge präsentiert es alle Details, die zu einem Hochgebirge gehören. Gipfel, Wände und Abgründe, Seen, Wasserfälle und Klammen, sogar die Gletscher sind vorhanden. Der First des Wettersteins steigt vom Osten allmählich an, um mit der Zugspitze jäh nach Westen abzubrechen. Vom Garmischer Talkessel aus gesehen, drängen sich die Pyramide der Alpspitze und die drohenden Waxensteine in den Vordergrund und verbergen den gebieterischen Hauptkamm.

Stolz wahrt das Wettersteingebirge den Abstand zu allen Nachbarbergen und zeigt seine königlichen Umrisse frei nach allen Seiten. In der Zugspitze kulminieren die drei Hauptkämme des Massivs: der lange W e t t e r s t e i n k a m m mit der Wettersteinwand, der Dreitorspitze, dem Hochwanner und dem Schnee-

50

fernerkopf, der B l a s s e n k a m m mit der Alpspitze, dem Hochblassen und den Höllentalspitzen sowie der W a x e n s t e i n k a m m mit den Waxensteinen und den Riffelwandspitzen. Zwischen ihren Flanken eingerissen das Höllental mit dem Hammersbach und das Reintal mit der Partnach. Beide Bäche verlassen das Hochgebirge in kühn geschnittenen Klammen, durch die das Wasser zwischen senkrechten und überhängenden Wänden dahintost. Die P a r t n a c h - k l a m m ist 200 m tief in den Muschelkalkriegel zwischen Kreuzeck und Eckbauer eingesägt. Ihre Wände hat das Wasser glattpoliert. An der Schluchtsohle bohren die vom reißenden Wasser in Drehung versetzten Gerölle Strudeltöpfe in den Fels. Halbrunde Nischen in den Wänden weisen auf einstige Strudellöcher hin. Folgt man dem klaren, opalgrünen Wasser der Partnach aufwärts, so muß man im dichten Bergmischwald das langgestreckte R e i n t a l durchwandern, kommt an den beiden Bergseen der „Blauen Gumpen" vorbei und gelangt am 20 m hohen Partnachfall auf den Reintalanger. Hier schließt der Steilabfall des Zugspitzplatts den imposanten Talschluß ab. Das P l a t t ist der hochgestemmte Rest einer einstigen Ebene. Sie zeugt von der Arbeit des großen Schneeferners, der das wildzerschrundene Karrenfeld bis zum Ende der Eiszeiten bedeckte und seine Oberfläche überformen, jedoch nicht mehr in Täler und Berge auflösen konnte. Den oberen Teil des Platts bedeckt noch der Schneeferner. Er ist neben dem Höllentalferner der letzte Rest der großen Gletschermassen, die während der Eiszeiten dem Gebirge und seinem Vorland die heutige Gestalt gegeben haben. Eine besondere Attraktion hat die oberste Mulde des Platts als Skiparadies gewonnen. Es ist mit seiner Höhe von rund 2500 m und mit der eisigen Unterlage des Schneeferners das absolut schneesicherste Gebiet Bayerns.

Partnachklamm

Dem Reintal vergleichbar ist das H ö l l e n t a l , das in der skurrilen H ö l l e n - t a l k l a m m seinen Anfang nimmt. Es hat nicht die Ausdehnung des ersteren und mündet in einem kleineren Kar, aber der Talschluß des Höllentalangers ist ungleich faszinierender, er wird als das „Grüne Herz des Höllentales" bezeichnet.
Die Z u g s p i t z e ist der höchste und kälteste Punkt Deutschlands. Durch seine drei Bergbahnen auch der am meisten besuchte Berg. Hotel, Hütte und Observatorium klammern sich an seine Felsen.
Die Vegetation des Wettersteingebirges kann zwar mit der Pflanzenfülle der Allgäuer Alpen nicht konkurrieren, aber es gibt einige Flecken, wo sie überraschend schön und reichhaltig ist. Um sie zu studieren, sollte man den S c h a - c h e n und seine Umgebung aufsuchen (NSG). Die alpine Flora ist dort den sog. Raibler-Sandstein-Schichten zu danken, auf deren kalkarmem Boden die prächtigsten Arven (in Sibirien beheimatete Zirbelkiefern) stocken. Nur an ganz wenigen Stellen der Bayer. Alpen haben sich welche erhalten. Ihre knorrigen Stämme bewachen paradiesische Alpenrosenfelder. Die tieferen Matten, vor allem im Grenzgebiet zwischen Sandstein und Kalk, sind übersät von blauen Enziansternen, Heidekräutern, Thymian, Glockenblumen, Braunellen, Silberdisteln, Alpenhahnenfuß, Silberwurz, Goldleuchtenden Ferkelkräutern usw. Ein einzigartiges Erlebnis erwartet den Bergwanderer im A l p e n g a r t e n am Schachen. Der Besucher kann bequem alle typischen Hochgebirgspflanzen, besonders die des bayerischen Alpenteils von den Allgäuer bis zu den Berchtesgadener Alpen, kennenlernen. Sie sind nach pflanzengeographischen Gesichtspunkten geordnet. Die Anlage wird vom Botanischen Garten in München betreut und ist in hervorragendem Zustand. Der Schachen liegt im Anblick von Dreitorspit-

Zirbelkiefer vor der Alpspitze

51

ze, Hochblassen und Alpspitze und bietet eine grandiose Fernsicht auf das Trogtal der Partnach und auf das Alpenvorland vom Staffelsee bis zum Isartal. Es ist ein göttlicher Winkel, wo Gamsrudel, Hirsche, Kolkraben, Tannenhäher und Steinadler Heimatrecht haben.

Mit sicherem Gespür hat König Ludwig II. in diese Bergeinsamkeit sein phantastisches Jagdhaus setzen lassen. Außen ein nur wenig verziertes Holzbauwerk, empfängt uns im maurisch ausgestalteten Inneren eine verblüffende Traumimitation aus 1001 Nacht, die wie eine mutwillige Gegenwelt zur Schachenlandschaft erscheint.

Von jenseits des Reintales grüßt das K r e u z e c k. Ebenfalls den hohen Gipfeln vorgelagert, ist es ein gern besuchter Aussichtsberg, der schon früh durch eine Bergbahn erschlossen worden ist.

Dem Wettersteingebirge zu Füßen liegen eisgeschliffene Vorberge, die mit der Schönheit ihrer Kleinlandschaften entscheidend zum guten Ruf des Wintersport- und Kurortes Garmisch-Partenkirchen beitragen. Da blinkt in der Flanke des Waxensteinkammes der geheimnisvolle E i b s e e. Die zahllosen Buckel seiner Umgebung sind auf eine große Bergsturz-Katastrophe am Ende der Eiszeit zurückzuführen, die das Land zwischen Eibsee und Grainau formte. Durch herabstürzende Blockschuttmassen entstanden jene Kessel, die heute von einigen kleineren Weihern (Frillensee, Badersee) und vom großen Eibsee ausgefüllt werden. Der Gegensatz zwischen der stillen Wasserfläche, den grünen Höhenlinien des „Zugwaldes" und des „Törlen" und den steil und wild darüber aufstrebenden Felswänden schafft einmalige Landschaftsstimmungen. Der Name des Sees stammt von der dunklen Eibe, die in den umliegenden Wäldern noch vereinzelt anzutreffen ist. Östlich von Hammersbach wölbt sich aus dem Talkessel der sog. Waldeck-Wamberger-Rücken auf. In seinen Hängen, Almen und Blumenwiesen erscheint eine geradezu parkhafte Landschaftsbildung, die zu keiner Jahreszeit ihre Anziehungskraft verliert. Seen (Rießersee, Kainzenbad), Bergbahnen (zum Kreuzeck, zum Hausberg, zum Kreuzwankl, zum Eckbauer), Sportanlagen (Olympiastadion von 1936, Sprungschanzen, Bobbahn usw.), viele Wanderwege und nicht zuletzt die gastlichen Wirtshäuser bieten alle Annehmlichkeiten, die von einem exklusiven Kurort erwartet werden.

Im Osten des Gebirges markieren die W e t t e r s t e i n s p i t z e n und die Ferchenseewände den Gebirgsrand. Unter deren schroffen Mauern liegen der Lauter- und der Ferchensee in einer Talfurche, die nordwärts vom H o h e n K r a n z b e r g begrenzt wird. Sein breiter Rücken gewährt eine gute Orientierung über die Lage Mittenwalds und über den Kranz der vielgestaltigen Wetterstein- und Karwendelberge. Darüber hinaus ist seine Florenwelt berühmt. Auf den sumpfigen Stellen und um die Ränder der kleineren Seen (z. B. Wildensee) stehen die Mehlprimel, das Sumpfherzblatt, das Alpenfettkraut, der Purgier-Lein, die Simsenlilie und das Wollgras. Auf trockenem Boden finden wir die Flora des Hauptdolomits mit Schneeheide, Buchsblättriger Kreuzblume, Schwarzbrauner Akelei, Weißlicher Höswurz, Waldhyazinthe, Brandknabenkraut, Berg- und Silberdistel, Alpen-Leinblatt, Alpen-Sonnenröschen, Herzblättriger Kugelblume, Stengellosem Enzian u. v. a.

Buchsblättrige Kreuzblume

52

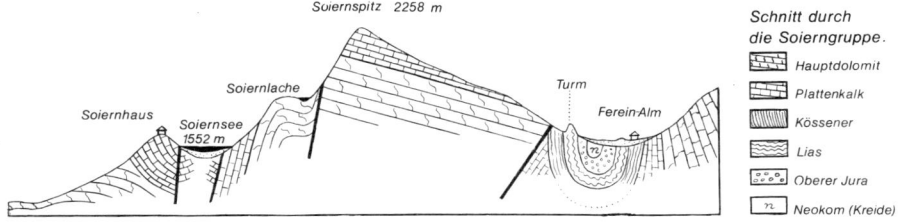

Soiernspitz 2258 m

Soiernlache

Turm

Soiernhaus

Soiernsee 1552 m

Ferein-Alm

Schnitt durch die Soierngruppe.

Hauptdolomit

Plattenkalk

Kössener

Lias

Oberer Jura

Neokom (Kreide)

Im Karwendelgebirge

Jenseits der Talfurche von Mittenwald steigt mit schroffen Wänden das Karwendelgebirge auf. Es gehört nur mit einem kleinen Teil zu Bayern; darin aber liegen einige der markantesten Berge, Seen und Pflanzenparadiese. Wir wollen es im Zusammenhang mit dem Isarlauf betrachten.

Die I s a r hat die wildeste Strecke ihrer Jugend bereits zurückgelegt, wenn sie oberhalb von Mittenwald nach Bayern kommt. Am Hallerangerboden in 1750 m Höhe ihre ersten Wasser sammelnd, ist sie durch Engstellen und über Wasserfälle 800 m tief herabgestürmt. Nun zieht sie in einem breiten Bett zwischen der steilen Ostflanke des Karwendelgebirges und dem hohen Arnspitzstock nordwärts bis Wallgau. Hier wendet sich der Fluß nach Osten und umzieht bis zum neugestauten Sylvensteinspeicher das Karwendelgebirge. Das Wort von der „Tochter des Karwendels" ist also keine schmückende Übertreibung, denn die Isar entspringt mitten darin und sammelt die meisten Wasser dieses Gebirgsmassivs.

Es war einst reserviertes Hofjagdgebiet und konnte so seine unberührte Natur bis in unsere Tage bewahren. Sowohl auf bayerischer wie auf österreichischer Seite steht es unter Naturschutz. Das Karwendel gilt als das größte unbesiedelte Gebiet Mitteleuropas. In seinen drei Gebirgsgruppen (Vordere Karwendelkette mit der östl. Karwendelspitze 2539 m; Soierngruppe mit der Soiernspitze 2258 m, und Rissergruppe mit dem Scharfreiter 2100 m) treten nahezu alle Gesteinsschichten der Kalkalpen zutage und sie tragen eine Pflanzendecke, die jeden Naturfreund in Entzücken setzt. Fast die Hälfte der geschützten Pflanzen Bayerns kann man beim Aufstieg antreffen. In der Region zwischen 1000 und 1500 m Höhe sind es die Florengesellschaften des Bergwaldes mit üppigen Farnen, Rostrotem Alpendost, Purpurrotem Huflattich und dem tiefblauen Alpenmilchlattich. Wo Lichtungen dem Sonnenstrahl Einlaß geben, finden wir u. a. das Lungenkraut, den Gelben Fingerhut, den Eisenhutblättrigen Hahnenfuß und den Giftholunder.

Mittenwald mit Karwendel

Stengelloses Leimkraut

Felsenehrenpreis

Buckelwiesen

Das Gebiet von der Felsregion der Soierngruppe bis zur Landesgrenze zwischen Wörner und östlicher Karwendelspitze ist Staatsbesitz und unterliegt strengsten Schutzvorschriften. Hier soll die Alpennatur in völliger Ursprünglichkeit erhalten und von jeglicher Nutzung frei bleiben. Die selten gewordenen Baumgestalten der Zirben, Eiben, Bergahorne und Stechpalmen haben hier ein Reservat. Unvergleichlich sind allerdings die auf österreichischer Seite gelegenen alten Bergahornbestände des zauberhaften „Kleinen Ahornbodens".

Von den Greifvögeln sind der Steinadler und verschiedene Falken- und Eulenarten vertreten. Auch an Rot- und Gamswild besteht kein Mangel. Die Fülle der alpinen Pflanzen in ihrem leuchtenden Reichtum kann nur angedeutet werden. So finden wir z. B. im Soierngebiet aufsteigend: Felsenehrenpreis, Bärwurz, Schwarzes Kohlröschen, Alpensonnenröschen, Alpengemskresse, Bergspitzkiel, Nacktdrüse, Österreichische Miere (in Bayern nur im Karwendel vertreten), Tannenbärlapp, Alpen-Wundklee, Stengelloses Leimkraut, Zottiges Habichtskraut, Aurikel, Strauchiger Ehrenpreis, Bayerischer und Stengelloser Enzian, Alpenmohn, Gemsen-Kreuzkraut, Kugelköpfiges Knabenkraut, Zwerg-Ruhrkraut, Nacktstengelige Kugelblume, Waldwicke, Bastard-Hahnenfuß, Schwarzrandige Wucherblume, Schweizer Labkraut und nicht zuletzt die Alpenrose.

Die Landschaftsbilder des Karwendel zeigen jede wünschenswerte Abwechslung. Kühne Felsflanken mit geologisch hochinteressanten Karen, stille Bergseen, Latschenfelder, urtümliche Bergwälder und weite Almen. Unnötig zu betonen, daß der Rundblick von den Gipfeln des Karwendelgebirges die schönsten Alpenpanoramen bietet.

Von Mittenwald kann man sich neuerdings mit einer Kabinenseilbahn bis 144 m unter die westliche Karwendelspitze transportieren lassen. Für die Skifahrer ist damit ein idealer Zugang zu den Pisten auf den Karflächen (z. B. Dammkar) geschaffen worden. Andererseits stellt die Seilbahn eine wachsende Gefahr für die Stille und Naturhaftigkeit des westlichen Karwendelgebirges dar.

Folgen wir nun der Isar auf der Talsohle, so kommen wir hinter der Grenze zunächst in die landschaftsgeschützte Schotterau des blumenreichen R i e d b o - d e n s, wo sich als sog. Schwemmlinge Pflanzen der Felsregion mit südeuropäischen und anderen Arten mischen. Zwischen vereinzelten Latschen und Spirken breiten Silberwurz, Graugrüner Steinbrech, Quellensteinbrech und Herzblättrige Kugelblume ihre prächtigen Polster aus. Vom Riedboden westwärts steigt der A r n s p i t z b l o c k auf, dessen Gipfelregion wegen ihrer reichen, dem Wettersteingebirge zugehörigen Flora mit Edelweiß und Straußglockenblume unter Naturschutz steht. (Grandiose Aussicht zum Wetterstein und ins Karwendel.) Zwischen Arnspitze und Wettersteinausläufern durchtost die L e u t a s c h ihre wilde Klamm, ehe die Isar sie aufnimmt. Unweit der Klamm, wo das stürzende Wasser seine Gewalt spektakulär kundtut, findet sich das Naturdenkmal eines beispielhaften Gletscherschliffs. Hier hat das fließende Eis seine Spuren hinterlassen. Auf eine Länge von 16 m ist die Felswand 2-3 m breit glattgeschliffen und von „Gletscherschrammen" durchkritzt. In Richtung des Eisflusses fühlt sich der Fels poliert an, fährt man aber „gegen den Strich" mit der Hand darüber, so spürt man die Unebenheiten der Wand. Solche, von den Eismassen abgehobelten Schliffe blieben durch Schuttablagerung vor der Verwitterung bewahrt und kamen mehrfach durch Bauarbeiten ans Licht.

Folgt man der Isar weiter flußabwärts, so tritt bald hinter Mittenwald auf ihren linken Hochufern, den Hochflächen der sog. „Mittenwälder Mähder", eine neue ungewöhnliche Landschaftsform in Erscheinung, die sog. „B u c k e l w i e s e n".

54

Ihren Namen erhielten sie von den zahllosen Buckeln, Höckern und Dellen, die gleichmäßig den Talboden und die sanften Hänge überziehen. Man führt zum Vergleich gern das Bild erstarrter Wasserkräuselungen an, doch hat ihre Entstehung weniger mit irgendwelchen Wellenbewegungen zu tun, als vielmehr mit Vorgängen in der zurückweichenden Isar-Gletscherzunge. Das schmelzende Firneis war von vielen kleinen Ritzen und Sprüngen zerspalten, in welchen der mitgeführte Schotter zu Boden fiel und den Gletschergrund mit kleinen Hügelchen übersäte; z. T. gehen sie auf die Frostverformung des Bodens während der Tundrenzeit zurück. Heute bieten diese Buckelfluren ein heiter bewegtes Aussehen und bedürfen sowohl wegen ihrer geologischen als auch floristischen Eigenheit des Schutzes. Obwohl sie als Viehweiden genutzt werden, tragen sie nichtsdestoweniger den bunten Blütenteppich der Blaugrashalden. Da leuchten unter vereinzelten Latschen und Spirken im Laufe des Jahres u. a. Mehlprimel, Aurikel, Stengelloser Enzian, Purpurne Schneeheide, Alpendryade, Herzblättrige Kugelblume, Ästige Zaunlilie, Scheidenkronwicke, Brillenschote, Bergdistel und die Schwärzliche Akelei.

Doch zurück zur Isar. Bei Krün wird ihr der größte Teil des Wassers entzogen und in Röhren und Kanälen zum Walchensee gelenkt, der ja als Wasserreservoir für das Walchenseewerk dient. Die verbleibende Wassermenge verliert sich in dünnen Armen auf dem breiten Schotterbett des Gebirgsflusses. Vordringende Föhren- und Weidengruppen können nur allmählich in dieser Kieswüste Fuß fassen. Auch der Rißbach mündet bei Vorderriß in verkümmertem Zustand ein. Seine Wasser werden weiter oberhalb im schönen Rißbachtal von Stollen geschluckt und unterirdisch dem Walchensee zugeführt. Den letzten Rest des Isar-Wassers staut der 40 m hohe Damm des S y l v e n s t e i n s p e i c h e r s (LSG) zu einem langgestreckten See auf, dessen Schuttbänke bei Wassermangel (besonders in den ersten Jahresmonaten) etwas bleich und kahl hervortreten.

Sylvensteinspeicher

Doch ist es nicht zu leugnen, daß sich die drei Seearme im Sommer und Herbst harmonisch in die stille Berg- und Waldlandschaft fügen. Man mag an norwegische Fjorde erinnert sein. Talgrund und Nordhänge stehen bei Lenggries unter Landschaftsschutz; vom Südufer steigt ohnehin das naturgeschützte Karwendelgebirge auf. Somit haben auch die Alpenpflanzen-Gesellschaften hier eine Chance des Überlebens. Die Bodenbegrünung sichern die Horste der Schneeheide, die Spalierrasen der Silberwurz, der Herzblättrigen Kugelblume und die Buschformen der Ufer-, Purpur- und Schwärzenden Weide sowie die dunkle Deutsche Tamariske. Im Spätsommer leuchten u. a. die Blüten der Gemskresse, des Grasnelkenblättrigen Habichtskrauts, der Alpengänsekresse, der Gemeinen Silberdistel und des Augentrostes auf dem sonnengewärmten Geröll. Von links mündet das Tal der Jachenau ein, das überformt ist von einem Gletscherast, den die Walchen–Kochel–Gletscherzunge entsandte und der hier wieder vom Hauptisargletscher aufgenommen wurde. Höchst bemerkenswert sind in der Jachenau zwei kleine Bergkiefernmoore am R a u t h o f und an der S c h e m e r a l m (LSG). Beide liegen auf der wasserundurchlässigen „Seekreide" des einstigen Tölzer Sees. Ihre Aufwölbung, ihr steiles Randgehänge, die starke Durchnässung und der Bewuchs mit kuschelnden Latschen, Weißer Schnabelbinse, Sumpfbärlapp und einem Kranz von Fichten, Erlen und Faulkirschen bieten Miniaturexempel für die alpinen Talhochmoore. Von Lenggries bis Bad Tölz quert die Isar die Flyschzone der Alpen in einem schönen weiten Tal, das der mächtige Isar-Gletscher ausgehobelt hat. Östlich das urwaldhafte H i r s c h b a c h t a l. Hinter Bad Tölz zieht der Fluß in das Moränenland hinaus.

Silberwurz

55

Maßstab 1 : 100 000

Am Tegernsee

Zwischen Isar und Inn

Östlich des Lenggrieser Isartales beginnt die Bergwelt der T e g e r n s e e r und S c h l i e r s e e r B e r g e , die gegen den Inn zu im Wendelstein gipfelt. Sämtliche Höhen gehören den Kalkvoralpen an, und wenn auch felsige Charakterköpfe darunter sind (z. B. Wendelstein oder Risserkogel), so erreichen sie doch nirgends die 2000-m-Linie. Die höchste Erhebung ist mit 1885 m die Rotwand. Fast alle Gipfel sind daher auch leicht zugänglich.

Die sanfte Anmut im bunten Wechsel freundlicher Tal- und beschwingter Berglandschaften macht sie zum bevorzugten Ausflugsziel der Münchner. Um der Gefahr einer völligen Zersiedelung und restlosen Kommerzialisierung dieses begehrten Landes entgegenzuwirken, wurden 12 großflächige Kerngebiete unter Landschaftsschutz gestellt, die zusammenhängend den größten Teil der Berglandschaft einschließen: die Egartenlandschaft im Vorland, der Tegernsee, der Schliersee und der Spitzingsee mit ihren Umgebungen, das Kreuther Weißachtal, das Suttengebiet, das mittlere und oberste Leitzachtal, das erweiterte Soienkargebiet am Wendelstein, das Auerbachtal um den „Tatzelwurm" und das Gebiet der Mühlau und der Schöffau.

Die bedeutendsten Zugänge in diese Landschaften liegen in den flankierenden Tälern von Isar und Inn, im Mangfalltal (zum Tegernsee), im Schlierachtal (zum Schliersee und Spitzingsee) und im Leitzachtal (nach Bayrischzell und zum Wendelstein).

Der T e g e r n s e e tritt uns überraschend entgegen, wenn wir den Berg von Gmund herabkommen. Wie ein Ferienparadies liegt die blitzende Wasserfläche in heiterer Weite und abwechslungsreicher Bergumrahmung vor uns. Karl Stieler erschien der See „wie ein Spiegel des Glücks". Am linken Ufer das alte Kloster Tegernsee mit seinem Turmpaar, auf der rechten Seite das schnell wachsende Bad Wiessee (seit 1909 besitzt es die stärkste Jod- und Schwefelquelle Deutschlands), am Südende das gartenreiche Rottach-Egern. Verschiedene Täler münden

58

in den Tegernseer Kessel. So gleicht der See einem „Saal mit mehreren Neben-gelassen".

Er stellt den Überrest des einstigen Tegernsee-Gletschers dar, dessen Endmoränen-wall sich bei Gmund abgelagert hat und die Wasser des Sees nach Norden abdämmte. Die Mangfall ist dabei, den Moränenhügel durchzusägen. In engen Schlingen verläßt sie bei Gmund den See, um durch die idyllische E g a r t e n - l a n d s c h a f t zu fließen, die sich zwischen Reichersbeuren, Taubenberg (groß-artiges Alpenpanorama vom Gipfel) und Miesbach mit Wäldchen, Mooren, Einödhöfen, Gärten, Einzelbäumen und samtenen Weiden ausdehnt. Der Name Egarten weist auf die Abgrenzung der Grundstücke durch lange Baumzeilen von Ahorn, Esche, Ulme, Linde, Eiche u. a. hin.

Gänsesäger

Die Vogelwelt des Tegernsees weist an Wasservögeln u. a. das schwarze Bläß-huhn, die farbige Stockente, den wendigen Haubentaucher, den nur amselgro-ßen Zwergtaucher, die schwarzköpfige Flußseeschwalbe, den seltenen Gänsesäger und den stolzen Schwan auf.

Da die Bergwände eine ausgewogene Distanz zum Spiegel des Tegernsees wah-ren, bleibt genügend Platz für den Lebensraum des Menschen. Kur- und Erho-lungsstätten der kleinen Orte sind nicht eingezwängt zwischen hohe Bergflan-ken. Die Hänge hinauf und in die Täler hinein führen vielbegangene Wanderpfa-de: vom Ort Tegernsee ins Alpbachtal, hinauf zum Leerbergrücken und seinem Lärchenwald, zum Großen Paraplui, zum Berggasthaus und zur Kapelle auf dem Rauhwackenriff des Riedersteins oder auf dem Höhenweg nach Gmund einerseits und zur Tuften (Ludwig-Thoma-Haus) andererseits. Ausgedehntere Bergwanderungen gehen auf die Neureut (weite Aussicht, schön angelegter Alpenpflanzengarten), zur Gindelalmschneid oder zur Baumgartenschneid, wo der Blick zum idyllischen Schliersee hinabgleiten kann. Die kürzeste Verbin-dung zwischen Tegernsee und Schliersee bietet der „Prinzenweg". Von Bad Wiessee wandert man in das schöne Söllbachtal, in das Zeiselbach- und in das Breitenbachtal, zum Sonnenbichl, zur Auer-Alm u. v. a.

Die Gipfel westl. des Tegernsees gehören bis zur Wasserscheide zwischen Mang-fall und Isar den „Tegernseer Bergen" an, Schönberg, Silberkopf, Geigerstein und Rechelkopf liegen jenseits und zählen zum „Isarwinkel" bzw. zu den „Lenggrieser Bergen". Die Wettersteinkalk-Rippe des Fockensteins kennzeichnet die Grenze zwischen beiden Gebieten. Neben dem vielbesuchten Hirschberg sind diesseits die charaktervollen steilen Korallenriffe des Roß- und Buch-steins sowie des Leonhardsteins hervorzuheben.

Doch am Tegernsee zieht zunächst der abgestumpfte Riesenkegel des W a l l - b e r g e s alle Blicke auf sich. Tausend Meter hoch über den See steigen seine Waldflanken auf. Über der Laub- und Mischwaldzone folgt der dunkle Fichten-wald und anschließend die Latschenregion. Die Wallberg-Seilbahn hat den Berg für die Besuchermassen erschlossen und damit die Flora des Berges man-cher „Liebhaber"-Gefahr ausgesetzt. Im Winter ist der Wallberg eines der be-liebtesten bayerischen Skireviere.

Der am Wallberg beginnende Grat schwingt über den Setzberg und das Gru-bereck zum R i s s e r k o g e l, dessen Besuch wegen der umfassenden Aus-sicht höchst lohnend ist. Seine zwei Kare, durch den Sattel zum schroffen Plankenstein getrennt, halten beide noch einen See umschlossen: den Röthen-steiner- und den Riedereck-See.

Aus dem K r e u t h e r T a l strömt die Weißach in den Tegernsee. Ihre Wasser kommen von Glashütte am Achenpaß herab und durchrauschen zwischen Roß-

59

und Buchstein im Norden und Schildenstein im Süden bis Wildbad Kreuth (Schwefelquelle) ihr walddichtes Tal in östlicher Richtung. Hier betreten sie das LSG W e i ß a c h t a l und nehmen ihren Weg nach Norden. Das Tal wird zusehends weiter, der Talboden zunehmend ebener. Rechts und links des Flusses konnten sich Aupartien vom Typ des sog. Föhren-Schneeheidewaldes entwickeln, die wegen ihrer eigenartigen und reichen Flora unter Schutz gestellt wurden.

Trotz der rigorosen Eindämmung der Weißach ist das Auengebiet so schön und blumenreich geblieben, daß es zu einer rechten Spazier-Landschaft für die Kurgäste geworden ist. Da leuchten im Laufe des Jahres die Ähren des Blaugrases, das Gelb der Buchsblättrigen Kreuzblume, das Blau des Stengellosen Enzians, das Gold der Aurikel, die silbrigen Blätter der Mehlbeere, das Rosa der Mehlprimel, die weißen Sterne der Silberwurz oder Alpendryade; im Hochsommer dann die blauen Becher der Glockenblume, das Gelb des Alpenpippaus und des Weidenblättrigen Rindsauges, die Purpurköpfe der Bergdistel und die gelblich weißen Blüten des Berggamanders; danach die Ästige Zaunlilie, die Großblütige Braunelle, der Schwalbenwurzenzian, die Studentenblume und die Silbersterne der rotblühenden Stengellosen Kratzdistel.

Wie ein breiter, massiger Riegel schließen die B l a u b e r g e das Weißachtal nach Süden ab. Halserspitz und Schildenstein heißen ihre Gipfel, die vom Wildbad Kreuth aus zu erreichen sind. Unterhalb des Schildensteins durchsteigt man die wildromantische „Wolfsschlucht" mit ihren Wasserfällen und Gumpen. Neben dem Weißachtal mündet am Südende des Sees das gleichfalls vom Eis geformte, breite R o t t a c h t a l.Doch ist der weite Talboden viel kürzer. Schon nach 4 km, gleich hinter Enterrottach, verengt er sich stark und geht in ein Hängetal über, von dem die Rottach in mächtigen, 20-25 m hohen Wasserfällen herabkommt. Wir erreichen den Boden der S u t t e n a l p e. Dieses Gebiet zwischen Stolzenberg, Stümpfling, Bodenschneid einerseits und Risserkogel andererseits ist landschaftlich wie geologisch höchst interessant und daher unter Landschaftsschutz gestellt. Im Winter gehört es zu den beliebtesten Skigebieten. Die Stümpfling-Sesselbahn trägt den Besucher von der Moni-Alm zum Stümpflinghotel hinauf und von dort wieder hinab zur Wurzhütte am Spitzingsee. Der S c h l i e r s e e kann der „kleinere Bruder" des Tegernsees genannt werden. Er war seit jeher stiller als jener und intimer in seinen Formen. Aber in großen Zügen gleicht er ihm geologisch, botanisch wie landschaftlich. Auch er wird durch einen Moränenwall zurückgehalten. Doch während der Riegel am Tegernsee 75 m hoch über dem Seespiegel aufsteigt, wird der Schliersee von einem nur 13 m hohen Wall abgeriegelt. Lias- und Flyschhänge ermöglichen die

Schliersee

Almwirtschaft, deren helle Wiesenmatten das dunkle Fichtengrün freundlich auflockern. Mitten im See liegt die Waldinsel „Wöhrd". Eine Rundwanderung um den See wird wegen des wechselnden Panoramas ebenso erlebnisreich sein wie ein Besuch der Aussichtspunkte an der Weinbergkapelle, an der Ruine Hohenwaldeck oder auf der Schliersberg-Alm.

Hier zieht uns am Südende des Sees die „zierlich kühne Gipfelpyramide der Brecherspitze in ihren Bann, vor dem sommerlich reinen Himmelsblau, felsig und latschenübergrünt, schlank wie eine junge Walküre aufsteigend zwischen den gesetzteren Gipfelgenossen der Bodenschneid und des mächtig hingelagerten Jägerkamps, zu dem sie die einladende Senke des Spitzingsattels hinübersendet: und da scheint der Himmel noch tiefer zu blauen, weil die Sehnsucht dahinter Tirol ahnt und noch weiter Italien." (Karl Alexander von Müller.)

Der Wanderpfad zum Spitzingsattel führt hinter Josefsthal an schönen Wasserfällen vorbei. Von der Paßhöhe des Sattels schweift der Blick zum smaragdgrünen Spitzingsee hinab und auf die umliegende Bergwelt. Das „S p i t z i n g g e - b i e t" ist ein kostbares vielgeliebtes Kleinod der erholungssuchenden Münchner. Zwischen Rotwand und Bodenschneid steht es seit 1955 unter Landschaftsschutz. Im westlichen Teil des Gebietes wurde die Einrichtung eines Skizirkus an Stümpfling und Bodenschneid erlaubt, der östliche Teil um Rotwand, Taubenstein, Aiplspitz und Jägerkamp soll den Bergwanderern vorbehalten und von Bergbahnen freibleiben. Die R o t w a n d hat ihren Namen von dem hornsteinreichen, griesig zerfallenden, roten Kieselias, aus dem ihre steile Nordflanke besteht. Vom Aussichtspunkt ihrer Höhe erblickt man im Süden den Kreuzbergkopf, die imposanten Steilwände des langgestreckten Sonnwendjoches, gegen Südwesten den Hauptdolomitklotz des „Schinders", im Westen Stolzen-

Blick zum Bayer. Schinder, Risserkogl u. zum Stolzenberg

berg, Rothkopf und Brecherspitz, im Norden die aus Plattenkalk und Dolomit aufgebauten Berge Miesing, Aiplspitz und Jägerkamp, und gegen Osten die Ruchenköpfe und die Maroldschneid. Durch die Ruchenköpfe verborgen ist der kleine, von Trümmerhalden, Latschen und Bergfichten umgebene Soin-See ge-

61

legen: ein zauberhafter Bergsee. Seinen Abfluß zum Leitzachtal nimmt er über einen stäubenden Wasserfall.

Der Spitzingsee wird durch die Rote Valepp nach Süden zum Inn entwässert. Ihr walddunkles Tal ist schlicht als „die Valepp" bekannt. Die Seitentäler (Pfanngraben, Weiße Valepp) kommen über Klammen in das enge, schöne Kerbtal herunter.

Den östlichen Teil unserer Berge zwischen Isar und Inn erschließt von Westen her das Leitzachtal, von Osten her das Inntal. Das L e i t z a c h t a l führt über die Endmoränenschwelle von Elbach in das weite Tal von Fischbachau hinein, das einst der Leitzachgletscher mit seiner Zunge ausfüllte. Links steigen Schweinsberg, Breitenstein und dahinter der beherrschende Wendelstein auf. Am Fuß der Waldhänge die Idylle der Wallfahrtsstätte Birkenstein. Die aus Raibler Kalken aufgebaute „Steinwand" schließt das Fischbachauer Becken im Süden ab. Bei Hammer betreten wir den Leitzach-Talkessel von B a y r i s c h z e l l , einem der schönstgelegenen Gebirgsorte der Bayerischen Alpen. Rundum liegen in greifbarer Nähe berühmte Gipfel, enge Täler, bekannte Skiparadiese und Ausflugsstätten.

Der Hausberg von Bayrischzell ist der W e n d e l s t e i n . Er kann als d e r bayerische Berg schlechthin gelten. Seine vertraute, wegmarkierende Gestalt ist volkstümlicher als etwa die Respekt einflößende Zugspitze. Trotz der steilen Gipfelflanken und trotz der jäh auftretenden Wetterstürze nennt man ihn „behäbig" – wohl wegen seiner rundlich aufragenden Felsform (vom Vorland gesehen), die etwas gemütlich-glatzköpfiges an sich hat.

Der Wendelstein bildet mit der Benediktenwand und der Kampenwand das Mittelstück eines vom Säuling bis zum Hochstaufen reichenden Wettersteinkalkzuges, der durch seine Sprödigkeit diese ausnahmslos steilwandigen Gipfel ermöglicht. Von wo man auch den Wendelstein erblickt, immer ist sein felsgrauer Charakterkopf unter allen umgebenden Höhen unverwechselbar zu erkennen. Von oben haben wir einen der schönsten und interessantesten Rundblicke der bayerischen Alpen: im Süden bis zum Sudelfeld eine abgeschliffene Eiszeitlandschaft, dahinter die Berge aus Hauptdolomit und die Zacken der kristallinen Zentralalpen mit Venediger, Großglockner und Zillertaler Alpen, nach Westen die Schlierseer- und Tegernseer Berge, Karwendel und Wetterstein mit Zugspitze, nach Osten Kaisergebirge, Chiemgauer- und Berchtesgadener Alpen. Im Norden schließlich liegen hinter weich konturierten Flyschbergen das Rosenheimer Becken und die endlosen Wellen der Moränenzüge.

An den Gipfel klammern sich ein Hotel, ein Sonnenobservatorium, Sendeanlagen des Bayerischen Rundfunks und die kleine Kapelle, deren Vorgängerin der Bauer Georg Klarer 1718 zum Dank für das Wiederauffinden seiner verirrten Pferde hat errichten lassen. An schönen Feiertagen transportieren die Wendelstein-Zahnradbahn und die Wendelstein-Seilbahn über 1000 Besucher auf den Gipfel. Die Zahnradbahn (von Brannenburg) besteht seit 1912 und hat sicher viel zur Popularität des Berges beigetragen, die Gondelbahn (von Bayrischzell) wurde 1970 eingeweiht. Ein zwei Kilometer langer „Panoramaweg" führt um den Gipfel.

Mit den Besuchermassen ist freilich auch die Tier- und Pflanzenwelt zum Rückzug gezwungen. Große Seltenheiten sind am Wendelstein nicht zu finden. Beim Aufstieg von Bayrischzell sieht man eine alte Fichte, die mit dicken Wurzelarmen einen riesigen Felsblock umklammert.

Auch im Winter ist der Wendelstein viel besucht. Seine Skiabfahrten gehören

Bayrischzell
mit Wendelstein

62

zu den beliebtesten im bayerischen Oberland. Zusammen mit dem anschließenden „S u d e l f e l d" verfügt das Gebiet über 16 Seilbahnen und Lifte, die stündlich 11 200 Menschen transportieren könnten. Von „Bergeinsamkeit" ist da schon lange nicht mehr die Rede.

Östlich des Sudelfeldes steht der markante, langgezogene Felsengrat des B r ü n n s t e i n s: ein idealer Wander- und Skiberg. Zusammen mit dem Großen Traithen bildet er den östlichen „Grenzpfeiler" der „Bayerischen Alpen". Es ist ein floristisch hochinteressantes Gebiet, das mannigfaltig in seiner Waldzusammensetzung und reich an Wild ist. Auch der vor einigen Jahren angesiedelte Steinbock ist seßhaft geworden. Er findet im Hinterland zum Trainsjoch und zum Ursprungtal hin noch ungestörte Reviere.

Brünnstein, Traithen, Sudelfeld, Dimpfel und Wildbarren rahmen das eingeschnittene schöne A u e r b a c h t a l. In seiner Mitte steht das romantische Gasthaus „Zum Feurigen Tatzelwurm". Eine Landschaft voller Blocklabyrinthe, urwaldartiger Laub- und Fichtenbestände und donnernder Wasserfälle in der sog. Wolfsschlucht breitet sich aus. Die Wasser des Auerbaches stürzen durch einen kaminartigen Spalt in einen Strudelkessel und von da weiter über steile Felsplatten in die Tiefe. Kein Wunder, daß die Vorfahren hier einen rechten Aufenthalt für Drachen („Tatzelwürmer") vermuteten. Die Dichter Ludwig Steub und Viktor von Scheffel haben das Gasthaus mitbegründet und mit heiteren Versen seine Sage besungen.

Zum tief ausgeschürften Inntal fallen die waldigen Abhänge der „Bayerischen Alpen" mit dem Großen Madron, dem Falkenberg, dem Wildbarren und dem Nußlberg ab. Sie behüten die schönen Tallandschaften um Oberaudorf, Bad Trißl, Niederaudorf und Kiefersfelden. Zwei wiesengrüne Auen mit dem Nußlberg stehen unter Landschaftsschutz. Es sind die in sich ruhenden idyllischen Landschaftsbilder der M ü h l a u und der S c h ö f f a u westl. von Kiefersfelden. Vom H o c h e c k bei Oberaudorf (Sessellift) eröffnet sich ein umfassender Rundblick. Seine ausgedehnten Almwiesen sind im Winter ein Gelände der Skifahrer.

Fichte am Weg zum Wendelstein

Oberaudorf

DIE CHIEMGAUER ALPEN

(Dazu Kartenseiten 57–59) Zwischen Inn und Saalach wird das bayerische Oberland zum Chiemgau gezählt. Der deutsche Anteil am Gebirge reicht auch hier über die Voralpen nicht hinaus. Aber einige der Berggestalten sind vom Moränenland so imposant anzusehen, daß diese Feststellung dem Nicht-Geologen wenig besagt. Kampenwand, Hochgern, Hochfelln, Zwiesel und Hochstaufen blicken mit wohlvertrauten Silhouetten in das Vorland hinaus.

Zwischen Inn und Prien ist das K r a n z h o r n über dem Inntal hervorzuheben, das gemeinsam mit dem Wildbarren auf der anderen Flußseite wie ein Wachtposten am Gebirgstor des Inntales steht, ferner H o c h r i e s und Spitzstein. In den Flanken der dortigen Seitenmoränen bildeten sich durch Verlandung Moore, von denen das Gebiet am S c h w a r z e n S e e bei Grainbach und der feuchte Taleinschnitt des F l u d e r b a c h e s mit seinem Blütenflor unter Landschaftsschutz stehen.

Als Vorberg krümmt sich hier der breite Rücken des S a m e r b e r g e s. Die „Samer" waren Salzsäumer, die das Reichenhaller Salz auf Saumrossen überallhin verfrachteten. Deshalb stand damals die Pferdezucht auf dem Samerberg in Blüte. Seine freundlichen Weiden und schmucken Dörfer hat der Berg bis heute behalten. Vom Aussichtspunkt bei Obereck oberhalb Törwang schweift der Blick frei über das Rosenheimer Becken und die Moränenlandschaft zwischen Inn und Chiemsee.

*Schloßberg
von Hohenaschau*

Die einst ungebärdige P r i e n ist längst durch Dämme gebändigt worden. Ihr Tal allerdings zeigt noch manche Markierung aus der Vereisungszeit. So vor allem den „Gletscherschliff" bei Außerwald. Um den Talkessel von Niederaschau schüttete der Priengletscher seine Endmoränen auf, weil ihn Inn- und Chiemseegletscher am weiteren Vordringen hinderten. Die landschaftlichen Kleinformen, die das Aschauer Tal so abwechslungsreich und lieblich gestalten, sind dem Gletschereis zu verdanken. Der Schloßberg von Hohenaschau besteht auf seiner Südseite aus weichen Raiblerschichten, die vom Eis sanft zu Rundhöckern geformt wurden und Wiesen und Gärten tragen, während die Nordflanke aus Wettersteinkalk jäh in steilem Waldhang abfällt.

Von Hohenaschau führt eine Kabinenseilbahn auf die K a m p e n w a n d, den Charakterberg des Chiemsees. Er gilt als bester Aussichtsberg im Chiemgau. Seinen Namen trägt er nach dem mit Felszinken besetzten Hauptkamm (bairisch Kampen oder Kampel = Kamm). Wie ein gewaltiger Rechen steigen Wettersteinkalk-Türme über das Grün der Wälder auf. An der Kampenwand wird uns die Alpenfaltung besonders anschaulich. Man erkennt die zwei aufragenden

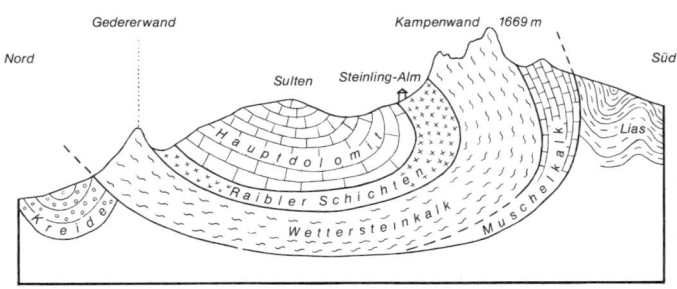

*Schnitt durch die Kampenwand-
Gedererwand-Mulde. Nach H.Scherzer.*

64

Felskanten der sog. Wettersteinkalkmulde: die Kampen- und die Gedererwand. Dazwischen liegen zwei Senken in weichen Raiblerschichten. Den Kern bildet der „Sulten" aus Hauptdolomit. Das ganze Massiv ist auf jüngere Kreide- und Juraschichten überschoben worden. Am eindrucksvollsten treten die Wettersteinkalkspitzen in den „Kaisersälen" der Kampenwand vor Augen. Sie sind auf riffbildende Kalkalgen und Korallen des Wettersteinkalk-Meeres zurückzuführen. Von der Kampenwand schwingt der Gebirgsgrat über Hochalpenkopf und Hochplatte in das Tal der Tiroler Ache bei Marquartstein hinab. Die Kampenwand ist trotz ihrer geringen Höhe (1669 m) in Gestalt und Lage so dominierend, daß der weiter südlich aufsteigende G e i g e l s t e i n mit seinen 1808 m gar nicht recht zur Wirkung kommt. Sein gewaltiger Nordabsturz bildete ein Riesenkar mit großen Schuttreißen aus.

Durchbruch der Tiroler Ache

Von den Kitzbüheler Alpen (Paß Thurn) herabströmend betritt die T i r o l e r A c h e durch ein wildromantisches Tor bayerischen Boden. Es ist ihre D u r c h - b r u c h s s t r e c k e (NSG) durch eine Mulde aus Hauptdolomit, Plattenkalk und Kössener Schichten. Wie beim oberen Ammerlauf ergibt sich das typische Bild eines Canyons. Sein Reiz liegt zum großen Teil im Vor- und Zurückspringen der Felswände. Widerstandsfähigere Schichten schieben sich kulissenartig in den Fluß, weichere lassen Buchten entstehen. Von der Klobensteinstraße genießt man schöne Tiefenblicke in die von schäumenden Wassern erfüllte Schlucht (von Faltbootfahrern geschätzte Wildwasserstrecke).

Danach wird die Tiroler Ache in das durch Gletschermassen ausgeschürfte Becken von Marquartstein entlassen. Geigelstein, Hochplatte, Hochgern und Steilenberg rahmen das Gesamtbild. Auenwälder, Talhochmoore, Fels- und Mattenpflanzen übergrünen den weiten Talkessel, der einst einen Schmelzwassersee barg. Auf den tonigen Ablagerungen aus der sog. „Gletschertrübe" des ehem. Sees liegen der stimmungsvolle M e t t e n h a m e r F i l z (NSG) sowie das S ü s s e n e r u n d L a n z i n g e r M o o s (NSG). Es sind Talhochmoore im alpinen Bereich mit Latschendickichten und typischer Blütenflora. Das Außergewöhnliche ihres Anblicks aber ist bedingt durch die Lage im Kreise hoher Alpenberge. Der landschaftsgeschützte Randstreifen des Mettenhamer Filzes geht in Flachmoor mit Erlen-Bruchwald über.

Die Auen am Fluß entfalten im Frühling ihre volle Pracht. Bei Schleching blühen ganze Teppiche von Schneeglöckchen – durch Wiesenkultivierung allerdings gefährdet. Felder von Frühlingsknotenblumen begleiten den Fluß. Den Hauptanteil aber haben die Bergbewohner Felsenkugelschötchen, Purpurenzian, Siegwurz, Felsenhungerblümchen, Straußblütige Glockenblume, Alpentragant, Aurikel, Alpenaster und Rauhhaarige Alpenrose. Die Talhänge hinauf ziehen Buchen, Tannen, Bergahorne und Bergulmen; vereinzelt stehen Eiben. In ihrem Schutz gedeihen Bergflockenblume, Wolfseisenhut, Türkenbundlilie und auch Frauenschuh.

Schneeglöckchen

Bei Marquartstein überwand der Chiemseegletscher einen letzten Bergriegel und fand sein Alpentor. In einer Mächtigkeit von etwa 600 m haben seine Eismassen das Becken des Chiemsees mit dem Gürtel der Endmoränen angelegt und die Grundlage der zauberhaften Chiemgaulandschaft geschaffen. Durch dieses Tor verläßt heute die Tiroler Ache das Gebirge.

Einen Glanzpunkt der bayerischen Alpen stellt auch das Seitental der Tiroler Ache, das sog. W ö s s e n e r T a l , dar. Es führt am Wössener See vorbei in die prachtvollen Talkessel von Oberwössen und Reit im Winkel, nach Seegatterl und zur Weiherkette des NSG „Chiemgauer Alpen".

Süssener Moor bei Marquartstein

Neuerdings besteht die Absicht, das Tiroler Achental zu einem Erholungszentrum für den Ballungsraum München auszugestalten. Waldlehrpfade bei Staudach, am Geigelstein und im Kurgebiet von Marquartstein sollen angelegt und bestimmte Zonen mit Skiwanderpfaden (am Geigelstein), Sportrundwegen (bei Oberwössen), Wildschütten, Liegewiesen u. v. a. ausgestattet werden.

Neben der Kampenwand gehören H o c h g e r n und H o c h f e l l n zur Bergkulisse des Chiemgaues. Beides pyramidenförmige Hauptdolomit-Gipfel, die nicht so schroffe Wände zeigen wie die Wettersteinkalke. Ihre Massive steigen breiter über die übrigen Vorberge auf. Die Aussicht von ihrer Höhe verliert aber dadurch nichts von ihrer Anziehungskraft.

Über Strohschneid und Haßlberg sinkt der Hochfelln ins Tal der Weißen Traun bei Ruhpolding hinab. Der waldgrüne Rücken des Sulzberges trennt das Weiße vom Roten Trauntal, in dessen einst vermoorter Talweitung Inzell gelegen ist. Südlich der vielbesuchten Kurorte Ruhpolding und Inzell breitet sich bis zur österreichischen Grenze das Groß-Naturschutzgebiet „Hochkienberg, Dürrnbachhorn, Sonntagshorn, Inzeller Kienberg und Staufen in den Chiemgauer Alpen" mit 9500 ha Umfang aus. Man spricht auch verkürzt vom NSG C h i e m - g a u e r A l p e n. Es ist ein noch ungestörtes, in sich geschlossenes Revier für Kenner und Liebhaber und bietet sowohl dem Bergsteiger wie dem Wanderer mannigfaltige Abwechslung. Freilich spielt der Fremdenverkehr infolge der benachbarten Ferienorte eine große Rolle. Doch da Unterkunftshütten und größere Almen fehlen, Seilbahnen nur am Rande auf das Dürrnbachhorn und auf den Rauschberg geduldet werden, blieb das Gebiet, was es bleiben soll: eine stille Erholungslandschaft mit unbeeinträchtigten Naturbildern.

Als Wahrzeichen des Schutzgebietes kann man die höchsten Erhebungen S o n n t a g s h o r n (1961 m) und D ü r r n b a c h h o r n (1776 m) bezeichnen. Beide blicken mit stattlichen Steilwänden aus Plattenkalk nach Norden, während ihre Südhänge (auf österreich. Gebiet) in mäßiger Neigung mit grünen Trockenrasenmatten und großen Latschenfeldern nach unten gleiten. Am Sonntagshorn ist der Umriß seines Kegelhauptes auffällig, am Dürrnbachhorn die

66

zerrissenen Abstürze der „Wilden Hausgraben". Von beiden Gipfeln genießt man einen großartigen Rundblick. Im Norden liegen Rauschberg und Hochfelln, dahinter der Chiemsee und das Moränenland, im Südosten steigen die Berchtesgadener Berge an, im Süden Großglockner, Großvenediger und Zillertaler Berge und gegen Westen erfaßt der Blick das Kaisergebirge, das Karwendel und die Zugspitze. In der Senke des Fischbaches zwischen Sonntags- und Dürrnbachhorn kommt der „Staubfall" die steile Bergwand herab.

Den nordöstlichen Teil des NSG nimmt der Bergstock des R a u s c h b e r - g e s und des I n z e l l e r K i e n b e r g e s ein. Es sind beliebte Wander- und Skiberge (Kabinenbahn auf den Rauschberg, dessen Nordwestflanke nicht im NSG liegt). Der Plan, in diesem Gebiet auch auf den Inzeller Kienberg eine Bergbahn zu bauen, hat erhebliche Bedenken erregt, da der Kienberg im NSG liegt. Seine Flanken tragen prachtvollen Bergmischwald aus Fichte, Buche, Tanne, Ahorn und Lärche, der für Skipisten zusätzlich ausgeholzt werden müßte. Beide Berge sind auch historisch merkwürdig, da in ihnen schon früh nach zink- und silberhaltigem Bleierz gegraben wurde. Verfallene Stollen und überwachsene Abraumhalden zeugen noch davon. I n z e l l ist als bayerisches Eislauf- und Eissportzentrum bekannt geworden.

Eine Kette schöner Weiher ziert den westlichen Haupttalzug des Schutzgebietes entlang der Alpenstraße. W e i t s e e , M i t t e r s e e , L ö d e n s e e und Förchensee blitzen in dem von einer Eiszunge ausgeschürften und mit Moränenschüttungen ausgestatteten Talgrund. Zwei kleine Seen bereichern das zauberhafte Tal am F a l k e n s t e i n bei Inzell: der Krottensee als stiller Moorweiher und der Falkensee als kristallklarer Bergsee, der tiefgründig in allen Schattierungen von grün bis blau schillert und verschiedene Quellen am Grunde erkennen läßt.

Das von Bergmischwald übergrünte Falkensteingebiet ist durch den Einschnitt der sog. „Zwing" vom Hauptteil des NSG getrennt. Ihn durchzieht die Queralpenstraße von Inzell nach Weißbach, vorbei am berühmten Gletschergarten, der 1934 bei Straßenbauarbeiten aufgedeckt worden war. Das Eis des Saalachgletschers hatte hier den anstehenden harten Wettersteinkalk zugeschliffen und im Fels zahlreiche Strudeltöpfe und Wasserrinnen hinterlassen. Unweit südlich zischt der Weißbach durch die „Weißbachklamm" der Saalach zu.

Größere Moore des Gebietes sind das W i l d e n m o o s hinter dem Kienbergl (Flachmoor mit Pfeifengrasbeständen) und das R ö t h e l m o o s zu Füßen des Gurnwandkopfes und des Hochscharten. Das letztere gehört den aufgewölbten Bergkiefer-Hochmooren zu, die floristisch von großer Bedeutung sind.

An Quellaustritten und Moosrändern finden sich die Mehlprimel, der Stengellose Enzian, das Alpen-Fettkraut, das Sumpfläusekraut, die Trollblume sowie verschiedene Orchideenarten. Die frischen Wiesen dagegen erstrahlen im Frühling von den Feldern des weißen Krokus und der gelben Primel. Die Pflanzenwelt des Gebietes ist überraschend reich. Man schätzt sie auf 600–700 Arten. Die Wälder, die sich in verhältnismäßig günstiger Verteilung aus Fichte, Buche, Bergahorn und Tanne zusammensetzen, haben als Beimischung auch Lärche, Esche, Erle, Eibe und gar Zirbelkiefer. Der Strauchwuchs wird von Weidenarten, Haselnuß, Berberitze, Heckenkirsche, Schneeball, Weißdorn, Himbeere, Brombeere, Seidelbast, Gemeiner- und Alpenwaldrebe bestimmt. Die Krautschicht des Waldbodens bringt u. a. den Klebrigen Salbei, den Alpenziest, die Sterndolde, die Sanikel, die Zahnwurz, den Türkenbund, aber auch Seltenheiten wie

Trollblume

67

Frauenschuh, Hirschzunge, Zerteilten Streifenfarn (am Hochkienberg einziger Standort in Bayern) und sogar das Alpenveilchen hervor.

In der oberen Region des Bergwaldes, wo er in Krummholz übergeht, und auf den kleinen Almböden stellen sich die Silberwurz, die Frühlingsheide, der Alpen-Steinquendel und das Kugelschötchen neben dem Kohlröschen, dem Alpendost, dem Alpenkreuzkraut und dem Ungarischen Enzian ein.

In Gipfelnähe, wo der Fels zutage tritt und wo Kare mit Geröllfeldern sich ausbreiten, sitzen die Polstersegge mit dem Stengellosen Leimkraut, der Alpen- und Berghahnenfuß, das Alpen-Maßliebchen, die Soldanelle, der Alpenlattich, das Alpen-Vergißmeinnicht, das Kriechende Gipskraut, das Rundblättrige Hellerkraut, das Breitblättrige Hornkraut, der Alpen-Ehrenpreis, das Zweiblütige Veilchen, die Bewimperte Alpenrose und die Zwerg-Alpenrose, die Aurikel und an einer Stelle die überaus seltene Edelraute.

Die Bergwälder und Höhen beleben in fast übergroßen Rudeln Hirsch und Gams (fünf- bis zehnmal mehr als ursprünglich). Daneben ist der Schneehase heimisch sowie Reh, Fuchs, Marder, Dachs, Iltis und Wiesel. Von den Vögeln sind Hasel-, Auer- und Birkwild noch zu beobachten. Auch das Schneehuhn und der Alpenmauerläufer kommen vor.

Dem Naturschutzgebiet vorgelagert ist ein LSG beiderseits der Queralpenstraße zwischen Seehaus und Inzell. Es begreift die Abhänge des Rauschberges mit dem Taubensee, den Froschsee am Auer Berg und den Zwingsee am Falkenstein mit ein.

Östlich der Roten Traun ist noch als populärer Punkt der aussichtsreiche Flyschrücken des T e i s e n b e r g e s hervorzuheben.

Z w i e s e l und H o c h s t a u f e n, die jenseits der „Zwing" an das NSG grenzen, deuten mit ihrem scharfen Grat bereits an, daß sie zum Wettersteinkalkzug der Säuling-Benediktenwand-Kampenwand-Reihe gehören. In ihren Nordhang gebettet ist der idyllische F r i l l e n s e e. Gemeinsam mit der Dunklwand, dem Schotterkegel des Zwieselkares und dem dichten Waldrahmen steht der einsame Bergsee unter Landschaftschutz.

Vom Gipfel des Hochstaufen oder Zwiesel sehen wir schon in den Kessel von Bad Reichenhall hinein und auf die Berge der Berchtesgadener Alpen, deren Grenze wir hiermit erreicht haben.

Gehörnbildung der Rehböcke

Jährlingsbock   *Zweijähriger Bock*   *Dreijähriger Bock*   *Vier-sechsjähriger Bock*

68

Kleintiere und ihre Spuren

Marder

Fuchs

Wiesel

Iltis

Dachs

*Berchtesgaden
mit dem Watzmann*

DIE BERCHTESGADENER ALPEN

(Dazu Kartenseiten 58–59) Ein Panorama der deutschen Alpenkette wäre undenkbar ohne das Berchtesgadener Land, ohne den Kranz seiner eigentümlichen Felsgiganten, ohne seine zauberhaften Talkessel, ohne seine glänzenden Bergseen. Es ist eine „klassische" Alpenlandschaft, die zu den großartigsten und mannigfaltigsten des Alpengebirges gehört. Der weitgereiste Naturforscher Alexander von Humboldt urteilte: „Die Gegenden von Salzburg–Berchtesgaden, Neapel und Konstantinopel halte ich für die schönsten der Erde."
Unter den „Berchtesgadener Alpen" versteht man die neun Bergmassive, die zwischen Saalach und Salzach gelegen sind: der Untersberg, das Lattengebirge, die Reiteralpe, der Hochkalter, der Watzmann, die Göllgruppe, das Hagengebirge, das Steinerne Meer und der Hochkönigstock, wobei der letztere sowie Teile der anderen Massive bereits zu Österreich gehören.
Jedem, der aus den westlichen Kettengebirgen der bayerischen Alpen kommt, wird der große Unterschied in der Gebirgsform auffallen. Während dort langgezogene Bergzüge mit scharfen Graten bis zum Hochstaufen bei Reichenhall ziehen, stehen nun Tafelgebirge vor uns, die für die Ostalpen charakteristisch sind. Besonders Untersberg, Lattengebirge, Reiteralpe, Steinernes Meer und Hagengebirge weisen solche Hochflächenbildung auf. Watzmann, Hochkalter und Hoher Göll machen eine Ausnahme. Sie zeigen schroffe, kettenförmige Gratzüge mit schmalem Kamm, die nach Norden als schroffe Spitzen in Erscheinung treten. Ihre Hochflächen sind von der Seite her bis auf diesen Kamm bereits abgetragen worden.

Die Gliederung des Gebietes geht vom Berchtesgadener Talkessel aus. Seine Seitentäler führen in fünf Richtungen auseinander. Aufgrund der zusammenhängenden Verbreitung von wasserdurchlässigem Kalk und Dolomit in den höheren Horizonten hat sich das Talnetz so weitmaschig ausgebildet, daß die einzelnen Gebirge als „Kalkklötze" erhalten blieben. In geschlossener Reihe umstehen sie das Berchtesgadener Tal.

Natürlich sind diese Tafel- oder Hochflächen mehr geologisch als morphologisch zu verstehen. Ihre tertiären Verebnungen bilden infolge von Verkarstungen und Abbrüchen immerhin Reliefunterschiede bis zu 500 m aus. Eine stattliche Zahl ausgeprägter Hochgipfel ragt über die Hochplateaus auf. Aber verglichen mit den schroffen Wänden der einzelnen Massive, die 1000 m tief in die Täler stürzen, erscheint die Gesamtsilhouette flacher als in den westlichen Alpenteilen. Am geologischen Aufbau der Gebirgsstöcke sind Werfener Schichten, Ramsaudolomit, Raibler Schichten, Dachsteinkalk, Hallstätter Kalk und -Dolomit, Kössener Schichten und Rhät beteiligt. Die auffallenden Bodenformen kamen vor allem durch die drei Formationsstufen der sog. alpinen Trias zustande: durch die W e r f e n e r S c h i c h t e n , die den sanften Wiesenhängen entsprechen (bis 200 m mächtig; sie enthalten das salzführende „Haselgebirge"), durch den R a m s a u d o l o m i t mit seinen gewaltigen Schutthalden, der den bewaldeten Anstieg kennzeichnet (über 1000 m mächtig; entspricht weiter westlich dem Wettersteinkalk) und durch den D a c h s t e i n k a l k , der ein weißes, dichtes und feinkristallinisches Kalkgestein von hoher Reinheit und großer Härte ist. Er baut die steinernen Meere der Hochflächen auf und ihre senkrecht abfallenden Stirnen. Aufgrund der waagerechten Bankung des Dachsteinkalkes kann die Verwitterung nur von der Seite in zerstörendem Ausmaß angreifen, wogegen die Hochflächen sehr viel langsamer verwittern.

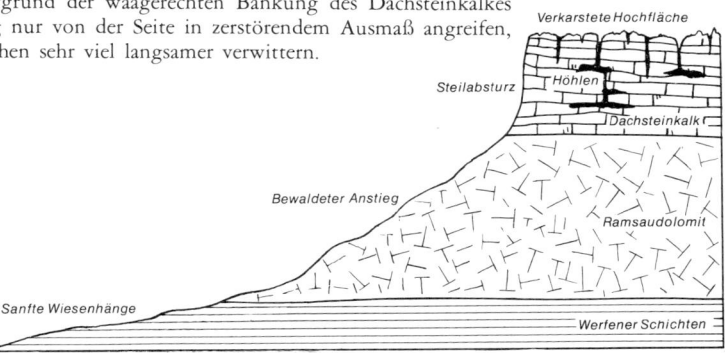

Ideal-Querschnitt durch einen Berchtesgadener Bergstock.

Für die Geschichte des Berchtesgadener Landes spielt die S a l z g e w i n n u n g eine entscheidende Rolle. Das „Weiße Gold", wie man das kostbare Salz früher nannte, ist neben bunten Letten und Mergeln, Gips, Glaubersalz und anderen Mineralien in das sog. Haselgebirge eingeknetet. Gegen eindringendes Wasser sind die Lagerstätten durch den „Salzhut", eine wasserundurchlässige Hülle aus tonigen Letten, geschützt (z. B. im Salzberg bei Berchtesgaden und im Dürrnberg bei Hallein). Wo dagegen dieser Salzhut durchbrochen wurde, laugt eindringendes Wasser die Salzlager aus und es entstehen Salzquellen wie in Bad Reichenhall. Mit 24% Sättigung ist die Reichenhaller Salzsole die stärkste Natursole Europas.

Die mächtigsten Salzlager streichen unter den Ausläufern des Hohen Göll vom Dürrnberg bis zum Salzberg in einer Länge von 2 km, einer Breite von

800 m und einer Mächtigkeit bis zu 350 m dahin. Weil das Salz stark mit anderen Stoffen vermengt ist, wird es durch Süßwasser ausgelaugt, das in salzführendes Gestein geleitet wurde. Die in „Sinkwerken" gewonnene Sole kommt in Salinen zum Versieden. Bis zum späten 19. Jh., als die Kohle bei der Versottung zur Verwendung kam, hat man große Holzmengen aus den Gebirgen schlagen müssen, um die Salinen von Reichenhall und Berchtesgaden zu versorgen. Die Kahlschläge nahmen bereits im 17. Jh. bedrohlichen Umfang an. Man behalf sich, indem man die flüssige Sole in einer 31 km langen Leitung nach Traunstein in ein Holzüberschußgebiet führte. 1809 wurde die Leitung bis Rosenheim auf 108 km verlängert. Von Vorteil waren auch die eingesparten Transportkosten für das Salz.

Der eindrucksvollste Teil der Berchtesgadener Bergwelt steht unter Naturschutz. Von der Staatsgrenze auf der Reiteralpe (Schottmalhorn) bis zum Königssee und von dort zum Kehlstein verläuft die Grenze des NSG „K ö n i g s s e e". Vom Hintersee bis zum Watzmann und vom Königssee bis zum Hohen Göll ist diese grandiose Landschaft vor dem Zugriff der Technik gesichert. Dem Menschen aber soll sie als Oase der Ruhe und des Friedens offenstehen. Befürworter eines A l p e n - N a t i o n a l p a r k s am Königssee wollen das Gebiet sogar noch auf die Reiteralpe ausdehnen und gemeinsam mit österreichischen Naturschutzbehörden einen beiderseits der Grenzen liegenden Park begründen. Alle Voraussetzungen für ein solches Projekt wären gegeben. Deutschland hätte damit neben dem Nationalpark „Bayerischer Wald" einen zweiten aufzuweisen, der sich würdig in die Reihe der großen Nationalparks der Welt einreihen könnte. Bereits vor 105 Jahren hat der Schriftsteller Heinrich Noë den Vergleich zu Amerikas berühmtestem Nationalpark gezogen und festgestellt: „Berchtesgaden ist der Yellowstonepark der deutschen Alpen, die großartigsten Schaustücke liegen nirgends so vor deiner Tür wie hier."

Der Großartigkeit und Vielfalt der Bergwelt entspricht der Artenreichtum und die Fülle der P f l a n z e n. Berchtesgaden nimmt eine Mittlerrolle zwischen ost-, west- und südalpinen Florenelementen ein. Darüberhinaus ermöglichen die wechselnden Bodenverhältnisse das Nebeneinander von Pflanzen, die sich in anderen Alpengebieten gegenseitig ausschließen. Unter den deutschen Alpen liegen die von Berchtesgaden den eisfrei gebliebenen Alpenteilen am nächsten. So finden wir hier vielfach Arten, die aus den Südalpen herübergewandert sind und während der Eiszeiten ihre Zuflucht gesucht haben. Darunter z. B. das südalpine und pyrenäische Drachenmaul (nördlichstes Alpenvorkommen im Funtenseegebiet), die Kleinblütige Akelei, der Zweifarbige Brandlattich, die Rote Aurikel und der Dolomitenmannsschild. Von Osten kamen Pflanzen herbei, die ausschließlich oder doch vorrangig in den Berchtesgadener Alpen gedeihen, besonders die Christ- oder Schneerose (im Untersberggebiet), die Alpenglockenblume, der Bayerische Weiße Alpenmohn, das Weiße Fingerkraut, die Zwergalpenscharte, die Zwergprimel („Habmichlieb") oder das Eberrauten-Kreuzkraut.

Die Saalach ist für manche Alpenpflanze die Grenze nach Westen, wie z. B. für das Einköpfige Kopfgras, die Polstermiere, die Gletscher-Gemswurz und die Österreichische Gemswurz.

Besonderheiten sind auch die reichen Legföhren- und Grünerlen-Miniaturwälder des Oberlahner-Funtenseegebietes, die sich zwischen dem an Zirbelkiefern und Lärchen reichen Simetsberg und dem Schneiber im Bärengraben aufwärts hinziehen, oder die im Zirben-Lärchenwald nebeneinander vorkommenden Gebüsche der Rauhhaarigen und der Rostroten Alpenrose; ferner das waldmäßige Auftre-

Christrose

72

ten der hochstämmigen Latsche oder Spirke im Wimbachgries sowie die Kostbarkeiten des Edelweiß (im Hagengebirge) und des Alpenveilchens.

Die Masse der Blüten ziert das Land vom Frühjahr bis zum Spätherbst. Beginnend mit Schneeheide, Soldanelle, Alpenkrokus, Stengellosem und Frühlingsenzian, Mehlprimel, Seidelbast, Frauenschuh, Maiglöckchen und Zwergalpenrosen setzt sich das Blühen im Sommer fort: auf den Almen die Silberwurz, die Brunelle, der Gelbe Pippau, verschiedene Läusekräuter, die Alpenaster, Arnika, Trollblume, Alpenanemone, Alpentragant, Ungarischer Enzian, Bergkreuzkraut, Alpenprachtfedernelke, Schwalbenwurzenzian, Eisenhut, Alpendost und Silberdistel. In der Bergwald- und Latschenregion gedeihen Natternwurz, Türkenbund, Mondviole, Waldvögelein, Alpenbaldrian, Alpenwindröschen, Alpenvergißmeinnicht und Alpengänsekresse. Rührend ist der Kampf der Blüten mitten im Fels, wo sich auf mageren Krumen die Edelraute, die Narzissenblütige Anemone, die Gemswurz, das Salzburger Felsenblümchen, der Alpenpetersbart, die Zwergschlüsselblume, das Leimkraut, der Alpenmohn, der Schweizer Mannsschild u. v. a. behaupten.

Murmeltiere (Mankei)

Schweizer Mannsschild

Auffällig in den Tallandschaften ist der reiche Bestand an Laubbäumen, unter denen Ahornbäume, Linden und Eschen dominieren. Man konnte bisher über 700 Pflanzenarten im Berchtesgadener Land feststellen. Die T i e r w e l t der Berchtesgadener Alpen ist infolge der großen menschenleeren Bergstöcke gut erhalten. Die berühmten Gamswildbestände haben zwar stark unter der Gamsräude gelitten, der etwa 70% des Gamswildes zum Opfer fiel, aber allmählich erholen sich die Tiere wieder, die Seuche ging zurück. Der große Steinwildbestand früherer Jahrhunderte stand in der Alpenwelt vor der Ausrottung, als im 19. Jh. erste Schutzmaßnahmen ergriffen wurden. In Deutschland und in den ganzen Ostalpen gab es den Steinbock nicht mehr. 1935 machte man den Versuch, ihn im NSG Königssee wieder einzubürgern. Einige Tiere aus dem italienischen Nationalpark „Gran Paradiso" wurden nach einer Eingewöhnungszeit in Gehegen in Freiheit gesetzt und konnten sich seither gut vermehren. Sie leben in den schwer zugänglichen Regionen des Hagengebirges, besonders im Gebiet der Röth, der Teufelshörner und des Blühnbachtales. Der Steinbock ist größer und gewandter als die Gemse. Er kann ein Gewicht von gut 100 kg erreichen (Gamsbock 45 kg). Allein das Gehörn wiegt bis zu 15 kg. Auch die Rot- und Rehwildbestände nehmen wieder zu. Schneehase, Fuchs, Dachs, Schneehuhn, Alpenschnee- und Alpenspitzmaus, Marder und Iltis sind allenthalben vertreten. Steinadler können im Untersberg- und im Königsseegebiet immer wieder beobachtet werden. Namentlich östlich und südlich des Königssees, in Höhen zwischen 1100 und 2000 m, ist das Murmeltier oder das „Mankei" beheimatet. Die possierlichen Gestalten dieses Nagetiers wird man mit etwas Geduld und Spürsinn im Funtenseegebiet sicher zu Gesicht bekommen.

Die Täler und Seen

Der T a l k e s s e l v o n B a d R e i c h e n h a l l ist die Ouvertüre zum Berchtesgadener Land. Sein rundum von hohen Bergen umgebener Talgrund liegt zwischen den scharfgratig von West nach Ost streichenden Kämmen des Zwiesel und Hochstaufen und den blockförmigen Tafelgebirgen des Lattengebirges und des Untersberges, die den Charakter der Berchtesgadener Alpen prägen. Im Norden Wettersteinkalkgrate, im Süden Dachsteinkalk-Abstürze; beide verschieden in der Entstehung, aber gleich an alpiner Kraft. Der Predigtstuhl im Lattengebirge ist Reichenhalls Hausberg. Man erreicht ihn mit bequemer Kabinenseilbahn und genießt von oben den besten Blick auf Stadt und Bergwelt. In schwungvoller Kurve durchzieht die S a a l a c h den Talkessel. Ihr Gebirgstal steht bereits von der Staatsgrenze bei Melleck bis zum künstlich aufgestauten Spiegel des Saalachsees mit den angrenzenden Höhen Wendelberg und Kienberg unter Landschaftsschutz. Hier in Bad Reichenhall nun begleiten den Fluß dichte A u w a l d s t r e i f e n (NSG) mit Ulmen, Ahornen, Eichen und Linden. Im Bereich der Stadt wurden sie zu Kurparkanlagen ausgestaltet, nach Nordosten setzen sie sich in natürlicher Wuchsform mit der M a r z o l l e r A u , der P i d i n g e r A u , dem B r e i t e n m o o s und dem Gebietsstreifen entlang der B 20 bei Piding fort. Alle Saalachauen sowie der Ausläufer des Hochstaufen mit dem hochgelegenen Schloß Staufeneck stehen unter Landschaftsschutz. Geschützt ist im Reichenhaller Kessel ferner die überaus wellige Moränenfläche auf dem T u m p e n , dem K r u m b i c h l und im K i r c h h o l z zwischen St. Zeno und Großgmain, deren Auf und Ab durch

74

Der Talkessel von Bad Reichenhall

unterirdische Einbrüche ausgelaugter Salzlager mitbedingt ist, sowie die klein-
teilige malerische Landschaft im Westen der Stadt. Hier ragt das Bilderbuchmotiv der Ruine Karlstein mit der Kapelle St. Pankraz hoch auf steilem Kalk-
sporn. Die Reischelklamm tut sich auf und mehrere Seen erwarten denjenigen,
der zwischen die Berge eintritt. Da ist zunächst der schöne, fischreiche T h u m -
s e e mit Hotel und Bad und moorig begrünten Ufern, da ist oberhalb der
kleine E g e l s e e und unterhalb der Sumpfweiher des S e e m ö s l s, wo die
einzige Seerosenfarm Deutschlands neun Seerosenarten züchtet. Im Sommer
schwimmen weit über 1000 verschiedenfarbige Blüten auf dem dunklen Wasser.
Auch einige einheimische Irisarten und Sumpfgewächse finden am Seemösl
Platz. Im Norden dieses als T h u m s e e g e b i e t eingetragenen Landschaftsschutzgebietes ist zwischen Siebenpalfen und Grubstein der waldumschlossene
L i s t s e e eingesenkt, im Westen rauscht der Höllenbach durch sein Tal und
der Weißbach zischt durch seine steilwandige Schlucht.
Drei Zugänge hat der Talkessel von Berchtesgaden, das Herz dieses Landes:
über das Schwarzachtal, über den Paß von Hallthurm und durch das Tal der

75

Kugelmühle an der Almbachklamm

Bergfriedhof in der Schönau

Berchtesgadener Ache. Das erstere führt zwischen Lattengebirge und Reiteralpe hindurch in waldenger Kerbe zum idyllischen T a u b e n s e e (LSG; sumpfig umgebener, flachgründiger See in buckeliger Jungmoränenlandschaft) und durch das Tal der Ramsauer Ache. Der zweite steigt hoch zum Paß Hallthurm zwischen Untersberg und Lattengebirge auf und senkt sich dann allmählich im weiten Tal der Bischofswiesener Ache nach Berchtesgaden hinab. Der dritte Zugang kommt von Salzburg her. Man betritt durch den „Hangenden-Stein-Paß" das Gebiet von S c h e l l e n b e r g und ist damit in einer Landschaft, die auf alle Schönheiten des Berchtesgadener Tales vorbereitet, ja mit ihnen wetteifert. Die Lieblichkeit der Matten, Wälder und verstreuten Gehöfte auf den unteren Hängen des Götschen und des Untersberges ist unvergleichlich. Im Osten, gegen Hallein zu, ragen die zwei Jura-Felsklötze der B a r m s t e i n e auf. Das schöne Gebiet mit seiner Bedeckung von Föhren-Schneeheidewald ist LSG. Ebenso das von Moränenschüttungen mannigfach geformte Ländchen oberhalb Marktschellenberg, die sog. Gnotschaft E t t e n b e r g. Sie gewinnt durch ihre prachtvollen Ausblicke zu den Massiven des Untersberges, des Hohen Gölls und des Watzmanns.

Die wildromantische A l m b a c h k l a m m trennt Ettenberg vom Gerner Tal. Am Ausgang der Schlucht mahlen die Räder der letzten Kugelmühle vielfarbige Schusser oder Murmeln aus dem schöngeäderten Untersberger Marmor. Einst arbeiteten etwa 130 Kugelmühlen allein in der Schellenberger Gegend.

Folgen wir der Berchtesgadener Ache aufwärts, so naht bald die Abzweigung zur R o ß f e l d s t r a ß e (LSG). Diese Autostraße führt in vielen Serpentinen bequem auf den 1554 m hohen Grasrücken des Roßfeldes und vermittelt eine großartige Sicht auf das Salzachtal mit dem hohen Tennen- und Dachsteingebirge einerseits und auf das Berchtesgadener Land mit den markanten Südabstürzen des Untersberges andererseits. Bei der Abfahrt in das Tal passieren wir die schöne Landschaft der Gemeinde Salzberg. Weich geformte Grashänge im Bereich des „Haselgebirges" tragen kleine Gehölze aus Bergahorn und Sommerlinde. Verstreut stehen die schmucken Gehöfte in der übersonnten Weite. Ähnliches gilt für das gegenüberliegende Tal von M a r i a G e r n , dessen harmonische Wallfahrtskirche mit der lieblichen Landschaftsumrahmung zum Werbesymbol für erholsame Gebirgslandschaft schlechthin geworden ist.

Unvergleichlich ist die Lage B e r c h t e s g a d e n s in seinem lichtgrünen Talkessel mit den schmucken Bauernhöfen und Landhäusern auf sanft geneigten Hangterrassen und Moränenbuckeln. Die anziehende Umgebung aber wirkt sich in starker Zersiedelung aus. Einige LSG versuchen zu bewahren, was an ursprünglicher Natur noch zu retten ist. So wurde das von malerischen Baumgruppen belebte Moränengelände von R o s t w a l d - S t a n g g a ß mit dem Kälberstein, dem aussichtsreichen Lockstein und dem Aschauer Weihern (Bad) unter Schutz gestellt; dazu die angrenzende A s c h a u , das kleine B ö c k l - und D a c h l m o o s am Böcklweiher, die Waldpartien um die Kriegergrabstätte auf dem L u s t h e i m g e l ä n d e und eine schöne, weite Wiesenfläche bei S c h w ö b mit ihren Baumgruppen und Einzelgehöften.

Gegen Osten bringt uns das Tal der Ramsauer Ache in die R a m s a u , wo sich das Bild von Berchtesgaden in kleinerer Spiegelung wiederholt. Der von vielen Kuppen, Hügeln und Tälern durchformte Talkessel birgt den traumhaften H i n t e r s e e am sog. Zauberwald – beide bereits im NSG Königssee gelegen. Der Zauberwald ist ein überwachsener Bergsturz vom Hochkalter. Zwischen mächtigen Felsblöcken schlängelt sich ein schöner Wanderweg und die Ache rausch durch die Marxenklamm. Der Hintersee ist ein Juwel des Berchtesgadener Landes. Bei einer Rundwanderung spiegeln sich in seiner Wasserfläche Reiteralpe, Hochkalter und Hoher Göll. Am nördlichen Seeufer ragen große Felsblöcke aus dem flachen Wasser und unterstützen die ungewöhnliche Szenerie. Im Winter werden die Wildfütterung (Hirsche und Rehe) und der Eissport zur Attraktion.

Hintersee mit dem Hohen Göll

Das vom Eis ausgeschürfte „Hirschbichltal" führt vom Hintersee weiter hinein in die Bergwelt zwischen Hochkalter und Mühlsturzhorn.

Zwei mächtige Baum-Naturdenkmäler überraschen in dieser Höhe von 800 m: ein 30 m hoher Bergahorn bei der Wallfahrtskirche Maria Kunterweg und die große „Hindenburglinde" an der Queralpenstraße, die mit 15 m Stammumfang und 121 m Kronenumfang zu den „tausendjährigen" Veteranen Bayerns zählt.

Den besten Überblick über die idyllische Ramsau verschaffen wir uns auf dem Soleleitungsweg vom Söldenköpfl bis zum Wachterl, der – stets in 900 m Höhe verlaufend – die Strecke der einstigen Soleleitung benutzt.

Kurz vor der Ramsau zweigt der Weg zur W i m b a c h k l a m m ab, wo die schräggestellten Platten des roten Liaskalkes das Wasser in stäubendem Fall zum Klammgrund rauschen lassen. Hinter der verhältnismäßig kurzen Schlucht öffnet sich das totenstarre Wimbachtal zwischen den Steilabstürzen von Watzmann und Hochkalter. Anfangs noch von Fichten- und Lärchenstreifen begleitet, wandelt sich der Talboden zusehends zum Gries, in dem der Bach zwischen Geröll verschwindet und nur noch die kahle Felsenwelt zu herrschen scheint. Das Wimbachgries ist geologisch wie botanisch auch für den Fachmann hochinteressant. Einst füllte ein Nachbarsee des Königssees das Wimbachtal aus.

Den überraschenden Höhepunkt aller Berchtesgadener Täler aber bildet das Tal des K ö n i g s s e e s. Man nimmt von Berchtesgaden den Weg entlang der Königsseer Ache durch schöne Weide- und Waldlandschaft mit erstaunlich großen Findlingsblöcken inmitten sanfter Wiesen. Im Dorf Königssee erwartet uns eine alte Bergahorn-Allee, eine Reihe von Hotels, Pensionen und ein großer Parkplatz. Danach folgt erst ein grüner Vorsee mit der Insel Christlieger, ehe wir den eigentlichen See – entweder vom Boot oder auf einer Wanderung zum „Malerwinkel" – plötzlich erblicken. Zweitausend Meter tief zwischen die Hochgebirgsriesen ist die schmale Rinne des Königssees eingesenkt. Aus diesem klaren „Alpen-Fjord" steigen mit der Watzmann-Ostwand die höchsten Felswände der Ostalpen auf. Keineswegs übertrieben erscheint daher Heinrich Noës Feststellung: „Er ist ein gewaltiger See, und in den europäischen Gebirgen gibt es seinesgleichen nicht."

Wimbachklamm

Seine Entstehung verdankt der Königssee nicht eiszeitlichen Vorgängen wie die meisten Alpenseen, sondern er wurde durch gebirgsbildende Einbrüche und durch voreiszeitliche Flußausräumung geschaffen. Seine größte Tiefe beträgt rund 189 m. Saiblinge und Lachsforellen sind seine Leitfische.

Von der originellen Wallfahrtskirche St. Bartholomä, die man nur zu Schiff erreichen kann, führt ein Weg zwischen Watzmannwänden durch einen wundervollen Ahornboden zur „Eiskapelle" hinauf, einem Firneisflecken, der auch im Hochsommer nicht wegtaut. Das schmelzende Wasser tritt aus einem hallenartigen Loch am Boden der Schneeschicht hervor. Der hier entspringende Eisbach hat mit seinen Geschieben den Grund für Kirche und Wirtshaus von St. Bartholomä aufgeschüttet.

Eiskapelle

Der vom Königssee durch einen Bergsturz abgeschnürte O b e r s e e steht im Bann des Steinernen Meeres, dessen Abstürze drohend die kleine Wasserfläche einschließen. In langem Silberband kommt der Röthbach die Wände herab. Große Blöcke, einst von der Felswand herabgestürzt, säumen das mit Ahornbäumen bestandene Ufer.

Die Gebirgsstöcke

Von den „Kalkklötzen" außerhalb des NSG Königssee (Untersberg, Lattengebirge, Reiteralpe) nimmt der sagenreiche U n t e r s b e r g zweifellos den ersten Platz ein. Er steht mitsamt seinen grünen Abhängen unter Landschaftsschutz. Als urtümlicher Koloß beherrscht er den Eingang zum Berchtesgadener Land. Er ist der nördlichste Gebirgsstock hier und zeigt die Eigenart der Tafelgebirge am deutlichsten. Nur allmählich steigt seine Hochfläche vom Geiereck (1805 m) über den Salzburger Hochthron und das Rauheck zum Berchtesgadener Hochthron (1972 m), seiner höchsten Stelle, an. Die Schauseite des Berges blickt nach Südosten. Dort stürzen in 5 km Länge die gelb- und rotgefleckten Felswände lotrecht hinab und nehmen den herrisch abweisenden Zug an, der zur Legendenbildung um den Untersberg beitrug. Gegen Westen und Norden tragen die Steilwände ein sehr viel schlichteres Antlitz zur Schau. Sie sind fast ganz von Wäldern und dunklen Latschenfeldern überzogen. Eine weitere Ursache der Untersberg-Märchen liegt in dem großen H ö h l e n r e i c h t u m des Berges begründet. Man hat bis heute 105 Höhlen erforscht.

Der Untersberg
von Markt Schellenberg

Die Höhlenbildung im Untersberg und in den anderen Kalkblöcken der Berchtesgadener Alpen ist durch die hohe Wasserlöslichkeit des Kalkes bedingt. In den verkarsteten Dolinen, Mulden und Rinnen der Hochfläche sammelt sich das Regen- und Schmelzwasser. Da es nicht nach außen abfließen kann, sickert es, kleine Kalkpartikel lösend, in das Berginnere. Im Laufe der Jahrtausende sind auf diese Weise Hohlräume verschiedenster Form und Größe entstanden, die den Untersberg wie einen Schweizer Käse durchlöchern. Wasser, das durch die Felskamine in die Höhlen sickert, erstarrt dort in der kalten Höhlenluft und bildet Säulen, Stalaktiten und Stalagmiten mit abenteuerlichen Umrissen aus. Am bekanntesten ist die S c h e l l e n b e r g e r E i s h ö h l e, die allein zugänglich gemacht wurde. Ihre Attraktionen sind nach den Entdeckern und Erforschern der Höhle benannt: die Angermayerhalle mit schönen Eisfiguren, die Mörckgalerie mit mächtigem Schichteneis und die Eberhard-Fugger-Halle mit 15 m hohem, blitzendem „Eisfall".

Sage und Dichtung haben die Höhlen und Wände des Berges zum Geheimnis gemacht und verzaubert. Karl der Große – oder auch Kaiser Friedrich Barbarossa – schläft mit seinem ganzen Heergefolge im Berg und wartet auf den Tag, da „die Raben nicht mehr um den Berg fliegen und der Bart dreimal um den Tisch gewachsen ist". Dann werden sich die Steintore des Berges öffnen und der Kaiser tritt mit seinem Heer zur letzten Schlacht an. Andere Geschichten erzählen von den zwergenhaften Unterbergsmandln, die im Berg nach Gold und Edelsteinen schürfen. Sie verlassen zur Mitternacht den Berg, um ihren Schabernack mit den Menschen zu treiben oder in den umliegenden Kirchen Gottesdienst zu halten.

Die Brüche des berühmten „Untersberger Marmors" liegen bei Fürstenbrunn am österreichischen Nordfuß des Berges. Es handelt sich dabei um keinen „echten" Marmor, sondern um ein Kalkgestein mit hohem Kieselsäuregehalt, das von großer Dichte und Härte ist. Rötlich weiße und lichtgraue Adern durchziehen es in charakteristischen Formen. In vielen bayerischen Kirchen und Schlössern fand der warmleuchtende Stein an betonten Stellen Verwendung.

78

Auch das niedrigere L a t t e n g e b i r g e ist von Erosionsrinnen und Höhlen zerrissen. Seine Oberfläche aber übergrünen infolge der tieferen Lage Fichten und Latschen. Nur am Predigtstuhl und entlang des Hauptgrates halten sich abweisende Felswände. Die Verwitterung hat dort ein seltenes Naturdenkmal aus dem Ramsaudolomit herausgearbeitet: den Felsturm der „Steinernen Agnes" mit seiner pilzförmigen Bekrönung. Aus den Tiefen des Lattengebirges strömt die Sole der Reichenhaller Quelle zusammen.

Die gleiche Erscheinung von Karrenfeldern, Dolinen, kühnen Gipfeln und schroffen Randabstürzen empfängt uns auf der R e i t e r a l p e. Im bayerischen Teil sind ihre zerschrundeten Hochflächen von ausgedehnten Latschen- und Zirbelkieferbeständen überzogen und die starre Felswelt ist auf diese Weise gemildert. Um so grandioser ragen jedoch die Mühlsturzhörner über dem Hintersteiner Tal.

„Steinerne Agnes"

Zwei Berggestalten ziehen uns in ihren Bann, sobald wir von Norden her den Berchtesgadener Kessel betreten: Watzmann und Hochkalter. Der W a t z m a n n ist das Wahrzeichen des Berchtesgadener Landes. Seine Nordflanke zeigt zwei ungleich hohe Spitzen, zwischen denen fünf kleinere Kegel aufragen: „Watzmann mit Watzmann-Weibl und Watzmann-Kindern". Die Sage sieht in ihm einen König, der zur Strafe für seine Grausamkeit mitsamt seiner Familie zu Stein erstarren mußte. Der Hauptkamm hat drei ausgeprägte Gipfel, Hocheck, Mittelspitze und Südspitze. Die Mittelspitze ist mit 2713 m die höchste Erhebung Bayerns nächst dem Zugspitzmassiv. Von hier gabelt sich der Kamm und überspringt die fünf Watzmann-Kinder bis zum Kleinen Watzmann (Watzmann-Weibl). Zum Ruhm des Watzmanns hat auch die Geschichte seiner Ersteigung manches beigetragen. Obwohl die gewaltige Ostwand bereits 1881 erstmals durchstiegen wurde, zählt ihre Bewältigung bis heute zu den großen Bergsteiger-Unternehmungen der Ostalpen. Über 50 Todesopfer hat sie schon gefordert. Im Osten fällt der Watzmann-Stock zum Königssee ab, im Süden findet er über den Trischübel-Paß die Verbindung zum Steinernen Meer, im Westen trennt ihn das Wimbachtal vom Hochkalter.

Der H o c h k a l t e r (2607 m) ist einsamer und abweisender als der Watzmann. Er birgt in seiner Nordflanke den nördlichsten Gletscher der Alpen, das B l a u e i s. Es ist der einzige echte deutsche Gletscher mit Fließeis und Spaltenbildung. Bis zu 55 Grad geneigt, klemmt sich die zurückweichende Eisfläche zwischen die Felsgrate und verleiht dem Berg hochalpines Gepräge. Nur ein geringfügiges Senken der Jahrestemperatur ließe ihn wieder anschwellen. Auch der Hochkalter ist ein eigener Gebirgsstock. Sein Kamm setzt sich zur Hocheissspitze und zum Alpelhorn fort.

Die Wimbachscharte kennzeichnet den Beginn des S t e i n e r n e n M e e r e s, das wahrhaft ein Meer aus steinernen Karren, Runsen und Scharten ist. In wildem Auf und Ab umbranden sie die erstarrten Riffe der Randgipfel. Jähe Abstürze begrenzen den Gebirgsblock, von dem nur ein kleiner Teil zu Bayern gehört. Es ist der mildere Teil. Hier sind in untereinander liegenden Felsterrassen drei zauberhafte Karseen erhalten geblieben: der Funtensee, der Grünsee und der Schwarzensee. Ihre Umgebung ist bekannt als pflanzen- und tierreichstes Gebiet der Hochregion. Von den Gipfeln auf bayerischem Gebiet seien nur die aussichtsreichsten genannt: der Große Hundstod und der mächtige Bergstock des Funtenseetauern. Man blickt auf das erstarrte Felsenmeer umher und auf die eigenwilligen Berggestalten des Breithorns, des Wildalmkirchls, auf die kühne Pyramide der Schönfeldspitze und auf all die Gebirgszüge, die die Berchtesgadener Alpen umstehen.

Funtensee

79

Steinböcke

Mit den Teufelshörnern jenseits des Blühnbachtörls setzt der nächste Gebirgsstock ein, das H a g e n g e b i r g e. Ebenfalls ein gewaltiges Steinmeer, unwegsam und menschenleer. Ein Land unheimlicher Stille, bewohnt nur von Dohlen, Gemsen, Steinböcken und Hirschen und durchzogen von kilometerlangen Höhlensystemen gewaltigen Ausmaßes. So einfach der Aufstieg durch die Gondelbahn auf den Jenner auch gemacht ist – bis über den leicht erreichbaren Schneibstein (Ski-gebiet) wagen sich die Touristen selten hinaus. Am Abhang zum Königssee erwartet den Wanderer auf dem Gotzenplateau ein berühmter Aussichtspunkt („Feuer-palfen"): auf die Watzmann-Ostwand, auf den Königssee und auf das ganze Alpenrund vom Hochkönig bis zum Untersberg – ein Anblick wie ihn auch der höher gelegene J e n n e r nicht gewährt, wo wiederum die gute Sicht in den Berchtesgadener Kessel hinein und zum Kehlstein hinüber hinzukommen.

Der Jenner wird bereits zum nächsten Massiv gezählt, dem des H o h e n G ö l l s. Dieser Gebirgsstock nimmt wegen seiner Bodenschätze eine Sonder-stellung in der Geschichte des Landes ein. Außer dem „Weißen Gold", das seit Jahrtausenden in den Salzbergwerken gewonnen wird, gab es in früheren Zeiten auch rentable Grabungen auf Mangan, Zinkkarbonat und Jaspis. Das letztere wurde unweit der Jenner-Mittelstation gewonnen. Die aus rotem, von Mangan gebändertem Jaspis bestehenden Tabernakelsäulen am Hochaltar des Kölner Domes sollen aus diesem Bergwerk stammen.

Der Hauptgrat des Hohen Gölls stößt mit dem K e h l s t e i n gegen Berchtes-gaden vor. Ihn bekrönt ein Wirtshaus, das auf breiter Straße per Omnibus er-reicht wird. Tausende von Besuchern kommen auf dieser „Kehlsteinstraße" herauf, um den faszinierenden Rundblick auf das Berchtesgadener Land zu genießen.

Unmittelbar unter den gewaltigen Wänden des Hohen Gölls liegt das Hochtal der S c h a r i t z k e h l a l m. Die Gewalt und Größe der Bergwelt umschließt es auf eine Weise, die begeisternd und beklemmend zugleich wirkt. Wo die Scharitzkehl von den Zauberwänden des Bergstockes zugemauert ist, wird sie sinnfällig „Endstal" genannt.

Scharitzkehlalm

81

Naturschutzgebiet „Königssee"

Maßstab 1 : 100 000

VOLLKOMMEN GESCHÜTZTE PFLANZENARTEN

1. Straußfarn (Matteuccia struthiopteris = Struthiopteris germanica)
2. Hirschzunge (Phyllitis scolopendrium)
3. Federgras (Stipa pennata)
4. Türkenbund (Lilium martagon)
5. Feuerlilie (Lilium bulbiferum)
6. Schachblume (Fritillaria meleagris)
7. Siegwurz (Gladiolus palustris)
8. Blaue Schwertlilie (Iris sibirica)
9. Orchideen (Orchidaceae), alle heimischen Arten, z. B. alle Knabenkräuter, Frauenschuh, Rotes und Weißes Waldvögelein, Kohlröserl (Brändlein, Brunelle), Ragwurzarten (Fliegen-, Bienen-, Hummel- und Spinnenblume), Riemenzunge
10. Pfingstnelke (Dianthus gratianopolitanus)
11. Weiße und Gelbe Seerose (Nymphaea und Nuphar) alle einheimischen Arten
12. Akelei (Aquilegia) alle einheimischen Arten
13. Küchenschelle (Kuhschelle, Osterblume), (Pulsatilla), alle einheimischen Arten einschließlich der Alpen-Anemone (Teufelsbart, Petersbart), (Pulsatilla alpina), mit der gelben Abart Pulsatilla sulphurea Arcang.
14. Narzissen-Anemone (Berghähnlein), (Anemone narcissiflora)
15. Großes Windröschen (Anemone silvestris)
16. Frühlings-Adonisröschen (Adonis vernalis)
17. Diptam (Dictamnus albus)
18. Seidelbast und Steinrösl (Daphne), alle einheimischen Arten
19. Alpenrose (Rhododendron), alle einheimischen Arten
20. Zwergrösl (Rhodothamnus chamaecistus)
21. Aurikel (Primula auricula) und alle rotblühenden Arten der Gattung Primula
22. Alpenveilchen (Cyclamen europaeum)
23. Enzian (Gentiana), alle einheimischen Arten
24. Gelber Fingerhut (Digitalis grandiflora und lutea)
25. Edelweiß (Leontopodium alpinum)
26. Edelraute (Artemisia laxa)
27. Kaiser-Karl-Szepter (Pedicularis sceptrum-carolinum)

Ferner ist es verboten, wildwachsende Pflanzen (Bäume und Sträucher) der folgenden Arten auszugraben oder zu beschädigen:

1. Eibe (Taxus baccata)
2. Bergkiefer (Latsche), (Pinus mugo)
3. Wacholder (Juniperus communis und Juniperus nana)
4. Sanddorn (Hippophae rhamnoides)
5. Stechpalme (Ilex aquifolium)
6. Zwergbirke (Betula nana)

Straußfarn
*(Matteuccia struthiopteris
= Struthiopteris germanica)*

Federgras
(Stipa pennata)

Hirschzunge
(Phyllitis scolopendrium)

Türkenbund
(Lilium martagon)

Feuerlilie
(Lilium bulbiferum)

Schachblume
(Fritillaria mileagris)

Siegwurz
(Gladiolus palustris)

Blaue Schwertlilie
(Iris sibirica)

Helmknabenkraut
(Orchis militaris)

Schwarzes Kohlröschen
(Nigritella nigra)

Frauenschuh
(Cypripedium
calceolus)

Rotes Waldvögelein
(Cephalanthera rubra)

Weißes Waldvögelein
(Cephalanthera
damasonium)

Hummelragwurz
(Ophrys fuciflora)

Spinnenragwurz
(Ophrys sphegodes)

Geflecktes Knabenkraut
(Orchis maculata)

Riemenzunge
(Himantoglossum
hircinum)

Weiße Seerose (Nymphaea alba)

Gelbe Teichrose (Nuphar luteum)

Weiße Sumpfwurz (Epipactis palustris)

Schwarzbraune Akelei (Aquilegia atrata)

Pfingstnelke (Dianthus gratianopolitanus)

Alpenanemone
(Anemone alpina)

Küchenschelle
(Pulsatilla vulgaris)

Frühlings-Adonisröschen
(Adonis vernalis)

Narzissen-Anemone,
Berghähnlein
(Anemone narcissiflora)

Großes Windröschen
(Anemone silvestris)

Diptam
(Dictamnus albus)

Seidelbast
(Daphne mezereum)

Heideröschen
(Daphne
cneorum)

Rostblättrige Alpenrose
(Rhododendron ferrugineum)

Mehlprimel
(Primula farinosa)

Bergprimel
(Primula auricula)

Zwergrösl
(Rhodothamnus
chamaecistus)

Alpenveilchen
(Cyclamen
purpurascens)

Stengelloser Enzian
(Gentiana clusii)

Frühlingsenzian
(Gentiana verna)

Gelber Enzian
(Gentiana lutea)

Gefranster Enzian
(Gentiana ciliata)

Schwalbenwurzenzian
(Gentiana asclepiadea)

Gelber Fingerhut
(Digitalis lutea)

Edelweiß
(Leontopodium
alpinum)

Großblütiger Fingerhut
(Digitalis grandiflora)

Edelraute
(Artemisia laxa)

Kaiser-Karl-Szepter
(Pedicularis sceptrum-carolinum)

Eibe
(Taxus baccata)

Bergkiefer, Latsche
(Pinus mugo)

Stechpalme
(Ilex aquifolium)

Wacholder
(Juniperus communis)

Sanddorn
(Hippophae rhamnoides)

Zwergbirke
(Betula nana)

DIE MORÄNENLANDSCHAFTEN

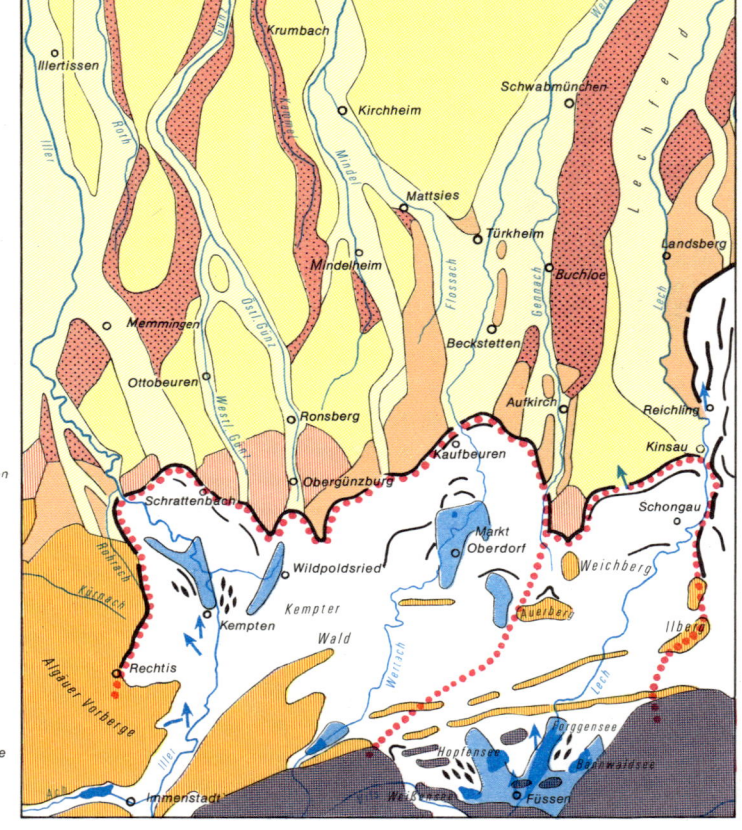

Grenzen der in den
Textkapiteln behandelten
Moränengebiete

Alpen
Molasseberge
Deckenschotterfelder
Hochterrassenfelder
Niederterrassenfelder
Mindelmoränen
Riß-Moränen
Zungenbecken
Würmeiszeit-Endmoräne
Drumlins
Gletscherschliffe

DIE MORÄNENLANDSCHAFT DES ILLER-LECH-
UND BODENSEEGEBIETES

*(Dazu Kartenseiten
46, 47, 52–54)*

Drei Gletscherströme haben in der Eiszeit die Allgäuer Alpentäler überformt
und sind durch die Alpentore bei Immenstadt, Pfronten und Füssen in das
Allgäuer Alpenvorland hinausgedrungen: der Iller-, der Wertach- und der Lechgletscher. Ihre Zungen verschmolzen zu einem einzigen großen Gletscher, dessen
Stoßrichtung nie eindeutig war. Dadurch wurde ein unendliches Vielerlei an
landschaftlichen Kleinformen ausgebildet. Zum anderen standen dem Gletscherschub die Querriegel der gefalteten Molasse entgegen. Sie lenkten die Eismassen
in neue Bahnen, wurden vom Eis überströmt oder abgetragen. Dadurch ging
viel Schubenergie verloren. Die verbliebene Kraft ließ die Gletscherzungen sehr
viel weniger weit in das Vorland dringen, als etwa im benachbarten Isar-Gletscher-
bereich. Die Wellen der Endmoränen reichen nur bis zur Linie Altusried–Kaufbeuren–Kinsau. Das war in der letzten, der Würmeiszeit, der Fall. In früheren

94

Vereisungsperioden aber hatten es die Moränenwälle noch ein Stück weiter nordwärts geschafft. Es konnten mehrere Moränenstufen festgestellt werden, die nicht durch Jungmoränen verursacht worden sind. Hier in der schwäbischen Endmoränenlandschaft haben daher die Forscher Penck und Brückner jene Erkenntnisse sammeln können, die ihrer bis heute gültigen Lehre von den Wirkungen der Gletscher auf die Landschaft und von der Aufeinanderfolge mehrerer Eiszeiten zugrunde liegen. Die Vereisungsperioden tragen seither die Namen jener Flüsse, in deren Tälern die Ablagerungen der jeweiligen Eiszeit am deutlichsten zu beobachten sind (Günz, Mindel, Riß, Würm). Die landschaftlich reizvollste Region ist natürlich die der jüngsten, der Würmeiszeit.

Zwischen Iller und Wertach

Wenn wir zunächst den Bereich der Iller betrachten, so sehen wir, daß auch ihr Lauf stark von den Molasserücken beeinflußt ist. Sie verläßt das Gebirge bei Immenstadt, indem sie die Ausläufer des Rottachberges umfließt, um gleich darauf dem parallelen Bergzug zu begegnen. Hier weicht sie in der sog. I l l e r s c h l e i f e (LSG) aus, die ein wunderbares Fluß-Landschaftsbild aus Prall- und Gleithängen darstellt. Zum Schutzgebiet gehört auch das tief eingeschnittene und walddunkle R o t t a c h t a l , das kaum begehbar ist.
Im darauffolgenden Kemptener Becken glänzte ein großer See, der durch das tiefere Einschneiden der Iller in die Endmoränenwälle entleert wurde. So konnte der Fluß in freiem Spiel die verschiedenen Terrassen ausbilden, auf denen die malerische Stadt Kempten sich heute ausbreitet. Rechts und links überformen Drumlinschwärme die Landschaft. Vom Kemptener Becken abzweigend hat eine Gletscherzunge auch das Becken von Wildpoldsried ausgeschürft und den Schutt in Endmoränen bei Obergünzburg abgelagert.
Der I l l e r d u r c h b r u c h (LSG) durch Jung- und Altmoränen erstreckt sich zwischen Krugzell und Lautrach über viele Kilometer hin. Gut 100 m hohe Prallhänge zwängen den Fluß ein, die flacheren Gleithänge sind dicht bewaldet. An manchen Stellen leuchten goldgelbe Sand- und Schotterreißen aus dem Grün der Mischwälder. Aussichtsreiche Wanderwege begleiten die Hochufer (z. B.

Illerdurchbruch

am Roten Kreuz bei Grönenbach). Leider haben die Staumauern der Elektrizitätswerke aus dem sprudelnden Gebirgsfluß ein breites, stilles Gewässer gemacht. Sein Wasser ist trüb und schmutzig geworden. Er ist eingedämmt, gestaut und kanalisiert bis zur Mündung in die Donau bei Ulm.

95

Grüntensee

Sulzberger See

Vor dem Moränendurchbruch bediente sich die Iller, oder sagen wir besser der Abfluß des ehem. Kemptener Sees, jenes breiten Tales, das von Dietmannsried in Richtung Memmingen verläuft. Dieses mit Niederterrassenschottern flach geebnete, fruchtbare Trockental wird „Memminger Feld" genannt. Nur kleinere Randbäche durchfließen es, wie etwa der plätschernde Mühlbach, der im walddichten, romantischen M ü h l b a c h t a l (LSG) seinen Ursprung hat. Um das Wirtshaus Ehwiesmühle herrscht dort idyllische Ruhe.

Der W e r t a c h ist das Schicksal der Iller bisher erspart geblieben. Zumindest ihre Jugendstrecke ist mit einer Ausnahme frei von Verbauungen. Diese Ausnahme ist der G r ü n t e n s e e (LSG), der durch die Staumauer eines Kraftwerks entstand. Nachdem die Wertach das stille Tal von Unterjoch durch ein Felsentor verlassen hat, fließt sie hinter dem Markt Wertach in den neuen Stausee. Er ist von Badegästen, Campingfreunden und Seglern bereits entdeckt worden. Sein Becken füllte einst ein eiszeitlicher See aus, der großen Moosgebieten gewichen war. Nun spiegeln sich in der neu geschaffenen Wasserfläche die kleinen, birkenbestandenen Moosreste an den Ufern, der Wertachrücken im Norden mit seinen Wäldchen, Hecken und Wiesen, und im Hintergrund beherrscht die markante Silhouette des Grünten das Bild. Alles in allem ein Gewinn für das Landschaftsbild. Auch der Fluß erleidet keine Einbuße, denn seine wilde Talstrecke beginnt erst hier. In vielen Schlingen hat er sein Bett durch die Moränenschotter in den Molasseuntergrund gegraben. An der Wallfahrtskirche Maria Rain vorbei zieht er übermütig rauschend durch ein enges, dicht bewaldetes Tal, das sich erst bei Leuterschach in die Weitung des ehem. Marktoberdorfer Seebeckens öffnet. Wo die Wertach das Becken verläßt, benützt sie das Tal des Ur-Lech, der heute weiter östlich sein Tal hat. Sie verliert nun ihren jugendlichen Elan und bald nach Marktoberdorf kommen auch die ersten Stauseen. Der Durchbruch durch die Endmoränen nördlich von Kaufbeuren ist in diesem breiten Tal nur noch an den leicht erhöhten Talhängen kenntlich.

Neben den Flüssen prägen die Silberspiegel der großen und kleinen Seeflächen das Allgäuer Moränenland. Da ist in einem Zweigbecken des Illergletschers der schöne N i e d e r s o n t h o f e n e r S e e (LSG) nebst seinen drei Trabanten Oberer, Mittlerer und Unterer Inselsee zurückgeblieben. Der von Kempten kommende Besucher sieht sie eingebettet in Weiden und feuchte Wiesen, deren helles Grün aufgelockert ist durch das Schwarzgrün einzelner Nadelbäume. Gegen Süden gibt der Grünten, gegen Westen der Stoffelsberg den Hintergrund ab. Als Badeseen sind der O e s c h l e - S e e (Sulzberger See), der S c h w a r z e n b e r g e r W e i h e r, der S c h w e i n e g g e r W e i h e r, der A t t l e s e e, der S c h w a l t e n w e i h e r, der S e e g e r S e e und der umschilfte N o t z e n w e i h e r sehr geschätzt. Sie alle stehen unter Landschaftsschutz, und so wird hoffentlich einem jeden dieser blinkenden Juwele die natürliche Schönheit erhalten bleiben. Wenn man etwa vom Edelsberg oder vom Hohenfreyberg nordwärts blickt, kann man in der Eiszerfallslandschaft zwischen Nesselwang und Seeg über ein Dutzend solcher Wasserflächen blitzen sehen.

Wo die Wasser nicht schon vor langer Zeit abgeflossen sind, konnten sich Moore entwickeln, die dem Alpenvorland eine besondere landschaftliche Note verleihen. Es sind im Moränenland fast durchwegs Hochmoore, deren Flora zum größten Teil übereinstimmt – soweit sie unberührt blieben. In unserem Raum sind zu nennen: das kostbare S c h ö n l e i t e n m o o s (NSG) in einem Teilbecken des Illergletschers (nördlichster Standort der Rostroten Alpenrose im Allgäu), das größere W e r d e n s t e i n e r M o o s (LSG), das R e i c h h o l z r i e -

96

der Moor (LSG), wo eines der wenigen Vorkommen der Zwergbirke festgestellt wurde, das kleine, von der Straße wunderbar überschaubare Rottachmoos (NSG, geplanter Schutzstreifen) mit seinen schönen Spirken und einzelnen weißen Birkenstämmchen, das schon hoch gewölbte Spirkenhochmoor des Bruckmooses (LSG) sowie das einsame urwaldhafte Schornmoos (NSG), das ein Eldorado für alle Arten von Wild ist und Wollgrasbulten in seltener Schönheit hervorbringt.

Eine weitere Eigenheit des Allgäus sind bis in die Molasse eingeschnittene Tobel, deren enge Schluchten, von Wildwassern durchrauscht, eine üppige, feuchtigkeitsliebende Flora hervorbringen. Zu den bekanntesten zählt der Eistobel (NSG), auch „Riedholzer Wasserfälle" genannt. Zwischen Schüttentobel und Riedholz, am Fuße von Kapf und Kugel, hat sich die Obere Argen auf einer Strecke von 3,5 km durch die Meeres- und Obere Süßwassermolasse sowie durch die Nagelfluhe Bahn gebrochen. Eingefaßt auf beiden Seiten von 80–130 m hohen Felswänden, stürzen sich die Wasser in 7 Kaskaden von Fels zu Fels über losgelöste Nagelfluhblöcke. Strudellöcher, Wassermühlen, aber auch ruhige, tiefgrüne und klare Becken wechseln einander ab. Grandios ist das Bild der Tobelschlucht im Winter, wenn das Wasser durch den starren Eispanzer gefesselt ist und die vom Wasser überronnenen Steilwände prächtigen Eisschmuck tragen, wovon der Tobel wohl auch seinen Namen erhielt. An den steilen Hängen grünt die seltene Eibe, im Wasser stehen Forelle und Äsche. Weiterhin ist der Rohrbachtobel (NSG) im Wirlinger Forst zu nennen. Romantisch skurrile Felsenhänge, knorrige Wetterföhren, zerzauste Tannen, Weißerlen, Fichten, Eiben und Wacholdersträucher unterstreichen die wilde Natur. Und dennoch zeigen sich dem suchenden Auge Orchideen wie das Rote Waldvögelein und das Gefleckte Knabenkraut. Auch die Türkenbundlilie hebt ihr Turbanhaupt. Diese Blumenpracht zu bewachen haben sich die Bergwachtleute zur Aufgabe gemacht. Ähnlich ist die Situation auf dem geschützten Steilhang von Hölzlers Tobel (NSG).

Der Dengelstein

Zwei Großlandschaftsschutzgebiete bedürfen besonderer Erwähnung. Voran der umfangreiche Kempter Wald, das bevorzugte Wandergebiet der Kemptner. Dieses wildreiche Waldrevier bietet jedem etwas: Gepflegten Forst und Urwald, kultivierte Wiesen und feuchte Moosgebiete, stille Tümpel und dahinschießende Bäche. Die prächtigen Bergkiefernhochmoore der Waldabteilungen Teufelsküche, Sommerhof, Unter- und Oberlangmoos stehen unter Naturschutz. Ein besonderes Kennzeichen eiszeitlicher Landschaften, die Findlinge, sind im Kempter Wald besonders reichlich verstreut. Der größte von ihnen, der Dengelstein, ragt 15 m hoch aus dem Boden. Er liegt inmitten einer großen Viereckumwallung und soll einst als germanische Gerichtsstätte gedient haben. Das zweite Gebiet liegt um den Elbsee. Es ist offener und schlichter als der Kempter Wald, aber auch hier vereinen sich alle Schattierungen der Landschaft zu einem Bild, das sehr schön vom Burgstall Geisberg bei Haugen zu überblicken ist. Der Elbsee selbst zeigt sich als umschilfter Moorsee mit Seerosenbeständen. Badeanlagen, Campingplatz und Café machen ihn zum beliebten Ausflugsziel. Die Idylle aber ist dadurch leider gefährdet.

Einen künstlichen Ursprung hat das hervorragende Naturdenkmal des benachbarten Marktoberdorf: die sog. Kurfürstenallee (LSG). Der Augsburger Fürstbischof Clemens Wenzeslaus (1740–80) hatte die Auffahrt zu seinem Jagdschloß mit 500 Lindenschößlingen säumen lassen, die heute zu einer prachtvollen Allee herangewachsen sind.

Kurfürstenallee in Marktoberdorf

97

Entlang des Lech

Aus dem Alpentor von Füssen schob der Lechgletscher seine Eiszunge bis gegen Kinsau vor und hinterließ seine Spuren im Land. Gleich nach Verlassen des Gebirges schürfte das Eis mit noch geballter Energie ein weites Stammbecken aus, das in der Schmelzperiode zu einem großen See geworden war. Der Fluß hatte aber schon bald nach der Eiszeit den Molasseriegel am Illasberg durchbrochen und den See entleert, an den nur noch eine Kette von kleineren Seen erinnert. Der Herrschaftsbereich des Lechgletschers ist vom A u e r b e r g gut zu überschauen. Er hat als hoher Vorposten der gefalteten Molasse dem Gletscherschub widerstanden und bietet nun ein herrliches Panorama über das dunkle Grün breiter Moore und tiefer Wälder, über die Flyschrücken der Voralpen bis zum blauzackigen Band der Gebirgsmauer. Im Füssener Winkel fallen mit dem Huttersberg und mit dem Tegelbergzug die hellgrauen Wettersteinkalke direkt zum Alpenvorland, d. h. hier zum Beckenboden ab. Die gerundete und begrünte Flyschzone verschwindet, so daß die überraschende Alpenszenerie unmittelbar ins Vorland tritt. Der Gegensatz von flacher Seenlandschaft und steilem Gebirge ist das Wesensmerkmal dieser östlichen Allgäuer Landschaft. Sie gilt als Schatzkästchen des Alpenlandes. Für jeden Deutschland-Besucher steht das Landschaftsbild um A l p s e e (LSG) und S c h w a n s e e (LSG) symbolhaft für deutsche romantische Landschaft schlechthin − nicht zuletzt wegen der Schloßbauten König Ludwigs II. (Hohenschwangau und Neuschwanstein). Ein Nebenfluß des Lech, der aus dem Ammergebirge kommende H a l b l e c h , schuf mit seinem D u r c h b r u c h (LSG) durch den Riegel der unteren Bunten Molasse (Murnauer Riegel) ein interessantes Landschaftsbild.

Den Landschaftscharakter des einstigen Stammbeckens bestimmt die blitzende Seenkette von W e i ß e n s e e, H o p f e n s e e, F a u l e n s e e, F o r g - g e n s e e, S c h a p f e n s e e und B a n n w a l d s e e, die im Norden alle in die hügelige, samtgrüne Landschaft der Grundmoränen hineinreichen. Ihre Uferzonen sind z. T. verschilft oder vermoort und durch typische Verlandungsflora ausgezeichnet. Der Lech zieht durch den größten See, den F o r g g e n s e e, der neu dazugekommen ist als künstlicher Nachfolger des eiszeitlichen Stammbeckensees. Das wäre an sich zu begrüßen, wenn dieser Kraftwerkspeicher nicht aus energiewirtschaftlichen Gründen die Hälfte des Jahres auf den größten Teil seines Wassers verzichten müßte und das trostlose Bild eines geschrumpften Weihers mit quadratkilometergroßer Schlammkrawatte böte. Ganz zu schweigen von der Zerstörung des romantischen Lechdurchbruchs am Illasberg, der dem Kraftwerk zum Opfer fiel.

Auch auf seinem weiteren Weg wurde der Gebirgsfluß Lech eine Beute der Energiepolitik. Kraftwerke haben das Wildwasser in einer Folge von stillstehenden Stauseen gezähmt, die zwar vielfach nicht ohne Reiz sind, jedoch in diesem, vom jungen Gebirgsfluß gegrabenen steilwandigen Bett das fröhliche Rauschen des Wildwassers sehr vermissen lassen. Die Talsohle selbst mit ihrer reichen Schwemmlingsvegetation ist überstaut und versunken. Nur die Strecke vom Forggensee bis Burggen gibt noch ein Bild von der unmittelbaren Kraft des übermütigen Flusses mit seinen vielen Schlingen und Verzweigungen (LSG). Besonders die sog. L i t z a u e r S c h l e i f e des Flusses südöstlich von Burggen ist von eigenwilliger Schönheit. Hier, besonders am Prallhang von Riesen, ist die Schichtung der Peißenberger Störung gut überschaubar erschlossen. Sie kennzeichnet als nördlichste Falte den tektonischen Anfang des Alpenkörpers. Auf

Forggensee

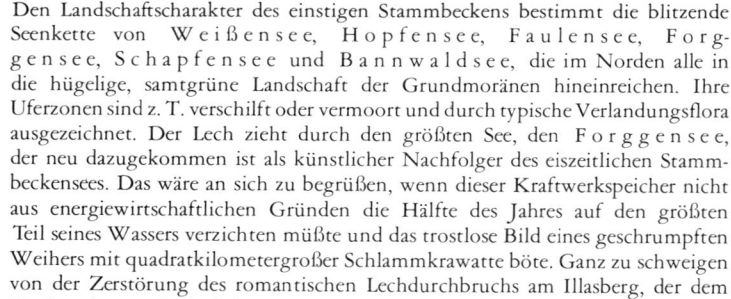

98

Litzauer Schleife

den Kiesbänken des Flußbettes begegnen uns immer wieder die Alpenbewohner Gemskresse, Alpenleinkraut, Löffelkrautblättrige Glockenblume und Felsenlöffelkraut, deren Samen mit den Schmelzwassern von den Bergen herabkamen. Die Silberwurz leitet an den Hängen die Pflanzenbesiedelung ein, Schneeheide und Weidenarten folgen. Gelb leuchtet das Habichtskraut, in zartem Weiß das Gipskraut. An Quellaustritten behaupten sich Enzianwiesen und an feuchten Hängen vereinzelt die purpurnen Sumpfgladiolen und die samtbraunen Blüten der Fliegen- und Spinnenragwurz. Ein Ausschnitt der L e c h a u e n b e i P r e m (LSG) besitzt großflächige Wacholderbestände. Von den Waldhängen dieser Flußstrecke steht die H i r s c h a u e r S t e i l h a l d e mit ihrem schönen Bergmischwald gegenüber Dessau unter Naturschutz. Die Flora entspricht dem Typ des sog. Föhren-Schneeheide-Waldes. Wacholder gedeiht in kräftigen Büschen. Um Schongau ist ein weiterer Hang unter Landschaftsschutz gestellt worden: der einstige P r a l l h a n g d e s L e c h. Schongau selbst liegt auf einem ehemaligen Umlaufberg, den eine Lechschleife säumte. Eines Tages aber hatte der Fluß den Sporn abgeschnürt und läuft jetzt im Süden an der Stadt vorbei. Das ehemalige Lechsteilufer bildet nun einen grünen Rahmen um das Stadtbild. Strauchreichen Eichenbestand mit wärmeliebenden Pflanzen weist der S t e l l a i c h - H a n g (LSG) südl. Apfeldorf auf.

Die Moränen des Lechgletschers sind reich an allen Formen der eiszeitbedingten Landschaftsprägung. Drumlins überwellen das Land im Gebiet zwischen Rieden, Bernbeuren, Steingaden und Bannwaldsee. Eine typische Partie der Rückzugsmoräne ist mit dem B u r g b e r g bei Burggen unter Landschaftsschutz gestellt. Sie zeichnet deutlich die Endzunge eines Gletscherlappens nach. Dichter Strauchbestand verlockt viele Vögel zum Nisten. Einer der lehr- und genußreichsten Naturlehrpfade Bayerns führt von Schongau den Lech entlang bis zur Litzauer Schleife und auf den Burgberg bei Burggen. Er ist 12 km lang. Auf seinen 42 Tafeln gibt er Einblick in die Geologie, Flora und Fauna der wunderbaren Lechlandschaft.

Stille Moorgebiete aller Bildungsstadien gibt es in großer Zahl. Unter Naturschutz stehen K l ä p e r f i l z und W i e s f i l z, die östl. und westl. der berühmten, vielbesuchten Wieskirche liegen. Sie sind dadurch aber auch den Gefahren des Besucherstroms ausgesetzt. Beide Hochmoore weisen dichten Latschenbestand mit einzelnen aufrechten Bergkiefern (Spirken) auf. Der Wiesfilz zeigt zudem ein ausgedehntes Schnabelbinsengebiet, der Kläperfilz einen idyllisch umschlossenen Hochmoorsee. Landschaftsschutzgebiete sind der Toteiskessel nordöstl. von Bernbeuren mit seinen grundwassererfüllten Senken, der künstlich aufgestaute H a s l a c h e r S e e mit blumenreicher Umgebung nördl. des Ortes, und der S c h m u t t e r w e i h e r bei Sameister. Rechts des Lechs liegen die Moosgebiete L a n g e r F i l z und G r u b s e e sowie südl. von Steingaden der schöne Landschaftsausschnitt am verlandenden B i b e r s c h w ö l l e r S e e (ehem. Klosterweiher) und am aussichtsreichen K r e u z b e r g.

99

Westlich der Allgäuer Moränenlandschaft erstreckt sich bis nach Lindau hin noch ein schwäbischer Landstrich, der nicht vom Iller–Lechgletscher, sondern vom Rheingletscher geprägt wurde. Wir wollen ihn „Bodenseegebiet" nennen, weil sowohl die Landschaft, als auch die Vegetation dorthin ausgerichtet sind. Die Gewässer, voran die Argen als Hauptfluß des Gebietes, laufen in engen Tobeln oder weiten Windungen dem Bodensee zu. Die vielen kleineren Seen und Weiher sind zumeist durch Stau zu Regulierungszwecken entstanden. Einer der größten ist der W e i ß e n s b e r g e r W e i h e r (LSG), der mit seinem reichen Schilfgürtel und seiner Alleebaumrahmung eine Art Vogelparadies darstellt. Das höher gelegene Moränenland gleicht dem des übrigen Allgäu. Es wird von der Deutschen Alpenstraße für den Reisenden aufs wunderbarste erschlossen. Da sie vorwiegend auf der Höhe der Moränenzüge verläuft, öffnen sich nacheinander die schönsten Weitblicke auf die Allgäuer und Schweizer Bergwelt. Die Erholungsorte Simmerberg, Weiler, Lindenberg und das schneesichere Scheidegg sind die Zentren dieses Gebietes. Eine typische Hochmoorvegetation kann man im geschützten H a g s p i e l m o o r studieren.

Scheidegg

Erwähnt sei als Naturdenkmal der sog. Findling von Ellhofen. In einer Talweitung der Rotach, etwa 2 km nordöstl. von Weiler, findet man in einem fichtenbestandenen Hügel den Zugang zu diesem größten erratischen Block Europas. Er war jahrhundertelang als Steinbruch genutzt worden. Als der Rheingletscher ihn zur Würmeiszeit von der Dreischwesterngruppe aus der Schweiz 65 km weit hergeschleppt hatte, maß er noch etwa 4000 cbm.

Hinter Gretenmühle rauscht der Rickenbach-Wasserfall, und die Alpenstraße kurvt in vielen Kehren durch den Rohrach-Wald hinab in das Obstland vor dem Bodensee. Es ist ein klimatisch sehr bevorzugter Landstreifen. Seine Durchschnittstemperatur liegt 2–3 Grad höher als gewöhnlich am Alpenrand. Da der Bodensee während der Sonnenscheindauer des Jahres eine Wärmemenge aufspeichert, die dem Heizwert von 22 Mill. Tonnen Kohle entspricht, kann er in kühleren Nächten und in der kalten Jahreszeit stark temperaturausgleichend wirken. Zwar überzieht infolgedessen häufig eine dichte Nebeldecke den See und die Felder, doch bleiben dadurch See und Land vor starker Auskühlung bewahrt und die ungewöhnlich reiche Sonnenbestrahlung stimmt versöhnlich. So ist ganz natürlich, daß die südwärts geneigten Hänge am See und in der kuppigen Drumlinlandschaft sämtlich Obstkulturen tragen, die hochqualifizierte Erträge erbringen. Die einst gepflegte Weinbautradition ist nach der sog. Reblauskrise weitgehend geschwunden.

Blick von Oberreute gegen den Bodensee

Auch die Wälder sind angereichert mit wärmeliebenden Pflanzenarten des atlantischen Florenbereichs wie Pimpernuß und Hülsen. Der R i c k e n b a c h - T o b e l sowie der Z e c h w a l d (LSG; kleiner Laubmischwald an der Leiblach) gelten als östlichste Standorte der Schmerwurz. In den Parks entlang des Seeufers gedeihen Edelkastanien und exotische Baumarten.

Der bayerische Anteil am B o d e n s e e, dem „Schwäbischen Meer", ist nicht groß, umfaßt aber den bevorzugten Winkel um die Inselstadt Lindau, deren romantisches Bild eine großartige Rahmenszenerie in der großen Wasserfläche und in den sattgrünen Obsthügeln findet. Einen schönen und informierenden Blick darüberhin gewährt der H o y e r b e r g (LSG) in Hoyren. Es ist ein parkartig gestalteter, von Obstbäumen bestandener und mit einem Schlößchen als Aussichtscafé bekrönter Drumlin-Moränenhügel. Die Uferregion selbst mit

Lindau im Bodensee

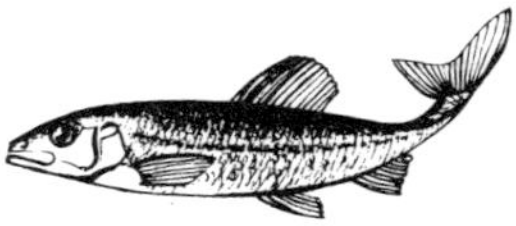

Blaufelchen

ihren abwechslungsreichen Bildern, mit dichtem Parkbaumbestand, verlandenden Buchten und Schilfgürteln steht von Nonnenhorn bis zur Bundesgrenze
bei Zech unter Landschaftsschutz. Im Frühjahr leuchten an vielen Stellen die
Standorte der blauen Sibirischen Schwertlilie. Eine Pflanze der Hochalpen hat
hier in eigener Anpassungsform sich halten können: der Rotblühende Gegen-
blättrige Steinbrech, der auch Überschwemmungsperioden überdauern kann.
Ein weiterer Grund für die Inschutznahme ist natürlich die hier beheimatete
Vogelwelt: Lachmöwe, Bläßhuhn, Wildente, bunte Krickente, kleine Knäkente
und Kolbenente, Kormoran, Haubentaucher und Zwergtaucher. Der Schwan
ist unentbehrliches Requisit der Uferstücke großer Privatparks, die seit dem 19.
Jh. auf weite Strecken das Seeufer reservierend abschlossen. Zwischen der österreichischen Grenze und der Stadt Lindau wurde nun ein Uferweg freigegeben.
Einer der schönsten Vögel des Bodenseegebietes ist der blaugrüne und rosa-
farbene Eisvogel. Immer seltener wird die Gabelweihe (Milan), die seit dem
Aussterben des Seeadlers (1926) der größte Vogel des Gebietes ist. Zwischen
Nonnenhorn und Wasserburg wurde der Schilfgürtel des Sees unter Natur-
schutz gestellt.

Zander

Die Bodenseefischerei hat nicht mehr die Bedeutung von einst. Doch noch
immer sind der Blaufelchen und sein Verwandter, der Gangfisch, geschätzt.
Forellen gibt es in den Arten von Schweb- und Grundforelle. Aber auch Hecht,
Barsch, Trüsche, Zander, Aal und Waller gehen dem Fischer ins Netz.

Barsch

101

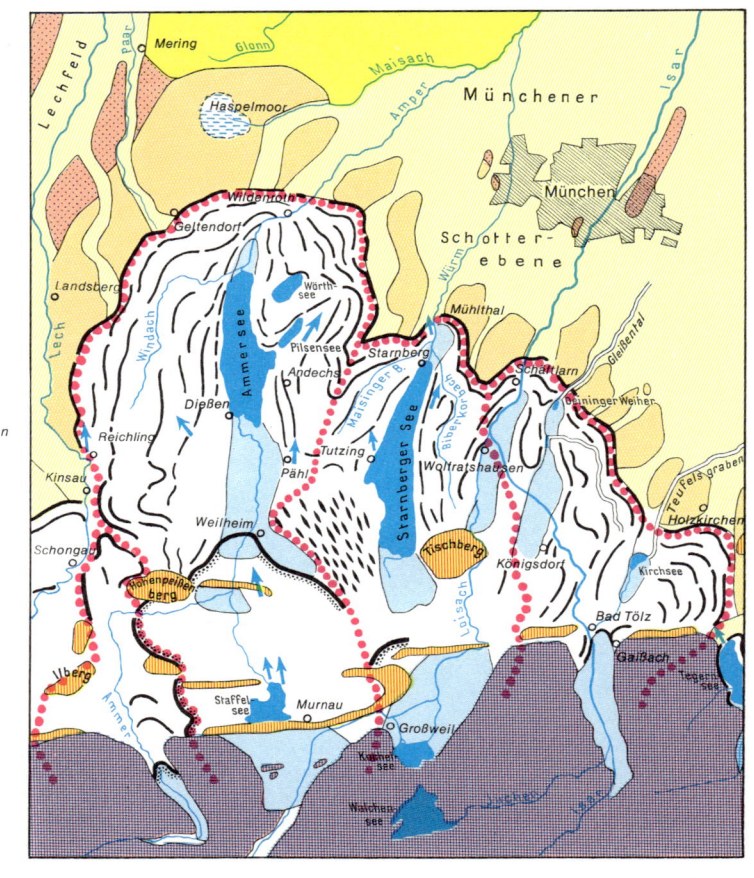

Grenzen der in den
Textkapiteln behandelten
Moränengebiete

Alpen

Molasseberge

Tertiärhügelland

Hochterrassenfelder

Rißmoränen

Würmeiszeit-Endmoräne

Drumlins

Niederterrassenfelder

Gletscherschliffe

Zungenbecken

Abflußrinnen

Rückzugs-Endmoräne
der Würmeiszeit

IM MORÄNENLAND DES ISARGLETSCHERS

(Dazu Kartenseiten 47–49, 54–56)

Die Eismassen des Isargletschers sind unter den Alpenvorlandgletschern der Würmeiszeit am weitesten nach Norden vorgedrungen und haben dem Lande ihre allgegenwärtigen Spuren aufgeprägt. Der Formenreichtum des Gebietes ist außerordentlich groß. Während die Gletscher an Inn und Salzach wesentlich aus einem Alpentor gespeist wurden und ihre bodenbearbeitende Wirkung von da aus fächerförmig ausstrahlten, waren im Isargletscherbereich vier Einzelströme am Werk, die miteinander verschmolzen und nordwärts drängten. Die zusammenfassende Bezeichnung Isargletscher wurde gewählt, weil alle Gewässer dieses Moränengebietes heute der Isar zuströmen. Da war im Westen der kleine Ammergauer Gletscher, der zwischen Lech- und Loisachgletscher eingezwängt seine schmale Eiszunge bis über Peiting hinaustrug, anschließend der mächtige Loisachtalgletscher, der seine Schuttmassen bis Graf-

102

rath schob, ferner der Walchensee-Kochelsee-Strom mit seiner Spitze bei Starnberg und der eigentliche Isargletscher, der bis gegen Holzkirchen vordrang. Alle vier Eisströme schufen vor den Alpentoren deutlich ausgeprägte, tief aus dem Boden geschürfte Stammbecken: das Ammergauer, Murnauer, Kochelsee- und Tölzer Becken. Sie waren nach dem Rückgang des Eises zu riesigen Schmelzwasserseen geworden, heute sind sie zum Teil vermoort (Murnauer Moos) oder bergen noch einen Restsee (Kochelsee). Nach Norden zu entstanden weitere Zweigbecken wie das Ammerseebecken, das Würmseebecken und das Wolfratshauser Becken – auch sie nach der Eiszeit von Wassern gefüllt. Der große Reichtum an leuchtenden Wasserflächen ist ja ein Hauptkennzeichen jugendlicher Eiszeitlandschaften. Zwar viele von ihnen ausgeflossen, andere von Verlandung und Zuschüttung durch Gebirgsflüsse bedroht, aber immer noch spiegeln sie in großer Zahl das Blau des Himmels wider und schaffen einen blitzenden Kontrast zu dem samtenen Grün der Wiesen und Wälder. Der Ammersee mit seinen beiden Trabanten, Pilsensee und Wörthsee, dürfte einst das ganze Zungenbecken zwischen Grafrath und Polling ausgefüllt haben, d. h. 22 km länger als heute (15 km) gewesen sein und sein Wasserspiegel damit 24 m höher. Seine Lage ähnelt der seines Zwillingsbruders, des Starnberger oder Würmsees, der einst 13 km länger war und einen um 15 m höheren Wasserstand aufwies.
Die vielen weiteren Seen treten zwar an Größe zurück, nicht aber an Schönheit. Charakteristisch bleibt der große Anteil an Moorseen, die allmählich in ihren Senken zwischen Moränenhügeln verlanden und blumenreiche Moore um sich ziehen. Der Dichter Hans Brandenburg umschreibt das Wesen unserer Alpenvorlandseen mit poetischen Worten: „Wasser, Weiden und Schilf bilden das ewige Leben des Sees, ein Leben, das immer ein Grün in graues bis braunes Silber mischt und bald gleißend ruht, von der Luft sanft oder stürmisch gepflügt, flimmernd zittert oder stürmisch wogt. Es vermählt sich dem Himmel, der bald sonnig blaut, bald Wolken baucht und türmt oder flockig und streifig zerweht, bald das Auge Gottes in gefächertem Strahlenblick auftut. Die dunkel erhöhten Wälderflanken der Ufer umfangen den See, aber weit am Ende spannen sie das lichtblau geschwungene Zackenband der Berge zwischen sich aus."
Höchst skurril ist oft der Lauf der Flüsse. Sie müssen ihren Weg durch ein Wirrwarr von Hügelwellen suchen, sich durch eingeritzte Canyons zwängen, Seen durchfließen und Gebirgsriegel überwinden. Wo die Flüsse den Endmoränenwall durchsägten, zeigen sich markante Landschaftsbilder (Amper bei Grafrath, Würm im Mühltal, Isar bei Schäftlarn). Auch wo ihnen der Durchbruch durch die harten Hügelrippen der gefalteten Molasse gelang (z. B. Ammer an der Echelsbacher Brücke, Isar am Kalvarienberg von Bad Tölz), entstanden erstaunliche Naturbilder. Häufig aber weichen die Gewässer den festen Konglomeraten der Molasseriegel aus. So wird die Loisach vom Murnauer Tertiärrücken nach Osten in den Kochelsee gezwungen, durch eine zweite Molasserippe nach Nordosten gelenkt und der Isar zugeführt.
Eine tertiäre Erhebung ist auch der Hohenpeißenberg, der breit und behäbig über dem Lande thront. Im weiteren Sinne ist er der nördlichste Grenzstein der Alpen, denn auch er war von den letzten Wellen der Alpenfaltung aufgewölbt worden. Seinen Ruhm als „bayerischer Rigi" verdankt er der umfassenden Alpensicht, die seine Höhe gewährt. Von hier aus überstreicht der Blick die ganze Wunderpracht des Alpensaumes, von dem Otto Kraus einmal gesagt hat, es sei der „Herrgottswinkel unserer Heimat".

*Schleierfälle
in der Scheibum*

Echelsbacher Brücke

Alpenheckenkirsche

Im Land der Ammer

Betrachten wir zunächst den Bereich des Ammergauer Gletschers, dessen Achse bis vor Peiting die rauschende Ammer bildet. Es ist eines der letzten ungezähmten Wildwasser unseres Landes und ein Paradies der Paddler und Wanderer. Durch das Alpentor zwischen den grünbewaldeten Flyschbergen Hörnle und Hochschergen verläßt die Ammer das Becken von Ammergau. Sie sägt wie der Lech ihr Bett durch die harten Riegel der gefalteten Molasse und legt die Profile der drei großen, zwischen ihnen ziehenden Mulden bloß: der Murnauer, Rottenbucher und Peißenberger Mulde. Die erste eindrucksvolle Felsenenge passiert der Fluß an der sog. S c h e i b u m (NSG). Nach der Zerstörung der Illasbergschlucht durch den Forggensee ist es die letzte echte Wildwasserschlucht am Alpenrand. Sie gilt landschaftlich und wissenschaftlich wegen ihres Pflanzenreichtums und der interessanten geologischen Aufschlüsse als das wertvollste Gebiet des Ammerlaufes. Die Schichtung der Felswände geht von der Tonmergelstufe über die Bausteinstufe bis zu den rötlichen Geröllfelsen der Unteren Molasse. Eine einzigartige Naturszenerie schufen hier die Schleierfälle. Ihre eiskalten Quellwasser stürzen in stäubenden Fäden über wirr geformte Tuffkaskaden in den schluchtartigen Ammergrund herunter. In der Nähe führt eine etwa einen Meter breite Höhlenspalte 15 Meter tief in die Kalktuffwände hinein.

Noch abenteuerlicher und wilder erscheint 5 km flußabwärts der canyonartige Einschnitt an der E c h e l s b a c h e r B r ü c k e (NSG). Eine zu ihrer Entstehungszeit 1930 überaus kühne Brückenkonstruktion überspannt in 79 m Höhe die steilwandige Schlucht, von wo der schwindelnde Blick auf den weiß dahinschäumenden Fluß, auf die abgestuften Grüntöne des urwüchsigen Baumbestandes und auf die Brauntöne der schrägliegenden Gesteinsschichten fällt. Nicht so steil, dafür aber um so höher steigen die A m m e r l e i t e n am A m m e r k n i e (NSG) hinter Rottenbuch. Sie sind romantisch einsam und dicht bewaldet. Auch hier finden sich im Hang der Schnalz mehrere Höhlen, die dem Kloster Rottenbuch im Mittelalter als Zufluchtsstätten dienten. Es sind künstlich geschaffene Stollen einstiger Bergwerke. Die Vegetation ist typisch für diesen Ammerabschnitt: prächtiger Bergmischwald und zahlreiche Alpenbewohner wie Zwergglockenblume, Alpengänsekresse, Silberwurz, Alpenbrandlattich, Bergbaldrian und Dreiblättriges Schaumkraut. Doch das Ammerknie hat daneben auch seine Seltenheit: etwa zwanzig prachtvolle Eiben mit ihrem eigenen dunklen Grün und an den oberen lichtreichen Hangpartien Föhren-Schneeheidewald mit Aurikeln, Alpenrosen, Frauenschuh, Türkenbund, Alpenheckenkirsche, Buchsblättriger Kreuzblume u. v. a. Über die Umgebung am Ammerknie erhebt sich 903 m hoch die S c h n a l z (LSG), ein durch eine Verwerfungsspalte entlang der heutigen Ammer erhöhter Molasseriegel. Er ist reich an bemerkenswerten Pflanzen und gestattet eine weite Aussicht in die oft parkartig anmutende, harmonische Landschaft. Nach Osten hin setzt sich seine Heidewiesenflora im Landschaftsschutzgebiet um den L u g e n a u s e e fort.

Die Ammer durchrauscht nun ostwärts eine einsame Waldschlucht und fließt dann in schlängelnden Kurven durch die Auen- und Weidelandschaft des ehemaligen Ammerseebeckens an Weilheim vorbei, bis sie schließlich den heutigen Ammersee erreicht.

104

Die Mulden zwischen den tertiären Molasseriegeln beiderseits der Ammer bieten durch den wasserstauenden Geschiebelehm des Gletscherbodens ideale Verhältnisse für Moorbildungen. Die besterhaltenen und urtümlichsten sind unter Schutz gestellt und vor künstlichen Entwässerungsmaßnahmen gesichert worden. In der Gemeindeflur von Wildsteig, dem verträumten Vorland des Hohen Trauchbergs, liegen einige der schönsten. Der B i c h l b a u e r n - f i l z (NSG) mit dem künstlich aufgestauten S c h w a i g s e e ist im wesentlichen ein Hochmoor mit dichtem Bergkieferbestand und großem Blütenreichtum in der Randzone (Stengelloser Enzian, Trollblume, Weiße Seerose). Einzelne Partien aber tragen die typische Flora des Flach- und Zwischenmoores. Da blühen Rosmarinheide, Trunkelbeere, Englischer und Rundblättriger Sonnentau, Moosbeere, Alpenfettkraut, Mehlprimel und Arnika. Der abgeschiedene W i l d s e e f i l z (NSG) birgt einen idyllischen Moorsee, der gerahmt ist von dichten Schwingrasenflächen, einem Gürtel hoher und niedriger Latschen und von Tannengruppen auf Hartbodeninseln im Norden des Sees. Unweit westlich liegt der nasse, mit vielen Schlenken durchsetzte G e r s t e n f i l z (NSG), ein Hoch- und Zwischenmoor, das von Bergkiefern, Fichten und Birken bestanden ist. Sonnentau, Sumpfbärlapp und Weiße Schnabelbinse gedeihen reichlich. Ein Zwischenmoor mit Seggenbestand entwickelt sich allmählich in dem T o t e i s k e s s e l (LSG) südlich von K i r c h b e r g . Blütenreiche Quellmoorhänge gibt es zahlreich in diesem wunderbaren Winkel. Östlich vom Gerstenfilz wurde einer von ihnen unter Landschaftsschutz gestellt; desgleichen der prachtvolle Lindenhügel zwischen Linden und Perau. Neuerdings steht das gesamte Naturrevier zwischen Wildsteig und Steingaden unter Schutz. In seiner Mitte die berühmte W i e s k i r c h e .

Bichlbauernfilz

Rechts der Ammer, südlich von Saulgrub, liegt das A l t e n a u e r M o o r (NSG), ein Zwischen- und Hochmoor im Stammbecken des Ammergauer Gletschers, eingeschlossen der kleine, stimmungsvolle Tiefsee, ein echter Hochmoorsee. Ein großes Zwischenmoor umgibt östlich und nördlich den aufgestauten S o i e n e r S e e (LSG) bei Bayersoien. Der B r e i t f i l z genießt als ernstes Bergkiefernhochmoor Landschaftsschutz.

Tiefsee

Östlich von Peiting breitet sich das Bergkiefernhochmoor M a i r s a u und W e i t f i l z (LSG) aus, das an den Rändern in blumenreiche Streuwiesen übergeht. Zu den wertvollsten Moorresten gehören das S c h w a r z l a i c h - m o o r (NSG) und der Oberoblanderfilz. Das erstere gilt als einer der letzten Standorte der Zwergbirke in Deutschland. Sie ist eine derjenigen Pflanzen, die als erste nach dem Rückgang des Eises die Schuttflächen des Voralpenlandes wieder besiedelten. Heute ist sie nur noch in den Tundren nördlich des Polarkreises heimisch. Das Schwarzlaichmoor zeigt die Stadien des Flach-, Zwischen- und Hochmoores zugleich. Birken- und Fichtenhorste schaffen ein ausdrucksvolles Landschaftsbild. Der O b e r o b l a n d e r f i l z (NSG) liegt, von Endmoränen umgeben, sozusagen auf dem Zungenspitz des einstigen Ammergauer Gletschers. Es ist ein unberührtes Hochmoor mit heidelbeerreichem Spirkengürtel.

Wollgrasbulten im Murnauer Moos

Östlich des Ammergebietes hat der Loisach- oder Ammerseegletscher das Landschaftsbild geprägt. Wie wir wissen, nimmt die Loisach heute ihren Lauf nach Osten, doch der einstige Loisachgletscher, der das breite Loisachtal zwischen Ammer- und Estergebirge ausschürfte und zum Vorland hin trompetenförmig öffnete, trug seine Endmoränen über die Molasseschwellen hinweg unter allen Alpenvorlandgletschern am weitesten nach Norden. Der Ammersee war sein Werk.

Noch innerhalb des Alpentor-Trichters beginnt die Ebene des M u r n a u e r M o o s e s. Sie ist das Stammbecken des Loisachgletschers, das der Fluß im Lauf der Jahrtausende mit Geröll aufgefüllt hat. Man überblickt dieses Landschaftsschutzgebiet am besten vom Höhenzug bei Murnau. Die Größe des Moores kommt vor dem kulissenhaften Hintergrund der Berge so recht zur Wirkung. Anmut und Schwermut zugleich liegen über der weiten Fläche, die ihre volle Schönheit im Herbst entfaltet, wenn welkende Riedgräser, Moos, Heidekraut und Pfeifengras ein fein abgestimmtes Farbenspiel von karminroten, violetten und braunen Tönen darüberlegen. Ein fast spukhaftes Bild schaffen die alles überschwemmenden Hochwasser im Frühjahr und Sommer, wenn für kurze Zeit ein klarer See die Alpenkette in seinen Wassern spiegelt und die Waldschöpfe der sog. Köchel als Inseln aus dem Wasser ragen. Köchel (von lat. cocula = Kopf, Hügel) oder Bichl nennt man die kleinen Hartsteinhügel mitten im Moos. Es sind durch Verkieselung verhärtete Ablagerungen aus der Kreidezeit. Sie erreichen den Härtegrad von Basalt und sind — als einziges Hartgestein im bayer. Alpenvorland — immer noch in Gefahr, völlig abgebaut zu werden. Das Murnauer Moos ist der größte, weitgehend unkultivierte Moorkomplex im gesamten Alpenraum. Es schließt mehrere Seen und unverfestigte Partien ein, weshalb eine Wanderung außerhalb der Wege sehr gefährlich ist. Doch bietet es in seiner Vielfalt wie kein anderes das beste Anschauungsmaterial für den Werdegang eines Moores. Angefangen von der ersten Verlandung über Flach- und Zwischenmoor bis zu Hochmoor und Moorwald zeigt es die Pflanzengesellschaften in all ihren Eigentümlichkeiten, darunter manche in anderen Mooren bereits verschwundene Eiszeitrelikte. Die erste Stufe der Verlandung bilden die Bestände des Schneidriedes, die hier außergewöhnlich große Flächen einnehmen. Dazu kommen das Schilf und die Teichbinse und in den kleinen Seen die Weiße Moorseerose und der Wasserschlauch. Wo diese Pflanzen den Seeboden genügend erhöht haben, setzen sich große Riedgräser in vereinzelten Horsten fest. Es sind die sog. Bulte der Steifen Segge und des Schwarzen Kopfrieds. In Gesellschaft der Steifen Segge tauchen erste Blütenfarben auf, so z. B. das Gelb des Sumpfkreuzkrautes. Das Schwarze Kopfried hingegen verbreitet schwarzbraune Farbtöne um sich.

Großer Wasserschlauch

Sind die Bulte nahe aneinandergerückt oder zusammengewachsen, können wir bereits von einem Flachmoor sprechen. Nun folgen auf den Riedhorsten die Fadensegge mit dem zierlichen Wollgras, die Buchsbaumsegge und das Braune Kopfried mit seiner farbenfrohen Pflanzengesellschaft nebst vielen Alpenblumen. So leuchten die blauen Glocken der Enziane, die weißen und blauen Fettkräuter, die Mehlprimeln, der Alpenhelm, das Alpenmaßlieb und mehrere Orchideenarten miteinander im Wettstreit. Auch Sonnentau und Wasserschlauch treten auf. Die nächste Moorstufe ist durch die violettbraunen Flächen des Besenriedes gekennzeichnet. An sehr nassen Stellen hielt sich vereinzelt das äußerst

106

seltene Karlsszepter oder der Moorkönig, auf der trockeneren Besenriedwiese gedeihen Trollblume, Sibirische Schwertlilie, Sumpfgladiole, Weiden-Alant, Sumpfstorchschnabel, Ruhrflohkraut, Nordisches Labkraut u. v. a. Auf die feuchten Flachmoorseggen folgt die Filzsegge mit der Wohlriechenden Schlüsselblume, der Hohlzunge und der Mondraute sowie den Alpenbewohnern Kugelorchis, Heilwurz und Alpenakelei. Die letzte Flachmoorstufe bezeichnet der Schwarzerlenbruch, der im Murnauer Moos örtlich vertreten ist und begleitet wird von der Verlängerten Segge, dem Sumpfschildfarn und der Sumpfschlangenwurz oder Calla, die die einzige europäische Art einer sonst tropischen Gattung darstellt. Wo der herbstliche Laubfall den Boden um die Erlenstöcke verfestigt hat, stellen sich Märzenbecher und Sumpfdotterblume ein.

Sumpfstorchschnabel

Das Übergangsstadium vom Flach- zum Hochmoor bildet das Zwischenmoor. Es birgt zahlreiche Kostbarkeiten aus der Eiszeit. Ihre letzten Standorte haben hier z. B. die Moorbinse und der Gelbe Moorsteinbrech. Die Schnabelbinsen-Schwingrasen (sog. Rhynchosporeten) des Murnauer Mooses sind in ihrer Ausdehnung von einigen Kilometern einzigartig auf der ganzen Welt. Zu ihrer Pflanzengesellschaft gehören die Seltenheiten Braune Schnabelbinse, Fettkraut, Sumpfbärlapp, Sonnentau in drei Arten, Wasserschlauch und verschiedene Moosarten. Eine zweite Zwischenmoorstufe kennzeichnen die Haargrasarten (sog. Trichophoretum), die den Wollgräsern verwandt sind. An trockenen Plätzen leuchtet das Gelb der Arnika. Die ersten Anflüge des Bleichmooses kündigen das Endstadium des Zwischenmoores an. Die das Hochmoor aufbauenden Torfmoose, die Rausch- und Moosbeere und das Scheidenwollgras finden sich ein. Auch Bäume (Birke, Fichte, Moorkiefer) fassen Fuß und bilden Zwischenmoorwälder, am schönsten die aufrechtstehende Bergkiefer, die Spirke, deren Stämme im Murnauer Moos 10 m Höhe erreichen.

Bachnelkenwurz

Das Hochmoor ist nicht mehr eben wie das Flach- und Zwischenmoor, sondern wölbt sich uhrglasförmig gegen seine Mitte hin. Die Torfmoospflanze hat durch ihr rasches Wachstum diese Aufwölbung verursacht. Sie ist ein eigenartiges Gewächs, das in seinen Hohl- und Zwischenräumen Wassermengen bis zum Zwanzigfachen seines Trockengewichtes aufzusaugen vermag. Hier herrschen die Bleichmoose, die Moosbeere sowie das Torfmoosglöckchen. Größere Bäume halten sich im Hochmoor nicht, die Spirken werden niedriger, ducken sich zu skurrilen Bergkiefern und kuscheln sich in der Mitte des Moores als vereinzelte Latschen am Boden dahin. Im Frühjahr, Sommer und Herbst lösen sich jeweils andere Blüten in der Vorherrschaft über das Moos ab, doch auch im Winter, wenn das Eis alle Moorflächen betretbar macht, wird das Murnauer Moos zum Erlebnis.

Jenseits des Murnauer Bergriegels liegen zwei weitere Gletscherbecken, in denen die Spiegel von Staffel- und Riegsee glänzen. Der S t a f f e l s e e mit seinen sieben Inseln genießt den Ruf, einer der wärmsten Seen des Voralpenlandes zu sein. Er ist wunderschön in eine grüne Hügellandschaft gebettet, von der große Teile in das Landschaftsschutzgebiet „Staffelsee" einbezogen sind, darunter der Zu- und Abfluß des Sees, die sich idyllisch dahinschlängelnde Ach und der Tannenbachfilz. Auch der R i e g s e e (LSG) östlich der Olympiastraße ist ein beliebter Badesee mit Verlandungsbeständen. Bereits vom Riegsee getrennt ist der schilfreiche F r o s c h h a u s e r S e e , der als Vogelfreistätte unter Naturschutz genommen wurde. Vor allem die schwarzköpfige Lachmöve brütet hier, Durchzügler vieler Wasser- und Sumpfvogelarten geben sich ein Stelldichein.

Lachmöwe

107

Nach Norden zu folgt eine Landschaft typischer Moränenformen bis zum verlandeten ehem. Becken des Ammersees. Am Rande des Beckens, auf sonnenbeschienenen Hängen breitet sich Trockenrasenflora aus, so z. B. auf dem H i r s c h b e r g (LSG) bei Pähl, der wegen seiner weiten Aussicht auf die Gebirgskette, den Peißenberg und den Ammersee viel besucht wird, und auf der Raistinger L i c h t e n a u (LSG), einem Grundmoränenrücken mit parkartig verstreuten Busch- und Baumgruppen. Von beiden Punkten überblickt man die Ebene der ehem. Seewanne. Filze, Felder, Wiesen und Weiden, durchsetzt mit lichten Gehölzen, erstrecken sich bis Weilheim. Schöne B i r k e n a l l e e n säumen die Straßen, z. B. zwischen Pähl und Kirchberg (LSG). Einzelne bildkräftige Hügel am Rande beleben das Bild, so der M o r ä n e n h ü g e l bei Pähl (LSG), der idyllische Hügel von S t . A n d r ä (ND) und der R ö m e r h ü g e l südl. Etting (LSG).

Der A m m e r s e e selbst hat sich bis auf die Höhe von Diessen zurückgezogen. Mischwälder, stolze Baumgruppen und vogelreiche Buschzeilen begrünen seine Uferlandschaft. Zwar ist der See von mehreren Ortschaften gesäumt, doch lassen sie noch manches Uferstück von Einzäunungen frei und fügen sich harmonisch und freundlich in das Gesamtbild. Um diesen geschlossenen Eindruck zu

Im Seeholz bei Rieden

erhalten, wurde das ganze Westufer in einer Breite von zwei bis drei Kilometern und wesentliche Teile des Ostufers unter Landschaftsschutz gestellt. Eine Waldpartie, das S e e h o l z bei Rieden, steht unter Naturschutz. Es ist der einzige größere Rest jener typischen Laubwälder, die einst im Voralpenland weit verbreitet waren, ehe der reine Nützlichkeitsstandpunkt die schnellwüchsige Fichte einseitig bevorzugte. Unter mächtigen Eichen und Buchen, deren Stammumfang vereinzelt fünf Meter erreicht, wuchert der krautreiche Unterwuchs mit Frühlingsknotenblumen, Leberblümchen, Anemonen, Bärenlauch und seltenen Moosarten. Vom langsamen Verlanden des Ammersees – immerhin wird es noch mehr als 10 000 Jahre dauern, bis er verschwunden ist – zeugen die Moorgebiete am Süd- und Nordende. Das feuchte Mündungsgebiet der Ammer ist reich mit Gebüschen durchsetzt, in denen Tausende von Vögeln nisten. Es ist als Vogelschutzgebiet vor Verbauung gesichert. Auch Biber konnten angesiedelt werden. Im Norden verläßt der Fluß als Amper den See wieder und zieht durch das Landschaftsschutzgebiet A m p e r m o o s. Die Ufer des geruhsamen Flusses und der herbeieilenden Bäche tragen Schilf und Binsen, Weiden und Pappeln. In üppigen Laubmoosen blühen Sumpfläusekraut und Fieberklee, bei Quellen am Hang des ehem. Seebeckens sprießen u. a. der Stengellose Enzian, die Mehlprimel, der Sumpfhaarstrang und die Studentenblume. Das Moos gehört der Vogelwelt. Über 130 Arten wurden festgestellt, darunter Rotschenkel, Brachvogel, Neuntöter, Teichrohrsänger, Turmfalke und Knäkente. Der Kiebitz hat hier sein größtes Brutgebiet in Deutschland. Der dunkle Wasserläufer und der Grünschenkel stellen sich als Durchzügler ein.

Bei Wildenroth durchbrach der Fluß die Endmoränen der Würmvergletscherung und verläßt nun durch dieses Engtal (LSG) mit seinen buchen-, fichten- und eichenbestandenen Hängen das Jungmoränenland. Nahezu das gesamte Revier der Endmoränen um den Ammersee und seine Trabanten Wörthsee, Pilsensee und Weßlinger See wurde unter Landschaftsschutz gestellt. In den Eintiefungen haben sich Moore und Weiher erhalten, die Hügel werden von dichtem Mischwald beherrscht. Das G ö r b e l m o o s ist Naturschutzgebiet. In seinem waldumgebenen Flach- und Zwischenmoor bestimmen die hohen Bulte der Steifen Segge, das Braune Kopfried, schüttere Moosbirken und die Farbtupfen

Kiebitz

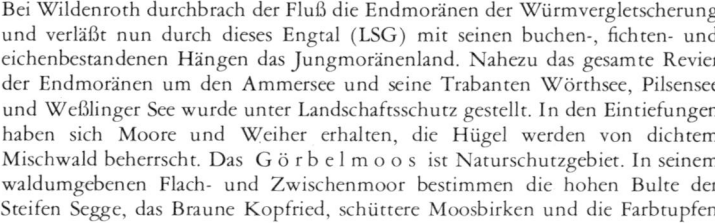

der Enziane, Mehlprimeln und Blumenbinsen das Bild. Das W i l d m o o s weist sich als Hochmoor aus; typisch ist seine Bergkiefernbestockung.

Zahlreiche kleine Ausschnitte aus der vielbesuchten Landschaft um Wörth- und Pilsensee stehen schon lange unter Landschaftsschutz. So am Wörthsee die Halbinsel W ö r t h mit dem auenartigen Uferteil am Krebsbach, der aussichtsreiche, von Buchen bedeckte Hügel des B u l l a c h w a l d e s (Bullach = Buch-Lohe) und das stille S c h l u i f e l d e r M o o s. Am südlichen Ende des P i l s e n s e e s breitet sich das botanisch wertvolle H e r r s c h i n g e r M o o s aus und um das hochragende Schloß Seefeld liegt der völlig naturhaft wirkende S c h l o ß p a r k. Alte Eschen, Ulmen, Eichen, Buchen, Fichten und Lärchen bilden einen musterhaften Mischwald. Der Höllbach und andere Bächlein durchsägen die steilen Moränenhänge bis zum Flinz. Bis zur Dellinger Höhe führt nahezu drei Kilometer weit eine prachtvolle E i c h e n a l l e e. Sie ist 1756 gepflanzt worden und gilt als längste und schönste in Bayern.

Amperlandschaft bei St. Rasso (Grafrath)

Das Ammerseeufer südl. von Herrsching ist wegen privater Einzäunungen nicht zugänglich, doch die abwechslungsreichen Moränenrücken, die sich zum „Heiligen Berg" Andechs hinaufziehen, sind durch Straßen und Wege erschlossen und somit ideale Wandergebiete (LSG). Kleine Weiher liegen in stillen Waldtälern und die Flüßchen sind tief eingeschnitten. Ein romantisches Kerbtal schuf der Kienbach, der die Schotter der Eiszeiten bis tief in den Nagelfluh einsägte.

Das Moränenland zwischen Ammersee und Lech atmet mehr Ruhe und Weite als die bewegtere und mehr besuchte, um nicht zu sagen heimgesuchte Landschaft östlich zwischen Ammersee und Würmsee. Es ist ein typisches, von der Eiszeit geprägtes Land, in das waldbeschopfte Kuppen, dahinträumende Hochmoore, stille Weiher, quellversumpfte Hänge, Fichtenforste und Laubwälder eingeschlossen sind. Den Hauptanteil am Schutz genießen wieder, wie überall im Moränenland, die Moore. Sie sind es ja, die dem Zugriff des kultivierenden, nutzenden Menschen am längsten widerstanden und bis heute ein wenig vom Geheimnis einstiger Urlandschaften bewahren konnten.

Diesem Bilde entsprechen die Naturschutzgebiete D e t t e n h o f e r F i l z und H ä l s l e, E r l w i e s f i l z östlich Rott, wo am Ostrand gegen die Erhebungen einer Rückzugmoräne hin noch eine charakteristische Flachmoorvegetation mit verschiedenen Orchideen, Enzianen, Mehlprimeln, Germer, Kopfried und Seggenarten sich anschließt, ferner, südöstl. Rott, die durch eine Moränenschwelle getrennten Moore S c h w a i g w a l d m o o s und R o h r m o o s (verhältnismäßig seltenes Stadium eines Zwischenmoores mit Erlenbeständen, die 8 m Höhe erreichen). Unter Landschaftsschutz stehen das B e e r m o o s bei Abtsried, das dem Schwaigwaldmoos benachbarte B r e i t e M o o s und das kleine Moor im Toteiskessel zwischen Unterfinning und Schwifting.

Neben den Mooren gilt die Sorge der Naturschutzbehörden den durch ihre Eigenheit und Schönheit hervorragenden Naturbildern, beispielsweise am O b e r - h a u s e r W e i h e r (LSG). Der verschilfende See liegt am Rande einer Hügellandschaft mit moorüberzogenen Toteiskesseln, wo die Fülle bewegter Formen auf kleinem Raum überrascht und entzückt. Eine geschlossene Bildeinheit zeigt auch die Naturszenerie am E n g e l s r i e d e r S e e (LSG).

Das größte Flüßchen in diesem Landstrich ist die Windach, die, von Moränenwellen begleitet, wild und ungestüm der Amper bei Stegen zuläuft. Bei Hochwasser kann sie innerhalb von Stunden zu einem reißenden Sturzbach werden, der Bäume mitreißend die Fluren überschwemmt. Um solchen Katastrophen zu begegnen, hat man 1966 südl. Oberfinning den großen W i n d a c h s p e i -

Weißer Germer

109

Eibe

c h e r s e e (LSG) angelegt. Er hält im Gefahrenmoment die Wassermassen zurück, wodurch eine verunstaltende Regulierung des Flusses vermieden werden konnte. Der See, die sanfte Hügellandschaft in seiner Umgebung und der von steilen Waldhängen gerahmte Lauf der Windach stehen unter Landschaftsschutz. Eine Besonderheit von europäischem Rang mag unseren Besuch im Lande des Ammersees beschließen. Es ist der E i b e n w a l d v o n P a t e r z e l l (NSG) in der geschichtsträchtigen Landschaft um Wessobrunn. Auf einem quellenreichen, von Kalktuffrasen überzogenen Nordhang gedeihen an die 2000 Eiben, vermischt mit Eichen, Buchen, Eschen, Ahorn und Tannen. Aber der geheimnisvolle, düstere Eindruck wird von den Eiben bestimmt. Es sind uralte Veteranen darunter, die Gipfel niedergebrochen und durch neue Triebe ersetzt, die Stämme gespalten und kernfaul. Aber Eiben sind zäh. Selbst vom Sturm zu Boden gerissene Stämme treiben frische Triebe nach oben und abgebrochene Äste grünen wieder, wenn nur eine dünne Brücke zum Stamm noch hält. Zauberei, Aberglauben und alte Mythen gehören bis heute zu diesem sagenumwobenen Baum. Im Eibenwald von Paterzell wird es verständlich, denn hier herrscht eine Stimmung, als ob Herzog Tassilo noch heute von seinem Kloster Wessobrunn aus Jagd auf Ur und Hirsch machte. Es ist der größte und einer der letzten Eibenwälder Deutschlands.

Zwischen Kochelsee und Würmsee

Eine weitgehend ähnliche Landschaft wie der Ammerseegletscher haben die Eiszungen des Walchensee-Kochelsee-Gletschers geschaffen: auch hier ein trichterförmiges Alpentor (zwischen Herzogstand und Jochberg), ein vermoortes Stammbecken (Kochelseebecken), verstreute kleine Seen und im Zungenbecken der große Starnberger oder Würmsee. Die Verhältnisse des Kochelseebeckens gleichen denen des Murnauer Mooses. Zwar öffnet sich das Alpental nicht wie dort mit einem breiten Flußbett, weil das harte Gestein des Kesselberges dem Gletscherschub widerstanden und den etwa 200 m höher liegenden Walchensee zurückgehalten hat, aber die Moorlandschaft und die begrenzenden Molasseriegel im Norden hat es mit dem Murnauer Moos gemein. Der Nachteil, daß die Moore stärker entwässert und genutzt sind, wird − landschaftlich gesehen − durch den schönen Kochelsee ausgeglichen, der den letzten Rest des einst bekkenfüllenden nacheiszeitlichen Sees darstellt. Seine Uferlinie schmiegt sich an die steilen bewaldeten Hänge, wodurch die Bergflanken jäh aus der ebenen Fläche aufsteigen und ihr Spiegelbild gleichzeitig nach unten zu stürzen scheint. Kleine Teile der Kochelseemoore sind auch heute noch unberührt, so das Naturschutzgebiet S i n d e l s b a c h - F i l z mit dem F i c h t s e e. Es ist ein typisches Hochmoor mit Latschenbestand, das bereits Anflüge von Heidevegetation aufweist. Stellenweise wuchs seine Oberfläche bis zu 4 m hoch über das allgemeine Niveau des Moores. Den kleinen See rahmt ein 5 bis 10 m breiter Schwingrasengürtel. Die Loisach zieht, nachdem sie den Kochelsee passiert und den Molasseriegel in einer Schleife umflossen hat, dem Wolfratshauser Becken und der Isar zu. Ihre Mäanderspur, soweit ihr nicht von Beuerberg an der Kanal das Wasser entzieht, führt durch die schöne Moränenlandschaft unterhalb des Zwiesels. Unter Landschaftsschutz stehen der malerische L i n d e n h ü g e l bei Bad Heilbrunn (mit 100jährigen Bäumen), der Drumlinrücken bei Ramsau (B e r g l) mit seinen Fichten, Buchen und Linden um Kapelle und Gottesacker sowie das Latschendickichtmoor im A u e r f i l z. Es ist von den flankierenden Drumlins Karpf-

Sindelsbach-Filz

110

see oder Bocksberg gut zu überschauen. An seinem Südende glänzen die Wasserspiegel des Großen und des Kleinen Karpfsees. Weiter nördlich sind zwei Hochmoore unter Naturschutz genommen. Das H o c h m o o r a m E g e l s e e bei Herrenhausen ist eingesenkt zwischen Drumlinrücken und trägt auf blütenreichen Streuwiesen Bergkieferngruppen. Außerdem konnte eine seltene Falterart der Nacheiszeit (Colias palaeno) beobachtet werden. Am Fuße des Tischberges, eines vom Eisstrom freigeschürften tertiären Härtlings im Zuge der Peißenberg-Taubenberg-Molasserücken, liegt das waldumschlossene S c h e l l e n b e r g - m o o r. Es zeigt wieder mustergültig das sog. Wipfelgefälle der Bergkiefer zur Mitte des Hochmoores hin. Ein großes Moorgebiet mit Hoch- und Zwischenmoorvegetation erstreckt sich nördlich von Münsing zwischen Würmsee und Wolfratshausen: der O b e r a l l m a n n s h a u s e r F i l z (LSG). Bergkiefern, Birken, Erlen und Fichten bestimmen das Bild.

Bernrieder Filz

Auch westlich des Starnberger Sees birgt die Moränenlandschaft bemerkenswerte Moorflächen. Der B e r n r i e d e r F i l z (NSG) ist der berühmteste Standort der Zwergbirke in ganz Mitteleuropa (vgl. Schwarzlaichmoor). Wegen der abgeschiedenen Lage in einer wasserreichen Drumlinlandschaft, dem Reichtum an Tieren (seltene Falter) und Pflanzen wurde es vom „Bund Naturschutz in Bayern" angekauft und als erstes von allen bayer. Moorgebieten unter Schutz gestellt. Im Bereich der Seitenmoränen der Ammersee- und Würmseegletscherzungen liegen das S c h o t t e n m o o s und das F l a c h t e n b e r g m o o s (NSG), das erste ein reines Zwischenmoor mit ausgedehnten Schwingrasen und Verlandungsflächen um einen kleinen See, das zweite mit hohen, kräftigen Spirken.
Ein Vogelparadies ersten Ranges ist der verlandende M a i s i n g e r S e e (NSG). Über seinem Schilfdschungel kreischen Hunderte von Lachmöwen. Schwarze Bläß- und Teichhühner, bunte Wildenten, Hauben- und Zwergtaucher tummeln sich auf dem See. Aus dem Schilfdickicht hört man die Große Rohrdommel und die Zwergdommel. Vor allem viele junge Leute finden in der Jugendherberge Jägersbrunn einen idealen Ausgangspunkt für das Studium der Vogelwelt. Ähnliche Verhältnisse am benachbarten Eßsee haben Professor Konrad Lorenz zur Einrichtung des bekannten Instituts für Verhaltensphysiologie von Wasservögeln veranlaßt. Entwässert wird der Maisinger See von einem Bach, der die tiefeingeschnittene M a i s i n g e r S c h l u c h t geschaffen hat. Zwischen stark bewaldeten Hangseiten mit steilen Felspartien führt ein Fußweg entlang des hin und her pendelnden Flusses. Um die Ruhe und Natürlichkeit des gesamten Gebietes zu erhalten, wurde es zum größten Teil unter Landschaftsschutz gestellt.

Graugänse

Geradezu klassisch ausgebildet ist der Endmoränenwall der Würmseegletscherzunge. Wie in einem Amphitheater, wo die Sitzreihen sich zum Bühnenraum hin öffnen, so runden sich die Moränenwälle um das Leutstettener Moos (den verlandeten Nordzipfel des Würmsees) und führen den Blick über Starnberg und Percha hin zur weiten Fläche des Sees und zur Gebirgskulisse der Alpen im Hintergrund. Bei Leutstetten beginnt die einzigartige M ü h l t a l s c h l u c h t. Sie ist das Durchbruchstal des Schmelzwasser durch die Endmoränen. Heute rauscht die Würm in malerischen Kehren durch diese trotz ihres dichten Baumwuchses anmutige Enge. Ulmen, Eschen, Ahorn, Erlen und vereinzelte Eichen begleiten den Fluß, während an den Hängen hochstämmige Buchen ihre Kronen zum Blätterdach schließen. Vor der Entfaltung des Buchenlaubes, wenn die Sonnenstrahlen noch den Waldboden erreichen, sprießen Felder von Buschwindröschen, Leberblümchen, Lerchensporn, Waldmeister, Sauerklee, Maiglöckchen, Bingelkraut

Zwergdommel

111

Osterseenlandschaft

und Haselwurz aus der Krautschicht des Waldbodens. Die Endmoränenwälle und ihr Umkreis stehen unter Landschaftsschutz, ebenso der Buchenwald bei Söcking, das L e u t s t e t t e n e r M o o s und das kleine M i c h l m o o s (Zwischenmoor in einer Endmoränensenke nordwestl. Söcking).

Einen ebenso grandiosen, wenn auch ganz anderen Eindruck vermitteln die einzigartigen Landschaften im Süden und Südwesten des Starnberger Sees. Da lockt zunächst die vielgerühmte Eiszerfallslandschaft der O s t e r s e e n (LSG). Ein riesiger Gletscherblock ist hier von den schmelzenden Gletscherzungen zurückgelassen worden, der, von Schottermassen bedeckt, viel langsamer abtaute und während dieses Vorgangs von Kies und Schotter umlagert wurde. So finden wir heute in diesem großen Toteiskessel alle Einzelformen der Schmelzperiode beispielhaft erhalten. Zwischen den Randterrassen, Oser, Dellen und kleinen Buckeln blinken die Wasserspiegel von 21 kleineren und größeren Seen, aus denen kleine Waldinseln ragen. Alles mutet an wie eine eigene Welt aus dem Bilderbuch. Es fehlen weder die Tiere noch die Pflanzen wasserreicher Grundmoränengebiete – die Seerosen der Osterseen sind berühmt.

Zahlreiche Seen gehören auch zum Bilde des Groß-Landschaftsschutzgebietes E b e r f i n g e r D r u m l i n f e l d. Drumlins nennt der Geologe die langgestreckten, wie Fischrücken geformten Hügel, die nach der Flußrichtung des Gletschers ausgerichtet sind. Zwischen Weilheim und Seeshaupt formen sie zu Hunderten die Züge der stillen, in sich geschlossenen Landschaft. Höchst abwechslungsreich ist auch die Vegetation: Trockenrasen und Mischwald auf den Hügelrücken, Moore (darunter auch der Bernrieder Filz), Streuwiesen und ver-

Eberfinger Drumlinfeld
1:50 000

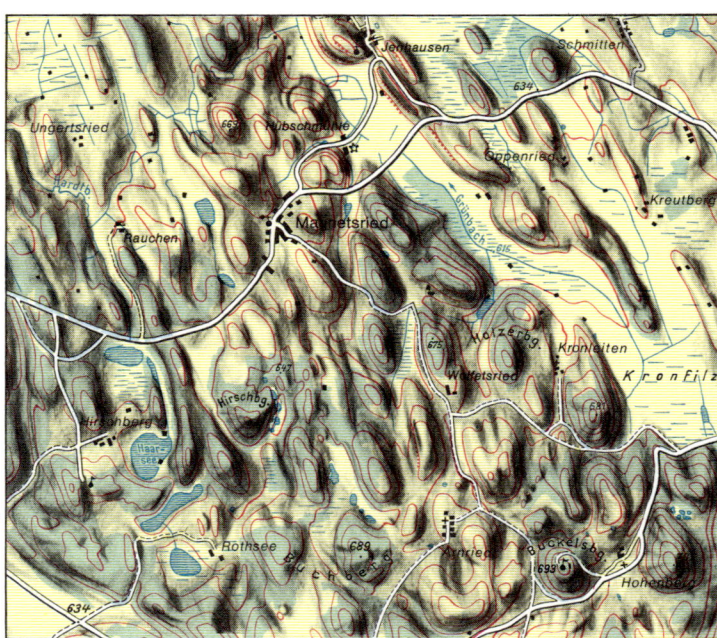

112

landende Weiher in den Senken. Plätschernde Bäche suchen ihren Weg zwischen den Drumlins. Der Blütenreichtum ist am besten auf den feuchten Hardtwiesen südlich der kleinen Hardtkapelle mit ihrem Kreuzweg zu studieren. Die Sumpfsiegwurz, die einzige bei uns eingebürgerte Gladiolenart, zeigt hier im Sommer ihre volle Schönheit. Schwertel oder Allermannsharnisch wird sie auch genannt. Ihre Knolle, die von ovalen Fasermaschen wie von einem Panzerhemd umhüllt ist, wurde früher gern als Talismann getragen. Neben der Schwertel aber blühen verschiedene Orchideen- und Enzianarten, und Arnika, Alpiner Pippau, Ferkelkraut, Witwenblume, Teufelsabbiß, Nordisches Labkraut, Großblumige Brunelle u. v. a. weben am bunten Blütenteppich mit. Auf den Drumlinrücken herrscht Trockenrasenflora vor. Ein kleiner Drumlin in der Landschaft westlich Machtlfing, der M e s n e r b i c h l , steht unter Naturschutz. In der Hardtlandschaft hat der „Bund Naturschutz in Bayern" den Südhang des Brunnenberg-Drumlins erworben und damit die Bewahrung des Blütenreichtums gesichert. Da wechseln im Laufe des Frühlings und Sommers die Schlüsselbume, das Kleine Knabenkraut, die Salep- und Fliegenorchis, Horstsegge, Blutwurz, Kriechender Günsel, die seltene Bienenragwurz, die Große Höswurz, das Gemeine Sonnenröschen, Skabiosen, Labkraut, Ästige Zaunlilie, Geknäuelte Glockenblume, Betonie und Steinbrechbibernelle. Die längste Zeit des Jahres liegt diese Landschaft in arkadischer Ruhe. Alle in unseren Breiten vertretenen Falter gaukeln lautlos über die Blüten. Nur das Summen der zahllosen Insektenarten, das Quaken der Frösche und die Stimme des Windes sind zu hören. Zwischen Eberfing und den Osterseen ist ein weiterer Ausschnitt der Drumlinlandschaft geschützt: der H o h e n k a s t e n e r F i l z (LSG) mit dem Stadlerweiher und dem Lauf des Reschbaches. Der große S t a r n b e r g e r S e e nun ist das Herz dieser ganzen Landschaft. Noch enger als am Ammersee umschließen die bewaldeten Moränenketten der Gletscherrückzugstadien seine Seewanne. Die dem See zufließenden Bäche haben daher steile Täler in die Uferleiten gekerbt. Berühmte Aussichtswarten wie der Bismarck-Turm und die Ilkahöhe lassen uns den See und seine buchengrünen Ufer mit den weiß eingesprenkelten Siedlungen überschauen. Schon im 17. und 18. Jahrhundert hatte der Münchener Hof die Schönheit des Starnberger Sees entdeckt und in ihm ein bevorzugtes Jagd- und Lustrevier gefunden. Fürstliche

Blick von der Ilkahöhe zum Karpfenwinkel des Würmsees

Schiffe von barocker Pracht eiferten dem Vorbild venezianischer Seefeste nach. Im 19. Jh. haben Maler und Schriftsteller begonnen, den Ruhm des Sees zu verkünden. Viele Münchener Adels- und Bürgerfamilien errichteten ihre Schlößchen, Villen und Parks entlang des Sees, wodurch er in verschiedenen Abschnitten den herrschaftlich-intimen Charakter erhielt, der so gut zum bäuerlich-stolzen Wesen der kleinen Dörfer paßt (so die Anlagen in Berg, Possenhofen, Tutzing, Höhenried, Bernried und Seeseiten). Leider ist in unserem Jahrhundert die Besiedelung

Renke

und Verbauung weitergegangen. Kilometerlange Strecken der Uferlandschaft sind eingezäunt und nicht mehr zugänglich, der See steckt in einem Käfig. Auch die Erklärung des Westufers in der ganzen Länge und von Teilen des Ostufers zum Landschaftsschutzgebiet konnte diese Entwicklung höchstens bremsen. Um so verdienstvoller war der Entschluß der Stadt München, den Possenhofener Schloßpark mit seinen prachtvollen Baumbeständen anzukaufen und zu einem freien Erholungs- und Badegelände umzuwandeln. Für Uferteile bei St. Heinrich bestehen ähnliche Pläne. Eine 50 km lange Wanderung um den Starnberger See hat sich in den letzten Jahren als Frühjahrskur eingebürgert. Immerhin kann der Fußgänger zumindest in „Spür"-, wenn auch nicht immer in Sichtweite des Sees wandern. Einzelne Partien des Ostuferweges mit alten Baumgruppen und malerischen Buchten sind von unvergeßlichem Reiz.

An der Isar zwischen Lenggries und Schäftlarn

Am Kirchsee

Der eigentliche Isargletscher, d. h. der aus dem heutigen Gebirgstal der Isar hervorgeströmte Gletscherast, besaß niemals die Mächtigkeit seiner westlichen Nachbarn. Sein Stammbecken wurde noch innerhalb der Flyschberge ausgeschürft. Es ist das berühmte weite Tal von Lenggries. Erst bei Bad Tölz entließen die Berge den eingezwängten Gletscherfluß, der, vom mächtigeren Loisachgletscher in nordöstlicher Richtung abgedrängt, den Fächer seiner Gletscherzungen bis Holzkirchen ausbreitete und die Landschaft mit mannigfachen Moränenformen übersäte. Nach dem Abschmelzen des Eises blieben in den ausgehobelten Becken Seen zurück. Entlang der heutigen Isar waren es drei: der Tölzer, Königsdorfer und Wolfratshauser See. Ihre Wasser sind längst abgeflossen, indem sie an der endgültigen Gestaltung des Isartales mitgearbeitet hatten. Der Tölzer See staute sich am Molasseriegel, der von Kalvarienberg und Buchberg gebildet wurde. Er erstreckte sich weit über Lenggries ins Isartal hinein. Seinen ersten Abfluß fand er durch die Beckenfurche des Ellbachtales und Kirchsees und dann weiter durch das 16 km lange Trockental des Teufelsgrabens in die Mangfall und damit zum Inn. Die Ur-Isar, die ja den Tölzer See speiste, war also einst ein Nebenfluß des Inn. Ellbach - und Kirchseemoor (NSG) sind die Überbleibsel dieser ersten Abflußrinne. Moorentwicklungsstadien von ersten Verlandungsformen bis zum sich festigenden Bergkiefernmoor kann man hier studieren. Bergmischwälder und kleine Lohwäldchen rahmen und gliedern das Tal. Besonders das Kirchseemoor ist von beglückender Schönheit. Weißleuchtend hebt sich das Kloster Reutberg über den glänzenden Spiegel des Sees, und der Blick gleitet über die von Heide-

Das Isartal bei Bad Tölz

kraut, weißen Birken und Latschen überzogenen Filze zu den Vorbergen und hochstrebenden Gipfeln der Kalkalpen. Das Wampenmoos im Westen weist große Schwingrasenkomplexe mit zahlreichen offenen Schlenken auf. Die Bitte um Schonung der einzigartigen Vegetation trifft nicht immer auf offene Ohren. Die Unvernunft zahlreicher Besucher führt leider immer wieder zu Vertrampelung und Zerstörung solcher Kleinode unserer bayerischen Landschaft.

Die erste Abflußfurche des Tölzer Sees verlor ihre Bedeutung, als die Schmelzwasser vor etwa 10 000 Jahren den Molassezug bei Bad Tölz durchbrachen und der See sich in das nordwestlich liegende Wolfratshauser Becken ergoß. Damit war der endgültige Verlauf der Isar festgelegt. Über der Durchbruchsstelle erhebt sich der vielbesuchte K a l v a r i e n b e r g (LSG). Seine Hänge tragen Buchen, Fichten und Föhren, die schützend über die Bodenflora aus Vertretern des „Föhren-Schneeheidewaldes" aufragen. Der Blick von seiner Anhöhe ist unzählige Male in Wort und Bild geschildert worden. Eine Fülle verschiedener Landschaftsformen schließt sich zu einem vollendet harmonischen Panorama. Vor dem Hintergrund der Hochgebirgskette und der Seitenkulisse dichtbewaldeter Flyschberge liegt das Isartal von Lenggries mit seinem Geröllflußbett, grünen Talauen und aufsteigenden Schotterterrassen, deren oberste Stufe die idyllischen Dörfer Wackersberg und Gaißach krönen. Eine Eigenart dieses Tales sind die parallel hangaufwärts ziehenden Heckenzeilen von Haselstrauch, Wildrosen, Hartriegel, Schlehen und Liguster. Westlich Lenggries, bei den Gilgenhöfen, sei noch auf ein Naturdenkmal hingewiesen: die kleinen, Hügelgräbern gleichenden Kuppen der sog. Tumuluslandschaft (lat. tumulus = Grab-, Erdhügel). Solche Moränenschuttformen sind verhältnismäßig selten und ihre Entstehungsursachen noch nicht geklärt (außerdem am Hirschberg bei Pähl und bei Monatshausen im Landkreis Starnberg).

Unterhalb des Kalvarienbergs entstand ein neuer kleiner Isar-S p e i c h e r - s e e. Seine Umgebung wie auch der westlich ansteigende Bergmischwald um den B u r g s t a l l H o h e n e c k stehen unter Landschaftsschutz.

Nur wenige Kilometer von Bad Tölz flußabwärts beginnt eine Landschaft, deren Moränen zum Teil vom großen Wolfratshauser See überflutet waren. Nach dem Durchbruch durch den Moränengürtel bei Schäftlarn und nach dem Abfluß der Wasser blieb eine Geröll- und Sandfelderlandschaft übrig, auf der die Isar in breiten Schleifen vielarmig dahinrauschen kann. Der Seeboden begrünte sich und trägt nun den Mantel des Wolfratshauser Forstes, das Flußbett und seine Ufer zwischen den Erosionssteilflanken aber nahmen die Pflanzenfülle des bayerischen Voralpenlandes in wechselnden Bildern auf. Da es wirtschaftlich fast nicht genutzt wurde, ist das ursprüngliche Bild einer Wildwassertalung noch weitgehend erhalten, und der Schutz durch Erklärung zum Naturschutzgebiet vermochte bisher noch manchen Angriff auf seine Eigenart abzuschlagen. Die P u p p l i n - g e r und die A s c h o l d i n g e r A u unterliegen noch verschärften Schutzbestimmungen. Das Landschaftsbild zeigt in allen Entwicklungsstufen das Vordringen der Vegetation auf grundwassernahen, oft überfluteten Geröll- und Sandflächen bis zur Ausbildung des Waldes. Die Kiesbänke tragen viele Alpenschwemmlinge wie Gipskraut, Alpenleinkraut, Kiessteinbrech und Steintäschl. Daneben aber gibt es die besonders schutzwürdigen Blütenjuwele vieler Orchideenarten (mitunter sogar Spinnenragwurz), des Wohlriechenden Heideröschens, des Stengellosen Enzians, der Schwarzen Akelei und der immer seltener werdenden Alpenanemone. Alle diese Pflanzen sind durch die Rücksichtslosigkeit vieler Besucher in ihrem Bestand gefährdet. Je nach dem Grad der Durchfeuchtung begleiten Weidenarten, Föhren (Altbestände von 150 bis 200 Jahren), verschiedene Laubhölzer und

Heidekraut

Schneeheide

115

*Schlederloh,
Zusammenfluß von Isar
und Loisach*

Geologische Orgeln

Wacholdergruppen (besonders malerisch unterhalb Icking) den Fluß. Die Großartigkeit dieser fast ungeschmälert erhaltenen Wildflußlandschaft wird jedem bewußt, der sie von einem der hochgelegenen Punkte aus überblickt (z. B. Schlederloh südl. Icking, Schloß Harmating, Hechenberg oder Peretshofen).

Ehe nun die Isar das Becken des Wolfratshauser Gletschers verläßt, sei auf die wunderbare Jungmoränenlandschaft rechts und links des Flusses hingewiesen. Unter den aussichtsreichen Hügelkuppen ist der K r e u z b i c h l (LSG) in Dietramszell mit seiner Barockkirche und Friedhof hervorzuheben. In den ehem. Abflußrinnen der Eiswasser aber sind die kleinen, meist verlandenden Seen und die unberührten Moose und Filze stimmungsvolle Reste der Urlandschaft: so die zwei naturgeschützten Flachmoorgebiete im H a b i c h a u e r M o o r mit ihrem Blumenreichtum aus Vertretern der alpenländischen Streuwiese, das V i e c h t - m o o s (NSG) bei Manhartshofen (Hochmoor mit Bergkiefern und von Schnabelbinsen umstandenen Schlenken), das benachbarte Hochmoor der A l t e n - b e r g f i l z e (LSG) bei Thannkirchen mit seinem dichten strauchartigen Bestand sowie das Latschendickicht des L e o n h a r d f i l z e s (NSG) mit seiner von Orchideen- und Enzianarten, Mehlprimeln, Rostrotem Kopfried und Trollblumen angereicherten Flachmoorflora. Westl. der Isar sind die R o t h e n - r a i n e r M o o r e (LSG) zu nennen. Vom Ort Rothenrain überblickt man die zwischen Drumlinhügel eingebetteten, mit Buchen, Fichten, Eichen und Sommerlinden locker durchsetzten Filze.

Eine ähnliche Erscheinung wie der Teufelsgraben ist das G l e i ß e n t a l (LSG), das sich von Deining zwei Wegstunden weit in nordöstlicher Richtung erstreckt. Die Schmelzwasser des Isargletschers hatten sich hier einen Abfluß durch den Endmoränenwall gerissen, der seine Funktion verlor, als der Wasserspiegel des Sees sank. Heute verläuft darin ein Fußweg, und wer dieses dichtbewaldete Trockental zwischen seinen bis zu 60 m hohen Steilrändern durchwandert, mag sich manchmal wie in einem Märchenwald vorkommen. Weiche Moospolster dämpfen den Tritt und außer den Vogelstimmen und dem Rauschen des Windes ist um ihn Stille der Urwelt. Verlassene Steinbrüche zeigen den geologischen Aufbau der Talwände. Höchst eigentümliche, kaminförmige Vertiefungen reichen bis zu 10 m in den Nagelfluhfelsen hinein. Da sie wie Orgelpfeifen nebeneinander stehen, erhielten sie den Namen „Geologische Orgeln". Es sind Verwitterungsschlote, die rotbraunen Humus enthalten. Die gleiche Erscheinung finden wir an der Felswand des sog. Klettergartens im Isartal bei Baierbrunn, wo der Bergsteigernachwuchs seine Kräfte erprobt. Durch die Bäume am Eingang des Gleißentales glänzt der Spiegel des Deininger Weihers, der als Moorbadesee sehr geschätzt ist. Sein Abfluß ist der Gleißentalbach, der zwar bald im Kies des Talgrundes versickert, aber am Ende des Tales als Hachinger Bach erneut entspringt.

Wir wenden uns nun wieder der I s a r zu, deren Tal in Fortsetzung des Naturschutzgebietes Pupplinger Au flußabwärts bis Freising unter Landschaftsschutz steht. Zwischen Icking und Großhesselohe hat der Fluß beim Durchbruch des Endmoränenwalls den eindrucksvollsten Landschaftsausschnitt der näheren Münchner Umgebung geschaffen, dessen Bedeutung als Wander- und Erholungsgebiet für den Großstädter unschätzbar ist. Die steilen Uferflanken treten hier immer näher zusammen, das Tal nimmt den Charakter eines Canyons an. Der Fluß hat zwischen Hohenschäftlarn und Großdingharting die kräftig geformten Endmoränen der Würmeiszeit und, wenige Kilometer nördlich, bei Baierbrunn die sanfteren Altmoränen der Rißeiszeit durchschnitten und sein Bett tief in die

Schotterschichten der vier Eiszeitfolgen eingeschnitten. Die Schotterlagen sind zu Nagelfluhfelsen verfestigt und haben so die Steilheit der Flußleiten ermöglicht. Andererseits unterliegen sie auch leicht der Verwitterung, so daß Blockstürze und Hangrutsche das Bild der Leiten recht abwechslungsreich machen. Der Felsen des Georgensteins inmitten des schnellfließenden Wassers ist kein durch das Eis verfrachteter Findling, sondern ein vom Hang herabgestürzter Nagelfluhblock. Der Verwitterung ist auch das dichte Grün der Talwände zuzuschreiben, wo die kräftigen Buchenstämme guten Halt finden. Besonders im Frühjahr, wenn zarte Grünnuancen, und im Herbst, wenn leuchtendes Gold mit dem Dunkelgrün der eingestreuten Fichten und Tannen kontrastieren, ergeben sich zauberhafte Bilder. Gestört wird die geschlossene Landschaft allerdings durch den Eingriff des Menschen. Statt der Mäanderschleifen grüner Wildflußarme zieht im Flußbett ein kraftwerkspeisender Kanal unnatürlich parallel zur eingedämmten, ihres Wassers weitgehend beraubten Isar. Daß diese Naturlandschaft mit ihren Höhepunkten bei Wolfratshausen, am Kloster Schäftlarn, am Georgenstein und unter den Burgen Grünwald und Schwaneck trotzdem so gut erhalten geblieben ist, verdanken wir in erster Linie der segensreichen Aktivität des Münchner Isartalvereins. Wanderwege in vielen Variationen führen den Spaziergänger durch das Tal, und bei den beliebten sommerlichen Floßfahrten treiben dichtbesetzte Flöße unter Spiel und Gesang den Fluß hinab bis nach München.

Isar am Georgenstein

Floßfahrt auf der Isar

117

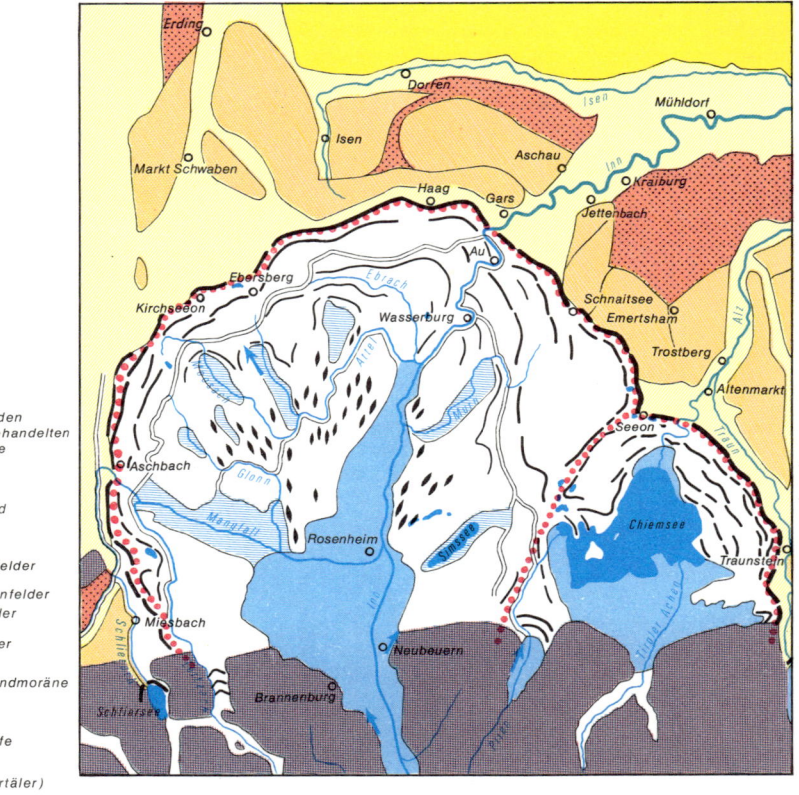

Grenzen der in den
Textkapiteln behandelten
Moränengebiete

Alpen

Tertiärhügelland

Altmoränen

Hochterrassenfelder

Niederterrassenfelder

Stammbecken der
Gletscherseen

Zweigbecken der
Gletscherseen

Würmeiszeit - Endmoräne

Drumlins

Gletscherschliffe

Abflußrinnen
(Schmelzwassertäler)

IM MORÄNENLAND DES INN-CHIEMSEE-GLETSCHERS

*(Dazu Kartenseiten
49—51, 56—58)*

Der Moränenfächer des I n n g l e t s c h e r s gilt den Geologen und Geographen
als Paradebeispiel für eiszeitliche Erscheinungen im Voralpenland. Aus dem größten Alpentor hervorströmend, hat dieser Gletscher seine Eiszungen in drei
Himmelsrichtungen ausgesandt und seine Zweigbecken gleich den Fingern einer
gespreizten Hand aufgefächert. Von Miesbach und Weyarn im Westen über
Kirchseeon, Ebersberg, Haag im Norden und über Schnaitsee, Endorf und
Frasdorf im Osten schwingt der Kranz seiner mehrfachen Endmoränenwälle.
Zwar stieß er östl. mit dem Chiemseegletscher zusammen, doch konnte dieser
viel kleinere Eisfächer seine formende Gewalt nicht beeinträchtigen. An der
Nahtlinie, die vom Gebirgsrand bis Seeon zieht, verschmolzen der große Inn-
und der kleine Chiemseegletscher. Deshalb werden beide gewöhnlich unter dem
Begriff „Inn-Chiemsee-Gletscher" zusammengefaßt.
Beim Verlassen seines Alpentales hatte der Inngletscher eine Mächtigkeit von
etwa 1000 m. Mit ganzer Wucht hat er sein Stammbecken ausgeschürft und Schutt-

118

massen von über 160 Kubikkilometern in seinem Vorland verteilt. An der Sohle polierte die schürfende Eislast den Felsboden, und wo härteres Gestein widerstand, wurde es zerkritzt, abgeschliffen und von den Wassern am Grunde des Gletschers mit furchenartigen Vertiefungen und Kerben versehen. Mulden, Gletschertöpfe, Strudellöcher und Rinnen entstanden dabei im Felsen. Im Inntal bei Fischbach wurde ein solcher G l e t s c h e r s c h l i f f beim Bau der Inntalautobahn aufgedeckt. Die Straße führt nun mitten hindurch. Der 250 m mächtige Riegel aus Wettersteinkalk ist so skurril überformt worden, daß er dem jäh zu Stein erstarrten Wogenmeer einer aufgewühlten See gleicht. Nach der Aufdeckung zeigen die Schliffe gewöhnlich einen bestechenden Glanz. Gelbgrau leuchtet ihre polierte Fläche wie zur Zeit des Eisrückganges vor 10 000 Jahren. Damals legten die Wasser schützende Tone und Sandschichten darüber und konservierten so diese einmaligen Dokumente der Erdgeschichte. Jetzt sind sie allen Wirkungen der Witterung ausgesetzt und werden daher bald ihren Glanz verlieren, wenn sie nicht mit chemischen Schutzmitteln behandelt oder mit Glas abgedeckt werden. Am östlichen Inntalhang bei Nußdorf wurde ein zweiter, kleinerer Schliff entdeckt.

Flintsbach am Inn

Vom Rosenheimer Zentralbecken strahlen Zweigbecken aus, deren bedeutendste die neun Mulden von Mangfall, Glonn, Moosach, Attel, Rettenbach, Ebrach, Laimbach, Murn und Simssee sind. Alle diese heute von Seen und Mooren erfüllten Becken lenken den Lauf ihrer Flüsse zum Inn. Die gewaltige Übertiefung des Inntales hat nämlich nach dem Schmelzen des Eises alle Gewässer gezwungen, ihren Weg – oft in Umkehrung der eingeschlagenen Richtung – zum Inn zu nehmen.

Jahrtausende hindurch füllte das Becken von Rosenheim ein fast 50 km langer See, der ganz allmählich von den Flußablagerungen zugeschüttet worden ist. Seinen Ausmaßen nach war er mit dem heutigen Bodensee vergleichbar. Das beste Zeugnis seines langen Bestehens sind die Seetone, die nirgend anderswo in solcher Klarheit zutage treten. Das feine Gesteinsmehl, von Eis und Wasser durch Zerreiben der Kiesel und Schotter gelöst, verteilte sich gleichmäßig über die ganze Breite des Sees und sank zu Boden. Im Laufe der Zeit wuchsen so feingebänderte Tonlagen bis zu 150 m Mächtigkeit heran. Da ihr Kalkgehalt recht gering ist, werden sie seit alters zum Ziegelbrennen verwendet. In Westerndorf nördlich von Rosenheim betrieben bereits die Römer Kunsttöpferei, wie zahlreiche Funde bezeugen. Heute beuten mehrere Ziegeleien die Tonlager aus.

Nach der Zuschüttung des Sees haben der Inn und seine Nebenflüsse scharf geränderte Täler in die ursprünglich ebene Fläche gesägt. Dabei entstanden mehrere Terrassen, auf deren fruchtbaren Böden früh die Besiedelung einsetzte. Die Bäche mußten beim Herabfließen zum Inn diese Terrassenwände durchschneiden und schufen dadurch steil eingerissene Erosionskerben von wildromantischem Reiz. So u. a. die Rott, der Katzbach, die Murn und der Laimbach.

Rosenheim im Inntal

119

Auen und Moore am Inn

Den Talboden des Inn, seine Dämme und die Ufer der abgeschnürten Altwasser begrünen Auen und Wiesen. Zwar ist der mächtige Fluß weitgehend reguliert und entbehrt bis auf kurze Strecken die Freiheit, seine Talsohle nach Belieben zu nutzen, doch hat das gesamte Landschaftsbild soviel Reiz, daß das Inntal von Kiefersfelden bis Attel hinauf unter Landschaftsschutz gestellt wurde. Die Auengründe sind ja häufig für Tier- und Pflanzenwelt von existenzentscheidendem Wert. Da begleiten Weißerlen, Weidenarten (Ufer- und Purpurweide, Mandel-, Sal- und Schwärzende Weide), einzelne Eschen, Linden, Erlen, Fichten und auch Kiefern in lichtem Abstand oder zum Gebüschdschungel verwachsen Fluß und Bäche. Aus der dichten Krautschicht des Bodens heben sich in Flußnähe die Blüten der Gelben Anemone, des Aronstabes, der Haselwurz, der Sterndolde und der Schuppenwurz heraus. Auf tonigen Böden stehen die Frühlingsknotenblumen. Verbreitet sind auch Buschwindröschen, Leberblümchen, Hundsveilchen, Frühlingsanemonen, Hainsalat, Mandelblättrige Wolfsmilch, Akeleiblättrige Wiesenraute, Salbei und Wasserschwertlilie. Auch fehlen Orchideenarten (u. a. Frauenschuh) und der Türkenbund nicht, doch hat der Mensch diesen Blütenjuwelen arg zugesetzt. Den Kiesboden des Flußufers haben Alpenschwemmlinge eingenommen, voran die milchweiß blühende Gemskresse, die zierliche Glockenblume und der Alpenlein. Unabhängig vom Auenstreifen am Fluß wurde das sog. B r a n d l, ein Wäldchen in Degerndorf, unter Landschaftsschutz gestellt.

Leberblümchen

Soweit der wasserstauende Ton oberflächlich lag und von keinem Sand bedeckt war, überzogen früher riesige Filze die Flächen des Seebodens. Das große K o l - b e r m o o r bei Bad Aibling, das W e i t m o o s, die H o c h r u n s t - und K o l l e r f i l z e waren wegen ihrer Weltabgeschiedenheit berühmt und berüchtigt zugleich. Die Einsamkeit und die leichte Melancholie, die ihnen eigen war, mag auch für den großartigen Darsteller bayerischer Bauerntypen, Wilhelm Leibl, Anlaß zum Refugium in Kutterling gewesen sein. In unserem Jahrhundert hat die Torfindustrie die Moosgeheimnisse restlos beseitigt. Als billiger Brennstoff diente der Torf jahrzehntelang zur Versottung der in einer 77 km langen Leitung aus Bad Reichenhall hergeführten Salzsole. Zum Teil hat man die Moore entwässert und kultiviert (Kartoffeläcker), zum Teil aufgeforstet.

Bei Bad Aibling

Moorgebiete kleineren Umfangs verblieben auch in den ausstrahlenden Zweigbecken des Gletschers, in die der See seine Wasserzungen vorgestreckt hatte. Das markanteste ist heute das Simsbecken, denn es enthält sozusagen den letzten Rest des einstigen „Rosenheimer Sees". Im Kranz seiner freundlichen Weiler und Gehöfte, mit seinen Waldufern, seinen Schilfbeständen und seinem florenreichen freundlichen Hinterland gibt der S i m s s e e ein charakteristisches Beispiel für den bayerischen Voralpensee in bäuerlichem Land ab und wurde als solcher unter Landschaftsschutz gestellt. Er ist nicht überall unmittelbar zugänglich. Das westl. und östl. Ufer sind sumpfig und verschilft. Der benachbarte L i t z l s e e (LSG) ist bereits vom Moor besiegt.

Simssee

Am Inn-Durchbruch

Mit der Anhöhe von Kloster Attel beginnt die Talenge, in der der Fluß auf etwa
15 km Länge mehrere Endmoränenwälle durchbricht. Seine Hänge sind fast durchwegs bewaldet. Besonders an den steilen Prallseiten, die der Fluß beim Hin- und
Herpendeln herausgearbeitet hat. Eine Ausnahme machen die I n n l e i t e n
u m W a s s e r b u r g. Hier hat der Inn die Schlinge, auf der die Stadt liegt,
zu einer einzigartigen Landschaft modelliert. Im Halbrund umgürten 70 m hohe
Schutt- und Sandreißen den Ort. Weißleuchtend fallen die lockeren Schotter
der Endmoräne zum Flußtal hinab und zeigen den „größten Glazialaufschluß
des Alpenvorlandes" (Karl Troll). Nur am oberen Rand klammern sich Bäume
und Sträucher an den Moränenschotter – jederzeit in Gefahr, bei einem Regen-
guß mit abzugleiten und in die Tiefe gerissen zu werden. Der andrängende Fluß
unterhöhlt immer wieder das Ufer und bringt die labilen Hänge zum Rutschen.
Folgt man dem Inn abwärts, so kann man gut die einzelnen Stadien der Tal-
entwicklung studieren, die sich in den verschieden geformten Terrassen ausprägen.
Man erkennt, daß die Flußschlingen in früheren, wasserreichen Perioden einen
anderen Verlauf nahmen. In der Talung bei Gars zeigt sich eine geradezu „klassische" Ausbildung solcher Terrassen, deren Erforschung auch hier ihren Anfang
nahm. Die ganze Strecke des Inndurchbruches gehört zu den stillsten und be-
glückendsten Flußlandschaften des Voralpenlandes.

Bei A u hat man die I n n l e i t e um das Stampfl-Schlößl (Aussichtspunkt)
wegen des abwechslungsreichen alten Bewuchses und ihres schönen Landschaftsbildes unter Schutz gestellt. Besonders im Herbst zeigt es sich in höchster Far-
benpracht. Das stark geweitete Tal deutet bereits darauf hin, daß wir uns dem
Bereich der Altmoränen nähern. Hinter Au betritt der Inn die Schotterplatte
von Mühldorf.

Stampfl-Schlößl

Seen und Täler beiderseits des Inn

Im Moränenland des Inngletschers spielen die blitzenden Perlen der Seen wieder eine hervorragende Rolle. Sowohl innerhalb der Endmoränenwälle als auch im Grundmoränenbereich sind sie reichlich verteilt. Westl. des Inn, im Land um Ebersberg, führen sie, hinter Waldgrenzen verborgen, ihr stilles Leben – soweit sie nicht als Badeseen „entdeckt" wurden. Alle sind bereits in Verlandung begriffen und von Schilf und Riedgräsern umrandet. Ein wunderschöner Ausschnitt der oberbayerischen Landschaft zeigt sich im NSG des E g g l b u r g e r S e e s .

Egglburger See

Am Westufer zieht ein Os-Rücken dahin, den das baumumstandene Egglburger Kirchlein krönt. An der Ostseite führt eine Allee kräftiger alter Eichen den See entlang. Im exemplarischen Verlandungsdickicht aus Weißen See- und Gelben Teichrosen, Laichkräutern, Schilf, Sumpfschachtelhalm, verschiedenen Seggenarten, Wasserhahnenfuß, Gilbweiderich und Rohrglanzgras fühlt sich eine stimmkräftige Vogelwelt zu Hause. Lachmöwen-Scharen erheben ihr lautes Gekreisch, Stockenten, Bläßhühner, Haubentaucher und Zwergrohrdommeln stimmen mit ein. Ähnlich innige Landschaftsbilder bieten der Kastenseeoner See (LSG; vielbesuchter Badesee mit breiten Zwischenmoor- und Schwingrasenflächen; leider stark zertrampelt), ferner der in einer kleinen Toteiskessellandschaft gelegene S t e i n s e e (LSG mit Waldumgebung; Badesee mit schmalen verschilften Uferstreifen und Schwarzerlen, Birken-, Föhren-, Eschen-, Eichen- und Fichtenbestand). Hier, wie am benachbarten einsam-idyllischen K i t z e l s e e (LSG; flache vermoorte Ufer, Standort des Fischreihers), findet man das scharfkantige Schneidriedgras.

Östlich des Egglburger Sees und nördlich der Stadt Ebersberg reiht sich eine aufgestaute Weiherkette in dem steilwandigen Schmelzwasserrandtal der E b r a c h (LSG). Prächtige Baumexemplare gestalten Hänge und Weiherränder zu wechselvollen Bildern. Auch andere Schmelzwassertäler der Endmoränenlandschaft führen heute noch Wasser und der romantische Zusammenklang von lichten Hangwäldern, rauschendem Wildwasser oder stillem Fischweiher und murmelnder Quelle wird immer wieder zum Erlebnis. So etwa im Schmelzwassertal der M o o s a c h (LSG) zwischen Bruck und Pausmühle und im schönen K u p f e r b a c h t a l („größtes Schmelzwassertal am Alpenrand") mit seiner typischen Quellmoorflora und tannenreichem Bergmischwald. Die Breite des kurvenreichen Kupferbachtales ist einem Ur-Stadium der Mangfall zu verdanken. Mit dem Einsetzen der Schmelzperiode war die Ur-Mangfall vom Taubenberg nordwärts gegen Aying geflossen und hatte an der Aufschüttung der Münchner Schotterebene mitgewirkt. Bei Grub nahm sie von links den Wasserstrom des Teufelsgrabens aus dem Isargletscher-Bereich auf. Ein von Osten sich vorarbeitender Bach hatte danach die Mangfall angezapft und zum Knick nach Osten gezwungen. Bei Feldkirchen flossen die

122

vereinigte Mangfall und Leitzach durch das Kupferbachtal ab. Erst in einem End-stadium, nachdem das Bad Aiblinger Inngletscher-Zungenbecken frei geworden war, fiel die Mangfall endgültig aus der Nordrichtung in ihren heutigen Lauf gen Osten nach Rosenheim. Von Westerham abwärts schüttete sie die wiesengrüne Schotterebene des sog. „Heufeldes" auf, flußaufwärts aber schnitt sie ihr Bett in die Nagelfluhschichten früherer Eiszeiten und in den tertiären Flinzgrund ein. Es entstand die großartige Schlucht am „Mangfallknie".
Östlich des Kupferbachtales fließt in einem Zungenbecken die Moosach durch das sog. B r u c k e r   M o o s (LSG), ein Flußtal-Niedermoor mit Seggen-, Schilf-und Besenriedbeständen.

Diese Randlandschaften gehören in ihrer Formenfülle zum intimsten Gebiet der Endmoränen. Wie in einem Bilderbuch drängen sich auf engem Raum Berg, Tal und See zusammen. Das Wildwassertal von W i l d e n h o l z e n zeigt ganz typisch ein eingekerbtes Erosionstal der Würmeiszeit. Auf dem hochragenden Sporn steht nur noch die Schloßkapelle als Rest einer stolzen Burganlage. Ähn-lich ist der Einschnitt unter der sog. „Altenburg", wo heute eine barocke Wall-fahrtskirche steht. Am Außenrand der Moräne findet man hier die sog. Maximi-lianseiche, eine mächtige Baumruine, die auf über 1000 Jahre geschätzt wird.
Überraschende Toteisformen zeichnen sich im Gebiet zwischen Grafing und Schloß Unteroelkofen ab. Die Hohlformen der Spalten in den Toteisblöcken blieben hier als steile Schutthügel bestehen, während die zerschmelzenden Eisschollen rundliche Kessel und Gräben hinterließen. Das Revier ist als D o b e l g e b i e t bekannt. An Abwechslungsreichtum in Formen, Farben und Pflanzenwuchs ist die Dobellandschaft kaum zu übertreffen. Sie geht nach Osten in die Attel-Niederung, das A ß l i n g e r M o o s , über, wo kleine Moorwäldchen die feuchten Moos-wiesen auflockern. Weiter südlich der B e n e d i k t e n f i l z bei Maxlrain.

Maximilianseiche
bei Buch

Über dem Leitzachtal liegt inmitten einer charakteristischen Moränenlandschaft der große S e e h a m e r S e e (LSG). Bei normalem Wasserstand ein schöner Voralpensee. Da er aber als Oberwasserbecken des Pumpspeicherkraftwerks Leitzach benutzt wird, bietet er in Trockenzeiten das Bild eines verdunstenden Tümpels mit breiter Schlammkrawatte. Die Wasser von Leitzach, Mangfall und Schlierach wer-den hier gesammelt und mit konzentrierter Gewalt dem Kraftwerk zugeführt. Nach Durchfluß eines Unterbeckens münden sie in die Mangfall bei Vagen. Der Hang, auf dem das Wasser herabkommt, ist von dichtem Wald überzogen. Ober-halb von V a g e n wurde ein Teil davon, die B u c h e n l e i t e , unter Land-schaftsschutz gestellt. Da hier die Aufschüttungen der Mangfallgletscherzunge auf versteinerten Flinzschichten ausstreichen, ergeben sich breitflächige Quellaustritte. Die typische Vegetation weist u. a. das Gemeine Fettkraut, das Blaugras, das Al-penmaßliebchen und das Rostrote Kopfried auf. Eine überaus reichhaltige Früh-lingsflora bringt die Waldparzelle in den K a l t e n b a c h a u e n hervor.
Nordwestlich von Wasserburg fallen die Seengebiete S o y e n - S e e und A l t e n s e e auf. Beides Badeseen mit lichtem Laubbaumkranz. Am Soyen-See tragen die Moränenhügel eigenwillige Buchen- und Kiefernwälder. Auf der West-seite gleiten sanfte Wiesen dem Ufer zu.
Weiter südlich zählt das Moorgebiet um den K e s s e l s e e (NSG) zu den schönsten und wertvollsten Mooren Bayerns. Von Nadel- und Mischwald rundum abgeschlossen und verborgen, liegen fünf Seen in einem flachen, eiszeitlichen Kessel. Der größte von ihnen, der Große Kesselsee, mißt 500 m in der Länge. An seinem Westufer besteht Bademöglichkeit. Leider vertrampeln Camping-freunde und Badegäste auch die anderen, bisher fast unberührten Uferteile, in

123

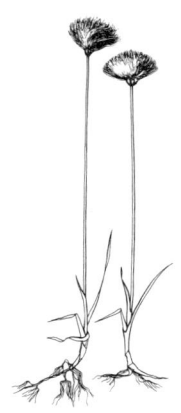

Scheuchzers Wollgras

Rinssee

mehr als vertretbarem Maße. Die vier kleineren Moorweiher zeigen sich recht unterschiedlich. Der östlichste, ein kleiner Braunwassersee, weist Seerosen auf. Der nordöstliche besticht durch sein klares frisches Quellwasser, das ihm den Namen Kristallsee eintrug. Die rahmenden Waldhänge, vereinzelte Birken, markante Bergkiefern und die Schilf- und Riedgraszone der Seen harmonieren prächtig zum ganzen Landschaftsbild. Die Moorbildungen reichen vom Flachmoor bis zum Hochmoor und zeigen dabei Besonderheiten wie die Strauchbirke, die Moororchidee, Scheuchzers Wollgras, Schlammsegge, den Untergetauchten Bärlapp und einen reinen Bestand an Schneidried.

Als Vorfeld des NSG wurden die umliegenden Wälder mit dem Osterholz und dem großen S t a u d h a m e r S e e (Badesee; teilweise verschilft) unter Landschaftsschutz gestellt.

Im großen Rotter Forst liegen der J ä g e r s w a l d (LSG) und der F r a u e n - ö d e r F i l z (NSG), beides Hochmoore mit lockeren Bergkiefern- und Birkenbeständen sowie einer charakteristischen Flora aus Torfmoosarten. Wenn auch durch Abtorfung und Abholzung stark angeschlagen, zeigen beide noch urtümliche Partien.

Als völlig unberührtes Moränental wurde der Einschnitt der A t t e l zwischen Hart und Rettenbach unter Landschaftsschutz genommen. Eichen, Erlen, Eschen, Buchen, Ahornbäume und Wilde Kirschen säumen den Grund, der im Mai u. a. die Gelbe Iris, das Immergrün, die Gelbe Taubnessel, die Akeleiblättrige Wiesenraute, die Braunelle, das Weiße Waldvögelein und Lungenkräuter hervorbringt. Rechts des Inn wiederholt sich in Variationen das Landschaftsbild des linken Ufers. Geographisch beginnt hier der C h i e m g a u. Vom Simssee und vom Litzlsee ist bereits gesprochen worden. Der Hauptzufluß des Simssees ist die T a l k i r c h e n e r A c h e n. Ihr Tal wurde wegen des unberührt naturhaften Zustandes mit allen Steilhängen unter Landschaftsschutz gestellt. Nördlich vom Simssee breitet sich die schöne Landschaft des H o f s t ä t t e r - und R i n s s e e s (LSG) aus, beides botanische und landschaftliche Schatzkästlein. An LSG sind daneben der P e n z i n g e r S e e (Badesee östl. Wasserburg), die benachbarte Ä u ß e r e L o h e (Wald- und Moosgebiet), die M o o r s e e n südl. S c h n a i t s e e, der idyllische F r i e d l s e e nördl. Amerang, das anschließende P f a f f i n g e r M o o s und der M u r n e r F i l z (NSG) zu nennen. Der letztere ist ein mit Latschenurwald bedecktes Hochmoor, das wegen des Vorkommens von Sumpfschlangenwurz und Heidelbeerweide botanische Bedeutung gewinnt. Das Becken des Zillhamer Sees hat sich weitgehend in Kulturland gewandelt und bietet den Anblick eines Wiesen-, Weiden- und Heidelandes mit mehreren kleinen Seen. In den Endmoränengürtel eingesenkt liegt das stimmungsvolle I r l h a m e r M o o s (NSG). Es weist alle Moorstufen vom Niedermoor über den Erlenbruchwald bis zum Hochmoor auf. Kleinere Weiher sichern seinen Wasserstand, der für den Blütenflor des Moosrandes (Orchideenarten, Wollgras) so notwendig ist.

Der Übergang vom Reich des Inngletschers zu dem des C h i e m s e e - G l e t -
s c h e r s ist nicht eindeutig festzulegen. Höchst reizvoll sind die Landschaften,
die in der Reibungszone beider Gletscher entstanden sind. Vor allem unvergleichliche Toteislandschaften, die zum wertvollsten Naturgut Oberbayerns gehören:
die E g g s t ä t t - H e m h o f e r S e e n p l a t t e (NSG) und die Umgebung
von K l o s t e r S e e o n (LSG). Beides Eiszerfallsgebiete von unwidersteh-
lichem Zauber. Alle Schönheiten und die ganze Blütenfülle des Alpenvorlandes
sind über diese Kleinode unserer bayerischen Landschaft ausgeschüttet. Am meisten frappiert der Formen- und Farbenwechsel auf so kleinem Raum. Jeder der
vielen Weiher hat sein Eigenleben. Bei den Seeoner Seen zieht uns die Idylle von
Kloster Seeon auf der Insel mitten im See besonders an, in der Eggstätt-Hem-
hofer-Seenplatte ist es die Stille und Einsamkeit der 17 offenen Wasserflächen, die
zum Wandern, zum Baden oder zum Studium der vielfältigen Moosflora und
-fauna einladen. Erlen- und Latschenbestände überziehen die Hügel, die Zwischen-
und die Hochmoorflächen. Dunkle Nadelwälder und helle Laubschöpfe setzen
Kontraste. Die Bodenflora glänzt mit Seltenheiten wie Sumpfschlangenwurz,
Rostroter Alpenrose und Binsenschneide.
Als Badesee ist auch der Obinger See geschätzt. In Endorf besteht ein Jod-
thermalbad.
Der Fächer des Chiemseegletschers hat als einziger sein Becken noch mit einem
großen See gefüllt. Dieser größte See Bayerns wird mit leichter Selbstironie das
„Bayerische Meer" genannt (80 qkm Fläche, größte Tiefe 73 m). Der Spiegel des
eiszeitlichen C h i e m s e e s lag ursprünglich 19 m höher und bedeckte somit
die weiten Möser im Süden des Sees und einen guten Teil der Moränen- und
Mooslandschaft im Norden. Unter dem Eindruck der heutigen Chiemseelandschaft
schreibt Horst Mönnich: „Eine Urlandschaft, wild und lieblich zugleich, von
lichtdurchlässigen Schilfbuchten umsäumt, unendlich scheinende blaue Seeflächen,
kein See eigentlich, ein Meer, Inseln darin, zwei, drei, schwimmende Eilande, die
wie mit unsichtbaren Ankerketten an den Gebirgen im Hintergrund festgemacht
zu sein scheinen, an Hochfelln, Hochgern, Kampenwand, Hochries und Heuberg.

Chiemseelandschaft mit Kampenwand, Frauen-
chiemsee und Krautinsel

Kurz: ein Traum, der einer von Stadt und Steinen gemordeten Phantasie wieder Leben einhaucht, eine vollständig neue, nicht mehr für möglich gehaltene Form von Erd-Erfahrung."

Der Chiemsee ist berühmt wegen seiner märchenhaften, häufig wechselnden Stimmungsbilder. Nicht zuletzt ihretwegen ist die Insel Frauenchiemsee (oder „F r a u e n i n s e l") ein beliebtes Standquartier der Kunstmaler. Als Viktor von Scheffel 1860 Frauenchiemsee besuchte, mußte er bekennen: „. . . das unerschöpflich reiche Farbenspiel von Sonne, Luft, Ferne und Seespiegel, das täglich eine Reihe der herrlichsten Bilder vor die Augen stellt . . . alles hat mich in kürzester Frist zu einem mit der Welt und mit sich ausgesöhnten Mann geschaffen . . . in diesem deutschen Capri."

Die H e r r e n i n s e l dagegen, mit 300 ha die größte des Chiemsees, ist mehr von Touristen besucht. Sie trägt die Kopie des Königsschlosses von Versailles, die König Ludwig II. mitten in den dichten Laubwald der Insel setzen ließ. Mit geringen Veränderungen wurde der Wald zum Landschaftspark gestaltet, den die Natur aber bereits wieder überspielt hat. Ein Waldlehrpfad führt durch die 180 ha großen Waldgebiete der Insel mit prachtvollen Einzelstämmen. Von der sog. Steinwand im Süden und von der „Paulsruhe" genießt man die besten Ausblicke auf See und Gebirge.

Bei all der Schönheit und Erholsamkeit des Sees (Badeplätze, Segeln usw.) ist sein Nutzwert als eines der fischreichsten Gewässer Bayerns nicht zu vergessen. Die Renken, Brachsen, Hechte, Aale und Seeforellen gedeihen prächtig. Unübertroffen aber blieb ein Fang von 1726, als man eine 30 Pfund schwere Forelle aus dem See holte. Sorge bereitet die zunehmende Verschmutzung des Sees.

Großer Brachvogel

Die Uferstrecke des Chiemsees wurde rundum unter Landschaftsschutz gestellt. Er ist nicht zuletzt deshalb einer der am wenigsten verbauten Seen in Bayern. Wer seine ganze Anmut und Formenfülle auskosten will, umwandert ihn auf einem „Chiemsee-Randweg", der allen Windungen und Vorsprüngen des Ufers folgt. Die Anhöhe zwischen Gstad und Breitbrunn hat wegen ihrer unvergleichlichen Aussicht unter dem Namen „Malerwinkel" Berühmtheit erlangt. Das Gebiet um Aiterbach und Guggenbichl (bei Rimsting) soll zu einem Landschaftspark ausgestaltet werden.

Durch das Alpentor des Chiemseegletschers bei Marquartstein verläßt heute die Tiroler Ache das Gebirge. Sie durchfließt in ihrem begradigten Bett die Auenlandschaft zwischen den Tertiärrücken des O s t e r - und W e s t e r b u c h b e r g e s (prachtvolle Sicht auf Moore, Gebirgssaum und Chiemsee) und mündet mit ihrem weit vorgeschobenen Delta in den Chiemsee. Die ganze M ü n d u n g s n i e d e r u n g (NSG) ist Vogelschutzgebiet. Auf den Sand- und Schlickflächen und in dem dichten Auengestrüpp konnten an die 250 Vogelarten festgestellt werden. Hier brüten annähernd ebenso viele Vögel wie am berühmten Federsee in Württemberg und mehr als am Ismaninger Speichersee. Davon seien nur die Große Rohrdommel, der Rotschenkel, der Große Brachvogel, die Sumpfohreule, die Flußseeschwalbe, der Flußregenpfeifer, die Sturmmöwe, der Strandläufer, das Blaukehlchen und der Wiedehopf genannt. Der Auerhahn, einst für den bayerischen Jäger hochbegehrtes Ziel und Mittelpunkt vieler Erzählungen, hat hier eine Zuflucht. Naturgemäß stellen sich auch Durchzügler mit klingendem Namen ein, wie der mächtige Fischadler, der Seidenreiher, der Kormoran, die Graugans und die Trauerseeschwalbe. Im östlichen Teil des NSG geht der Auenwald in das stimmungsvolle G r a b e n s t ä t t e r M o o s über, das mit seinen Pflanzenbeständen (Frühlingsknotenblumen, Blaue Iris),

Grabenstätter Moos

126

seinen Altwasserarmen, Schilfsäumen, seinen verstreuten Einzelbäumen und Baumgruppen dem bedrängten Wild idealen Unterstand bietet. Zugleich aber · ist es als Lebensraum zahlloser Wassertiere, Insekten und Mikroorganismen von größter Bedeutung für die Reorganisation des Naturhaushalts im Chiemsee, vor allem für seinen Fischbestand.

Prallhang im Priental

Die weite Fläche zwischen Chiemseeufer und Gebirgsanstieg nahmen einst die endlosen Chiemseemoore ein. Sie sind zum größten Teil abgetorft und entwässert, ihr Baumwuchs gerodet. Nur im S o s s a u e r   F i l z und im W i l d m o o s (NSG) haben wir lebensfähige Reste der verwüsteten „Chiemseemöser" mit Zwerg- und Mugo-Kiefernbestand vor uns. Besonders der Sossauer Filz mit seinen Flach- und Zwischenmoorpartien ist ungewöhnlich blütenreich. Zwischen den zwei NSG liegt beiderseits der Aitrach eine blütenreiche Streuwiese (LSG). Der Fichtenmoorwald des sog. K ü h w a m p e n m o o r e s (NSG) nordöstl. Bernau und die Waldabteilung „R ö h r e n w e g" (LSG) sind durch Entwässerungsanlagen in ihrem Pflanzenbestand empfindlich beeinträchtigt.

Die Endmoränenkränze wirken im Chiemgau besonders frisch und formkräftig, die Flüsse besonders munter und klar. Die P r i e n z. B. fließt, den Dämmen ihres Gebirgstales entronnen, in schlingenreichem, stark eingetieftem Wildwassertal zum Chiemsee (Höhepunkte bei Schloß Wildenwart und beim Stauwehr vor Prien). Am Wehr bei Wildenwart kommen Eisvogel, Bachamsel und Gebirgsbachstelze vor. Einige Standorte der Bergwaldpflanzengesellschaft von Feuerlilie, Großer Händelwurz, Türkenbund, Quirlblättriger Weißwurz und Wolfs-Eisenhut sind durch herabgeschwemmte Samen im Priental entstanden. Ein Seitental der Prien öffnet sich zum Moos um den sog. B ä r n s e e. Obwohl von der Autobahn durchschnitten, blieb es eine naturnahe Oase (LSG).

Gebirgsbachstelze

Mit dem neuen Namen A l z verläßt die Tiroler Ache bei Seebruck den See wieder. Nach kurzem Lauf zwischen Moosen und Grundmoränenhügeln durchbricht sie zwischen Truchtlaching und Altenmarkt den Endmoränenkranz. Unterhalb der hochgebauten Wallfahrtskirche Baumburg (auf Deckenschotternagelfluh) verbindet sie sich mit der schnellen Traun, die ihr Bett zwischen die Moränengebiete von Chiemsee- und Salzachgletscher gelegt hat. Der Alzdurchbruch stellt sich in seinem wunderschönen Landschaftsbild würdig neben die anderen Durchbruchstäler im Alpenvorland. Seine Formen- und Farbenfülle (besonders im Herbst) ist großartig. In Altenmarkt überraschen uns die Wassermassen mit einem sprühenden Wasserfall. Bald unterhalb von Altenmarkt aber wird dies drängende Wildwasser in Kraft- und Stauanlagen gezähmt.

Alzdurchbruch bei Altenmarkt

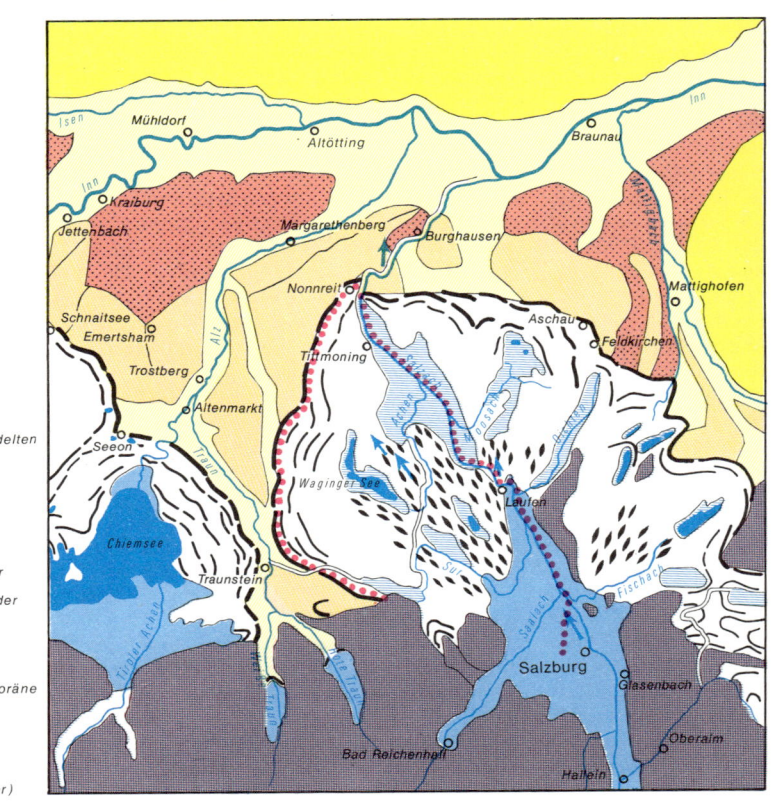

Legend:
- Grenzen der in den Textkapiteln behandelten Moränengebiete
- Alpen
- Tertiärhügelland
- Altmoränen
- Hochterrassenfelder
- Niederterrassenfelder
- Stammbecken der Gletscherseen
- Zweigbecken der Gletscherseen
- Würmeiszeit - Endmoräne
- Drumlins
- Gletscherschliffe
- Abflußrinnen (Schmelzwassertäler)

DIE MORÄNENLANDSCHAFT DES SALZACHGEBIETES

(Dazu Kartenseiten 51–52) Die geschichtsreiche Landschaft des ehemals salzburgischen Rupertigaus ist in ihrer Vielfalt und Schönheit ganz von den Eiszungen und den Schmelzwassern des Salzachgletschers geprägt. Die Gliederung entspricht weitgehend derjenigen des Inngletschers. Wie dort der Inn bildet hier die Salzach die Mittelachse eines Moränenfächers, der radial in neun Zweigbecken ausstrahlt. Der Fluß selbst ist trotz seiner Regulierung ein wildes Kind der Alpen geblieben und die Orte an seinem Lauf können von mancher Hochwasserkatastrophe berichten. Besonders Burghausen hat alle paar Jahre unter Überschwemmungen zu leiden.

Die Salzach betritt bei Freilassing bayerischen Boden und ist von hier an zugleich Grenzfluß nach Österreich. Bayrisch ist also nur die westliche Hälfte des Salzach-Moränenlandes. Die bedeutendsten Zweigbecken auf bayerischer Seite sind die von Teisendorf, Waging und Tittmoning, zwischen die sich Drumlin-Rücken aus Grundmoräne hinziehen. Das Stammbecken des Gletschers barg einst den sog. Salzburger See, dessen tonige Ablagerungen bis Tittmoning zu verfolgen

128

sind. Seine Länge wird auf 30 km, seine Breite auf 10 km geschätzt. Den einstigen Seegrund bedecken heute innerhalb der letzten Salzachterrassen weite Auwälder mit zahlreichen Altwassern, die trotz Begradigung und Regulierung des Flusses noch reichlich Wasser führen. Als Beispiel für die lichten Laub- und Mischwälder dieses weiten Tales führe ich den kleinen N a g l e r w a l d (LSG) in Freilassing mit seinen hohen Hainbuchen und Eichen an.

Bei Laufen stellten sich dem See die verfestigten Moränenschotter früherer Eiszeiten entgegen, die von den Wassern allmählich in einem 9 km langen, steilwandigen Tal durchsägt wurden. Die Stadt Laufen liegt malerisch in einer Flußschlinge des hier zum Umbiegen gezwungenen Flusses. Der Ortsname ist durch den von Wasserschnellen beschleunigten Lauf des Flusses bedingt, der dem früheren Plätten-Frachtverkehr manche Schwierigkeit bereitete. Danach weitet sich das Flußtal zum Zweigbecken von Tittmoning. In Tittmoning hat ein mündender Bach den Hang klammartig eingerissen. Dieser sog. P o n l a c h g r a b e n (LSG) trägt einen dichten hochwüchsigen Bestand von stolzen Buchen, Eschen, Fichten und Ahornbäumen.

*Die Salzach
bei Raitenhaslach*

5 km unterhalb Tittmoning treten die Steilufer wieder nahe an den Fluß heran. Er passiert von Nonnreit an in weitgeschwungenen Kehren den Einschnitt von Raitenhaslach. Diese Enge reiht sich in die Folge der berühmten Durchbruchstäler der Gebirgs-Flüsse durch den Jungmoränenwall. Auch hier ein unverwechselbares Bild mit waldigen Steilhängen (Eibengruppe 750 m nördl. Nonnreit, ND), Schotterflanken, weißleuchtenden Gehöften und einem stolzen Klosterbau (Raitenhaslach) als Höhepunkt dieses Naturausschnittes.

Noch ein drittes Mal durchbrach die Salzach einen Querriegel: den Altmoränenwall bei B u r g h a u s e n. Auch hier bewaldete Steilhänge und idyllische Flußschlingen, doch die Szenerie erhält eine gewaltige Steigerung durch den Umlaufsporn der Salzach, den die kilometerlange Burganlage von Burghausen krönt. Prall- und Gleithänge tragen den grünen Schmuck von Eichen, Ahorn und vielerlei Strauchwerk. Am Hang nördlich der Altstadt, die sich zwischen Ufer und Burgberg drängt, und die dem Dichter Adalbert Stifter wie „aus einem altdeutschen Gemälde herausgeschnitten" schien, geben die Wände Einblick in den Schichtenaufbau aus Flinzsanden, Letten, verhärteten Schotterlagen der Rißeiszeit und Lehmschichten. Sogar ein dünnes Kohlenflöz wird sichtbar. Die abgeschnürte ehem. Umlaufschleife der Salzach mit ihren dichtbegrünten Hängen birgt den schön gelegenen Badeweiher „Wöhr". Nordwestlich der Stadt erhebt sich der dichtbewaldete H e c h e n b e r g (LSG), ein alteiszeitlicher Moränenrücken mitten im Niederterrassenschotter.

Auf der weiten Inn-Salzach-Schotterplatte vereinigt sich die Salzach in einem großen Stausee mit dem Inn.

Mit allem Naturreiz kann auch das Moränenland des Salzachgletschers rechts und links des Flusses aufwarten. In den einstigen Zweigbecken verblieben flachgründige Restseen, die die Stille und innige Schönheit ihrer Uferlandschaften widerspiegeln. Sie sind verhältnismäßig warm und als Badeseen hochgeschätzt – allen voran der große W a g i n g e r - und T a c h i n g e r - S e e (LSG). Lockere Mischwälder und sanft sich neigende Weiden und Wiesen rahmen seine Mulde. Da er erst spät vom Tourismus entdeckt wurde, sind seine Ufer bis heute weitgehend unverbaut geblieben, was zu großen Teilen auch dem Landschaftsschutz zu danken ist. Der überaus schöne Anblick, wenn die weißen Tupfen der Segelboote die blaue Fläche sprenkeln und bei klarem Wetter im Hintergrund die Berchtesgadener Alpen leuchten, bleibt unverfälscht der Allgemeinheit erhalten.

129

Der See ist von allen Punkten gut überschaubar und zieht von Jahr zu Jahr mehr Besucher und Bewunderer an. Das gleiche Bild in kleinem Format bietet der stille A b t s d o r f e r S e e (LSG) mit seiner Waldinsel und dem Haarmoos als Hinterland sowie der kleine L e i t g e r i n g e r S e e (LSG), der von einem mächtigen Buchenwald einerseits und saftigen Wiesen andererseits umgeben ist. Die Gebäude der Badeanstalt fügen sich musterhaft dem natürlichen Grünsaum des Ufers aus Erlen, Weiden und Birken ein. Der benachbarte E n d - m o r ä n e n w e i h e r südl. A s t e n (LSG) ist schon fast erblindet, denn Bulte aus Großseggen haben großenteils von ihm Besitz ergriffen. Auf kleinen Strauchinseln brüten Wasservögel, und Frösche machen die breiten Blätter der Seerosen zu ihrem Konzertpodium. Angler und Sportfischer schätzen den Fischreichtum dieser Seen. Die „Kleine Maräne" lebt nur im Waginger See und ist in keinem anderen Voralpensee zu finden.

Burghausen zwischen Salzach und Wöhr

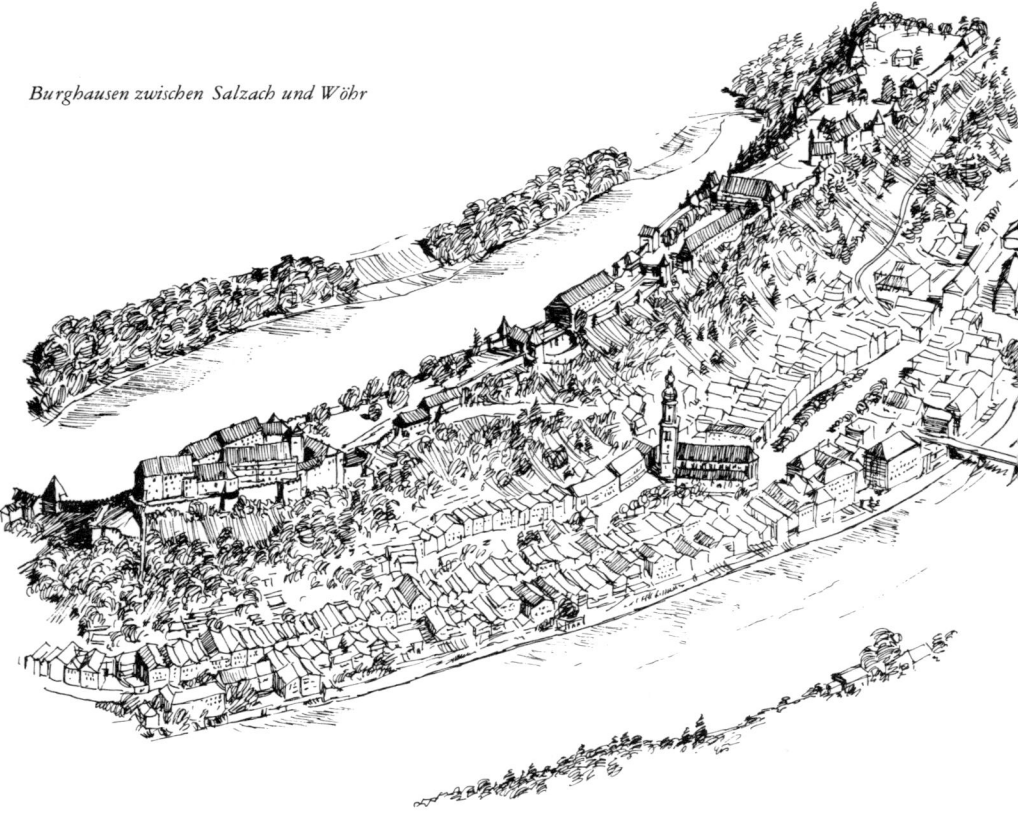

130

Wie der Leitgeringer See, so gehört auch der W e i d s e e (LSG) zwischen Petting und Ringham einer vielgestaltigen Eiszerfallslandschaft an. Das schlichte Schlößchen Seehaus überragt auf hoher Randterrasse den schönen kleinen See. Es bildet zusammen mit dem prachtvollen Baumbestand aus Eichen, Buchen, Lärchen, Obstbäumen, Birken und duftenden Traubenkirschen ein märchenhaftes Motiv. Nach Norden zu geht der See in Verlandung über. Ein Latschendickicht schließt sich an.

Von der zerfallenden Eiszunge eines Zweigbecken-Endes gestaltet ist der zauberhafte Kessel des H ö g l w ö r t h e r S e e s (LSG). Die Schmelzwasser haben die Hänge rund geschwemmt und den Boden für einen reichen Blumenflor bereitet. Im Frühjahr überspielt das Rot der Tageslichtnelken und das Gelb des Löwenzahns die grünen Wellen der Abhänge. Darin eingesenkt, umgeben von dem aufgestauten schilfbegrenzten See, liegt das verträumte alte Augustiner-Chorherren-Stift Höglwörth mit der freundlichen Barockkirche. Uralte Kastanien und Linden überragen seine Gemäuer. Das Ganze mutet an, als herrsche hier ewigwährender Sonntag. Im nahen Dorf Anger, das König Ludwig I. als das schönste in Bayern erschien, sind die Landschaftsformen umgekehrt. Auf schmalem hohem Sporn blickt der schwungvolle Rokokoturm der Kirche weit über das Land am Fuß des Teisenberges. Noch großartiger ist das Panorama vom waldumkränzten U l r i c h s h ö g l (LSG). Auf der ganzen Länge der Dorfstraße, vorbei an den prachtvollen Linden des Kirchhofes, überblickt man das Salzburger und das Reichenhaller Becken mit den sie rahmenden Gebirgszügen, voran dem landschaftsbeherrschenden Untersberg. Nach Norden schweift der Blick über das Braun des abgetorften Ainringer- und Peracher Mooses zum Moränenland der Zweigbeckenzone.

Rundblättriger Sonnentau

Von den Seen, den Hauptanziehungspunkten dieses Landstrichs abgesehen, bietet das Salzach-Moränenland natürlich auch die eleganten Landschaftsformen der Drumlinreihen (besonders schön zwischen Abtsdorfer- und Waginger-See) und stellenweise auch urtümliche Moorkomplexe. Die bedeutendsten sind das Ainringer, das Schönramer, das Weidmoos und der Demelfilz. Torfstich und Entwässerung haben ihnen schon stark zugesetzt und Heidekrautrasen, Birken- und Erlengehölze deuten auf allmähliche Austrocknung. Nur im großen S c h ö n r a m e r M o o r liegt waldumgeben zu Füßen des Drumlins Wölfelsberg eine lebenskräftige Moorpartie (NSG) mit Schnabelbinsen, Strauchbirken und schütteren Bergkiefern. Der größte Teil des Schönramer Filzes wurde als Wanderzentrum erschlossen. Entlang der neu angelegten Wege sind Ruhebänke und Orientierungstafeln aufgestellt worden. Man denkt auch an die Anlage eines Wildfreigeheges. An Pflanzenbesonderheiten weist der in Heide übergehende Filz noch das Breitblättrige und das Gefleckte Knabenkraut, die Gemeine Akelei, den Wacholder und den Rundblättrigen Sonnentau, ferner Heidekraut, Moor- oder Rauschbeere, Rohrkolben sowie Breitblättriges und Scheidiges Wollgras auf.

Neben den Flach- und Hochmooren fallen die Quellmoore wegen ihres Blütenreichtums ins Gewicht. Am Fuß der Hangwälder sprudeln oft so reichliche Grundwassermengen aus den Quelladern, daß die Talwiesen sie nicht sofort aufnehmen können. Daher entstehen wasserdurchtränkte Flächen, auf denen sich Trollblumen, Schwertlilien, Knabenkraut und andere Orchideenarten wohlfühlen. Eine solche Quellflur samt ansteigendem Mischwaldhang steht entlang des L e i t e n - b a c h e s westl. Oberteisendorf unter Landschaftsschutz.

131

DIE SCHOTTERPLATTEN

DIE ILLER-LECHPLATTE

(Dazu Kartenseiten 30, 31, 38–40, 46, 47)

Wie schon früher ausgeführt, haben die Schmelzwasser der Gletscher so große Kies- und Sandmassen mitgerissen, daß sie vor den Endmoränen dicke Schotterplatten aufschütten konnten. Jede Schmelzperiode der Zwischeneiszeiten trug ihr Teil dazu bei. Dieser Vorgang erstreckte sich über den ganzen nördlichen Abschnitt des Voralpenlandes, den man verallgemeinernd Schwäbisch-Bayerische-Hochebene nennt. Der Begriff Ebene ist allerdings irreführend, denn Flußtäler haben die einstige tertiäre Aufschüttungstafel kräftig durchschnitten und ein Landschaftsprofil geschaffen, das Mittelgebirgscharakter annimmt. Die Gerölle haben vor den Moränenwällen und in den weiten Urstromtälern zwar große Schotterschichten (Münchner „Schiefe Ebene", Inn-Salzachplatte) gebildet, die tertiären Molassezüge im ober- und niederbayerischen Hügelland aber nicht überziehen können. Die Iller-Lechplatte dagegen, die sich von den Endmoränen im Süden bis zum Donautal im Norden erstreckt, hat eine eigene, mit den Nachbargebieten nicht vergleichbare Formung erfahren. Die Schmelzwasser-Schotter des ersten großen Eisvorschubs, des Günzgletschers, haben in einer Mächtigkeit von 20–30 m das ganze mittlere Schwaben bis zur Donau deckenförmig überschüttet. Daher der Name „Deckenschotter". In diese ebene Schotterplatte gruben zahlreiche Flüsse, die der Neigung des Landes entsprechend annähernd parallel der Donau zueilen, ihre Täler bis 100 m tief und mehrere km breit ein. Es entstanden langgezogene Wannen mit den dazwischenliegenden Hügelzügen, sog. Riedeln. Die Hauptarbeit wurde dabei in den Schmelzperioden geleistet, wenn die Flüsse mit großer Gewalt sowohl in die Tiefe als auch in die Breite erodierten. Erstaunlicherweise traten sie nie über die durch die günzzeitlichen Deckenschotter gesteckten Talweitungen hinaus, sondern lagerten in jeweils tiefer liegenden Terrassen ihre Schotter ab. Die Ablagerungen der Mindeleiszeit, die sog. „jüngeren Deckenschotter", findet man vorwiegend bei Mindelheim, Memmingen und Kaufbeuren. Etwa 50 m hoch über den heutigen Flußsohlen kamen auf breiter Terrasse die Rißschotter oder „Hochterrassenschotter" zu liegen (besonders an Roth, Günz, Kammel, Lech). Die Rißterrasse ist zudem durch eine dicke Lößschicht gekennzeichnet. Die letzten fluvioglazialen Schotter, die der Würmeiszeit, bilden die untersten Talgründe, auf deren Sohlen die heutigen Flüsse ihr nach Eiszeitmaßstäben „winziges" Bett haben. Diese Schotter werden „Niederterrassenschotter" genannt.

Krumbach

Die Terrassenfelder und ihre Bäche

Die regelmäßige Gliederung des Landes durch gleichgerichtete Flußläufe und die Abfolge von Deckenschotter, Hochterrassenschotter und Niederterrassenschotter drückt sich auch im Landschaftsbild aus. Die Deckenschotter der Günzeiszeit und die Schotter der Mindeleiszeit tragen einen rotbraunen Verwitterungsboden. Sie sind von umfangreichen Wäldern bedeckt, in denen die Fichte vorherrscht. Besonders die Forste westlich von Augsburg (Rauher, Streitheimer, Scheppacher, Weisinger Forst) erreichen eine große Ausdehnung. Das ist bezeichnend für die Stadt Augsburg, die schon früh durch Schenkungen und Ankäufe große Waldgebiete erworben hat und heute mit 63 000 ha die waldreichste Stadt Süddeutschlands ist. Daß sich die Wirtschaftlichkeit des Waldes neuerdings verringert, steigert nur seine Bedeutung für Erholungszwecke. Die landschaftlich betonten Waldpartien werden dabei natürlich bevorzugt. Um sie vor

132

Zersiedelung zu bewahren, waren weite Strecken unter Landschaftsschutz gestellt worden: vorweg die Hangwälder der weiten Täler und die Bachläufe im Inneren der Forste mit ihren Baumgruppen, Wiesen und Hangwäldchen. So entlang des Wertachtales die sog. S t a u d e n h ä n g e zwischen Schwabegg und Bobingen, im weiten Lechtal die Laubwäldchen der sog. F r i e d b e r g e r L e c h l e i - t e n zwischen Kissing und Rehling und weiter nördlich die S c h m u t t e r - h ä n g e bei Ehingen, Druisheim und Burghöfe. Die Schmutter fließt hier parallel zum Lech am Westrand von dessen Talweitung.

Die Riedel zwischen Wertach und Mindel werden gemeinhin in die „Zusamplatte" (westl. des schmalen Zusamtales), in die „Staufenberg-Terrassenstufe" und in die „Staudenplatte" gegliedert. S t a u d e n heißt das wald- und buschreiche Hügelland zwischen Wertach und Zusam. Nur schmale Bächlein durchziehen die Waldreviere. Sie haben erst nach der Eiszeit ihre Täler in die Schotterplatte gegraben. Viele von ihnen laufen in lustigem Mäander zwischen Weidengebüsch durch schmale Wiesenstreifen. Manche sind auch zu Fischweihern gestaut, wie z. B. der Anhauser Bach bei Burgwalden. Südlich der Scheppacher Kapelle im „Großen Wald" stößt der Wanderer unversehens auf die Idylle der beiden S c h e p p a c h e r W a l d w e i h e r (Karpfen- und Schleienzucht). Die S c h w a r z a c h steht teilweise unter Landschaftsschutz. Im oberen Teil sind es vor allem die waldigen Abhänge des Tales zwischen Kreuzanger, dem Zisterzienser-Kloster Oberschönenfeld und Gessertshausen. Dagegen hat der Talboden durch Begradigung und weitgehende Abholzung der Gebüschrahmung gelitten. Streckenweise geschützt sind auch die bewaldeten Hänge der benachbarten Täler von S c h m u t t e r , S c h w e i n e b a c h und Z u s a m (unterhalb Immelstetten). Romantisch einsam liegt das idyllische B ä r e n - b a c h t a l. Steile Waldflanken säumen den quellfrischen Grasgrund mit seinem Waldblumenflor, der im Frühjahr von Buschwindröschen und Schlüsselblumen leuchtet (z. T. zerstört).

Bismarckturm

Die Deckenschotterplatte der Stauden endet vor den Toren Augsburgs mit den beiden Aussichtskuppen „Kobelfeld" und „Bismarckturm" bei Steppach. Das K o b e l f e l d trägt eine barocke Wallfahrtskirche mit Kreuzwegstationen und ein modernes Riesenkreuz, das auf Augsburg niederblickt. Die Leite zum Schmuttertal ist mit hochwüchsigem Mischwald bestanden. Der wuchtige B i s m a r c k t u r m steht in einem schönen Eichen-Buchen-Kranz. Das grüne Blickfeld dieses Aussichtspunktes in Richtung Augsburg ist auf Grund der Schutzbestimmungen von aller Bebauung freigeblieben. Erwähnt sei hier noch die unweit gelegene O c h s e n g a s s e südlich von Stadtbergen, ein schönes Beispiel für die alten Landstraßen mit ihren hohen, undurchdringlichen Heckensäumen, über die nur einige alte Eichen hinausragen – herrlich in der frühlinghaften Blüte, wenn aus den Gebüschen allenthalben Vogelgezwitscher schallt (z. Zt. durch Kiestransportlastwagen recht eingestaubt).

Nordwestlich der Staudenlandschaft liegt als fruchtbare Senke die R e i - s c h e n a u , scherzhaft auch „Mittelschwäbisches Ries" genannt. Gleichmäßig sind Wiesen, Äcker und Wäldchen darüberhin verteilt. In der Mitte erstreckt sich ein weiter A u w a l d aus Laubgehölzen, Fichten und Kiefern. Einzelne Wetterföhren ragen darüber hinaus. Von den rahmenden Höhen nennen wir die Kuppe der H o h e n R e u t e mit ihrem urwüchsigen Mischwald und die angrenzende L o h z e i s e sowie den breiten Bergrücken am Uhlenberg, der sich in einer wunderbaren, stillen Bauernlandschaft in das Zusamtal zwischen Dinkelscherben und Steinkirch hinabsenkt. Z u s a m e c k und

Bei Zusameck

133

W o l f s b e r g heißen ihre Abschnitte nach den Burgen, die einst hier aufragten. Nur von Wolfsberg blieb ein Teil des Bergfrieds erhalten. Prachtvolle einzelstehende Eichen, dichte Heckenzeilen und Terrassenäcker bestimmen das Bild. Weit reicht der Blick über den stolzen Markt Dinkelscherben und die Dörfer im Zusamtal und in der Reischenau.

Nördlich der Reischenau schließt sich die sog. „Staufenberg-Terrassentreppe" an, die von West nach Ost stufenweise zum Schmuttertal absteigt. Ihr Name stammt vom „Staufenberg" (Sendeturm) bei Bonstetten. Es ist ein stilles, waldreiches Revier, weshalb die Umgebung von Welden auch die Bezeichnung „Schwäbischer Holzwinkel" erhielt. Die hier eingerichteten LSG sollen vornehmlich die schönsten Flecken vor Zersiedelung schützen. Westlich von Hainhofen breitet sich die abwechslungsreiche Wanderlandschaft des „ S c h w ä - b i s c h e n H i m m e l r e i c h s " aus; An hübschen Waldtälern sind das L a u g n a - T a l zwischen Welden und Kruichen, das B i b e r b a c h t a l bei Feigenhofen und der mäandernde Bachlauf bei E h i n g e n mit prächtigem Ufergehölz (LSG) zu nennen. In Welden steht zudem die Umgebung der schönen barocken Wallfahrtskirche S t . T h e k l a unter Schutz, in A s b a c h das Gehölz am Weg ins Mühlholz und in B u t t e n w i e s e n die prachtvolle Baumgruppe aus Linden und Kastanien beim Judenfriedhof.

Auch die Z u s a m p l a t t e ist vorwiegend Waldland. Ihr bekanntestes und abwechslungsreichstes Waldgebiet ist der Scheppacher Forst. Einen Sporn dieses Riedels vom Mindeltal hin krönt die Wallfahrtskirche A l l e r h e i l i g e n b e i S c h e p p a c h . Einst bestand hier eine wehrhafte Burg, heute aber lassen Barockkirche, Kreuzwegstationen und Wirtsgarten, vor allem aber die üppige Waldvegetation den Verteidigungszweck völlig vergessen. Talaufwärts durch das LSG gelangt man zum Burgstall Hahnenberg.

Dem hier geschilderten Teil der mittelschwäbischen Deckenschotter-Riedel gleichen auch diejenigen zwischen Mindel, Kammel, Günz, Biber, Roth und Iller, doch sind hier die Hügelzüge wesentlich schmäler, weil von vielen Bächen durchschnitten. Unter Schutz gestellt wurden vorwiegend die Tälchen, die oft überraschende Szenerien bergen, wie uns z. B. das B i b e r t a l bei Roggenburg zeigt. Über den blitzenden Wasserflächen von Stifts- und Klosterweiher steigt der steile Osthang mit dichtem Föhren-, Eschen-, Eichen- und Buchenbewuchs hinauf. Oben leuchtet das weiße Turmpaar der Stiftskirche Roggenburg aus dem Baumgrün und spiegelt sich im Wasser. In ein stilles waldgesäumtes Seitental hinein ziehen sich weitere Fischweiher. Unweit Roggenburg schlängelt sich zwischen Ingstetten und Schießen ein Nebenbach (O s t e r b a c h) von Erlen gesäumt durch grüne Wiesen.

Die Biber bildet noch kurz vor der Mündung in die Donau ein freundliches Wiesental aus, das sie in fröhlichem Mäander, gesäumt mit Eschen, Weiden und verschiedenen Gebüschen, durchfließt (LSG).

Steigen wir nun von den Deckenschotterplatten mit ihren Einschnittälern auf die nächstniedere Stufe, diejenige der Hochterrassen herab, so sehen wir, daß diese lößreiche Landstufe allein dem Ackerbau gehört und seit Jahrhunderten intensiv genutztes Kulturland ist. Es ergibt einen starken Kontrast zu dem dunklen Grün der höheren Schotterstufe. Nur stellenweise an den Rändern oder an den seltenen Bachläufen dieser Stufe blieben kleine Reste urtümlicher Landschaft, eigene Akzente setzend, im Bauernland bestehen. So z. B. in der fruchtbaren Augsburger Hochterrasse zwischen Buchloe und Augsburg. Da verläuft der windungsreiche Lauf der S i n g o l d bei Holzhausen (LSG) und

*Allerheiligen
bei Scheppach*

134

bei Langerringen. Ihr klares Wasser wird von schönen hohen Eschen, Birken, Erlen und Weidengruppen sowie verschiedenerlei Büschen gesäumt. Randgehölze am Abfall der Hochterrasse zur Niederterrasse stehen bei Unter-Igling (grundwassernaher Alt-Eichenbestand), südlich von Obermeitingen (Mischwäldchen) und bei Kleinaitingen (Fichtenanpflanzung) unter Landschaftsschutz. Ihre alten Baumbestände sollen erhalten bleiben. Anders die Lage auf dem S c h m u t - t e r h a n g nördl. Hirblingen an der gleichermaßen fruchtbaren, lößlehmbedeckten „Langweider Hochterrasse". Hier ist der Baumwuchs gerodet. Der weggeschwemmte Löß gab am Abhang den sandigen Schotter frei und so konnte sich eine interessante Trockenheidevegetation mit ihren zwar unscheinbaren, aber wundersamen, ausdauernden Pflanzen entwickeln. Eine vergleichbare Flora finden wir auf den Iller-Hängen bei Heimertingen.

Die unterste Stufe der Iller-Lech-Platte nehmen die brettebenen „Niederterrassen" ein, die den heutigen Hauptflußtälern entsprechen. Ihre Breite schwankt zwischen einem und zehn Kilometern. Da die im Verhältnis zu ihrer Talweitung schmalen Flüsse ein sehr geringes Gefälle aufweisen, schufen sie einige spezifische Landschaftsbilder, die wir hervorheben wollen. Erstens einen windungsreichen Lauf, der oft schön durch Baum- und Strauchwerk betont ist; zweitens die großen Auwälder, die an trockenen Stellen in Heidewiesen übergehen können. Drittens neigen die gut durchfeuchteten Talgründe zur Ausbildung von Flachmooren. Zum vierten schließlich kamen mit ein wenig Nachhilfe Stau-Weiher zustande, die bereits in früher Zeit zur Fischzucht benutzt wurden.

Im Lechtal

Für die Auen- und Heidevegetation ist das Tal des Lech beispielhaft. Der Fluß tritt nach Verlassen des würmeiszeitlichen Moränenwalls in einen spät-würmeiszeitlichen Aufschüttungs- und Eintiefungsraum ein. Er ist anfangs noch zwischen Altmoränenriedel eingeengt, die allmählich zurücktreten. Mit zunehmender Breite und abnehmender Höhe des Tales bzw. der Talränder begleiten Schotterfluren den Fluß bis zur Donau. Sein steiles Ostufer wird bis über Landsberg hinaus von den Altmoränenwällen der Ammersee-Gletschers gebildet. Das Westhochufer trägt ein breites Niederterrassenfeld, dessen nördlicher Teil „L e c h - f e l d" genannt wird. Es war der Schauplatz der großen Schlacht von 955, in der Kaiser Otto I. die Ungarn für immer aus Bayern vertrieb. Dieses einst sehr karge Heidegebiet wird heute landwirtschaftlich genutzt. Vor dem Erreichen Landsbergs aber schwingt der Fluß zwischen seinen Prall- und Gleithängen hin und her. Die schönen Lechschleifen bei Kinsau, Apfeldorf, Epfach und M u n d r a c h i n g (LSG) sind die besten Zeugen seiner abtragenden und anschwemmenden Gewalt. Freilich fehlt dem heutigen Fluß dieser quirlende Übermut; die Kraftwerkstufen haben seinen schwingenden Lauf zu einer Folge von nahezu stillstehenden „aufgeblähten Wasserbäuchen" aufgestaut. Dabei wurden die tier- und pflanzenreichen Auwaldteile stark beeinträchtigt. Trotz des Landschaftsschutzes für die Lechpartien bei Mundraching und P i t z l i n g sind die einst so reichen Kolonien des Frauenschuhs, des Heideröschens, des Alpenfettkrautes, des Kaiser-Karl-Szepters, der Bienen- und Fliegenorchis so gut wie vernichtet. Nur unterhalb Landsbergs, in der landschaftsgeschützten Lechaue nördl. von Kaufering, zeigen sich noch urtümlich gebliebene Auengebiete, wo die Deutsche Tamariske die Ufer ziert, Sanddornhecken sich ausbreiten und Berglungenkraut, Schweizer Moosfarn, Quellen- und Kiessteinbrech anzutreffen

135

Lachseeschwalbe

Kleine Glockenblume

sind. Längs des ganzen unteren Lech und seiner Nebenarme hatten sich Auen, Niedermoore, Heidewiesen und Steppenwälder entwickelt, die — wie auch an Isar und Inn — bis in unser Jahrhundert hinein ungewöhnlich reich an botanischen Kostbarkeiten waren und bewohnt wurden von den meisten mitteleuropäischen Tierarten. Wir müssen in der Vergangenheitsform sprechen, denn heute hat sich das Bild gewandelt. Der Lech ist zu einem betrüblichen Beispiel geworden, wie infolge von Flußbegradigung, Eindämmung, Landgewinnung in Mooren und Anlage von Kraftwerken nicht nur die Schönheit, sondern auch der reelle Wert einer Landschaft gemindert werden kann. Die Einengung der vielen Flußarme in ein gleichmäßiges, künstliches Bett gab dem Gewässer die große Schürfkraft, mit der es sein Bett weit in die Bodenschichten einschnitt. Infolgedessen sank der Grundwasserspiegel in Flußnähe um 2–3 m. Bäume verlangsamten ihren Wuchs oder leiden an Gipfeldürre und viele feuchtigkeitsliebende Gewächse starben aus. Die bizarren Formen der Orchideen sind höchst selten geworden, und auch die Schwemmlinge von den Alpenfluren können nicht mehr Fuß fassen. Die Schwärme der Lachmöwen, Lachseeschwalben und anderer Wasservögel suchten sich andere Brutgebiete. Den Rest an Vegetation und Naturlandschaft südlich von Augsburg bewahrt nun das NSG S t a d t w a l d mit dem S i e b e n t i s c h w a l d, dem H a u n s t e t t e r W a l d, ferner die Königsbrunner Heide, das Kuhseegebiet (LSG) und das NSG Kissinger Heide. Der Siebentischwald geht von einer gepflegten Parklandschaft allmählich in den reichgegliederten Auwald über, der das Charakteristikum des Haunstetter Waldes ist. Waldkiefern, Weiden, Erlen, Eschen, Spitzahorne, Buchen und Pappeln bestimmen seine Silhouette, in die verschiedene Pflanzengesellschaften eingeschlossen sind. Im Kiefernheidewald z. B. gedeihen noch zahlreiche Alpenpflanzen. Zwischen den Polsterbüschen der rosarot blühenden Schneeheide sprießen das Steinrösel, der Alpenpippau, die Buchskreuzblume, die Scheidenkronwicke, der Amethystschwingel, das Brillenschötchen, das Geschnabelte Vermeinkraut, die Bergdistel und die Silberdistel. Auch die Kiesbänke der ehemaligen Flußarme tragen hier immer noch ein buntes Blütenkleid. In der Gesellschaft des Sanddorns leuchten die kleine Glockenblume, die Blütensterne des Gipskrautes, der Fransenenzian und das Rautenblättrige Kreuzkraut. Mit einigem Glück findet der Besucher auch Seltenheiten wie Frauenschuh, Tag- und Feuerlilie, Salzburger Augentrost und Hainsalat. Eine kräftige Vegetationsschicht hält sich entlang der sog. Gießer, ehemaliger Druckwasserrinnen im Auwald, in die aus Gründen der Wasserversorgung Lechwasser geleitet wird. Überraschend ist die Fülle bunter Schmetterlinge im Haunstetter Wald. Selbst ganz seltene Arten wie der schnittige Segelfalter, der blanke Baumweißling, der blaue Schillerfalter und der schwarzgefleckte Bär fanden hier Asyl. Eine Schmetterlingsart, der „Augsburger Bär", wurde sogar hier erstmals entdeckt, ist aber seit 70 Jahren nicht mehr gesichtet worden. Am Rande der Wälder breiten sich Heidewiesen mit der ihnen typischen Trockenrasen-Flora aus. Die K ö n i g s b r u n n e r H e i d e ist ein Teil des NSG Haunstetter Wald. Unter ihren Alpengästen findet sich das im Vorland seltene Berglaserkraut, die Wohlriechende Händelwurz, die Herzblättrige Kugelblume, das Gipskraut, der Schlauchenzian, der Felsenkreuzdorn u. v. a. Trotz des relativ trockenen Standortes behauptet sich die Sumpfgladiole und auch einige Orchideen (Fliegen-, Wespen- und Spinnenragwurz). Aus dem Südosten stammen das Sternhaarige Fingerkraut und die Küchenschelle. Goldaster, violette Herbstaster und Deutscher Enzian beschließen den Blütenjahreslauf.

136

Ähnlich sind die Verhältnisse in der K i s s i n g e r   H e i d e (NSG) jenseits des Lech. Sie ist wegen ihrer vielen Orchideenarten und Enziane berühmt geworden. Leider griff auch hier der Mensch vernichtend ein. Unter jahrelangem Kiesabbau und unter dem Diebstahl von Pflanzenstöcken hat die Kissinger Heide sehr gelitten. Beide Heideflecken gehören neben der Garchinger Heide und einigen als Naturdenkmale geschützten Stellen bei Abensberg, Dingolfing und Langenisarhofen an der unteren Isar zu den Resten der botanisch hochbedeutsamen „südbayerischen Heiden". Doch es ist nur noch eine Frage der Zeit, ob sie durch den Einfluß der sie umgebenden Kulturlandschaft verschwinden – wenn nicht Anstrengungen zu ihrer Bewahrung gemacht werden.

Regensburger Geißklee

Im übrigen Lechtal nimmt die Heidewiesenflora nur noch winzige Inseln ein, wie etwa die ehem. Bahnaushubgruben nordöstl. Hurlach (LSG) und südwestl. Kaufering (LSG). Oberhalb Landsbergs, in einem Teil der K r a c h e r b e r g - h a l d e (ND) finden sich unter schütterem Baumbestand viele Heidepflanzen aus dem pontischen (Balkan-)Bereich, wie die Küchenschelle, Weißes Fingerkraut, Regensburger Geißklee, Berghaarstrang, Kalkaster, Schafschwingel, Schlanke Kammschmiele, Ästige Zaunlilie und Rauher Alant. Die Steilhänge der Kracherberg- und S a n d a u e r   H a l d e (LSG) geben der Stadt Landsberg einen erfrischenden grünen Hintergrund aus dichtem Bergmischwald. Von den einstigen Mooren auf der Lechtalsohle zeugt das latschenbestandene B e e r m o o r (LSG) bei Prittriching.

Nördlich von Augsburg setzten sich die Lechauen im Charakter des Haunstetter Waldes fort, doch hatte hier die Lechregulierung noch verheerender gewirkt. Die schmalen Auwaldstreifen entlang des Flusses (bei Lechhausen unter Landschaftsschutz) kämpften um ihre Existenz. Die Rettung dieser kranken Flußlandschaft ist der Anlage mehrerer Staustufen zu verdanken (bei Ellgau, Oberpeiching, Rain, Feldheim). Die Kette ihrer Stauwasser nahm dem Fluß zwar jede Bewegung, aber der Grundwasserspiegel stieg auf sein früheres Niveau. Mit einiger Nachhilfe konnten die verteppten Auwälder gesunden und die Gewässer umgrünten sich mit Buschwerk, Weiden und Schilf. Bei St. Stephan erscheint jährlich ein strahlender Teppich von Taglilien, der zur Blütezeit bewacht werden muß, da an Sonntagen bis zu 3000 Besucher dieses rührende Relikt ursprünglicher Auenherrlichkeit betrachten wollen. Weiter unterhalb wurde das NSG L e c h a u e n   b e i   T h i e r h a u p t e n als Vogelschutzrevier eingerichtet. Die Vögel, voran das Wassergeflügel, haben nämlich die Lechstauseen als Durchzugs-, Brut- und Überwinterungsquartier entdeckt.

Bei Marxheim mündet der Lech in die Donau. Die vereinten Auwälder beider Flüsse markieren mit einem schmucken Band aus Buchen, Steineichen, Flatterulmen, Silberweiden, Schwarzpappeln und anderem Baum- und Strauchwerk die Grenze des Alpenvorlandes gegen die ansteigende Tafel des Jura.

An den mittelschwäbischen Flüssen

Den Lechauen vergleichbar sind die W e r t a c h a u e n (LSG) zwischen Inningen und Göggingen sowie das anschließende G ö g g i n g e r   W ä l d c h e n (LSG). In Schwabmünchen wurde ein Auwaldrest im vorigen Jahrhundert zu einem gepflegten, freundlichen Landschaftspark umgestaltet. Dieser L u i t p o l d - h a i n (LSG) ist von malerischen Bächlein durchflossen. Unweit südlich wurde der als Spazierrevier angelegte A f r a w a l d am 10 m hohen Wertachhang (kleine Afraquelle) unter Landschaftsschutz gestellt. Im Schuttertal ist der

Luitpoldhain
in Schwabmünchen

137

L o h w a l d (LSG) bei Ottmarshausen und Neusäß (westlich Augsburg) der Auwald-Vegetation zuzurechnen.

Ein zusammenhängendes Auwaldgebiet besitzt ferner die I l l e r. Nach ihrem Durchbruch durch die Endmoränenwälle (s. S. 95) hat auch dieser Gebirgsfluß ein Niederterrassenschotter-Tal aufgeschüttet, das dichte Auwaldvegetation aufwies. Heute ist er stark eingedämmt, sein Wasser wird ihm von einem parallel geführten Kanal entzogen. Zwischen Fluß und Kanal zieht sich als Rest ein noch intakter Auwaldstreifen bis zur Illermündung bei Ulm hin. Er steht unter Landschaftsschutz.

Als weiteres besonderes Landschaftsbild der Flußtäler sind die Flach- und Quellmoore zu nennen. Auch sie verschwinden infolge Grundwassersenkung und Kultivierung allmählich. Da solche Moorflächen infolge hochstehenden Grundwassers entstanden sind, begegnen sie uns vorwiegend da, wo der Fluß in einer verbreiterten Talung langsam fließt und der wasserhaltende tertiäre Flinz des Untergrundes weniger tief von würmeiszeitlichen Kiesen bedeckt ist. Es entwickelten sich Torfmoore, die seit langem als einmähdige Streuwiesen genutzt werden und daher bis auf vereinzelte Weiden und Erlen keinen Baumwuchs aufweisen. Ihre Pfeifengrasbestände sind durchsetzt von Orchideen, Schmetterlingsblütlern, Trollblumen, Rostrotem Wiesenknöterich u. a. Stellenweise trifft man auch auf Kopfbinsenflecken. Beispielhaft reihen sich solche Moorflächen an der Wertach (Beckstettner Moos, Fürpointmoos und G e n n a c h m o o s als LSG), an der Mindel (NSG M i n d e l r i e d e r P a r a d i e s zwischen Balzhausen und Tiefenried), an der Günz (G ü n z t a l - M o o s bei Ichenhausen) und an der Roth („Im Ried" bei Winterrieden, Illereicher Ried, Ried bei Obenhausen). Ein bedeutendes Quellmoor blieb noch fast unberührt, es ist das NSG B e n n i n g e r R i e d bei Memmingen. Viele quellfrische Wasserarme und offene Schlenken durchsetzen dieses Pflanzen- und Vogelparadies und machen es völlig unzugänglich. Nur von außen sind die malerischen Baum- und Buschgruppen aus Spirken, Birken und Weiden zu bewundern. Das Benninger Ried gilt als einziger Standort der Riednelke in Bayern. Die Stimmung des Moores wird allerdings empfindlich gestört durch den dröhnenden Lärm des naheliegenden Flughafens.

An zwei Stellen des Günztales wurden Moosgebiete durch Rückstau des Flusses in kleine Seen verwandelt, die das Landschaftsbild bereichern. Der O b e r e g g e r W e i h e r (LSG) entwickelte sich mit der Zeit zum einzigen größeren Wasservogel-Reservat in Mittelschwaben. Seltene Wasservögel, die man schon lange nicht mehr im Lande gesehen hat, suchen hier Unterschlupf. In dem mittlerweile herangewachsenen Uferbewuchs und Schilfbestand halten sich Singschwäne, Höckerschwäne, Fisch-, Purpur- und Nachtreiher, Lappentaucher, Rohrdommeln und etwa 15 Entenarten auf. In Zugzeiten können bis zu 2000 Vögel beobachtet werden. Allein an Bläßhühnern zählte man 800. Leider bleiben die Vögel nicht zum Brüten hier, da der schwankende Wasserspiegel dafür ungünstig ist. Kurz vor Günzburg liegt der idyllische G ü n z r i e d w e i h e r (LSG), ein von Schilf umstandener Moorsee mit Badegelegenheit.

Von all den landschaftlichen Kleinjuwelen der Mittelschwäbischen Landschaft zu sprechen ist uns hier nicht möglich. Hingewiesen sei jedoch auf die prachtvolle Lindenallee am Vesperbild südl. Ziemetshausen und auf die gepflegte Landschaft um den Kneippkurort Bad W ö r i s h o f e n.

Bläßhuhn

Kuranlagen in Bad Wörishofen

138

DIE MÜNCHENER SCHOTTEREBENE UND DIE INN-SALZACH-PLATTE MIT IHREN ALTMORÄNEN

Auch in Oberbayern breiten sich vor den Endmoränen weite Schotterflächen aus. Auch sie wurden von den Schmelzwasserfluten gegen Ende der Eiszeiten aufgeschüttet. Jedoch war das Ergebnis anders als in Schwaben. Die Wasser rissen Sande und Gerölle über den Moränenrand hinweg oder durch die Einbruchstäler hindurch und lagerten sie auf dem tertiären Flinzboden ab. Eine ganze Reihe von Schmelzwasser-Flüssen hatte auf diese Weise Schwemmkegel gebildet, die sich zu völlig flachen Ebenen vereinigten. Die größte von ihnen ist die M ü n c h e n e r S c h o t t e r e b e n e. Von Höhenkirchen im Süden bis Moosburg im Norden und Maisach im Osten bildet sie ein etwa gleichseitiges Dreieck von rund 60 km Seitenlänge, das nordwärts im sog. „Moosburger Trichter" mündet. Man spricht auch von der „Schiefen Ebene", weil sie sich von Süden (670 m Meereshöhe) nach Norden (420 m) um 250 m senkt. Dabei wird ihr Gefälle allmählich geringer.

(Dazu Kartenseiten 40–45, 48–51)

Die Gerölle, anfangs noch viele Meter mächtig, nehmen immer mehr ab und streichen schließlich gegen den wasserundurchlässigen, tonigen Tertiär-Untergrund aus, so daß das Grundwasser, vom Flinz gestaut, auf breiter Fläche zutage tritt und den Boden tränkt. So entstanden große Quellstau- oder Sickermoore im Norden Münchens (Dachauer und Erdinger Moos).

Soweit nicht bereits die rasant wachsende Großstadt mit ihren Vororten vom vorzüglichen Baugrund der Schotterebene Besitz ergriffen hat, gilt deren Landschaft als eintönig und langweilig, weil die großen Flächen von einförmigem Kulturland oder weiten Forsten eingenommen werden. Allein dem mitten hindurchziehenden Isartal gesteht man überregionalen Rang zu. Das Urteil hat sich seit Gustav Adolfs Zeiten nicht geändert, dem München wie ein „goldener Sattel auf dürrer Mähre" erschienen war.

Diese Einschätzung wandelt sich aber, wenn man näher hinsieht und manche Landschaftspunkte entdeckt, die beim ersten Überblick verborgen bleiben müssen. Da ist zunächst die Vielfalt der großen Forste im Süden und Osten der Stadt, anschließend die Lohwaldflächen am Stadtrand, dann die blütenreichen Moor- und Heidereste im Norden der Stadt und nicht zuletzt die idyllischen Bachläufe der Amper, der Würm und des Hachinger Baches.

An der Isar

Das Isartal bildet die Hauptachse der Schotterebene. Es ist am tiefsten in die Schichten eingegraben, es hat auch die größte Breite. Nachdem die Ur-Isar die Enge des Durchbruchstales bei Schäftlarn verlassen hatte, weitete sich das Tal. Hinter Großhesselohe traten die Nagelfluhfelsen zurück, und die Wasserfluten konnten sich in einer breiten Trichterform auf der Münchener Schotterebene entfalten. Dabei schufen sie nach dem jeweiligen Wasserstand mehrere Terrassen, die dem Münchner als „Berge" ein Begriff sind, wie z. B. Giesinger-, Nockherberg, Gasteig, Theresienhöhe, Maßmannbergl, Schwanthalerhöhe. Auf der untersten Terrasse, der sog. „Hirschauer-Stufe", und auf dem Terrassenhang des Ostufers begleiten gepflegte Grünanlagen den Fluß (LSG). Am rechten Ufer gehören der Isarhang am „Hohen Weg" bei Harlaching, der große Tierpark „Hellabrunn", der Hang oberhalb des Auer Mühlbaches, die Parkanlagen um das Maximilianeum und den Friedensengel sowie der Herzogpark dazu; am linken Ufer die Floßlände mit dem Campingplatz, die idyllische Flaucherwiese und der Englische Garten mit seiner Verlängerung, der Hirschau.

Der E n g l i s c h e G a r t e n wird zu den berühmtesten Landschaftsgärten der

139

Aquarium

Amerika

Australien

Europa

Tierpark Hellabrunn

N

Afrika

sien

Polargebiete

Isar

Welt gezählt. Aus sumpfiger Auenlandschaft und auf kargem Schotterboden schuf der Gartenkünstler Friedrich Ludwig von Sckell zu Beginn des 19. Jh. mit diesem klassischen Park im englischen Stil ein Kunstwerk ersten Ranges. Kleinhesseloher See, Monopteros und Chinesischer Turm sind seine Hauptanziehungspunkte. Im Süden besteht ein lockerer Zusammenhang mit dem sog. F i n a n z g a r t e n (LSG) und dem H o f g a r t e n (LSG), der ganz im strengen französischen Stil gehalten ist.

Die H i r s c h a u leitet vom gestalteten Park zur freien Auenlandschaft über. Bis Freising hinunter stehen die Isarauen bereits unter Landschaftsschutz. Sie sind die Grünreserven der rasch wachsenden Großstadt. Nach bestehenden Planungen sollen sie zu einem großen Wander- und Erholungsgebiet kultiviert werden. Der Fluß selbst aber ist hier seiner Kraft beraubt. Seine Wasser werden unterhalb der Stadt im Werkkanal der „Mittleren Isar" bei Oberföhring abgeleitet, passieren den großen Speichersee und treiben mehrere Kraftwerke. Erst hinter Moosburg gelangen sie über einen Ausgleichsspeicher wieder in die Isar. So verbleibt dem Flußbett bei Niederwasser ein recht kümmerlicher Rest. Er zeigt sich als „Flußleiche". Zudem hatte sich die Isar nach der ungeschickten Begradigung im vorigen Jahrhundert bis zu 8,5 m durch den wasserundurchlässigen Flinzboden eingetieft und damit den Grundwasserspiegel gesenkt. Infolgedessen stockt der Wuchs des Waldes, leiden die stolzen Eschen, Schwarzpappeln, Fichten, Bergulmen, Ahornbäume und Eichen an Wipfeldürre. Den Boden bedeckt noch reicher Blütenflor. Wärmeliebende Einwanderer aus dem Süden und Südosten siedeln auf den trockenen Kiesanschwemmungen, wie z. B. Regensburger Geißklee, Felsenkreuzdorn, Backenklee, Spargelschote, Buchsblättrige Kreuzblume und Ästige Zaunlilie; ferner alpine Elemente wie Akelei, Frühlingsheide, Herzblättrige Kugelblume, Steinrösel und Brillenschötchen; daneben auch Seltenheiten wie Taglilie, Frauenschuh, Gelbe Wiesenraute, Rotes Waldvögelein, Bunter Eisenhut, Helmknabenkraut und Salomonssiegel. Ein neues Ausflugsziel ist mit dem P o s c h i n g e r W e i h e r (offiziell „Unterföhringer See") in den nördl. Isarauen geschaffen worden. Der vom Fluß gespeiste Badeweiher liegt in dichter Buschlandschaft, die durch künstliche Dämme und neubepflanzte Schutthalden Relief gewinnt.

An Amper und Würm

Neben dem Isartal verblassen die schmalen Täler der Amper, der Würm und des Hachinger Baches, die ebenfalls den sonst wasserlosen Schottergrund durchziehen. Die A m p e r (LSG) wird nach dem Verlassen des Moränendurchbruchs bei Wildenroth von einem Altmoränenriedel mit schönen walddichten Leiten begleitet. Zwischen Schöngeising und Fürstenfeld hat sich entlang des Flusses ein Auen-Niedermoor entwickelt, das als Z e l l h o f e r M o o s wegen seiner reichen Pflanzenwelt bekannt geworden ist. Unterhalb Fürstenfeldbruck zieht sich in der Amperau vom E m m e r i n g e r H ö l z l (dichter Auwald) bis gegen Dachau eine Buschvegetation aus verschiedenen Weidenarten, Erlen, Weißdorn-,

Fürstenfeldbruck

Schlehen-, Hartriegel-, Sanddorn- und Traubenkirschenhecken dahin, über die einzelne Hochstämme aufragen. Unter den Blütengestalten sind das Rote Waldvögelein, die Ästige Zaunlilie, der Färberginster, der Schwärzende Klee, der Türkenbund und die Gelbährige Teufelskralle zu nennen.

Das Tal der W ü r m ist in seiner Naturform stärker beeinträchtigt. Siedlungen haben den Auwald verdrängt, Abwässer den Fluß stark verschmutzt. Streckenweise blieb aber schöner, starkwüchsiger Baumbestand erhalten. Innerhalb des Stadtkreises München wurde der schmale Uferstreifen mit Schwarzerlen und Silberweiden unter Landschaftsschutz gestellt. Seinen Höhepunkt erreicht dieser Flußabschnitt am malerischen Schlößchen Blutenburg.

Sehr viel unauffälliger ist der Lauf des H a c h i n g e r B a c h e s , der erst diesseits des Moränenwalles zutage tritt, nachdem er das Gleißental unterirdisch im Grundwasserstrom durchquert hat. Er konnte nur niedrige Terrassen entwickeln, die kaum wahrnehmbar sind. Teile seiner wiesengrünen Laufstrecke bis nach Perlach sind LSG. Danach wird er in einer Betonfassung aufgefangen und dem Speichersee zugeführt.

Wälder um München

Die ausgedehnten Forste im Osten, Süden und Westen der Stadt gehören zu den bedeutendsten Waldgebieten Südbayerns. Es ist in diesem Falle nicht übertrieben, von den „grünen Lungen" der Stadt zu sprechen. Wenige Weltstädte dürfen sich einer so dichten Waldrahmung erfreuen wie München. Der Kranz reicht vom Kreuzlinger und Königswieser Forst über den Forst Kasten, den Forstenrieder Park, den Grünwalder und Perlacher Forst, den Deisenhofener und Hofoldinger Forst, den Truderinger Hart und den Höhenkirchener Forst bis zum großen Ebersberger Forst, der wiederum im Großhaager Forst seine Fortsetzung findet. Der größte Teil davon steht unter Landschaftsschutz. Hier im Süden der Schotterebene fehlen alle Quellen, das Grundwasser liegt sehr tief. Der lockere Schotterboden aber war für die Waldentwicklung ideal. Ein Blick auf die Karte allerdings belehrt uns, daß mitten in den südöstlichen Forsten Siedlungen liegen, deren Fluren wie Muster aus dem Waldteppich gestanzt erscheinen. Es sind frühe Rodungsplätze, die sich an günstigen Grundwasserstellen entwickelt haben. Einige weisen bereits mit ihrem Namen auf die Entstehung hin (z. B. Hohenbrunn, Brunnthal, Putzbrunn und Grasbrunn).

Da alle diese Waldreviere eine ähnliche Geschichte durchgemacht haben und in Aussehen und Zusammensetzung miteinander vergleichbar sind, sei stellvertretend für die übrigen Forste hier der F o r s t e n r i e d e r P a r k erläutert. Er gehört zu den geschichtsreichsten Münchner Waldgebieten. Im nördlichen Teil sehr eben, durchziehen ihn im Süden die Wellen der Altmoränen. Die Mächtigkeit der Schotterdecke mißt etwa 20 m. Ursprünglich war der Forstenrieder Park reiner Laubwald. Eichen, Rotbuchen, Hainbuchen und Birken bildeten den Bestand. Seit der Verwahrlosung im 30jährigen Krieg kam er immer mehr herunter. Die maßlose Streunutzung der Laubdecke legte den Boden frei und begünstigte den Fichtensamen. Seit dem 18. Jh. wurde die planmäßige Wiederaufforstung mit Fichte betrieben. Odland und Kahlhiebe verschwanden unter einer Fichtendecke. Allmählich wurde der Laubwald auf Einzelbäume beschränkt, die man aus Pietät stehen ließ. So ragen verschiedentlich Buchen und Eichen mit einem Alter von 300–400 Jahren aus dem schwarzgrünen Nadelwald. An der Römerstraße zwischen Autobahn und Buchendorf steht der

Wildschwein

143

sog. „Waldvater", mit 4,55 m Umfang die mächtigste Eiche des Forstes. Auch Föhren, Birken und Weymouthskiefern unterbrechen das Einerlei der Fichtenreihen. Als Kuriosum sei eine Eichenpflanzung in Form des Signum LM erwähnt. Man setzte sie 1858 zu Ehren der bayerischen Könige Ludwig I. und Maximilian II. bei der Sauschütt von Unterdill.

Von Norden her hat die Stadt größere Einbrüche in den Forstenrieder Park verursacht. Gewissermaßen „Zeugenwäldchen" des einst bis hierher reichenden Forstes sind der in seinem Waldcharakter belassene W a l d f r i e d h o f (LSG), das Waldstück an der Forstenrieder Straße (LSG „Südpark"), der Waldrest an der Siemensallee und die Umgebung des ehem. Klosters Warnberg bei Solln (mit Eichen, Hainbuchen, Silberweiden, Föhren und Birken). Als Zufahrt zum Forstenrieder Park dient die prachtvolle Doppelallee von Winterlinden, die die Autobahn flankierend auf das Schloß Fürstenried zuführt.

Der Pflanzenwuchs des Waldbodens ist abhängig von der heidigen oder moorigen Bodenunterlage, die folgende Leitpflanzen hervorbringt: Auf Heidewiesen und Waldwegen stehen Heilehrenpreis, Borstenartiges Habichtskraut, Weißliche Simse; an Waldrändern: Kammgras, Fieder- und Waldzwenke; an grasigen Waldwegen: Hasenriedgras, Liegendes Johanniskraut; auf moorigen Böden: Purgier-Lein, Sumpfdistel, Sumpflabkraut, Braunwurz, Flattersimse, Sternriedgras, Brennender Hahnenfuß, Nordisches Labkraut, Stendelwurz, Bergwohlverleih, Bleiches Riedgras, Zartes Straußgras, Steifes Borstengras und Fichtenspargel; auf Heideböden: Zypressen-Wolfsmilch, Hopfenklee, Vogelwicke, Pfirsichblättrige Glockenblume, Adlerfarn, Hainsalat, Dornenloser Färberginster; auf trocke-

Der Wald südlich von München im 18. Jh. Vgl. den heutigen Zustand auf der gegenüberliegenden Seite

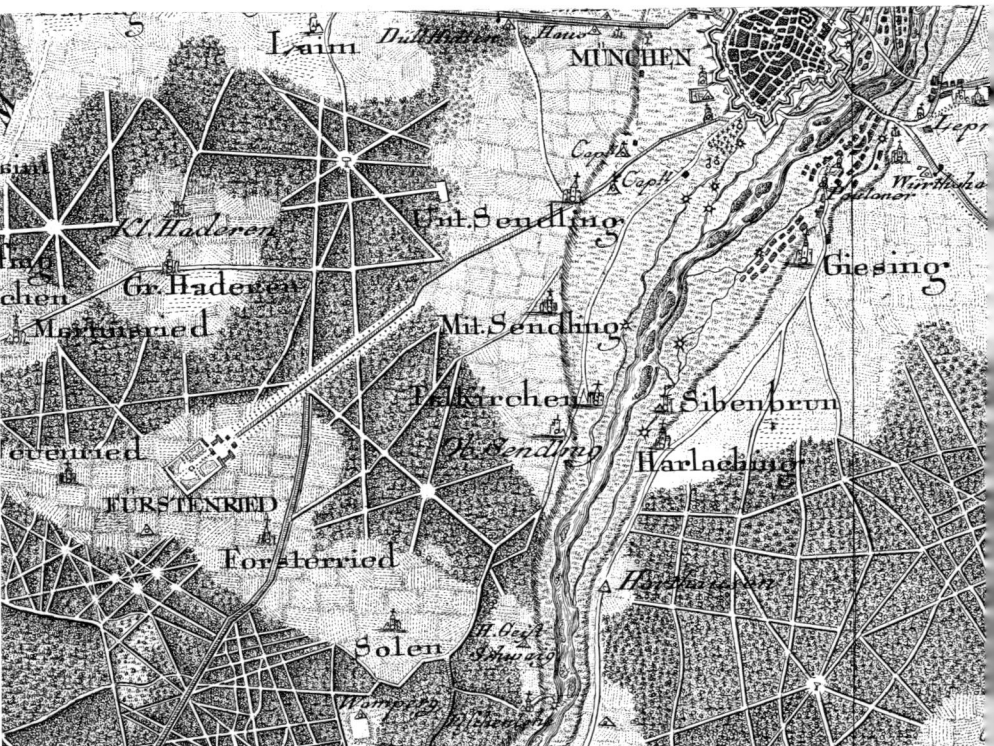

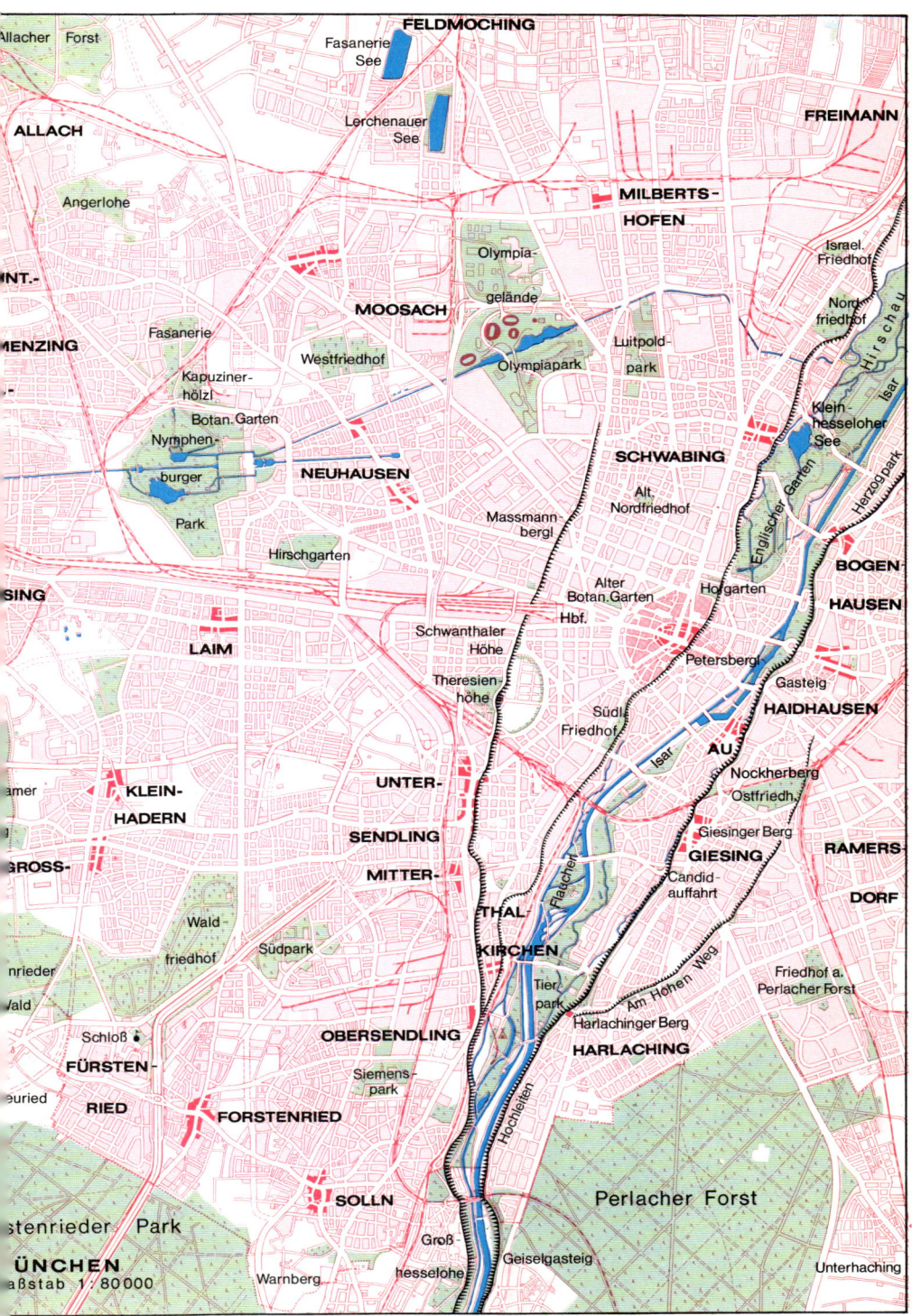

nen Triften: Stengellose Distel, Gemeiner Wachtelweizen, Gemeine Kreuzblume, Kammschmiele, Schlängelige Schmiele, Vielblütiger Hahnenfuß u. v. a. Lupinen überziehen manchen Schlag mit ihrem Farbenschleier, Himbeer- und Brombeer-Gesträuche finden sich und selbstverständlich auch Preisel-, Heidel- und Walderdbeeren. An Pilzarten hat man rund 120 festgestellt, wovon freilich die wenigsten genießbar sind.

Nächst dem Forstenrieder Park ist der E b e r s b e r g e r F o r s t wegen seiner Ausdehnung hervorzuheben. Er umfaßt einen von keiner Siedlung unterbrochenen Waldkomplex, der mit 9000 ha als größter geschlossener Forst Deutschlands gilt. Er blieb erhalten, weil seine Wasserarmut (keine Quellen) die ersten Siedler abschreckte und weil die späteren königlichen und adligen Besitzer ihn als Jagdforst jeder allgemeinen Nutzung entzogen. Der ursprüngliche Bestand mit vorherrschender Stieleiche wich allmählich der Fichte. In den reinen Fichtenforst des 19. Jh. versucht man nun nach großen Katastrophen (1889 bis 1892 fraßen die Raupen des Nonnenfalters ein Drittel des Waldes kahl) Laubbestände einzubringen, die den Forst widerstandsfähiger und dadurch für den Besucher schöner und abwechslungsreicher machen. Alle heute im Forst vertretenen Holzarten erläutert ein langer W a l d l e h r s t e i g , der am Wirtshaus bei der Sauschütt im Osten des Waldes seinen Anfang nimmt. Er endet in einem kleinen Arboretum mit in- und ausländischen Sträuchern. Mit Hilfe von Schautafeln zeigt man auch die Vögel, Insekten, Blumen und Pilze des Waldes. An Jagdwild beherbergt der Ebersberger Forst Rot-, Reh- und Muffelwild. Berühmt und bevorzugt aufgesucht wird er wegen seines Schwarzwildes und der Fütterungsstellen (Sauschütten) für die „Schwarzkittel". Einen eindrucksvollen Blick über das Wipfelmeer im Norden und über die Moränenlandschaft im Süden gewährt der hohe „Ludwigsturm" auf der letzten Endmoränenwelle über Ebersberg.

Vielblütiger Salomonsiegel

Wild findet sich in allen Forsten, besonders auch im Forstenrieder Park, der in seinem Großgehege schöne Bestände an Rot-, Dam- und Schwarzwild beherbergt. Daneben gibt es Rehe, Hasen, Füchse, Dachse, Stein- und Edelmarder, Eichkätzchen, Iltisse, Birkwild, Krammetsvögel (Wacholderdrosseln), Schnepfen, Turmfalken, Habichte, Raben, Mäusebussarde, Sperber, Wildtauben, Wildenten und Fasane. An Nistvögeln sind darüber hinaus zu nennen: Rotköpfiger Würger, Kuckuck, Ringdrossel, Bunt-, Grün- und Schwarzspecht, Eichelhäher, Grasmücke, alle Meisenarten, Rotkehlchen, Haubenlerche, Goldammer, Fichtenkreuzschnabel, verschiedene Finkenarten u. a.

Im Anschluß an die großen Forste zog einst am Nordrand der Schotterflächen ein grundwassernaher L o h w a l d g ü r t e l dahin, der in die Moorlandschaft des Dachauer und Erdinger Mooses überging. Er hatte eine Breite von etwa 2 km und war aus Eiche, Hainbuche, Linde, Ulme und Esche zusammengesetzt. Sein reicher Unterwuchs bestand aus Schlehe, Weißdorn, Schneeballarten, Liguster, Haselstrauch u. a. Von diesem Eichenmischwald-Streifen sind nur kleine Reste verblieben, deren einige unter Schutz gestellt wurden. Die E c h i n g e r L o h e z. B. ist NSG. ·Ihre Krautschicht weist den Hainlattich in seinem nördlichsten Vorkommen auf. Vor allem aber sind die Bestände des Veilchens, der Ebensträußigen Wucherblume, des Türkenbunds, der Himmelschlüsselblumen und des Salomonsiegels auffällig. Eine artenreiche Vogelwelt fühlt sich in dem lichten Wäldchen wohl. Zum Kranz der Lohwälder gehören ferner – von West nach Ost – die LSG „Aubinger Lohe", „Nymphenburger Park", „Kapuzinerhölzl" und „Eichgehölz" bei Hartmannshofen („Fasanerie"), „Hirschgarten", „Angerlohe", „Allacher Forst" und das „Lohholz" westlich von Allach. Einige

Im Botanischen Garten

146

dieser Gebiete müssen hervorgehoben werden: Der N y m p h e n b u r g e r P a r k ging aus einem streng französischen Garten hervor, der zu Beginn des 19. Jh. seine Rekultivierung zu einem naturhaften Landschaftspark erfuhr. Neben den angestammten Lohwald-Baumarten wurden exotische Laub- und Nadelbäume angesiedelt. Nur die Mittelachse mit Kanal, Fontänen, einer Doppelreihe von Linden und Blumenrabatten mit Statuen erinnern an die Anlage im „französischen Geschmack“. Im angrenzenden B o t a n i s c h e n G a r t e n kann man die deutsche und ausländische Flora am besten studieren. Ein großes Alpinum weist nahezu sämtliche Alpenpflanzen auf.

Amalienburg im Nymphenburger Park

Der H i r s c h g a r t e n ist als Ausflugsstätte und Bierausschank geschätzt. Im Westteil des lichten Baumbestandes (Eichen, Buchen, Kastanien) besteht ein Damwildgehege.

Zwischen Lochhausen und Freiham wurde ein 8,5 km langer Lehrpfad angelegt, der über den Waldrücken der A u b i n g e r L o h e, entlang eines Bachlaufes, vorbei an einer Keltenschanze und vorbei an Fischteichen zur Schloßwirtschaft Freiham führt.

Um Schleißheim hat man bei Wiederaufforstungen den Lohwald durch ausgedehnte Föhrenwälder ersetzt. Mitten darin liegt das kurfürstliche Schloß S c h l e i ß h e i m. Sein stilechter Barockpark mit schönen Alleen, Kanälen und Wasserspielen ist eine phantastische Überraschung in der kargen Landschaft. Unter ungünstigsten Verhältnissen ließ Kurfürst Max Emanuel ein Kanalsystem von rund 50 km Länge schaffen, das Würm und Isar miteinander verbindet und Schleißheim mit Wasser versorgt. Sogar Gondelfahrten von Nymphenburg nach Schleißheim wurden unternommen. Die Kanäle tragen noch heute mit ihrer Baum- und Buschrahmung zur Belebung der Landschaft bei.

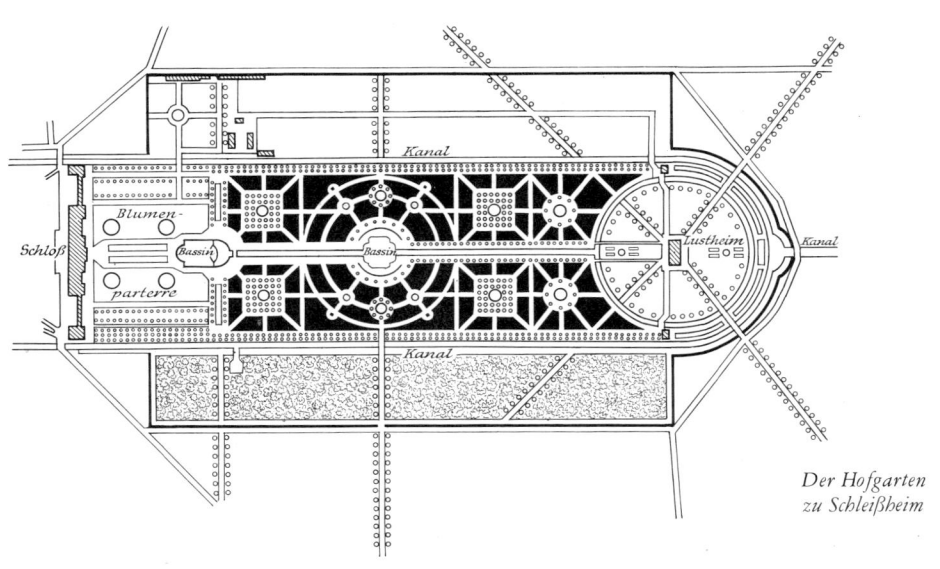

Der Hofgarten zu Schleißheim

147

Die Lohwälder entstanden auf den grundwassernahen Flächen der Schotterebenen. Wo aber die Flüsse stärkere Kiesaufschüttungen zustande gebracht hatten, schieben sich trockene Schotterzungen zwischen die Lohwälder bis in die Moore hinein. Sie trugen weite Heideflächen. Eine dünne Verwitterugsschicht (15 cm Humus) ließ noch keine kräftige Vegetation aufkommen. Der Wind bläst scharf über das brettebene Land und der Regen versickert schnell im Schotter des Untergrundes. Aber Licht, Luft und Sonnenwärme ermöglichen dennoch eine reiche Pflanzenwelt. Durch langjährige Bearbeitung und Düngung wurde der Boden soweit verbessert, daß heute wogende Getreidefelder und große Kartoffeläcker die einstigen Heiden verdrängt haben. Nur östlich von Eching blieb den Heideelementen ein kleiner Zufluchtsort erhalten: das NSG „Prinzregent-Luitpold-Heide", gemeinhin G a r c h i n g e r H e i d e genannt. Sie ist unter Botanikern als Prototyp der „Süddeutschen Heidewiesen" berühmt und wird von Pflanzenliebhabern viel besucht. Ihre Eigenart und ihr großer Wert liegt im Zusammentreffen verschiedenartigster Trockenpflanzengesellschaften. Die Garchinger Heide ist der nördlichste größere Standort von alpinen Pionierpflanzen. Da stehen die Immergrüne Segge, der Stengellose Enzian, der Schweizer Moosfarn, der Salzburger Ehrenpreis, der Alpenquendel, der Alpenpippau und die Herzblättrige Kugelblume. Zugleich wanderten aus den Steppen des Ostens Pflanzen ein, die Trockenheit und Kälte lieben: das Adonisröschen, die Finger-Küchenschelle, der Österreichische Ehrenpreis, die Purpurschwarzwurzel u. a. Ein drittes Pflanzenelement kam mit dem Zwergbuchs, dem Bakkenklee und der Zaunlilie aus den Gebirgen des Mittelmeergebietes herüber. Natürlich haben sich auch die Allerweltsbewohner unserer Wiesen eingebürgert, voran die Wegericharten und der Löwenzahn.

Es ist hier nicht möglich, alle Blütenwunder einzeln aufzuzählen, die am Prunkkleide der Garchinger Heide mitsticken, doch seien immerhin einige genannt, die zur Festzeit der Heide aufblühen, im Frühling, wenn die Lerchen ihre Triller über die Felder schicken. Die ersten Boten sind die rosige Schneeheide, das Frühlingshungerblümchen, die Frühlingssegge und die Heidesegge, danach das violette Roßveilchen und das gelbe Sandfingerkraut. Im April springen die Knospen der Echten und der Gefingerten Küchenschelle auf und das rare Adonisröschen öffnet seine Sternenaugen. Es folgen Saleporchis, Brandknabenkraut, lilaviolette Kugelblumen, Stengelloser Enzian und das duftende Steinrösel. Das Gelb der Kleearten tritt nun noch zu der Palette der Blütenfarben hinzu mit dem Horn-, Wund-, Hufeisenklee und dem Regensburger Geißklee. Im Juni kommen die ersten Korbblüter (Rauhhaariger Löwenzahn, Geflecktes Ferkelkraut), der kraftvolle Wiesensalbei, die Großblütige Braunelle, der Alpenhelm, das Katzenpfötchen und die Steinnelke. Sie werden gefolgt von der blauen Glockenblume, der Bibernelle, dem Berghaarstrang und der Labkraut-Verwandtschaft.

Einköpfiges Ferkelkraut

Die Moore

Dem Heide- und Lohwaldgürtel schließen sich die Moore an. Es sind Flach- bzw. Niedermoore, im Gegensatz zu den Hochmooren der Berge und Moränen. Den nordöstlichen Teil der Münchner Schotterebene nimmt das E r d i n g e r M o o s ein. Hier verdünnt sich ja die Schotterebene immer mehr gegen den sog. „Moosburger Trichter" hin und die auf tertiärer Flinzunterlage am Boden der Schotter-

Blick ins Erdinger Moos

decke dahinfließenden Grundwasser treten in breiter Front zutage, was im Laufe von Jahrtausenden zu einer weitausgreifenden Versumpfung führte. Schilf, Braunmoos und Seggenarten haben mit den Jahreswechseln dicke Torfschichten gebildet. Das Erdinger Moos war mit 240 qkm das größte Moor Bayerns. Torfstich und Jagd waren lange Zeit die einzigen Formen menschlicher Nutzung in dieser urtümlichen Weite. Heute aber hat die Moorlandschaft ihr einheitliches Aussehen verloren. Der größte Teil ist seit etwa 70 Jahren durch Entwässerungsmaßnahmen und rigorose Kultivierung in Acker- und Weideland umgewandelt worden. Freilich nicht immer mit dem erhofften Erfolg, weil die Landschaft auf die gewaltsame Veränderung mit Schädlingsepidemien, Staubstürmen und Bodenkrankheiten antwortete. Wo jedoch die Natur von den abgetorften Flächen wieder Besitz ergreifen durfte, bildeten sich Übergangsmoore und lockere Moorwälder, wie wir sie in allen Moorgebieten wiederfinden, wo der Grundwasserspiegel gesunken ist. Eine Landschaft von höchstem malerischem Reiz bietet sich den Augen dessen, der zu sehen gelernt hat: die Farbnuancen der braunen Torfschichten, das abgestufte Grün der Strauchwälder aus Weiden, Moosbirken, Erlen und anderen Straucharten, die gleichmäßigen Raster der Birkenalleen und die bunten Farbpunkte der Blumen im federnden Teppich aus Moosgräsern. Einige der unberührtesten Flächen sind daher unter Landschaftsschutz gestellt worden. So der N o t z i n - g e r W e i h e r mit Umgebung, der verschilfte Stauweiher der D o r f e n bei Eitting, der F e l b e r g r a b e n bei Fraunberg, die A l t a c h bei Notzing, die K l ö s t e r l s c h w a i g e und die M o o s w i e s e n bei E i t t i n g. Da finden wir noch eiszeitliche Restelemente mit Mehlprimel, Wollgras, Nordischem Labkraut, Kriechweide, Niederliegender Birke u. a. Vor allem aber auch eine reiche Auswahl an Orchideengewächsen. 16 Arten der deutschen Knabenkräuter sind hier heimisch, darunter die seltene Fliegenorchis. Es fehlen nicht die spezifischen Moosblumen wie Gelbe Schwertlilie, Trollblume, Fieberklee, die weißen Sterne des Sumpfherzblattes und die gelben des Zweizahns, dazu das fleischfressende Fettkraut und der Wasserschlauch. Im benachbarten Schwillacher Moos dazu der Sonnentau. Doch die Blütenjuwele sind rar und versteckt. Als allerletzten Rest des Ur-Mooses wollte man das kleine Q u e l l m o o r a n d e r G f ä l l a c h bei Eicherloh als NSG erhalten. Aber auch dieses „Erinnerungsbild" eines ursprünglichen Moores gibt kaum noch eine Ahnung der paradiesischen Blütenfülle von einst. Aus Wassermangel ist es zum Sterben verurteilt. Bei günstigen Witterungs- und Wasserverhältnissen mag man noch einige Seltenheiten finden. Neben den Sumpfpflanzen war auch eine Reihe von Alpenpflanzen durch die eiszeitlichen Schmelzwasser aus den Bergen hierher gelangt, darunter die gelbe Felsaurikel, die sonst in keinem anderen Flachmoor der Welt vorkommt und gar sechs Enzianarten (Stengelloser Enzian, Schwalbenwurz-, Lungen-, Frühlings-, Schlauch-Enzian und Deutscher Enzian).

149

Zwergsäger

Fasan

Einige lößbedeckte Riß-Moränen haben die Schmelzwasser der Würmeiszeit nicht zu überdecken vermocht. So erheben sich die zwei LSG P s c h o r r s c h w a i g e bei Eichenried und die Umgebung von E i c h e r l o h mit lichtem Eichen- und Hainbuchenbestand über dem Moosgrund und gewähren zahlreichen Vögeln Unterschlupf.

Die Tierwelt konnte sich in den Erdinger Moosresten einigermaßen halten. Insekten- und Falterarten (Schwalbenschwanz, Zygäne, Bläuling, Totenkopf), Frösche und Niederwild, vor allem aber die Vögel sind reich vertreten. Ihre große Zahl (besonders am Stauweiher der Dorfen) ist mit bedingt durch die Nähe des Speichersees. Der große I s m a n i n g e r S p e i c h e r s e e und die Strauchvegetation der angrenzenden Fischteiche, Bayerns erstes „Europa-Reservat" für Vögel, dient den bedrängten Zugvögeln als ungestörter Ruheplatz auf ihren weiten Wanderungen und ist ein Refugium der im Moos brütenden Arten. Dieses Nistparadies ist unzugänglich. Wie notwendig die Absperrung ist, zeigt der Zustand der offenen V o g e l f r e i s t ä t t e (NSG) südl. des Speichersees, wo fortgesetzte Ei-Räubereien großen Schaden anrichten und die Tiere beunruhigen. Der „Internationale Vogelschutzrat" versucht seit Jahren, eine „Europastraße" für Zugvögel zu schaffen, wo die Tiere Durchzugsreservate von genügendem Umfang vorfinden und nicht gejagt werden dürfen. Vögel aus Skandinavien und dem russischen Norden finden heute den Weg zum Speichersee. Es ist das wichtigste Forschungsfeld der „Ornithologischen Gesellschaft in Bayern". In Sommermonaten zählt man zwischen 15–20 000 Wasservögel. Rund 250 verschiedene Vogelarten konnten festgestellt werden. Davon brüten 84 hier, andere erscheinen als Gast- oder Zugvögel, oft in großer Individuenzahl (1940 über 10 000 Tafelenten). Damit besuchen rund drei Viertel der 330 in ganz Bayern auftretenden Vogelarten den Speichersee. Es wäre müßig, ihre Namen hier aufzuzählen. Es sind nahezu alle mitteleuropäischen Arten vertreten, nicht zuletzt Greifvögel, weiße Störche, Fasanen, Schwärme der weißen Lachmöwen sowie die seltenen Sumpfohreulen, Uferschnepfen, Graureiher und Seidenreiher.

Das „Miniaturbeispiel" einer Schotterebene zeigt der malerische Talgrund von S e m p t u n d S c h w i l l a c h (LSG), der zwischen zwei Altmoränenriedel eingezwängt und vom Erdinger Moos getrennt ist. Busch- und Baumgruppen (Schwarzerlen und struppige Kopfweiden) begleiten die Bäche durch die parkartige, von Besiedlung freie Moorwiesenlandschaft, deren Flora derjenigen des benachbarten Erdinger Mooses entspricht. Ein Blick von den waldigen Anhöhen bei St. Kolomann oder von der Tainger Anhöhe bringt uns die ganze Lieblichkeit des Tales mit dem spielerisch verträumten Lauf seiner Flüßchen zum Bewußtsein. Eine gewaltsame Störung steht den stillen Landschaften des Erdinger Mooses mit dem neuen Großflughafen bevor, der im Nordteil des Gebietes angelegt werden wird.

Westlich der Isar liegt spiegelbildlich zum Erdinger Moos das D a c h a u e r M o o s. Es ist in weit stärkerem Maße kultiviert und besiedelt und entwickelt sich in letzter Zeit zusehends zu einem Industriegebiet. Noch 1935 konnte Wilhelm Hausenstein schreiben: „Nicht umsonst haben in einer klassischen Zeit der Münchner Malerei treffliche Meister wie Eduard Schleich die Gegend um Dachau aufgesucht. Die Luft ist eine rechte Malerluft, das Licht ein wahres Malerlicht. Der grüngoldenen, bräunlich goldenen Weite des Dachauer Mooses setzen die Münchner Frauentürme und die blauen Alpen mit den blütenweißen Scheiteln ein köstliches Ziel; der großartigen Sicht von der Dachauer-Höhe ist nur noch der Ausblick vom Belvedere des Freisinger Dombergs vergleichbar. Die Amper

150

geht, gesäumt mit üppig belaubten Bäumen, in der Tiefe ihren reizend gewundenen Weg." Heute verblieben faunistisch und floristisch interessante Moorreste nur im nördlichen und westlichen Teil. So im LSG G r a ß l f i n g e r M o o s, im sog. „N e u h i m m e l r e i c h" (LSG), im Eschenrieder Moos, in der M o o s s c h w a i g e (LSG) vor der Aubinger Lohe und jenseits der Amper im Maisacher Moos. Sie alle haben zwar durch die Wasserabsenkung und durch großflächige Torfstiche ihr ursprüngliches Aussehen eingebüßt, aber so manche Moorpflanzen erinnern noch daran. So die Besenheide, das Besenried, der Blutweiderich, verschiedene Weidenarten und die Niedrigwachsende Birke. Im Graßlfinger Moos ist ein Bestand alter breitkroniger Föhren hervorzuheben, die einen Unterwuchs aus Brombeeren, Dornigem Wurmfarn, Heidelbeeren u. a. haben. Vergleichbar ist das S c h w a r z h ö l z l (LSG) östl. von Karlsfeld.

Landschaft an der Sempt

Der im Norden zwischen Hügelland und Isartal eingezwängte Moosanteil bei Freising wird das „Freisinger Moos" genannt. Am Rande der Stadt hat man die grundwassernahe Flora eines ehemaligen Quellmoores unter Naturschutz gestellt. Diese sog. K i e s g r u b e b e i V ö t t i n g ist allerdings durch Schuttablagerungen fast völlig entwertet.

Das hervorsickernde kalkreiche Wasser der Moore scheidet an vielen Orten den sog. A l m aus. Dieser feine weiße, kohlensaure Kalk spielt für die Vegetation eine bedeutende Rolle. Mit der Moorerde zusammen gibt er einen recht guten Boden für den Hackfruchtanbau ab. Das Zusammentreffen von Alm, Torferde und dem Lehm, der in einer Hügelzunge von Berg am Laim bis gegen Ismaning hinzieht, ergibt eine Bodengüte, die zur Grundlage des berühmten Ismaninger Krautanbaues wurde. Auch an vielen anderen Orten der Schotterebene treten solche fruchtbaren Flecke auf. Die gleiche Erscheinung eines Almhorizontes treffen wir links der Isar in dem botan. Reservat des Lochhauser Sandberges an.

Landschaftsbelebend wirken im Norden Münchens zahlreiche Baggerseen. Sie haben sich nach dem Abbau des Kieses mit Grundwasser gefüllt und werden nun als Badeseen aufgesucht. Zum Teil entwickelte sich an ihren Rändern dichte Buschvegetation. Unter Landschaftsschutz stehen der L a n g w i e d e r A u t o - b a h n - S e e, der O l c h i n g e r S e e und der F e l d m o c h i n g e r S e e. Der K a r l s f e l d e r S e e südl. Dachau und der H e i m s t e t t e n e r S e e im Osten Münchens werden ebenfalls zu Erholungsgebieten für die Großstadtbewohner ausgebaut.

Die Altmoränenriedel

Die zur Rißeiszeit aufgeschütteten A l t m o r ä n e n ragen mit Hügelzungen oder Hügelplatten über den markanten Endmoränenkranz der Würmeiszeit hinaus zwischen die Schotterfelder hinein. Stellenweise verbinden sie das hügelige Jungmoränengebiet mit dem Tertiärhügelland (z. B. westl. von Fürstenfeldbruck und östl. von Erding). Ihre Oberflächenformen sind von eiszeitl. Abtragungsvorgängen und Lößaufwehungen überformt, was ihnen gute Böden sichert. Nur wo spätere Bäche ihre Hänge angeschnitten haben, können steilere Flanken auftreten. Auf ihnen stocken die Reste des ursprünglichen Vegetationsbildes (Buchenmischwald). Der Getreideanbau überwiegt die Grünlandwirtschaft bei weitem.

Zwei Moorgebiete bei Fürstenfeldbruck sind zu nennen, weil sie als einzigartig im Altmoränenland gelten: das Haspelmoor und das Wildmoos bei Moorenweis. Beide waren Übergangs- und Hochmoore, die jedoch stark ausgetorft sind. Das

151

Aus unserer bunten, heimischen Vogelwelt

Zaunkönig

Kohlmeise

Grünspecht

Gimpel
(Dompfaff)

Flugbild
d. Feldlerche

Kleib

Stieglitz

Rauchschwalbe

Gebirgsstelze

Feldlerche

Rotkehlchen

Wiedehopf

Pirol

Eisvogel

rufender Kuckuck

Mauerläufer

Nachtigall

Neuntöter

Flugbild. d. Kuckuck

Blaukehlchen

Steinschmätzer

Dorngrasmücke

F. KÖHLER

Haspelmoor ist bis auf einen dürftigen Rest zu Kulturland verwandelt worden. Im nördl. Zipfel zeigt sich mit zwei kleinen Waldstücken, krüppeligen Kiefern, Schilfbeständen und einem Torfstich noch eine Erinnerung an das einstige Latschendickichtmoor. Man hat einen Teil davon unter Landschaftsschutz gestellt, um dem Wild Unterstandmöglichkeiten zu erhalten und einen Hochmoorrest mit Torfmoospolstern und Bergkiefern zu bewahren. Im Haspelmoor soll noch die seltene Kreuzotter vorkommen.

Das kleinere W i l d m o o s südl. davon ist weitgehend abgetorft und entwässert. Heidekrautflächen herrschen vor. Aber immer noch sind einzelne Bulten des Scheidigen Wollgrases sowie der Rundblättrige Sonnentau und das Torfmoos vertreten. Ein lichter Waldbestand aus Kiefer, Spirke, Hängebirke und Weidenarten bietet dem Rehwild und zahlreichen Vögeln Zuflucht (u. a. Großer Brachvogel).

Die angestammte Laubwaldbestockung zeigt sich schön am LSG S t e i n b e r g bei Gilching. Nordöstl. von Markt Schwaben stehen die etwa 40 m hohen Alt-Eichen einer Feldumgrenzung unter Landschaftsschutz („E i c h e n a l l e e b e i S i g g e n h o f e n").

Obwohl das große Altmoränengebiet zwischen Münchener und Mühldorfer Schotterebene ohne Schutzgebiete ist, sollte man nicht achtlos daran vorübergehen. Dieses im innersten bäuerliche Land gleicht in seinen Zügen dem Tertiärhügelland. Es ist voll unentdeckter Schönheiten und von abwechslungsreichem Relief. Der Schloßturm von Haag, errichtet auf der letzten Welle der Jungendmoränen, zeigt uns auf einen Blick die Vielfalt der Höhen, Täler, Wälder, Höfe und Dörfer dieses stillen Landes. Das Isental legt sich zwischen die Altmoränen im Süden und das Tertiärhügelland im Norden. Es gehört zu den wenigen, noch durchwegs natürlichen Flußbetten im Alpenvorland.

Schotterplatten an Inn und Salzach

Die östl. anschließende Inn-Salzach-Platte hat nicht die geschlossene Ausdehnung der Münchener Schotterebene. Stärker zerteilen Altmoränenzungen die flachen Schotterflächen. Auch sind die nach Altersstufen abgelagerten Terrassen der Deckenschotter, Hochterrassenschotter und Niederterrassenschotter hier deutlich untereinander abgesetzt. Die Hochterrassen tragen beispielsweise eine Lößdecke, die hohe Ernteerträge garantiert. Der etwa 10 km breite Niederterrassenstreifen dagegen läßt das Regenwasser leicht versickern. Ihm sind – wie auf der Münchner „Schiefen Ebene" – die großen Forste vorbehalten. Der Inn hat sich bis in die tertiäre Flinzschicht eingegraben und so bilden vielerorts deren quellreiche Querschnitte das Flußufer. Oberhalb von Mühldorf steht ein solcher Hang mitsamt dem gegenüberliegenden Auenstreifen zwischen Ebing und Ecksberg unter Landschaftsschutz. Eine schön bewaldete Flußleite erhebt sich mit dem LSG S c h l o ß b e r g in Wald an der Alz.

Mühldorf,
eine Inntalstadt

Inn und Salzach, nach deren Zusammenfluß bei Haiming diese Schotterebene benannt wurde, laufen gezügelt durch Auwälder, die denjenigen an der Isar gleichen. Auf der Niederterrasse bei Mühldorf, der sog. Ampfinger Stufe, stockt der große M ü h l d o r f e r H a r t , ein typischer Schotter-Waldbezirk mit Föhren, Fichten und einzelnen Weißtannen. In seinem Grünteppich hat sich die junge Industriestadt Waldkraiburg entwickelt. Östl. schließt sich der F l o s s i n g e r F o r s t mit seinem durch hohe Einzelföhren, Lärchen und durch eine geschlossene Eichen- und Buchenabteilung (bei Starkheim) aufgelockerten Waldbild an. Rechts und links der Alzmündung in den Inn breiten sich der große Ö t t i n -

154

ger Forst zwischen Altötting und Emmerting und der Holzfelder Forst nördl. von Burghausen aus. Weiter oberhalb liegt an der Alz der Garchinger Hart und gegen Kraiburg zu der sog. Eigelwald. Innerhalb des Landkreises Altötting werden die großen Schotterforste, die Flußauen und die Tertiärhügel im Norden (Dachelleiten) zu einem großen „Naturpark Inn-Salzach" zusammengefaßt, der den Bewohnern im „Chemiedreieck" zwischen Burghausen, Töging und Gars die dringend notwendigen Erholungsflächen bieten kann. Zwei Baggerseen bei Winhöring und bei Marktl (Inn-Altwasser) werden entschilft und für den Badebetrieb aufbereitet. Unter Landschaftsschutz stehen in der Mühldorfer Umgebung das malerische Tal des Pollinger Baches (Hirschbach) mit seinen Eichen, Erlen, Weiden und Birken, ein floristisch bedeutsamer Quellmoorhang bei Lippach und ein Quellstaumoor in der Gemeinde Unterburgkirchen. Das letztere ist unberührt in eine braungrüne Talung zwischen Hochterrassenschotter-Rücken eingebettet. Sein Aussehen ist von Schwarzerlengruppen und großflächigen Beständen des Rostroten Kopfriedes und der Stumpfblütigen Binse bestimmt. Ein ursprungsnaher Laubwaldbestand bei Walkersaich und der Goldaulauf oberhalb Schwindkirchen sind für den Landschaftsschutz vorgesehen. Zwischen Alt- und Neuötting erstreckt sich ein parkartiger Abschnitt des Mörnbachtales (LSG), der als Spazier- und Erholungslandschaft der beiden Städte gepflegt wird. Es ist markant in die Inn-Niederterrassenschotter eingeschnitten. Seine Wiesen sind mit alten Beständen von Buchen, Ahornbäumen, Eschen, Kastanien und Erlen gesäumt.

Im Mündungsgebiet der Salzach in den Inn erstreckten sich entlang der Gewässer einst ausgedehnte Auwälder, deren Vegetation auf die alljährliche lebenspendende Überschwemmung angewiesen war. Beim Bau der Innkraftstaustufe Simbach-Braunau wurde durch den Wasserstau ein großer Teil der Auen überflutet und liegt für immer unter Wasser, vor allem die blütenreiche Haiminger Au. Die restlichen Auenstreifen am Inn tragen über starkem Unterholz aus Liguster, Schneeball, Haselstrauch und Wildem Hopfen einen reichen Baumbestand von Schwarz- und Grauerle, Silber- und Schwarzpappel, Eiche, Sommerlinde und Esche. In ihrem Schutz gedeihen am Boden Christofskraut, Einbeere, Aronstab, Goldstern, Hainsalat, Haselwurz, Kuckucksblume, Milchstern, Lerchensporn, Schuppenwurz, Seidelbast, Sternmiere und Wiesenraute. Wo die Weiden dominieren (besonders Palm-, Ufer- und Silberweide) fühlen sich u. a. Dürrwurz, Tausendgüldenkraut, Bergaster und Gekielter Lauch wohl.

Trotz der durch Alz und Salzach gewonnenen Wasserfülle verliert der Inn unterhalb von Simbach die Kraft des Gebirgsflusses. Große Stauseen hemmen seinen Lauf. Für die Vogelwelt hingegen ist dadurch ein höchst wertvolles Biotop entstanden. Vor allem außerordentlich viele Enten und andere Wasservögel leben hier. Mit 276 gezählten Vogelarten weist diese Vogelfreistätte Unterer Inn (NSG) mehr als die Hälfte aller in Europa vorkommenden Arten auf. Auch eine Biberkolonie findet ideale Lebensbedingungen.

Die Inn-Salzach-Schotterplatte hat ihre natürliche Fortsetzung in der Pockinger Heide, einem Niederterrassenfeld, das der Inn bis Neuhaus aufgeschüttet hat. Es ist heute mit Ackerfeldern und lichten Wäldchen bedeckt. Mitten darin breitet sich das Thermalbad Füssing aus. In seiner Umgebung wurden zwei Waldgebiete unter Schutz gestellt. Der sog. Thaler Wald ist ein abwechslungsreiches Wanderrevier mit einstigen Altwasserarmen des Inn. Wiesen und Schilfflächen gliedern den Laub- und Fichtenwald.

Hirschbachtal (Pollinger Bach)

In Altötting

Gelber Lerchensporn

155

DAS TERTIÄRHÜGELLAND IN OBER- UND NIEDERBAYERN

Hopfenfelder bei Wolnzach

(Dazu Kartenseiten 31–36, 40–45) Nördlich der großen Schotterfelder setzen mit deutlichem Anstieg die Hügelwellen des Tertiärlandes ein, die sich bis zum Donautal hin erstrecken. Hier liegt das bayerische „Bauernland" mit seinen Getreide- und Hopfenfeldern, wie es allgemein zum Begriff geworden ist. Ein reicher und gesegneter Landstrich, wo auf tiefgründigen Böden ertragreicher Ackerbau betrieben wird, und wo alle weniger günstigen Lagen vom Wald überzogen sind. Die Ackerstreifen in ihren jahreszeitlich bedingten Tönungen und der sanfte Wellenschlag der Höhen, den nur die gleichsinnig verlaufenden Flußtäler unterbrechen, prägen das Bild. Darin gleichen sich die Hügelstriche der „Bayerischen Hochebene", wie das Hügelland auch irreführend genannt wird, denn so eben ist es nun wieder auch nicht. Man kann sie in vier Gruppen teilen. Der westliche verläuft in einer 40 km breiten Front von Friedberg bis Straubing zwischen Isar (und Amper) im Süden und Donau im Norden. Der zweite, wesentlich schmälere Rücken zieht von Erding bis Vilshofen zwischen Isar und Großer Vils; der dritte von Dorfen nach Passau zwischen Vils und Rott, und der vierte von Mühldorf nach Pocking zwischen Rott und Inn.

Die Schmelzwasser der Eiszeiten hatten mit großer Gewalt die breiten Täler ausgeschwemmt, die heute die Grundlage der Flußsysteme von Isar (mit Amper) und Inn bilden. Alle übrigen Flüßchen entspringen im Hügelland und entwässern zur Donau, wie Paar, Ilm, Abens, Große und Kleine Laaber und Vils. Der „Flinz", wie die Obere Süßwassermolasse im Volksmund heißt, wirkt in vielen seiner Schichten als Wasserhorizont, so daß zahlreiche Quellbäche im Hügelland plätschern, die die Landschaft modellieren.

Dem Eiszeitalter hat das Hügelland auch ein wertvolles Geschenk zu verdanken: den fruchtbaren Löß. Im sibirischen Klima der Gletscher-Rückzugsperiode trugen stürmische Winde feines Gesteinsmehl in Staubwolken aus dem Moränengebiet herbei. Im harten Steppengras der Hügellandschaft verfing sich der Staub und wuchs zu tiefgründigen Lößschichten heran. Auch die Donauebene und die tiefer gelegenen Randgebiete des Bayerischen Waldes profitierten von dem wertvollen Staub.

156

Die Form der Nebentäler ist ebenfalls auf die Winderosion zurückzuführen. Einem flach gegen Osten oder Süden geneigten Westhang steht ein auffallend steiler Osthang gegenüber. Der aus Westen blasende Wind lagerte sein Löß- oder Sandmaterial am westlichen Gleithang ab und blies dagegen den östlichen „Prallhang" aus. Infolgedessen tragen die einen Ackergründe, die anderen Wald-streifen aus Föhren, Fichten und Birken, denen sich an Quellaustritten Eschen, Eiben und Weiden neben Schilf und Binsen beigesellen.

Die Gletscherwinde bliesen aber nicht nur Lößstaub herbei, sondern trieben auch den Sand der öde daliegenden Flinzflächen zuhauf. Dünen bis zu 10 m Höhe sind nicht selten. Sie haben die Form stark gekrümmter Sicheln und werden „Barchane" genannt. Da sie alle nach Osten zu gerundet sind, kann man auf die vorherrschende Windrichtung aus Westen schließen. Derartige Sand- und Dünenfelder sind gewöhnlich von großen Kiefernforsten (z. B. Ha-genauer Forst, Dürrnbucher Forst) bestanden.

Im Tal der Isar

Als grundsätzlich unterschiedliche Landschaftselemente erscheinen die breiten Stromtäler einerseits und die Hügelwellen andererseits. Hauptachse des ganzen bayerischen Hügellandes ist das I s a r t a l. Seine große Breite von durchschnitt-lich 4–5 km erweist es eindeutig als Urstromtal. Etwa 100 m tief zwischen die Tertiärhügel eingesenkt, verläuft es ziemlich geradlinig nach Nordosten. Ursprünglich war es nicht von der Isar geschaffen worden. Der nordöstlich ziehende Ur-Lech hatte die Furche des Amper- und Isartales angelegt, während die Ur-Isar sich dem Ur-Inn in gleicher Richtung zugewandt hatte. Die Schmelz-wasser des würmeiszeitlichen Isargletschers bedienten sich später des vorgeform-ten Tales.

Nach der Durchquerung der Münchner Schotterebene stößt die Isar erstmals unter dem Domberg von Freising auf den Steilrand des Hügellandes. Sie wird von ihm nach Nordosten abgelenkt. Von Freising südwestwärts bildet dieser H ü g e l r a n d (LSG) mit seinen prachtvollen Baumgestalten (vorherrschend Laubwald) einen lebhaften Kontrast zu dem flachen, grünbraunen Grund des Freisinger Mooses.

Bei Moosburg tritt auch am rechten Ufer das Hügelland (hier mit dem sog. Holz-land) an den Fluß heran. Dieser nimmt vor Landshut den Werkkanal der „Mitt-leren Isar" auf und führt von nun an wieder die ihm gemäße Wassermenge, die bei Oberföhring stark angezapft worden war. Bis zur Ampermündung bei Moosburg bietet daher das nahezu leere Bett der Isar einen wenig erfreulichen Anblick. Die mit dem Entzug des Wassers verbundene Grundwassersenkung beeinträchtigt auch die beiden landschaftsgeschützten Auwälder von R u d l f i n g und V o l k m a n n s d o r f. Zahlreiche Altwasserarme liegen trok-ken, wasserbedürftige Gehölze verkümmern. Die Auenflora zeigt noch als typi-sche Begleiter des Alpenflusses die Zimtrose, die Akeleiblättrige und die Schmal-blättrige Wiesenraute, die Steife Wolfsmilch, die Flatter- und Alpensimse, die Helm- und Sumpforchis und die Sumpfwurz. Die einst zahlreichen Ragwurzar-ten zählen zu den Seltenheiten. Der kleinen Fläche der S e m p t e r H e i d e innerhalb dieses Gebietes fehlt die Kraft, sich rein zu erhalten, doch findet man in dem aus Schlehe, Berberitze, Liguster und Kreuzdorn bestehenden Strauch-gebiet noch den Felsenkreuzdorn, das Weidenblättrige Rindsauge, die Groß-blumige Braunelle, den Gekielten Lauch und – wenn auch spärlich – die

Der Freisinger Domberg

Aufrechte Trespe, das Schillergras, die Zwergsegge, die Küchenschelle, den Seidelbast, den Regensburger Geißklee und den Backenklee. Auf dieser Strecke ihres Mittellaufes drängt die Isar wie alle Alpenvorlandflüsse stark an den rechten Steilhang, der weithin von dichten Mischwäldern mit starken Buchengruppen und vereinzelten Föhren begrünt ist. Gegen den Talboden hin gesellen sich Bergulmen, Eschen, Bergahorne und Weiden hinzu. Den Waldboden zieren mitunter Türkenbund, Ästige Zaunlilie und vereinzelt auch der Frauenschuh. Die Hänge über der schönen alten Herzogstadt Landshut sind mit Geschick zu einem prachtvollen Landschaftsgarten gestaltet worden (H o f g a r t e n). Kleine Tiergehege und Blumenrabatten fügen sich bruchlos in das Naturbild.

Landshut mit der Trausnitz

Dem grün eingehüllten rechten Steilhang der Isar steht jenseits der Talweitung der linke Flachhang gegenüber, der in lößbedeckten Terrassen mit Äckern und kleinen Lohwäldchen sanft zur Talsohle hinabgleitet. Die idyllische Umgebung der A n d r e a s k i r c h e in Altheim steht unter Landschaftsschutz. Die Gunst des Bodens und des Klimas ließ auf diesen Isarlagen sogar Wein gedeihen. Bis um 1900 bestand bei Thürntenning ein Weingarten.
Vor der Regulierung pendelte der Fluß in zahlreichen Schlingen durch den überschotterten Talgrund. Heute eilt er zwischen Dämmen durch malerische Auenwälder, die ihr Tier- und Pflanzenleben den zahlreichen Altwasserarmen verdanken. Nur hier, und nicht im technisch korrigierten, von Abwässern verschmutzten Flußlauf und seinen Rückhaltespeichern, hat der Angler Gelegenheit, hochwertige Fische (u. a. Hecht, Schleie, Barsch) zu fangen. Nur an den Altwasserarmen, bzw. im „Gries", wie der urtümliche Auwaldstreifen genannt wird, konnte sich die ursprüngliche Flora der Flußlandschaft erhalten. So z. B. am G u t e n b e r g w e g in Landshut sowie oberhalb und unterhalb von Dingolfing (LSG).
Außerhalb der Auwaldzone hatte sich auf dem Niederterrassenschotter der Talsohle Moor- und Heidevegetation entwickelt, die fast restlos den Getreide-, Kartoffel- und Grünlandkulturen weichen mußte. Unterhalb von Dingolfing aber liegt zwischen den Ortschaften Gottfriedinger- und Mammingerschwaige die R o s e n a u , ein botanisch ausgezeichnetes Steppenheidegebiet, das zwar

Dingolfing

158

weitgehend unter den Pflug genommen worden ist, aber in einem Reststück von 3 ha als NSG erhalten bleiben wird. 65 Arten geschützter Pflanzen weist es noch auf, viele, vor allem Sumpfpflanzen, sind infolge der Entwässerungsmaßnahmen verschwunden. Vom Rande her bedrängen Kies- und Sandgruben den stillen Heideflecken. Buschgruppen aus Weiden, Erlen, Eichen, Waldreben und Kreuzdorn stehen verstreut. Ein Wäldchen mit Föhren und Stieleichen begrenzt das Gebiet. Von den charakteristischen Gräsern sind das Nickende Perlgras, das Federgras, die Aufrechte Trespe, die Pyramidenrispige Kammschmiele vertreten. Als Seltenheit, die innerhalb Bayerns nur die Rosenau aufweisen soll, findet sich das gelbleuchtende Zwergsonnenröschen. Daneben aber blühen im Laufe des Jahres die Glockenheide, die Weiße Segge, der Dreifingrige Steinbrech, die Feinblättrige Wiesenraute, der Waldmeister, verschiedene Lein- und Löwenzahnarten, das Gipskraut, der Regensburger Goldregen, die Akelei, das Gefleckte Ferkelkraut, der Rauhe Alant, ganz selten auch die sibirische Schwertlilie, die Sumpforchis, der Stengellose Enzian, das Brandknabenkraut, die Siegwurz, die Purpurne Schwarzwurz, der Hirschhaarstrang, verschiedene Habichtskräuter und Ehrenpreisarten. An trockenen, sandigen Stellen begegnet uns dann der Klappertopf, der Salzburger Augentrost, die Herzblättrige Kugelblume, die Fliegen-, Spinnen- und Wespenragwurz, die Hundswurz, die Bergaster, die Goldaster u. v. a.

Goldaster

In Usterling, kurz vor Landau, gibt es ein einzigartiges Naturdenkmal zu bestaunen: den „W a c h s e n d e n S t e i n v o n U s t e r l i n g". Ein klares Quellbächlein kommt dort den steilen Abhang herab, indem es seinen Weg 20 m weit auf einer bis zu 4 m hohen Mauer nimmt. Danach stürzt es in kleinem Fall zum Talgrund. Wir stehen vor einer der sog. „Steinernen Rinnen", wie sie in der Alb mehrfach vorkommen. Doch nirgends erreicht die Rinnenwand eine solche Höhe. Der Stein entsteht aus dem vom Wasser mitgeführten gelösten Kalk, der an der Luft als „Kalktuff" ausfällt. Solange die Rinne nicht zerstört wird, „wächst" der Stein also stetig weiter. 2 Kapellen am Fuß des Hanges und auf der Anhöhe bezeugen, daß das Wasser stets als heilkräftig und wunderwirkend galt. Im Usterlinger Kirchlein steht ein gotischer Flügelaltar des niederbayerischen Malers Stefan Rottaler, auf dem die Taufe Christi vor dem „Wachsenden Stein" dargestellt ist. Das Taufwasser für Christus spendet der Stein von Usterling.

Der „Wachsende Stein von Usterling"

Von Landau an verklingen die tertiären Talhänge und die Isar pendelt in die Ebene des Gäubodens bei Plattling hinaus. Auwälder, Altwasserarme und Pappelreihen begleiten sie bis zur Mündung in die Donau (LSG).

Landau, Blick in die Donauebene

159

*Amperleite am
Dachauer Schloßberg*

Zwischen Isar und Donau

Wenn wir uns zunächst dem nördlichen Ausschnitt des Hügellandes zwischen Isar und Donau zuwenden, so sind auch hier die zwei Landschaftselemente Talgrund und Hügelland eindeutig zu trennen. Das bedeutendste Nebental der Isar ist hier das der A m p e r. Wie schon angedeutet, hatte der Ur-Lech mit seinen Schmelzwassern diesen Talzug angelegt. Nach kurzem Lauf durch die Schotterebene stößt der Fluß noch vor Dachau auf den Südrand des Hügellandes. Er durchläuft es auf eine Länge von etwa 50 km in einem rund 60 m eingetieften, 2 km breiten Tal, das von saftigen Wiesen und Weiden eingenommen ist. Vor allem die nach Norden bzw. Nordwesten geneigten Talböschungen sind mit schönem Nadel- und Mischwald bestanden, während die Südhänge Getreidefelder tragen. Der Flußlauf ist von Resten des einstigen Auwaldes begleitet und von Weiden- und Erlengebüsch gesäumt. Zu malerischen Baumgruppen schließen sich vielerorts die Einzelbäume der Talweitung zusammen. Alles in allem eine Landschaft von großer Stille und Weite, die unbedingt vor Zerstörung durch gedankenlos angelegte Industriebauwerke, Kiesgruben und Wochenendbauten bewahrt bleiben soll. Unter Landschaftsschutz steht die bewaldete A m p e r l e i t e am Dachauer Schloßberg und die sog. E t z e n h a u s e r L e i - t e , die mit ihrem Laub-Mischwald aus Hainbuchen, Eichen, Ulmen, Linden und Ahornarten den Hintergrund für die Gedenkstätte des Konzentrationslagers Dachau bildet.

Von Ampermoching bis zur Mündung der Amper in die Isar erstreckt sich ohne Unterbrechung das Groß-Landschaftsschutzgebiet A m p e r t a l . Unter all seinen Schönheiten sei nur der „Kranzberger See" mit seinem Erholungsgebiet, die Auenlandschaft um das Rokokoschloß von Haimhausen wegen ihrer riesigen alten Solitärbäume und der Blick vom Schloß Inkofen über das Tal hervorgehoben.

Bei Allershausen strömt die G l o n n herbei, deren Landschaft besonders schön vom Wasserturm Klein-Indersdorf überblickt werden kann. Vier Sommerlinden umstehen das hochragende Bauwerk.

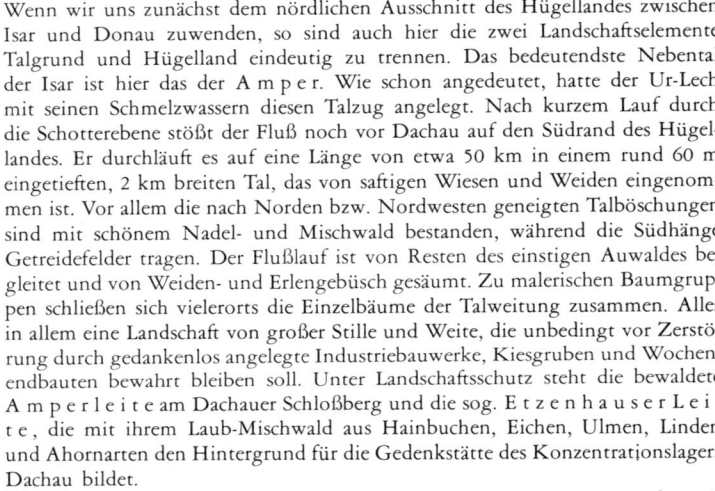

Aus den gleichen Gründen wie das Ampertal wurde auch das I l m t a l in seiner ganzen Laufstrecke durch das Hügelland bis Geisenfeld unter Landschaftsschutz gestellt. Auf 35 km Länge schlängelt sich die Ilm – soweit sie nicht begradigt ist – zwischen kleinen Streuwiesen und Auwaldstreifen mit Weiden, Pappeln, Schwarzerlen und Birken dahin. Die stille Anmut der Tallandschaft und ihrer Randhöhen soll bewahrt bleiben. Etwa in der Mitte des Ilmlaufes liegt die behäbige Kreisstadt Pfaffenhofen, südwestl. davon die schöne Hügel- und Weiherlandschaft um das Kloster Scheyern und den Ort T r i e f i n g .

Ilmmünster

Westlich der Ilm verläuft parallel zu ihr das Tal der P a a r . Sie entspringt am Rande des Jungmoränenwalles bei Geltendorf, verläuft zwischen Mering und Kissing in der Lechtalweitung am Rand des Hügellandes und tritt erst bei Ottmaring in das Hügelland selbst ein. Von nun an zieht sie ihre zahllosen malerischen Schlingen durch die Wiesengründe von Aichach, Schrobenhausen (LSG) und Hohenwart, bis sie bei Reichertshofen die Donauebene erreicht. Dort breitet sich das LSG B a a r e r W e i h e r aus, das auch Teile des Feilenmooses umfaßt. Gehölzzeilen aus Erlen, Pappeln, Weiden, Liguster und Feldahorn rahmen die kleinen Grundwasserseen.

Hohenwart

Große Unterschiede weisen auch die Täler der Abens, der Kleinen und der Großen Laaber nicht auf, die weiter nordöstl. der Donau zueilen. Die Regulie-

160

rung der Großen Laaber bei Sünching ist ein betrübliches Beispiel dafür, wie aus einem baumumstandenen, schlingenreichen Bachlauf ein trostloser Kanal gemacht werden kann.

Die H ö h e n des tertiären Hügellandes liegen zwischen 400–500 m. Nur selten gehen sie darüber hinaus. Es gibt daher auch keine ausgesprochenen Sichtwarten. Das Gleichmaß anspruchsloser, selbstverständlicher Landschaftsschönheit verlangt nicht danach. Die Aussichtspunkte liegen vor allem an den Randhöhen der Täler. So z. B. an der F r i e d b e r g e r L e i t e , wo das Tertiärhügelland zum Lechtal abfällt und man von Mergenthau bis zum E i c h e t bei Anwalting schöne Ausblicke auf das Augsburger Lechtal hat. Die Hänge sind hier von dichtem Laubgehölz gepolstert.

Landschaft bei Schrobenhausen

Derartige Hangwälder und Waldkuppen bilden die charakteristischen Schmuckstücke der Erhebungen in dieser bäuerlichen Landschaft, vor allem dort, wo freundliche Kapellen aus dem Grün leuchten. Südlich von Schrobenhausen herrscht der B e i n b e r g mit seiner gotischen Wallfahrtskirche über die fruchtgesegneten Äcker und dunklen Wälder. Innig mit ihrer Umgebung verbunden sind die Barockkirche von S t e i n e r s k i r c h e n überm Paartal und der Spitzturm von S t . K a s t u l u s an der Autobahn. Von Fürholzen oberhalb von St. Kastl hat man einen umfassenden Rundblick gegen das Paartal und den Jura. Die nahestehende Linde ist 400 Jahre alt. Vergleichbare Blickpunkte geben die Wallfahrtskirche M a r i a B r ü n n l bei Appersdorf und die Kapelle S t . A n t o n bei Ratzenhofen nördlich von Mainburg ab.

Auch der B u r g s t a l l w a l d T e g e r n b a c h mit seinen Eichen, Buchen, Fichten und Föhren weist eine Kirche auf.

Wo der Linnerberg steil gegen das Donaumoos bei Karlskron abfällt, tönt das Konzert zahlreicher Vogelarten aus dem sogenannten P o l n - H ö l z l .

Bei Mallersdorf wurde die Umgebung der F r a u e n b r u n n k a p e l l e mit ihrem Schwarzerlen-Hain und mit zwei prachtvollen Linden unter Landschaftsschutz gestellt und bei Ergoldsbach der K a p e l l e n b e r g . Es ist eine Hangleite oberhalb des Marktfleckens mit schönen Wanderwegen und Aussichtspunkten, bestanden von Buchen, Ahornbäumen, Birken, Föhren und Lärchen. Ein Kreuzweg führt zu der Wallfahrtskapelle hinauf.

Burgen krönten einst den S c h l o ß b e r g bei Metting (unterirdische Gänge) und den D i c k e r l b e r g bei Mundlfing im Hügelland zwischen Dingolfing und Straubing.

An vielen Stellen, wo die tertiären Hänge in die Flußtäler übergehen, haben sich florenreiche Quellbachgebiete erhalten. So am S i l b e r b r ü n n l und im linken Seitental der Weilach in der Nähe von Aichach sowie am A l b e r t s - b a c h bei Hohenried.

Frauenbrunnkapelle

Ausgewählte Punkte der Urlandschaft im Hügelland sind die „N ö t t i n g e r V i e h w e i d e u n d B a d e r t a f e r l" (NSG) nördl. von Geisenfeld, wo ein Erlen-, Eschen- und Buchenmischwald mit zahlreichen Alteichen und reicher Insektenfauna in ein Rodungsgebiet übergeht, sowie das sog. S i p p e n a u e r M o o r bei Saal (NSG), das leider durch Entwässerung und durch Blumenplünderer erheblich gefährdet ist. Es stellt ein Übergangsmoor mit artenreicher Sumpfflora dar. Zwischen dem lichten Baumwuchs aus Birke, Faulbaum und Kiefer öffnen im Frühjahr die Frühlingsknotenblumen ihre Glocken. Es blühen Wiesenschaumkraut, Buschwindröschen, Himmelsschlüssel und Trollblume. Die Mehlprimel steht noch vereinzelt. Von den Orchideen kann man das Sumpfknabenkraut, die Wiesensumpfwurz und die vom Aussterben bedrohte weiße

161

Glanzwurz entdecken. An typischen Moorgewächsen gibt es Sonnentau, Fettkräuter, Kriechweide, Trollblume, Wasserschwertlilie, Läusekraut und Wollgras. Am Südrand des Gebietes entspringen Schwefelquellen.

Als schutzwürdig anerkannt wurde ferner der A u f h a u s e r W a l d (LSG) im Tal der Großen Laaber, ein geschlossener Auwald an der alten, von Pappeln gesäumten Ochsenstraße (ursprünglich Römerstraße „Via Augustana"). Bei Wallkofen blieb der A u w a l d von Illbach (LSG) mit seinen Schwarzerlen, Eichen und Eschen in naturnahem Zustand erhalten. Ähnlich die H i r s c h -l i n g e r A u an der Kleinen Laaber. Alle drei Gebiete zeigen typische Auwaldflora und beheimaten zahlreiche Vögel und Kleintiere.

Der W a l d im bayerischen Tertiär-Hügelland ist wie in allen ländlichen Rodungsgebieten auf die geringwertigen Böden oder auf die schwerer zu nutzenden Hügel- oder Hanglagen beschränkt. Der einst vorherrschende Laubwald ist dem Nadelwald aus Fichten und Kiefern gewichen. Und zwar beansprucht die Fichte alle feuchten und nährstoffreichen Mulden, während die Kiefer sich mit ärmeren Sandböden zufriedengibt und im übrigen nur beigemischt ist. Neben diesen Leitbäumen gesellen sich Lärche, Tanne, Buche, Eiche, Erle, Esche, Linde, Ahorn und Hainbuche dazu und gestalten abwechslungsreiche Waldbilder. Auffällig sind die großen Kiefernforste am Nordrand des Hügellandes zwischen Donaumoos und Gäuboden. Hier gewinnen die angewehten Sandflächen größere Verbreitung. Im östlichen Teil des großen D ü r n b u c h e r F o r s t e s (LSG) findet man das „schönste Binnen-Dünenfeld südlich der Donau". Bis zu mehreren Metern Höhe steigen die Dünen an. Das ganze Gebiet ist mit einem zum Teil schütteren Bestand ungleichaltriger Föhren bestockt. Dazwischen leuchten aber überall helle Laubwaldinseln. Im Inneren des Forstes breiten sich das „Ried-und das Forstmoos" aus, die heute zu Äckern und Wiesen kultiviert worden sind. Den Mittelpunkt des LSG bildet der schilfumstandene Oberweiher, in dem Fischzucht betrieben wird. Hier und an den anschließenden Straßberger Weihern hält sich eine artenreiche Vogelwelt.

Färberginster

Ähnliche Forstgebiete sind die Wälder zwischen Langquaid und Abensberg, der „F e i l e n f o r s t" bei Geisenfeld sowie der „Haidforst" und der „Hagenauerforst" bei Schrobenhausen mit ihren bis zu 200 Jahre alten Kiefernriesen. Die „Schrobenhauser Kiefer" hat wegen ihrer Qualität über Oberbayern hinaus einen guten Ruf.

Die sandigen Böden verraten sich im Frühjahr und Frühsommer durch die flammendgelben Ruten des Besenginsters und die sattgelben Traubenblüten des Färberginsters, die viele Waldränder und Lichtungen überstrahlen. Daneben sind als Wahrzeichen dieser waldreichen Sandböden die Heidenelke, die Pechnelke, das Maiglöckchen und das Schattenblümchen bekannt.

Im Herzen des Hügellandes nördl. der Isar liegt das Hopfenland der H a l l e r -t a u. Es gilt als größte Hopfenprovinz Deutschlands. Das verhältnismäßig milde Klima und die günstige Mischung von Löß und Sand eignen sich vorzüglich zum Anbau dieser Frucht. Exakt begrenzen kann man die Hallertau nicht; der Hopfenanbau erstreckt sich mit einzelnen Feldern etwa zwischen den Moosburg-Landshuter Isarhöhen und den Flüssen Donau, Paar und Amper. Der Schwerpunkt liegt um die Städte Pfaffenhofen, Wolnzach, Au, Mainburg und Siegenburg. Am besten wird man die Schönheit des Landes würdigen, wenn im hohen Sommer die Hügelwellen sich golden färben vom reifen Korn, ins Kupferne spielend vom Weizen, silbergrau schattiert vom Hafer, dunkelgrün durchsetzt vom Wald und saftig lichtgrün aufgehellt von den Vierecken der Hopfengärten.

Hopfendolde

162

*Landschaft bei Ruhstorf
(Eggenfelden)*

Zwischen Isar und Inn

Das Bild des in sich ruhenden Bauernlandes tritt uns gleicherweise in den Hügelstrichen zwischen Isar, Donau, Inn und Isen entgegen. Hier gliedern der Talzug der G r o ß e n V i l s und das R o t t a l das Land in drei langgestreckte Riedel. Geradezu als Bergland in Erscheinung treten die Waldhöhen im Süden, die zur Inn-Salzach-Schotterebene abfallen. Der Ur-Inn hat die Tertiärhügel hier angespült und steilere Verhältnisse geschaffen. Bis zu 150 m reicht der Unterschied zwischen Flußtal und Randhöhen. Da erhebt sich 549 m hoch der S c h e l l e n b e r g mit seiner weiten Aussicht auf Simbach, Braunau und die Inn-Stauseen. Ja, an klaren Tagen streicht der Blick über das ganze Voralpenland hin bis zum Alpenpanorama im Hintergrund. Wo die Alz zum Inn stößt, wurden die tertiären Molasseschichten in dem Prallhang der „D a c h e l w a n d" (LSG) angeschnitten. Gelb leuchtet die Kies- und Sandleite aus dem Laubgrün der Buchen auf ihrem Rücken und dem Erlen- und Weidengrau zu ihren Füßen. Hunderte von Uferschwalben nisten hoch in den kleinen Sandhöhlen der Wand. Von oben öffnet sich ein schöner Ausblick auf den Zusammenfluß von Inn und Alz und deren riesige Auwälder. Durch einen Bahndamm vom Inn abgeschnitten wurde hier das Altwasser der „Peracher Lake". Von Schilf- und Erlenwäldchen umgeben, ergibt sie zusammen mit der Dachelwand eine urwaldhafte Szenerie. Die ganze Innleite (und westl. davon die Isenleite) zwischen Stammham, Marktl und Winhöring wird dem N a t u r p a r k I n n - S a l z a c h angeschlossen, der künftig die großen Schotterforste des Kreises Altötting (Öttinger und Holzfelder Forst) umfassen soll.

*Prallhang des Inn bei Marktl
(Dachelwand)*

Eine selbständige Einheit im niederbayer. Hügelland bildet der Rottgau um das R o t t a l. Die Rott ist an sich ein unscheinbares Flüßchen mit geringem Gefälle, das oberhalb Neumarkt – St.Veit entspringt und nach 65 km ostwärts

163

gerichteten Laufes bei Neuhaus in den Inn mündet. Nach starken Regenfällen aber verliert sie ihre Harmlosigkeit und überschwemmt die breiten Weidengründe des Tales. Dagegen wurden umfangreiche Flußregulierungen vorgenommen, die den malerisch mäandernden Flußlauf eindämmten und begradigten. Bei Postmünster entstand neuerdings ein großer Hochwasserrückhaltespeicher. Die Talweiden der Rott bilden die Grundlage der einst so berühmten Rottaler Pferdezucht, die auf das Jahr 909 n. Chr. zurückgeht und deren Warmblutpferde noch heute weit über Bayern hinaus bekannt sind. Doch mit der steigenden Motorisierung mußte die Pferdezucht der Rinderzucht weichen. Das Kutschpferd ist nicht mehr gefragt, die Reit- und Trab-Pferdezucht hat noch einige Bedeutung (Rennbahn in Pfarrkirchen). Von den Sonderkulturen ist im Rottgau der Obstbau erwähnenswert (Äpfel, Birnen, Zwetschgen, Kirschen), der hier nächst dem Obstbaubezirk im Vorwald („Lallinger Winkel") die größte Ausdehnung in Niederbayern hat.

Einige Randhöhen des Rottales wurden unter Schutz gestellt. Voran die Umgebung der Wallfahrtskirche G a r t l b e r g, die mit ihren Doppeltürmen weit über die Stadt Pfarrkirchen ins Tal blickt. Schöner alter Baumbestand umgibt sie. Ferner der benachbarte R e i c h e n b e r g und der stimmungsvolle S c h l o ß p a r k T h u r n s t e i n. Der Gartenarchitekt Effner legte ihn zwischen 1836 und 1840 im englischen Stil an. Sein Aussehen ist bestimmt durch den Wechsel von Grasflächen und mächtigen Baumgruppen. Im Schloßhof eine prachtvolle Silberpappel.

Von den florenreichen Engtälern und Bachläufen stehen die T h a l h a m m e r S c h l u c h t, das P e l k e r i n g e r B a c h t a l und die K l a m m e n südlich Pelkering bzw. Ecking unter Schutz.

Schloß und Park Schönau

Zwei kennzeichnende Ausschnitte der Landschaft sind auch der Gerner Weg in Eggenfelden und der Park Schönau. Der G e r n e r W e g ist eine schöne Birken- und Ahornallee in den Rott-Auen. Mächtige alte Laubbäume und Pappelreihen machen hier das Flußtal zu einer wahren Spazierlandschaft.

Im Park S c h ö n a u hat man ein typisches Tälchen des Tertiärhügellandes höchst stilvoll zu einem vornehmen Landschaftsgarten gestaltet. Der hervorragend gepflegte Park zieht sich hinter dem neugotischen Wasserschloß den Hang hinauf und geht ohne merkbare Begrenzung in Wald- und Bauernland über. Um das Schloß O r t e n b u r g wurde ein großer Wildpark angelegt.

Völlig andere Landschafts- und Vegetationsformen nimmt das Hügelland an, wo gegen Donau und Inn die Mergel und Flinze vom Gneis und Granit abgelöst werden. Geologisch betrachtet greift hier der Bayer. Wald über die Donau. Hier breitet sich das große Forstrevier des N e u b u r g e r W a l d e s aus. Lange Jahrhunderte grundherrlicher Bannwald (im 18. Jh. Besitz der Passauer Fürstbischöfe), blieb er in natürlich gemischter Zusammensetzung erhalten (Buche, Tanne, Fichte, Eiche). Am Innufer südl. von Passau findet man mit dem Eintritt in den Forst einen Waldlehrpfad vor.

Der Inn hat den Gneis- und Granitriegel zwischen Vornbach und Passau durchschneiden müssen (V o r n b a c h e r o d e r N e u b u r g e r E n g e; LSG vorgesehen), und ein steilwandiges Tal mit 120 m hohen Wänden herausgearbeitet. Die Vegetation des Neuburger Waldes polstert diese Leiten mit dichtem Laubwald. Einen Vorsprung der Talwand krönt das mittelalterliche Schloß Neuburg. Die Stromschnellen und Strudeltöpfe aber, durch die sich der eingeengte Fluß hier durcharbeiten mußte, liegen heute durch den Stau einer Kraftwerkstufe unter Wasser. Die Lebendigkeit des Alpenflusses ist endgültig gebremst.

164

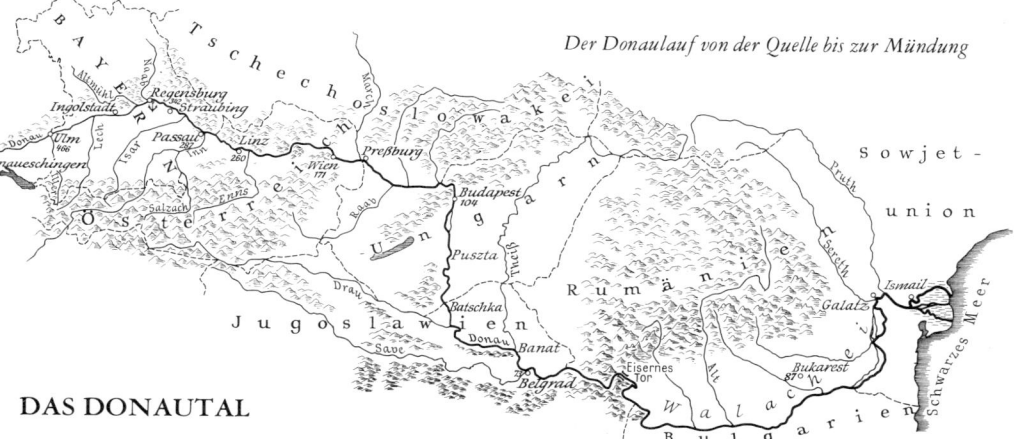

DAS DONAUTAL

Das Donautal folgt einer Bruchzone, in der die Schwäbisch-Bayerische Hochebene zur Tertiärzeit gegen die Juratafel abgesunken ist. Es bildet – geologisch gesehen – eine markante Grenze zwischen Süd- und Nordbayern. Von den Alpenkämmen bis hierher ist die Landschaft ausschließlich vom Eiszeitgeschehen geprägt. In die Donau münden alle bayerischen Alpenflüsse und die vielen Bäche und Wasserläufe des Alpenvorlandes. Sie hat die Schmelzwasser aller Eiszeiten aufgenommen und den Meeren zugeführt. Entsprechend breit und ausladend ist das Tal, das sie und ihre Nebenflüsse in Jahrtausenden mit dem Schutt der Alpen angefüllt haben. Man spricht daher treffender von der „Donauebene".

(Dazu Kartenseiten 38, 30–37)

Von Ulm bis Weltenburg

In diesem Teil des Donautales bestimmten einst nur Auwälder und Flachmoore das Landschaftsbild. Erst auf den höher gelegenen Terrassen siedelte der Mensch und baute seine Dörfer. Heute hat sich das Bild gewandelt. Umfangreiche Entwässerung und Kultivierung haben an Stelle unwegsamer Sümpfe und Moore fruchtbare Felder und saftige Wiesen entstehen lassen. Wo die Entwässerungsgräben aber so übertieft worden sind, daß man die wassertragende Schicht unter dem Moorboden durchstieß, floß das Wasser in den durchlässigen Kiesgrund ab. Es folgte ein Austrocknen großer Moorflächen, die heute nur noch Schafen kümmerliche Weiden bieten. Stellenweise gab die ausgetrocknete Pflanzendecke den Moorboden völlig frei, so daß Sandstürme die schwarze Moorerde ausblasen konnten. Reste der ursprünglichen „Donauriede", wie hier die Moore heißen, gibt es vor allem in Form von Streuwiesen, die im Frühjahr übersät sind mit den leuchtenden Farben der Frühlingsblumen: Schlüsselblumen, Trollblumen, Lichtnelken, seltener Mehlprimeln und Frühlingsenziane, Grasschwertlilien und der Sumpfwolfsmilch, deren westlichste Standorte die Riede bei Günzburg sind. An Wasserstellen findet sich die gelbe Wasserschwertlilie, Bitter- und Fieberklee. Der Sommer ruft die roten Köpfe der Sumpfdistel und die gelblichen Blüten der Kohldistel hervor. Vergeblich sucht man die angestammten Riedvögel wie Birkhuhn und Brachvogel. Auch Störche und Fischreiher sind sehr selten geworden, weil die Austrocknung ihre wichtigste Futterquelle, die Froschkolonien, gewaltsam verringert hat. Ein letztes Refugium für die Riedvögel wurde mit dem V o g e l s c h u t z - g e h ö l z (LSG) im Oberen Moos nördl. Günzburg eingerichtet. Auch im benachbarten L e i p h e i m e r M o o s soll ein größeres Areal als LSG vor der restlosen Kultivierung bewahrt bleiben. In seinen stillen Buschgruppen fühlen sich zahlreiche Vogelfamilien wohl. Im großen „Donauried" südl. Donauwörth stehen

Ulmer Schachtel

Donauwörth

165

die ursprünglichen Partien des F i r n h a b e r m o o s e s (Mertinger Hölle) unter Landschaftsschutz. Auf private Initiative geht ein von Ornithologen betreutes Vogelschutzgebiet im Schuttermoos bei Buxheim zurück. Es liegt im mittelfränk. LSG S c h u t t e r t a l unweit nordwestl. von Ingolstadt. Durch Bau von Nistvorrichtungen, durch teilweise Aufforstung mit Pappeln, Erlen und Weiden wurde ein Nistanreiz für Rohrammern, Schilf- und Teichrohrsänger, Braunkehlchen und Wiesenschmätzer, Bekassinen und Viehstelzen, Teichhühner und Enten geschaffen. Kiebitz, Lerche und Brachvogel bevorzugen die Moorwiesen. An den Moortümpeln finden Storch und Graureiher ihre Beute. Aber auch der Rote Milan, der Turmfalke und der Mäusebussard, Wacholderdrossel, Waldkauz und Steinkauz haben das Vogelparadies entdeckt. In der Zone des Wasserwerkes Ingolstadt liegt das Vogelschutzgebiet Buschletten, wo 65 Vogelarten gezählt wurden.

Ein charakteristischer Landschaftsausschnitt der bereits kultivierten Moore ist östl. von Neu-Ulm unter Landschaftsschutz gestellt: das P f u h l e r -, F i n n i n - g e r - und B a u e r n r i e d mitsamt dem hügeligen Ausläufer des Tertiärriedels zwischen den Flüssen Iller und Roth. Es ist eine weite, parkartige Landschaft mit Birkenwäldchen, untermischt von Föhren, Hainbuchen und Haselstauden. Markante Einzelbäume geben dem flachen Horizont Profil. Ein Stück weit kann man den Lauf der Römerstraße verfolgen, die hier das Ried durchquerte. Raubvögel kreisen über der stillen Landschaft. Am Rande des Buchwaldes hinter dem Schloß von Reutti liegt ein Soldatenfriedhof. Auch das K i r c h h o l z bei Oberfahlheim steht unter Schutz.

Eine der umfangreichsten Trockenlegungen wurde seit 1790 im sog. D o - n a u m o o s bei Neuburg an der Donau unternommen. Es war ein riesiges Versumpfungsmoor, das sich infolge des Rückstaus der zur Donau fließenden Bäche durch die gewaltigen Geröllmassen der Donau entwickelt hatte. Kurfürst Karl Theodor leitete durch Kolonisten aus nah und fern die Entwässerung ein, und im 19. Jh. wurde diese umfangreichste Neulandgewinnung Süddeutschlands zu Ende geführt. Heute gedeiht hier in erster Linie eine gesunde Saatkartoffel. Von den kleinen Randwäldchen des Donaumooses sind die Auwaldgehölze bei Pöttmes, Grimolzhausen, Sandizell (Asperwäldchen) und der Auwald „Eila" bei Brunnen als LSG hervorzuheben.

Neuburg a.d.D.

Die Donau zog einst, wie alle ursprünglichen Flußläufe, in vielen Verästelungen dahin und bildete eine regelrechte Wasserlandschaft mit Kiesbänken, Buschregionen und Auwäldern. Immerhin führten ihre Hauptarme so viel Wasser, daß sie von Ulm ab seit Urzeiten befahren werden konnte. Aus der Römerzeit ist überliefert, daß Kaiser Julian Apostata im Jahre 361 genügend Schiffe vorfand, um darauf ein Heer von 3000 Mann zu verfrachten. Seit dem Mittelalter sind die „Ulmer Schachteln" unterwegs. So nannte man die flachen Frachtboote, die von Ulm aus die Donau befuhren. Dem steigenden Transportbedarf des 19. Jh. aber genügte ihre Kapazität nicht mehr; Dampfschiffe sollte die Donau tragen. Um den nötigen Wasserstand zu erreichen, mußte man den Fluß eindämmen und begradigen. Von 1844 an wurde die Donau systematisch reguliert. Doch der geschäftliche Erfolg blieb aus. Noch heute ist die Schiffahrt mit Frachtkähnen erst von Regensburg ab möglich. Zu der Begradigung kamen in unserer Zeit mehrere Staustufen, die den Flußcharakter erneut änderten und eine Reihung ruhender gestauter Gewässer entstehen ließen.

Den Bereich der ehemaligen Nebenarme nehmen nun in wechselnder Breite Auwälder ein, die entlang der zahlreichen Altwässer von Ulm bis kurz vor Welten-

166

burg das Bild der Donaulandschaft prägen. In diesem Niederwald aus vielerlei Arten von Weiden, Grauerlen, Pappeln und Eschen stehen immer wieder starkwüchsige Eichen, Bergahorne, Ulmen und Birken; eingestreut sind Fichteninseln aller Wachstumsstufen. Auf kiesigem Untergrund behaupten sich Kiefern, Sanddorn und Grauweiden.

Prachtvolle alte Kopfweiden säumten früher viele der kleinen Donauzuflüsse. Heute zieht noch die E g a u (LSG) bei Dillingen zwischen ihrem lückenlosen Kopfweidensaum durch die Wiesen und Felder. Südl. von Dillingen trägt das fast trockene Bachbett der D o p f e n (LSG) einen Schmuck aus alten Kopfweiden.

Kopfweiden an der Egau

Das feuchtwarme Kleinklima der A u w a l d v e g e t a t i o n begünstigt einen blumenreichen Unterwuchs. Das ganze Jahr über währt die Blütenpracht. Sie hat ihren Höhepunkt im Frühjahr, wenn durch die unbelaubten Äste noch genügend Sonnenwärme den Waldboden erreicht. Er ist dann vom Weiß der Frühlingsknotenblumen und des Buschwindröschens, dem Gelb der Sumpfdotterblume, der Anemone, der Waldschlüsselblume und dem Blau des Zweiblättrigen Blausterns (der „Roßmucken"), der Traubenhyazinthe und des Lungenkrautes übersät. Auch der rosa Seidelbast verbreitet noch seinen betäubenden Duft. Bald folgen die langen weißen Blütentrauben der Elsbeere oder Traubenkirsche, und an feuchten Stellen erobert der stark nach Knoblauch riechende Bärenlauch mit seinen weißen Blütenköpfen den Auwaldboden. Dazwischen kann man auch den Gefleckten Aronstab finden, dessen weiße Blütentüte eine regelrechte Insektenfalle ist. Der dem Kolben entströmende Aasgeruch lockt die Insekten an. Sie rutschen vom glatten Hüllblatt auf den Grund der Blüte und werden dort von sperrigen Haaren am Herauskriechen gehindert. Erst nach der Bestäubung der Blüte welkt das Hüllblatt und läßt das Tier frei.

Andere Vorrichtungen, die bestäubenden Insekten anzulocken, besitzen die Orchideen des Auwaldes. Ihre Blüten bilden in Form und Duft Hummeln, Bienen, Spinnen und Fliegen so genau nach, daß diese Insekten sich täuschen lassen und − davon angezogen − die Orchideen untereinander bestäuben. Die Blumen sind auch nach ihnen benannt: Bienen-Ragwurz, Spinnen-Ragwurz usw. Ganz versteckt leuchten auch manchmal noch die rotbraunen Blüten des Frauenschuhs. Eine der schönsten Auwaldpflanzen ist die Türkenbundlilie mit ihren turbanartigen Blüten. Daneben finden wir die weiße Waldhyazinthe, die dunkelrote Akelei, die Weiße Sumpfwurz und in den verbliebenen Altwässern die Gelbe Teichrose und die Weiße Seerose, während am Wasserrand die stolze Gelbe Wasser-Schwertlilie erscheint. Den Kranz der Sommerblumen beschließen dann die tiefblauen Helme des mannshohen Blauen Eisenhutes und die zartlila Kelche der Herbstzeitlose.

Ebenso reichhaltig ist die T i e r w e l t der Riede und Auwälder. Zwar fehlen heute Bär und Luchs, Wildkatze und Biber; auch Hirsch und Wildschwein, Wisent und Ur sind verschwunden, aber Reh und Hase konnten sich behaupten, Fuchs und Dachs kommen gelegentlich noch vor. Die Vogelwelt ist trotz der heutigen Verhältnisse noch erstaunlich reich. Von den Raubvögeln taucht der Rote Milan, wegen seiner gegabelten Schwanzform auch Gabelweihe genannt, häufig auf, ferner der Mäusebussard, gelegentlich der Fischreiher und ganz selten der Fischadler. Die freien Wasserflächen sind den Wasservögeln vorbehalten. Wildenten und Bläßhühner, Taucher und Sumpfhühner finden ihr Auskommen. Die große Rohrdommel läßt ihre dumpfen Laute aus dem Schilf ertönen, und der prächtige Eisvogel, der immer seltener zu sehen ist, geht auf Fischjagd. In der rauhen Jah-

Große Rohrdommel

167

reszeit findet sich manch seltener Zugvogel ein. Das Konzert der Singvögel versteht sich in diesen dichten Unterholzregionen von selbst. Es ist übertönt vom Hämmern der Spechte, dem Ruf des Kuckucks und den hellen Flötenlauten des Pirols.

In dem feuchten Klima der Donauniederungen gedeiht auch die Weinbergschnecke, die vielen als Delikatesse gilt und deshalb durch einschränkende Schutzbestimmungen beim Sammeln vor der Ausrottung bewahrt werden muß. Anders liegt die Sache mit den berüchtigten „Donauschnaken" und Bremsen, die den Aufenthalt im Auwald an schwülen Tagen recht unbequem gestalten können. Wohl so manche seltene Blüte verdankt diesem Umstand ihr Leben, die sonst von „Blumenliebhabern" mitleidlos abgerissen würde.

An Auwaldstrecken, die im großen und ganzen den hier skizzierten Landschaftscharakter zeigen, stehen von Ulm ab folgende unter Landschaftsschutz: D o - n a u - A u e n von Thalfingen bis Unterfahlheim, zwischen Günzburg und Gundelfingen, zwischen Gundelfingen und Faimingen sowie bei Dillingen (D i l l i n g e r A u). Das Waldstück „T i e r g a r t e n", die „S c h w a i g - h ö l z e r" und die „B e r t e n a u" südöstlich von Dillingen grenzen zwar nicht an die Donau, gleichen aber den Auwäldern. Es folgen die Auwäldchen unterhalb der geschützten Jurahänge bei Schloß Leipheim und der auwaldartige E n g l i s c h e G a r t e n in Neuburg (Donau). Gegen Ingolstadt zu liegt an der linken Uferseite der sog. G e r o l f i n g e r E i c h e n w a l d. Es ist kein Wald im landläufigen Sinne, sondern eine parkartige weite Landschaft mit zahlreichen, in sich geschlossenen Baumgruppen, die zwischen grünen Wiesen und Altwassern stehen. Einem Eichenriesen von 8 m Umfang gab der Volksmund den Namen „Waldvater" (800 m südl. des Hohnbuchberges). Weiterhin stehen die G r o ß m e h r i n g e r D o n a u - A u e n am rechten Donauufer unter Schutz und hinter Vohburg diejenigen von Pförring, Marching, Irnsing, Hienheim und Eining, auf die man von der erhöhten Straßenterrasse zwischen Sittling und Eining einen herrlichen Blick hat. Harmonische Baumgruppen lösen die Gebüsch- und Kopfweidenzone des Ufers ab. Am Abhang ziehen Obstbaumreihen entlang.

Donaulandschaft bei Pförring

In diesem großen Auwaldgebiet liegt bei Bad Gögging auch das „Versuchsrevier Heiligenstadt", wo der Deutsche Naturschutzring gemeinsam mit dem World Wildlife Fund ein Reservat für die Einbürgerung von Biber, Fischotter und anderen, von der Ausrottung bedrohten Tierarten geschaffen hat.

Industrielandschaft bei Ingolstadt

Donaudurchbruch bei Weltenburg

Von Weltenburg bis Jochenstein

Hatten bisher die Hänge des Jura das linke Flußufer begleitet, so greift hier der Jura über die Donau. Der Talboden selbst ist kaum mehr 1 km breit. Die Landschaft rechts und links beginnt sich stark zu ändern. Es tauchen bereits Schafweiden mit Wacholderstauden auch südlich des Flusses auf. Die ursprüngliche Heidevegetation behauptet sich in der Sandharlander Heide, die im Frühjahr mit Küchenschelle, Steinrösel, Regensburger Geißklee, Frühlingsanemone, Landsegge und Frühlingsenzian prunken kann und deshalb unter Naturschutz steht. Weidende Schafherden beißen das Gras, die Kiefern-, Fichten- und Birkensämlinge zurück, die den Blumenbestand verdrängen könnten. Die Ufer treten nun immer näher an den Fluß heran, werden steiler, höher und ernster. Wir nähern uns der Weltenburger Enge (NSG). Zwischen dem weltberühmten Kloster Weltenburg und der Stadt Kelheim hat die Donau in einigen tausend Jahren den Kalkstein des Jura durchsägt und das gewaltigste Durchbruchstal Deutschlands geschaffen. Auf 5 km Länge strudelt der Strom eingezwängt zwischen 70 m hohen Kalkwänden dahin. Für einen Uferweg bleibt

169

kein Raum. Überhängende Wände bedrohen den Strom und wechseln mit steilen, aber begrünten Hängen, aus denen skurrile Felsformen aufragen. Für viele von ihnen hat die Phantasie der Schiffer volkstümliche Begriffe geprägt wie den „Frommen Bischof", der für sein Stift betet, den „Bayerischen Löwen", der auf einem Felsturm Wache hält, den „Unverschämten Mann", der den Schiffen seine Rückseite zukehrt, den „Stolzen Napoleon", der in wilder Flucht dem Rhein zustrebt, wobei er „Hut und Koffer" auf dem Steilufer zurückläßt, die zwei Apostel „Peter und Paul", die „Jungfrau", den „Bienenkorb" u. v. a. Jeder Bootsführer kennt sie und eine mehr oder weniger wahrscheinliche Geschichte noch dazu. In den Felswänden nisten heute wieder Wanderfalke und Uhu, und dank der Unzugänglichkeit ihrer Nester können sie sich behaupten. Doch auch Bachstelze und Eisvogel, Dohle und Bussard, Möwe und Meise fühlen sich hier sicher. Die Vegetation wird bestimmt vom Mischwald der Jurazone. Kiefer, Tanne und Fichte, Buche, Eiche und Ahorn fassen überall Fuß, wo es der Felsen zuläßt. Mehrhundertjährige Eiben leuchten schwarzgrün heraus. Hinter dem Forsthaus Wipfelsfurt stehen die schönsten Eschen Deutschlands. Um die Befreiungshalle bei Kelheim breitet sich prachtvoller Laubwald aus. Müßig zu sagen, daß dieses Landschaftsstück im Herbst sein Pflanzenkleid zu einem tausendfarbigen Festgewand macht.

In Kelheim nimmt die Donau die Altmühl auf und benutzt von hier an wieder ihr ursprüngliches Tal. Die U r d o n a u hatte nämlich einen anderen Weg genommen als der heutige Fluß. Sie war hinter Donauwörth nordwärts geflossen, hatte in die Alb das heute trockene Wellheimer Tal geschliffen und war von Dollnstein ab über Eichstätt, Beilngries, Riedenburg durch das jetzt von der Altmühl benutzte romantische Tal geströmt. Der Beweis ist erbracht: unter der Talsohle des heutigen Altmühltales finden sich Kiesel, die nur von der Urdonau aus den Alpen und dem Ostschwarzwald hierher verfrachtet werden konnten. Warum die Donau vor etwa 200 000 Jahren ihr Bett verlegte und dem heutigen Lauf folgte, ist noch nicht ergründet. Wahrscheinlich hatte sich der Fluß durch starke Aufschüttung sein Bett verbaut und fand weiter südlich einen Abfluß durch den Jura. Als sich aber nach der Eiszeit die Albtafel hob, sägten die Wasser in Jahrtausenden den großartigen Donaudurchbruch ein.

Bei Kelheim nimmt die Donau also wieder ihr angestammtes Urstromtal ein. Es ist wesentlich weiter als das Durchbruchstal, aber immer noch − bis nach Regensburg hinein − steigen links wie rechts die Hügel des Juragebirges an. Dabei schwingt der Fluß in weiten Schleifen zwischen Gleit- und Prallhängen dahin. Steil ragt der R i n g b e r g bei Saal auf. Der Prallhang gegenüber Matting ist unter dem Namen M a t t i n g e r H ä n g e als NSG bekannt. In der steilwandigen Felsenpartie aus Weißjura und auf ihrer Anhöhe breitet sich unberührt die Pflanzenfülle der Steppenheide und ihrer Wälder aus. Vergleichbar damit sind die Hänge des NSG M a x - S c h u l t z e - S t e i g gegenüber der Ortschaft Sinzing. Zwar weniger hoch, weniger imposant und weniger einsam, aber um so aussichtsreicher bietet sich dem Spaziergänger dieses langgestreckte Schutzgebiet dar. So weit der Blick von hier über die Donauuferhänge von Matting bis Mariaort an der Naabmündung und in das schöne Tal der Schwarzen Laber hinstreift, erstreckt sich das LSG O b e r e s D o n a u t a l und S e i t e n t ä l e r. Für die schnellwachsende Großstadt Regensburg sind solche stadtnahen Erholungsgebiete von ungewöhnlichem Wert. Mit dieser Überlegung wurden auch die nördlichen Uferabhänge bei Winzer unter Schutz gestellt, die einen wichtigen Ausschnitt im grünen Rahmen um den Stadt-Talkessel bilden.

Befreiungshalle bei Kelheim

170

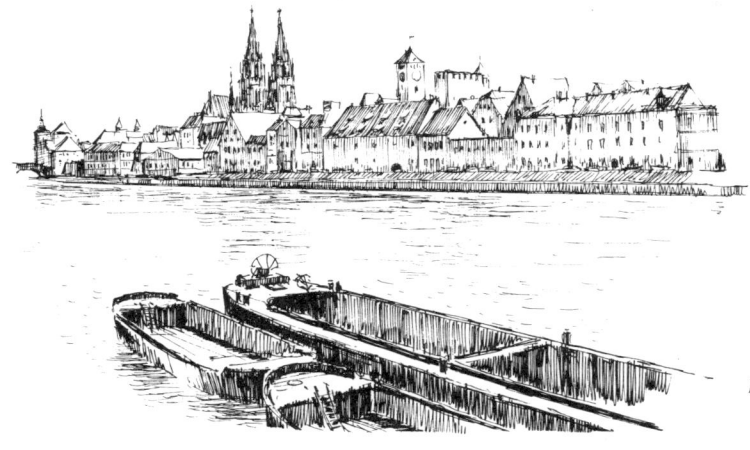

Regensburg

In Regensburg mündet der Fluß Regen in die Donau. Er gilt allgemein als Grenzlinie zwischen Alb und Bayerischem Wald. Das stimmt jedoch nur grob genommen. Im untersten Regental greifen die Juraschichten der Alb über das Regental hinaus am weitesten nach Südosten. Die geologische Scheide tritt am auffälligsten am K e i l s t e i n (NSG) östl. von Regensburg zutage. Die Trennungslinie entspricht der sog. Keilbergspalte, wo steil aufgerichtete Jura- und Keuperschichten am Rand des kristallinen Grundgebirges hochgepreßt wurden. Der dabei zutage tretende Felsenkalk wird in großangelegten Steinbrüchen abgebaut. Doch nicht nur geologisch verdient der Keilstein Interesse, auch botanisch hat er allerlei zu bieten. Sein Südhang, aus dem mehrere vom Regen herausgewaschene Felsriffe ragen, weist seltene pontische Pflanzengesellschaften auf. So blüht dort z. B. die „Steinfeder", ein typisches Steppengras aus dem Südosten Europas.

Von nun an begleiten im Norden die Höhen des Vorderen Bayerischen Waldes den Lauf des Stromes auf seinem Weg durch den fruchtbaren D u n g a u. Hier weitet sich das Donautal zu einer mehrere Kilometer breiten Ebene, die bis Vilshofen reicht. Es ist der berühmte „G ä u b o d e n", die Kornkammer Bayerns. Über den Schotteranschwemmungen der eiszeitlichen Flüsse liegen tiefgründige Lößschichten, die hervorragende Ernten garantieren. Die Stadt Straubing ist der Mittelpunkt dieses gesegneten Landes. Gemeinhin gliedert man den Gäuboden in eine Löß- und in eine Flußlandschaft. In der ersteren herrschen die Getreidefelder vor. Gemüsekulturen und Zuckerrübenfelder nehmen große Flächen ein. Pappelreihen, kräftige Einzelbäume und kleinere Wäldchen unterbrechen das Gleichmaß. In der Flußlandschaft besteht der Boden aus Kies, Flußsand und vertrocknetem Flußschlick. Alte, heute verschlammte und ausgetrocknete Flußschlingen lassen sich überall erkennen. Sie zeigen an, daß der Strom vor seiner Regulierung oft den Lauf wechselte, zahllose Altwasserarme bildete und bei Hochwasser beiderseits einen Überschwemmungsstreifen von mehreren Kilometern bedeckte. Damals genügte die Wassertiefe für „Ulmer Schachteln", „Kelheimer", „Plätten" und „Zillen", die den Verkehr auf der Donau bestritten. Fröhliche Schiffsknechte schmetterten damals ihre „Gstanzl" über den Fluß:

> „Mei Voda is a Schiffsma / mit eam is 's a Gfrett
> am liabarn is eam's Wassa, / aba tringa mog as net."

Seit der Einführung der Dampfschiffe mit ihrem größeren Tiefgang, und besonders seit dem Bau des Regensburger Hafens 1910, legte man Flußdämme an, zwischen denen die Wasser gebändigt und gesammelt abfließen können. Das verblie-

171

bene Überschwemmungsland ist heute wie an der oberen Donau durch Felder und Wiesen genutzt oder von Auwald bedeckt, der wegen seines Pflanzen- und Tierreichtums auch hier erhalten bleiben soll. Besonders im Landkreis Regensburg steht der größte Teil der Flußaue unter Landschaftsschutz. Darunter sind die Laub- und Mischwälder zwischen E l t h e i m und Rosenhof, zwischen Griesau und D e n g l i n g und das sog. M i n t r a c h i n g e r H o l z. Das Donaualtwassergebiet bei P f a t t e r gehört zu den wertvollsten Vogelschutzgebieten Bayerns. Hier brüten Nacht-, Purpur- und Graureiher, Störche, Weihen und viele andere seltene Vogelarten.

Im Schloßpark von I r l b a c h (ND) kann man sehen, welche Baumexemplare der Auwald bei entsprechender Pflege hervorbringen kann. Dort stehen großartige Linden, Eschen (Sechslinge) und Eichen (Zwillinge) von erstaunlichem Umfang.

Außergewöhnlich interessant sind die Aulandschaften an der I s a r m ü n - d u n g bei Plattling. Bereits hinter Landau mündet das Isartal in die Weite der Donauebene, die Tertiärhügel verklingen. Der Fluß wird von mächtigen Hochwasserdämmen zur Donau geleitet. Die stillen Auwälder mit ihren verschilften Tümpeln gewähren zahlreichen Vogelarten (Rohrdommel, Kormoran, Storch, Fischreiher), Käfern und Amphibien Unterschlupf. Auch eine eingesetzte Biberkolonie fühlt sich hier wohl. Und in den Frühlings- und Sommermonaten verbreiten viele Pflanzen ihre Blütenpracht: die Wasserschwertlilie, die Sibirische Schwertlilie, die Lilienblättrige Drüsenglocke, das Gottesgnadenkraut, die Wasserfeder, die Krebsschere, die Glänzende Wolfsmilch u. v. a. Hier zeigt sich schon deutlich eine Abnahme der Pflanzen, die mit der Isar von den Alpen herabgekommen waren, gegenüber denjenigen Arten, die aus dem östlichen Raum der Donau entlang heraufgewandert sind. Noch deutlicher ist diese Erscheinung auf den Geröll- und Schwemmsandflächen um S a m m e r n nahe der Isarmündung. Die hier in feuchten Mulden und lichten Gehölzen anzutreffenden seltenen Arten wie Federgras, Schmalblättriger Alant, Pyramidenförmige Hundswurz, Purpurne Schwarzwurz, Einknolle, Kalk- und Goldaster, Frauenlein sind durch die umfangreiche Kiesgewinnung gefährdet.

Wunderbare Ausblicke auf das Flußtal und seine Auwälder bieten die Höhen am A b f a l l d e s B a y e r i s c h e n W a l d e s, die von Regensburg bis kurz vor Straubing unter Landschaftsschutz stehen. Hierbei ist vor allem die W a l l - h a l l a zu nennen. König Ludwig I. hat mit diesem Tempel eine Verbindung von germanischer Landschaft und griechischer Bau- und Geisteskultur versucht und dabei eine Lösung gefunden, der wir unsere Achtung nicht versagen können. Die Gesamtanlage der Wallhalla und der Blick auf Land und Strom gehören zu den hervorragendsten Punkten des bayerischen Landes. Aber auch vom Burgberg in Donaustauf, vom Schloßberg in Wörth und dann wieder, östlich der Stadt Straubing, vom Bogenberg und Natternberg, genießt man unvergeßliche Bilder dieses glücklichen Landstrichs. Der B o g e n b e r g (NSG) steilt sich als markanter Ausläufer des Vorderen Waldes 116 m über dem Ufer der Donau auf – eine eindrucksvolle Landmarke seit Urzeiten. Der „Heilige Berg von Niederbayern" trug vorgeschichtliche Siedlungen, Burgen, Einsiedeleien und ist seit dem legendären Jahr 1104 eine berühmte Wallfahrtsstätte. Eine besondere Eigenheit ließ den Berg zum NSG werden. Sein Süd- und sein Südwesthang haben durch das Zusammentreffen glücklicher Umstände ein eigenes Kleinklima, das den pontischen Pflanzengesellschaften aus der Gegend des Schwarzen Meeres günstig ist. Sie vertragen sehr gut den krassen Wechsel von Hitze und Kälte, der hier herrscht. Diese sog. Step-

Bogenberg

172

penheide zeichnet sich durch die bunte Mischung von Kräutern, Hartgräsern, Moosen, Flechten, Sträuchern und krüppelwüchsigen Bäumen aus. Dementsprechend abwechslungsreich ist auch die Blütenpracht, die im Frühjahr mit den Kelchen der Osterglocken oder Küchenschellen einsetzt.
Der Blick vom Bogenberg erreicht flußabwärts noch den N a t t e r n b e r g (ND), der als erste Erhebung aus Urgestein südlich der Donau auftaucht. Da seine unmittelbare Umgebung aus flacher Auwald- und Wiesenlandschaft besteht, genügt die relative Höhe von 72 m, ihn höchst imposant erscheinen zu lassen. Auch er trug jahrhundertelang eine Burg.
Erst nachdem der Strom Metten, Deggendorf, die Isarmündung, Niederaltaich, Osterhofen und Winzer passiert hat, greift bei Pleinting kurz vor Vilshofen der Gneis des Bayerischen Waldes wieder auf das südliche Donauufer über. Damit ist der Gäuboden zu Ende, und der Fluß tritt in den letzten Abschnitt seines Laufes

Kloster Metten

durch Bayern. Nun begleiten ihn auch am Südufer Berge, die der Grenze zu immer höher werden. Bei Vilshofen stehen die dicht begrünten Steilhänge unter Schutz. Die zwei langgestreckten Flußinseln unterhalb der Stadt tragen Auwaldvegetation. Bald danach gelangt man in die Dreiflüssestadt P a s s a u. Hier sammelt die Donau von rechts den Inn und von links die Ilz ein. Und wieder bietet sich ein Landschaftsbild, das in dem Zusammenhang von Steilufer, Wasserarmen und Stadtsilhouette zu den schönsten Bayerns zählt. Vor allem das Nordufer zwischen Oberhaus und Hacklberg prangt im Grün kräftigen Baumwuchses. Am Schloß F r e u d e n h a i n hatte Fürstbischof Kardinal Auersperg im ausklingenden 18. Jahrhundert einen Landschaftspark englischen Stils anlegen lassen, der leider im 19. Jh. wieder zerstört wurde. Nur ein Restteil mit prächtigen Laubbäumen, Schluchten und Spazierwegen steht heute als Stadtpark der Allgemeinheit offen.
Eingezwängt zwischen immer höher steigende Leiten fließt die Donau von Passau zur Bundesgrenze beim Jochenstein. Die Landschaft und der Strom werden gewaltiger und eindrucksvoller, Stille breitet sich aus, die Siedlungen hören auf. Von Erlau an steht die stark bewaldete und mit Felswänden durchsetzte D o n a u - l e i t e unter Landschaftsschutz, und so ist zu hoffen, daß diese Flußlandschaft mit ihren klaren Linien und ihrer erhabenen Würde noch lange erhalten bleibt.

173

Manchem Besucher mag die Langsamkeit des Wasserflusses auffallen. Schon bald hinter Vilshofen verzögert die Donau ihren Lauf – der Stau des Kachletwerkes macht sich bemerkbar. 1927 wurde dieses erste Donaukraftwerk (250 Mill. kWh) geschaffen. So sehr die Verringerung der Laufgeschwindigkeit des Flusses und damit der Verlust an Lebendigkeit zu bedauern ist, so wichtig ist das Stauwehr für die Schiffahrt über die einst lebensgefährlichen Kachlet-Stromschnellen und für die Hochwassersicherung. Flußabwärts anschließend wirkt sich der Stau des Jochensteinwerkes aus, das 1956 errichtet wurde und 940 Mill. kWh leisten kann. In beiden Stauabschnitten beleben zahlreiche Donauschwäne das nun so stille Bild.

Gab es für den Bau dieser Stauwerke gewichtige Gründe, so gibt es gegen eine andere Zivilisationserscheinung noch gewichtigere: gegen die Wasserverschmutzung. Die rund 380 km lange Donaustrecke innerhalb Bayerns wird von 20 großen Orten zur Kanalisation mißbraucht. Die Abwässer von etwa einer halben Million Einwohnern fließen zum großen Teil ungeklärt in den Fluß. Dazu kommen die Giftstoffe der Industrieabwässer und die in gleichem Maße verschmutzten Gewässer der Donauzuflüsse. Der Schmutz wird zur tödlichen Gefahr für die Donaufische. Einst zählte das Donauflußsystem zu den fischreichsten Gewässern Europas. Die Vielzahl der Fischarten ist heute noch außergewöhnlich groß. Nur hier ist z. B. der Huchen, auch Donaulachs genannt, zu finden (besonders in den rechtsseitigen Nebenflüssen). Er ist als Speisefisch sehr geschätzt. Auch der scheue Zingel, der seltene Streber und der vor allem in Roth, Günz, Schmutter, Zusam und Wörnitz gelegentlich anzutreffende Schrätzer gehören allein dem Donaustromsystem an. Typische Donaufische sind auch Zobel, Steingreßling und Mairenke. Der Donauwels oder Waller ist bereits selten geworden, und die Geschichten von Wallern, die mehr als 2 Ztr. wogen, gehören zum Anglerlatein der Großväter. Auch die Karpfen, Hechte, Forellen, Renken, Schleien, Zander, Barben, Aitel, Aale, Äschen, Nerflinge (Donaunerfling) und Ruten werden immer weniger.

Auf den sonnigen Donauleiten um Passau und flußabwärts hat die Äskulapnatter ihren einzigen Standort in Bayern. Es ist unsere größte einheimische Schlange. Sie kann eine Länge von 1,5 m erreichen, ist aber ungiftig und wie die Ringelnatter völlig harmlos.

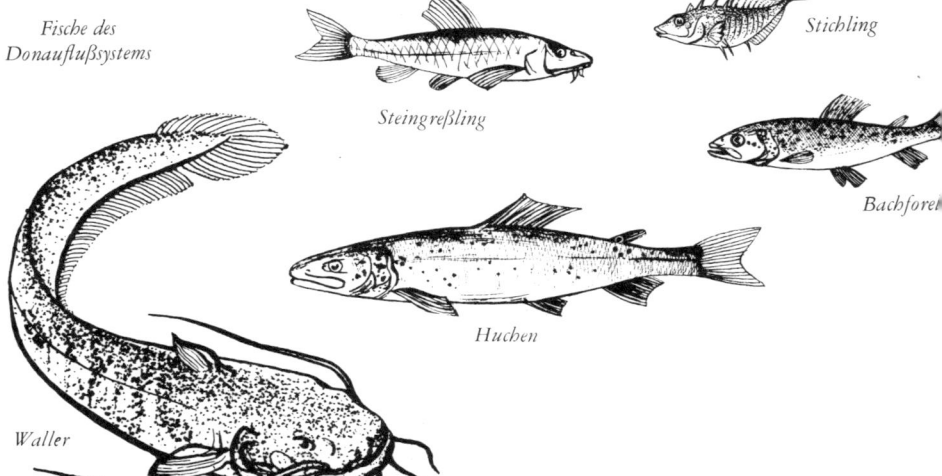

Fische des Donauflußsystems

Steingreßling

Stichling

Bachforelle

Huchen

Waller

Dreiflüssestadt Passau

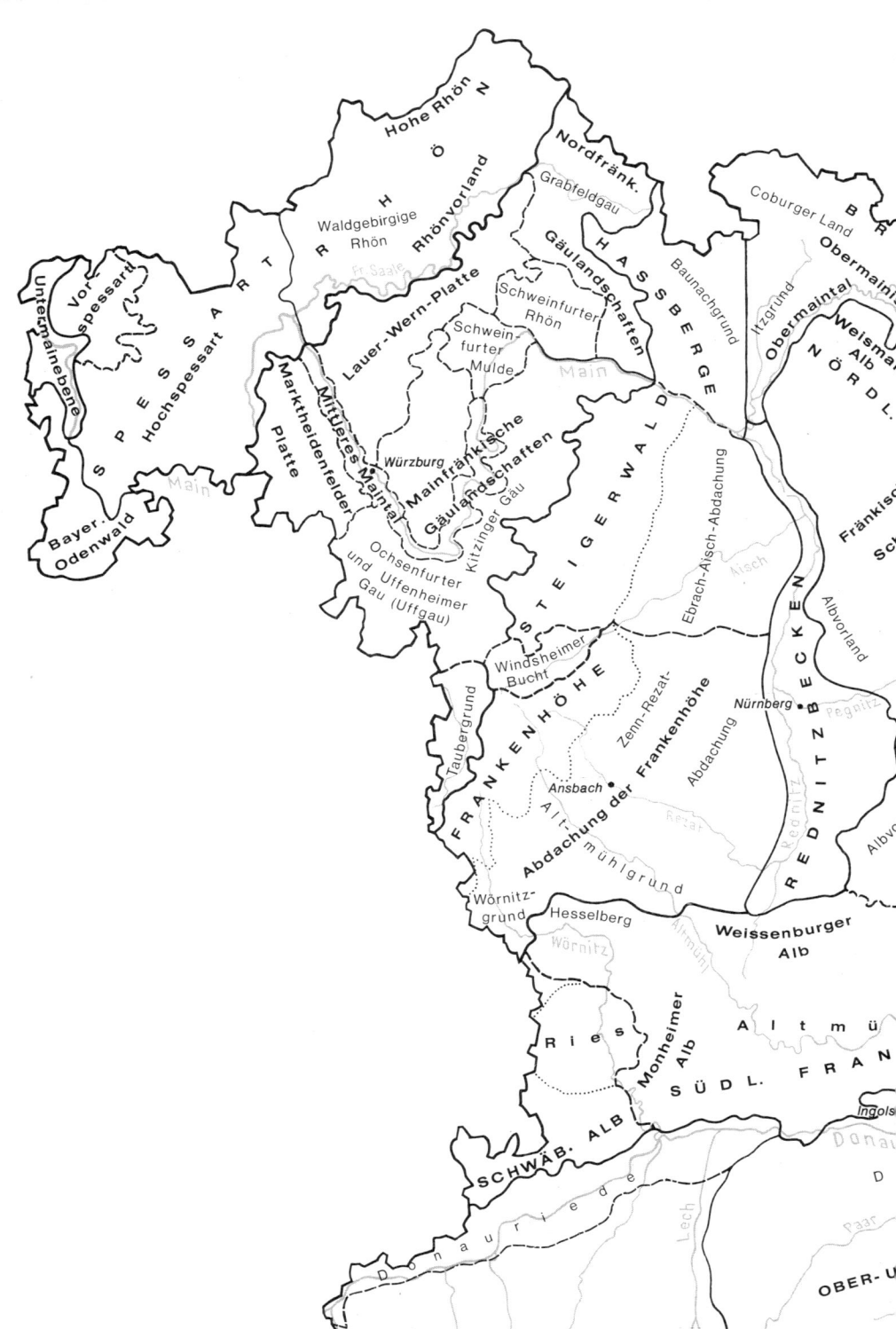

Bayern nördlich der Donau

Naturräumliche Gliederung

ERDGESCHICHTE UND LANDSCHAFTSFORM

Den nordbayerischen Raum haben die Grundgebirge (Bayerischer Wald, Oberpfälzer Wald, Fichtelgebirge und Frankenwald) und das Schichtstufenland geprägt. Unter G r u n d g e b i r g e versteht man die Urgebirge der variskischen Faltungsperiode in der Karbon- und Permzeit, von deren Höhen die Verwitterungsschichten in den Trog des späteren S c h i c h t s t u f e n l a n d e s getragen wurden. Das Gebiet war zeitweise von flachen Meeren bedeckt, die ihre Sedimente feinkörnig ablagerten; zeitweise war es Festland, auf dem sich gröbere Sande und Mergel ansammelten. So wuchsen Schicht auf Schicht viele Gesteinspakete übereinander. Am Ende der Kreidezeit, der letzten großen Sedimentationsepoche, reichte von den Ardennen im Westen bis zum Fichtelgebirge und zum Bayerischen Wald im Osten eine einheitliche Schichtdecke, die sich von unten nach oben folgendermaßen gliederte: Rotliegendes (Festlandsschutt), Zechstein (Meeresablagerung), Buntsandstein (Festlandsschutt), Muschelkalk (Meeresbildung), Keuper (Festland mit kurzen Meereseinbrüchen), Jura (Meeresbildung) und − wenn auch nur stellenweise − Kreide (Untere Kreide als Festlandssediment, Obere Kreide als Meeresablagerung). Während diese Formationen zur Ablagerung kamen, setzten auch schon tektonische, d. h. gebirgsbildende Vorgänge ein. Vor allem im Tertiär, als durch den Druck des afrikanischen Festlandsblocks gegen den europäischen Kontinent die Alpen aufgestaut wurden, kamen auch in Nordbayern die Schichten in Bewegung. Spessart und Odenwald stiegen auf, und mit ihnen hoben sich die Schichtpakete der Sedimente. Gewaltige Spannungen führten zu Zerreißungen und Brüchen. Die einschneidendsten waren der O b e r r h e i n i s c h e G r a b e n b r u c h und die verschiedenen Bruchlinien entlang der Urgebirge. Die Schichtgebäude wurden schräg gestellt und kräftig angehoben. Die Neigung von Westen nach Osten beträgt heute bis zu 7 Grad. Auch die Grundgebirge erfuhren eine Aufwölbung um etwa 1000 m. Das Auf- und Niedersteigen der Schollen an den Bruchspalten ließ das „Bruchschollenland" zwischen Jura und Grundgebirge entstehen. Begleitet waren solche Risse der Erdrinde von vulkanischen Erscheinungen, z. B. den B a s a l t e r g ü s s e n in der Rhön und in der Röslau-Wondreb-Senke. Danach setzte die Feile der Abtragung auch an den Schichtstufen an. Die höchsten Erhebungen waren naturgemäß am stärksten betroffen. Deshalb sind am Rande des Grabenbruches die Sedimente völlig verschwunden und der Gneis als Urgestein tritt zutage. Ebenso verloren die Grundgebirge längst ihre schützende Sedimentschicht. Der harte, kristalline Gebirgsrumpf kam wieder zum Vorschein. Von Ost nach West fortschreitend treten immer ältere Schichten hervor. Auf die Kreide- und Juraformation folgt die sog. fränkische Trias („Dreiheit") Keuper, Muschelkalk und Buntsandstein, bis wieder der Gneis des Untergrundes sichtbar wird (im Vorspessart).
Jede jüngere Gesteinspackung setzt sich gegen die ältere, d. h. westlich vorgelagerte, mit einem steilen Rande ab, der nicht durch einen Bruch hervorgerufen wurde, sondern den gegenwärtigen Stand der Abtragung ihrer Gesteinsdecke darstellt. Weichere Tone oder Mergel werden schneller ausgewaschen, so daß darüberliegende härtere Sand- und Kalksteine nachstürzen. Steile Stufen entwickeln sich auf diese Weise, bei denen die härteren Gesteine die Stufendecke, die weicheren dagegen die Stufensockel bilden. Wie schnell die Abtragung fortschreitet, läßt sich für die Vergangenheit nur ungefähr rekonstruieren. Danach sollen seit dem Ausgang des Tertiär vor etwa 10 Mill. Jahren die Steilwände bis zu 20 km weit zurückgewichen sein.
Da in Nordbayern die jeweilige geologische Grundlage das Aussehen eines

178

Naturraumes viel stärker bestimmt als im Süden, wollen wir sie anhand der einzelnen Kapitel näher betrachten.

Schema des fränkischen Schichtstufenlandes

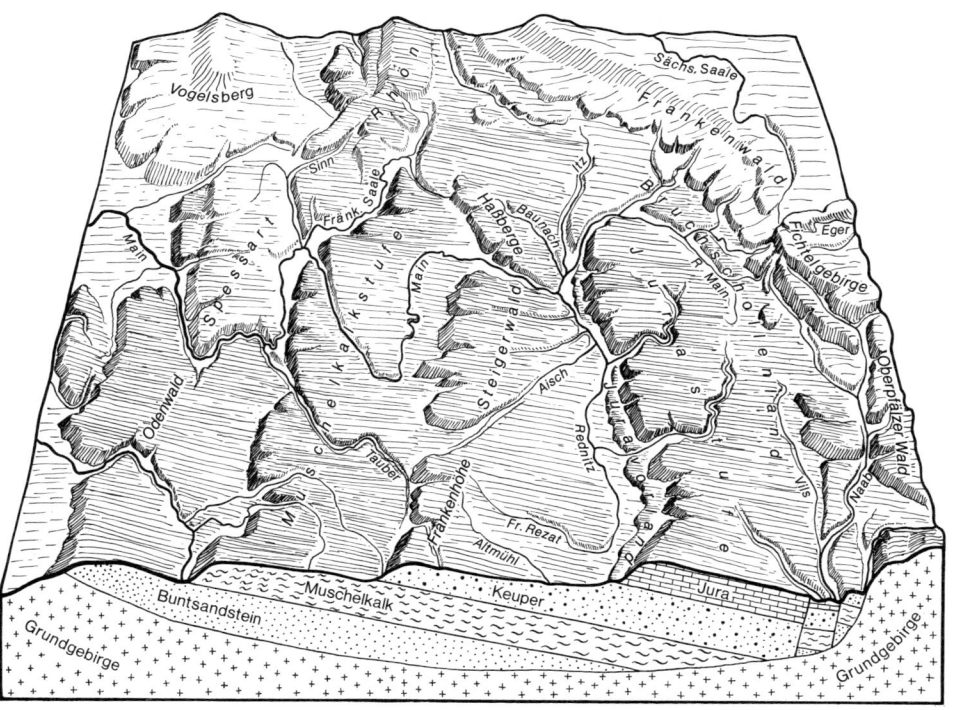

DIE GRUNDGEBIRGSLANDSCHAFTEN

DER BAYERISCHE WALD

(Dazu Kartenseiten 22, 27–29, 36, 37)

Keine deutsche Landschaft kann sich an Waldreichtum und einsamer Weiträumigkeit mit dem Bayerischen Wald messen. Er stellt die größte Naturreserve Deutschlands dar und ist damit das Erholungsland der Zukunft. Robert Gradmann sagte von ihm: „in seinen . . . urwaldartigen Beständen beherbergt er die großartigsten und ehrwürdigsten Waldbilder, die in Deutschland überhaupt zu finden sind, die Alpen nicht ausgeschlossen. Hier überzeugen wir uns erst, was die deutschen Wälder einst gewesen sind und wieviel wir an ihnen verloren haben. Der Dichter Georg Britting schuf in seinem Gedicht „Der böhmische Wald" die eindringlichen Zeilen:

> „Das ist nicht ein Wald wie sonst einer,
> Der böhmische Wald.
> Er ist so schwarz, wie sonst keiner –
> So hat ihn noch keiner gemalt
> Wie er ist."

Die natürliche Walddecke aus Fichten, Tannen und Buchen bestimmt das Bild der Landschaft so nachhaltig, daß der Volksmund schlicht vom „Wald" spricht, wenn er den Bayerischen Wald meint. „Nordwald" hieß das Gebiet im Mittelalter, und vom 13. bis in das 20. Jh. hinein galt für den Hauptgebirgszug entlang der tschechischen Grenze der Name „Böhmerwald". Nach dem ersten Weltkrieg aber bürgerte sich für den Gebirgsteil diesseits der Grenze die Bezeichnung Bayerischer Wald ein. 1951 sprach sich offiziell auch der Bayerische Landtag für diesen Namen aus. Auch der tschechische Teil des Böhmerwaldes ist umbenannt in Sumava oder Cesky les (Tschechischer Wald), so daß der berühmte, in Lied und Dichtung verbreitete Name Böhmerwald amtlich gar nicht mehr besteht.

Der Bayerische Wald erstreckt sich zwischen der deutsch-tschechoslowakischen Grenze und dem Donautal. Im Westen wird er begrenzt vom Fluß Regen und der sogenannten Cham-Further Senke. Er ist geologisch gesehen als kristallines Gebirge ein geschlossenes Gebilde. Auch die Menschen gehören alle zum gleichen Schlag. So bietet sich eine Untergliederung nur nach Landschaftsformen und historischen Zugehörigkeiten an. Doch bezüglich der Benennung und der genauen Abgrenzung einzelner Landschaftsteile gehen die Meinungen auseinander. Die Begriffsverwirrung ist groß. Uneinig ist man sich auch in der Bezeichnung für die hohen Gebirgszüge entlang der Grenze, die gemäß der variskischen Faltung von Südosten (Dreisesselberg) nach Nordwesten (Hoher Bogen) streichen. Allmählich bürgert sich der Name „Innerer Bayerischer Wald" ein. Der von Geographen propagierte Name „Hinterer Bayerischer Wald" wird abgelehnt, da es sich ja um das Kerngebiet des „Waldes" handelt und nicht um einen hinterwäldlerischen Anhang. Die Regensenke oder auch der Pfahl gelten als Grenze gegen den südwestlich anschließenden, niedrigeren „Vorderen Bayerischen Wald". Dieses Gebiet erstreckt sich – grob gesagt – zwischen Regen und Donau bzw. Regensburg und Jochenstein. Man gliedert es in den „Oberen Wald" zwischen Regen und Kinsachsenke (auch Falkensteiner oder Regensburger Vorwald genannt), in den „Mittleren Wald" zwischen Kinsach und Regen-Ilz-Wasserscheide in der Höhe des Brotjacklriegels sowie in den „Unteren Wald", der wiederum in den Passauer Wald und den Wegscheider Winkel geteilt werden kann.

Der Bayerische Wald ist eines der ältesten Gebirge der Erde. Wie die ganze sogenannte Böhmische Masse (mit Bayer. Wald, Oberpfälzer Wald, Fichtel-

Im Waldmuseum von Zwiesel

180

gebirge) gehört er zum permokarbonen variskischen Gebirgsland, das sich vor 530 bis 200 Mill. Jahren gebildet hat. Von da an wirkten die Kräfte der Abtragung. Daß es trotzdem noch so ansehnliche Höhen erreicht (Großer Arber 1456 m), läßt sich nur durch wiederholtes Heben, Aufwölben und Auseinanderbrechen erklären. Ursache solcher Bewegungen war die Alpenfaltung, deren Druck bis auf das alte Grundgebirge wirkte und hier Störungszonen mit markanten Bruch-

Der Pfahl bei Viechtach

linien hervorrief. Die bekannteste dieser Störungslinien ist der Pfahl, der quer durch den Bayer. Wald von Freyung bis Roding zieht und von hier bis Schwarzenfeld im Naabtal den Abbruch des Grundgebirges gegen die Bucht von Bodenwöhr kennzeichnet. Auch die übrigen Grenzen des Gebirges folgen derartigen Bruchlinien: so der südl. Rand gegen die Donauebene dem sogenannten Donauabbruch, der westl. Rand bis zum Regenknie der „Keilberger Linie", derjenige westl. von Nabburg der Amberger Linie. Weiter nördlich erfolgt der Abfall des Grundgebirges entlang der sogenannten Fränkischen Linie (zwischen Weiden und Coburg).

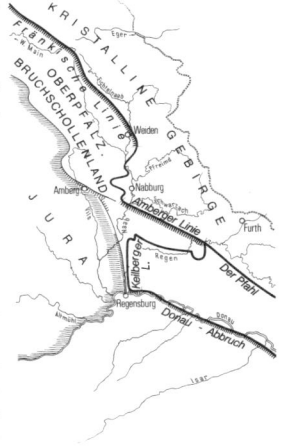

Die wichtigsten G e s t e i n s a r t e n dieses Grundgebirges sind kristalline Schiefer (wie Gneis, Glimmerschiefer, Phyllit), einst darübergelagerte, nichtkristalline Schiefergesteine (wie Kambrium, Silur, Devon, Unterkarbon) und Granite, die zwischen den kristallinen Schiefern als glutflüssiges Magma heraufgequollen und erstarrt waren. Die nichtkristallinen Schiefer sind restlos abgetragen oder bei Faltungsvorgängen begraben worden. Auch Gneise widerstanden dem Zugriff der Verwitterung weniger hartnäckig, und so wurden nach und nach die Magmakerne aus Granit freigelegt. Besonders die Gipfel verdanken ihre markanten Felsformen und Blockmeere dem herausgewitterten harten Granit. Es ist ja immer wieder überraschend, in diesem von weit- und sanftschwingenden Umrißlinien geprägten Gebirge auf die bizarren Felsblock-Szenerien der Gipfel und Schluchten zu stoßen. Charakteristisch sind vor allem die wollsack- oder matrazenförmigen Blöcke, die sich viele Meter hoch zu Riesentürmen und Zinnenmauern aufschichten. Kein Wunder, daß die Phantasie der Einwohner sie als Werk von Riesen, Hexen oder Teufeln deutete. Aber bei näherer Untersuchung erweisen sie sich nur als Produkte der sogenannten Spalten-Verwitterung. Obwohl kein Schichtgestein, zeigt der Granit doch bankweise Absonderungen, die durch feine, seit der Erstarrung vorgezeichnete Klüftungslinien verursacht sind. Die Verwitterung greift in diese Spalten ein und weitet sie aus. Kanten und Ecken runden sich und ergeben schließlich die übereinandergetürmten „W o l l s ä c k e" oder „M a t r a t z e n", wie sie beispielhaft den Dreisesselberg krönen. Weniger harte Granite brachen leichter auseinander und liegen nun in Form von „B l o c k m e e r e n" auf den Rücken oder Flanken der Berge.

Große Blockmassen wanderten gar bis in die Talsohlen hinab und machten dort manchen Bach zu einem zwischen Felsbrocken dahingischenden und -strudelnden Gewässer. Wie kam es zu einer so großen Verbreitung der Granitblöcke? Da sich Blockmeere auch auf Hängen finden, deren Böschungswinkel für ein Rutschen der Blöcke viel zu flach ist, muß ein Transport anderer Art stattgefunden haben. Den Schlüssel zu dieser Frage gab die Glaziologie, die Wissenschaft von den Eiszeitvorgängen. Denn auch im Bayer. Wald haben die E i s z e i t e n des Diluviums sichtbare Spuren hinterlassen. Georg Priehäußer hat als erster nachgewiesen, daß hier die höchsten Gipfel während 5 Kälteperioden von Firneis überzogen waren. Dessen Gletscherzungen schufen alle Erscheinungsformen, die wir aus der alpinen Vergletscherung kennen − jedoch in entsprechender Verkleinerung: Kare, Seen, Grund- und Endmoränen, Toteiskessel, Rundhöcker, Irrblöcke und Lößbildungen. Freilich blieb der Eisschub auf Höhen über 800 m beschränkt. Aber auch auf tiefer liegende Regionen wirkten die Frostzeiten nachhaltig. So beim Transport der abgesprengten Granitblöcke zu Blockmeeren. Es handelt sich um die Erscheinung der sog. Fließerden. Unter dem Einfluß der Sonnenwärme und der Schmelzwasser schmolz im Sommer die gefrorene Bodenoberschicht und bewegte sich als Fließerde mitsamt den auf ihr lagernden Blöcken talwärts. Winters erstarrte die gespenstische Bewegung wieder im Frost. Nach der endgültigen Eisschmelze vor etwa 10 000 Jahren blieben in den Karen S c h m e l z w a s s e r s e e n zurück, deren letzte Zeugen auf bayerischem Gebiet der Große Arbersee, der Kleine Arbersee und der Rachelsee sind. Sie werden durch Entfilzungsaktionen vor Verlandung bewahrt. Die Karseen liegen unterhalb der sog. Seewände, die von den Gipfeln steil herabstürzen. Sie stellen eine Art Rutschbahn dar, geschaffen von den einstigen Firneisströmen, die dabei zugleich die Wannen der heutigen Seen aushobelten. Den ganzen Zauber einer solchen Gebirgsszenerie schildert in dichterischer Komprimierung Adalbert Stifter in seiner Beschreibung des − auf tschechischem Gebiet gelegenen − Plöckensteinsees: „Ein Gefühl der tiefsten Einsamkeit überkam mich jedesmal unbesieglich, so oft und gern ich zu dem märchenhaften See hinaufstieg. Ein gespanntes Tuch ohne eine einzige Falte, liegt er weich zwischen dem harten Geklipp, gesäumt von einem dichten Fichtenbande, dunkel und ernst, daraus manch einzelner Urstamm den ästelosen Schaft emporstreckt, wie eine einzelne altertümliche Säule . . . Oft entstieg mir ein und derselbe Gedanke, wenn ich an diesen Gestaden saß: − als sei es ein unheimlich Naturauge, das mich hier ansehe, tief schwarz, überragt von der Stirn und Braue der Felsen, gesäumt von der Wimper dunkler Tannen, darin das Wasser regungslos wie eine versteinerte Träne." Die Eiszeiten sind nun zwar vorbei und der grüne Wald trat seinen Siegeszug an, doch gibt es hier Winterperioden, die oft eine Rückkehr der Eiszeiten befürchten lassen. Es herrscht ein rauhes K l i m a im Wald! Bis zu 180 Tagen liegt die Schneedecke auf dem Land, und wenn über das Gebirge aus Osten der schneidende „Böhmwind" pfeift, wirbelt er den meterhohen Schnee zu riesigen Wächten zusammen. Jahresniederschläge bis zu 2000 mm Höhe machen den Spruch verständlich: „Dreiviertel Jahr Winter und einviertel Jahr kalt, das ist das Klima im Bayerwald." Der Winter bringt aber auch häufig kristallklare Sonnentage und -wochen, an denen die Fernsicht über das nebelverhangene Donautal und das Voralpenland hin bis zu den glänzenden Spitzen der Alpenkette reicht. An solchen Tagen ist der Wald ein Paradies der Skifahrer. Ein künstliches Landschaftselement hat die Holznutzung in das Waldgebirge gebracht: die Anlagen zur T r i f t der Baumstämme. Die Bäume waren im Herbst geschlagen, entastet, entrindet und gestapelt worden; im Winter hatte man sie

182

auf Schlitten zum Lagerplatz am Triftbach gefahren, um auf die im Frühjahr einsetzende Trift zu warten. Dazu benötigte man in kürzester Zeit große Wassermengen. Dieses Wasser hatte sich im Winter und Frühjahr in vielen kleinen Stauseen unterhalb der Quellen gesammelt. „Klausen" oder „Schwellen" heißen diese überraschenden Bergseen. Einige sind von einzigartiger Schönheit (z. B. die Reschbach-Klause). Am Trifttag öffnete man die Schützen (d. h. die Wehre), und das freigelassene Wasser schoß in vorbereitete Triftkanäle aus Granitplatten, die die tosenden Gewässer mehrerer Klausen gezielt an die Lagerplätze führten. Hier mußte das „künstlich" entfesselte Hochwasser rasch genutzt werden. Denn ehe es abschwoll, sollten sämtliche Blöcher (Stämme) im Wasser sein. Nachdem sie so den gewundenen und felsenreichen Oberlauf hinter sich gebracht hatten, schwammen sie den Fluß hinab zu den Verarbeitungs- oder Verschiffungsplätzen.

Die P f l a n z e n w e l t des Bayer. Waldes ist infolge des kristallinen Untergrundes und des regenfeuchten Klimas vom W a l d bestimmt. Zwar sank durch jahrhundertelange Rodung die Bewaldungsziffer auf 44% ab, doch ist diese Abnahme ungleich verteilt. Während der Vordere Wald und die Senken stark gelichtet sind, so daß Ackerbau und Wiesen überhand nahmen, liegt der Innere Wald noch weithin unter einer geschlossenen Walddecke. Da heute viele unrentable Äcker und Weideflächen aufgegeben werden, kann der Wald wieder vordringen. Die tieferen Lagen unter 500 m beherrscht der Eichen-Hainbuchen-Wald, die Mittellagen der Buchen-Tannen-Fichten-Mischwald, die Hochlagen sind dem natürlichen Fichtenwald vorbehalten. Solche reinen Fichtenwälder beschränken sich auf die Berghöhen über 1100 m. Der Waldboden zeigt sich dort verhältnismäßig artenarm. Es gedeihen u. a. verschiedene Farne, Moose, Bärlapparten, die Quirlblättrige Weißwurz (Salomonsiegel), die Bergglockenblume, der Knotenfuß, das Felsenlabkraut und der Ungarische Enzian.

Die Mischwälder der M i t t e l l a g e n dagegen hegen unter dem Dach der Buchen, Tannen, Fichten, Ahornbäume, Ulmen, Rotbuchen, Eschen und Eiben eine reiche und bunte Waldvegetation, die alle kennzeichnenden Pflanzen aufweist: u. a. Buchenfarn, Hasenlattich, Mauerlattich, Waldmeister, Bergweidenröschen, Fingersegge, Ährige Teufelskralle, Türkenbundlilie, Flattergras, Goldnessel, Waldveilchen, Einbeere, Buschwindröschen, Lungenkraut, Wolligen Hahnenfuß, Wolfeisenhut, Bergehrenpreis, Waldziest, Bingelkraut, Christophskraut, Sauerklee, Arnika und natürlich Heidel-, Preisel-, Himbeere, Erd- und Brombeere, Kronawittbeere (Wacholderbeere) und nicht zuletzt auch die Beerwurz, nach der ein würziger Waldlerschnaps benannt ist. Wo jedoch Quellaustritte den Boden stark durchfeuchten, siedelt sich eine andere Pflanzengesellschaft an, die man von der Quelle weg verfolgen kann: so u. a. Bitteres Schaumkraut, Eisenhut, Goldmilzkraut, Kälberkopf, Sumpfvergißmeinnicht, Fettkraut, Sonnentau, Pestwurz, Sumpfpippau, Kronenlattich, Geflecktes Knabenkraut, Akeleiblättrige Wiesenraute, Siebenstern (z. B. am Rachel), Schlangenwurz und verschiedene Moose. Hervorgehoben werden muß eine der merkwürdigsten und seltensten Moosarten, das Leuchtmoos. Ziemlich verborgen in dunklen Felsenklüften wachsend, zeichnet es sich durch eine starke Phosphoreszenz aus. Es leuchtet dem Beschauer, der es zu finden weiß, mit einer märchenhaften, grüngoldenen Pracht entgegen.

Überaus reizvoll ist auch die Flora der S c h l u c h t w ä l d e r mit ihren Staudenteppichen aus Alpenmilchlattich, Waldziegenbart, Weißem und Wolligem Hahnenfuß, Mondviole, Eisenhut, Akeleiblättriger Wiesenraute, Hasenlattich, Fuchskreuzkraut, Seidelbast, Schwarzem Geißblatt und Hirschholunder. Nicht sehr unterschieden davon ist die Flora der Seewände. Hier finden sich zusätzlich der Unga-

Moosbeere

183

rische Enzian, Sumpftarant, Kreuzkraut, Beerwurz, Knotenfuß sowie seltene Moose und Farne, wogegen wärmeliebende Pflanzen wie Seidelbast, Mondviole und Akeleiblättrige Wiesenraute fehlen.

Auf den blockreichen B e r g r ü c k e n und G i p f e l n , wo sich zwischen den Blöcken Humus entwickeln konnte, leuchten häufig im Schutz von Sommerlinde, Bergahorn, Bergulme und Eibe die Blüten des Türkenbunds, der Mondviole, des Seidelbasts und der Haselwurz. Der Gipfel des Arber allerdings hat sein ursprüngliches Pflanzenkleid eingebüßt. Der Touristenstrom räumte mit Blüten wie dem Ungar. Enzian, der Beerwurz, dem Goldhabichtskraut, dem Alpenbärlapp gründlich auf. Auch die Latschenbestände sind stark dezimiert.

Frauenmantel

Eine dem Bayerwald eigentümliche Erscheinung ist die nächtliche Temperatur-Umkehr in der Zone zwischen 700 und 900 m Höhe. Die schwere Kaltluft der höheren Lagen dringt bei nächtlicher Abkühlung in die Täler hinab, von wo sie die Warmluft des Tages verdrängt und nach oben zwingt. So entsteht in dem Bereich zwischen 700 und 900 m eine „warme Hangzone", die das Wachstum der Laubbäume, voran der Buche, begünstigt. Im Winter schmilzt in dieser Zone der Schnee verhältnismäßig rasch, was für das ausgehungerte Wild oft letzte Rettung bedeutet. Belebend wirken in der Landschaft die sog. B i r k e n b e r g e , die in vielen Ortsfluren bestehen blieben. Vornehmlich Warzenbirken, Wacholder und Fichten besetzen kleine Kuppen, die im Zuge des Wald-Feldbaues ungerodet geblieben sind. Den Boden bedeckt dort eine Krautschicht aus Heidelbeeren, Preiselbeeren, Heidekraut, Arnika, Katzenpfötchen, Habichtskräutern, vereinzelten Waldhyazinthen und Moosen.

Große Beachtung verdienen im Bayer. Wald auch die vielen kleinen M o o r g e - b i e t e , die hier Auen genannt werden. Sie entstanden aus aufgehäuftem Humusschlamm an Quellaustritten in den Zertalungsmulden des Gebirges. Auf dem Teppich aus Torfmoosarten (u. a. Waldtorfmoos und Peitschenmoos) entwickelte sich ein Auwald aus Fichten, Haarbirken, Faulbäumen u. a. Die Auen werden zu F i l z e n , wo die Versorgung mit Quellwasser aussetzt und der Boden nur auf nährstoffarme Niederschläge angewiesen ist. Dann taucht das Scheidige Wollgras, die Moosbeere, die Rosmarinheide, der Sonnentau sowie Binsen- und Seggenarten auf. Der leicht gewölbte Filz trägt dann auch Latschen und deren aufrecht wachsende Form, die Spirken. An Einsenkungsstellen der Filze können sich auch kleine, wassergefüllte Tümpel, sog. Schlenken, bilden. Besonders auffällig ist diese Erscheinung im Zwieseler Filz und in der Schluttergasse bei Buchenau, die außerdem durch größere Weiher ausgezeichnet sind, die der Volksmund „Seelacka" nennt. Überraschend sind am Kleinen Arbersee die flachen Inseln inmitten der Wasserfläche, auf denen Gesträuch und kleine Bäumchen wachsen. Es handelt sich hier nicht um echte Inseln, sondern um die Verlandungserscheinung der „schwimmenden Filze". Sie wuchsen in einem Wurzelgeflecht aus Sumpfblutauge, Fieberklee und Schlangenwurz vom flachen Ufer in den See hinein, lösten sich eines Tages vom Lande und treiben nun frei im See.

Engelwurz

Auf F i s c h w e i h e r n im Oberen Wald und im Oberpfälzer Wald treten verschiedenerlei Wasserpflanzen auf, deren Samen durch Wasservögel vertragen worden sind: Weiße und Gelbe Seerosen, Strauß-Felberich, Froschlöffel, Wasserbinsen, Kalmus, Pfeilkraut, Gelbe Schwertlilie, Hornkraut, Tausendblatt, Wasserpest und Wasserhahnenfuß.

Die W i e s e n und W e i d e n des Bayer. Waldes scheidet man zweckmäßig in Fettgraswiesen und Borstgraswiesen. Die ersteren sind ertragreich und von großer Pflanzenvielfalt. Da blühen zwischen den Gras- und Haferarten auch der Pippau,

184

Schwarze Teufelskralle, Engelwurz, Weißklee, Gamander-Ehrenpreis, Bärenklau, Löwenzahn, Wiesenkerbel, Glockenblume, Große Bibernelle, Rotklee, Hahnenfuß, Kuckuckslichtnelke, Wucherblume, Gemeines Hornkraut, Wiesenplatterbse, Sumpfkratzdistel, Schafgarbe, Steifhaariger Löwenzahn und Wiesenflocken-blume. Die mageren Borstgraswiesen tragen Pillensegge, Geflecktes Johannis-kraut, Dreizahn, Katzenpfötchen, Hundsveilchen, Arnika, Heidekraut, Felsen-labkraut, Waldläusekraut, Quendel-Kreuzblume, Keulenbärlapp, Bärwurz, Steinnelke, Schwarzwurz, Blutwurz, Drahtschmiele, Rundblättrige Glocken-blume, Augentrost, Frauenmantel, Thymian, Heidelbeere und Preiselbeere u. v. a. Nicht zu vergessen sind in dem Waldgebirge die P i l z e , die in frü-heren Jahren einen bedeutenden Nebenerwerb für manche Familien boten. Noch 1961 sind im Bayer. Wald 3916 t Pilze im Wert von 14 Mill. Mark ge-sammelt worden.

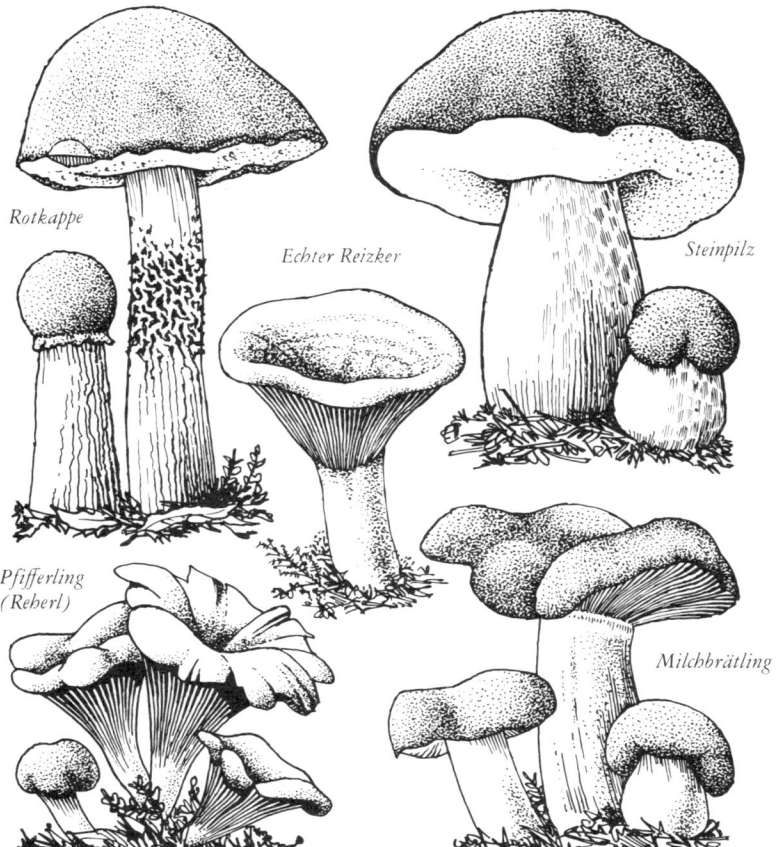

Rotkappe

Echter Reizker

Steinpilz

Pfifferling (Reherl)

Milchbrätling

Eßbare Pilze des Waldes

Igel

Die T i e r w e l t findet in den riesigen Waldregionen günstige Lebensbedingungen; vor allem Reh und Hirsch behaupteten sich gut. Bär, Luchs und Wildkatze sind längst ausgestorben. Nur selten noch verirrt sich ein Wolf aus dem tschechischen Wald auf bayerisches Gebiet. Der Fuchs ist heimisch, auch Dachs, Edel- und Steinmarder, Wiesel, Iltis und Fischotter, letzterer aber ganz vereinzelt. Hasen sind selten. Von den Nagern sind u. a. die Bisamratte sowie mehrere Mausarten vertreten. Igel und Maulwurf, Spitzmaus und Fledermaus gibt es allerorten.

Die V ö g e l des Waldes haben hier ideale Jagdreviere; voran die Greifvögel Turmfalke, Sperber, Habicht, Mäusebussard, Wespenbussard und verschiedentlich auch der Schwarze Milan. Unter den Eulen ist der prominente Uhu kaum noch anzutreffen. Der große Habichtskauz (Ural-Kauz) hatte hier vor wenigen Jahren noch seinen letzten Brutplatz in Mitteleuropa. Auch der kleine Sperlingskauz ist sehr selten geworden. Man kann ihn mit Glück in den Urwaldresten entdecken, ebenso den Rauhfußkauz. Häufiger dagegen ist der Waldkauz. Nicht zu suchen dagegen braucht man die Rabenkrähen, Dohlen, Elstern, Eichelhäher, Tannenhäher, Stare, Kernbeißer, Grünfinken, Erlenzeisige, Dompfaffen, Kreuzschnäbel, Baumpieper, Buchfinken, Goldammern, die Lerchen und den Kuckuck, die sich allenthalben vernehmen lassen. Den Wald beleben außerdem Wald- und Gartenbaumläufer, viele Meisenarten, Kleiber, Specht (Bunt-, Grün-, Grau-, Schwarz- und Dreizehen-Specht), Wendehals, Wiedehopf, Bachstelze, Drossel, Amsel und Zaunkönig; ferner die insektenfressenden Fliegenschnäpper, Gartenspötter, Grasmücken, Laubsänger, Braun- u. Rotkehlchen und Rotschwänze. Wildtauben gibt es in vier Arten (Ringel-, Hohl-, Turtel- und Türkentaube), und auch das Waldhuhn ist mit Auer-, Birk- und Haselhuhn noch vertreten, wenn auch bereits stark gefährdet. Rebhuhn und Fasan werden vor allem im Vorderen Wald gejagt.

Trotz allgemein fortschreitender Verschmutzung sind die Gewässer des Bayer. Waldes noch nicht lebensfeindlich wie die so mancher anderen Landschaft. Vornehmlich Regen und Ilz sind fischreiche Flußsysteme. Ihnen gehören vor allem Huchen und Äsche an. In allen klaren Bächen und Bergseen findet sich die Bachforelle, der Aitel (Döbel) und der Häsling. Daneben aber gibt es Elritze, Schmerle, Barbe, Gründling und Rußnase. Weiter flußabwärts treten alle Fische des Donaustromes auf. Zwei Wassertiere leiden am stärksten unter der Wasserverschmutzung: Flußkrebs und Perlmuschel. Ihre Bestände nehmen zusehends ab.

Die Perlenfischerei im Bayer. Wald hatte einst größeren Umfang und war herrschaftliches Privileg. Heute ist sie bedeutungslos. Nur die Namen mehrerer „Perlenbäche" erinnern an diesen Erwerbszweig.

Rebhuhn

Elster

186

Kerngebiet des Bayer. Waldes ist natürlich der Innere Wald; vor allem dessen Hochlagen, dieses Wäldermeer unter den sanft emporstrebenden Gipfeln Hoher Bogen, Kaitersberg, Osser, Arber, Falkenstein, Rachel, Lusen und Dreisesselberg. Wir haben hier ein Gebirgsland, wo es noch absolute Werte zu bewahren gibt: einen Raum der Stille und Menschenleere, einen Raum, der trotz jahrhundertelanger Forstwirtschaft den Hauch jener Urtümlichkeit bewahrt hat, den er in frühgeschichtlichen Zeiten besaß und den er wiedergewinnen wird, wenn die Ziele der Naturschutzbefürworter verwirklicht werden. Bereits 1967 konnte das 75 000 ha große Gebiet zum LSG I n n e r e r B a y e r i s c h e r W a l d erklärt werden. Doch beeinträchtigt der Landschaftsschutz weder die landwirtschaftliche Nutzung, noch Jagd- und Fischerei-Rechte. Urwald im gebräuchlichen Sinn kann sich nur in jahrzehntelanger Unberührtheit entwickeln. So wurde der Plan gefaßt, im Bayer. Wald den ersten deutschen Nationalpark entstehen zu lassen. Tschechische Naturschutzstellen waren bereit, spiegelbildlich dazu auf ihrer Seite ebenfalls einen Nationalpark einzurichten. Nach anfänglich heftigem Widerstand konnte man sich auf ein Parkareal um Rachel und Lusen-Gipfel einigen, das 1970 offiziell als Nationalpark eröffnet wird. Doch über dieses zukunftsweisende Vorhaben weiter unten mehr. Zunächst wollen wir das großräumige LSG betrachten, das 19 der urtümlichsten Naturschutzgebiete Bayerns mit einschließt. Es beginnt im Nordwesten mit den beiden parallelen Bergzügen Hoher Bogen-Osser und Kaitersberg-Arber, die am Brennes-Sattel zusammenlaufen und zwischen sich das weite Tal des Weißen Regen, den „Lamer Winkel", aufnehmen. Anschließend zieht der Weiße Regen in den weiten Talkessel von Kötzting. Südlich der Stadt führt durch den Stadtwald ein Naturlehrpfad, der manchen Aufschluß über Fauna und Flora des Waldes gibt.

Wurzelteller im Höllbachg'spreng

Die Silhouette des H o h e n B o g e n ist unverkennbar durch den hohen Sendeturm gekennzeichnet. Der Boden ist übersät von grauglitzernden granitnen Metabasblöcken, die Faust- bis Autogröße haben können. Starkwüchsige Buchen und Fichten verkrallen sich in dem Blockgewirr. Nach der Paßeinsenkung zwischen Kronwithöhe und Fahrenberg steigt der Waldzug des „Künischen Gebirges" mit dem Doppelgipfel K l e i n e r und G r o s s e r O s s e r auf. Dieser „Hausberg" des Lamer Winkels besteht aus Glimmerschiefer, der schwer verwittert und zackige Felsformen stehen läßt. Die Anreicherung mit roten Granitkristallen gibt den Ossergipfeln ihre charakteristische Tönung. Der Berggrat verläuft entlang der tschechischen Grenze bis zum Zwerceck, von dem die Verbindung zum Arber-Massiv hinüberschwingt. Das Künische Gebirge bildet die europäische Hauptwasserscheide. Diesseits wird zur Donau, jenseits zur Elbe hin entwässert.

Hinter Kötzting steigt der K a i t e r s b e r g mit seiner Gipfelreihe an – auch er für seine Felsszenerien bekannt. Die grauverwitterten Wollsackbildungen gaben zu mancherlei Sagen und Märchen Anlaß. Noch im letzten Jahrhundert hat der Räuber Heigl auf dem Kaitersberg sein Unwesen getrieben, was in vielen Erzählungen bis heutzutage ausgesponnen wird. Am Kreuzfelsen zeigt man die Höhle, die ihm als Unterschlupf gedient haben soll. Am Steinbühler Gesenke formt ein Gewirr von zerklüfteten Felsen den schmalen Kamm. Das prächtigste Gebilde sind die „Rauchröhren", zwei Felstürme, zwischen denen Steinstufen hinabführen. In den Felsriffen des „Riedelsteins" finden Bergsteiger einen Klettergarten, der von ganz leichten Touren bis zum hochalpinen Schwierigkeitsgrad 6 reicht.

Die Rauchröhren am Kaitersberg

Der sogenannte Richard-Wagner-Kopf am Arber

Am Kaitersberg beginnt ein Wanderpfad, der stets auf dem Kamm dieses Waldgebirges dahinziehend über den Eckersattel durch machtvolle Wälder und über die felsigen Gipfel von Mühlriegel, Ödriegel, Schwarzeck, Hochstein (Aussicht!) und Enzian zum Doppelgipfel des Kleinen und Großen Arber führt.

Der G r o ß e A r b e r trägt den Titel „König des Bayerischen Waldes" nicht ohne Grund. Er ist mit 1456 m der höchste Berg des gesamten Bayerischen Waldes und auch des Böhmerwaldmassivs und daneben die höchste außeralpine Erhebung Bayerns. Er gewährt in alle Richtungen prachtvolle Aussicht, die an etwa 70 Tagen des Jahres bis zu den Alpen reicht. Sein dominierender Gipfel mit der abgeflachten Kuppe bildet ein Plateau, aus dem vier markante Felsgrate wie die Reste einer Krone ragen. Zu seiner Popularität trägt die gute Verkehrserschließung bei. Asphaltierte Straßen führen bis zu seinem Fuß. Ein Doppelsessellift nimmt die Mühen des Aufstiegs ab. Allerdings versäumt man dabei den Anstieg auf einem der vielen Pfade, die allesamt durch wunderschöne Hanglandschaften führen. Die Gipfelgruppe ist frei von Wald, der Baumwuchs blieb zurück. Nur Latschenfelder halten sich in dieser Höhe. Nach Süden und nach Nordwesten fallen die Flanken des Berges sehr steil ab: als Seewände des G r o ß e n und des K l e i n e n A r b e r s e e s. Beide Gebiete stehen unter Naturschutz. Sie gehören zu den eindrucksvollsten des Bayer. Waldes. Der größere See hat 15 m Tiefe, der kleinere 6 m. Sie sind beide vom Verlanden bedroht. Der Große bildet in seinem hinteren Teil Schwingrasenflächen aus, der Kleine trägt schon drei der etwa einen Meter dicken, schwimmenden Inseln aus Wurzelgeflecht, auf denen bereits wieder kleine Bäume gedeihen. Sie treiben unmerklich langsam auf der Wasseroberfläche umher. Im Wald der südlichen Seewand – sie ist mit 63 Grad die steilste auf bayerischem Gebiet – ist der Urwaldzustand nahezu wiederhergestellt. „Nur mühsam kann man auf dem Steig weitergehen, muß auf Wurzeln achten, die die Feuchtigkeit geglättet hat, auf Felstrümmer und morsche Stämme, die unter dem Tritt zerfallen. Hier hat der Sturm einem noch grünenden Baum die Krone abgerissen, und an den Ästen hängt Bartmoos in wirren Fäden. Dort ragt ein abgestorbener Stamm gespensterhaft zur Höhe, oder ein anderer liegt zwischen üppig wuchernden Farnkräutern mehr oder minder stark zu Boden geneigt. Der modernde Stamm ist bereits wieder der Stammlänge nach mit Nachwuchs besetzt, und wenn dieser erst zu Großbäumen ausgewachsen ist, werden diese den Eindruck erwecken, aus einer Reihensaat hervorgegangen zu sein. Auf faulen Baumstubben siedelt der Trauben-Hollunder, und das Halbdunkel liebende Moderpflanzen finden sich gemeinschaftlich zusammen. Aber über allem Moder, Moos und bleichsparrigem Zerfall drängen Waldbäume lebenskräftig zum Licht. Das Auge folgt den Stämmen nach oben, wo die Äste in frischgrünem Gewölk verschwinden, durch das nur dann und wann der Himmel blauduftig schimmert. Der . . . See selbst blinkt wie ein traumhaftes Wunder inmitten der Bergwälder auf. (Behm-Böttcher)

Neben dem Aufstieg vom Arbersee ist der Weg von Bodenmais hinauf durch die R i e s l o c h s c h l u c h t ein großes Erlebnis. Dieses NSG birgt den größten Wasserfall des Bayer. Waldes. „In einem klammartigen Einschnitt stürzt hier der Riesbach kaskadenförmig über das Felsengewirr des Riesloches. Das rauscht und braust und tost, besonders zur Zeit der Schneeschmelze oder nach größeren Regenfällen. Feiner Wasserdampf erfüllt die Luft und die kreuz und quer umherliegenden Baumstämme neben den mächtigen Hochwaldbäumen vermitteln ein äußerst eindrucksvolles Bild wilder Naturschönheit." (Walther Zeitler)

188

Natürlich haben auch alle niedrigeren Nachbargipfel des Arber ihre besuchenswerte Eigenschaft. Hier seien noch wenige erwähnt: der aussichtsreiche Hennenkobel bei Rabenstein (mit aufgelassenem Rosenquarzbruch) und der Silberberg von Bodenmais, wo seit dem Mittelalter nach Silber und Eisenerz geschürft worden ist. Größere Bedeutung hatte bis zur Erfindung der Anilinfarben auch die Förderung von Polierrot. Erst 1961 wurde der Bergwerksbetrieb endgültig stillgelegt. Hingewiesen sei auch auf die drei Aussichtsberge der Bayerwaldstadt Zwiesel, den Zwieselberg, den Rotkoth und die Einsiedelei (mit ehem. Klausnerhöhle). Im Zwieseler Museum findet man interessante Hinweise auf die Naturgeschichte des Landes, auf Tierwelt und Pflanzenwelt, auf Kunst und Brauchtum. Hier ist auch eine Bayerwald-Bibliothek vorgesehen, die alles einschlägige Schrifttum sammeln wird.

Das Arbermassiv senkt sich zum Tal des Großen Regen herab, in dem die Straße und die Bahnlinie von Zwiesel nach Eisenstein verläuft. Jenseits der Talfurche erhebt sich im endlosen Wäldermeer der „Bruder des Arber", der G r o ß e F a l k e n s t e i n mit seinen Gneis-Felsnasen „Kleiner Falkenstein" und „Schwarzbachriegel". Sein Revier ist durch urwaldartige Abschnitte berühmt geworden, die im ganzen Bayer. Wald nicht ihresgleichen haben. Voran das NSG H ö l l b a c h g ' s p r e n g gehört zu den berühmtesten Naturschauspielen. Mit einem Wasserfall einsetzend rauschen hier die Wildwasser des Höllbaches durch eine groteske Schlucht aus Gneisblöcken, steilen Abstürzen und umgestürzten Baumriesen, die ihre Wurzelteller skurril in die Luft recken. Moose und Farne dominieren in der Schluchtwald-Bodenvegetation. Den Aufstieg durch das Höllbachg'spreng zum Falkenstein hat der „Bayerische Waldverein" mit erläuternden Hinweistafeln versehen und zu einem Waldlehrpfad gemacht. Urtümlich mutet auch die Waldlandschaft am westl. Felsenhang des K l e i n e n F a l k e n s t e i n s (NSG) an. Wer dorthin den Aufstieg scheut, findet bereits 2 km südlich von Bayerisch Eisenstein das urwaldhaft bewachsene und mit malerischen Felsbrocken durchsetzte NSG J o h a n n i s r u h. Gepflegten Hochwald treffen wir in den Waldabteilungen M i t t e l s t e i g h ü t t e am Z w i e s e l e r W a l d h a u s (NSG) und H a n s - W a t z l i k - W a l d (NSG) an. Hier stehen die mächtigsten Baumriesen des Bayer. Waldes. Im ersteren ragen Fichten, Tannen und Buchen auf — nicht wenige von ihnen über 400 Jahre alt. Der letztere ist dem Bayerwald-Dichter Hans Watzlik zu Ehren benannt worden. Er besteht vorwiegend aus riesenhaften Tannen. Die unter Naturschutz gestellte „Hohe Tanne" gilt mit ihren 50 m als höchste Tanne des Waldes. Ihr Umfang mißt rund 2 m, ihr Wachstum mag etwa zur Zeit der Entdeckung Amerikas begonnen haben.

Auf dem Großen Falkenstein

Hier am Falkenstein beginnt ein Landschaftstyp, der bis zum Großen Rachel hin anzutreffen ist: die H o c h s c h a c h t e n. Diese ehemaligen Hochweiden sind freudig begrüßte Unterbrechungen im Wäldermeer. Ihr landschaftlicher Reiz beruht auf dem Wogen der Gräser und auf den zu knorrigen Formen zerzausten Wetterbäumen, die man bei der Rodung als Schattenspender für das Vieh stehen gelassen hatte. Viele Schachten gewähren eine prachtvolle Aussicht. Auch als Standorte seltener Pflanzen sind sie berühmt. Einst hatten die Hirten ihre Herden im Frühsommer auf die Hochweiden getrieben und waren erst im Herbst wieder ins Tal zurückgekehrt. Heute liegen die Schachten verlassen da und bieten in ihrer Stille und Einsamkeit dem Wild die notwendigen Äsungsflächen und Sonnenplätze. Kein Wunder also, daß der Naturschutz auf ihre Anerkennung als NSG dringt. Bisher ist nur der R u c k o w i t z h ä n g - L a n g -

Der Lindbergschachten am Rachelgipfel

189

Tiere aus dem Nationalpark Bayerischer Wald

Auerhahn

Uhu

Habichtskauz
oder Uralkauz

Wildkatze

ahn

Fischotter

Sperlingskauz,

Birkhahn

Wisent

Hirsch

Reh

Elch

Luchs

F.K. 70

Biber

s c h a c h t e n Naturschutzgebiet. Das neue, 355 ha große NSG F i l z e u n d H o c h s c h a c h t e n im Landkreis Regen umfaßt nun den Kohlschachten, den Großen Hochschachten und den Vorderen Sulzschachten dazu. Auch einige weitere wie die Schachtenhauswiese und der Lindbergschachten sollten vor der Wiederaufforstung bewahrt bleiben.

Eine weitere bedeutende Vegetationsform des Bayer. Waldes sind seine F i l z e . Sie haben heute ähnliche Aufgaben wie die Schachten, denen sie häufig benachbart sind. Sie bieten Rastflecken für den Wanderer und Sommeräsung für das Wild. Eines der stimmungsvollsten unter diesen Hochmooren ist das Zwieselter Filz und die Schluttergasse, berühmt wegen seiner kleinen Hochmoorseen, die hier in 1100 m nicht erwartet werden. Spirken und Latschen umwachsen diese schwarzen Bergaugen. Mehrere unter Naturschutz stehende Filze liegen glücklicherweise in oder an dem neuen Nationalparkareal zwischen Rachel und Lusen, wo sie für die dort angesiedelten Tiere doppelt wichtig werden. So das G r o ß e F i l z a m S p i t z b e r g mit einer außergewöhnlichen Flora, das S t a n g e n - f i l z , der M o o r w a l d beim Bahnhof Klingenbrunn (10 m hohe Bergkiefern), das F ö h r a u e r F i l z (ein Zwischen- und Hochmoor mit Bergkiefern und Fichten, das man auf einem Knüppelpfad, dem sog. Ochsenklavier, durchqueren kann), das G r o ß e F i l z bei R i e d l h ü t t e mit seiner reichen Flora, das Klosterfilz, das Z w i c k l f i l z , das außerhalb des Nationalparks weiter südöstlich bei Philippsreut liegt, sowie das R o t f i l z am Großen Regen oberhalb Zwiesel.

Das Gebiet des d e u t s c h e n „N a t i o n a l p a r k s B a y e r i s c h e r W a l d" umfaßt das ganze Gebirgsmassiv von Rachel und Lusen, entsprechend einer Fläche von etwa 12 000 ha. Sie sind durchwegs mit Wald bestockt. Es ist derjenige Teil des Bayer. Waldes, der seine Originalität und Unberührtheit noch am besten bewahrt hat. Rachel und Lusen sind Charaktergipfel im Bayer. Wald. Beide haben einen kahlen Scheitel. Der G r o ß e R a c h e l ist mit 1453 m Höhe nur um 3 m niedriger als der Arber. Auch er hat einen Karsee mit der dazugehörigen Seewand, doch ist er ruhiger und einsamer, weil schwerer zugänglich. Das ganze Gipfelgebiet ist NSG. Über dem düsteren und stillen Rachelsee erhebt sich die Rachel-Seewand, deren grandiose Urwaldlandschaft einerseits skurrile Gneisfelsen und andererseits reiche Flora aufweist, darunter verschiedene Seggenarten und Ungarischen Enzian. Der L u s e n g i p f e l (NSG) dagegen, mit dem Rachel über die Gipfelreihe Mühlbuchet, Plattenhausen sowie Großer und Kleiner Spitzberg verbunden, ist von einem granitenen Blockmeer übersät. Nur schwer können sich im pfeifenden Böhmwind einige Wetterfichten zwischen den graugrünen Felsbrocken behaupten.

Von den schönen Wäldern und Felsenhängen dieses Landstrichs ist der F e l s - r i e g e l a m G r o ß e n S c h w a r z b a c h unter Naturschutz gestellt. Hier kommt zu den malerischen Felsbildungen noch ein urwaldhafter Baumbestand. Der Wald zu Füßen von Rachel und Lusen ist Staatsbesitz und nicht von vielen Eigentümern mit Einzelinteressen genutzt. Vorausschauende Naturschutzfachleute und Forstmänner erkannten früh, daß Waldwirtschaft in der bisherigen Form für die von Industrialisierung überschwemmte und überforderte Gesellschaft nicht mehr rentabel und sozial vertretbar sei. Der Erholungswert des Waldes tritt immer mehr in den Vordergrund. Es war daher eine Pioniertat, den Gedanken vom Nationalpark gegen jahrzehntelangen Widerstand von Interessen- und Behördenvertretern in die Realität umgesetzt zu haben. Das Rachel-Lusen-Gebiet bot sich geradezu an. Der Nationalpark ist eine Chance, die letzten Natur-

Die Rachelkapelle über dem Rachelsee

Lusengipfel

194

reservate unserer „noch" grünen Heimat zu erhalten bzw. aufzuwerten. Nur die notwendigste Holznutzung und eine angemessene Regulierung des Rot- und Rehwildbestandes sind zugelassen. Es ist zu hoffen, daß sich der Wald wieder zu dem Urzustand zurückentwickelt, den er vor der Kultivierung durch den Menschen zeigte. Mit sanfter Hand sind Forst- und Tierfachleute bemüht, in möglichst naturnaher Weise den Wald zu pflegen und dem Wild Lebensmöglichkeiten zu sichern. Mit der Aussetzung von Tieren wird sehr vorsichtig verfahren; es geschieht nur dort, wo die biologischen Umweltverhältnisse es möglich erscheinen lassen. Dabei treten unerwartete Probleme auf. So befinden sich zur Zeit etwa 500 Hirsche und 250 Rehe im Nationalparkgebiet. Unter Urwaldbedingungen könnte nur ein Achtel davon überleben, da im Normalfall ein Hirsch auf zwei qkm lebt. An Rot- und Rehwild herrscht also kein Mangel. Der Wisent, nachweislich einst im Bayer. Wald heimisch, wurde wieder mit einer Herde in einem Großgehege angesiedelt. Für einige von der Ausrottung bedrohte Tierarten wird hier eine Zuflucht geschaffen; etwa für die Rauhfußhühner (Auer-, Birk- und Haselhuhn), den fast verschwundenen Wanderfalken, den Uhu und den Habichtskauz. Auch der stark gefährdeten Fischotter und der ausgestorbenen Biber nimmt man sich an. Die Nachzucht von Biber und Fischotter ist erfolgversprechend. Das kleinere Raubwild ist zur Aufrechterhaltung des biologischen Gleichgewichtes notwendig, und zwar der Fuchs und der Marder; Luchs und Wildkatze sollen wieder eingebürgert werden. Bären und Wölfe, die so manchem Nationalparkgegner als Argument dienen mußten, werden nicht in die Wildbahn freigelassen.
Wie die Erfahrung zeigt, werden Tiere in Nationalparks ihrer geschützten Situation bald gewahr. Sie verlieren jede Scheu und Angriffslust, lassen sich füttern und geben dem Besucher eine kleine Ahnung mit auf den Heimweg, wie das Paradies beschaffen sein mag. Doch diesem Idealzustand gilt es sich allmählich zu nähern. Die neuen Tiere benötigen viele Eingewöhnungshilfen. Denn so schnell der Mensch mit der Ausrottung gewisser Tierarten Erfolg hatte, so mühsam ist ihre Wiedereinführung. Vor allem müssen in dem Wirtschaftswald neue Äsungsflächen angelegt werden und Weichlaubholzgebüsche, Wildäcker und Wildwiesen zusätzlich zu den vorhandenen Filzen und Schachten geschaffen werden. Man rechnet mit einer Anlaufzeit von 10 Jahren, in welcher der Nationalpark seine endgültige Gestalt annehmen wird. In Eingewöhnungsgehegen lernen die Tiere ihre neue Heimat kennen. In diesen — z. T. begehbaren — Großgattern werden Wisent, Hirsch und Luchs gehalten. Später will man in weiteren Gehegen alle Tierarten des Waldes, vorhandene wie ausgestorbene, zeigen, um den Besuchern Beobachtungsmöglichkeiten zu geben. Dort werden Wolf, Wildkatze, Biber, Fischotter, Auerhahn, Uhu und Habichtskauz zu sehen sein. Als Kernstück der Gehegezone ist ein „Nationalparkzentrum" geplant, in dem Museumssäle, Vortragsräume, eine Bibliothek, Ausstellungsräume und ein botanischer Garten mit den charakteristischen Pflanzen sowie ein geologisches Freigelände vorgesehen sind. Für Jugendgruppen und Schulklassen wird ein Waldjugendheim eingerichtet.
Zur Erschließung des Gebietes für die Besucher hat man bereits über zwanzig Rundwanderwege und mehrere Lehrpfade geschaffen. Informations- und Orientierungstafeln verhelfen zu einem tieferen Verständnis der Naturerscheinungen. Für die Unterhaltung sind schließlich Sport- und Spieleinrichtungen, Liegewiesen und Restaurationsbetriebe am Außenrand des Parkareals angelegt worden oder in Vorbereitung.

Der Einschnitt des Reschwassers begrenzt den Nationalpark nach Südosten hin. Die anschließende Waldregion des Groß-Landschaftsschutzgebietes „Innerer Bayer. Wald" ist nicht mehr so reich an sensationellen Berggipfeln und landschaftlichen Eigenheiten. Erst im Gebiet des Dreisesselberges stoßen wir wieder auf ausgeprägte Gipfel. Es ist der südöstlichste Höhenrücken des Waldgebirges auf bayerischem Boden. Aufsteigend vom Ort Haidmühle zieht er über den Steinberg, auf dem das NSG U r w a l d a m D r e i s e s s e l b e r g liegt (200jährige Fichten, Buchen und Tannen), über den Rollmannsberg, den Habergrasberg zum Hochstein (1332 m), dem höchsten Gipfel des Dreisesselberges. Nun verläuft der Grat entlang der tschechischen Grenze vom „Dreisesselfels" über das „Steinerne Meer" am Bayer. Plöckenstein zum Dreiländereck, wo die Grenzen Bayerns, Österreichs und der CSSR zusammentreffen. Die Gipfelregion längs des Kammes ist NSG. Es erhielt zu Ehren Adalbert Stifters den Namen H o c h w a l d . Stifter hat diese Wald- und Bergwelt in der gleichnamigen Erzählung höchst eindringlich geschildert. Sein Auge nahm die Schönheit des Landes mit Entzücken auf: „Über alle Wipfel der dunklen Tannen hin ergießt sich dir nach jeder Richtung eine unermeß'ne Aussicht, strömend in deine Augen und sie fast mit Glanz erdrückend. – Dein staunender und verwirrter Blick ergeht sich über viele, viele grüne Bergesgipfel, in webendem Sonnendufte schwebend, und gerät dann hinter ihnen in einen blauen Schleierstreifen – es ist das gesegnete Land jenseits der Donau mit seinen Getreidehängen und Obstwäldern – bis der Blick endlich auf jenen ungeheuren Halbmond trifft, den der Gesichtskreis einfaßt: die norischen Alpen . . . Der Hauch der ganzen Alpenkette zieht wie ein luftiger Feengürtel um den Himmel, bis er hinausgeht in zarte, kaum sichtbare Lichtschleier, drinnen weiße Punkte zittern, wahrscheinlich die Schneeberge der ferneren Züge. Dann wende den Blick auch nordwärts; da ruhen die breiten Waldesrücken und steigen lieblich schwarzblau dämmernd ab gegen den Silberblick der Moldau; – westlich blauet Forst an Forst in angenehmer Färbung, und manche zarte schön blaue Rauchsäule steigt fern aus ihm zu dem heiteren Himmel auf. Es wohnt unsäglich viel Liebes und Wehmütiges in dem Anblicke."

Der D r e i s e s s e l f e l s besteht aus matratzenartig herausgewitterten Granithärtlingen. Sie bilden jene unverwechselbare Silhouette dreier Felstürme, die viele Besucher herlocken. Eintiefungen in den Felsen werden als Sessel gedeutet. Die Sage überliefert, daß einst die Fürsten von Böhmen, Österreich und Bayern von hier aus die Grenzen ihrer Länder durch das Waldgebirge zogen, wobei jeder auf seinem Steinsessel im eigenen Reiche sitzen konnte. Diese Grenzfunktion hat heute die weiter östlich gelegene Dreiecksmark übernommen.

Hier findet auch das Groß-Landschaftsschutzgebiet Innerer Bayerischer Wald seinen Abschluß. Was unterhalb des LSG bis zur Regensenke, bzw. bis zum Pfahl hin dem Inneren Wald zugehört, geht allmählich in den lieblicheren Landschaftscharakter des Vorderen Bayer. Waldes über. Da liegen so berühmte Bayerwaldstädte wie Kötzting, Viechtach, Regen, Zwiesel, Grafenau und Freyung. Hervorstechende Kennzeichen dieser Landschaft sind die Flußtäler und ihre Klammen. Voran das Tal des „ S c h w a r z e n R e g e n " mit seinen dunklen Waldstrecken, Engstellen und Stauseen. Bei der Stadt Regen ist für den dortigen Stausee mit seinen Ufergehölzen Landschaftsschutz vorgesehen. Rund um den R i e d b e r g bei Regen führt ein gut angelegter Waldlehrpfad. Hinter Regen durchläuft der Fluß das „Bärenloch", eine kilometerlange Waldschlucht mit vielen Stromschnellen. Unterhalb Viechtach staut er sich zwischen steilen Waldhängen zum 5½ km langen Höllensteinsee.

Dreisesselfelsen

196

Blick von Altnußberg ins Regental

Bei Spiegelau ist es die G r o ß e O h e , die durch die Enge S t e i n k l a m m (LSG) rauschend ein steilwandiges, einsames Waldtal durchzieht, bevor sie sich bei Schönberg mit der Mitternacher und der Kleinen Ohe zur Ilz vereinigt. Bei Freyung fließen Reschbach und Saußbach zur Wolfsteiner Ohe zusammen, die in einer langen Klamm die harten Pfahlschiefer durchbricht. Es ist das LSG B u c h - b e r g e r u n d R e s c h b a c h l e i t e . Ein Wanderpfad führt am strudelnden Wasser entlang durch einen von Steinbrocken übersäten Grund. Das Karbidwerk an der Buchberg-Mühle unterbricht die romantische Idylle. Es nutzt das Wildwasser zur Herstellung von Industrie-Diamanten u. a.

Geologisch trennt der P f a h l den Inneren Bayer. Wald haarscharf vom Vorderen Bayer. Wald. Es handelt sich um eine riesige Quarzader, die den Wald der Länge nach von Freyung i. W. bis Schwarzenfeld in der Oberpfalz durchzieht. Etwa 140 km lang streicht sie schnurgerade dahin. Die Tiefe der Ader ist noch nicht erforscht, ihre Breite wechselt zwischen 10 und 100 m. Über der Erde kann man davon allerdings nur an wenigen Stellen etwas sehen. Das harte Quarzgestein ist für Bauzwecke sehr geeignet und wurde bis vor kurzem abgebaut. Es gilt, die letzten Reste zu erhalten, denn sie stellen ein auf der ganzen Erde einmaliges Phänomen dar. Als formenreiche Felsenmauer ragen sie gleich einem alten Gebiß mit Zacken, Graten, Riffen und Scharten bei Viechtach und bei Weißenstein auf. Blockhafter, niedriger und zur Seite geneigt tritt der Pfahl bei Moosbach in Erscheinung (M o o s b a c h e r P f a h l ; NSG). Dort krönt den höchsten Quarzfelsen eine Kreuzigungsgruppe, zu der die Kreuzwegstationen einer schattenspendenden Birkenallee hinaufführen. Nordwestl. A l t r a n d s b e r g sind die Pfahlreste durch Landschaftsschutzverordnungen geschützt. Im Thierlstein am Regen zeigt sich der Pfahl noch einmal als kräftige Erhebung. Danach kennzeichnet er, nordwestlich streichend, mit Schwarzenberg und Hirschberg den Abfall des Oberpfälzer Waldes gegen die Bodenwöhrer Bucht. Im NSG G r o ß e r P f a h l u n d P f a h l - r i e g e l (St.-Antonius-Pfahl) bei Viechtach erscheint das Pfahlriff wohl am machtvollsten. Eingehüllt in ein Heidewäldchen aus Kiefern, Birken, Weiden und dessen Bodenwuchs aus Heckenrosen, Heidekraut und Heidelbeeren ragt es auf. Sein ursprüngliches Schneeweiß erhielt einen grauen Verwitterungsüberzug. Mikroskopische Moose und Flechten überziehen den Fels und hüllen ihn in die tausend Farben ihrer Kleinstflora. Südöstl. folgt das NSG H o f p f a h l mit einigen

197

*Pfahl bei der
Ruine Weißenstein*

Quarzriffen. Auch bei Regen steigt der Pfahl hoch über das Regental und über seine Umgebung auf. Die Burg, die er trug, wächst nur noch als Ruine aus seinem Felsen heraus. Den Namen „Weißenstein" erhielt sie von dem leuchtenden Weiß des frischgeschlagenen Quarzes. Auch dieser P f a h l b e i d e r R u i n e W e i ß e n s t e i n ist NSG. Die Herkunft des Namens Pfahl ist noch ungeklärt. Nach Priehäußer könnte es von lateinisch „pallidus" (bleich, fahl) abgeleitet sein, da sein Gestein neben dem dunklen Gneis und Granit des Waldes strahlend weiß erscheinen mußte. „Teufelsmauer" nannten ihn die Waldler. Nach der Sage habe der Bayer. Wald einst die Götterburg Walhalla getragen, die von glänzendem Kristall leuchtete. Beim Untergang der alten Götter brach auch Walhall zusammen. Aus den Spalten der Erde drang Feuer und Schwefel und zerschmolz die ganze Herrlichkeit, die zerfließend alle Schlünde füllte und erstarrte. Die Geologie gibt uns eine andere Erklärung. Danach ist der Pfahl verhältnismäßig jung. In dem alten Rumpfgebirge des Bayer. Waldes entstand vor mehr als 300 Mill. Jahren ein tiefer Längsriß, der das Rumpfgebirge sprengte. Durch Jahrmillionen blieb der Riß eine Pufferzone der Erdkruste. Die Gesteine der Kluftränder wurden unter ungeheurem Druck zu feinkörnigem Pfahlschiefer zerrieben. In der Spalte selbst stiegen heiße Wasser auf, reich versetzt mit Kieselsäure, die als Quarz auskristallisierte und die Kluft ausfüllte. Die Verwitterungsvorgänge trugen die Pfahlschiefer rechts und links fortschreitend ab. Der Quarz aber widerstand und ragt nun als ein Dokument dramatischer erdgeschichtlicher Vorgänge vor uns auf.

Vorderer Bayerischer Wald

Der Vordere Wald erreicht nicht die Höhen des Inneren Waldes, er ist offener, siedlungsreicher und von weniger rauhem Klima. Der Waldanteil geht auf ein Drittel der Anbaufläche zurück und weicht den Feldern und Wiesen. Ein sehr dichtes Flußnetz teilt die stark abgetragene Rumpffläche in zahllose Kuppen und Rücken von flacherem Umriß. Die Gliederung wird dadurch kleinmaschiger als im Inneren Wald. Die höchste Erhebung ist der Einödriegel mit 1121 m, und nur wenige Höhen des noch verhältnismäßig dicht bewaldeten Hauptzuges messen über 1000 m. So der Pröller 1048 m, der Predigtstuhl 1024 m, der Hirschenstein 1095 m, der Rauhe Kulm 1050 m, der Vogelsang 1022 m, der Breitenauriegel 1114 m, der Dreitannenriegel 1092 m und der Brotjacklriegel 1016 m – alles schöne Wanderberge mit guter Fernsicht (Aussichtstürme auf dem Hirschenstein und dem Brotjacklriegel). Diese Reihung von Waldbergen kennzeichnet etwa den Umfang des M i t t l e r e n W a l d e s . In ihrem Bereich spielen Fremdenverkehr und Wintersport eine große Rolle. St. Englmar zwischen Pröller und Predigtstuhl, Bischofsmais unterhalb des Einödriegel und Schöfweg in der Landschaft des „Sonnenwaldes" am Brotjacklriegel sind bevorzugte Kurorte. Die Mitte dieses Bergzuges durchquert die Bundesstraße 11 von Deggendorf nach Regen. Es ist die für ihre Aussicht berühmte „Ruselstraße".
Südlich der Waldberge öffnet sich nach einem, für Bayer.-Wald-Verhältnisse steilen Gebirgsabfall der klimatisch begünstigte L a l l i n g e r W i n k e l . Da die rauhen Nord- und Ostwinde abgeschirmt werden und die Erde aus stark lehmigen Sandböden besteht, gedeihen hier gepflegte Obstsorten und Feldgemüse. Am Hausstein unterhalb des Rusel liegt eine der bedeutendsten Lungenheilstätten Bayerns.
Auch im Vorderen Wald sind Felsfreistellungen auf den abgewitterten Gipfeln

Teufelstisch

198

nicht selten. So gibt es am Nordrand des Lallinger Winkels z. B. die „Kanzel" (ND; Aussichtsberg), den „Geßingerstein", den „Königstein" und den „Hausstein", oder z. B. um den Vogelsang herum den „Klosterstein", den „Regensburger Stein" (ND), den „Burgstein", den „Kellerstein" u. a. m. Am markantesten aber ist die Felsszenerie auf dem „Teufelstisch" bei Bischofsmais, wo ein Pfad zwischen Felsen, Birken, Fichten und Kiefern eine aussichtsreiche Gratwanderung ermöglicht. Der ganze Kamm des Inneren Waldes wird sichtbar, die Stadt Regen und der Pfahl bei Weißenstein. Der Name des Berges stammt von einem Gebilde aufeinanderliegender Granitblöcke. Die Sage berichtet, daß sie vom Teufel aufgeschichtet und als Tisch benutzt worden seien. Unten in Bischofsmais wurde das idyllische Tal des Hermannsbaches um die berühmte Wallfahrtsstätte S t . H e r m a n n zum LSG erklärt.

St. Hermann bei Bischofsmais

Von den Schluchten des Mittleren Waldes stehen die R u h m a n n s f e l d e n e r L e i t e mit den Waldhängen der Teisnach und die S a u l o c h s c h l u c h t bei Deggendorf unter Landschaftsschutz. Letztere weist neben ihrem klaren Bergbach, den steilen Waldhängen und großem Beerenreichtum ein ausgedehntes Blockmeer auf. Dieser nahe der Stadt gelegene „natürliche Steinbruch" war in Gefahr, abgebaut zu werden, womit ein schönes naturgeschichtliches Zeugnis des Vorderen Waldes zerstört worden wäre.

Zur Urlandschaft gehören ja auch die Moore. Zwei davon sind hier geschützt: die T o t e A u bei Dösingerried (Flachmoor mit Kiefern und Birkenbestand) und das B r a n d m o o s bei Wiesenfelden nordwestl. von Straubing. Hier haben wir noch ein sehr lebenskräftiges Flachmoor vor uns mit allen Erscheinungen der dazu gehörigen Vegetation (Alpenhaargras, Wollgras, Blutauge, Fieberklee, Zweizahn usw.). Die nahe liegenden 12 Weiher der W i e s e n f e l d e n e r S e e n p l a t t e geben zudem einer artenreichen Wasservogelwelt den Anreiz zum Nestbau und zur Nahrungssuche in den benachbarten Augebieten.

In M i t t e r f e l s führt um den Burgstall und zum Teufelsfelsen hinauf ein interessanter Waldlehrpfad, in dessen Verlauf man die typischen Eigenheiten des Vorderen Waldes in Flora und Bodenform kennenlernen kann.

Ausgewählt schöne Landschaftsausschnitte um das S c h a r t e n k i r c h l e i n u n d S o l l a mit seiner Berg- und Waldumgebung, am benachbarten L o h b e r g , am K a l v a r i e n b e r g von Gotteszell und um den idyllischen D r e i b u r g e n s e e bei Tittling sind ebenfalls unter Landschaftsschutz gestellt bzw. als LSG geplant.

Natürlich ist der Abfall des Bayer. Waldes zum Donauufer hin an vielen Stellen besonders reizvoll. Nicht zuletzt wegen seiner schönen Aussichten über den weiten Dungau. Zwischen Regensburg und Hengersberg erfolgt dieser Abfall entlang dem sog. Donaurandbruch, einer der vielen tektonischen Bruchlinien, an denen der Bayer. Wald über seine Umgebung herausgehoben wurde. Der Abtragung widerstanden viele etwa 100 m hohe Steilhänge, vor allem zwischen Regensburg und Wörth, am Bogenberg und am Ebersberg bei Schalding (Aussichtsturm). Als Beweis für diese erstaunlichen Hebungsvorgänge können Buch- und Helmberg nördl. von Straubing dienen. Beide liegen noch vor dem Randbruch und sind aus Weißjuragestein aufgebaut. Dieses Gestein aber gehört zu den Ablagerungen, die hoch a u f der Urscholle gebildet worden waren und längst abgetragen sind. Hier jedoch blieben sie diesseits der Bruchlinie in der Ebene und trotzten der Abtragung. Der Kalkstein wurde zu Bauzwecken gebrochen, weshalb man die Bergkuppen unter Landschaftsschutz stellte. Ihre Flora entspricht derjenigen des Fränkischen Jura.

199

Dem Mittleren Vorderen Wald schließt sich nach der Ilz-Regen-Wasserscheide der U n t e r e W a l d oder der P a s s a u e r W a l d mit dem W e g s c h e i d e r W i n k e l an. Seine Landschaft gleicht derjenigen des übrigen Vorderen Waldes, doch bestimmen hier Flüsse, Bäche und Schluchten die hervorzuhebenden Landschaftsteile. Allen voran beherrscht der Lauf der Ilz das Naturbild. Sie entsteht aus dem Zusammenfluß von Kleiner und Großer Ohe bei der Ettlmühle. Die Kleine Ohe sammelt ihre Wasser am Spitzberg. Sie nimmt bei Schönanger das vom Lusen herabfließende Sägwasser auf und umzieht das schön gelegene Städtchen Grafenau. Die Große Ohe kommt vom Rachel her. Ihr wichtigster Zufluß ist die M i t t e r n a c h e r O h e, deren einsamer Lauf als Musterbeispiel einer malerischen Flußlandschaft unter Landschaftsschutz steht. Bei Fürsteneck wird die Ilz zum veritablen Fluß. Dort strömt ihr die Wolfsteiner Ohe zu, deren Quellbäche Reschwasser und Saußbach bei Finsterau entspringen. Sie vereinigen sich „bei der Scher" im schluchtartigen LSG B u c h b e r g e r - u n d R e s c h b a c h l e i t e. Auch der Unterlauf der I l z von Fürsteneck bis zur Mündung bei Passau steht unter Schutz. Man nennt sie die „Schwarze Tochter des Bayer. Waldes". Sie hat ihr dunkles, heilkräftiges Wasser von den moorigen Gründen, die sie durchfließt. Obgleich nahezu schwarz erscheinend, ist das Wasser doch so klar, daß man die glitzernden Steine im 2 m tiefen Bachbett genau unterscheiden kann. Den Höhepunkt des Flußlaufes stellt die große Doppelschleife der Ilz am Markt Hals dar, wo der Fluß in Form einer Acht sich selbst zweimal bis auf 100 m nähert. Überaus romantisch ist der Blick von der Burgruine Hals herab auf die Flußschleife und den Ort – alles eingebettet in einen grünen Rahmen. Fichte überwiegt, aber Buchen, Hainbuchen und Eichen gesellen sich in glücklicher Mischung hinzu. Zum Erlebnis wird eine Herbstwanderung im Ilzgrund von Markt Hals zur Burg Reschenstein, in deren Verlauf man eine einzigartige Triftanlage kennenlernen kann. Zur Abkürzung der weiten Ilz-Schleife hatte man hier 1831 einen 130 m langen und 4½ m hohen Triftkanal durch den Berg gesprengt. Ein starker Rechen stand schräg im Ilzbett und zwang die Blöcher durch den Kanal. Seit 1919 ruht die Holztrift auf der Ilz. Lastkraftwagen haben die Arbeit übernommen. So kann man heute den Trifttunnel gefahrlos durchschreiten und um so schneller zum idyllischen Gasthaus „Triftsperre" gelangen.

Noch stiller und verborgener schleicht sich die Gaißa westl. von Passau in die Donau. Wenn ein weites Stück des Ilzlaufes von der Eisenbahn begleitet wird, so ist das schleifenreiche G a i ß a t a l frei von Straße und Schiene. Nur Wanderwege begleiten streckenweise das Flußufer. Der Unterlauf steht unter Landschaftsschutz. Hier streben steile Fichtenhänge vom Flußbett hinauf. Die Uferpartie dagegen ist von dichtem Laubbaum- und Strauchbewuchs (Erlen, Ahorn, Ulmen, Buchen) in einen grünschattigen „kühlen Grund" verwandelt.

Wie die Gaißa hat auch die Erlau östl. von Passau ihr von steilen Fichtenhängen urtümlich bewachtes Tal bewahren können. Die Erlau und ihr Nachbarbach, die Ranna, schließen – morphologisch gesehen – den W e g s c h e i d e r W i n k e l des Bayer. Waldes auf. Auch hier ist die starke Aufgliederung des Landes durch die Bäche in einzelne Riedel auffällig. Auch hier bestimmen Waldberge, karge Felder und Wiesen das Bild, aber auch hier gibt es ausgewählte Landschaftspunkte, die den Wert des Wegscheider Winkels als Erholungsgebiet unterstreichen. Die Erlau sammelt ihre Wasser beim Luftkurort Waldkirchen zum Fluß. Unterhalb des Ortes stößt der sprudelnde Saußbach hinzu. Er durchläuft eine Engstelle aus großen Granitblöcken, die sog. S a u ß b a c h k l a m m (NSG). Obwohl durch Stau-

Eingang zum Gaißatal

In der Saußbachklamm bei Wolfstein

200

und Kraftwerk beeinträchtigt, zischt der Fluß über die Felsbrocken und schafft eine romantische Szenerie. Ein schluchtartiges Durchbruchstal ist auch das B ä r n l o c h. Von Hauzenberg, dem Steinbruchzentrum, kommt der Staffelbach herab, der seine Wasser aus dem letzten dichten Waldgebiet des Wegscheider Winkels sammelt. Es ist eine stille Landschaft, die aufgewertet wird durch den Steinberg mit seinem Aussichtsturm und durch den F r e u d e n s e e mit dem ehem. Jagdschloß der Passauer Bischöfe. Der 7 ha große See lockt viele Besucher zum Baden und Kahnfahren bzw. Eisstockschießen an. Er ist nicht nur sehr schön gelegen und besitzt eine abwechslungsreiche Uferrahmung aus Eichen, Birken, Erlen, Weiden, Zitterpappeln, Haselbüschen u. a., sondern er zeichnet sich auch durch eine ungewöhnliche Sumpfvegetation aus, die größere Uferteile einnimmt. Alle Stufen vom Verlandungs- zum Flachmoor und zum Erlen-Bruchwald-Moor sind vertreten. Eine vergleichbare, mit Sumpfschlangenwurz (Schweinsohr) und Sumpfblutauge vergesellschaftete, reiche Moorvegetation gibt es im Bayer. Wald sonst nur noch an den Arberseen. Leider ist diese üppige Flora durch den Badebetrieb stark gefährdet. Einige Uferstellen mußten eingezäunt werden.

Südöstl. von Hauzenberg liegt Kropfmühl, wo der Graphit des Zuges Kropfmühl-Pfaffenmühl abgebaut wird. Seine Mächtigkeit liegt zwischen wenigen Zentimetern und 20 Metern.

Dem Landschaftscharakter des übrigen Vorderen Bayer. Waldes entspricht der O b e r e B a y e r. W a l d , der auch Regensburger oder Falkensteiner Vorwald genannt wird. Beide Bezeichnungen mögen gültig sein. Regensburg ist die Eingangspforte zu diesem Wald- und Wandergebiet. Um Falkenstein konzentrieren sich die charakteristischen Züge dieser kleinförmigen Landschaft in seltener Harmonie: Burgfels, Markt, Waldhügel und Wiesental. Der Hauptanteil des Oberen Waldes gehört zur Oberpfalz, einem Regierungsbezirk, der sich den Naturschutz besonders angelegen sein läßt. Große Teile der Landkreise Cham und Schwandorf wurden zu Naturparks erklärt.

Als Begrenzung des Oberen Waldes gelten gemeinhin Regen und Donau. Doch bei genauerem Hinsehen, vor allem unter Zuhilfenahme einer geologischen Karte, wird man gewahr, daß das kristalline Urgebirge bereits an der Linie Keilstein-Irlbach-Regenstauf endet, dann über das Regenknie hinausreicht und erst von Nittenau an dem Regental folgt. Nur südlich von Roding greift ein Zipfel der Oberkreide über das Kristallin hinweg.

Der Regenlauf um den Falkensteiner Vorwald beginnt bei Miltach, wo Schwarzer und Weißer Regen sich vereinigen, um fortan als „R e g e n" ihre Wasser der Donau zuzuführen. Durch ein weites Waldtal zieht der Fluß unterhalb des Lamberges (weiter Ausblick, Wallfahrtskirche, Burgstall und Wildgatter) und vorbei an dem Landstrich um Runding (herrlicher Ausblick vom Schloßberg auf Cham und Regental sowie auf den Haidstein mit seiner Wallfahrtskirche) in vielen Mäander-Schlingen durch das Stadtgebiet von Cham. Hier bieten Kalvarienberg, Luitpoldhöhe und Krieger-Ehrenhain (LSG) gute Spaziermöglichkeiten. Unterhalb der Stadt öffnet sich das weite Augebiet um das LSG R ö t e l s e e. Es ist eine idyllische Weiherlandschaft, deren größere Seen der Karpfen- und Schleienzucht dienen. Feuchte Wiesen, Auwäldchen, Gehölzzeilen, Felder und die Altwasser des Regen prägen das Bild. Es ist — kurzum — ein Vogelparadies und wird neben dem Ismaninger Speichersee als eines der bedeutendsten Reservate für Wasservögel in Deutschland bezeichnet. An die 100 Vogelarten brüten in den Schilf- und Binsenflächen der Weiherränder, darunter — am zahlreichsten vertreten — 7 Entenarten, ferner Zwerg- und Haubentaucher, Rohrdommel, Fischreiher, Lachmöwe, Rohr- und Wiesenweihe, Turm- und Baumfalke, Bekassine, Bläß- und Teichhuhn, Wasserralle, Großer Brachvogel, Fasan, Wiedehopf, Kuckuck, Specht, Schwalbe, Eichelhäher, Bussard, Habicht, Sperber, Star, Eulen, Rabenvögel und natürlich viele Meisen, Finken und andere Sänger. Etwa 50 Durchzügler und Wintergäste bereichern das Vogelkonzert, voran die Wildgänse und Entenarten. Aber auch der Höckerschwan, der Rote Milan, der Wanderfalke, der Merlin und sogar der Seeadler finden ab und zu hierher. Am Rande der Weiherlandschaft sind Schloß Thierlstein auf seinem Pfahlfelsen, die prachtvolle Eichenallee auf dem Weiherdamm zwischen Laichstätt und Untertraubenbach (99 Bäume), der aussichtsreiche Traubenberg und die Sträucherröhrenkapelle mit ihren Kreuzwegstationen besondere Anziehungspunkte. Der Regen hat hier noch ein weites Tal inne. Er quert einen Ausläufer der Bodenwöhrer Senke, bevor er durch die Stadt Roding fließt und damit in das Kristallin des Vorwaldes eintritt. Sogleich verengt sich das Tal. Dicht bewaldete Prallhänge treten an den Fluß, nicht selten bekrönt von Burgen oder Burgruinen. Es ist ein romantisch-stilles Tal, das der Fluß nun bis Regenstauf durcheilt. Dort verläßt er das Grundgebirge des Bayer. Waldes endgültig und zieht durch eine weite Juralandschaft zur Donau bei Regensburg. Die Einzelzüge des Flußlaufes entsprechen dem allgemeinen Charakter der Waldflüsse. Engstellen (z. B. Durchbruchsstelle bei Marienthal) wechseln mit Talkesseln (z. B. bei Nittenau). Meistens pendelt der Fluß zwischen Prall- und Gleithängen in schmaler Wiesenau dahin. Die Talflanken sind dicht bewaldet. An manchen Stellen werden Granitblöcke sichtbar. Als alte Kulturlandschaft erweist sich das Regental durch die große Zahl bedeutender Burgen und Schlösser (Regenpeilstein, Bodenstein, Stefling, Stockenfels, Ramspau, Regenstauf) und durch seine zwei alten Klöster Walderbach und Reichenbach. Der hohe Aussichtsturm auf dem Schloßberg von Regenstauf erlaubt einen interessanten Blick auf den Abfall des Vorwaldes zum Regental hin.

Das Innere des Oberen oder Falkensteiner Vorwaldes ist unendlich reich an hervorragenden landschaftlichen Kleinformen. Jemand hat gesagt, es sei eine „bucklige Welt". Von vielen kleinen Bächen sind die Bergriedel tief zerschnitten. Kerbtäler, Waldkuppen, Wollsackbastionen, Felsenmeere, Klippen und Burgfelsen bringen abwechslungsreiche Akzente in die anmutige Feld-, Wald- und Weidelandschaft. Wir können hier nur einige Punkte hervorheben: so das K ü r n e r B e r g-

Mufflon

l a n d mit seinen Tälern (Gambachtal und Roitherauer Bachtal) zu Füßen des Schloßberges von Kürn, eine verkehrsarme, aussichtsreiche Wanderlandschaft. Ferner die ähnlich gearteten Täler des Otterbaches und Ellbaches sowie des Höllbaches. Der letztere durchbricht in einem prachtvollen wilden Tal den Granitriegel, dessen verwitterte Blöcke die Schlucht füllen. Man nennt sie die H ö l l e (NSG). Leider beeinträchtigt der Entzug fast allen Wassers für ein Kraftwerk dieses Wildwasserschauspiel stark in seiner Wirkung. Zwischen Höllbach und Otterbach erstreckt sich der weite T h i e r g a r t e n der Fürsten Thurn und Taxis. In diesem größten Wildgehege Süddeutschlands wird Rot-, Dam-, Muffel- und Schwarzwild gehalten (im Winter Fütterungsstellen).
Mittelpunkt des Falkensteiner Vorwaldes ist der freundliche Markt F a l k e n- s t e i n. Die den Ort überragende Burg mag das letzte der nach den Falken benannten Bergschlösser sein, das bis in die Gegenwart bewohnt war. Der Schloßberg

Falkenstein

erhebt sich 150 m über dem Perlbachtal. Seinen Kegel umzieht ein einzigartiger N a t u r p a r k. Er gilt als eines der reizvollsten Wald- und Felsenreviere Deutschlands („Luisenburg des Bayer. Waldes"). Die bizarren Blockformen dieses Felsenlabyrinths werden von einem urwüchsigen Hochwald aus Eichen, Buchen, Ulmen, Linden, Fichten und Tannen überschattet. Viele natürlich gestaltete Wege führen über vorspringende Felsen und Aussichtskanzeln, durch enge Felsentore, über die Wurzeln mächtiger Bäume und vorbei an Höhlen. Mit großem Geschick wurde die Naturszenerie gewahrt. Die nachhelfende Hand des Menschen ist in diesem Landschaftspark kaum wahrnehmbar. Den Boden bedecken zahlreiche Waldblumen, die bunt zwischen üppigen Moospolstern und schwankenden Farnwedeln hervorleuchten. Das seltene Leuchtmoos schimmert zaubrisch phosphoreszierend aus dem Dunkel seiner Umgebung. Auch einige Alpengewächse sind zu finden; darunter das Veilchenmoos, das wie ein blaßgelber dichter Filz den Granit überzieht und intensiven Veilchengeruch von sich gibt. Kurzum, der Pflanzenreichtum ist groß. Man hat im Naturpark Falkenstein 190 verschiedene Blütenpflanzen und 150 kryptogame Gewächse gezählt.
Aus der näheren und weiteren Umgebung Falkensteins hervorzuheben ist das Perlbachtal mit den rechts und links aufsteigenden Bergen, die voll skurriler Felsgebilde sind: Lauberberg („Opfersteine"), Marienstein (Kapelle), Kirnstein, Heiligenkammer (mit legendärer Höhle), Sengersberg (Burgruine); ferner das reizvolle Gebiet der „Zeller Hölzer" mit seinem Schloßberg (Ruine Lobenstein), dem Geiselberg, der Hohen Wart und dem Hatzelsberg. Westl. liegt die Burgruine Siegenstein in wald- und felsenreicher Landschaft, der sich das Waldgebiet „Falkenlehen" und „Hoher Fels" anschließt (Schalensteine am Gipfel). Zwei weitere aussichtsreiche Burgruinen stehen in Brennberg und Brieberg.
Im Ostteil des Falkensteiner Vorwaldes konzentrieren sich die Reize der Landschaft auf das Dreieck zwischen S a t t e l p e i l n s t e i n (Schloßberg mit schönem Mischwald und Granitblockpartien; NSG), Sattelbogen und Schorndorf. Auch hier ein beglückender Zusammenklang von Berg, Wald und Tal in einer vom Menschen seit Jahrhunderten sinnvoll gestalteten Kulturlandschaft (vorgeschichtl. Schanze bei Traitsching, Schloß Sattelpeilnstein, Ruine Neuhaus, zahlreiche Kapellen und Wegkreuze).
Im Oberen Bayer. Wald haben zwei berühmte Maler der Renaissance die Landschaft als selbständiges Motiv der Malerei zuerst entdeckt: Albrecht Altdorfer und Wolf Huber. Ihre Werke sind die frühesten Zeugnisse bildhafter deutscher Natur- und Landschaftsdarstellung.

DER OBERPFÄLZER WALD

(Dazu Kartenseiten 14, 15, 20–22, 28) Der Oberpfälzer Wald ist nach erdgeschichtlichem Herkommen und landschaftlichem Charakter die Fortsetzung des Bayerischen Waldes. Alles dort Gesagte trifft im großen Ganzen auch auf den Oberpfälzer Wald zu. Nur etwas mildere Landschaftsformen und die Zugehörigkeit zu anderen Herrschaftsbereichen (heute Regierungsbezirk Oberpfalz) trennten ihn vom Bayer. Wald. Hauptunterschied zwischen beiden Landschaften ist die wesentlich geringere Höhe des Oberpf. Waldes, der nirgends an die Tausendmeter-Grenze heranreicht (Gibacht bei Furth 934 m, Entenbühl bei Flossenbürg 901 m). Seine Bergformen kennen noch weniger als der Bayer. Wald steile oder gar schroffe und gebrochene Linien. Sanft wellen sich die Bergzüge oder Kuppen. Sein Waldkleid ist weit weniger dicht, doch fast überall deckt es noch den bayerisch-tschechischen Grenzsaum.

Nach Süden findet der Oberpf. Wald seine Begrenzung in der Cham-Further-Senke, nach Norden in der Naab-Wondreb-Senke und nach Westen, gegen die Oberpfälzer Senke hin, in drei wichtigen Störungslinien: der „Fränkischen Linie", der „Amberger Linie" und dem „Pfahl".

Die Senke des Chamtales zwischen Cham und Furth i. W. scheidet zwar Bayerischen und Oberpfälzer Wald voneinander, doch wäre es falsch, hier von einer Grenzsituation zu sprechen. Die Cham-Further Senke gehört nämlich einerseits zu den wichtigsten Durchgangswegen nach Böhmen, andererseits ist der Landschaftscharakter links und rechts der Senke wenig verschieden. Es sind kultivierte, aber unverfälschte und liebliche Naturlandschaften, die zu Landschaftsschutzgebieten und zum Naturpark „Oberer Bayerischer Wald" erklärt worden sind. Angrenzende Landkreise haben diese Entwicklung aufgegriffen und große Teile des Oberpfälzer Waldes ebenfalls als Naturpark ausgewiesen. Entlang der Landesgrenze sollen die Naturparkflächen von der Cham-Further Senke im Süden bis zur Stadt Bärnau im Norden reichen. Sie werden zunehmend mit Wanderwegen, Wegweisern, Parkplätzen, Freibädern und weiteren Erleichterungen für die Besucher ausgestattet.

Südlich der Flüsse Chamb und Regen rechnen wir das Land zum Bayerischen Wald, nördl. davon zum Oberpfälzer Wald. Von Roding an fällt der Oberpfälzer Wald in nordwestlicher Richtung zur Bodenwöhrer Senke entlang der Pfahl-Linie ab. An zwei Punkten tritt der P f a h l noch markant hervor: in der P f a h l r u i n e S c h w ä r z e n b e r g (NSG) und am Hirschberg. Die erste ragt mit Quarzriffen und ausgewitterten Blöcken aus einem bewaldeten Rücken auf. Am H i r s c h b e r g , einem Bergzug des Taxöldener Forstes, erheben sich Zacken und Türme aus Quarzfels bis zu 40 m hoch über ihre Umgebung. Hervorzuheben in der, von der Pfahl-Linie sich nordwärts ausbreitenden Kuppen- und Riedellandschaft sind der K ü r n b e r g mit seiner Ruine, der Sattelberg, der R a b e n b e r g mit der Bärenhöhle, der Kirchenbühl bei Darstein mit seinen eigenwilligen Felsbildungen („Teufelstanzplatz") und der Buchberg nordöstlich Cham mit seiner Ruine.

Den Namen „Oberpfälzer W a l d" rechtfertigen vollauf nur die Gebirgszüge entlang der Grenze zur CSSR. Schon die Berghänge westlich Furth erreichen stattliche Höhen (Dachsriegel 826 m), sie haben dichte Waldflanken und vereinzelt herausgewitterte Granitfelsen. Diese Mittelgebirgslandschaft steigert sich im Landkreis Waldmünchen mit dem G i b a c h t bis auf 934 m, dem höchsten Punkt des Oberpf. Waldes. Seine felsenreichen Nachbargipfel sind „Kreuzfelsen", „D r e i w a p p e n" (917 m), „Brombeerriegel" und nach Westen zu „K l a m m e r f e l s" und „Hoher Stein", dem sich jenseits des Tales von Gleißenberg der „H i n t e r e und V o r d e r e H i e n e r" sowie der „Z w i r e n z e l" mit ihren Felsgruppen

Roding

204

und ihrer weiten Aussicht anschließen. Östlich von Waldmünchen zieht sich das Fällerbachgebiet mit seinen hochaufragenden Tannen und Buchen den Grenzkamm zum Gucker hinauf. Auch hier bereichern seltsam geformte Granitfelsen das Bild. Lieblicher ist die Landschaft im Waldmünchener Talkessel selbst, den man am schönsten vom buschreichen Ulrichsgrüner Bühl (Naturgarten „Fischerbühl") überblicken kann. Oberhalb von Waldmünchen wurde die Böhmische Schwarzach durch einen 17 Meter hohen Damm zum Hochwasserrückhaltebecken „Perlsee" aufgestaut. Ein idyllischer Badesee ist dadurch entstanden, der westl. von dichtem Fichtenwald und östl. vom hellen Grün der Sparlesau eingerahmt wird. Auch die Bayerische Schwarzach, die vom Grenzgebirge herabkommt, wird vom Hochwasserspeicher Tiefenbach gebremst. Auch dieser künstliche See („Silbersee") liegt anmutig zwischen Wald und Wiesen eingebettet.

Neunburg vorm Wald

Nachdem sich beide Quellbäche zur Schwarzach vereinigt haben, zieht der Fluß in Mäandern abwechselnd durch weite Wiesenauen oder durch enge Waldschluchten, wie es für die meisten Flüsse des Waldes typisch ist. Zunächst zeigt es sich als ein Wiesental, von dem das besonders malerische Stück zwischen Steegen und Gmünd unter Landschaftsschutz steht. Nach dem Passieren des Städtchens Rötz tritt der Fluß unterhalb des Schwarzwöhrberges (Burgruine, Aussichtsturm, Freilichtbühne) in ein schmales Waldtal, das zwischen Eixendorf und Kröblitz zur engen Schlucht wird. Die Schwarzach durchbricht hier den Granitriegel zwischen dem tertiären Becken von Rötz und der Neunburger Talmulde (sog. Neunburger Massiv). Sie schafft eines der schönsten Flußbilder des Oberpf. Waldes. Oberhalb Eixendorf entstand ein Speichersee. Bei Neunburg vorm Wald öffnet sich die Flußlandschaft ein wenig, aber waldige Steilhänge treten immer wieder bis nahe an das Ufer des Flusses, der dann bei Schwarzenfeld unterhalb des aussichtsreichen Miesberges in die Naab mündet.

Nebenflüßchen streben der Schwarzach vor allem von Norden zu, auch sie dem Oberpfälzer Flußtypus entsprechend. Die Ascha beispielsweise sammelt ihre Wasser im sogenannten Schönseer Ländchen (LSG). Zauberhaft ist hier der Wechsel von dunkel bewaldeten Höhen – durchwegs Nadelwald – mit wohlbestellten Talhängen und Senken, in denen die dunkleren Punkte schöner Einzelbäume und die harmonischen Linien von Gebüschzeilen für Abwechslung sorgen. Vereinzelt blitzen die Spiegel stiller Weiher und Seen. Von Schönsee geht es hinauf nach Stadlern, wo eine Burgruine die Gipfelfelsen des Reichensteins krönt. Weitere Felsgruppen steigen bei der sog. Ebene (896 m) aus dem Waldboden auf, wie der Weingartenfels und der Hopfnerfels. Die Ascha verläßt das Schönseer Ländchen in einem Durchbruchstal durch den Gebirgszug zwischen Platte und Stückstein. Dieser dichtbewaldete Gebirgsrücken ist wegen seiner Ruinen (Frauenstein, Altenschneeberg) und Aussichtspunkte (Platte 818 m) bekannt. Vom Altenschneeberg blickt man hinab auf das Dörfchen Hoffeld, wo die „Riesenlinde" als ein Naturdenkmal ersten Ranges schon mehrere Jahrhunderte lang ihre starken Äste reckt. Unter ihrem Blätterdach findet seit mindestens 170 Jahren das „Lindenfest" statt. Doch zurück zur Ascha. Sie durchfließt nun eine flache Weiherlandschaft um den Markt Winklarn, dann sägt sie sich bereits wieder ihren Weg durch die steilwandige Schlucht bei Hohenthal. Hier stehen fast senkrechte Felswände in interessantem Kontrast zum horizontal liegenden Blockmeer. Nach kurzem Verschnaufen schafft sie bei Katharinenthal noch die Engstelle zwischen Kohlhügel und Warnberg, bevor sie bei Neunburg v. W. in die Schwarzach mündet.

Nabburg

Ähnlich, aber etwas gemäßigter ist der Flußlauf der M u r a c h , die bei Uckersdorf zur Schwarzach stößt. Ihre Quellen liegen im Waldgebirge zwischen Stückstein und Greiner. Über eine Reihe von Stauweihern kommt sie durch das enge Waldtal zwischen Pirkhof und Teunz, nimmt unterhalb der auf hohem Berge thronenden Ruine Murach den von Oberviechtach herabkommenden Steinbach auf und zieht ihren Weg in unberührten Schlingen zwischen bewaldeten Höhen zur Schwarzach hinab.

Bei Willhof nimmt die Schwarzach den kleinen K a t z b a c h auf, der in Urzeiten den romantischen Felsdurchbruch von Guteneck eingekerbt hat. Einige der Felsköpfe sind Naturdenkmale. Wenig weiter stößt von Süden das abwechslungsreiche Tal des A u e r b a c h s hinzu.

Bevor wir das Land der Schwarzach verlassen, sei noch auf die Landschaft nördl. und westl. von Rötz verwiesen. Dort ragt der Kegel des Güttenberges mit seiner schlichten Kapelle auf. Kiefern, Birken und Wacholdergruppen zieren seine Flanken. Von oben genießt man eine umfassende Aussicht. Westl. davon liegen Thanstein mit seiner malerischen Ruine sowie das zum Teil vermoorte Tal von Prackendorf, wo auf Niedermoorwiesen und an Weihern typische Moospflanzen und ihre Tierwelt zu finden ist.

Zwischen Schwarzenfeld und Wernberg greift das granitne N a a b g e b i r g e als Vorsprung des Oberpf. Waldes über die Naab hinüber weit in die Oberpfälzer Senke hinein. Der Fluß hatte sich durch hartes Gestein zu sägen, doch ist dieser Naab-Durchbruch sehr früh erfolgt und zeigt nicht die Wildheit junger Durchbruchstäler. Dennoch ergeben sich hier im N a a b t a l (LSG) markante Landschaftsbilder wie z. B. bei Nabburg, wo die schöne alte Stadt auf einer nach Süden vorspringenden Felsnase thront, oder bei Wölsendorf, wo die Steilufer sich auf 150 m näherücken. Oberhalb Pfreimd krönt die Wallfahrtskapelle Eixlberg einen 140 m hohen bewaldeten Granithang. Nach Westen zu zeigt das Naab-Gebirge den welligen, fichtenreichen Berglandcharakter des Oberpf. Waldes. Sein westlicher Ausläufer, der J o h a n n i s b e r g , und die davon ausgehenden Waldleiten sind LSG. Er trägt einen ausgedehnten vorgeschichtlichen Ringwall und zeigt mehrfach anstehende Gneis- und Granitfelsen. Viele Bächlein haben das Gelände zertalt. Der S c h w a r z e B a c h fließt bei der Magdalenenkapelle durch ein schluchtartiges Tal voll von dichtem Pflanzenwuchs. Sein Grund ist still und unberührt. Das östlich benachbarte Tal des Hüttenbaches ist streckenweise noch nicht reguliert und von besonderer landschaftlicher Schönheit.

Der waldige Nordabfall des Naab-Gebirges steht mit einem Ausschnitt am B u c h b e r g . (Brandleite) unter Landschaftsschutz. Am Übergang zur Oberpf. Senke ergeben sich vielerorts schöne Mischwaldbestände, so im Staatswalddistrikt „O s t a" (LSG) bei Saltendorf, wo ein 120jähriger Nadel- und Laubholzbestand Unterschlupf für über 40 Vogelarten bietet. An der Südgrenze dieses Waldfleckens ragt kräftig eine 300jährige Eiche auf, die als „Heiliger Baum" bekannt ist.

Das nördl. angrenzende Flußsystem des Oberpf. Waldes ist das P f r e i m d t a l und seine Nebenflüßchen. Die Pfreimd entspringt als Katharinabach im Böhmerwald. Wo sie in der Pfrentschwiese bayerischen Boden betritt, liegt das NSG U r w a l d a m P f r e n t s c h w e i h e r . Bis 1840 war nämlich die Pfrentschwiese ein Weiher, dessen Entwässerung ein Austrocknen und Absacken des Bodens zur Folge hatte. Die Fichten, Kiefern, Birken und Erlen des etwa 140 Jahre alten „Urwaldes" stehen deshalb heute mit ihren Wurzelstöcken bis zu 150 cm über dem Bodenniveau — ein Anblick, auf den man nur in exotischen Landstri-

206

chen gefaßt ist. Unterhalb Waidhaus zieht die Pfreimd in Mäanderschlingen durch eine sanfte Hügellandschaft, vorbei am U l r i c h s b e r g (mit der Wallfahrtskapelle St. Ulrich) und am F i n s t e r b e r g und durch das sog. „Steinerne Meer". Bei Böhmischbruck aber tritt sie in den ersten Engpaß am Kößinger Ranken. Von nun an stehen ihr Einzugsgebiet und ihr Lauf bis zur Mündung unter Landschaftsschutz. Es sind auch die hervorragendsten Teile des Flußtales. Bis 100 m hoch ragen rechts und links die waldigen Steilhänge mit reizvollen Felsbildungen auf und im Talgrund bleibt nur ein schmaler Saum für das Wiesengrün. Zwei Speicherseen hemmen den strudelnden Lauf der Pfreimd: der Kainzmühlspeicher und der T r a u s n i t z s p e i c h e r. Der letztere Stausee

Hochspeicher Rabenleite

ist zum beliebten Bade- und Segelgewässer geworden. Er liegt zu Füßen der alten Burg Trausnitz (Jugendherberge). Beide Speicherseen versorgen die Pumpspeicherwerke Tanzmühle und Reisach. Solche Kraftwerke pumpen in den Stunden geringen Energieverbrauches mit der zur Verfügung stehenden überschüssigen Energie das Wasser in einen Hochspeicher (hier liegt er auf der Bergkuppe Rabenleite), von wo es zu Zeiten hohen Energiebedarfs während der Tagesstunden durch einen Stollen mit starkem Gefälle den Turbinen zugeführt werden kann. Die einschneidenden Eingriffe in das Landschaftsbild haben sich nicht nachteilig ausgewirkt, da die Anlagen beispielhaft geplant wurden und dadurch besondere Anziehungspunkte für die Besucher entstanden sind. Vom Turm des Hochspeichers schweift der Blick weit über das Land; nach Osten hinüber zum S c h l o ß b e r g T ä n n e s b e r g (LSG) mit seinen Waldflanken und dem dahinter sich ausbreitenden Tännesberger Wald, nach Norden zur Oberpfälzischen Landmarke Leuchtenberg und nach Süden hinunter zum Trausnitz-Speicher. Am Goßbühl in Tännesberg besteht ein „Geologischer Lehrpfad".
Ähnlich wie die Schwarzach erhält auch die Pfreimd ihre bedeutenderen Zuflüsse vom Norden. So münden bei Waidhaus der Röhling- und der Raunetbach. Sie rahmen das schöne Waldgebiet um S u l z b e r g und S c h n e e b e r g (LSG) ein, aus dessen großartigen Fichtenbeständen ihnen mehrere Quellbäche zuströmen. Der nächste Nebenfluß, Z o t t b a c h genannt, entspringt in Böhmen und tritt bei Georgenberg auf bayerischen Boden. Er durchläuft eine intime Landschaft mit dem charakteristischen Wechsel von weiten und engen Talstellen, vorbei an den herrlichen Mischwäldern um die Ruine S c h e l l e n b e r g, vorbei am hohen Rücken des F a h r e n b e r g e s mit seiner weitblickenden Wallfahrtskirche (801 m), und vorbei an dem alten Städtchen P l e y s t e i n, wo der 38 m hohe Rosenquarzfelsblock „Kreuzberg" eine Wallfahrtskirche und ein Kloster trägt (schöne Rundsicht"). Der Quarz von Pleystein verdankt seine Ausbildung einer ähnlichen Spaltenfüllung wie der Pfahl. Von Süden münden der aus Eslarn kommende Loisbach und der Tröbesbach in die Pfreimd. Im engen Unterlauf der Pfreimd haben vor allem der Michlbach und der Goldbach von Norden, die Gleiritsch und der Stelzmühlbach von Süden reizvolle Taleinschnitte und Mündungstrichter in die Pfreimdhänge eingeschnitten.

Ruine Leuchtenberg

Dem Land der Pfreimd nördl. benachbart ist das Einzugsgebiet der L u h e. Dieses Flüßchen entspringt oberhalb Waldthurn und tritt bei Roggenstein in ein sich allmählich verengendes Tal, das von nun an unter Landschaftsschutz steht. Es gibt wieder ein schönes Beispiel unberührter Flußlandschaft, das durch seine Kleinförmigkeit und durch seinen Abwechslungsreichtum einen romantischen Reiz ausübt. Vom Luhe-Tal aufwärts gipfelt sich der Granitkegel des L e u c h t e n b e r g e s mit seiner imposanten, geschichtsträchtigen Ruine auf. Es ist ein Kernpunkt der Oberpfalz. Weithin sichtbar und weithin blickend beherrscht der Burgberg das

207

Flossenbürg

Land. Ein harmonisch abgestimmter Teppich aus gelben Getreidefeldern, grünen Wiesen, dunklen Wäldern, vereinzelten Felspunkten und hellen Dorfflecken breitet sich um ihn aus. Da er rundum von Taleinschnitten umgeben ist, steigt er desto dynamischer aus der Weite der welligen Landschaft auf. Die Waldschlucht an seinem nördl. Fuß wurde zum NSG L e r a u t a l erklärt, denn es zeigt einen der schönsten Landschaftsausschnitte des Oberpf. Waldes. Riesige Granitblöcke „schwammen" auf Fließerden den Hang hinab und schufen ein urtümliches Talbild. Heidekraut, Heidenelken, Himmelfahrtsblümchen blühen heute zwischen den liegengebliebenen Kolossen. Das Tal wird von der Ostmarkstraße durchquert, die gerade in diesem Abschnitt bei Leuchtenberg einzigartige Ausblicke gewährt. Das tiefe Einschneiden der Bäche und die Heraushebung der Kuppen in diesem Landstrich hat eine tektonische Ursache. Die sog. Böhmische Masse, der ja auch der Oberpf. Wald angehört, hatte sich im Tertiär entlang der sog. Fränkischen Linie hochgeschoben. Damit stellt diese Bruchlinie die geologische Grenze zwischen Oberpf. Wald und Oberpf. Bruchschollenland dar. Der Höhenunterschied zwischen Grundgebirge und Vorland ist durch Verwitterung gemildert, doch beträgt er immer noch durchschnittlich 150 m. Die herabkommenden Bäche zerschneiden den Gebirgsrand in scharfen Talkerben, wobei sie einzelne Bergkuppen herausmodellieren. Man kann den Abfall entlang der Fränkischen Linie gut verfolgen: Vom Windbühl bei Leuchtenberg über den Hermannsberg bei Michldorf (Einschnitt des R a i t e n b a c h t a l e s ; LSG), über die Platte, den Dreifaltigkeitsberg bei Muglhof (Einschnitt des H ö l l e n t a l s , d. h. des Gleitsbaches; LSG), den Fischerberg (Aussichtsturm), die Höhen von Roschau und weiter bis Altenstadt, wo die Waldnaab ihr Tor in den Hang gerissen hat. Jenseits der Naab verläuft der Abfall über Platte und Vogelberg bis in die Gegend von Erbendorf. In diesem Teil verläßt der S a u e r b a c h (LSG) durch ein reizvolles Kerbtal das Grundgebirge. Die Ostmarkstraße begleitet in schwingenden Kurven den Abfall – einmal oberhalb, einmal unterhalb des Hanges. Mit ihrem Verlauf sind auch große Teile des Gebirgsrandes unter Landschaftsschutz gestellt. Vom Rastplatz bei Döltsch gewinnt man einen guten Eindruck vom Steilabbruch.
In diesem nördl. Teil des Oberpf. Waldes sind Waldnaab und Floß die wichtigsten Flußsysteme. Die F l o ß hat ihre Quellbäche in dem zusammenhängenden großen Waldgebirge um Silberhütte unterhalb des E n t e n b ü h l. Erst westl. von Flossenbürg sammeln sich die Bäche zur Floß. Der Burgberg von F l o s s e n b ü r g ist NSG. Er gilt den Geologen als einer der schönsten Granitberge der Welt. Weithin leuchten die lichtgrauen Steinwände aus den Steinbrüchen der Nord- und Westseite, während ein zackiger Umriß die kühnen Mauern der krönenden Burgruine kennzeichnet. Die Quadern der Burg scheinen organisch aus der plattenartigen Granitschichtung des Berges aufzuwachsen und nicht von Menschenhand aufgetürmt zu sein. Von oben stürzen nach allen Seiten die gewölbten Granitplatten wie übereinandergelagerte Zwiebelschalen in die Tiefe. Eindringlich wird hier der vulkanische Entstehungsvorgang vor Augen geführt: Ein nach oben dringender Schmelzfluß blieb in der Erdkruste stecken, wobei er in dieser schalenartigen Form erstarrte. Erst mit den Jahrtausenden wurde er von der Verwitterung freigelegt und überragt nun als harter Kern seine Umgebung. Dadurch gewährt diese „schönste Burgruine der Oberpfalz" eine prachtvolle Fernsicht. Nach Norden breitet sich ein waldreiches Bergrevier, das mit Haselstein (mächtige Granitblöcke), Hohenstein, Faullohe und den beiden aufgestauten G a i s - w e i h e r n im Rumpelbachtal unter Landschaftsschutz steht. Dahinter verschwimmen die Höhen des Steinwaldes und des Fichtelgebirges. Nach Nordosten

208

blicken wir auf Silberhütte, wo einst nach Edelmetallen geschürft worden war, nach Osten auf den Schellenberg mit seiner mächtigen Ruine, nach Süden auf ein Panorama von Waldhügeln, Tälern und Rodungen bis hin zum Fahrenberg und nach Westen über aufgelockerte Fluren bis zum Basaltkegel des Parksteins. Der kargen, sandigen Humusschicht auf dem Granitrücken von Flossenbürg entspricht die artenarme Flora: So findet man das an allen trockenen und sandigen Plätzen der Oberpfalz heimische Katzenpfötchen, das Blaue Bergsandglöckchen, das Behaarte Habichtskraut, die Gemeine Kreuzblume und den gebräuchlichen Ehrenpreis. An den trockensten Orten stehen Preiselbeere, Heidekraut, Schlängelige Schmiele und die Rentierflechte.

Die Floß mündet bei Neustadt in die Waldnaab. Sie passiert auf ihrem Lauf den Markt Floß, wo der kegelartige S a n k t N i k o l a u s - B e r g mit seiner Kirche unter Landschaftsschutz steht, und Störnstein, das seinen Namen nach der granitblockbeladenen Hügelzunge trägt, die wie eine Barriere ins Floßtal vorspringt. Sie trug einst eine Burg. Gegenüber erhebt sich der schön bewaldete Kegel des G ü g e l (LSG) mit seinen Felsauswitterungen. Im aufgelassenen Steinbruch sieht man den unverwitterten, feinkörnigen blauen Granit. Unterhalb Störnstein nimmt die Floß die Girnitz auf, einen Bach, dessen Oberlauf durch den sog. D o s t (NSG) führt. Es ist ein enges Waldtal mit großen und mittleren Granitblöcken. Das moorbraune Wasser strudelt und zischt darüber hin. Ein großer, langer Block zeigt ein besonders schönes Strudelloch, das im Volksmund „des Teufels Butterfaß" heißt. Zwischen den bemoosten Steinen gedeiht der Tüpfelfarn, auch Engelsüß genannt.

Blick vom Mühlbühl auf Tirschenreuth

Den Norden des Oberpf. Waldes schließt die W a l d n a a b auf. Sie entspringt im Bürger-Wald südl. Bärnau, nicht weit vom Entenbühl. Auch ihr Lauf ist dem Wechsel zwischen harten Granitschichten und weiten schutterfüllten Talauen unterworfen. Nach geruhsamem Lauf im Bärnauer Talkessel quert sie eine kleine Waldschlucht, die heute allerdings zu einem Speichersee aufgestaut ist. An Liebenstein mit seiner Burgruine vorbei zieht der Fluß in die sog. Wondrebsenke nach Tirschenreuth, wo er in großen Schlingen durch eine mit tertiären, diluvialen und alluvialen Tonen und Sanden erfüllte, und mit zahllosen Karpfenweihern durchsetzte Landschaft pendelt. Drei Ausschnitte dieser Weiherplatte stehen unter Landschaftsschutz. Der S e i d l e r s r e u t h e r W e i h e r ist idyllisch zwischen Nadelwald und Wiesen in die Landschaft eingebettet. Wie die meisten Fischweiher hat er einen üppigen Schilfwuchs, der verschiedenen Wasservogelarten bevorzugte Nist- und Brutstätten bietet. Ähnlich die Teichplatten von Schönhaid (LSG). Zwischen Hügeln gelegen sind die Weiherketten um den R o t h e n b ü r g e r S e e , wo außerdem eine Bucht des Sees von malerischen Felsen eingerahmt wird.

Zwischen Falkenberg (machtvoller Burgfelsen) und Neustadt durchsägt die W a l d n a a b den mächtigen Falkenberger Granitriegel in einem engen D u r c h b r u c h s t a l (NSG). Besonders zwischen Hammermühle und Neuhaus zeigt sich die ganze Romantik der Granitverwitterung: rund geschliffene Felswände, Matratzen-Blöcke von riesigen Ausmaßen (der „Tischstein" ragt 8 m aus dem Wasser auf), Flutmarkenbildungen, Strudelkessel wie das „Butterfaß", der „Durchkriechstein" und „Beim Kammerwagen". Wenn man den vielen Windungen des rauschenden Flusses nachwandert, öffnen sich alle Reize eines unberührten Gebirgstales mit Burgruinen, Hangwäldern und Schluchtwaldflora in immer wieder überraschenden Bildern.

Falkenberg

Bei Windisch-Eschenbach nimmt die Waldnaab noch die Fichtelnaab auf und

209

eilt nun im etwas geweiteten Bett zwischen Waldhängen dem Weidener Becken zu. Von Osten fließt ihr noch die S c h l a t t e i n zu, die von den Höhen des Granitriegels herabkommt, wo sie ein reizvolles Tal durchläuft (LSG). Von der Anhöhe grüßt die Wallfahrtskirche St. Quirin. In Neustadt hat die Waldnaab noch einen Prallhang geschaffen, der mit seinem abwechslungsreichen Baumbestand und mit einer schönen Lindenallee das Stadtbild mitbestimmt. Diese „S c h m i d r a n g e n" genannten Hänge und ein Teil der Flußaue sind LSG. Durch die Pforte bei Altenstadt verläßt die Waldnaab das kristalline Gebirge des Oberpf. Waldes. Von der „Hohen Linde" in Altenstadt ist der Landschaftsabschnitt gut zu überschauen.

Der nördlichste Zipfel des Oberpf. Waldes reicht noch über den Oberlauf der Wondreb hinüber. Es ist das große Waldgebirge, das vom Tillenberg herab sich senkend den „Hochwald" und den „Jesuitenforst" umfaßt. Nach Osten öffnet sich der geschichtsreiche Grenzwinkel von Neualbenreuth. Dort steht auch der hohe Grenzlandturm mit seiner weiten Aussicht.

In der sog. N a a b - W o n d r e b s e n k e klingen die Höhen des Oberpf. Waldes aus. Der historische Name des Landstrichs ist „das Stiftsland". Durch Jahrhunderte hindurch hatte nämlich das Stift Waldsassen die Geschicke dieses Winkels bestimmt. Am ersten Tage seiner Reise nach Italien notierte Goethe 1786: „In Baiern stößt einem sogleich das Stift Waldsassen entgegen. Köstliche Besitzthümer der geistlichen Herren, die früher als andere Menschen klug waren. Es liegt in einer Teller-, um nicht zu sagen Kesseltiefe, in einem schönen Wiesengrunde, rings von fruchtbaren, sanften Anhöhen umgeben." Nach Norden und Westen begrenzen als Ausläufer des Fichtelgebirges Kaiserwald („Reichsforst") und Steinwald das Stiftsland. Ausgeprägte Basaltkuppen ragen bis in die Senke hinein (große Steinbrüche). Am Rande des Basalts treten mehrere heilkräftige Mineralquellen (Säuerlinge) zutage, von denen besonders die König-Otto-Quelle bei Wiesau, der Kondrauer Sauersprudel bei Waldsassen und die Silvana-Heilquelle in Groschlattengrün zu nennen sind.

Im übrigen bestimmen tertiäre Sedimente und Phyllit die Böden der Senke. Aus dem Phyllit sind schwere Tonböden hervorgegangen. Sie stauen das Wasser und haben zur Bildung von Torfgründen (z. B. bei Tirschenreuth) und von einer Unzahl größerer und kleinerer Teiche geführt, die zur Fischzucht benutzt werden. Die Teichwirtschaft in der Oberpfalz ist uralt. Im Zusammenhang mit der Eisenindustrie, die zum Betrieb der Hammerwerke Stauweiher brauchte, konnte sie sich gut entwickeln. Als Speisefische werden vor allem Karpfen und Schleien, aber auch Forellen gezogen. Man rechnet mit Erträgen von 15 000 Ztr. jährlich.

Auch der Wald ist an die Art der Verwitterungsböden gebunden. Im Gebiet des Granits und Basalts stehen Mischbestände aus Fichten, Tannen und Buchen, während um Waldsassen, Tirschenreuth und Falkenberg, auf den sandigen Böden und dem Phyllit, die Föhrenwälder das Landschaftsbild bestimmen.

210

DAS FICHTELGEBIRGE

Schon seit je gehörte das Fichtelgebirge zu den Bergländern Deutschlands, die im (Dazu Kartenseiten 7, 13–14) Bewußtsein der Historiker, Schriftsteller und Reisenden eine beachtete Rolle spielten. Das mag zum Teil daran liegen, daß wichtige Verbindungswege zwischen dem Deutschen Reich und Böhmen über die Eger-Röslau-Senke und die Wondreb-Senke mitten durch das Fichtelgebirge führen, bzw. südlich daran vorbei, und zum anderen Teil am Vorkommen verschiedener Edelmetalle und Mineralien (Gold, Silber, Zinn, Eisen). Noch heute erinnern manche Ortsnamen an die erloschenen Bergwerke, Hüttenwerke und Eisenhämmer, wie z. B. Goldkronach, Arzberg („Erzberg"), Schwarzenhammer, Kupferberg (im Frankenwald) u. a. Die Erze waren jedoch schon während des Mittelalters erschöpft und der Reichtum des Fichtelgebirges verflüchtigte sich in die Sage. Der Pfarrer Johann Will nannte 1692 das Gebirge „ein Kunst- und Meisterwerk der Natur", einen „Fürsten der Berge" und ein „anmuthiges Paradeiß des teutschen Vaterlandes". Der Paradiesvergleich ist darauf zurückzuführen, daß aus dem Fichtelgebirge die vier Flüsse Eger, Saale, Naab und Main entspringen, so wie aus dem Paradies die Ströme Euphrat, Pison, Gihon und Hiddekel. Von den Bodenschätzen verblieben dem Fichtelgebirge die Rohstoffe für die Glasherstellung und für die Porzellanindustrie, deren Zentren die Städte Selb, Arzberg und Hohenberg sind. Ein verwandter Industriezweig fußt auf der Specksteingewinnung bei Göpfersgrün. Granit- und Basaltbrüche spielen noch eine große Rolle im Wirtschaftsleben. Andererseits aber erweist sich das Fichtelgebirge auch heute noch als „eine verschwiegene Landschaft voll geheimer Lebensimpulse" (Rudolf Hagelstange), in der sich Oasen der Ruhe und des Friedens auftun. Erholungssuchende, Wanderer und Wintersportler wissen sie zu schätzen.

Weißmainquelle

Das Fichtelgebirge ist ein wesentlicher Teil des Grundgebirges in Bayern. Es gehört mit dem Bayer. Wald, dem Oberpfälzer Wald und dem Frankenwald zum Urgebirgszug entlang der Ostgrenze zwischen Passau und Ludwigsstadt. Man hat es einen G e b i r g s k n o t e n genannt, weil es gewissermaßen Oberpfälzer Wald und Frankenwald miteinander verknotet und eine Verbindung nach Nordosten zum Elstergebirge und Erzgebirge herstellt. Seine Rücken zeigen daher auch teils südost-nordwest (variskisch) streichende Züge (z. B. Schneeberg), teils südwest-nordost (herzynisch) streichende Züge (z. B. Waldstein, Steinwald). Die Begrenzung des Gebirges ist nur nach Südosten hin eindeutig: hier entstand durch die tertiäre Anhebung entlang der sog. Fichtelgebirgs-Randspalte (auch Fränk. Linie genannt) ein klarer Abfall gegen das Bruchschollenland. Im Nordwesten grenzt man es gegen den Frankenwald und das Hofer Vogtland entlang der Linie Bad Berneck-Rehau ab, nach Nordosten gegen die CSSR entlang der Landesgrenze und nach Südosten gegen den Oberpfälzer Wald entlang der Naab-Wondreb-Senke.

Egerquelle

Die Hauptrücken bilden ein nach Nordosten geöffnetes Hufeisen, dessen Arme das idyllische Sechsämterland um Wunsiedel und die Selber Hochfläche umgreifen. Doch bildet dieses Hufeisen keinen lückenlosen Gebirgswall. Vielmehr gliedert eine Reihe von Mulden und Sätteln das Fichtelgebirge in verschiedene Gebirgsstöcke und natürliche Landschaften auf. Da ist zunächst das H o h e F i c h t e l g e b i r g e mit dem Schneeberg (1051 m) und dem Ochsenkopf (1024 m), das durch den Höllpaß (683 m) vom G r o ß e n W a l d s t e i n und durch den Wurmlohpaß (652 m) von der K ö s s e i n e (939 m) getrennt wird. Das Waldsteingebiet wiederum scheidet der Schiedapaß vom Kleinen Kornberg (678 m), der durch das Lamitztal vom G r o ß e n K o r n b e r g abgetrennt ist. Die Kössein-Röslau-Senke nun bringt einen gewaltsamen Einbruch,

Naabquelle

Saalequelle

der die südöstliche Begrenzung des Fichtelgebirges mit dem S t e i n w a l d, dem T e i c h e l b e r g, dem Reichsforst und dem Kohlwald vom Hohen Fichtelgebirge scheidet.

Das Fichtelgebirge ist ein G r a n i t g e b i r g e. Das Granitmagma war gegen Ende der Steinkohlenzeit mit vulkanischer Unterstützung nach oben gedrungen und hatte die Gneise, Phyllite und Schiefer aufgewölbt. Die Schmelzflüsse hatten jedoch nicht die Erdoberfläche erreicht. Erst im Verlauf der tertiären Hebung der Fichtelgebirgsscholle wurden die granitischen Magmakerne freigelegt. Die Verwitterung hatte die hochgewölbten Schiefer und Phyllite abgetragen. Sie sind heute aus allen Höhenregionen verschwunden und umgeben wie ein Mantel die freigelegten Granitdome der Gipfel. Die sanft geböschten Sockel des Gebirges und die beckenförmigen Niederungen in der Wunsiedler Bucht und um Marktredwitz, Arzberg, Mitterteich und Wiesau bestehen also aus den Ablagerungen der leichter verwitternden Gneise und Phyllite. Sie tragen vorwiegend mittelmäßige Äcker, Wiesen und Wälder.

Siebenstern

Auf den Granitbergen herrscht der Fichtenwald. Trotz ihrer Höhen erscheint ihr Umriß aus der Ferne wenig aufregend. Aber wie im Bayer. Wald tragen sie auf dem Gipfel fast stets abenteuerlich aufgetürmte Felsruinen in Gestalt von wollsack- oder matratzenförmigen Granitblöcken, die hier allerdings zu zyklopischen Steingärten und unvergleichlichen Labyrinthen anwachsen. Die Gipfel sind daher häufig frei von Baumwuchs und gewähren allseits ungestörte Fernsicht.

Klima, Pflanzenwelt und Tierwelt stimmen in großen Zügen mit den Verhältnissen im Bayer. Wald überein. Die Winde sind nicht gar so rauh wie dort, andererseits hat die bessere Verkehrserschließung des Fichtelgebirges so manche Tierart vertrieben, die dem Bayer. Wald noch eigen ist. Als Seltenheiten der F l o r e n w e l t sind für das Fichtelgebirge und auch für den Frankenwald festzustellen: Frühlingsknotenblume, Weißer Mauerpfeffer, Wohlriechender Schotendotter, Kahles Turmkraut, Tollkirsche, Akelei, Gelber Fingerhut, Türkenbund, Pfingstnelke, Traubengamander, Blutroter Storchschnabel, Akeleiblättrige Wiesenraute, Holunderorchis, Netzblatt, Feinblättrige Bärwurz und andere. Die Wappenblume des Fichtelgebirges aber ist der zarte Siebenstern, dessen weiße Blüten auf dunklen Moosböden leuchten.

Die Tatsache, daß die meisten oberfränkischen Naturschutzgebiete im Fichtelgebirge zu suchen sind, beweist den naturhistorischen Rang dieses Gebirges. Da ist voran der S c h n e e b e r g zu nennen, der höchste Gipfel des Gebirges und des ganzen Frankenlandes (1051 m). Seine Spitze ist von Gesteinstrümmern übersät und im wesentlichen kahl und flach. Den höchsten Punkt nimmt das „Backöfele", eine mäßig hohe Felsmauer ein. Fichten und wenige Vogelbeerbäume führen den Kampf ums Dasein. Bizarre Baumformen stehen über den wenigen Beerenkräutern, Moosen und Flechten. Naturgemäß ist das Panorama umfassend. Man blickt zum Ochsenkopf hinüber, zum Fichtelsee hinab, zum Tal des Weißen Mains und zu allen anderen Höhen des Fichtelgebirges wie Kösseine, Steinwald, Waldstein, Epprechtstein und Kornberg. Den Horizont begrenzen der Frankenwald mit Döbraberg und das Elstergebirge mit dem Erzgebirge. Dem Schneeberg nordwestl. vorgelagert ist der bewaldete Gipfel des Kalten Buch, an dessen Nordfuß die Eger ihre Quelle hat.

Auf dem Nußhardtgipfel

Weitere Vorsprünge des Schneeberges sind Nußhardt und Haberstein. Auf dem Gipfel des N u ß h a r d t (NSG) empfängt uns eine zyklopische Felsenwirrnis, die ihren Höhepunkt in einer meterhoch aufgesteilten Granitplatte von der Form eines Hammers hat. Regenschutz bietet die „Nußhardt-Stube", ein 25 m langer

212

und 3 m breiter Felsengang, den eine gewaltige Steinplatte zur Hälfte überdacht. Auf verschiedenen Blöcken sieht man Verwitterungsmulden, die früher als „Druidenschüsseln" zu allerlei mystischen Deutungen Anlaß gaben. Dem Geologen fällt auf, daß hier Gneis- und Granitblöcke nebeneinander auftreten. Man spricht dabei von „Augengneisen", weil das Gestein mit kleinen Feldspatknollen durchsetzt ist. Die Vegetation des Nußhardt mag hier typisch für die B l o c k m e e r e des Fichtelgebirges stehen: Felsen und Bäume (Fichten, Lärchen) sind von zahlreichen Flechten und Moosen bedeckt. Man findet die Säulchenflechte, die Schildflechte, die Gallertflechte, das Lebermoos, die Schiefbüchse, das Gabel- und das Frauenhaarmoos. Aus der Blütenschar zu Füßen des Blockmeeres seien genannt: Siebenstern, Zweiblättriges Schattenblümchen, Blutwurz, Felsenlabkraut, Heidelbeere, Preiselbeere, Weiches Honiggras, Rotes Straußgras, Rasen- und Waldschmiele, verschiedene Seggen und Binsen sowie der Dornige Schildfarn.

Am H a b e r s t e i n (NSG; 927 m) breitet sich eine gewaltige Steinwüste inmitten des hohen Fichtenwaldes aus. Goethe, der erkannte, daß das Geheimnis der Blockbildung in der Verwitterung liegt, äußerte angesichts dieser Urgesteinsmassen auf dem Haberstein 1785: „Hier ruhst du unmittelbar auf einem Grunde, der bis zu den tiefsten Orten der Erde hinreicht, keine neuere Schicht, keine aufgehäuften, zusammengeschwemmten Trümmer haben sich zwischen dich und den festen Boden der Urwelt gelegt ... diese Gipfel haben nichts Lebendiges erzeugt und nichts Lebendiges verschlungen. Sie sind vor allem Leben und über alles Leben ..."

Auf dem Gipfel der Platte. Blick auf die Kösseine

In Felsspalten kann man die Verstecke des geschützten Tannenbärlapps finden. Das Blockmeer des Habersteins übertrifft an Höhe wie an Ausdehnung das viel bekanntere „Steinerne Meer" auf dem südlicheren Gipfel des Schneebergzuges, der P l a t t e (NSG). Ihr Blockmeer entstammt aus einem in jüngerer Zeit zusammengebrochenen Granitgipfel und blieb bis heute frei von Vegetation. Der Rundblick ist lohnend.

Die Eckpfeiler des Schneebergzuges sind die H o h e M ä t z e (813 m) mit dem „Prinzenfelsen" im Süden und der R u d o l f s t e i n mit den „Drei Brüdern" im Norden.

Die drei Brüder am Rudolfstein

Nach Westen lagert sich das O c h s e n k o p f m a s s i v vor den Schneeberg. Wenn auch um 27 m niedriger als dieser, ist der Ochsenkopf doch bekannter. Der 176 m hohe Fernsehturm markiert ihn auf weite Entfernung. Neben dem Sendeturm erhebt sich der Asenturm mit seiner 17 m hohen Aussichtsplattform. Eine Straße führt bis auf den Gipfel des Berges. Die nördlich gelegene Felskuppe trägt als Wahrzeichen einen eingemeißelten Ochsenkopf. Von der „Schönen Aussicht" genießt man den Blick auf das idyllische Warmensteinach. Aus der Ostflanke des Berges entspringt die Quelle des Weißen Mains. Unweit davon rahmen die „Weißmainfelsen" einen natürlichen Hof mit Tischen und Bänken. Im Winter ist der Ochsenkopf Nordbayerns Skizentrum. Waldschneisen wurden für die Skifahrer geschlagen und Sessellifte baggern die Sportler von Bischofsgrün oder Warmensteinach auf den Ochsenkopfgipfel.

In der Einsattelung zwischen Ochsenkopf und Schneeberg, durch die heute die „Fichtelgebirgsstraße" zieht, wogte einst der sagenhafte Fichtelsee. Aus ihm sollen kreuzweise in alle vier Himmelsrichtungen Naab, Eger, Saale und Main gespeist worden sein. Doch der See ist schon vor Urzeiten ausgelaufen – falls er überhaupt bestanden hatte; Beweise gibt es nicht. Statt seiner finden wir einen ausgedehnten Hochmoorkomplex, in dessen Innerem ein 1790 angelegter Stauweiher als Abglanz des legendären Fichtelsees blinkt. Er heißt offiziell Seeweiher, doch bürgerte

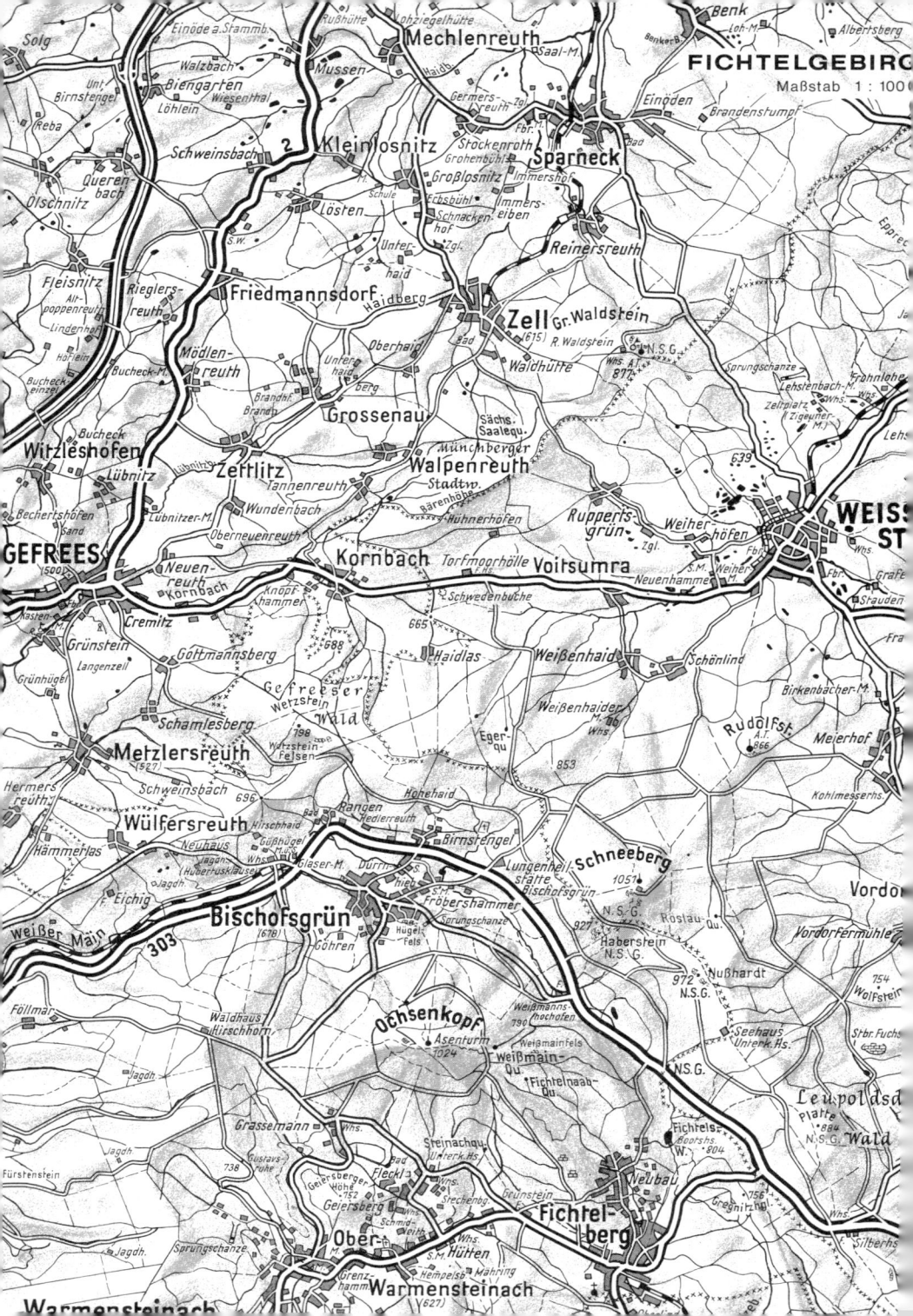

sich der Name F i c h t e l s e e ein. Den Bereich des Ur-Sees nimmt das NSG T o r f -, S e e - und H ü t t e n l o h e ein. Bis zu 7 m mächtige Torflager bedecken das Revier. Wo der Torf abgebaut ist, überziehen Moos- und Riedgraspolster den Boden, auf dem Birken, Föhren und Fichten stehen. Die eigentliche Sumpfflora ist vom Torfmoos bestimmt. Auf seinen Bulten breitet sich die Moosbeere aus, gedeihen Sonnentau und Fettkraut, leuchten die weißen Fruchtstände des Wollgrases. In den offenen Schlenken zieht der Sumpfbärlapp seine Triebe oder überrascht uns die schneeweiß blühende Sumpfkalla. Die festeren Moorpartien tragen Bergkiefern, Warzen- und Ruchbirken über einer Krautschicht von Rauschbeeren, Heidelbeeren, Preiselbeeren und Rosmarinheide. Mitten im Moor entspringt ein eisenhaltiger Sauerbrunnen. Am hundertsten Todestag des in Wunsiedel geborenen Fichtelgebirgssohnes Jean Paul setzte man 1925 einen Gedenkstein daneben und erhob die Quelle zu einer kleinen Gedenkstätte.

Am Fichtelsee

Vom Fichtelseegebiet steigt als dichtbewaldeter Hang das LSG A h o r n f e l s zum Seehügel auf, einer Erhebung des Schneebergmassivs. Den Hang durchsetzen vielgeformte Granitblöcke, darunter der mächtige „Ahornfels".
Den südlichen Schenkel des „Fichtelgebirgs-Hufeisens" bildet das Massiv der K ö s s e i n e. Ihr markanter Doppelgipfel war von den Höhen des Schneeberges und Ochsenkopfes wie ein gleichhoher Nachbar erschienen. Sie erreicht zwar nur 939 m, ist jedoch ein würdiger Dritter. Ihre Felsenmeere sind noch berühmter als die der anderen Züge, die Aussicht von der G r o ß e n K ö s s e i n e (NSG) gilt als die schönste im Fichtelgebirge. Man überblickt das Becken von Wunsiedel und seine vielen Ortschaften von Weißenstadt bis Thierstein. Im Westen und Nordwesten erkennt man die Hohe Mätze und davon nordwärts schwingend die Gipfel Ochsenkopf, Platte, Nußhardt, Schneeberg, Rudolfstein, Großer Waldstein, Epprechtstein und Großer Kornberg. Im Nordosten verschwimmen die Linien des Erzgebirges und Böhmerwaldes und im Süden liegen der schwere Rücken des Steinwaldes sowie die Basaltkuppen des Rauhen Kulm und seiner Nachbarn. Schließlich nimmt man in weiter Ferne Jurahöhen wie den Ossinger und den Hohenstein wahr. Um den Gipfel einen Aussichtsturm häufen sich Granitblöcke, gegen die der Fichtenwald nur mühsam vordringen kann. Auch die Vorsprünge des Gebirgsmassivs tragen kühne Felsmauern, so der Burgsteinfelsen, der Haberstein (nicht zu verwechseln mit demjenigen des Schneeberges), der Schauerberg und vor allem die unübertreffliche L u i s e n b u r g. Ihre Granitmassen bilden einen Sporn der Kösseine bei Alexandersbad südl. von Wunsiedel. Ihr G r o ß e s L a b y r i n t h und das südöstl. liegende K l e i n e L a b y r i n t h bestehen aus ansteigenden Felsgruppen in einer Mannigfaltigkeit, Mächtigkeit und Ausdehnung, wie sie einzigartig in Europa ist. Es sind Blöcke von mehreren hundert Kubikmetern Inhalt darunter. Die Verbindung der Felsentrümmer mit der Vielseitigkeit des Baum- und Strauchwuchses ist von größter Wirkung. Aus düsteren Felsspalten schillert hie und da das smaragdgrüne Leuchtmoos auf, dessen blinkendes Geheimnis von der starken Lichtbrechung gewisser Pflanzenzellen herrührt. Karl Immermann rühmte die Luisenburg mit begeisterten Worten: „Die Laune, die Phantasie, die Bizarrerie, mit der die Natur hier ihre Würfel, Scheiben, Wülste, Dreiecke, Kegel, aufgesetzt, angelehnt, umgeworfen hat, wie sie dann dazwischen Wassertümpel ausgoß, in deren schwarzem Spiegel dieser Rausch noch einmal erscheint, und dunkle Fichten in die Felsspalten pflanzte – es ist eine Beethovensche Symphonie in Stein." Goethe war es, der das Rätsel ihrer Entstehung löste. Auf seinen zwei Besuchen erkannte er, daß nur durch die Verwitterung diese seltsamen Formen zustandegekommen sind, daß nur durch eine allmähliche Auflö-

Festspiele in der Luisenburg

215

Die Schüssel am Waldsteingipfel

Der Räuberfelsen im Steinwald

sung die harten Einzelbrocken des Urgesteins sich lockerten und daß nur durch ein Sinken, Rutschen, Beharren und wieder Stürzen ungeheurer Massen diese erstaunlichen Bildungen sich ergeben haben. Ein gewaltiger Felsblock, „Napoleonshut" genannt, liegt an einem einzigen Punkte auf. Mit einiger Kraftanstrengung kann man ihn zum Schwingen bringen. Eine zusätzliche Attraktion gewinnt die Luisenburg durch die älteste und schönste Freilichtbühne Deutschlands, die ohne Kulissen auskommt. Sie besitzt in dem natürlichen Felsengewirr ein unübertreffliches Szenarium. Hier finden jährlich im Juli und August die bemerkenswertesten Freilichtschauspiele Deutschlands statt.

Der nördliche Ast des „Hufeisens" jenseits der sog. Kornbacher Mulde setzt mit dem W a l d s t e i n g e b i r g e ein. Dieser Rücken liegt zwischen den Taleinsenkungen von Eger und Saale und steigt daher mit dem G r o ß e n W a l d - s t e i n (NSG) recht imposant bis 877 m auf. Auch hier sieht man alle Felsverwitterungsformen wie bei den höheren Nachbarbergen, aber die Felstürme sind wegen der größeren Härte des Gesteins noch aufrecht geblieben und nicht überall zu Blockmeeren zusammengestürzt. Die Gipfelpartie zeugt davon; denn hier steigert sich das Naturschauspiel zu der hochragenden Granitmauer der „Schüssel". Ein großartiges Panorama wird überschaubar. Man blickt die Waldsteinkette hinauf und hinab, zur Bärenhöhe einerseits und zum ruinenbekrönten Epprechtstein andererseits. Man sieht dahinter den Kleinen und den G r o ß e n K o r n - b e r g (827 m, Aussichtsturm „Schönburgwarte"), nach Norden die blitzenden Teiche im Münchberger Gneisgebiet und die Fluren und Städte im Hofer Vogtland, die westwärts in die grünen Wellen des Frankenwaldes übergehen. Nach Süden öffnet sich die Weißenstädter Mulde und das Sechsämterland, nach Osten die Selber Hochfläche mit den Orten Selb, Marktleuthen, Thiersheim, mit der Kuppe des laubbestandenen Großen Hengstberges sowie mit den basaltenen Burgbergen von Thierstein und Neuhaus. Das ganze Waldsteingebirge ist von schönem altem Hochwald bestanden. Am Nordfuß des Zuges führt der Waldlehrpfad „M ü n c h b e r g e r S t a d t w a l d" von Zell zur Saalequelle, berührt einen alten Bergwerksstollen mit einem Waldpflanzgarten und leitet über die Bärenhöhe auf dem „Quellenweg" zum Ausgangspunkt zurück. Am Stadtrand von Weißenstadt wurde ein 50 Hektar großer See aufgestaut und mit vielfältigen Freizeiteinrichtungen versehen.

Die Südostbastion des Fichtelgebirges bildet der breite Granitrücken des S t e i n w a l d e s (LSG), der sich behäbig aus einem Phyllitrahmen erhebt. Als dichtes Waldgebirge ist er arm an Aussichtspunkten, aber die stille Weite seiner Hänge und Rücken ist voller Schönheiten. Wie auf allen Fichtelgebirgshöhen türmen sich allenthalben Granitfelsbildungen (manche mit Aussicht), denen der Volksmund abenteuerliche Namen gab: „Räuberfelsen", „Saubadfelsen", „Katzentrögl" u. ä. Das Katzentröglgewirr liegt an der P l a t t e, die mit 946 m die höchste Erhebung des Steinwaldes darstellt (ohne Aussicht). Den östlichen Abfall des Gebirges krönt die Ruine W e i ß e n s t e i n, die auf mehreren Natur- und Felstürmen erbaut worden war. Ihr Bergfried dient heute als Aussichtsturm. Der Blick über die Wälder, Weiherplatten und Ortschaften der Naab-Wondrebsenke ist zauberhaft. Der Steinwald ist heute N a t u r p a r k. Zu den bereits vorhandenen, berühmten Rotwildbeständen, zu dem Wildschweingehege und zu dem Waldlehrpfad sind weitere Einrichtungen am Revierrand gekommen, wie Parkplätze, Schwimmbäder, Angelteiche, Rodelbahnen, Wanderwege und Lehrpfade. Die Steinwaldhöhen finden ihre Fortsetzung in den kuppigen Basaltergußlandschaften des T e i c h e l b e r g e s (große Basaltbrüche) und des Reichsforstes, um gegen die tschechische Grenze mit dem scharfgeschnittenen Quarzschieferrükken des K o h l b e r g e s (Aussichtsturm „Waldenfelswarte") und des K o h l w a l d e s auszuklingen. Im R e i c h s f o r s t ist der Granit in einer solchen Dichte von Basalt durchbrochen und „übergossen", daß Kegel an Kegel stößt und man hier von einem wahren Basaltgebirge sprechen kann. Der R u h b e r g und seine Nachbarberge östl. von Marktredwitz sind solche Basaltkuppen, deren Magma zur Tertiärzeit aus dem Erdinneren emporgepreßt wurde und in Form von Quellkuppen oder vulkanischen Decken zum Erstarren kam. Oberflächlich verwittert dieses Gestein zu Wackenton, einer humusreichen schwarzen Bodenart, auf der das Pflanzenkleid einer Mischwaldvegetation sehr kräftig gedeiht. Der Ruhberg weist eine besonders artenreiche Flora auf, wie sie sonst selten in Deutschland zu finden ist. Da sie aber von gar zu vielen „Liebhabern" besucht ist, waren Schutzmaßnahmen notwendig. Außer den im übrigen Fichtelgebirge auftretenden Pflanzen besitzt der Ruhberg die seltenere Waldplatterbse, die Neunblättrige

Im Fichtelnaabtal

Zahnwurz, die Zwiebeltragende Zahnwurz, den Gelben Fingerhut und die Schwarze Teufelskralle, ferner Waldziest, Goldnessel, Türkenbund, Nickendes Perlgras, Christofskraut, Springschaumkraut, Quirlblättrige und Vielblütige Weißwurz, Gelbe Anemone, Ausdauerndes Bingelkraut, Akelei, Moschuskraut, Schwarze Heckenkirsche, Alpenjohannisbeere und Bärenschote.

Bei all der Felsen- und Gipfelpracht des Fichtelgebirges dürfen aber auch die Flüsse nicht vergessen werden. Sie haben so manche romantische Schlucht in die Flanken des Gebirges gerissen. Dabei beginnt ihr Lauf durch die Granitregion gewöhnlich in flachen Mulden und sie versteilen ihr Tal auch im Phyllitschiefer nicht. Dagegen verengen sie sich jäh, sobald die Quarzphyllit-Schicht erreicht ist. In Klammen und geröllerfüllten Kerbtälern bahnen sie sich ihren Weg zu den weiten Senken am Rande des Gebirges. So z. B. die F i c h t e l n a a b bei Ebnath, der W e i ß e M a i n unterhalb Bischofsgrün und die S t e i n a c h bei Oberwarmensteinach. Dort mündet aus dem steilwandigen L ö c h l e i n s t a l (LSG) der Moosbach in die Steinach. Er hat eine von Felsen und Felsgruppen umstandene Trümmerschlucht von romantischem Reiz geschaffen.

In Oberwarmensteinach beginnt ein interessanter Naturlehrpfad, der uns zeigt, welche Baumarten in den Tallagen neben der dominierenden Fichte auftreten können. Der Weg führt vorbei an Esche, Bergahorn, Zitterpappel, Eberesche, Rotbuche, Schwarzerle, Birke, Salweide, Kiefer, Weißtanne und Weymouthskiefer.

Der Quarzphyllit-Rücken zwischen Steinach und Weißmainschlucht, die sog. K ö n i g s h e i d e (LSG), ist wegen ihres urwaldhaften Latschendickichts unter Landschaftsschutz gestellt. Sie verdankt diesen Wildwuchs einer Samenaussaat im Jahre 1880.

Dem Fichtelgebirge wird gemeinhin auch die Ö l s c h n i t z s c h l u c h t bei Bad Berneck zugerechnet, obwohl ihre senkrecht abfallenden Flanken in schwarze, von weißen Quarz- und Kalkspatadern durchzogene Diabasschichten eingesägt sind und geologisch bereits zum Frankenwald gehören. Das Landschaftsbild um das Städtchen B a d B e r n e c k mit seinen Waldhängen, mit Schloß und Burgruine ist begeisternd. Die Ölschnitz, der Perlenbach oberhalb von Rehau und die Lamitz bei Kirchenlamitz gehören zu den letzten Bächen der Bundesrepublik, die heute noch Perlmuscheln beherbergen. Allein in der Lamitz gab es um 1960 noch rund 8000 bis 10 000 Muscheln. Damals fischte man 2600 Muscheln aus, die eine Ausbeute von 15 erstklassigen Perlen ergaben. Infolge der zunehmenden Wasserverschmutzung geht der Muschelbestand laufend zurück.

Im Zusammenhang mit den Flüssen des Fichtelgebirges ist auch der Gewässerreichtum der Selber Hochfläche zu nennen. In dem großen Waldgebiet südlich der Porzellanstadt Selb reihen sich wahre Teichplatten aneinander. Unter Landschaftsschutz gestellt wurde die Weiherlandschaft G u t N e u e n m ü h l e mit dem Schütz-, Zipfel- und Brutteich. Verlandete Weiher wuchsen zu interessanten Hochmoorlandschaften aus, wie z. B. in den NSG S t e i n k r e u z l o h und T e u f e l s l o h. Sie sind durch außergewöhnlich vielfältige Torfmoosarten und durch ihren Bewuchs mit Spirken, gemeinen Kiefern und Fichten geprägt. Im Stadtgebiet von Selb sei auf die L i n d e n a l l e e (LSG) am Plößberger Weg hingewiesen. Sie war vor 80 Jahren angelegt worden, um für die Arbeiter der Plößberger Porzellanfabrik in schneereichen Wintern den Weg zu markieren.

Das Hauptgewässer dieses Landes ist die E g e r, die von Schwarzenhammer an ein dichtbewaldetes enges Tal (2 Stauseen) durchläuft, bis sie hinter dem Kurort Hohenberg (Heilquelle „Karolinensprudel") Deutschland verläßt.

Thierstein

218

DER FRANKENWALD UND DAS HOFER VOGTLAND

Nordwestl. vom Fichtelgebirge erstreckt sich der Frankenwald, ein Gebirge aus Stein, Holz und Wasser. Kein liebliches Land, sondern eine herbe Gegend, die entdeckt sein will, die erst den Wanderer ihren heimlichen Reiz spüren läßt. Ähnlich wie der Jura tritt der Frankenwald nur an seinem Abfall zum Obermaintal als richtiges Gebirge in Erscheinung. Hat man die Höhe des Gebirgsrandes erstiegen, so zeigt sich eine eintönige H o c h f l ä c h e mit mehr Acker- und Wiesenland als Wald. Die wenigen Bergkuppen erheben sich nur gering über das durchschnittlich 600 m hohe Plateau. Der höchste Gipfel, der Döbraberg, erreicht gerade 795 m. Aber die Enttäuschung wird bald verfliegen, denn der Frankenwald hat zwei Gesichter: der flachwelligen, stark gerodeten und von schieferdunklen Ortschaften besiedelten Hochfläche stehen schluchtartig eingeschnittene, dichtbewaldete und unbesiedelte T ä l e r gegenüber, die den guten Ruf von der Schönheit dieses Waldgebirges begründen. Vor allem auf den Talhängen stocken die 52 000 ha Fichtenwald, die dem Frankenwald seinen Namen eintrugen. Der Talgrund ist häufig so eng, daß neben dem rauschenden Bach und dem Weg nur ein schmaler Wiesenstreifen Platz findet. Fast alle Bäche laufen in südwestlicher Richtung, so daß zwischen ihnen schmale, kilometerlange Rücken herausgearbeitet wurden. Der schnelle Lauf und das kräftige Einschneiden der Flüßchen ist durch die tiefe Erosionsbasis des Mains bedingt, dem sie mit gischtender Eile zufließen. Das trifft auf die Quellflüsse der Rodach (Haßlach, Kronach, Wilde Rodach) und der Steinach (Schorgast) zu. Der östliche Teil des Frankenwaldes wird aber nach Osten zur Sächsischen Saale hin entwässert, deren Erosionsbasis höher liegt. Deshalb sind die Täler hier flacher und offener, die Flüsse, vor allem die Selbitz, weitaus langsamer. Eine Ausnahme macht nur das Höllental, wo die Selbitz durch hartes Diabasgestein ihre Schlucht sägen mußte.

Der Frankenwald bildet die Wasserscheide zwischen Main und Saale und damit zwischen Rhein und Elbe. Den landschaftsformenden Unterschied beider Einzugsbereiche erkennt man eindringlich vom Aussichtsturm auf dem Döbraberg: nach Südwesten tief eingeschnittene, waldgefüllte Schluchten zwischen langgezogenen Riedeln, nach Nordosten seichte Talwannen in acker-, wiesen- und siedlungsreicher Hochflächenlandschaft.

Der Frankenwald ist ein abgetragenes R u m p f g e b i r g e, das wie das Fichtelgebirge zur Tertiärzeit entlang der „Fränkischen Linie" kräftig angehoben wurde. Der Höhenunterschied zum Bruchschollenland beträgt an der Steilkante noch heute zwischen 100 und 300 m. Mit der Hebung drangen aber keine Granitmagmen nach oben, wie in den anderen Grundgebirgen Bayerns. Dem Frankenwald blieb die Form einer Tafelebene erhalten, die jedoch von zahllosen Gewässern zerschnitten ist. Die Meere der Silur- und Devonzeit haben mächtige Schichtstöße von tonigen Schiefern abgelagert und den kristallinen Untergrund so tief unter sich begraben, daß auch die kräftige Abtragung sie nicht freilegte. Der abgetragene Verwitterungsschutt lagert als Sedimentgestein („Rotliegendes") um den Fuß und in den Mulden des Gebirgsstockes. Ausnahmen von dieser Schieferüberdeckung machen die sog. Münchberger Gneismasse, eine etwa 35 km lange und 15 km breite, linsenförmige Scholle, die vermutlich auf die Schiefer „überschoben" worden ist, ferner verschiedene Diabasvorkommen sowie die „Härtlinge" der verstreuten Bergkuppen auf der Hochebene. Da ihr Gestein die Silur-Devon- und Kulmschiefer an Härte übertrifft, sind sie stehengeblieben und herausgewittert. So etwa das „Knöcklein" im Krötenseewald aus Diabas, der „Peterlesstein" aus Serpentin, der „Weißenstein" aus Eklogit und der „Döbraberg" aus Kieselschiefer.

(Dazu Kartenseiten 5–7, 13)

Das Rehbachtal im Frankenwald

219

Ausdauernde Mondviole

Von den verschiedenen Gesteinsarten hängt auch der P f l a n z e n w u c h s ab. Er ist – verglichen mit anderen Grundgebirgslandschaften – recht artenreich, da so vielerlei Gesteine, darunter auch solche mit hohem Kalkgehalt, den Erdboden gebildet haben. Im wesentlichen zeigt sich eine Waldflora, aber auf Südhängen findet man auch wärmeliebende Steppenheidepflanzen. War einst die Tanne der Charakterbaum des Frankenwaldes, so sank ihr Anteil am Baumbestand bis auf 2%. Dagegen dominiert nun die Fichte überall und die Tanne kommt allein in Beimischungen vor. Nur im sog. Türkengrund unterm Döbraberg verblieben größere geschlossene Bestände der schlanken Tanne.

In der Frankenwaldvegetation charakteristische Pflanzen sind das Quirlblättrige Salomonssiegel, die Weiße Pestwurz, das Weiße Waldvögelein, das Mittlere Hexenkraut, die Ausdauernde Mondviole, der Blaue Eisenhut, die Erbsenwicke, die Schwalbenwurz, der Blaue Hainwachtelweizen, die Phrygische Flockenblume, die Wollkratzdistel und die Sprossende Nelke. Von den Steppenheidepflanzen seien das Federgras, das Gefranste Perlgras, die Felsenlilie und der Schuppenfarn genannt. Auf den Sanden der Gneise, Quarzphyllite und kieselreichen Sandsteine treffen wir auch die typischen Sandpflanzen wie den Roten Fingerhut, die Weißliche Hainsimse, die Schlängelige Schmiele, das Borstgras, das Bergsandglöckchen, die Zurückgekrümmte Fetthenne, das Bergwohlverleih, das Katzenpfötchen, den Stechginster und das Heidekraut. Die Leitpflanze des Frankenwaldes aber ist der stattliche Waldgeißbart, der in den schattigen, feuchten Schluchten seine vieltausendfachen Blütenstände entfaltet. Auch an Farnarten herrscht kein Mangel. Die selteneren Arten wie Berg-Schildfarn, Grüner Milz- und Streifenfarn, Schwarzstieliger Streifenfarn, Gemeine und Rautenblättrige Mondraute gibt es neben dem Wurmfarn, Frauenfarn, Tüpfelfarn, Rippenfarn, Eichenfarn, Buchenfarn und Dornigen Schildfarn.

Die Tierwelt weist keine Besonderheiten auf. Schwarz- und Rehwild sind in reichem Maße vorhanden. In den schnellen Bächen tummelt sich noch die flinke Forelle.

Von wenigen Ausnahmen (Weißenstein, Döbraberg, Lauenstein) abgesehen, hat sich der Landschaftsschutz der Täler angenommen, was durch die eingangs geschilderte Topographie bedingt ist. Man schuf den Begriff „F r a n k e n - w a l d t ä l e r" und meint damit vom Schondratal im Süden bis zum Loquitztal im Norden alle sehenswerten Tallandschaften. Nur das Ölschnitztal bei Bad Berneck harrt noch des rechtlich gesicherten Schutzes. Hervorzuheben sind die Talsysteme der R o d a c h und der W i l d e n R o d a c h mit ihren Nebenbächen, die Talgründe der S t e i n a c h und der S c h o r g a s t sowie das S e l b i t z t a l.

Ganz anders sieht der Talgrund der Ködel, eines Nebenflusses der Rodach aus. Die K ö d e l t a l s p e r r e staute einen fünf Kilometer langen Speichersee auf, der 92 ha groß und 50 Meter tief ist. Er sichert die Trinkwasserversorgung des nördliches Oberfranken. Ein Kraftwerk liefert daneben noch 1,6 Mill. kWh Strom. Der See ist für das Landschaftsbild ein Gewinn. Für die Erholungsuchenden und Wanderer legte man einen Rundwanderweg an. Aber die Wasserschutzbestimmungen verwehren alle Bade-, Zelt- und Fischereifreuden, die sonst zu einem See gehören.

In der K l a m m des eingeschnittenen S t e i n a c h t a l e s bei Wildenstein bildet der harte Quarzporphyr senkrechte Felswände. Hier wurde das älteste Leitfossil Deutschlands, ein Trilobit, gefunden. Der Blick auf die Windungen der Talschlucht, wo die Steinach den Frankenwald verläßt, ist von der Ruine Nordeck

Waldgeißbart

220

oder vom Aussichtspunkt „Kanzel" besonders schön. Die Grünbürg auf der rechten Talhöhe trägt die Reste einer vorgeschichtlichen Befestigung mit drei Ringwällen. Bei W i r s b e r g verläßt die Schorgast den Frankenwald. Auch hier wieder eine grüne, enge Talschlucht, deren Sohle etwa 30 m breit ist und deren Hänge von einem kräftigen Mischwald überzogen sind. Das gut erschlossene Tal weist ein Waldbad, bequeme Wanderwege, Bänke usw. auf. Im Seitental des K o s e r b a c h e s sind die Felsen des „Ilsesteins" ein beliebtes Wanderziel. Am Ausgang der Schorgast ragt über Wirsberg eine nach Südosten blickende, 50 m hohe Felswand auf, die nahezu unbewaldet ist. Ihr Gestein besteht im Gegensatz zu den weichen Grün- und Tonschiefern aus hartem Proterobas. Seine Verwitterungskrume trägt eine ungewöhnliche Pflanzenwelt: an Farnen gibt es die zierliche Mauerraute, den Braunstieligen und den Nördlichen Streifenfarn. Das schöne Bewimperte Perlgras überzieht im Sommer den kahlen Abhang mit einem zartbewegten Silberschleier. Im übrigen fühlen sich hier die Steppenheidepflanzen wohl und so blühen Frühlingsfingerkraut, Dost, Sprossende Felsennelke, Traubengamander, Weißer und Scharfer Mauerpfeffer, Große Bibernelle, Goldrute, Bergsandglöckchen u. v. a.

Burg Lauenstein

Von den Tälern zu den Höhen: Im Norden erhebt sich 150 m über dem engen L o q u i t z t a l die B u r g L a u e n s t e i n wie eine vielzackige Krone des Frankenwaldes. Sie steht auf einer Tonschieferanhöhe in einer waldumgebenen Rodungsinsel und herrscht über ihr Land. Tal und Nachbarberge stehen unter Landschaftsschutz. Auf dem nahen Ratzenberg wurde die „Thüringer Warte" errichtet, ein Aussichtsturm unmittelbar am „Eisernen Vorhang", der weit in den Thüringer Wald blicken läßt. Bei der Burg Lauenstein beginnt der Waldlehrpfad P e c h - l e i t e, der auf seiner 3 km langen Strecke (bis zum Grenzhotel Falkenstein) alle Altersklassen des Waldes von der jungen Aufforstung bis zum 100jährigen Altholz zeigt.

Vom höchsten Punkt des Frankenwaldes, vom D ö b r a b e r g (LSG), gewährt ein 18 m hoher Eisenturm („Luitpoldturm") den Blick über die Tannen- und Fichtenriesen seines Rückens auf ein weites Panorama. Neben den Frankenwaldtälern und -höhen erkennt man die Gipfel des Fichtelgebirges, den Staffelberg, die Veste Coburg und den Ansatz des Thüringer Waldes.

Landschaft um den Döbraberg

Am Südrand des Frankenwaldes ist der „W e i ß e n s t e i n" (LSG) die prominenteste Landwarte. Der Blick vom Aussichtsturm zum Fichtelgebirge ist prächtig. Auf dem Bergrücken stehen mächtige, moosüberwachsene Eklogitblöcke an. Sie fallen durch ihre von Rot zu Grün wechselnde Tönung auf.

Hart am Rande des Frankenwald-Steilabfalls steht der R a d s p i t z t u r m, der eine unvergleichliche Sicht auf das Frankenwald-Vorland, auf Kronach und Kulmbach bietet.

Wenn auch K r o n a c h – korrekt genommen – nicht mehr im Frankenwald liegt, sondern jenseits der Fränkischen Linie, so sammeln sich hier doch die wichtigsten Flüsse des Gebirges und ihre Täler öffnen sich zur Stadt hin. Sie ist eine würdige „Eingangspforte" in den Frankenwald. Über der Stadt thront die V e s t e R o s e n b e r g auf hecken- und baumbestandener Anhöhe (LSG), die sich in der Landschaft entlang des Voitländer Weges mit seinen Baumreihen fortsetzt. Den Eingang zum Rodachtal bewacht der vorspringende Kreuzberg mit der Wallfahrtskirche und ihren Kreuzwegstationen. Südl. der Stadt reckt sich der K n o c k mit seinem „Lucas-Cranach-Turm", der einen prachtvollen Blick zurück auf den Abfall des Frankenwaldes und vorwärts auf das Coburger Land gewährt.

221

Am „Hirschsprung"
im Höllental

In Stockheim im Haßlachgrund, unweit nördl. von Kronach, wurde bis vor kurzer Zeit Steinkohle gefördert. Die dort liegenden Flöze erreichten eine Mächtigkeit von 60 m. Sie entstammen eingeschwemmten Holzresten am Rande eines flachen Meertroges der Karbonzeit.

Ein besonderer Höhepunkt des Frankenwaldes aber ist das „H ö l l e n t a l" (LSG) der Selbitz unterhalb von Naila. Es gehört zu den interessantesten Tallandschaften Deutschlands. Der Fluß zwängt sich durch mächtige Diabasfelsen, die bis 160 m hoch aufsteigen. Schroffe Talwände und dunkle Wälder stehen wie überall im Frankenwald in denkbar großem Gegensatz zur freundlichen Devon-Schieferlandschaft der Hochfläche. Aus den Waldhängen treten mächtige Felstürme hervor, wie z. B. die aussichtsreiche Felsklippe K ö n i g D a v i d oder der „Hirschsprung", den die geschnitzte Holzfigur eines lebensgroßen Hirsches ziert; ferner der „Kesselfelsen", der „Drachenfels" und die Felsgruppe „Elisenhöhe". Die romantischste Stelle der Klamm liegt am sog. Teufelssteg. Leider verlor das Höllental durch die Errichtung eines Kraftwerkes viel von seiner Ursprünglichkeit. Statt der rauschenden Selbitz, deren Wasser in Röhren abgeleitet wird, rinnt nur ein kümmerliches Bächlein durch den Talgrund.

Zwei Hangpartien des Tales stehen unter Naturschutz: die E i c h e n l e i t e und die V e r w a l t e r s l e i t e. Neben den Felsköpfen sollen auf diese Weise die charakteristischen Florenelemente des Diabas-Schluchtwaldes geschützt werden. Wie im benachbarten Bad Steben treten auch hier kohlensäurereiche Sprudel (Eisensäuerlinge) aus, die durch ihre braunroten Ausscheidungen von Eisenoxydhydrat auffallen. Am bekanntesten ist der sog. Höllensprudel.

Über die Landschaft des Höllentales hinweg blicken zur Linken das Städtchen Lichtenberg mit seiner Burgruine und dem 25 m hohen Schloßbergturm und zur Rechten der Wiede-Turm auf dem vorgeschobenen Wolfstein, der sich in das Mündungsdreieck zwischen Selbitz und Saale zwängt und gute Sicht auf das Saaletal nach Blankenstein und Blankenberg gestattet.

Oberhalb des Höllentales liegt der Kurort Marxgrün. Dort beherrscht der mit 40- bis 60jährigen Fichten bestandene M ü h l b ü h l (LSG) das hier noch sehr offene Selbitztal.

Besondere Bedeutung hat das Höllental für die Besucher des Staatsbades B a d S t e b e n, dessen wichtigstes Wanderziel es ist. Der Ort selbst besitzt einen 80 ha großen, gepflegten Kurpark mit Weihern und Waldpartien. Am östlichen Ortsrand erhebt sich die „S a c h s e n r u h e" (LSG), ein parkartig gestalteter Waldhügel. In südöstl. Richtung erreicht man das einsame, fichtendichte O b e r e F r o s c h b a c h t a l (LSG), nach Südwesten die Höhen des Hirschberglein und des Langesbühls mit ihren lohnenden Aussichtstürmen („Frankenwarte" auf dem Hirschberglein).

Bad Steben

Für die M ü n c h b e r g e r H o c h f l ä c h e und das H o f e r V o g t l a n d zu beiden Seiten des Saaletales ist ein welliges Auf und Ab im Landschaftsbild charakteristisch. Die Hochfläche löst sich in langgezogene Hügelreihen auf, die unregelmäßig gegeneinandergesetzt und bisweilen von harten Diabaskuppen überragt sind. An der Landschaftsbildung war eine große Zahl verschiedenartiger Urgesteine beteiligt, deren Abbau heute gewinnbringend ist. Da gibt es neben Gneisen und Graniten, Quarziten und Diabasen auch Griffelschiefer, Knollenkalke, Werkkalke, kristallinen „Marmor", Serpentin, Eklogit, Kupfer-, Arsen- und Schwefelkies, Flußspat und Hornblende, Zinnstein und Roteisenstein, Turmalin und Opal u. v. a. Eine naturhistorische Kuriosität bietet der Magnetberg „P e t e r l e s s t e i n" bei Kupferberg. Seine über den

222

Gipfel verstreuten Serpentin-Felsbrocken enthalten winzig kleine Teile von Magneteisen, die jede Magnetnadel zum Tanzen bringen und eine Orientierung danach unmöglich machen. Außerdem bietet der Magnetberg einen schönen Blick über dunkle Wälder, helle Wiesengründe und braune Ackerstreifen bis zu den blauen Bergen des Fichtelgebirges. In den Felsspalten entdeckt man vielleicht Leuchtmoos, Auf dem Serpentin wächst der bemerkenswerte Serpentin-Streifenfarn. Nördlich von Münchberg wurde die schöne F r i e d h o f s a l l e e in Ahornberg unter Schutz gestellt.

Die leicht nach Nordost geneigte Abdachung des Landes öffnet es den Winden aus Nord und Ost. „Bayerisches Sibirien" nennen die Bewohner mit resignierter Selbstverspottung diesen Winkel. Fichtenwälder überziehen die Rücken. Ebereschen, Erlen, Weiden, Eschen und Birken lockern das Bild der Täler auf.

Die Achse des V o g t l a n d e s bildet das Tal der Sächsischen Saale. In ihm sammeln sich die Wasser aus den vielen Bächen und Weihern, die für diesen Winkel so typisch sind. Von Konradsreuth kommt die Ölsnitz herbei, von Rehau die Schwesnitz, von Regnitzlosau die Regnitz, von Kirchenlamitz die L a m i t z. Beiderseits der Schwesnitz, unterhalb von Wurlitz, erstreckt sich das NSG W o j a l e i t e. Es will eine einzigartige Felsenheideflora vor der Zerstörung durch Steinbrüche bewahren, die den begehrten Serpentin abbauen. Auf der Serpentin-Verwitterung konnten sich über Jahrtausende hin Pflanzengesellschaften retten, die sonst aus Nordbayern verschwunden sind. Die Felsheide bringt u. a. den Schwarzen Serpentin-Streifenfarn, den Nördlichen Streifenfarn, die Felsen- und die Grasnelke, den Rosenblütigen Steinbrech und das Alpenvermeinkraut hervor.

In einer Talweitung der Saale breitet sich die Textilstadt Hof aus. Am Nordrand der Stadt hat die Saale einen Prallhang geschaffen, den T h e r e s i e n s t e i n. Er ist mit gesundem Laubwald gepolstert und bildet einen idyllischen Naturkontrast zur städtischen Betriebsamkeit. Seit 1816 hat man ihn zum Park ausgestaltet. Seine Anlagen ziehen sich mit vielerlei Baumarten, Pflanzungen, Wegen und einem Aussichtsturm bis zum bewaldeten Eichelberg hin. Bekannt ist der Theresienstein auch als Vogelparadies. Neben den zahlreichen Singvögeln, die hier ihre Nester bauen, gibt es auch den Sperber und – wenn auch selten – den Wanderfalken. Die sogenannten P f a f f e n t e i c h e und das streckenweise tief eingeschnittene U n t r e u b a c h t a l im Süden von Hof haben Bedeutung als stadtnahe Erholungsgebiete.

Steile Prallhänge arbeitete die Saale auch unterhalb von Hof aus. Viele von ihnen zeigen mächtige Felsbastionen, wie z. B. am Hirsch-Stein, an der Fattigs-Mühle und am Petersgrat. Im Pfarrhaus von Joditz ist der Dichter Jean Paul aufgewachsen. Der Felsenstirn gegenüber dem Orte hat man seinen Namen gegeben.

Auf eine Länge von etwa 14 km ist die Saale mit ihren Schlingen Grenzfluß zur DDR. Ihr Tal kann man vom Wiede-Turm gut überschauen.

Die Saalebrücke zur DDR

DIE SCHICHTSTUFENLANDSCHAFTEN

Entwicklung des Fränkischen Schichtstufenlandes. Nach C. Scherzer

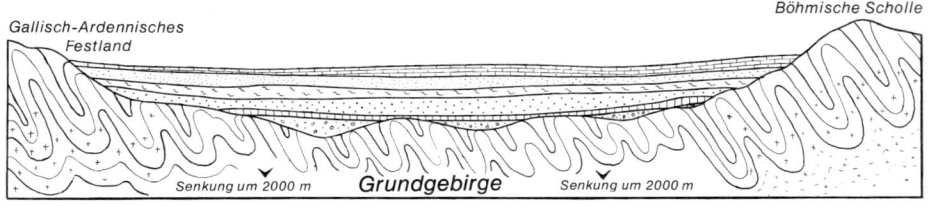

Gallisch-Ardennisches Festland

Böhmische Scholle

Senkung um 2000 m **Grundgebirge** Senkung um 2000 m

Ablagerung von Sedimenten im Germanischen Becken

Lothringisches Schichtstufenland **Fränkisches Schichtstufenland**

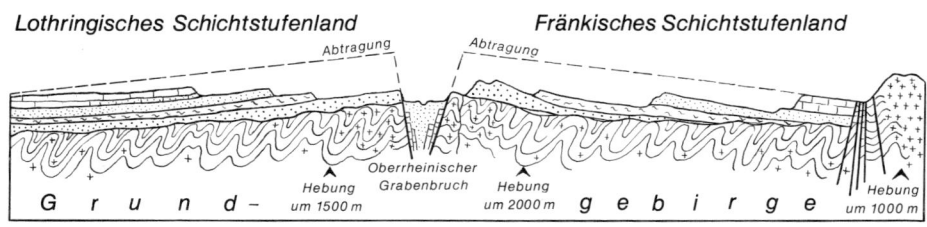

Abtragung Abtragung

G r u n d – Oberrheinischer Grabenbruch g e b i r g e

Hebung um 1500 m Hebung um 2000 m Hebung um 1000 m

Landhebung und Einbruch des Oberrheinischen Grabens in der Kreide-Tertiärzeit

Das Bruchschollenland

Den Grundgebirgen nach Westen vorgelagert ist ein Senkungsgebiet, das bis zu den Ausläufern der Alb reicht und das man als Bruchschollenland bezeichnet. Die scharfe geologische Trennung vom Grundgebirge erfolgte entlang der sog. Fränkischen Linie. Es ist eine wellige Landschaft, die sich aus vielerlei Gesteinsschichten aufbaut. Dazu gehören Rotliegendes und Zechstein aus der Erdaltzeit (Paläozoikum), Buntsandstein, Keuper und Kreide aus der Erdmittelzeit (Mesozoikum) ebenso wie tertiäre, diluviale und alluviale Schichten. Wir begegnen also Sandsteinen, Tonschiefern, Tonen, Sanden, Schottern und sogar Basaltergüssen, mit denen es sein eigenes Bewenden hat.

Der Name Bruchscholle deutet bereits auf die erdgeschichtliche Entstehung des Landes. Die gleichmäßigen, alles überdeckenden Schichten von Sedimentgestein zerbrachen im Gefolge von Hebungen und Senkungen zu großen Schollen, die von der Verwitterung überformt wurden. Ursache der Vorgänge war der Faltungsdruck der Alpen, der, sich nach Nordosten fortpflanzend, das alte Randgebirge (Bayer. Wald, Oberpfälzer Wald usw.) entlang der „Fränkischen Linie" kräftig anhob. Dessen Masse wirkte als Widerlager gegen den Druck, so daß alle Schichten westlich davon zu Schollen zerbarsten. So kam das Unterste nach oben zu liegen und die einzelnen Schichten treten heute an vielen Stellen in überraschender Nachbarschaft zutage. So erklärt sich auch die hügelige, abwechslungsreiche Landschaft. Durch die ungeheuren Sedimentmengen, die vom Urgebirge herabkamen, erfuhr sie eine weitgehende Glättung. Es handelt sich heute um eine „Senke". So ist begreiflich, daß bedeutende Flußsysteme die einzelnen Abschnitte prägen. Eine Wasserscheide trennt das Obermainische vom Oberpfälzer Bruchschollenland: nach Norden fließt der Rote Main, nach Süden die Heidenaab und ihre Nebenflüsse.

224

DAS OBERPFÄLZER BRUCHSCHOLLENLAND

Für die Oberpfälzer Senke, wie das Bruchschollenland auch genannt wird, ist die *(Dazu Kartenseiten*
Heidenaab, bzw. später die Naab das entscheidende Flußsystem. Aber mit dem Am- *13, 14, 19–21, 27, 28)*
berger Gebiet hat auch das obere Vilstal teil am Bruchschollenland. Seine Ausdehnung beschränkt sich auf den Landstrich zwischen Oberpfälzer Wald und Jura-
gebirge. Man gliedert es – von Süden her – in folgende Einzellandschaften: die
Bodenwöhrer Bucht, das Schwandorfer Becken, das Amberger Gebiet, die Weidener Bucht und das Oberpfälzische Hügelland um Grafenwöhr, Eschenbach,
Auerbach und Kemnath.

Das Klima der Senke ist im Vergleich zu den Nachbarlandschaften mild. Sie liegt
im Regenschatten der 100 bis 200 m höheren Juraberge im Westen und der scharfe „Böhmwind" von Osten her schafft es nicht bis hier herunter.

Wenn auch die Einzelbilder des Landes von den stark wechselnden geologischen
Verhältnissen abhängig sind und Weitungen mit plötzlichen Erhebungen wechseln,
so gibt es doch einige Charakteristika, die dem Bruchschollenland gemeinsam
sind. Da müssen wir vor allem die W e i h e r - u n d M o o r l a n d s c h a f -
t e n nennen. Das Gefälle der Flüsse ist minimal. In den weiten Senken zirku-
liert daher das Grundwasser in sehr geringer Tiefe; Quellaustritte sind häufig. In
den sandigen Aufschüttungsböden der Kiefernwälder versickern zwar die Wasser schnell wieder, aber an Stellen mit dichtem Untergrund entwickelten sich ausgedehnte Weiher und Moore. Die heute bestehenden großen Seenplatten sind al-

Schuppenkarpfen

lerdings nur teilweise natürlichen Ursprungs. Seit alters hat man die langsam fließenden Bäche aufgestaut, hat mit ihrem Wasser Mühlen und Eisenhämmer getrieben, hat Stauwasser für Trockenperioden oder für den Eisenhüttenbetrieb zurückgehalten; nicht zuletzt dienten die Stauweiher der Fischzucht. Oberpfälzer Karpfen und Schleien verkaufen sich gut. Manche Seen verdanken ihr Dasein auch
dem Braunkohleabbau. Die abgeräumten Tagbaufelder wurden bei der Rekultivierung zu stillen Weiherplatten. Wo Seen nicht verlanden oder die Vertiefung
nicht zur Seebildung ausreichte, bildeten sich Moore aller Entwicklungsstadien.
„Der Wechsel zwischen trockenen Kieferheiden, sumpfigen Erlenbrüchen, schwermütigen Moorwäldern und schwarzen Weihern schafft Landschaftsbilder von eindrucksvoller Ursprünglichkeit. Seerosen und Schwertlilien, Möwen und Wildenten über spiegelglatten Wasserflächen sind die Wahrzeichen der Oberpfälzer Senke. Es braucht schon den ganzen Glanz des weißblauen Himmels, um das Antlitz
dieser föhrendüsteren Welt in den schimmernden Teichen lächeln zu machen." (H.
Scherzer). Die Pflanzengemeinschaft dieser Landschaft zwischen Wasser und Sand
ist vielfältig. Den sumpfigen Weiherrändern entlang stehen Binsen (Weiße und
Braune Schnabelbinse), Seggen, Schilf, Sumpfdotterblume, Wasserschwertlilie, vereinzelt Knabenkraut und Weißer Siebenstern; im Wasser schwimmen Wasserlinse,
Gelbe und Weiße Teichrose. Die Torfböden der Hochmoore tragen Wollgräser
(Scheiden-Wollgras und Alpen-Haargras), Moosbeere, Rauschbeere, Heidekraut,
Rentierflechte, Rundblättrigen Sonnentau, Pfeifengras, Berg-Wohlverleih, Schat-
tenblümchen und Spirke (Moorkiefer).

Eine zweite Besonderheit der Oberpfälzer Senke sind ihre, in Bayern sonst seltenen
B o d e n s c h ä t z e, deren Abbau im Lande seine Spuren hinterläßt. Voran die
B r a u n k o h l e n v o r k o m m e n in der Bodenwöhrer Bucht. Mit der

*Abgebautes
Braunkohlengebiet
bei Wackersberg*

Braunkohle wird das Elektrizitäts-Dampfkraftwerk Dachelhofen betrieben, dessen
Leistung über 400 MkW beträgt (demnächst Erhöhung auf 700 MkW). Zwischen
den tertiären Braunkohlenflözen lagern als „Zwischenmittel" wertvolle Tone, die
von Schamotte- und Tonwerken verarbeitet werden. Man kann Kohle wie Ton im
Tagebau gewinnen und reißt dadurch große Löcher in die Landschaft. Doch be-

reits vor Beginn der Abbauarbeiten liegt der Plan für die Rekultivierung vor. Sobald die Vorkommen erschöpft sind, werden parkartige Landschaften an die Stelle der Abraumhalden und der riesigen Baggertiefen treten.

Die Braunkohlen waren während der Tertiärzeit aus Mooren entstanden, die zu Torfen verfestigt wurden. Sie erhielten im Diluvium und Alluvium eine Schotterüberdeckung, auf der heute die großen Kiefernforste der Bodenwöhrer Senke stocken.

Bei Hirschau und Schnaittenbach wird das weiße K a o l i n abgebaut, ein wichtiger Rohstoff der Porzellanindustrie. Beim Abbau fällt Quarzsand und Feldspat mit an. Da der Quarzsand wegen der ungünstigen Verkehrslage nicht voll abgesetzt werden kann, bleibt er als Abraum liegen. Die größte Halde ist bereits 105 m hoch und wächst täglich um 1000 t. Findige Köpfe haben den schneeweißen Berg für die Skifahrer entdeckt und eine regelrechte Skipiste eingerichtet. Es entstand ein richtiges Sommersportzentrum. Lift, Campingplatz, Schwimmbad und Restaurant vervollständigen die Attraktion des „M o n t e K a o l i n o". Entlang der Amberger Spalte, einer tektonischen Störungslinie, wird hochwertiges B r a u n - E i s e n e r z abgebaut. Seine Herkunft verdankt es dem eisenreichen Doggersandstein, aus dem es in der ältesten Kreidezeit ausgewachsen ist und in den heutigen Lagerstätten angereichert wurde. Seit dem frühen Mittelalter bildet es die Grundlage der Oberpfälzer Industrie. Jahrhundertelang hat man es in kleinen Hammerwerken verarbeitet, deren Eisenhämmer vom Wasser getrieben wurden. Damals gab es rund 350 Hammermühlen an den Flüssen und Bächen und man nannte die Oberpfalz „die Waffenschmiede des Reiches". Aber Kriege, Waldabholzung und Erschöpfung der leichter zugänglichen Erzlagerstätten brachten einen Niedergang, den nur 40 Eisenhämmer mühsam überdauerten. Im 19. Jh. erst wurde mit technisch fortgeschrittenen Methoden der Erzbergbau wieder aufgenommen und heute erschmelzen die Eisenhüttenwerke jährlich rd. 660 tausend Tonnen Roheisen. Die beiden Hauptunternehmen Maximilianshütte und Luitpoldhütte haben ihre Grubenanlagen bei Sulzbach-Rosenberg, Amberg und Auerbach; ihre rauchenden Werkschlote stehen in Sulzbach, Amberg, Haidhof und Fronberg. Nirgends verdichtet sich diese Industrie aber zu Ballungsräumen und so kann zur Not ein Gleichgewicht zwischen Naturlandschaft und lebensnotwendiger Industrie gehalten werden.

Im Oberpfälzer Hügelland

Eine Eigenheit der Oberpfälzer Senke tritt nur im nördlichen Teil, im Oberpfälzer Hügelland zwischen Weiden und Kemnath auf: die B a s a l t b e r g e. Im mittleren Tertiär drangen an den Bruchspalten des Schollenlandes flüssige Magmen nach oben, die stellenweise das ältere Schichtgestein durchbrochen haben und bis an die Erdoberfläche aufgestiegen sind. Die weichen Keupergesteine rings um den harten Basaltschlot wurden im Laufe der Jahrtausende abgetragen, so daß heute die widerstandsfähige Basaltmasse kegelförmig bis zu 250 m über ihre Umgebung aufragt. Es handelt sich also um keine Vulkane mit Lava und Aschenauswurf, wie man einst irrtümlich angenommen hatte. Die Basalte sind gleichsam als Pfropfen im Erdreich steckengeblieben. Sie gehören erdgeschichtlich zu den Basaltdurchbrüchen der Wondreb- und Röslau-Eger-Senke (bei Hohenberg, Mitterteich, im Reichsforst u. a.) und des tschechischen Basaltgebirges südlich vom Erzgebirge. Solche Oberpfälzer Basaltkegel sind der Parkstein, der Kleine Kulm, der Rauhe Kulm, der Kühhübel, der Staudenhübel, der Waldecker Schloßberg, der

226

Kuschberg, der Anzenberg und der Armesberg. Bei Wunschenberg und Kulmain hat sich das Magma flächig ergossen und ist erstarrt.
Den P a r k s t e i n (NSG) ernannte Alexander von Humboldt zum schönsten Basaltkegel der Erde. Ein Aufschluß an der Südflanke des Berges läßt den Blick auf die säulenartige Verwitterung des Basalts frei; fünf- bis sechskantige Pfeiler gleiten wie Getreidegarben nach oben und streben dann fächerförmig auseinander. 270 m erhebt sich der Parkstein über das Umland und gewährt einen umfassenden Rundblick. Im Mittelalter stand dort oben eine mächtige Burg, zu der eine ausgedehnte Herrschaft gehörte. Auch der R a u h e K u l m (als LSG geplant) trug eine starke Burg. Doch schon vorher, in der frühen Latène-Zeit, war hier eine große Ringwallanlage als Fluchtburg angelegt worden, deren Wälle aus Basaltbrocken noch eine Höhe von 1,50 m aufweisen. Heute steht auf dem Kulm ein vielbesuchter Aussichtsturm, von dem herab man die Stadtanlage von Neustadt a. K. und an deren Ende den Kleinen Kulm gut überblicken kann. Eine Burg trug auch der W a l d e c k e r S c h l o ß b e r g (ND). Den Gipfel des A n - z e n b e r g e s (ND) östlich des Städtchens Kemnath zieren zackige Felsenriffe, die aus Quarzgeröll und Basalttuff zusammengebacken sind. Unweit nördlich blickt vom A r m e s b e r g eine Wallfahrtskirche.

Schauen wir von den Basaltkegeln in das umliegende Oberpfälzer Hügelland, so fällt zunächst auf, daß die Senke im Osten von dem etwa 120 m steil abfallenden Rand der Granit-, Phyllit- und Gneisberge des Steinwaldes und des Oberpfälzer Waldes deutlich begrenzt wird, während der Jurarand im Westen kaum wahrnehmbar ist. Das Bodenrelief der Senke erscheint verhältnismäßig flach. Die sanften Mulden und Rücken dieser Landschaft im Dreieck zwischen Auerbach, Kemnath und Weiden tragen Felder und große Kiefernforste. Ihre Gründe sind nicht besonders fruchtbar, sie gehören zu den nährstoffarmen, sandig-lehmigen Böden. In den Kiefernwäldern treffen wir die Dreieckswedel des Adlerfarns, das Heidekraut, die Schwarzbeere, den Besen- und Färberginster, das violette Weidenröslein und die Lupine an. Unter Schutz stehen in dieser Landschaft vor allem die feuchten Senken entlang der Flußläufe. So das idyllische Weihergebiet bei H e i d e n a a b (LSG) am gleichnamigen Fluß und die Eschenbacher Weiherplatte mit dem Häuselweiher, dem Kleinen und dem G r o ß e n R u ß w e i - h e r (NSG). Die letztere zählt zweifellos zu den schönsten Landstrichen der Oberpfalz. Sie besitzt nicht nur den ganzen Reiz der etwas rauhen verträumten nördlichen Oberpfalz, sondern ist auch ein Blumenparadies. Schwimmende Teppiche von Seerosen bringen die ernsten Gewässer gleichsam zum Blühen. Die kleine Seenplatte ist aber auch ein ideales Domizil für viele Vogelarten. Im Mai brüten Tausende silbrig glänzender Lachmöwen auf den Seggenbulten und in den Uferverstecken, daneben aber auch Schwarzhalstaucher, Haubentaucher, Zwergtaucher und verschiedene Entenarten. Als Gast-Stätte für Durchzügler dienen die Weiher dem Kormoran, dem Prachttaucher, dem Purpur- und dem Nachtreiher, dem Fischadler, dem Schwarzstorch u. v. a.

Die Bucht von Weiden

Südöstlich schließt sich die von waldigen Höhen (z. B. Fischerberg mit dem Vierling-Aussichtsturm und die sog. Heiligen Stauden) gesäumte W e i d e - n e r B u c h t an. Den glanzvollsten Zugang zu diesem Landstrich dürfte die Ostmarkstraße von Norden her bieten. Ihre Randgebiete stehen von Erbendorf an unter Landschaftsschutz. Westwärts dehnt sich die weite fruchtbare Senke

Entwicklung eines Basaltkegels

Explosionstrichter mit Tuff

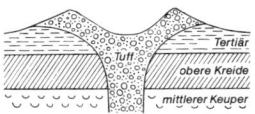

Aufsteigen des Basalts

Abtragung, heutiger Zustand

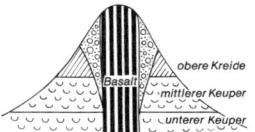

*Basaltaufschluß
am Parkstein*

227

Waldecker Schloßberg

der Dürrschweinenaab, und dahinter steigt dominierend der Kegel des Parksteins auf. Östlich verläuft das idyllische Tal des Sauerbaches. Die Grundzüge der Landschaft entsprechen dem Charakter des Oberpfälzer Hügellandes. Nur das N a a b t a l setzt einen eigenen Akzent. Es wirkt hier als Verkehrsader. Die Waldnaab verläßt bei Neustadt a. d. W. die kristallinen Schichten des Oberpfälzer Waldes und kann nun in gemächlichen Schlingen dahinziehen. Sie streift zwischen dichten Gehölzzeilen durch das Stadtgebiet von Weiden – auch dort, wo sie in einen gerade verlaufenden Flutkanal gezwängt wurde. Große Teile der Flußaue sind unter Landschaftsschutz gestellt. Darunter der Max-Reger-Park mit seinen gepflegten Anlagen. Alter Baumbestand wie die Kopfweiden am Kirchsteig gilt als Naturdenkmal. Unterhalb von Rothenstein passiert die Waldnaab das sumpfige Auengebiet der U n t e r e n B o n a u (LSG mit seltener Flora). Die letzte Flußschlinge vor dem Eintritt in das Durchbruchstal im Naabgebirge steht ebenfalls unter Landschaftsschutz. Aus dem näheren Einzugsgebiet der Waldnaab sind vor allem die Landschaften nordwestlich von Weiden erwähnenswert. So treffen sich in dem reizvollen Teichgebiet um den S ü ß e n l o h e r W e i h e r die Dürrschweinenaab und der Sauerbach. Nadelwäldchen, Felder, Moose und Badeweiher (Süßenloher W. und Schätzlerbad) gestalten eine Landschaft wie aus dem Bilderbuch. Die M o o s l o h e erstreckt sich mit abwechslungsreichem Baumbestand und Mooskanälen bis zur unberührten Flußauenlandschaft der S c h w e i n e n a a b. Schützenswerte Spirkenbestände stehen am sog. L a n g e n D a m m (LSG). Weiter südlich stößt die Heidenaab zur Waldnaab. Von hier an trägt der Fluß seinen endgültigen Namen „Naab". Im unteren Heidenaabtal ist die V o g e l f r e i s t ä t t e W e i h e r h a m m e r zu nennen (NSG). Dieser Stauweiher dient vielen Vogelarten als Brutstätte und ist ein bevorzugter Rastplatz für Zugvögel. Eine schön bewaldete Landmarke im Heidenaabtal stellt der E t z e n r i c h t e r K i r c h b e r g (NSG) dar. Auf seinem eigenwillig geformten Haupt steht eine Kirche inmitten eines vollständig erhaltenen vorgeschichtlichen Ringwalles, der heute urwüchsige Eichen, Ahornbäume und Birken trägt. Die großen Forste zwischen den Flußtälern unterstreichen den Charakter der Oberpfälzer Senke: voran der M a n t e l e r W a l d mit seinem Kiefernmeer, in das Bachtäler, Weiher und Moore eingeschlossen sind. Die G s c h e i b t e L o h (NSG) ist ein schönes Moor mit Spirkenbestockung; ähnliches Aussehen zeigen die LSG H i r s c h b e r g e r l o h, I g e l s t e i n e r W e i h e r, H e u w e g und U n t e r e S c h r e i n e r l o h e. Das Musterbeispiel eines H a m m e r w e i h e r s (LSG) zeigt uns der aufgestaute Röthenbach bei der gleichnamigen Bahnstation. Reiche Bestände seltener Wasserpflanzen blieben in dem waldgerahmten See erhalten.

Um Amberg

Solcherlei Weiher-, Wald- und Flußlandschaften setzen sich auch im A m b e r g e r U m l a n d fort, das durch das Naabgebirge von der Oberpfälzer Senke isoliert ist, aber landschaftlich durchaus dazugehört. Hier ziehen die V i l s und ihre Nebenflüsse durch die Hügel und Wälder. Bald nach ihrem Ursprung bei Klein-Schönbrunn läuft sie durch die Weiherlandschaft westl. Freihung (LSG; artenreiche Sumpfflora und Wasservögel), durchbricht unterhalb Vilseck einen Jurariegel in einem reizvollen D u r c h b r u c h s t a l (LSG „Obere Vils"; Altwasserarme), passiert dann die Amberger Bucht und tritt unterhalb Ambergs

228

wieder in die Juraformation ein, bis sie bei Kallmünz die Naab erreicht. Hervorzuheben in dieser Landschaft ist die Gegend um H i r s c h a u, wo neben den Quarzsandbergen und Kaolingruben (s. S. 226) die Weiherlandschaften mit ihrer Ufervegetation aus Schilf- und Verlandungszonen und ihrer Rahmung aus Nadelhölzern, Erlen und Buchen bestimmend sind. Belebt wird die Weiherlandschaft u. a. vom Teichrohrsänger, von Teich- und Bläßhühnern, Haubentauchern und Lachmöwen und manchmal auch noch vom Graureiher. Die Flora der Seen zeigt Teich- und Seerosen, Binsen- und Seggenarten, Schweinsohr, Gilbweiderich, Wasserfeder, Laichkräuter, Igelkolben und Rohrkolben. Die Hochmoore der Weiherzone bringen Torfmoose, Sonnentau, Fettkraut, Studentenröschen, Läusekraut, Wollgras, Rosmarinheide, Blutauge, Moosbeere, Rauschbeere, Sumpfveilchen, Tofieldie, Blaugras und Krautige Weide hervor. Die zahlreichen Weiher dienen der Karpfenzucht.

In der näheren U m g e b u n g A m b e r g s wurden einige Erholungsgebiete unter Schutz gestellt. Voran natürlich der M a r i a h i l f b e r g als markanteste Erhebung im weiten Umkreis. Die barocke Mariahilfkirche thront auf diesem Jurakalkberg. Galgenberg und Anger schließen sich mit bewaldeten Teilen an. Rechts der Vils bildet der Höhenzug „A m E r z b e r g" (LSG) mit seinem schütteren Wald und das Pingengebiet des ehem. Erzabbaues einen guten Schutz vor den Rauchgasen der nahe gelegenen Luitpoldhütte. Ein ideales Wandergebiet ist auch die Leite zwischen Krumbach und Raigering (LSG): im südlichen Teil eine bildschöne Heckenlandschaft mit reicher Tierwelt, an der Nordseite dichter Jungfichtenbestand.

Damit vergleichen lassen sich die Schutzgebiete um die Nachbarstadt Sulzbach-Rosenberg. Hier blickt der A n n a b e r g (LSG) mit seiner barocken Wallfahrtskirche über das Land. Die Kirche ist von Obstbäumen umstellt, der Berg trägt dichten Mischwald aus Buchen, Eichen, Lärchen, Birken, Ahorn und Eschen. Ein Kalvarienweg mit Kreuzwegstationen führt durch eine prachtvolle Allee mit 300jährigen Bäumen aus der Stadt herauf. Eine Wallfahrtskirche trägt auch der nordöstlich gelegene F r o h n b e r g (LSG), ein mit Föhren und Fichten bestandener Höhenrücken im Vilstal. Westlich der Stadt erheben sich zwei Jurakuppen: der S p i t t l b e r g (LSG; Blick auf Sulzbach) und der S t e r n s t e i n (LSG mit skurrilen Felsbildungen). Beide sollen von Verbauung frei bleiben. Nordwärts kommt man zu dem Wandergebiet am K a t z e n b e r g l (LSG), wo das überwachsene einstige Bergbaugebiet, die bewaldeten Bergkuppen, ein israelitischer Friedhof und mehrere Teiche einen kleinförmigen, überaus reizvollen Landschaftsraum ergeben. Südwärts erstreckt sich das Spazierrevier B r e i t e n - b r u n n e r T a l (LSG) gleich im Anschluß an die Eisenwerke Maximilianshütte. Schwamm- und Riffkalkwände sowie die „Sieben Quellen" oder der „Rieglesbrunnen" kennzeichnen das Tal. Mehrere Kilometer nördlich von Sulzbach, am Berghang von Weißenberg, liegt ein V o g e l s c h u t z g e b i e t (LSG) mit dichtem Busch- und Baumbewuchs, das zahlreichen Vögeln Nist- und Brutgelegenheiten gibt.

Dank der reichen Naturformen und des stetigen Wechsels im Landschaftsprofil werden die unschönen Seiten völlig überspielt oder verdeckt, die in einer Industrielandschaft von der Bedeutung Ambergs und Sulzbach-Rosenbergs anderswo unvermeidlich sind.

Graureiher

Eine Verbindung des Amberger Landes mit dem südlichen Teil der Oberpfälzer Senke (Schwandorfer Becken und Bodenwöhrer Bucht) stellt die F r e i h ö l s e r S e n k e her. Diese vom Naab- zum Vilstal ziehende Niederung ist mit diluvialen Schottern angefüllt. Ihre Föhrenwälder („Freihölser Forst") stehen zum Teil auf Flugsanden. Auch die dazu gehörenden Teichplatten fehlen nicht. Die Freihölser Senke findet ihre Fortsetzung in der Bodenwöhrer Senke, die auch B o d e n - w ö h r e r B u c h t genannt wird, weil sie als flache Bucht in das kristalline Urgebirge hineinragt. Hier finden die Oberpfälzer Kiefernforste und Weiherplatten ihre machtvollste Ausdehnung. Allein im Gebiet um den T h u n d o r f e r und C h a r l o t t e n h o f e r W e i h e r konnte man über 200 größere Einzelweiher zählen. Leider sind die meisten wegen des sie umgebenden Sumpfgürtels nicht zugänglich. Viele Weiher fielen inzwischen den Abbaumaßnahmen der Braunkohlenindustrie zum Opfer. Aber eine Wanderung zwischen den verbliebenen Wasserflächen dieser ausgedehnten Fischweiherplatte wird zum eindrucksvollen Erlebnis. Die Vogelwelt findet ein ideales Revier, denn die Gewässer haben einen außerordentlich dichten Randbewuchs aus Föhren, Birken, Weiden, Ebereschen und anderem Strauchwerk, der ganz allmählich in die Welt der Wasserpflanzen mit Schilf, Binsen, Seggen, Rohrkolben, Wasserschwertlilien und Seerosen übergeht. Von gleicher Art sind der G r o ß p e t e r - und der A u - h o f w e i h e r (LSG) bei Katzdorf, die F i s c h b a c h e r W e i h e r p l a t t e , die B o d e n w ö h r e r W e i h e r (Badegelegenheit), der N e u b ä u e r W e i h e r , der die größte Ausdehnung hat (Badeanlagen), und viele andere. Die Fischweiherplatten sind eingesenkt in ein welliges Kiefernmeer, dessen wichtigste Abschnitte der Taxöldener, der Pentinger, der Bodenwöhrer, der Neubäuer, der Einsiedler, der Walderbacher und der Rodinger Forst sind. In diesem zusammenhängenden Waldareal herrscht die Föhre vor, doch finden sich auch schöne Buchen, Tannen, Fichten und allenthalben Birkenanflüge. Der Boden ist übersät mit Heidekraut. Er spendet zur Schwammerlzeit schmackhafte Pilze. Heidel- wie Preiselbeeren gedeihen in Hülle und Fülle. Die Freihöls-Bodenwöhrer Senke wird vom Naabtal gekreuzt. Die Naab hat hier mit Sedimenten eine weite Senke angefüllt, die man das S c h w a n d o r f e r B e c k e n nennt. Der Fluß durchzieht es zwischen Schwarzenfeld und Burglengenfeld. Östlich der breiten Flußaue setzen die Wälder der Bodenwöhrer Senke ein, unterbrochen von den riesigen Abbaufeldern der Braunkohle. Westlich grenzen die Ausläufer des Jura an die Auenlandschaft der Naab. Die Abhänge bei N a a b e c k, Münchshofen und P r e m b e r g (LSG) zeigen in harmonischem Wechsel Wälder, Felder, Heckenzeilen und Wiesen; es sind ideale Motive für den klassischen Landschaftsmaler.

Teichlandschaft bei Rauberweiherhaus

DAS OBERMAINISCHE BRUCHSCHOLLENLAND UND DAS OBERMAINTAL

Nach Norden wird das Bruchschollenland vom Main entwässert, dessen Quell- *(Dazu Kartenseiten 4–6, 11–13)*
flüsse Roter und Weißer Main im Jura bzw. im Fichtelgebirge entspringen. Un-
terhalb von Kulmbach vereinigen sie sich zum Main und durchfließen das fruchtbare, klimabegünstigte Obermaintal.
Zum Obermainischen Bruchschollenland zählt man den Bayreuther Kessel, das
Kulmbacher Zweimainland, das Coburger Land, den Neustadter Kessel und
Teile des Grabfeldgaues bei Rodach.
Zu den bereits aus der Oberpfälzer Senke bekannten Gesteinsarten kommen hier
die schmalen, langgestreckten Muschelkalkzüge hinzu. Sie sind häufig kahl oder
nur mit schütterem Laub-Buschwerk oder Föhrenwäldchen bestanden. Viele ihrer
Südwesthänge waren in früheren Jahrhunderten mit Wein bebaut. Die Lesestein-
brocken der einstigen Weinhänge sind zu Feldrainen zusammengetragen und von
dichtem Gebüsch überzogen. („Weinleite" bei Ködnitz im Weißmaintal). Muschelkalkriedel sind z. B. der Hügelzug von Bocksleite bei Widenberg – Oschen-
berg bei Bayreuth – Bindlacher Berg – Fölschnitzer Höhe; ferner parallel dazu
der Kulmbach – Forstlahm – Schwingener Riedel, die Berge am Südrand des
Neustadter Talkessels sowie die „Langen Berge" am Nordrand des Grabfeldgaues bei Rodach. In starkem Kontrast dazu stehen die nadelwaldbedeckten
Buntsandsteinhöhen, die mit den Muschelkalkzügen abwechseln. Gut erkennbar ist dieser vielfältige Wechsel vom Aussichtsturm bei Spitzeichen südöstl.
Kulmbach.

Im Bayreuther Land

Man hat für das von den zwei Main-Quellarmen durchflossene Talstück des Ober-
mains den Namen „Zweimainland" geprägt. Es erstreckt sich in einer Breite von
mehr als 15 km zwischen Kulmbach und Creußen. Den südlichen Schwerpunkt
dieses Ländchens zwischen Jura und Fichtelgebirge bildet der B a y r e u t h e r
K e s s e l. Er ist reich gesegnet mit mancherlei Naturschönheiten. Bei einigen
glaubte der Mensch, nachhelfen zu müssen: sie sind kunstvoll angelegt. Die Re-
sidenzstadt Bayreuth besitzt einen gepflegten Hofgarten und zwei Landschaftsgärten aus dem 18. Jh., die ihresgleichen nicht haben: den Park der E r e m i -

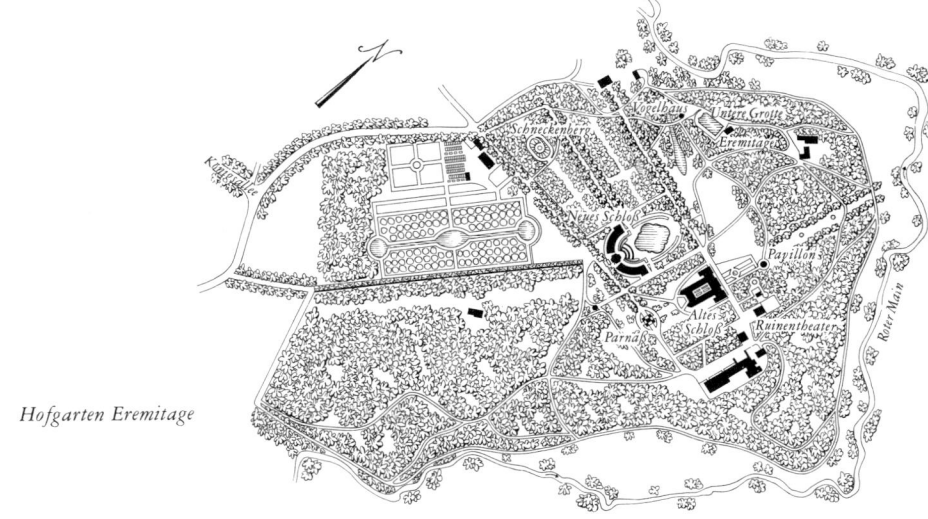

Hofgarten Eremitage

*Im Schloßpark
Fantaisie*

*Rhätfelsen
am Buchstein*

*Arzloch bei
Mistelbach*

t a g e und den S c h l o ß p a r k F a n t a i s i e (NSG) bei Donndorf. Der erstere liegt auf einem vom Roten Main umflossenen Bergsporn und hat neben Schlößchen, Wasserbassins, Fontänen und Pavillons auch Blumenrabatten aufzuweisen. Der letztere steigt stufenweise in eine Rhätschlucht hinab und ist wegen seines erlesenen Baumbestandes erhaltenswürdig (Zedern, Zypressen, Tannen, Gingko biloba, Stieleichen, Eschen, Magnolien, Trompetenbäume, Stechpalmen u. v. a.). Romantische Anlagen aus der Zeit der „Empfindsamkeit" sind in wirksamer Abwechslung über den Berghang verteilt. Dem Kern des Schloßparkes vorgelegt ist ein Landschaftsschutzgebiet, das den weiteren Parkbereich im sog. Mühltal bis zum Bahnhof Fantaisie-Eckersdorf umfaßt. Hier fallen u. a. der „Ortelstein" mit seinen gitterartigen Verwitterungserscheinungen sowie die Rhätsandsteinhärtlinge „Katzenstein" und „Philippstein" auf, die beide zu Denkmalzwecken beschriftet wurden. In das Mühltal mündet westl. des Schloßparkes der L ü c h a u g r a b e n (LSG), eine kleine Rhätschlucht mit großen Felsbrocken am Grunde und starkwüchsigen Bäumen auf den Hängen.
Die Höhen des Rhätsandsteines umsäumen als erste Steilstufe den Bayreuther Kessel. Markant treten sie als Bärenleite im Süden und als Hohe Warte im Norden hervor. Im Westen aber ist der Rhätsandstein von tiefen Schluchten zerschnitten (z. B. Lüchaugraben, Arzloch bei Mistelbach und Teufelsloch bei Oberwaiz) oder in einzelne Felsbastionen aufgelöst, wie am Buchstein oder im Park der Fantaisie. Die eindrucksvollste Rhätschlucht ist das T e u f e l s l o c h (NSG). Hier füllen gewaltige Sandsteinblöcke eine Schlucht aus, die stellenweise senkrechte Felswände hat. Ein Steinriegel sperrt das Engtal so gründlich, daß lediglich ein „Teufelsloch" frei bleibt. Nur kriechend gelangt man hindurch. Andere Örtlichkeiten heißen „Teufelssteg", „Teufelsbad" oder „Teufelskanzel". Ein kleines Bächlein plätschert durch die wildromantische Klamm. Fichtenstämme krallen sich in die Hänge und an den Talgrund. Abenteuerlich überziehen ihre Wurzeln manchen Block, der selbst schon von Flechten und Moosen umpolstert ist. Vielgestaltige Farne wuchern auf den Humuskrumen zwischen den Felsen, wie der Wurmfarn, der Eichenfarn, der Dornige Schildfarn, der Schwarzstielige Streifenfarn, der Frauenfarn und der Zerbrechliche Blasenfarn. Sogar der Tannenbärlapp fand von den Blockmeeren des Fichtelgebirges herunter. Außerdem sehen wir typische Vertreter der Schluchtwaldflora auf Rhät: Frühlingsplatterbse, Schwarzbeeriges und Gemeines Geißblatt, Weißliche Hainsimse, Waldbingelkraut, Rote Pestwurz, Hasenlattich, Lungenkraut, Traubenholunder, Gemeiner Schneeball, Waldveilchen, Christofskraut, Moschuskraut und Alpenhexenkraut.
Recht seltsam ist die Verwitterung mit der „T e u f e l s b r ü c k e" (ND) bei Meyernberg vorgegangen. Hier überspannt ein mehrere Meter weiter Sandsteinbogen das Bett eines mittlerweile abgeleiteten Bächleins.
Von den Rhätbergen steht die H o h e W a r t e unter Landschaftsschutz. Der Aufstieg führt über den „Grünen Hügel" mit dem „Festspielhaus" und durch den „Richard-Wagner-Park". Den Gipfel im Walde krönt der 17 m hohe „Siegesturm". Er bietet einen wunderbaren Ausblick auf den Bayreuther Talkessel, auf die rahmenden Rhätsandsteinhöhen, die darüberragenden Juraberge (Sophienberg, Schobertsberg, s. S. 272) und das Tal des Roten Mains. Nach Osten blickend gewahrt man die buschbestandenen Muschelkalkzüge des O s c h e n - b e r g e s und des B i n d l a c h e r B e r g e s (LSG). Dahinter steigen die Granitmassen des Fichtelgebirges auf.
Der R o t e M a i n, der den Bayreuther Kessel durchzieht, hat seine Quelle im großen Lindenhardter Forst westl. von Creußen. Sein Lauf wurde zwischen dem

232

Craimoosweiher und der Stadt Bayreuth in das LSG O b e r e s M a i n t a l eingeschlossen. Er strömt in einem weiten Keupertal mit vielen Windungen gemächlich dem Zusammenfluß mit dem Weißen Main bei Kulmbach entgegen. Eine Strecke seines Weges südöstl. Bayreuths aber mußte er durch harte Keuperschichten sägen, und so entstand zwischen Eimersmühle bei Neuenreuth und Bruckmühle bei Neunkirchen ein überaus reizvolles Durchbruchstal, das sowohl für den Geologen wie für die Botaniker höchst aufschlußreich ist. Hier liegen die Erd- und Gesteinsschichten des Unteren Keupers in mehreren Prallhängen offen aufgeschnitten da. Für die Botaniker ist neben dem streckenweise bewaldeten Engtal auch der C r a i m o o s w e i h e r südl. Creußens interessant. In seinen Verlandungszonen hat sich eine artenreiche Flora angesiedelt. Außerdem bietet er vielen Wasservögeln Nist- und Brutplätze. Im Sommer schwirren Schwärme kreischender Möwen darüber hin. Sein Abfluß ist ein Kuriosum, denn ein Teil des Wassers fließt nordwärts zum Roten Main ab, ein anderer Teil nach Süden zur Fichtenohe.

Quelle des Roten Mains

Unterhalb von Bayreuth liegt die Sohle des Roten Mains weidengesäumt zwischen dem Muschelkalkzug im Osten (LSG) und den Ausläufern der Alb im Westen. Ein 72 m hoch aufsteigender Randhügel, der B l e y e r (LSG), war ein Umlaufberg des Mains. Im Gegensatz zu seinen Nachbarn trotzte er der Verwitterung, weil der Urmain die verletzliche Buntsandsteinschicht hier mit Schottern aus hartem Eisensandstein (Brauner Jura) überdeckt hat. Bei Brücklein steht der idyllische, von Gehölzen umsäumte I g e l s w e i h e r (Fischteich) unter Schutz.

Der andere Talzug des Zweimainlandes wird vom W e i ß e n M a i n gebildet, der viel ungebärdiger und kräftiger vom Fichtelgebirge herabstürzt und auch im Zweimainland steilere Flanken ausspülte. Immerhin beträgt das Gefälle zwischen seiner Quelle und dem Zusammenfluß mit dem Roten Main 500 Meter, gegenüber einem Niveau-Unterschied von 200 Metern beim Roten Main. Von Bayreuth her mündet heute das breite T r e b g a s t t a l (LSG) bei dem Ort Trebgast in das Weißmaintal. Einst floß in diesem Urstromtal die Steinach vom Weißen Main. Jetzt mündet sie in Bayreuth in den Roten Main. Nun zieht die Trebgast als schmales Bächlein durch das weite Urstromtal, in dem Busch- und Baumgruppen in schöner Harmonie verteilt sind. Weiden und Erlen säumen streckenweise den Bach. Ein gelber Teppich von Hahnenfuß überdeckt die Wiesen im Frühjahr. In der Höhe von Lindau hat sich ein Übergangsmoor mit einer kleinen Hochmoormitte ausgebildet, das sog. L i n d a u e r M o o r. Es ist einzigartig im Obermainischen Schollenland, sowohl wegen seiner Moorpflanzen (Sonnentau, Fettkraut, Wasserschlauch, Wollgras, Sumpfläusekraut und Torfmoos) wie wegen seiner Sumpfvogelwelt. Leider gefährdet die Kanalisierung auch dieses Kleinod der Oberfränkischen Landschaft. Über dem Moor erhebt sich als einstiger Umlaufberg der Buntsandsteinkegel des K i e s e l b e r g e s.

Craimoosweiher

Obermaintal

Den nördlichen Abschluß des Zweimainlandes markiert die schöne alte Stadt Kulmbach. Der Weiße Main hat hier eine Buntsandsteinscholle durchbrochen, auf deren hell bewaldetem Vorsprung (LSG) die berühmte V e s t e P l a s - s e n b u r g thront. Durch die scharf eingeschnittene „Wolfskehle" wird der gegenüberliegende Rehberg (Aussichtsturm) von der Plassenburg getrennt. Im Nordwesten der Stadt liegen das romantische M e t z d o r f e r G r ü n d l e i n

Die Plassenburg über Kulmbach

233

und das D o b r a c h t a l. Einen Rückblick auf das Kulmbacher Zweimainland gewährt der Aussichtsturm „Schau-dich-um" auf dem 526 Meter hohen P a t e r s b e r g. Weiter nördlich erhebt sich beherrschend die baumfreie Kuppe des K i r c h l e u s e r K n o c k. Unterm Schloß Steinhausen setzt mit der Vereinigung von Rotem und Weißem Main das eigentliche O b e r m a i n t a l ein. Dem Fluß steht ein 1–2 km breiter Talgrund zur Verfügung, den er in pendelndem Lauf zu nutzen weiß. In stetem Hin und Her umkreist er die Nordbastion der Fränkischen Alb und passiert die rührigen Orte Mainleus, Burgkunstadt, Michelau, Lichtenfels und Staffelstein. Den Flußrand begleiten schmale Auwaldstreifen, in denen die Weide eine besondere Rolle spielt. Ihre Zweige werden für die traditionelle Korbwarenherstellung gebraucht. Die Bäume haben sich durch den stetigen Schnitt zu skurrilen Kopfweiden ausgewachsen (Fachschule für Korbflechterei in Lichtenfels).

Unter den Randlandschaften des Maintales wurden unter Landschaftsschutz gestellt: ein Waldstreifen auf dem Liashang bei Hochstadt, K a t z o g e l genannt (Vogelschutzgehölz), der N e u e n s e e r W e i h e r (künstlich aufgestauter Badesee in schöner Umgebung), der G a a b s w e i h e r bei Oberwallenstadt (abgeschnittener Altwasserarm des Mains mit artenreichem Uferbewuchs), ferner die Grünanlage „B e r g s c h l o ß" in Lichtenfels mit ihrem wertvollen Baum- und Buschbestand sowie das K ö s t e n e r G r ü n d l e in einem kleinen Seitental, das den Wanderer mit einem malerischen Weiher und schönem Baumwuchs anzieht.

Die Banzberge
über dem Maintal

Der Höhepunkt des Obermaintales freilich liegt in dem Gegenüber von zwei Perlen Fränkischer Kunst: der Wallfahrtskirche V i e r z e h n h e i l i g e n und der barocken Benediktinerabtei B a n z. Beide erheben sich auf den Höhen des Braunen Jura rechts und links des Flusses. Denn hier greift die Juraformation über das Maintal hinaus bis in die Gegend von Tambach bei Coburg. Die sog. B a n z b e r g e (LSG), deren südlichsten das Abteischloß krönt, umfassen vor allem die Dogger-Überdeckung der Juraschicht. Auf den Hängen stockt prächtiger Buchenwald. Von der Schloßterrasse blickt man über das lichterfüllte Maintal auf den Staffelstein und die schlanken Türme von Vierzehnheiligen. In Banz ist eine berühmte Sammlung von Jura-Versteinerungen zu besichtigen, deren Attraktion verschiedene Saurier-Skelette sind (Ichthyosaurus, Plesiosaurus, Mystriosaurus u. a.).

Je mehr der Main sich dem Bamberger Kessel nähert, desto stärker legen Gemüse- und Getreidefelder den Talgrund in Beschlag. Über dem Maintal steigt zuletzt noch rechter Hand der K r e u z b e r g (LSG) 150 m über das Flußniveau auf. Auch seine Höhe ist von Jura (Lias) bedeckt. Bis zum S e m b e r g hin trägt sein Rücken dichten Laubwald. Vom Untergrund her gesehen stellt er den südöstlichen Pfeiler der Haßberge dar, die völlig aus Keupersandstein aufgebaut sind. Die Aussichtspunkte lassen das ganze gesegnete Bamberger Land überblicken.

234

Zwischen dem Obermainbogen und dem Thüringer Wald breitet sich das C o - b u r g e r   L a n d mit seinen sanften Hügeln, Wiesentälern und waldigen Kuppen, seinen stolzen Schlössern und heimeligen Dörfern aus. Es ist nach Süden hin orientiert. Seine Gewässer sammeln sich zur Itz und eilen dem Main zu. Im Oberlauf kommen sie aus den engen Tälern der Thüringer Wald-Flanken (z. B. aus dem Lauterbachgrund und dem Weißbachgrund bei Tiefenlauter) und machen es sich im Coburger und Neustadter Kessel bequem. In Coburg durchbrach die Itz einen harten Felsriegel der sog. dolomitischen Arkose und schwemmte sich einen fruchtbaren Talgrund bis zum Maintal aus. Die Stadt Coburg liegt mitten in diesem Durchbruchstal zwischen ansteigenden gartengrünen Buntsandsteinflanken. Es wird überragt von dem machtvollen Bergkegel der Veste Coburg (465 m), deren markanter Umriß von allen Höhen des Landes gesehen wird. Sie ist das Idealbild einer mittelalterlichen Burg. Von der Stadtresidenz „Ehrenburg" zieht sich ein H o f g a r t e n als gepflegter englischer Landschaftspark zum dreifachen Mauerring der Burg hinauf. Mitten darin steht das N a t u r w i s s e n s c h a f t - l i c h e   M u s e u m. Es blickt auf eine lange Tradition zurück und ist heute in Bayern ohne Konkurrenz. 400 000 Objekte aus allen Bereichen der beschreibenden Wissenschaft sind ausgestellt, darunter eine Vogelsammlung mit 150 000 Tieren, 5000 verschiedene Vogeleier, über 100 000 pflanzenkundliche Blätter, 10 000 Gesteinsproben sowie Gehörnsammlungen, Fossilien, Schausammlungen zur Volkskunde der Naturstämme u. v. a. In der Stadt besitzt Coburg einen prachtvollen Rosengarten.

Veste Coburg

Auch die anderen Vorsprünge und Gipfel des Buntsandstein-Durchbruches tragen Schlösser, Türme oder Aussichtswarten. So z. B. der Eckardtsberg, der Himmelsacker (mit „Bismarckturm"), Schloß Hohenfels, Schloß Callenberg und weiter südlich Schloß Hohenstein. C a l l e n b e r g erhebt sich 100 m hoch aus einer ungestörten Wald- und Heckenlandschaft mit mehreren Fischweihern (LSG). Ein Schloßpark voll seltener Baumoriginale rahmt den Schloßberg. Dahinter setzt der ausgedehnte Callenberger Forst ein, in den die stille Weihergruppe der H o f f - m a n n s t e i c h e (LSG) und der idyllische Waldflecken K ü h l e b o r n mit K i l i a n s b r u n n e n eingebettet sind. Weiter südlich liegt Schloß T a m - b a c h mit seinem „Erholungszentrum Wildpark Tambach". Die Gehege des Parkes (150 ha) enthalten Rot- und Damwild, Wildschweine und Rehe. Daneben gibt es Fischteiche, Pferdekoppel und Spielplatz. Östlich von Tambach steht die locker bewaldete W e i n b e r g s h u t unter Schutz.

Schloß Callenberg

Auch das Schloßparkareal von R o s e n a u (LSG) im Itzgrund östlich von Coburg wird als Erholungsgebiet viel besucht. Sein schöner Naturpark ist Vogelschutzgebiet. Unterhalb von Coburg wurde ein etwa 14 km langes Talstück des Itzgrundes unter Landschaftsschutz gestellt. Hier wie auch am S u l z b a c h bei Kösfeld will man Ausschnitte der lieblichen Auenlandschaft mit ihren Baumund Buschgruppen, ihrem fast lückenlosen Uferbewuchs und ihrer Tierwelt erhalten. Der Itzgrund bei Coburg war Johann Gottfried Herder wie „die schönste Gegend der Welt" erschienen.

Nordwestlich von Coburg ragt um das Städtchen Rodach ein Zipfel des Grabfeldgaues ins Coburger Land. Er wird nordöstlich von dem langen Muschelkalkriedel der L a n g e n   B e r g e abgeschlossen. Von der Sennigs-Höhe bei Mirsdorf blickt man über dieses weitwellige stille Land. Der darin eingebettete idyllische W e i s b a c h s g r u n d zeigt schöne Mischwaldhänge. Im „Thermal-

Schloß Rosenau

235

*Unteres Schloß
in Untersiemau*

*Der Mupperg
im Neustadter Kessel*

bad Rodach" sprudelt seit 1972 die wärmste Heilquelle Frankens (33,4 Grad). Östlich von Coburg gelangt man im Tal der Itz und der Röden in die Landschaft des Neustadter Kessels, der sich hinter der Talenge von Mönchröden überraschend öffnet. Hier breiten sich Ackerstreifen und Obstkulturen auf Muschelkalkböden aus, aber mitten in der Ebene steigt mit einem Böschungswinkel von 30 Grad ein föhrenbedeckter Buntsandsteinberg auf: der 185 m hohe Mupperg. Der Prinzregententurm, die Spuren einer keltischen Höhensiedlung und selbstverständlich die wunderbare Rundsicht vom Turm verlocken zum Aufstieg. Am Boden des Talkessels wächst zusehends die Siedlungsfläche von Neustadt. Man hat daher vorsorglich einige Naturreservate festgelegt, die erhalten bleiben müssen.

So den Mischwald im Rottenbachsgrund, den als Windschutz wirkenden Kalmusrangen, die mit Baum und Busch begrünte, ehemalige Hinrichtungsstätte „Gericht" sowie den einsamen Thanner Grund mit dem Fischbacher Teich im Mönchrödener Forst.

Die Muschelkalkberge am Südrand des Neustadter Kessels gewähren eine schöne Aussicht auf die Talniederung und den Mupperg. Nach Süden schweift der Blick über die fruchtbaren Fluren der „Fechheimer Liasinsel" zum Nordrand des Jura, dessen Silhouette Kordigast und Staffelberg bestimmen.

Der Ostteil des Neustadter Kessels wird durch die Steinach nach Süden entwässert, die bei Redwitz in die Rodach fließt. Der Hauptort ihrer Tallandschaft ist Mitwitz mit seinem wuchtigen Wasserschloß und zahlreichen Karpfenteichen. 3 km östlich erhebt sich als kulturhistorisches Zeugnis die dichtbewaldete „Heunische Burg" (LSG)

Alte Brücke über die Rodach

236

Die Alblandschaften

Die jüngste und zugleich markanteste Stufe des Schichtstufenlandes ist der J u r a. Die Bezeichnung besagt, daß sein Sedimentgestein aus der erdgeschichtlichen Epoche des Jura stammt. Der volkstümliche Name des Gebirges aber ist die „A l b".
Sie bildet den eigentlichen Grenzwall zwischen dem Rhein und dem Donaugebiet und ist auf weite Strecken die Hauptwasserscheide zwischen beiden Flußsystemen. Der gesamte Jurazug erstreckt sich von der Französischen Schweiz bis zum Mainbogen bei Lichtenfels in einer Länge von etwa 430 km. Zu Bayern gehört ein etwa 250 km langer Abschnitt dieser Formation. Er wird in viele Einzellandschaften gegliedert, unter denen die Schwäbische Alb, das Ries, die Altmühlalb und die Fränkische Schweiz die berühmtesten sein mögen. Zwar sind diese Teillandschaften in vielen Einzelheiten voneinander unterschieden, doch gleichen sie sich in allen grundsätzlichen Charakterzügen, so daß wir vorweg diese Gemeinsamkeiten betrachten können.
Im ganzen Verlauf der Alb stimmt die gleichmäßig gegen Südosten bzw. Osten geneigte Lagerung der Sedimenttafeln und ihre aufeinanderfolgende Schichtung überein, jedoch wechselt die Mächtigkeit einzelner Schichten ganz beträchtlich, die Dolomitisierung hat verschieden stark um sich gegriffen. Hinzu kommen die nicht überall auftretenden Riff-Kalke, die den Jurameerrand girlandenförmig begleiteten.
Grundsätzlich folgen 3 Schichtstockwerke übereinander: Schwarzer Jura (oder Lias), Brauner Jura (oder Dogger), Weißer Jura (oder Malm). Jedes der 3 Stockwerke hat auf Grund seiner Bodenbeschaffenheit bestimmenden Einfluß auf Form und Vegetation der Landschaft. Die L i a s s c h i c h t e n säumen als fruchtbares „Albvorland" mit Äckern, Wiesen und Obstbauflächen das Albgebirge in einer Breite von 5–10 km. Der darauffolgende B r a u n e J u r a besteht vorwiegend aus Opalinuston und Eisensandstein. Der erstere gleicht im Landschaftscharakter dem Schwarzen Jura und wird zum Albvorland gezählt. Seine Wasserundurchlässigkeit läßt ihn als Quellhorizont wirken, an dessen oberem Rande viele Bäche entspringen. Die Eisensandsteinstufe dagegen tritt als steile Böschung mit Nadelwaldbedeckung in Erscheinung. Zahlreiche Hohlwege und Bachschluchten haben sich in sein gelbbraun bis tiefviolett gefärbtes Schichtgestein gefressen, das sehr leicht verwittert und stark wasserdurchlässig ist. Über dem Eisensandstein liegt der wasserstauende Ornatenton (benannt nach der dort häufig auftretenden Versteinerung Ammonites ornatus), den eine deutliche Verebnung und großer Quellreichtum kennzeichnet. Darüber erst liegt die Kalksteinschicht, deren Formkraft das Bild der Alb prägt: der W e i ß e J u r a. Weißgraue Felsphantasien durchziehen hier die Talwände, denn der spröde Kalk verwittert in abenteuerlichen Formen. Je nach Ausbildung des Gesteins spricht man von Werkkalk (blendend weiß, bankmäßig geschichtet, als Werkstein geschätzt), vom Schwammkalk (aus Kalkschwammkolonien des Jurameeres gebildete Riffe óder Stotzen) oder von Dolomit (durch chemische Vorgänge gehärteter und veränderter Kalkstein). Daneben gibt es Mergelkalk, Plattenkalk und andere Schichten, die aber nicht landschaftsprägend sind oder nur örtlich begrenzt auftreten. Den Wechsel von ungeschichteten Riffen und bankartig abgelagertem Sediment-Gestein kann man folgendermaßen erklären. Am Boden des Weißjurameeres lagerten sich alle gelösten Kalkpartikel und Meerestierreste gleichmäßig als Schlamm ab. Daneben aber wuchsen Kalkschwämme vom Boden aufwärts und zwar schneller, als das Wasser ringsum den Kalkschlamm niederschlagen konnte. Sie bauten also im Wasser stets voraus und nur langsam hüllte der Schlamm sie nach oben zu ein.

*Riffelfelsen
bei Alfalter*

Nach dem Zurückweichen des Jurameeres setzte die Abtragung durch Wind und Wasser ein. Schicht um Schicht des gleichmäßig gelagerten, zu Gestein gewordenen Kalkschlammes wurde abgetragen und zwar schneller, als die harten Kieselsäureskelette der Kalkschwämme, so daß sie jetzt wie einst als Riffe aufragen, aber nicht mehr aus den Tiefen eines Meeres, sondern aus dem Polster grüner Wälder und freier Berge.

Das Weißjuragestein ist stark wasserdurchlässig. Vom schnell versickernden Regenwasser werden kleine Kalkpartikel gelöst und weggeschwemmt. Sie verschwinden in den Spalten, Ritzen und Höhlen der Kalkschichten oder lagern sich als kristallweißer Sinter in Form von Stalaktiten und Stalagmiten in den zahlreichen Tropfsteinhöhlen ab. Alle Erscheinungen der Verkarstung sind zu beobachten: Dolinen (auf Höhleneinstürze zurückgehende Erdtrichter), Trockentäler (nur in Hochwasserzeiten wasserführend), starke Karstquellen (machtvolle Quellen am Fuße der Malmschichten), Hülen (zisternenartige Wasserlöcher) und Hungerbrunnen (Quellen, die nur zeitweise fließen, solange der Karst-Grundwasserspiegel im Innern des Jurakörpers sehr hoch steht). Die durch Verkarstungserscheinungen bedingte Wasserarmut der Hochfläche tritt auch in der Vegetation in Erscheinung.

Grob gesprochen gibt es 3 Landschaftsformen in der Alb: den Albanstieg oder A l b - T r a u f, die A l b h o c h f l ä c h e und die in die Tafel eingeschnittenen T ä l e r. Vom Keuperland oder dem fruchtbaren Albvorland her erscheint der Albtrauf als steiler bewaldeter Gebirgsanstieg, zergliedert in viele vorragende Bergsporne und weit vorgezogene Zeugenberge, die ein Beweis dafür sind, daß die Albtafel einst viel weiter in das Keuperland hineingereicht hat. Im Gegensatz dazu erweist sich das Innere der Alb als wenig gebirgshaft. Die Hochfläche bietet den Anblick eines flachen, weitwelligen Acker- und Waldlandes, das den Gebirgsanstieg völlig vergessen läßt – bis man plötzlich auf eines der Täler stößt, die bis zu 200 m tief in die Albhochfläche eingeschnitten sind. Hier wird uns der Gebirgscharakter wieder jäh bewußt. Steile Talhänge fallen zum Talboden hinab, den ein Fluß in bewegtem Hin und Her durchzieht. Weiße Felsen leuchten skurril aus dem Waldgrün der Steilufer oder durchsetzen eine Hochgebirgsalmen gleichende Heidelandschaft. An einigen Stellen rücken die Uferfelsen zu engen Schluchten zusammen, deren großartigste der Donaudurchbruch zwischen Weltenburg und Kelheim ist (s. S. 169 f). Die kühleren Nordhänge tragen zumeist ein Waldkleid, während die der Sonne zugewandten Südhänge Heidecharakter haben.

Die F l u ß g e s c h i c h t e der Alb ist ein eigenes Kapitel. Sie wurde bestimmt von den Erosionskräften der Gewässer und den Hebungsvorgängen der Albtafel. So zog die Ur-Donau vor der Riß-Eiszeit nur bis Stepperg in ihrem heutigen Tal. Dort wurde sie nach Norden gelenkt und nahm ihren Weg durch das sog. Wellheimer Trockental bis Dollnstein, von wo sie das heutige untere Altmühltal bis Kelheim aushobelte. Dort erst nahm sie den Ur-Lech auf, der längs des Alb-Südrandes sein Bett gegraben hatte. Man nimmt an, daß sich die Donau durch mitgeschleppte Schottermassen ihr Bett immer wieder selbst verbaute und nach Auswegen suchte. Eine leichte Albhebung mag noch dazu beigetragen haben, daß die Donau in einer ersten Phase (mittlere Riß-Eiszeit) das Wellheimer-Tal bei Hütting verließ und das für die schmale Schutter heute viel zu breite Schuttertal bis Ingolstadt hin ausspülte, bevor sie endgültig in der jüngeren Riß-Eiszeit den Albsporn bei Stepperg durchbrach und ihr heutiges Bett einnahm. Die Eintiefung des Donautales gegenüber dem Niveau der Talsohle bei Dollnstein beträgt auch heute nicht mehr als 10 Meter. Die Ur-Altmühl war also, von der Frankenhöhe kommend, bereits bei Dollnstein in die Donau gemündet. Ihr Tal war nur halb

238

so weit wie das der Donau. Darauf beruht die lange umrätselte plötzliche Verbreiterung des Altmühltales bei Dollnstein.

Hebungen des Schichtstufenlandes haben aus der schnellfließend sich einschneidenden Altmühl den zahmen, in vielen Mäandern dahinschleichenden Fluß gemacht, der in Hochwasserperioden alles überschwemmt.

Ein anderes Flußsystem wurde durch die Hebungen sogar zur Umkehr gezwungen: Der Ur-Main war zeitweise über das Rednitz-Rezat-Tal geflossen und bei Treuchtlingen in die Altmühl gemündet. Nach der Umkehrung liegt nun die Quelle der Schwäbischen Rezat nur 2 km von der Altmühl entfernt und nur 10 m über deren Wasserspiegel. So nah berühren einander hier die Gewässersysteme von Rhein und Donau. Diese europäische Hauptwasserscheide wollte schon Kaiser Karl der Große im Jahre 793 nutzen, indem er durch einen Kanal die beiden Flüsse zu verbinden trachtete. Unerwartete Schwierigkeiten haben jedoch die Fertigstellung verhindert und so blieb von diesem kühnen Versuch einer Wasserverbindung zwischen Nordsee und Schwarzem Meer nur ein „Graben" übrig, der dem nahen Ort den Namen gab. Man hatte an der höchsten Stelle begonnen und 8 m Tiefe erreicht; der Aushub blieb in Wällen rechts und links liegen. Heute ist dieser sog. K a r l s g r a b e n , die „Fossa Carolina", ein von alten Bäumen umstandener Weiher und Bachlauf, der unter Landschaftsschutz steht.

„Die zwölf Apostel"
im Altmühltal

Auf den ebenen Tafeln der Albhochfläche sind die Jurakalke zu braunen Waldböden verwittert. Sie tragen von Natur aus B u c h e n w ä l d e r , die eine leichte Beimischung von Eiche, Esche, Bergahorn, Hainbuche, Linde und Hasel haben. Der Buchenwald des Jura gehört zu den formenreichsten Wäldern der deutschen Mittelgebirge. Er überzieht den Fluß der Steilabfälle, folgt den Seitentälern hinauf und hüllt die Vorsprünge ein. Seine Krautschicht am Boden ist so bunt und reich, wie man es nur erwarten kann. Da entfalten im Frühjahr die weißen Märzenbecher, die blauen Leberblümchen und die Buschwindröschen ihre Blütensterne, die Maiglöckchen stehen zu Bündeln geschlossen da, und der zierliche Waldmeister behauptet große Flächen des Waldbodens. Seltener schon ist dagegen die hellrote Lippenblüte des Immenblattes anzutreffen oder die Orchideen Rotes und Weißes Waldvögelein, Brand-Knabenkraut sowie die Kuckucksblume.

Der angestammte Laubwald mußte vielerorts unter forstwirtschaftlichen Gesichtspunkten dem Nadelwald weichen. Doch die Fichte gehört nicht ursprünglich zur Alb, und die Kiefer trat auch nur vereinzelt auf, wo sie Sandböden aus Braunjura-Verwitterungen oder sandige Albüberdeckungen vorfand. Die anspruchslose Schwarzkiefer aus Südeuropa wird neuerdings bei Neupflanzungen der Waldkiefer vorgezogen. Wo kein Waldkleid die Alb überzieht, gedeiht auf dem mageren, durch Spalten und Hohlräume des Quell- und Regenwassers beraubten Boden höchstens Grünfutter. Wo allerdings Löß in größerer Mächtigkeit die Unterlage überdeckt, ist auch Getreideanbau mit Gerste und Weizen möglich.

Doch erst an trockenen Hängen, besonders an steilen Südabfällen, gedeiht jene Pflanzengesellschaft, die für die Alb so überaus kennzeichnend ist: die Flora der S t e p p e n h e i d e . Sie bildete sich überall dort, wo nach der Rodung durch stetige Schafbeweidung jeglicher Baumwuchs unterdrückt worden war. Nur Gebüsch aus Weißdorn, Schlehen und Wildrosen unterbricht die kurzrasigen Hänge. Der Charakterbaum dieser Region ist der Wacholder. Dieser urtümliche Strauch gehört zu den ältesten Vertretern des Pflanzenreiches. Auf den Wacholderheiden der Alb sammelt er sich zu ganzen Strauchwäldern. Leitpflanzen sind die schmalblättrigen Steppengräser, wie die Niedrige Steppensegge, das seltene schöne Federgras, die Zarte Kammschmiele, das Blaugras und das Wimper-Perlgras. Im Jahres-

Maiglöckchen

239

Apollofalter

Wanderfalke

ablauf erblühen hier die Küchenschelle, drei Mauerpfefferarten, der Hufeisenklee, die Kugelblume, der Ährige Ehrenpreis, ferner Karthäusernelke, Thymian, Steinquendel, Sonnenröschen, Frauendost, aber auch Ästige Felsenlilie, Regensburger Geißklee u. a. Im Herbst setzen die Goldaster, die Silberdistel, der Deutsche Enzian und der Gelbe Augentrost ihre Farbtupfer auf die Heideflächen.

Wo an den steilsten Hängen der nackte Fels hervortritt, entwickelt sich die sog. F e l s e n h e i d e mit ihren typischen Vertretern. Sie weisen bereits durch ihren Wuchs, ihre Form und durch die Art ihrer Blätter auf den feuchtigkeitsarmen Standort hin. Gegen pralle Sonne und scharfen Wind führen sie ihren siegreichen Kampf, indem sie zu Polstern vereint die Ritzen der Felsen füllen und die magere Verwitterungskrume der Steilhänge nutzen; so das goldgelbe Felsenhungerblümchen, das blaublühende Kugelblümchen, die kleinen Büschlein der Borstenmiere, der duftende Berggamander, der Graue Löwenzahn und die duftende rosarote Pfingstnelke. Verschiedene Mauerpfefferarten überziehen die Felsen, voran der Weiße Mauerpfeffer, der von den schwarzen Raupen des geschützten Apollofalters abgeweidet wird. Im Juni kann der ausdauernde Blumenfreund auch die zitronenzart duftenden Blüten des Diptam finden.

Die Alb bietet der V o g e l w e l t einen günstigen Lebensraum. Ihre Felswände mit Klüften und Löchern und die winkelreichen Burgruinen sind belebt von der schwarzen Dohle, die gewiß als Charaktervogel des Weißen Jura gelten kann. Die Verwechslung mit dem Raben hat zur Bezeichnung so mancher „Raben"-Orte und -Steine geführt. Es brüten hier aber auch der Mauersegler, die Mehlschwalbe, der Hausrotschwanz, die Hohltaube und – schon sehr vereinzelt – der Turmfalke. Wanderfalke und Habicht sollen wieder eingebürgert werden. Der Alpenmauerläufer ist beobachtet worden. Die Nachtvögel Schleiereule, Waldkauz, Steinkauz und Rauhfußkauz streichen um die Felsen. Der für die Schauerromantik geradezu unerläßliche Uhu ist fast ausgerottet worden, wird aber durch Aussetzungsaktionen wieder heimisch gemacht. Am klaren Bach im Tal kann man mit Glück den Eisvogel und die Wasseramsel antreffen, häufiger sind Zaunkönig und Gebirgsstelze. Die dicht begrünten Talhänge sind noch recht reich an Singvögeln aller Arten, aber auch der Dickschnäbelige Tannenhäher, der Rot-, Grün-, Grau- und Schwarz-Specht läßt sich noch aufspüren. Auf den Hochflächen der Alb jubilieren die Lerchen, in den Wacholderheiden brüten Wiedehopf und Steinschmätzer. Die dichten Heckenzeilen geben u. a. dem Rotrückenwürger und dem Schwarzkehlchen Quartier. Die Rauhfußhühner der Wälder sind stark dezimiert. Den Birkhahn mag man noch antreffen, den Auerhahn wohl kaum mehr.

Der sich in Bayern erstreckende Bogen des Jurazuges hat zwischen Ulm in Schwaben und Lichtenfels in Oberfranken eine Längenausdehnung von etwa 250 km und eine mittlere Breite von 40 km. Man gliedert ihn – vereinfachend – von Westen her in die S c h w ä b i s c h e A l b , die hier in Bayern nur noch bis zur Wörnitz, d. h. bis zum Rieskessel reicht, in die S ü d l i c h e F r a n k e n a l b mit ihren Teillandschaften Monheimer Alb, Altmühl-Alb und Weißenburger Alb, in die O b e r p f ä l z e r A l b und in die N ö r d l i c h e F r a n k e n - a l b mit ihren Teilen Hersbrucker Schweiz (oder Pegnitz-Alb), Fränkische Schweiz (oder Wiesent-Alb) und Weismain-Alb.

Die Naturschutzkarte der Alb weist vorwiegend Flußläufe mit ihren Talwänden, große Wälder und hervorragende Einzelerhebungen auf. Betrachten wir daraufhin die einzelnen Landschaften.

240

DIE SCHWÄBISCHE ALB

Bei Ulm, wo die Donau bayerischen Boden betritt, reicht der Albabfall bis an das Flußufer. Er trägt hier eine Überdeckung mit tertiären Sedimenten und Löß. Die J u r a h ä n g e zwischen Thalfingen und Unterelchingen (LSG) steigen in mehreren Terrassen an, wobei Obstbäume und Hecken die einzelne Stufenböschung markieren. Die schmalen Terrassenstreifen nehmen Felder, Obstbäume und kleine Mischwäldchen ein. Ein beispielhaftes Waldgebiet der Albhochfläche steht mit dem P f a n n e n t a l bei Haunsheim unter Landschaftsschutz. Es ist ein stilles Waldrevier mit wechselnder Fichten-, Buchen- und Föhrenbestockung. Eine Keltenschanze und zahlreiche Grabhügel zeugen hier von der frühen Besiedlung der Alb. Eine größere Siedlungsstätte aus vorgeschichtlicher Zeit konnte am sog. A l t e n   B e r g (LSG) im benachbarten Wittislingen nachgewiesen werden, deren Felsen und Vertiefungen auf der Anhöhe über der Egau von Felsenheideflora überzogen sind. Wittislingen ist auch der Fundort eines reich ausgestatteten alemannischen Fürstengrabes aus dem 7. Jh. Eine charakteristische Albtallandschaft stellt das K e s s e l t a l zwischen Dietmannstein und Bissingen dar (LSG). In kleinförmigen Kehren hat der Fluß eine höchst abwechslungsreiche Miniaturlandschaft modelliert, die vom St. Michaelskirchlein auf hohem Bergsporn gut überschaut werden kann. Nur an wenigen Stellen sind die Hänge bewaldet. Wacholderheide und kleine Felsriffe beherrschen das Bild.
Das Kesseltal grenzt bereits an die Randhöhen des Rieses, deren Eigenart durch die geheimnisvolle Entstehung dieses Riesenkessels bedingt ist.

(Dazu Kartenseiten 23, 24, 30, 31)

Kreuzweg am Michaelskirchlein im Kesseltal

DAS RIES

Mitten in der sanft nach Süden geneigten Pulttafel der Alb liegt das Ries als kreisförmiges, ebenes Becken von etwa 18 km Durchmesser. Es stellt eine völlig eigene Landschaft dar. Der flache Boden trägt fruchtbares Ackerland, wohlhabende Dörfer, gerade Straßen und buschgesäumte Flußläufe (Wörnitz und Eger). Sein Schwerpunkt ist die Stadt Nördlingen. Die Juraberge der Alb bilden einen geschlossenen, zwischen 100 und 200 m hoch aufragenden Kranz um dieses gehäbige Bauernland. Bis heute ist das Ries ein geologisches Rätsel. Zwei Theorien versuchen zu erklären, wie diese auf der Erde einzigartige Erscheinung entstanden ist. Nach der ersten soll in der Tertiärzeit vor 15 Mill. Jahren eine gewaltige Gasexplosion die Erdkruste aufgerissen und ihre Gesteinsmassen weit um den Explosionstrichter herum verstreut haben. Bei Augsburg wurde ein 3 Ztr. schwerer Malm-Block gefunden, der also 60 km weit geschleudert worden war. Die zweite Theorie gewinnt zunehmend an Wahrscheinlichkeit. Sie hält das Ries für die Einschlagstelle eines riesenhaften Meteors und stützt diese Behauptung mit der Tatsache, daß keinerlei Lava-Ergüsse oder eindeutig vulkanische Aschen nachgewiesen werden konnten. Dagegen kommen die Mineralien Coesit und Stichovit vor, die bisher nur im Zusammenhang mit Einschlägen außerirdischer Körper festgestellt wurden. Auf vergleichbare Kraterformen des Mondes wurde verwiesen, in deren Innerem vereinzelt Erhebungen wie in der Ries-Ebene zu finden sind. Möglicherweise wird die nun einsetzende Erforschung der Mondoberfläche auch das Rätsel des Rieses lösen. Nach jener Naturkatastrophe, gleichgültig welche Ursache sie gehabt haben mag, füllte den Trichter ein See aus, dessen Sedimente den Kratergrund im Laufe der Jahrmillionen zum heutigen Riesboden einebneten. Seinen Abfluß zur Donau sägte der See bei Harburg in den Kraterrand. heute passiert die Wörnitz in malerischen Schlingen diesen Durchlaß unterhalb des hochragenden Burgfelsens von Harburg.

Die Harburg über dem Wörnitzdurchbruch

Ofnethöhle bei Holheim

Wörnitzstein an der Wörnitz

Wemding

Der Lößböden und der klimatischen Vorzüge wegen ist der Rieskessel seit der Jungsteinzeit stets besiedelt gewesen. Altsteinzeitliche Siedlungsspuren fanden sich in den Kalksteinhöhlen des Riesrandes, vornehmlich in den O f n e t h ö h l e n bei Holheim (NSG), um die sich eine reiche Felsenheidevegetation ausbreitet. Hallstattzeitliche Wallanlagen lassen sich auf fast allen Erhebungen feststellen, am eindrucksvollsten ist das Beispiel des Bopfinger Ipf (bereits in Baden-Württ.), dessen geköpfte Pyramide mit ihrem dreifachen Ringwallsystem das Bild des Rieses beherrscht.

In dieser intensiv ausgeprägten Agrarlandschaft sind die Landschaftsschutzgebiete seltener und vor allem auf die Ries-Randhöhen beschränkt. So steht unter den Erhebungen des Riesbodens nur die M a r i e n h ö h e am Galgenberg und der anschließende S t o f f e l s b e r g in Nördlingen unter Landschaftsschutz. Im vorigen Jahrhundert noch kahle Hinrichtungsstätte, ist dieser nun mit vielerlei Baumarten bepflanzte Rücken aus variskischem Granit und tertiärem Molassegestein ein ideales Wanderwäldchen für die Stadtbewohner. In die Südwestflanke des Berges wurde ein modernes Schwimmbad eingebettet.

Die Verschiedenartigkeit der Gesteine am Riesrand, wo neben den stark zertrümmerten Weißjuraschichten auch Süßwasserkalke und Eruptivgesteine (besonders Granit und Traß) vorkommen, ist der Grund für die unterschiedliche Boden- bzw. Pflanzendecke. Die Randhöhen tragen vielerlei Laub- und Nadelwald, wie man ihn z. B. im LSG um die ehem. Karthause C h r i s t g a r t e n findet. Fünf kleine Täler fließen hier zusammen und bilden eine wunderbar geschlossene Idylle, zu der die Gebäude der Karthause, der Hoppelmühle, des Karlshofs und die wuchtige Wand der Burgruine Hochhaus gehören. Auf dem Hochhauser Berg, dem Weiherberg und dem Haarberg gibt es Reste frühgeschichtlicher Verteidigungswälle. Ein dahinplätscherndes Gewässer wie der klare Forellenbach ist eine Seltenheit im Juragebiet.

Natürlich stehen auch die schönsten Laub- und Mischwaldhänge am W ö r - n i t z d u r c h b r u c h unter Landschaftsschutz, so der Büchelberg und Weinberg mit dem Kohlenbachtal und dem wegen seiner botanischen Kostbarkeiten als „Kräuterranken" bekannten Steppenheidehang gegenüber Hoppingen, ferner die Leite am Heckelsberg, der felsige Hang des Schlosses Harburg, der anschließende H ü h n e r b e r g , hinter dem sich ein herrlicher Laubwald um die Waldschenke Eisbrunn erstreckt, und das nahegelegene O b e r e R e i s b a c h - t a l . Leider legt die für die Wirtschaft recht bedeutsame Zementindustrie mit ihren riesigen Steinbrüchen einen immerwährenden grauen Staubschleier über die Wald- und Felsenpracht dieser „Pforte zum Ries".

Bei O e t t i n g e n , wo die Wörnitz zwischen viel sanfteren Hängen in das Ries von Norden her eintritt, wurde ihr idyllisches Wiesental mit dem alten Weidenbestand zum LSG erklärt.

Der gesamte n ö r d l i c h e R i e s r a n d mit seinen Felsen, Hügeln, Heiden, Feldern, Wäldchen und Naturdenkmälern steht ebenfalls unter Landschaftsschutz. Angeschlossen ist der dem Ries vorgelagerte fichtenreiche O e t t i n - g e r F o r s t .

Auch die Ries-Randlandschaft um das Städtchen W e m d i n g mit ihren Wäldern, Wiesen und Weihern (Badeanstalt am Lohweiher) und dem 400jährigen Wildbad Wemding (Schwefel-Stahlbad) hat ihren eigenen Reiz. Im sog. Schwalbenholz haben wir ein schönes Beispiel für die örtlichen Sandüberdeckungen des Rieses, die aus der tertiären Albverwitterung herstammen. Diese Sanddünen tragen eine Sandflora, wie sie sonst erst weiter nördlich im Sandgebiet des

Keuper heimisch ist. Kennzeichnend leuchten dort die gelben Köpfe der wilden Strohblume. Die sandliebende Föhre bildet den Baumbestand.

Der Hesselberg

Geographisch nicht eindeutig zuzuordnen ist der H e s s e l b e r g (LSG), der weit nördlich des Rieses die einstige Ausdehnung des Jura dokumentiert. Dieser klassisch zu nennende Zeugenberg der Weißjurastufe liegt in einem Abstand von 13 km vor der Spitze des Hahnenkammes, eines halbinselartigen Vorsprunges der Fränkischen Alb, und ist fast ganz vom Keuperland umschlossen. Mit anfangs sanften, sich rasch versteilenden Hängen hebt er sich aus dem unteren Schwarzjura über den Braunjura zur Weißjurakalkzone hinauf und erreicht 689 m Höhe. Somit ist es die höchste Erhebung des bayerischen Jurazuges und eine Landmarke ersten Ranges. Ein großer Teil der mittelfränkischen Landschaft ist von oben zu überblicken. Dörfer, Felder, Wälder und Flußläufe des Hesselberglandes breiten sich aus. Im Norden lagert das dunkelgrüne Kiefernpolster der H e i d e eines riesigen Keuperwaldes, im Süden als Pendant dazu der große Oettinger Forst mit seinen Laub- und Mischwaldfarben. Der Hesselberg selbst ist wegen seiner beherrschenden Lage von jeher besiedelt gewesen. Neben Funden aus der Stein- und Bronzezeit gibt es ein großartiges Zeugnis aus der Urnengräberzeit: eine Ringwallanlage, die mit 1850 m Länge die größte des Kontinents ist. Damals muß die Siedlung den Umfang einer Stadt gehabt haben. Aber auch aus späteren Zeiten erhielten sich Spuren, darunter keltische und mittelalterliche Fluchtburgen. Die Römer hatten den Berg wegen seiner phantastischen Aussicht in ihren Limesbereich einbezogen (Kastell bei Dambach). Bis heute blieb der Hesselberg ohne Baumbestockung, weil er stets von Schafen beweidet wurde. Frei und offen liegt seine Oberfläche vor dem Besucher da. Nur die Abhänge tragen Baum- und Heckenzeilen, wie z. B. das Haselnußband unter der Nordkante des Berges. Zum oben erwähnten Jurazug des Hahnenkammes und damit zur Fränkischen Alb stellt der niedere Eiselberg die Verbindung her.

DIE SÜDLICHE FRANKENALB

Dieser parallel zur Donau verlaufende Zug des Juragebirges gehört von Beilngries an zur Oberpfalz und kurz vor Kelheim liegt er auch noch auf niederbayerischem Boden. Geläufig ist die Bezeichnung „Altmühlalb", weil dieser Fluß sich von Treuchtlingen an wie eine Leitlinie in die Juralandschaft eingegraben hat. Seit 1969 arbeitet man an der Einrichtung des „N a t u r p a r k s A l t m ü h l t a l (Südliche Frankenalb)", der sich über den größten und schönsten Teil dieses Landes erstreckt. Mit einer Gesamtfläche von ca. 3200 qkm, einer Länge von etwa 90 km und einer durchschnittlichen Breite von 36 km wird es Deutschlands bisher größter Naturpark sein. Der Name Altmühlalb schließt aber manche Landschaften nicht ein, die wegen ihrer Bedeutung eigene Bezeichnungen tragen, wie z. B. der Hahnenkamm, die Weißenburger Alb oder die Monheimer Alb.

(Dazu Kartenseiten 23–26, 31–33)

243

Spielberg

Der Weißjura-Zug des H a h n e n k a m m e s setzt mit dem markanten Schloßberg von Spielberg ein. Bei Spielberg entspringt die flinke Rohrach. Sie schnitt
sich einen Weg in die Juraschichten und schuf zwischen Hechlingen und Ursheim einen üppigen Wiesengrund, den steile bewaldete Hänge säumen. Merkwürdige Felsbildungen wie die „Blutrinne" und unterirdische Höhlen wie der
„Hohle Stein" wecken unser Interesse.

Als hervorragender Punkt gegen die Dogger-Stufe fällt die „G e l b e   B ü r g"
auf, eine in sich geschlossene, kahle Malmkuppe (628 m), die wie der Hesselberg
vor- und frühgeschichtliche Fliehburgen trug. Auch von hier hat man eine hinreißende Rundsicht über den Gunzenhauser Gau. Im Hangwald des Hahnenkamms bei Wolfsbronn entspringt ein munteres Wasser, das sich von der Quelle
an aus eigener Kraft eine der seltenen „S t e i n e r n e n   R i n n e n" (NSG)
gebaut hat. Auf etwa 50 cm hohem Sockel verläuft eine Steinrinne aus abgelagertem Kalktuff, durch die das frische Bächlein plätschernd dahinstürzt. Über kleine
Wasserfälle sprudelt es etwa 100 m weit weißleuchtend in der moosbewachsenen
Rinne dahin, um dann in ein breiteres Bachbett überzugehen. Buchen, Eschen und
Fichten beschatten das kleine Naturschauspiel.

Die weitwellige Landschaft zwischen Rieskessel und Altmühltal besitzt interessante Naturgebiete mit dem dichtbewaldeten U h l b e r g , den ausgewählten Strecken des M ö h r e n b a c h t a l e s , mit den von schönen Einzelbäumen durchsetzten Wiesenhängen am Schmalzgraben und Brüllgraben, mit Teilen
des U s s e l t a l e s , wo der Bach in lustigem Mäander dahinzieht, mit der
Stauweiher- und Gartenlandschaft bei K a i s h e i m und mit den D o n a u
h ä n g e n zwischen Zirgesheim und Schloß Leitheim. Hier fällt besonders der
Abwechslungsreichtum der Uferlandschaft ins Auge. Unterhalb des romanischen
Kirchleins von Schäfstall und dem hochthronenden Schlößchen von L e i t h e i m
breiten sich grüne Hänge, Obstterrassen, Wäldchen und Altwässer aus. Der anschließende S c h l o ß b e r g bei Marxheim mit seiner Ruine ist Naturdenkmal. Er bietet einen schönen Blick auf das Mündungsgebiet des Lechs in die
Donau.

Der für die Talgeschichte der Alb so bedeutsame Donaudurchbruch von Stepperg ist sowohl landschaftlich wie botanisch gleichermaßen beachtenswert. Die hier
über die Donau reichende Albtafel trägt die jüngsten Juraablagerungen überhaupt,
weil sie mit rd. 470 m das niedrigste Albniveau hat und daher am wenigsten abgetragen wurde. Dazu gehört auch das in vielen Gruben gewonnene Neuburger
Kieselweiß. Die Donauhänge haben Albcharakter, der am sog. F i n k e n s t e i n

244

(NSG) zwischen Neuburg a. d. D. und Stepperg am schönsten ausgeprägt ist. Die Kalkwände eines Juravorsprungs fallen hier unmittelbar zur Talsohle der Donau ab. Die verbleibenden Flächen tragen eine so reiche und vielfältige S t e p - p e n h e i d e v e g e t a t i o n , wie sie erst wieder weiter donauabwärts in der Weltenburger Enge anzutreffen ist. Da findet man im Frühling den Miniaturstrauch der Steinmispel, die kleinen Ähren des Blaugrases, das Baierische Leinblatt, die Zypressenwolfsmilch, den Hufeisenklee, die Bergkronwicke, den Schwarzen Geißklee, den ausdauernden Lattich und die seegrünen Blätter der Kleinblättrigen Wiesenraute. Das seltene Federgras aus den Steppen Südosteuropas läßt an seinen langen Grannen die seidigen Haare wehen. Im Sommer drängen die Ästige Graslilie und die Bergdistel hervor, gefolgt von Schwalbenwurz, Rindsauge, Blutrotem Storchschnabel, Weißem und Scharfem Mauerpfeffer, den Polstern des Berggamanders, den lila Blütenknäueln des Felsenlauches, den Doldenschirmen des Hirschhaarstranges und des Breitblättrigen Laserkrautes.

Wo an wenigen steilen Stellen Bäume Wurzel fassen konnten, herrschen Rotbuche und Sommereiche vor, aber auch Föhre, Feldahorn, Mehlbeere und Wacholder, ferner Kornelkirsche, Kreuzdorn, Haselstrauch, Berberitze, Liguster und Wolliger Schneeball finden hierher. Auf den tiefgründigeren Böden des Hangfußes gedeihen Hainbuche, Bergahorn, Sommerlinde und Esche. Es ist die Vegetation des S t e p p e n h e i d e w a l d e s , die durch diese Mischung bereits angezeigt ist. Den lichten Waldboden überziehen im Frühjahr Leberblümchen, Buschwindröschen, echte Schlüsselblumen, Frühlingsplatterbsen und Maiglöckchen. Türkenbund und Immenblatt kommen vor, an wenigen Stellen auch der Diptam. Vielerorts erscheint der Purpurblaue Steinsame, der Pippaublättrige Schöterich, das Salomonssiegel und das Nickende Leimkraut. Von den geschützten Knabenkrautgewächsen kann man das Weiße und das Rote Waldvögelein, die Zweiblättrige Kuckucksblume und die Schwarzrote Sumpfwurz finden. Weitere Zierden des Waldbodens sind die Pfirsichblättrige Glockenblume, die Ebensträußige Wucherblume, die Bunte Kronwicke, die Schwarze Platterbse, der Purpurrote Klee, der Wald- und der Wundklee, der blaue Wiesensalbei, der gelbweiße Aufrechte Ziest und gegen Ende des Blumenjahres die Bergaster und der Gefranste Enzian. Alles in allem ein Blütenparadies für den Kundigen und ein erhaltenswertes Naturschutzgebiet ersten Ranges.

Auf einem Sporn der Albtafel südlich der Donau thront das Schloß Neuburg a. d. D. Die schönsten Grünflächen wie der dichtbelaubte S c h l o ß b e r g , die sog. H o h e S c h a n z , der W a c h o l d e r h a n g entlang dem Saliterweg und der buschreiche U f e r s t r e i f e n nördlich der Donau stehen unter Landschaftsschutz.

Die Weißenburger Alb

Als eigener Bereich der Südlichen Frankenalb stellt sich die sog. Weißenburger Alb dar. Zwar gleichen ihre Züge dem allgemeinen Albcharakter, doch ist die Landschaft sehr stark auf den Albabfall, auf die Öffnung zum Albvorland und zur Keuperniederung ausgerichtet.

Die Albstirn gibt der Stadt Weißenburg den Rahmen: der R o h r b e r g (LSG) mit dem Bismarck-Turm, der W ü l z b u r g e r B e r g (LSG) mit seiner frühbarocken Festung und die L u d w i g s h ö h e (LSG) mit dem Bergwald-Theater (Naturbühne in ehem. Steinbruch) im großen „Weißenburger Wald". Natürliche Buschzeilen, riesige Laubbäume und Alleen geben dem Alb-

Bismarck-Turm über Weißenburg

245

*An der Stadtmauer
in Weißenburg*

Im Hörleinsgraben

*Steinerne Rinne
bei Rohrbach*

hang hier ein heiter-festliches Aussehen, zu dem Wirtshäuser und Bierkeller entscheidend beitragen.

Die dahinter sich ausbreitende Hochfläche der Weißenburger Alb ist bedeckt vom Grünteppich des Weißenburger Waldes, des Schernfelder und des Raitenbucher Forstes. Eine größere Anzahl weit verstreuter Dolinen (z. B. bei dem sog. Göhrener Steinbrunnen) und die Einsturzhöhle „Hohloch" geben Zeugnis von der Juraverkarstung.

Bedeutsam wie überall in der Alb sind die Talbildungen: das bäuerlich-idyllische F e l c h b a c h t a l, der O t t m a r s f e l d e r G r a b e n (LSG), das schluchtartig bis zum Burgsandstein eingeschnittene A r b a c h t a l (LSG) mit dem „Teufelsbackofen" (backofenförmige Felsnische) und der Felsenklamm im Rhätsandstein, ferner das waldreiche I g l s e e b a c h t a l (LSG), dessen Zugang die stolze Burg Sandsee bewacht, der H ö r l e i n s g r a b e n (LSG) mit dem Bilderbuchmotiv des Hörlbacher Kirchleins und seinen Riesenlinden, sowie das breite Tal der S c h w ä b i s c h e n R e z a t (LSG), der all diese Bäche zueilen. Die Rezat zieht durch eine Wiesen- und Weidenlandschaft mit Kopfweiden, Pappeln und Linden, vorbei am machtvollen Deutschordensschloß Ellingen und vielen alten Mühlen aus dem Albland hinaus in die sandige Keuper-Niederung. Bei Pleinfeld wird der ausgewaschene, gelbrote Quarzsand gewonnen. Er dient der Bauindustrie als wichtiger Rohstoff. Daneben sind die charakteristischen Trockentäler zu nennen, wie das von Oberhochstatt herabkommende L a u b e n - t a l (LSG), das in weitem Bogen den Weißenburger Stadtwald umzieht, sowie das H e u b e r g e r T a l. Beide münden in das Schambachtal.

Einige botanische Sonderfleckchen am Steilabfall des Weißjura stehen bei Höttingen, Geyern und Ettenstatt unter Landschaftsschutz. Das letztere ist der berühmte „Märchenwald", dessen Märzenbecherwiese im Vorfrühling die Spaziergänger entzückt.

Ein naturhistorisches Kuriosum ersten Ranges ist die „S t e i n e r n e R i n n e" bei Rohrbach. Auf der Höhe eines etwa 70 cm hohen und 100 m langen Walles aus Kalktuff läuft in einer spannenbreiten Rinne ein schnelles, kühles Miniaturbächlein, das im Laufe von Jahrhunderten diesen Damm selbst aus Tuff aufgebaut hat (Tuff scheidet unter Mitwirkung von Moosen aus dem stark kalkhaltigen Wasser aus). Leider zerstören immer wieder unverständige Besucher die Rinnenwandung, wodurch das Wasser ausbricht und die Rinne verläßt. Nur mit großer Sorgfalt können solch böswillige Schäden behoben werden.

Westlich des Rezattales, das als bedeutender Einschnitt in den Jura bis Treuchtlingen hin eine vielgenutzte Verkehrsader ist, erstreckt sich bis zur Altmühl ein fruchtbares Lias-Dreieck, aus dem als Zeugenberge der Doggerstufe die bewaldeten Kuppen des Trommetsheimer- und des F l ü g l i n g e r B e r g e s (LSG; Reste zweier mittelalterl. Burgen) aufsteigen. Als Beispiele für die Auwäldchen der Altmühlniederung sind zwei Gehölzpartien bei W a c h e n h o f e n unter Landschaftsschutz gestellt. Parkartige Weite und prachtvolle Baumgestalten zeichnen die schöne Umgebung von D o r s b r u n n aus, die ebenfalls unter Landschaftsschutz steht.

Der römische L i m e s und eine dazu parallel geführte Römerstraße queren die Weißenburger Alb auf dem Abschnitt von Kipfenberg nach Gunzenhausen und zum Hesselberg. Sie machen sich auch im Landschaftsbild bemerkbar. Die zu einem niedrigen Wall zusammengefallene Limesmauer trägt auf weiten Strecken schönen Baum- und Buschbestand und steht deshalb unter Landschaftsschutz. In Weißenburg selbst sind die Grundmauern des für 1000 Mann berechneten Römerkastells Biricianis freigelegt und mit Geschick für den Spaziergänger zu einer Art Park gemacht worden.

Das Mörnsheimer Tal

Die Altmühlalb

Das landschaftliche Kernstück der Südlichen Frankenalb aber ist das Altmühltal, dessen weiterer Bereich gern als Altmühlalb bezeichnet wird. Es ist das längste, breiteste und machtvollste aller Juratäler und mit aller Art von Naturschönheiten gesegnet. Was Wunder, daß es vom Eintritt in den Jura bei Treuchtlingen an bis zur Mündung bei Kelheim unter Landschaftsschutz steht und die Achse des neuen Naturparks „Altmühltal" bildet.

Schon die Treuchtlinger Bucht mit ihren sieben Talmündungen ist höchst ungewöhnlich. Die wechselnden Flußverhältnisse ließen gleich drei Umlaufberge entstehen: den waldbedeckten, aussichtsreichen N a g e l b e r g (LSG; Kriegsgräberstätte am Westhang), den G a b l i n g b e r g (LSG; Burgstall) und den W e i t s t e i n (LSG). Der Nagelberg markiert die Wasserscheide zwischen Schwäbischer Rezat und Altmühl; zu seinen Füßen verläuft der sog. Karlsgraben (s. S. 239). An seiner Südseite hat sich im S c h a m b a c h r i e d (NSG) ein Kalkflachmoor mit seltener Flora erhalten. Hier brüten mehrere Enten- und Sumpfvogelarten.

Die Berghänge und Waldberge um das Treuchtlinger Becken schließen mit ihren Buschreihen, Keltenschanzen und Burgställen den grünen Rahmen um das Gesamtbild. Von den Talmündungen stehen das schmale H e u m ö - d e r n t a l , das abwechslungsreiche, vom frischen Bach durchflossene M ö h - r e n b a c h t a l mit dem gelben Schloß von Möhren, das H u n g e r b a c h - t a l mit seinem zeitweilig versiegenden Hungerbrunnen, die breite Waldpforte des Altmühltales in Richtung Pappenheim und das S c h a m b a c h t a l unter Landschaftsschutz. Das letztere ist wegen seiner wasserreichen Karstquellen bekannt, die periodisch nach der Schneeschmelze tätig werden. Die Schambachquelle selbst tritt in Suffersheim mit klarem Wasser als kräftiger Bach zutage. Zur Alblandschaft gehört auch das Bild weißleuchtender Steinbrüche. Hier um Treuchtlingen wird der sog. Treuchtlinger Marmor gebrochen, dessen 40 bis

Suffersheim im Schambachtal

247

Versteinerte Tiere aus
dem Plattenkalk in Solnhofen

135 cm starken Bänke zu polierten Platten verarbeitet werden. Der Name Marmor bezieht sich nur auf die Polierfähigkeit des Steines, denn es ist kein kristallisierter Kalkstein wie der echte Marmor. Die Platten finden als Treppenstufen, Bodenbeläge und Wandverkleidungen (z. B. am Bundeshaus in Bonn) Verwendung.

Wenn wir uns nun dem Altmühltal selbst zuwenden, so sind hier anschließend gleich die berühmten Steinbrüche von S o l n h o f e n zu nennen. Sie liefern den waagrecht geschichteten „Plattenkalk", der über 150 Jahre lang die Grundlage des Flachdruckverfahrens (L i t h o g r a p h i e) darstellte. Nur in Solnhofen gibt es einen so reinen, glattgelagerten und gleichmäßig harten Kalkstein auf der Erde, wie er für die 1796 von Aloys Senefelder erfundene Drucktechnik notwendig war. Das Verfahren ist sehr einfach. Man zeichnet mit fetter Kreide oder Tusche auf die geschliffenen und präparierten Steinplatten. Da nur die bezeichneten Stellen die darübergerollte Farbe annehmen, erhält man einen einwandfreien, seitenverkehrten Abdruck in beliebiger Auflagenhöhe. Für die Verbreitung der bildenden Kunst und der bildhaften Information im 19. und 20. Jh. war die Erfindung von ausschlaggebender Bedeutung.

Der Lithographiestein wird aus den sog. Flinzen gewonnen, das sind 2−25 cm dicke Schichten, die zu 98% aus kohlensaurem Kalk bestehen und ein äußerst feines Korn aufweisen. Sie sind durch sog. Fäulen getrennt, tonhaltige Zwischenschichten, durch die sich die Platten leicht voneinander lösen lassen. Eine ältere, bis heute in der Alb sichtbare Verwendung fanden die Platten als Dachbedeckung des flachen Albhauses. Doch immer seltener werden die moosbewachsenen Legschiefer-Dächer, wo bis zu 10 aufeinanderliegende 1 cm starke Platten vor Regen und Wind schützen.

Aber noch auf eine ganz andere Tatsache gründet sich der weltweite Ruhm der Kalkschiefer von Solnhofen: Es finden sich darin V e r s t e i n e r u n g e n von Tieren und Pflanzen der Jurazeit in so großer Zahl und in so vorzüglichem Erhaltungszustand, daß Stücke von hier in alle naturkundlichen Museen der Erde gewandert sind. Man konnte bis jetzt fast 600 verschiedene Tierarten feststellen, voran Weichtiere (Tintenfische wie Ammoniten und Belemniten), Muscheln, Insekten sowie Fische, Krebse, Echsen und − was am meisten Aufsehen erregte − die Urform des Vogels (Archaeopterix). Drei Petrefakten des Urvogels sind bisher gefunden worden. Das erste kam für 12 000 Goldmark in das Britische Museum nach London, das zweite für 20 000 Goldmark an das Museum für Naturkunde in Berlin, das dritte ist in Privatbesitz. An Fossilien niederer Tiere aber herrscht kein Mangel und jeder Interessierte kann mit ein wenig Suchen gute Ausbeute an Ammoniten nach Hause tragen (Petrefakten-Museen im Rathaus von Solnhofen, auf dem Maxberg bei Solnhofen und auf der Willibaldsburg in Eichstätt). Die S t e i n b r u c h l a n d s c h a f t von Solnhofen und Mörnsheim bildet mit

Die Altmühlschleife in Eichstätt mit der Willibaldsburg

ihren gelbleuchtenden, stufig gegliederten Brüchen und den steilen Kegeln der Abfallhalden einen so starken Kontrast zu den romantischen Nachbartälern, daß sie auch für den Nichtgeologen bereits wieder von großem Reiz sein kann, besonders wenn die aufgelassenen Brüche von der Vegetation wiedererobert wurden.

Die landschaftlichen Schönheiten des Altmühltales und seiner Nebentäler entsprechen in Variationen den eingangs beschriebenen allgemeinen Charakterzügen der Albtäler und deshalb wollen wir zunächst nur einige Punkte nennen, die unverwechselbar sind. So z. B. den vom Fluß umschlungenen Bergsporn von P a p - p e n h e i m , wo Ruine und Burg über das Städtchen aufragen, ferner den Albsporn von E i c h s t ä t t , auf dem die Willibaldsburg thront, sowie den bereits von der Altmühl abgesägten Sporn von D o l l n s t e i n , wo mitten im Ort der einstige Umlauffels aufragt. Interessante Umlaufberge gibt es auch im unteren Altmühltal bei der „Siebentälerstadt" D i e t f u r t . Durch den Arzberg und den Wolfsberg schafft das Altmühltal allein vier Öffnungen für den Dietfurter Talkessel. Die drei weiteren sind die der Weißen Laber, der Breitenbrunner Laber und des Mallerstettener Trockentales (an seinem Ausgang modernes Schwimmbad).

Im Garten der Sommerresidenz zu Eichstätt

Die meisten der markanten F e l s p a r t i e n sind als Naturdenkmale hervorgehoben: so der „Höllerstein" unterhalb von Pappenheim, die Solahöhle bei Solnhofen, die „E ß l i n g e r F e l s e n " (im Volksmund „Zwölf Apostel" genannt), die gegenüberliegende „Teufelskanzel", die „Amselleite", der „Burgsteinfelsen" und der „Maderfelsen" bei Dollnstein; ferner die Felsstotzen und die zwei Höhlen am blumenreichen S c h w e r t s c h l a g e r s t e i g bei Eichstätt, die machtvollen Burgfelsen und Dolomitstotzen von Arnsberg und Kipfenberg, das „Felsentor" bei Unteremmendorf zwischen Kinding und Beilngries, die Felsenstirn bei Mühlbach, der Ruinenfelsen „Flügelsberg" über Meihern, Schloß Eggersberg und sein „Kachelfelsen" sowie „Felsenhain", „Falkenhorst" und „Kanzel" bei Gundelfingen, der „Teufelsfelsen" bei Jachenhausen und der „Jägerfelsen". Dann folgt Riedenburg mit seinen drei Burgbergen „Tachenstein", „Rosenburg" und „Rabenstein".

Wenig flußabwärts ragt als Wahrzeichen des Altmühltales B u r g P r u n n auf. 70 Meter hoch tragen weißgraue Felsen die spitzgiebeligen Burggebäude. Im Zusammenklang von trutziger Burg, spitzen Felsenzacken, frischem Laubgrün, ernstem Nadelgrün, einzelnen Heckenzeilen, enggedrängten Dörflein und behäbigem Fluß spiegelt sich symbolhaft der Charakter aller Juratäler wieder. Beide Talwände stehen unter Naturschutz. Der gegenüberliegende Hang der Buchleite mit den Felsen der K l a m m und die Partie der K a s t l h ä n g e mit einer Steinzeithöhle sind beliebtes Ausflugsziel. Weitere frühgeschichtliche Behausungen stellen die K l a u s e n n i s c h e n bei Neuessing dar, wo auf zerklüfteter Felswand der runde Bergfried von Randeck thront.

Burg Prunn

Die weitaus bedeutendste Höhle der Altmühlalb aber ist das G r o ß e S c h u l e r l o c h (NSG). Die Wasserwirbel der Urdonau haben mit strudelnder Kraft diese 300 m weit in den Fels hineinreichenden Gänge und Raumdome ausgespült. Massige Tropfsteingebilde und kurze, spitze Stalaktiten geben ihr ein völlig anderes Aussehen, als wir es von den Höhlen der Fränkischen Schweiz gewohnt sind. Statt der Stalagmiten finden sich hier selbstwachsende Kalksinterschüsseln, die das Tropfwasser auffangen. „Bergmilch", bröselig verdunsteter Kalk, bedeckt die Wände. Dieser „Tempel der Natur" (wie die Überschrift eingangs lautet) war seit der Altsteinzeit bewohnt. Grabungen haben neben Tausenden von

Im Großen Schulerloch

Tierzeichnung der
Altsteinzeit aus dem
Kleinen Schulerloch

Gungoldinger
Wacholderheide

Steinwerkzeugen und Tierknochen auch Scherbenfunde aus der Bronzezeit und Hinweise auf keltische Höhlenbenutzer erbracht. In dem benachbarten K l e i - n e n S c h u l e r l o c h wurden sogar germanische Runenzeichen und Tierbilder neben eingeritzten Bildern aus dem späten Magdalénien gefunden.

Von den Sonderwerten der Vegetation sind in der Altmühlalb folgende Steppen- und Felsenheiden hervorzuheben: die Hänge bei Obereichstätt, der sog. S c h w e r t s c h l a g e r s t e i g bei Eichstätt, der Steppenheidewald bei Isen- brunn gegenüber Pfalzpaint, das NSG der G u n g o l d i n g e r W a c h o l - d e r h e i d e (schönstes Heidegebiet der Südlichen Frankenalb und ältestes NSG Mittelfrankens), ferner eine dem Bund Naturschutz gehörende Wacholderheide unter der Felsen- und Höhlenwand bei A r n s b e r g , der M i c h e l s b e r g bei Kipfenberg (vorgesch. Befestigungen), weiterhin im unteren Altmühltal die NSG an der K l a m m und um das S c h u l e r l o c h sowie die sog. B r a n d auf der Nordseite des Talausganges bei Kelheim, wo über der Süd- seite als Angelpunkt zum Donautal die Befreiungshalle aufragt.

Dieser Sporn zwischen den Flüssen heißt M i c h e l s b e r g . Er war vor- und frühgeschichtliches Siedlungsgebiet und trug zur Keltenzeit eine befestigte Stadt. Der sog. Keltenwall ist rd. 3 km westlich der Befreiungshalle noch gut zu ver- folgen. Zahllose Erdlöcher innerhalb des Walles deuten darauf hin, daß die kelti- schen Siedler nach dem wenig ergiebigen Eisenerz gruben und sicher schon Ver- hüttungsvorrichtungen kannten. Heute deckt der große H i e n h e i m e r F o r s t den Hügelrücken zwischen den Flüssen bis zum Schambachtal hin mit dichtem Mischwald, wobei Laubbäume überwiegen. Eine kleine Parzelle mit riesigen Eichen, Buchen und Fichten wurde zum Naturschutzgebiet L u d - w i g s h a i n erklärt. Es ist 1906 nach dem Prinzen und späteren König Lud- wig III. benannt worden. Hier stehen die letzten Alt-Eichen des Forstes mit einem Alter von etwa 400 Jahren. Sie sind bis zu 20 m Höhe astrein, die stärkste mißt 4,5 m im Umfang. Die Eichen des Hienheimer Forstes hatten einen guten Ruf. Das Chorgestühl des Kölner Domes z. B. ist aus dem hier gewachsenen Eichen- holz geschnitzt worden. Spiegelbildlich zum Hienheimer Forst liegen auf der anderen Seite des Altmühltales der P a i n t e n e r F o r s t und der Frauen- forst. Dieser riesige Wald nördlich von Kelheim ist wegen zahlreicher Dolinen- löcher, vorgeschichtlicher Grabhügel und Erzschürfstellen bemerkenswert. In der Abteilung Bärental des Walddistriktes Ihrlerstein liegt die sog. K u h t r ä n k e , ein stimmungsvoller Waldweiher mit schönen Beständen der Weißen Seerose — eine Kuriosität inmitten eines wasserlosen Juraforstes.

Freudig begrüßte Naturerscheinungen sind die starken Karstquellen und Quell- töpfe der Albtäler. An der Altmühl finden wir als Naturdenkmale den E d e l - b a c h im Bereich der Abtei St. Walburg in Eichstätt, der alljährlich zur Zeit der Schneeschmelze in einem zischenden Wasserfall 10 m tief aus einer Felsspalte stürzt, ferner die starke Quelle am K a p e l l e n b u c k in Eichstätt, die 5 Karstquellen bei der A l m o s m ü h l e gegenüber Pfünz und der G r ü n t o p f bei Grösdorf (unterhalb Kipfenberg).

Die Altmühl wird gern die „Königin der Südlichen Frankenalb" genannt, und sie ist nicht allein. Rechts und links strömt ihr ein stattliches Gefolge von Ne- benflüssen, Bächen und auch Trockentälern zu. Es sind darunter einsame Wald- schluchten, idyllische Wiesentäler, breite dorfreiche Talgründe und Tallandschaf- ten, die streckenweise mit dem Altmühltal konkurrieren können. Da mündet zwi- schen Solnhofen und Dollnstein das Tal des M ö r n s h e i m e r B a c h e s , das einen zweiten Zugang zur Solnhofener Steinbruchlandschaft öffnet. Es verzweigt sich hinter Mühlheim (ergiebige Karstquelle) in das trockene Schrandltal, das Ehbrusttal und das von Monheim herkommende Gailachtal — einsame Wiesen- und Waldtäler von großem Reiz. Vom W e l l h e i m e r T r o c k e n t a l war schon im Zusammenhang mit der Ur-Donau die Rede. Es sei noch auf einige Punkte darin hingewiesen. Bei Konstein recken sich die vielbesuchten Kletterwände der D o h l e n f e l s e n hoch. Mit dem Galgenberg zwischen Konstein und Wellheim hat die Ur-Donau einen klassischen Umlaufberg gestaltet. Er kann von der auf Felsengruppen hochgetürmten Wellheimer Burgruine aus gut studiert werden. Eine andere Felspartie bei Mauern ist wegen der „W e i n b e r g h ö h l e n" sehenswert. Hier sind in letzter Zeit reiche prähistorische Funde gemacht worden. Von den Nebentälern des Wellheimer Trockentales stehen das idyllische S p i n d e l t a l mit seiner Kirchenruine und den schönen Wacholderweiden am Kapellberg sowie das schon erwähnte S c h u t t e r t a l , dessen für die Donau berechnete Breite nun von feuchten Wiesen und Entwässerungsgräben durchzogen ist, unter Landschaftsschutz. Eine Partie bei Wolkertshofen mit seltenen Sumpfpflanzen gehört dem Bund Naturschutz. Über das Vogelschutzgehölz im Schuttermoos s. S. 166.

Kerntal bei Erlingshofen

Im Altmühltal folgen unterhalb Dollnstein stille, waldreiche Trockentäler wie das K i n d e r t a l bei Wasserzell, die Täler im Pfünzer Forst und das Affenthal. Bei Arnsberg mündet das kleine S c h a m b a c h t a l , das eine freundliche Kirche, Felszinnen und im abzweigenden Hirtetal prähistorische Höhlen mit ergiebigen Funden aufzuweisen hat. B i r k t a l und W a s s e r t a l münden bei Kipfenberg.
Zu den schönsten Albtälern zählt das der A n l a u t e r , die gemeinsam mit der Schwarzach bei Kinding in die Altmühl fließt. Schon am Eingang des Tales, in Enkering, überrascht uns der Reichtum an Wasser, das dort über zahlreiche Schleusen perlt. Das Anlautertal wirkt deshalb lebendiger, frischer und intimer als das breite Altmühltal. Es hat viele Nebentäler von glückhafter Geschlossenheit (z. B. Kerntal bei Erlingshofen). Das bis zum Albabfall bei Geyern hinaufreichende Tal gehört mit seinem Oberlauf bereits zur Weißenburger Alb. Burgen (Syburg), Burgruinen (Bechthal, Brunneck, Rundeck) und Kirchen (z. B. Schafhausen) wachen über den vielkurvigen Lauf der Anlauter.
Bei der breitgelagerten Kreisstadt Beilngries öffnet sich das weite S u l z t a l (LSG), das seit je eine wichtige Verkehrsader war. An dem schön ummauerten Städtchen Berching, am romanischen Kloster Plankstetten und am Schloß Hirschberg vorbei ziehen Straße, Eisenbahnlinie sowie der stillgelegte Ludwigs-Kanal von Neumarkt nach Beilngries. Man überblickt den Talkessel von der sog. Wotansburg, vom Schloß Hirschberg und vom Arzberg aus.

Schafhausen im Anlautertal

Ländliche Ursprünglichkeit zeichnet das Tal der W e i ß e n L a b e r aus, das mit wasserreichen Quellen im idyllischen V o g g e n t h a l (LSG) bei Neumarkt seinen Anfang nimmt und bei der Siebentälerstadt Dietfurt mündet. Der natürliche Lauf des forellenreichen Flüßchens ist mit seinen zahllosen Windungen noch gut erhalten. Fauna und Flora der Heide- und Waldhänge sind weitgehend unberührt. Floristisch interessant ist besonders der bei Hermannsberg aufsteigende P e t e r s b e r g (572 m) mit Kalk-Magerrasen-Vegetation und seltenen Orchideenarten.
Ähnlich das Tal der B r e i t e n b r u n n e r L a b e r , wo zu Füßen des Wildensteins (Schloß) im Anblick des Dietfurter Herrenwaldes die Kapelle St. Bartlmä in grünen Wiesen liegt und östlich von Breitenbrunn die Kirche St. Sebastian den Wanderer grüßt.

253

Riedenburg

Schambachtal
bei Riedenburg

Föhren im Hallerschlag

Hinter Dietfurt kommt von Süden der Altmühlmünsterer Grund ins Altmühltal. Die Kalkverwitterungsböden tragen hier ein schönes Waldkleid. Kurz dahinter zeigt sich der steil zum Eggersberg ansteigende Einschnitt des Schelmentales, an dessen Eingang der „Kachelfels" mit seiner seltenen Flora aufragt (Eibe, Kornelkirsche, Enzian, Teufelskralle, Türkenbund).

Danach folgt Riedenburg in seiner, von landschaftlichem Glanz begnadeten Lage. Hier beginnt das 16 km lange Schambachtal mit allen Zügen, die ein Juratal charakterisieren. Auf den steil ansteigenden Hängen wechseln Mischwald mit Wacholderbeständen (z. B. im „Schindergrund" bei Hexenagger), Steppenheiden und Felsformen (z. B. „Kreuzfelsen" am Eingang, „Felsenkanzel", „Schwammerl", „Rexfelsen" bei Altmannstein). 10 Mühlen treibt der Schambach allein in seinem Oberlauf.

Unterhalb Riedenburgs sind noch der Emmerthaler Grund und das Galgental erwähnenswert. Im letzteren ragen steile Felsen über dem Schluchtwald auf. Hohe Fichten und bemooster Grund geben dem Bild seinen Rahmen.

Auf der flachen Tafel des Jura, die sich südlich der Altmühl und ihrer Nebentäler zur Donau hin neigt, herrschen die großen Forste vor, wie z. B. der Köschinger Forst (großes Wildgatter des Wittelsbacher Ausgleichsfonds bei Stammham mit Wildschweinen, Mufflons und Damwild) oder der Hienheimer Forst. Erst in Donaunähe nehmen die Felder überhand. Reizvoll ist diese letzte ausstreichende Waldstufe östlich und westlich von Kösching. Hier wurden bei Kasing der Nesselberg und der sog. Kalkofen, bei Wettstetten der Reisberg, der Steinberg, der Geisberg und der sog. Hallerschlag unter Landschaftsschutz gestellt. Allen gemeinsam ist die aussichtsreiche Randlage zur Ingolstädter Donauebene hin und die Bestockung mit Jungwald und alten Stammföhren, die im Hallerschlag und am Reisberg höchst originelle, wettergezauste Formen aufweisen.

Nördlich des Köschinger Forstes sind einige Hudebuchen-Bestände unter

254

Schutz gestellt: A m G ' s t ö c k e t , am F u c h s b i c h l , das Waldgebiet bei Dörndorf sowie die weiter entfernte Fläche bei Schernfeld. Ein Miniatur-Landschaftsgarten öffnet sich uns im aufgelassenen D e m l i n g e r S t e i n b r u c h (ND) 10 km östl. von Ingolstadt. Völlig überraschend stößt man in der letzten, gegen die Donauniederung vorgeschobenen Höhenwelle des Jura auf einen etwa 50 m tiefen, 300 m langen und 200 m breiten Kessel, der mit seinen Felsabstürzen wie ein Vulkankrater anmutet. Jedoch ist er nicht tot und düster. Dichte Juravegetation überwuchert seinen Boden und seine Ränder. In ausgeglichener Verteilung wachsen Föhren, Fichten, Lärchen, Buchen, Birken und Haselnußstauden am Grunde. Steppenheidepflanzen überziehen die Steine und setzen ihre Farbakzente zwischen die gelb- und grauverwitterten Felswände. Dichter Wald umgibt den Krater und hilft, die märchenhafte Stimmung dieses Platzes zu hüten. In das Blätterrauschen mischt sich allein das Konzert der Vögel und das Zirpen der Grillen. Der riesenhafte Steinbruch war 1539 anläßlich der Errichtung der Festung Ingolstadt angelegt worden und lieferte die Hauptmasse des Baumaterials. Nach 260 Jahren wurde die Festung auf Napoleons Befehl geschleift. 1827 ließ König Ludwig I. den Festungsbau erneut in Angriff nehmen. Wieder erwies sich der kristalline Kalkstein des Demlinger Steinbruchs als der härteste und so holte man bis zum Jahr 1850 Felsblöcke aus der nun „Königsbruch" genannten Grube. Danach blieb der Ort sich selbst überlassen und konnte zu dem Naturparadies verwildern, das wir heute vor uns sehen.

Kipfenberg

255

DIE OBERPFÄLZER ALB

(Dazu Kartenseiten 19, 20, 25–27)

Der oberpfälzische Anteil am Albgebirge ist größer als man gemeinhin mit der Vorstellung „Oberpfälzer Alb" oder „Oberpfälzer Jura" verbindet. Dazu gehört vornehmlich das Altmühltal bei Dietfurt, die Reihe der Zeugenberge westlich der Linie Berching-Neumarkt, aber auch bevorzugte Teile der Hersbrucker Schweiz („Schwarzer Brand", Oberes Pegnitztal).

Der Begriff Oberpfälzer Alb deckt sich in erster Linie mit den Flußlandschaften der Sulz, der Weißen Laber, der Schwarzen Laber, der Naab und der Lauterach sowie mit den Jurabergen um Neumarkt, Amberg und Sulzbach-Rosenberg. Sie stehen sämtlich unter Landschaftsschutz und zeigen alle charakteristischen Züge des Jura. Reizvollen, abwechslungsreichen Tälern stehen karge Wald- bzw. Ackerbau-Hochflächen gegenüber. Hinzu kommen kleine bewaldete Einzelkuppen nördlich von Parsberg. Täler wie Höhen sind unverdientermaßen wenig bekannt und so auch dankenswerterweise unberührt, einsam und still.

Der wichtigste Zugang in die Oberpfälzer Albtäler liegt bei Regensburg. Hier münden Naab und Schwarze Laber. Ihre Talhänge gehören mit den Talflanken der Donau zu den botanischen Höhepunkten der Alb. Als Naturschutzgebiet sind besonders strengem Schutz unterworfen die Mattinger Hänge und der Max-Schultze-Steig an der Donau (s. S. 170) sowie das Gebiet am D r a b a - f e l s im Naabtal. Es sind Reservate der berühmten „Regensburger Juraflora". Der Drabafels gilt als östlichster Standort des Immergrünen Felsenblümchens (Draba aizoides). Drei Kilometer nordöstlich, am R e i f e n t h a l e r H a n g (LSG), entwickelt sich eine artenreiche Juraflora auf den Schotterflächen eines aufgelassenen Steinbruchgeländes.

Immergrünes Felsenblümchen

Das U n t e r e N a a b t a l gehört bis Burglengenfeld zum Jura. Unter seinen Felspartien und Mischwaldhängen hat es einige hervorzuhebende Punkte: Einen urtümlichen Waldstreifen mit vielen Dolinen am westl. Hang bei Pielenhofen, den markanten „Engelsfelsen" am steilen „Naabrangen" und den stolzen Burgfelsen von Kallmünz, der 90 m hoch über dem romantischen, kleinen Juramarktflecken aufragt und schon in Urzeiten menschliche Zufluchtsstätte war. Hinter Kallmünz werden die Hänge sanfter, das Tal weitet sich und entläßt den Fluß bald hinter dem bewaldeten Steilhang des Kreuzberges (Kapelle) und dem weithin sichtbaren Schwammkalkriff des Burgberges von Burglengenfeld in das „Schwandorfer Becken".

Der Schloßberg von Kallmünz verdankt seine markante Modellierung dem Zusammenfluß von Naab und Vils. Die V i l s kommt von Amberg her. Ihr stilles Tal steht unter Landschaftsschutz. Die Windungen ihres Laufes sind von Buschwerk und Schilf begleitet, das vielen Wasservögeln Nistgelegenheiten bietet. Bei Theuern bildete sich eine hübsche, erlenbestandene Insel, das sog. Wirl. Das Vilstal begrenzt zwischen Amberg und Schmidmühlen den großen H i r s c h - w a l d, wo Fichten, Föhren und eingestreute Laubbäume eine geschlossene Walddecke von vielen Quadratkilometern bilden. Wenige Einsenkungen − durchwegs Trockentäler − gliedern die Waldfläche: das Köferinger Tal (Spaziergebiet mit Felsgebilden wie z. B. dem „Kuhfelsen"), das Garsdorfer Tal, das Geißtal und vor allem das Taubenbacher Tal, dessen Zugang bei Egelsheim die Burgruine Roßstein überwacht (Aussicht nach Westen). Hinter der Ruine zieht sich ein Berghang mit schönem Wacholderbestand hin. Diesen windgeschützten Winkel, wo die Sonnenstrahlen den Boden schnell durchwärmen können, wählt mit Vorliebe das Rot- und Rehwild des Hirschwaldes zum Einstand.

Bei Rohrbach und bei Schmidmühlen nimmt die Vils zwei vielgerühmte Nebentäler auf, das des munteren F o r e l l e n b a c h e s (LSG), der von Hohenfels

256

herabkommt und in seinem engen Tal viele Mühlen treibt, und dasjenige der L a u t e r a c h. Die letztere entspringt in Lauterhofen und zieht von Anbeginn durch eines der reizvollsten Albtäler. Allenthalben steigen Dolomitfelsen rechts und links aus den grünen Hängen. Die nach Süden orientierten Flanken sind bedeckt von Wacholderheiden mit dem entsprechenden Florenreichtum der Weißjurastufe, die Nordhänge überzieht Mischwald. In den schmalen Wiesengrund des Baches münden von Süden der U t z h o f e n e r B a c h und von Norden der H a u s e n e r B a c h mit steilwandigen Tälern. Nach Norden hat man das „LSG Hausener Bach" um die Landschaft von Z a n t erweitert. Der buchenbestandene Schloßberg mit der Ruine der romantischen Stammburg Zant blickt auf einen schöngegliederten, bäuerlichen Landschaftsraum mit Heckenzeilen und Buschreihen. Der Nordhang ist durch seltene Pflanzen bekannt geworden.

Kloster Kastl

Auch mit der Erschließung des Landes steht das Lauterachtal in engem Zusammenhang. Vom Kloster Kastl aus, dessen gewaltige Mauern das obere Lauterachtal beherrschen, wurde die Kultivierung des Jura vorangetrieben; der Markt Hohenburg mit seiner Schloßruine war seit je ein Handelszentrum dieses dünnbesiedelten Landes. Südlich der Lauterach nimmt der Truppenübungsplatz Hohenfels eine felsen- und höhlenreiche Kuppenlandschaft ein.
Neben der Naab und ihren Nebenflüssen spielt die schmälere Schwarze Laber eine wichtige Rolle in der Oberpf. Juralandschaft. Sie kommt östlich von Neumarkt aus dem Dorf Laber herab und durchzieht ganz gemächlich das D e u s - m a u e r M o o r (LSG), einen in der Alb recht seltenen sumpfigen Talgrund mit botanischen Besonderheiten. Bei Lengenfeld soll an der Autobahn ein Teilstück der Laber gestaut werden, wodurch diesem wasserarmen Landstrich ein künstlicher See beschert wird. Über Lengenfeld erhebt sich auf waldigem Kegel die Ruine der 1150 errichteten H e l f e n b u r g. Das Profil der Hochfläche ist hier sehr stark von ähnlichen Dolomitkegeln und -kuppen durchsetzt. Sie haben fast alle einen Waldschopf. Viele tragen eine Burg, eine Kapelle oder Reste verschwundener Befestigungen. Viele weisen anstehende Felswände oder Höhlen auf. Unter Landschaftsschutz stehen der D i e t r i c h s t e i n mit seinem, über Waldgrün aufsteigenden, verwitterten Felsenhaupt, der H a b s - b e r g mit seiner Marienwallfahrt, der „H e r z - J e s u - B e r g" bei dem Jurastädtchen Velburg mit seinen Kreuzwegstationen, der steile Felskegel mit der Ruine V e l b u r g selbst sowie das anschließende höhlenreiche Gebiet mit den sog. „Drei steinernen Jungfrauen", dem „Hollochberg" und dem „Bockenberg". In letzterem befindet sich der Zugang zur K ö n i g - O t t o - H ö h l e, einer der größten und schönsten Tropfsteinhöhlen der Oberpf. Alb.
Schöne Waldkuppen treten auch um das Kreisstädtchen P a r s b e r g an der Schwarzen Laber zusammen: der K a l v a r i e n b e r g, der S c h i n d e l b e r g (mit schindelartig übereinandergeschobenen Felsbildungen), der B u c h e n -

Tropfstein in der König-Otto-Höhle

257

Augentrost

Am „Alpinen Steig"

b e r g und der H a m m e r m ü h l b e r g (vorgesch. Höhle am Ostrand). Weiter südlich steigt aus der Albhochfläche dominierend der E i c h l b e r g (LSG) auf. Seine Spitze krönt eine vielbesuchte Wallfahrtskirche.

Bei Beratzhausen steht die Waldkuppe des S c h l o ß b e r g e s mit der Ruine E h r e n f e l s unter Landschaftsschutz.

Erst unterhalb von Parsberg beginnt das Tal der S c h w a r z e n L a b e r seinem guten Ruf gerecht zu werden. Es wandelt sich zum musterhaften Juratal mit steilen, verkarsteten Hängen, die teilweise bewaldet, teilweise mit Wacholderheide überzogen sind, mit scharf eingeschnittenen Seitentälern (z. B. Bachmühltal), mit schmaler Talaue, mit Kletterwänden, mit Höhlen (sagenumranktes „Mühlgirglloch" und „Bayer. Hiaslhöhle" bei der Sturmmühle), mit Mühlen und mit freundlichen Ortschaften. Burgruinen stehen fast überall im Bild. Höchst eindrucksvoll wirken immer wieder helle, grünbraune Heidehänge, die gesprenkelt sind von den dunklen Strichen der Wacholderbüsche. Zwischen Eilsbrunn und der Höhlenburg „Loch" in Eichhofen nehmen die Felspartien alpinen Charakter an. Stellenweise fühlt man sich auf die Matten des Wetterstein- und Karwendelgebirges versetzt. Zwei Wanderpfade durch das Gewirr dieses Felsenhanges heißen denn auch Oberer und Unterer A l p i n e r S t e i g. Natürlich sind hier auch Jurapflanzen in großer Artenfülle vertreten, darunter die Besonderheiten Bergaster und Goldaster, Wachsblume und Ohrlöffelnelke.

Einen besonderen landschaftlichen Reiz besitzt die Jura-Randlandschaft gegen das Lias- und Keuperland hin, weil sich immer wieder die Stufe des Weißen Jura in Gebirgssporen oder in vorgeschobenen Zeugenbergen machtvoll gegen das Vorland absetzt. Die Fernsicht in das fruchtbare Albvorland ist von jeder dieser Höhen lohnend. Zur Oberpf. Alb gehört der Albtrauf zwischen dem Hofberg und dem Dillberg, jenem Teil des Jura also, wo die Gebirgstafel aus der West-Ost-Richtung in einen Süd-Nord-Verlauf umknickt. Eine Reihe mächtiger Zeugenberge und Weißjurasporne machen · den Gebirgsanstieg recht abwechslungsreich. Unter Landschaftsschutz gestellt sind der breitgelagerte H o f b e r g bei Obermässing, die B u c h l e i t e bei Burggriesbach (reicher Pflanzenwuchs im Quellhorizont des Ornatentons), der Sporn des R ö s c h b e r g e s , der landschaftsbestimmende Block des S u l z b ü r g mit den vier Kuppen Schloßberg, Badberg, G a l g e n b e r g und S c h l ü p f e l b e r g (bewaldeter Weißjuraberg mit vorgesch. Ringwall auf dem Schlüpfelberg und herrliche Fernsicht nach Franken und in den Oberpf. Wald, reiche Flora), der B u c h b e r g (großer prähistorischer Ringwall), der energisch aufsteigende S t a u f e r B e r g (Braunjura-Zeugenberg), der T y r o l s b e r g (Zeugenberg der Eisensandsteinstufe) und die mächtige Weißjuratafel des D i l l b e r g e s , die wegen der wunderbaren Fernsicht viel besucht wird (206 m hoher Sendemast des Bayer. Rundfunks). Der Dillberg findet seine Fortsetzung gegen Neumarkt in dem waldigen H e i n r i c h s b e r g. Weit vor dem Jurarand liegt der schöne M ö - n i n g e r b e r g mit seiner Kapelle (Zeugenberg des Braunjura).

Diese Zeugenberge stellen gleichsam die Nachhut des zurückweichenden Albrandes dar. Der geschlossene Jurarand steigt östlich der Linie Berching-Neumarkt an. Eine schöne Ausprägung findet er bei Neumarkt in den Jurasporen Mariahilfberg und W o l f s t e i n (LSG; von der Burgruine der Grafen von Wolfstein weiter Blick über die westliche Oberpfalz). Nördlich von Neumarkt bilden O t t e n b e r g, W a l l e r b u c h b e r g und H a i m b u r g (prachtvolle Aussicht von der Burgruine) die Stirnfront der Weißjurastufe. Scharf profilierte Schluchten zerschneiden hier den Albrand vom Weißjura bis zum Braunjura.

258

Ihre schnellen Bächlein fließen der Schwarzach zu, die bei Schwabach in die Rednitz mündet. Da gibt es das forellenreiche, stille P i l s a c h t a l mit dem Seitental des W ü n n a u b a c h e s , die beide schöne Felsgebilde aufweisen („Katzenfels", „Hochbergfels", „Ahornhain"; Wasserschloß in Pilsach); ferner das S i n d e l b a c h t a l (der Steinbruch bei Langenthal gibt Einblick in die Kalklagen des Weißen Jura), das R o h r e n s t ä d t e r B a c h t a l, das steil-wandige T r a u n f e l d e r B a c h t a l, das mit seinen Felsen und Kalksinter-bildungen zu den schönsten Tälern des Oberpf. Jura gezählt wird, und schließ-lich dessen Nachbartal, das des Raschbaches. Beide münden unterhalb des ehem. Birgittinen-Klosters G n a d e n b e r g in die Schwarzach, wo ein ausgewählter Ausschnitt der Braunjuralandschaft unter Landschaftsschutz steht. All diese Flüßchen gehören bereits zum Gewässersystem des Rheins, denn östlich von Neumarkt quert die europäische Hauptwasserscheide zwischen Rhein und Donau den Jurazug.

*Schloßberg
bei Heideck
im Juravorland*

Folgt man bei der Einteilung des Juragebirges den politischen Grenzen, so muß man konsequenterweise auch den Oberpfälzer Albanteil westl. und nordwestl. von Amberg hier anführen, wenn er auch meistens zur Nördlichen Frankenalb gezählt wird. Die hervorragenden Landschaftsteile sind seit langem unter Schutz gestellt. Bei U r s e n s o l l e n und am R ä n g b e r g zeigt sich eine eigenwillig gestaltete Landschaft mit tiefen Taleinschnitten. Von besonderer Attraktion ist die Karsterscheinung des sog. Hussitenloches, das 6 m tief ist und 80 m im Durchmesser mißt. Es ist von einem kreisrunden Erdwall umzogen. Das nahe A m m e r t h a l gilt als beliebtes Amberger Ausflugsziel. Als ausgesprochenes Trockental der Braunjurastufe weist es im oberen Teil hinter Schöpfendorf beson-ders bizarre Felsformen auf (z. B. „Kalmusfelsen" und „Osterloch"). Im Weiß-jurabereich ist das S u l z b a c h e r B e r g l a n d besonders abwechslungsreich gebildet. Das liegt an den zahllosen in sich abgeschlossenen Bergkuppen, die mit ihren Waldschöpfen das bach- und wasserlose Hochplateau zergliedern. Viele von ihnen tragen Burgruinen, viele haben natürliche Felsbastionen, die meisten bieten eine gute Aussicht. Ein Landstrich heißt „das B i r g l a n d"; sein westlicher Teil steht unter Landschaftsschutz. Der P o p p b e r g und der B u c h e n b e r g sind hervorragende Beispiele verkarsteter Dolomitkuppen. Der 652 m hohe Poppberg trägt Ruine und Aussichtsturm, im Buchenberg gipfelt ein 1,5 km langer Dolomitfelsenriegel.

Ruine Lichtenegg

Weiter nördlich sind das H ö g e n b a c h t a l mit dem B e s e l b e r g und der Burgruine L i c h t e n e g g zu nennen, ferner das E t z e l b a c h t a l mit seinen Felswänden und das H i r s c h b a c h t a l mit dem Kletterparadies im sog. S c h w a r z e n B r a n d (s. S. 262). Als größere Dolomitkuppe wurde der S c h e r g e n b u c k mit dem Schlosse N e i d s t e i n unter Naturschutz gestellt. Einzelne Eiben durchsetzen den Buchen-, Kiefern- und Fichtenbestand der überwachsenen Felsen. Die anschließende G u n t e r s l e i t e ist Land-schaftsschutzgebiet. Mächtige Felsbastionen werden vielerorts sichtbar. Der Z a n t b e r g (oder die „Hohe Zant") steigt mit zwei Gipfeln beherrschend aus der umgebenden Kuppenlandschaft auf. Es ist neben dem O s s i n g e r der bekannteste Aussichtsberg weit und breit. Beide besitzen Aussichtstürme. Um den Ossinger und nördlich davon breitet sich das große Waldgebiet des S a c k d i l l i n g e r und K r o t t e n s e e r F o r s t e s aus. Es ist eine ausge-prägte Karstlandschaft. Im Wald trifft man auf die kühnsten Felsgebilde. Mehrere Höhlen tun sich auf, wie z. B. die M a x i m i l i a n s g r o t t e bei Krottensee, die Mysteriengrotte und die Vogelherdgrotte. Sie gehören zu den

259

Landschaft bei Markt Königstein

hallenartig ausgebildeten Dolomithöhlen. In der Maximiliansgrotte kann man zwei Stunden lang an den phantastischsten Tropfsteinbildungen vorbeiwandern, bevor man wieder das Tageslicht erreicht. Am besten erschließt sich diese pittoreske Landschaft auf dem „K a r s t k u n d l i c h e n   W a n d e r p f a d", der von Krottensee bis zu den zwei gleichgeformten Pilz-Felsen der „beiden Brüder" und zurück führt, vorbei an Höhlen, Dolinen, Trockentälern, Felskolossen, Karstquellen und durch die ganze Vegetationswelt des Weißen Jura. Es ist geradezu ein „Naturkundliches Freilichtmuseum". Diese Flächen wurden dem Naturpark „Veldensteiner Forst" angeschlossen.

Östlich vom Marktflecken Königstein steht das Gebiet um den aussichtsreichen B r e i t e n s t e i n mit seiner Kapelle und um den S t e i n b e r g mit seiner bizarren Felskrone unter Landschaftsschutz.

DIE NÖRDLICHE FRANKENALB

(Dazu Kartenseiten 11–13, 18–20) Die bisher besprochenen Landstriche des Jura sind mehr ein Reservat für Kenner geblieben, die Schönheit der Nördlichen Frankenalb hingegen wurde schon vor rund 180 Jahren entdeckt und seither gebührend besungen und gepriesen. Dichter, Maler und Musiker der Romantik haben hier auf ihren Reisen starke Eindrücke empfangen. Ihre Schilderungen begründeten den Ruhm des Landes. So war die „Fränkische Alb", worunter man nur die Nördl. Frankenalb verstand, bereits vor 100 Jahren ein allseits bekanntes Reiseziel. Der Begriff läßt sofort an den Dreiklang „Fränkische Schweiz", „Hersbrucker Schweiz" und „Weismain-Alb" denken und schließt die geschichtsträchtigen Namen Staffelstein, Kordigast und Ehrenbürg mit ein. Mit der „Hersbrucker Schweiz" ist der Landstrich gemeint, den die Pegnitz und ihre Nebenflüsse geformt haben. Unter der „Fränkischen Schweiz" versteht man das Einzugsgebiet der Wiesent. Der Name „Schweiz" war im vorigen Jahrhundert geprägt worden. Man wählte ihn in bewußter Anlehnung an die damals berühmteste europäische Gebirgs-Reiselandschaft, an die Schweizer Alpen. Die Zugkraft des Namens hat sich in der Folgezeit bestätigt und viele Besucher hierher gelockt, selbst wenn der Charakter der Alb mit dem der Alpen keineswegs vergleichbar ist. Ursprünglich hieß die Nördliche Frankenalb schlicht das „Alte Gebürg", das wegen seiner drohenden Burgen, seiner gewaltigen Felswände und unheimlichen Höhlen gemieden wurde. Die Romantiker aber ließen sich gerade durch diese Dinge faszinieren und führten den Strom der Besucher herbei, der sich seit dem 18. Jahrhundert in die Fränkische Schweiz und ihre Nachbargebiete ergießt. Da der Fremdenstrom auch große Gefahren für die Naturlandschaft mit sich bringt, wurde beschlossen, die prominentesten Täler und Punkte dieser Region unter Landschaftsschutz zu stellen.

Die Hersbrucker Schweiz

Sie umfaßt das Flußsystem der oberen Pegnitz und wird deshalb auch „Pegnitz-Alb" genannt. Das Pegnitztal ist von Nürnberg hinauf bis über die Stadt Lauf

260

hinaus dicht besiedelt und von Industrieanlagen durchsetzt. Erst danach treten die Albberge mit der Weißjurastufe markanter hervor. Im Süden steht wie ein Wächter der vorgeschobene M o r i t z b e r g. Mit Aussichtsturm und Wirtshaus ausgestattet, ist es der nächste hohe Ausflugsberg der Nürnberger, von dessen Höhe der Albrand und die Weite des Lorenzer und Sebalder Waldes überschaubar werden. Zum Aufstieg kann man von Lauf aus den „Naturlehrpfad" wählen, der auf seiner ganzen Länge einen guten Einblick in den geologischen Aufbau, in die Tier- und die Pflanzenwelt der Gegend gibt.

Im Norden haben der festungsbekrönte Rothenberg bei Schnaittach und der Große Hansgörgel eine ähnliche Funktion wie der Moritzberg. Der buschgesäumte Mäanderlauf der Pegnitz liegt hier in einem Wiesental, dessen Flanken weit auseinanderrücken. Auf den unteren Hängen verteilen sich die charakteristischen Raster der Hopfenfelder des Hersbrucker Kessels, die oberen Hänge hat der Mischwald inne. Einen guten Blick auf die Talweitung gewähren der M i c h e l s - b e r g oberhalb Hersbruck und der Aussichtsturm auf dem A r z b e r g. Über dem Ort Happurg erhebt sich der mächtige Tafelberg der H o u b i r g. Wenn man ihn durch die sog. Hunnenschlucht (Felseneinschnitt der Doggerstufe mit reicher Moosflora) besteigt, findet man oben auf dem höchsten Punkt der Feld-, Wald- und Heidefläche den sog. Teufelsfinger, einen hochragenden Dolomitblock mit weiter Aussicht. Ihren Namen hat die Houbirg („Hohe Burg")

Happurger Speichersee

von dem etwa 5 km langen Ringwall, der eine Siedlung der frühen Eisenzeit (und später ein keltisches Oppidum) von der Größe der Nürnberger Altstadt einschloß. Auf altsteinzeitl. Besiedlung deuten Funde aus dem „Hohlen Fels", einer Höhle am Südrand der Houbirg, wo zwei Riesenfelsentore den Zugang machtvoll markieren (schöner Blick ins Tal). Unterhalb der Houbirg werden der Rohrbach und der Kainsbach zum H a p p u r g e r S p e i c h e r s e e aufgestaut, der als Pumpspeicherwerk mit einem Wasserhochspeicher auf der gegenüberliegenden Berghöhe korrespondiert. Der Speicher ist zu einem vielbesuchten Badesee geworden und fügt sich gut in das Landschaftsbild.

In das Hersbrucker Tal münden mehrere Seitentäler von ausgeprägtem Albcharakter. Von Süden kommt bei Henfenfeld das breite Hammerbachtal herbei (ND „Steinerne Rinne" am Osthang des Buchenberges) und bei Happurg der Happurger Bach, der aus dem großen Speichersee entlassen wurde. Das rechter Hand zum See herabkommende K a i n s b a c h t a l zeigt sich still und waldverhangen (geschützte Linde beim Gedenkfriedhof), das linke R o h r b a c h t a l eng und abwechslungsreich. Hierbei ist das Molsberger Tal zu erwähnen, das sich in Förrenbach öffnet. Ein schmaler, stiller Weg führt im waldumstandenen Talgrund hinauf zum NSG F ö r r e n b a c h e r W a c h o l d e r h e i d e. Der Heidecharakter ist zwar durch Überwucherung mit Laubgehölz und Gesträuch gestört, aber die paradiesische Einsamkeit des Fleckchens mit seinen Blumen, Faltern und Insekten gibt dem Ganzen einen urwaldhaften Anstrich.

Das S c h n a i t t a c h t a l ist kennzeichnend für ein breitangelegtes Schwarzjuratal. Gute Durchwässerung macht den Talboden vor allem für die Graswirtschaft geeignet. Im Oberlauf des Tales, bald hinter der Talgabelung von Bühl, beginnen die Talwände steiler zu werden und im anschließenden A c h t e l - u n d N a i f e r - t a l treten vollends die Weißjurafelsen aus den grünen Talflanken. Das benachbarte S i t t e n b a c h - T a l wird beherrscht von der Burg H o h e n s t e i n, die auf einem gewaltigen Dolomitblock thronend mit ihren spitzen Aussichtstürmen eine Landmarke ersten Ranges darstellt.

Bei Hohenstadt mündet das P o m m e l s b r u n n e r T a l (Högenbach-Tal)

Burg Hohenstein

261

mit seinen wald- und blütenreichen Seitenschluchten. In Pommelsbrunn steigen die Felsriffe des Z a n k e l s t e i n s auf, über denen aller Blütenreichtum der Werkkalkstufe ausgebreitet liegt.

Bis Hohenstadt durchläuft auch die Pegnitz die Engstellen ihres Mittellaufes. Von hier, wo der Lindenberg mit den Felsabstürzen der „Geißkirche" und der Schleußberg mit der Ruine Lichtenstein den Talausgang flankieren, bis nach Neuhaus a. d. Pegnitz erstreckt sich das windungsreiche Durchbruchstal der Pegnitz durch den Weißen Jura. In verschwenderischer Fülle reihen sich nun die schönsten Jurabilder aneinander. Bei Eschenbach öffnet sich das berühmte H i r s c h b a c h t a l , ein Kerngebiet der Hersbrucker Schweiz. Über dem Ort liegt auf den Flanken des Waldberges ein Schutzgebiet, das als W e n g l e i n - P a r k bekannt ist. Der frühere Besitzer hatte ein Vogelschutzgelände ange- legt, dessen Einrichtungen aber verkommen sind. Auch die Lichtungen wuchsen zu. Es ist heute mehr ein Spaziergelände mit verschiedenen Baum- und Gebüsch- arten (z. B. kleine Wacholderheide, Buchenwald). Der eingangs stehende „He- rolds-Turm" ist absichtlich als romantische Ruine gebaut worden. Unterhalb grenzt ein ehem. Hutanger mit schönem Alt-Eichenbestand an. Es bestehen Pläne, das Gebiet zu einem Jura-Pflanzenpark umzugestalten, in dem alle stand- ortgerechten, natürlichen Kleinlebensgemeinschaften vereinigt sein werden.

Noris-Törle

Das idyllische Hirschbachtal weiter hinaufgehend kommen wir zum „S c h w a r - z e n B r a n d", einem Kletterparadies der Hersbrucker Alb. Oberhalb von Hirschbach verläuft der berühmte „Norissteig". Er beginnt an der steilen Mit- telbergwand und besitzt geradezu alpinen Charakter. Die wildzerrissenen Fels- gruppen „Frankekamin", „Noristörle", „Höhenglück", „Rutschn" und die „Neu- trasfelsen" sind ganz in der Nähe. Einen Überblick über das Hirschbachtal ge- währt der Aussichtsturm auf der gegenüberliegenden Talseite.

Weiter hinauf wird das Pegnitztal immer enger, die Schwammkalkfelsen immer skurriler (z. B. „Riffelfelsen" bei Alfalter, „Kleine und Große Wacht" bei Vorra, Schwammkalkstotzen im gebankten Werkkalk bei Enzendorf), bis die Türme der Burg Veldenstein in Neuhaus das Ende der Schluchtstrecke ankündigen. Denn von hier an bis zu den Quellen ihrer Ursprungsflüßchen liegt der Pegnitz- lauf am Rande des Jura in verhältnismäßig sanfter, weitweliger Landschaft.

Rechts und links der Pegnitz-Engstrecke liegt die phantastisch verkarstete Do- lomitkuppenwelt der Alb. Neben deren Felsen und Höhlen (Petershöhle, Geiß- höhle, Maximiliansgrotte) sind einige Trockentäler zu beachten, zu deren bekann- testen das A n k a t a l und das K u p f e r t a l zählen, die bei Rupprechtstegen bzw. Velden in das Pegnitztal münden. Sie führen nur zu Hochwasserzeiten Wasser, dann aber oft in einer Menge, die als Schutzmaßnahme am unteren Talende ein Stauwehr nötig machen.

Sprungstein
im Hirschbachtal

Am Nordrand der Hersbrucker und am Ostrand der Fränkischen Schweiz, west- lich an die Pegnitztalung anschließend, breitet sich als geschlossene landschaft- liche und geologische Einheit der N a t u r p a r k V e l d e n s t e i n e r F o r s t aus. Dieses große Waldgebiet liegt auf einer Scholle der Jurakreide; wir finden hier das größte zusammenhängende Vorkommen anstehender Kreidegesteine, das die Alb aufzuweisen hat. Das Hauptgestein ist der sog. Veldensteiner Sand- stein. An einzelnen Stellen aber gibt der Sandstein den sonst überdeckten Do- lomit frei. Riffartig ragen dann Felstürme auf, bilden sich Wände und Tore aus, eines merkwürdiger als das andere („Großer und Kleiner Lochstein", „Zuckerhut", „Alte Veste", Felsenschlucht „Ortstein", „Teufelspredigtstuhl"). Sie gehören ebenso zu den Karsterscheinungen wie die vielen Dolinen, Wasser-

262

schlinger und Karstquellen, die im Verlauf der zahlreichen Trockentäler auftreten. Seinen Wasserhorizont hat der Veldensteiner Forst am östlichen Rand, der durch die eingeschnittenen Talkurven der Pegnitz gekennzeichnet ist. Hier finden sich unterhalb der Felshänge erstaunlich starke Quellaustritte. So die Seeweiherquelle (schönste Quelle des Pegnitztales), die Fischsteiner Quellen und die Haselhof-Quellen. In einem verbreiterten Talabschnitt hat sich der verschilfte Kammerweiher gebildet.

Die Flora des Veldensteiner Forstes ist ausgezeichnet durch das Zusammentreffen zweier Vegetationsgemeinschaften, der atlantischen einerseits und der kontinentalen andererseits. Die Pflanzen der besonnten Steppenheiden stehen auf den Dolomitfelsen, die kieselsäureliebenden Arten im Nadelwald (vorherrschend Föhre). Dazu kommt die Blütengesellschaft der schattigen Buchenmischwälder und die Wasserflora der Quellgebiete und ihrer sumpfigen Umgebung.

Der Große Lochstein im Veldensteiner Forst

Die Grenzen des Naturparkes greifen weit über den eigentlichen Veldensteiner Forst hinaus bis nach Betzenstein und Spies jenseits der Autobahn und schließen damit auch einen Teil der kuppigen Dolomitregion (z. B. Eibenfels, Schweinsberg und Riegelstein bei Spies) sowie die beispielhafte Rodungsinsel Ottenhof mit ein.

Bevor wir die Pegnitz verlassen, wollen wir noch eines ihrer Naturschauspiele betrachten. Unterhalb der Stadt Pegnitz, hinter der Röschmühle, verschwindet ein Teil des Flußwassers in geheimnisvollen unterirdischen Stollen und kommt erst 320 m südlich, jenseits des „Wasserberges" in einer Quellgrotte wieder zutage. Der andere Teil des Pegnitzwassers umfließt den Berg allerdings noch oberirdisch ohne Abkürzung in 1500 m langer Schleife. Die eigentliche Pegnitzquelle, die mit ihrer Wassermenge aus dem Flüßchen Fichtenohe erst den Fluß Pegnitz macht, liegt in der Stadt bei dem Fachwerkbau der Zausenmühle.

Die Fränkische Schweiz

Als breites, fruchtbares Flußtal öffnet die Wiesent hinter Forchheim den Zugang zu der „Märchenlandschaft" der F r ä n k i s c h e n S c h w e i z. Ihr Boden wird von hier bis Ebermannstadt vom Schwarzen Jura gebildet, gehört also dem Jura-Vorland an. Das üppige Wiesenpolster des Grundes ist aufgelockert von Obstbaumreihen, die sich die Hänge hinaufziehen. Beherrschend steht die E h r e n b ü r g oder das „W a l b e r l a" (LSG) im Bild, der prominenteste Zeugenberg des Fränkischen Albrandes. Seine Flanken sind selbst für Dolomitberge überraschend steil und werden an einzelnen felsigen Stellen von Bergsteigern regelrecht erklettert. Das baumlose Plateau des sargdeckelförmigen Berges ist von solchen Felszacken umgrenzt wie eine Krone. Wallanlagen am Rande der Hochfläche deuten – wie bei fast allen unbewaldeten Zeugenbergen – auf bronze- und eisenzeitliche Besiedelung hin. Am ersten Sonntag im Mai ist „Walberlastag". Dann kommen Zehntausende zur kleinen Waliburgiskapelle auf den Bergrücken, um den Kirchweihtag ausgiebig zu feiern. Ein Pendant zur Ehrenbürg stellt jenseits der Talweitung die R e t t e r n e r K a n z e l (LSG) dar, eine vorgeschobene Felsenstirn des Weißjurazuges „Lange Meile" (umfassende Aussicht). Den Nachbarsporn krönt die weißleuchtende „Vexierkapelle" St. Nikolaus in Reifenberg.

Das „Walberla"

Doch weiter im W i e s e n t t a l. Kurz vor Ebermannstadt leuchten die mächtigen weißen Kalkmauern des sog. „W a c h t k n o c k s" herunter. Es sind

263

FRÄNKISCHE SCHWEIZ
Maßstab 1 : 100000

die Abrißstellen eines 1625 niedergegangenen Bergrutsches. Der anschließende P o t s c h e n b e r g nördl. Ebermannstadt zeigt den typisch gestaffelten Aufbau so vieler Juraberge. Jede Stufe entläßt zu ihren Füßen zahlreiche Quellen. Der oberste dieser Quellhorizonte liegt auf dem Ornatenton. Hier blühen auf den feuchten Quellwiesen zahlreiche Dotterblumen und Primeln, Weidenröschen und Blutweideriche, ja sogar Orchideen mischen sich darein. Duftende Minzen und dichte Schachtelhalme säumen die Wasserläufe. An Waldpflanzen finden sich Buschwindröschen, Maiglöckchen, Frühlingsplatterbsen, Salomonssiegel, Türkenbund und vielgestaltige Glockenblumen. Auf Geröllhalden und Kalkblökken können die Mauerraute, der Weiße Mauerpfeffer, der Gamander, der Aufrechte Ziest, die Elfenbeinweiße Schwalbenwurz, das Rindsauge und die Bergheilwurz Fuß fassen.

Bei S t r e i t b e r g ändert sich der Talcharakter plötzlich ganz entschieden. Es beginnt der Bereich des Weißen Jura. Die Felsbastionen der Burgruinen Streitberg und Neideck zeugen von den Riffbildungen des Jurameeres. Zwischen die hochgewachsenen Schwammriffe kamen die sich ablagernden Werkkalke in Schichten zu liegen, ein Vorgang, den man exemplarisch im „Müllersbergprofil" hinter Streitberg studieren kann. Von hier über M u g g e n d o r f bis

Die Schwammstotzen am Müllersberg

B e h r i n g e r s m ü h l e verläuft die Talstrecke, die den Ruhm des Wiesenttales begründet hat. Alle Schönheiten eines Juratales sind beispielhaft vereinigt und in überraschender Fülle ausgebreitet. Im Tal ein munterer Fluß, dem kristallklare Quellen ihr Wasser zuschicken, idyllische Fachwerkmühlen, steilaufsteigende Felsenwildnisse, verklärt von hohen Buchenwäldern und bekrönt von Burgen und Schlössern – das alles ständig wechselnd im Rhythmus der Talschlingen des Flusses. Jean Paul hat 1798 in seinen „Palingenesien" eine unvergleichliche Schilderung gegeben: „Der Weg lief von einem Paradies in das andere. Die Ebene schien aus musivisch aneinander gerückten Gärten zu bestehen. Die Berge schienen sich gleichsam tiefer auf die Erde niederzulegen, damit der Mensch leichter ihre Rücken und Höcker besteige. Die Laubholzwaldungen waren wie Kränze bei einem Jubelfest der Natur umhergeworfen und die einsinkende Sonne glimmte oft hinter der durchbrochenen Arbeit eines Laubgeländers auf einem verlängerten Hügel wie ein Purpurapfel in einer durchbrochenen Frucht-

266

schale. In der einen Vertiefung wünschte man den Mittagsschlaf zu genießen, in einer anderen das Frühstück, an jenem Bach den Mond, wenn er im Zenit stand, hinter diesen Bäumen ihn, wenn er aufging, unten an jener Anhöhe von Streitberg die Sonne, wenn sie in ihr grünes Gitterbett von Bäumen steigt." Alle K a r s t e r s c h e i n u n g e n sind in der Fränkischen Schweiz vertreten. Der H ö h l e n r e i c h t u m ist weltbekannt. Die B i n g h ö h l e bei Streitberg zeigt den Typus der engen Spalthöhle mit gesimsartigen Wasserstandsmarken, die der versickerte Höhlenfluß längs der Höhlenwände hinterlassen hat. Sie gehört zu den interessantesten Tropfsteinhöhlen der Fränkischen Schweiz. 400 m weit kann man ihre kristallweiße Pracht im „Kerzensaal", in der „Venusgrotte" oder in der „Kristallgrotte" bewundern. Die Teufelshöhle bei Pottenstein und die Sophienhöhle im Ailsbachtal zeigen dagegen den Typus der weitverzweigten Zerklüftungshöhlen mit prachtvollen Tropfsteingalerien. Die E s p e r h ö h l e bei Burggailenreuth ist wegen ihrer Einbrüche sehenswert, durch die das Sonnenlicht ins Höhlendunkel dringt. Außerdem weist sie eine prächtige „Naturkanzel" und das „Klingloch" auf, in dem eingeworfene Steine ein wohllautendes Klingen hervorrufen. In der G a i l e n r e u t h e r Z o o l i t h e n h ö h l e begann die Erforschung der Höhlen nach Überresten urtümlicher Tiere, die in den Eiszeiten hier Zuflucht gesucht hatten und umgekommen waren. Die Rosenmüllershöhle bei Muggendorf, die Oswaldhöhle, die Witzenhöhle, die Schönsteinhöhle und die Moggaster Höhle (Schauplatz des weihnachtlichen Stephansritts mit Pferdesegen) gruppieren sich um Streitberg und Muggendorf. Sie alle waren bereits im 18. Jh. in wissenschaftlichen Forschungsunternehmen untersucht worden. Eine der schönsten in diesem Gewirr von mindestens 850 unterirdischen Höhlen dürfte die S o p h i e n h ö h l e bei Rabenstein sein, die Wunderwerke wie den „Bienenkorb", die „Orientalische Stadt", den „Reichsadler" u. v. a. vorzuweisen hat. Am meisten besucht und am besten erschlossen aber ist die T e u f e l s h ö h - l e. Sie erstreckt sich über 1500 m und weist die köstlichsten Tropfsteingebilde auf. Da gibt es eine feingegliederte „Pagode", einen „Kalvarienberg", eine „Kreuzigungsgruppe", einen „Goliath", zu dessen Bildung die Sinterablagerungen etwa 1 Mill. Jahre gebraucht haben, ferner eine „Kristallgrotte", einen „Barbarossabart" usw. Man hatte auch in der Teufelshöhle Reste einer urtümlichen Tierwelt gefunden; Knochen von Mammuts, von Höhlenhyänen, Höhlenlöwen und Höhlenbären. Aufsehenerregend war der Fund eines kompletten Höhlenbärenskeletts, das man in seiner ganzen Länge von 3 m zusammensetzen konnte.

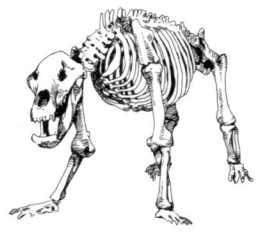

Höhlenbär in der Teufelshöhle

Nun zurück zum Wiesenttal. Oberhalb von Behringersmühle liegt G ö ß w e i n - s t e i n mit seiner romantischen Burg und der Wallfahrtskirche Balthasar Neumanns wie ein unübertroffenes Kulissenbild aus der deutschen Spätromantik. Richard Wagner soll hier das Vorbild seiner Gralsburg gefunden haben. Folgen wir der Wiesent weiter talaufwärts, so überraschen uns bis zu ihrer Quelle in Steinfeld an jeder Flußbiegung wieder neue Gesteinsauftürmungen, die sich als Burgruinen erweisen. Es ist heute kaum vorstellbar, mit welchen Mitteln sie auf die Felsennadeln gesetzt wurden. 190 Burgen waren im „Alten Gebürg" bis zum 15. Jh. mit solch atemberaubender Kühnheit errichtet worden. Wir können sie nicht alle aufzählen. Von Behringersmühle hinauf seien Rabeneck, Waischenfeld, Plankenfels, Neidenstein und Freienfels genannt. Die Natur zum Baumeister hatten das mächtige „Sieghardstor" bei Doos, die sog. „Riesenburg", eine aus zyklopischen Felsen aufgetürmte Höhlenruine, das sog. Quackenschloß mit seinen wunderlichen Steingebilden und der schwindelnd hohe „Adlerstein" auf der Jurahochfläche, der eine umfassende Fernsicht gewährt.

267

Burg Wiesentfels

Die Seitentäler der Wiesent stehen nicht zurück. Da ist zunächst bei Pretzfeld das T r u b a c h t a l. Anfangs noch breit und heiter wie das untere Wiesenttal, dann nach Verlassen der Opalinustonböden zunehmend enger und waldreicher, bis in der Weißjura-Region die helleuchtenden Felswände dem Waldgrün den Platz streitig machen. So z. B. um die hochragende Burg Egloffstein, wo das „Felsentor", der „Balkenstein" und der „Pfarrfelsen" das Tal bewachen, oder im Hundshauptener Seitental, wo die Felsbastionen „Hutzelturm", „Kapplstein", „Breitenstein" und „Teufelsturm" mit dem Bau des Schlosses konkurrieren. Wolfsberg mit seiner wilden Ruine und Leienfels mit seinem Burgrest sind weitere Merkpunkte dieses wunderschönen Albtales.

Bei Gasseldorf mündet das idyllische L e i n l e i t e r t a l unterhalb des felsgekrönten Hunnensteins. Es kommt von der Heroldsmühle bei Oberleinleiter herab. Vor Heiligenstadt öffnet sich ein Seitental, das zum Schloß Greifenstein führt (250jährige Lindenallee).

In Behringersmühle nimmt das Wiesenttal die P ü t t l a c h auf, deren Tal zu den Höhepunkten der Fränkischen Schweiz gehört. Das Ortsbild von Tüchersfeld kann kein expressionistischer Maler skurriler wiedergeben. Bis hoch hinauf kleben die Häuser an den fingerartig hochgreifenden Felstürmen. Ein Bild, das dazu gehört, wann immer romantische deutsche Landschaft vorgestellt werden soll. Diesem Naturgemälde steht das Bild von Pottenstein wenig nach, wo das Haselbrunner Tal und das Weihersbachtal mit dem Püttlachtal zusammenfließen und wunderbare, schroffe Talhänge herausarbeiten. Den Weihersbach hinauf gelangt man zum „Felsenschwimmbad" und zur „Teufelshöhle". Die Püttlach selbst fließt aus dem schönen Dogger-Talkessel von Trockau (Schloßpark) herbei, dessen Seitental, der B o d e n d o r f e r K e s s e l, wiederum als überaus malerisches Fleckchen unter Landschaftsschutz steht. Die Hohenmirsberger Platte beherrscht als steil aufsteigende Weißjurahöhe das Bild.

Körbeldorfer Felsengarten mit dem Hollenberg

An die Landschaft des Püttlachtales schließt sich östlich der sog. K ö r b e l d o r f e r F e l s e n g a r t e n an, eine parkartig anmutende Gegend, die an japanische Steingärten erinnert. Beiderseits der Autobahn sind Einzelblöcke und Felsengruppen malerisch über eine hügelige Jura-Heidelandschaft verstreut. Im Westen schließt der Kegel des Hollenberges dieses überaus reizende und abwechslungsreiche Gebiet ab.

In den Talkessel von Behringersmühle mündet auch das stille und beschauliche

Tüchersfeld

A i l s b a c h t a l. Sein Höhepunkt liegt um die Burg R a b e n s t e i n, wo das Bergschloß (Petrefaktensammlung) mit dem Burggärtlein, die Sophienhöhle, die Ludwigshöhle, die Klaussteinkapelle (am Eingang des Ahorntales) und die Neumühle sich zu einem der idyllischsten Punkte der Fränkischen Schweiz vereinigen. Seine Quellen hat der Ailsbach im weiten Lias-Kessel des „Ahorntales", über dem die aussichtsreiche Hohenmirsberger Platte wacht.

Burg Rabenstein im Ailsbachtal

Von Behringersmühle bis Doos heißt das felsgesäumte Wiesenttal nach der Schottersmühle auch das „S c h o t t e r t a l". Das folgende Teilstück bis Waischenfeld wird nach der Burg Rabeneck „R a b e n e c k e r T a l" genannt. In Doos mündet das prachtvolle A u f s e ß t a l, dessen großer Vorzug darin liegt, daß es nicht durchfahren werden kann. Nur ein Wanderweg zieht auf dem Talgrund dahin, der kühl und waldbehütet bis Königsfeld reicht, wo er in das Trockental des Teichgrundes übergeht. Nur oberhalb von Aufseß verläuft ein Stück weit die Straße im Tal. Breit und beherrschend steht in Unteraufseß die Burg der Freiherrn von Aufseß, die vom Mittelalter bis in die Spätromantik ein lebendiges Zentrum fränkischer und deutscher Kulturgeschichte war. Im vorigen Jahrhundert gründete Hans von Aufseß das Germanische Nationalmuseum in Nürnberg.

In Plankenfels nimmt die Wiesent noch die T r u p p a c h mit dem einsamen Seitental der L o c h a u auf und im Städtchen Hollfeld die K a i n a c h mit ihren schönen Talgründen. Vom Kainachtal in Wonsees erreicht man die Burg Zwernitz und den berühmten Felsengarten S a n s p a r e i l, den Markgräfin Wilhelmine von Bayreuth im 18. Jh. anlegen ließ. Unter Einbeziehung der natürlich anstehenden Kalkstotzen und Felsblöcke hat man die Szenerie eines empfindsamen Erziehungsromans (Abbé Fenelons „Die Abenteuer des Telemach") gestaltet, deren einzelne Partien in einem aus Felsbrocken gefügten Naturtheater ihren Höhepunkt finden. Der Zuschauerplatz wird von einem natürlichen Felsengewölbe überdacht.

Die Weismain-Alb

Den nördlichen Abschluß des Juragebirges bildet die im Obermainbogen zwischen Bamberg, Lichtenfels und Bayreuth gelegene Weismain-Alb, die nach dem Weismain-Flüßchen benannt ist. Sie schließt sich unmittelbar an die Fränkische Schweiz an. Der Weismainbach hat in Kleinziegenfeld seine Quelle und durchläuft eines der eigenwilligsten und schönsten Juratäler, bis er bei Altenkunstadt in den Main mündet. Sein Oberlauf bis zum alten Städtchen Weismain wird allgemein als K l e i n z i e g e n f e l d e r T a l (LSG) bezeichnet, der Unterlauf als Weismain-Tal. Bald nach Verlassen der steingefaßten Quelle inmitten des Ortes eilt der Bach an schönen alten Fachwerk-Mühlen vorbei durch ein enges Waldtal, aus dem die Felspartien „Rolandsfelsen", „Heidenknock", „Götzelsberg", „Mönch" und „Hammerschmiedturm" aufragen. Dann mündet von links der stille Köttelgrund (Trockental) ein. Hoch darüber erhebt sich Arnstein mit der schönen Wallfahrtskirche von Balthasar Neumann. Ein reizender Talwinkel tut sich um die romantische W e i h e r s m ü h l e auf, wo verwitterte Felsgestalten bis auf den Talgrund herabreichen. Sie kündigen die Felsgruppen „Roter Fels", „Blumenvase", „Steinerne Jungfrau" und den „Uhufelsen" an, auf dem noch vor mehreren Jahren Uhus nisteten. Erst bei Schammendorf treten die Schwammkalkriffe des unteren Malm, die oben in Frankendolomit übergehen, zurück. Rechts steigt der felsenbekrönte Theisenberg auf, in dessen Flanken noch einige Eiben stehen. Schon am Rande der Stadt Weismain sieht man den „Eis-

Kleinziegenfelder Tal

keller" mit seinen imposanten alten Linden liegen. Das nun sich weitende Weismaintal ist bestimmt vom machtvoll aufsteigenden Kordigast im Westen und vom ausgedehnten Weismainer Forst im Osten.

Die Flora der Weismain-Alb gleicht der allgemeinen Jura-Vegetation. Auf den Talhängen blühen u. a. Akelei, Bergaster, Felsenlattich, Färber-Waldmeister, Pfirsichblättrige Glockenblume, Judenkirsche, Purpurblauer Steinsame, Türkenbund, Waldanemone, Waldrebe und auch einige Orchideen, darunter Weißes und Rotes Waldvögelein. An günstigen Stellen haben sich größere Bestände von Wacholder gehalten. Die Höhen mit ihren rauheren Winden zeigen Silberdistel, Steinbrecharten, Enzian und Küchenschelle. Auf dem Kordigast steht vereinzelt die seltene Rostrose (Muttergottesmündlein) mit den duftenden Blättern.

Bei Weismain mündet das Nachbartal der Krassach, die uns durch einen grünen Talgrund mit reicher Laub- und Mischwaldvegetation (Buchen, Bergahorn, Birken und Fichten) an den Ausgang des berühmten B ä r e n t a l e s führt. Hier konzentriert sich noch einmal der ganze Felsenzauber der Alblandschaft. Felsenwände und -türme steigen allenthalben senkrecht auf − ein Paradies für die Bergsteiger. Als Kletterfelsen beliebt sind u. a. „Juraturm", „Torstein", „Wackelstein", „Magazinstein" und „Michelstein". Die Bärentalschlucht ist wasserlos, an ihrem Grund herrscht immer Dämmerung. Die nahen Felswände und vor allem das Blätterdach schmälern den Lichteinfall. Folgt man dem Trockental aufwärts, so gelangt man zur „Naturbühne", einem von Felsgruppen umschlossenen Platz, und in das einem Felsengarten gleichende Hochtal.

Der nordöstliche Ausgang des Tales bringt uns zum felsigen Hochplateau des G ö r a u e r A n g e r s . Hier weitet sich die Sicht unendlich. Die Juratafel fällt steil ab, vielerorts in markanten Felsbastionen. Und entlang dieses Abfalls bietet sich ein prachtvolles Panorama, von dem viele sagen, es sei einzig in der Frankenalb. Über den Waldgürtel des Mainecker Forstes, der den Fuß des Abfalls einhüllt, blickt man zum Silberband des Mains und zu den Städten des Obermainlandes. Die Plassenburg von Kulmbach, die Veste Coburg, die Burg Zwernitz in Sanspareil werden sichtbar, und am östlichen Horizont erkennt man als blaues Band die Züge von Frankenwald und Fichtelgebirge. In der Nähe von Görau steht einsam auf dem Felde eine stattliche Linde, der man ein Alter von mehr als 400 Jahren zuschreibt.

Der Görauer Anger geht westlich in den Kahlberg und den Niestener Schloßberg über, der sich als schmaler Felssporn gegen das Krassachtal vorschiebt. Einst trug er die Burg Niesten, eine Festung des mächtigen Grafengeschlechtes Andechs-Meranien, deren letzter Sproß hier im Jahre 1248 verstarb.

Juraturm
im Bärental

Am Albtrauf

Wie überall im Jura ist auch in der nördlichen Frankenalb der walddunkle Abfall des Gebirges wegen des Kontrastes zu dem sanftwelligen, hellen Albvorland besonders eindrucksvoll. Hinzu kommt die Aussicht von seiner Höhe. Einige gefährdete und besonders wertvolle Abschnitte des Albtraufs wurden unter Landschaftsschutz gestellt: die Ehrenbürg, die Friesener Warte, Giechburg und Gügel, das Würgauer Tal und das Stübiger Tal. Ein bekannter Albsporn östlich von Erlangen wartet noch auf seine Erklärung zum LSG: der „Hetzleser Berg" oder kurz der „H e t z l a s". Seine Hänge sind dicht bewaldet, sein stolzer Rücken dagegen ist freies Hochplateau (Segelfluggelände). Der Block des Hetzlas wird durch die Zuflüsse der Erlanger Schwabach allmählich von der Albhochfläche abgeschnürt und zum Zeugenberg gemacht. Über das Tal von Walkersbrunn gelangt man dort zur 1000jährigen K a s b e r g e r   L i n d e (ND), die von Kaiserin Kunigunde gepflanzt worden sein soll. Im Jahre 1300 wird der Baum urkundlich erwähnt.

Der Albvorsprung der F r i e s e n e r   W a r t e bietet neben der großartigen Weitsicht auch Kletterfreuden am „Dragonerspitz" und im „Klettergarten" bei Frankendorf. Das etwas nördlich gelegene Ellernbachtal birgt die „Drei-Jungfern-Höhle" von Tiefenellern, von der 1951/52 sensationelle Berichte über den Kannibalismus in der Steinzeit und über frühzeitliche Menschenopfer ausgingen. Man hatte neben jungsteinzeitlichen Geräten die Skelette von 40 jungen Mädchen gefunden, die vor 5000 Jahren dort erschlagen worden sind.

Der Albrand bei Scheßlitz kulminiert in dem wunderschönen Landschaftsbild um die mittelalterliche G i e c h b u r g und die auf ein mächtiges Schwammkalkriff gestellte Kapelle G ü g e l. Der Albsporn ist hier bereits in Auflösung begriffen. Sowohl der Schloßberg von Giech wie der Kapellenfels sind von der Weißjurahochfläche durch Einschnitte abgetrennt und stellen sozusagen „junge" Zeugenberge dar. Das benachbarte W ü r g a u e r   T a l imponiert durch seinen steilwandigen Talschluß, dessen Höhe von einem mächtigen Schichtenstoß gebankter Weißjurakalke gekrönt wird. Eine Bank trägt den Namen „Würgauer Schichten". Schwammstotzen wie der „Nebelstein" und das „Felsenkreuz" gliedern die Wand. Der Schlappenreuther Berg und die Steinleite trennen das Würgauer Tal vom sog. S t ü b i g e r   T a l, das eine weitere typische Jura-Rand-Landschaft zeigt. Über teilweise tief eingeschnittenen Talgründen dringen große Felstürme aus den Waldhängen.

Der S t a f f e l b e r g bei Staffelstein gehört mit der Ehrenbürg zu den berühmtesten Zeugenbergen der Alb. Jeder kennt das Frankenlied Viktor von Scheffels, „Wohlauf, die Luft geht frisch und rein . . ." mit dem Vers „0 heil'ger Veit von Staffelstein vergib uns Durst und Sünden". Ein Riff der Felsenkrone ist nach dem Dichter benannt. Mit seinem Felsenkranz aus mächtigen Schwammkalkbastionen herrscht der Staffelberg über das Lichtenfelser Maintal. Er ist seit der Altsteinzeit besiedelt; Kelten und Germanen haben die Ringwall-Spuren ihrer Fluchtburgen hinterlassen. Heute steht auf dem Hochplateau die St.-Adelgundis-Kapelle und eine bewirtschaftete Klause. Zu den Anziehungspunkten dieses Gebietes gehören auch die Nachbarberge Spitzberg und Alter Staffelberg, die Umgebung der weltberühmten Wallfahrtsbasilika Vierzehnheiligen sowie die F r i e d h o f s l i n d e von Staffelstein, deren Alter auf über 1000 Jahre geschätzt wird. Es soll der größte Baum Europas sein. In Brusthöhe mißt sein Umfang noch gut 16 m.

Der Staffelberg

271

*Kleiner und Großer
Kordigast*

*Tanzlinde
in Limmersdorf*

Den nordöstlichen Steilabfall des Jura markieren Großer und Kleiner K o r - d i g a s t. Der niedrigere Gipfel weist Felsengruppen auf, denen man den Namen „Steinerne Hochzeit" gab. Der Große Kordigast gewährt trotz seiner dichten Bewaldung vom Gipfelkreuz herab einen guten Ausblick auf das Maintal nach Burgkunstadt und Kulmbach, zum Fichtelgebirge und zum Frankenwald. Auch die Burgen von Kulmbach, Kronach und Coburg sind zu erkennen.

Die Nördliche Frankenalb hat infolge von Hebungsvorgängen und Brüchen neben dem westlichen Trauf auch noch einen Steilabfall nach Nordosten zum Rotmaintal hinab. Dieser Abfall ist vor allem für die Umgebung von Kulmbach und Bayreuth landschaftsbestimmend. Da ist der aussichtsreiche Görauer Anger (s. S. 270), dessen Steilkante sich bis Kasendorf fortsetzt. Rund um K a s e n - d o r f geht ein Naturlehrpfad, der alle Eigenheiten der Alblandschaft vor Augen führt. Er passiert viele Aussichtspunkte, den „Sonnentempel", die Friesenquelle und den Magnusturm auf dem Turmberg.

Zu Füßen des Albtraufs liegen hier der Markt Thurnau mit seinem romantischen Schloß und L i m m e r s d o r f, das durch seine „Tanzlinde" bekannt geworden ist.

Südlich erstreckt sich der waldgrüne Braunjuraabfall des „Horlachen" und der schöne Bergkranz um den „Hummelgau" (auch „Mistelgau" genannt), den die kraftvolle N e u b ü r g (LSG) beherrscht. Wie alle Weißjura-Zeugenberge weist sie die typische Sargdeckelform auf und ist völlig unbewaldet. Große Kalkfelsköpfe stehen am Rande der Tafel an. Wenn wir hinaufsteigen, finden wir auf der etwa 6½ ha großen Hochfläche einige magere Kartoffeläcker vor. Der Aufstieg lohnt sich aber wegen der großartigen Rundsicht, die uns beim Herumwandern geboten wird: Im Nordwesten geben Kordigast und Staffelberg erste Orientierungshilfen, nach Westen zu sehen wir die Burgruine Plankenstein, die Schlösser Aufseß, Freienfels und Greifenstein und die Dörfer Königsfeld, Hollfeld und Plankenfels; der Rücken der „Langen Meile" nördl. Forchheim begrenzt das Panorama. Im Süden schließen sich Bilder der Fränkischen Schweiz an: das Ahorntal, Gößweinstein, der Adlerstein bei Muggendorf und der Wichsenstein bei Moggast. Im Südosten schiebt sich die hohe Mirsberger Platte ins Bild und der Kleine Kulm bei Körbeldorf (mit 625 m die höchste Erhebung in der Fränkischen Schweiz), im Osten erhebt sich der Schobertsberg und nordöstlich dehnt sich das fruchtbare Liasbecken des Hummelgaues in Richtung auf Bayreuth. Hier geben Fichtelgebirge und Frankenwald den Horizont ab. Die Neubürg ist wie die meisten Tafel-Zeugenberge seit Urzeiten menschliche Siedlungsstätte gewesen. Vom keltischen Ringwall kann man nichts mehr erkennen, aber auf halber Höhe des Berges wurde eine auffällige Häufung von Weißdornhecken festgestellt, die höchstwahrscheinlich Überreste einer Schutzhecke aus keltischer Zeit sind. Einer dieser Sträucher steht im Orte Wohnsgehaig. Sein Alter wird auf 1200–1500 Jahre geschätzt. Damit wäre dieser etwa 3 m hohe, knorrige Strauch der älteste Baum Oberfrankens. Seit Menschengedenken ändert er sein Aussehen nicht mehr, blüht aber jeden Mai wieder neu.

S c h o b e r t s b e r g (LSG) wie S o p h i e n b e r g (LSG) sind beide Zeugenberge der Doggerscholle des Braunen Jura und tragen demgemäß einen Nadelwaldschopf. Dem ersteren ist der kegelartige Umriß eigentümlich. Vom aussichtsreichen Jura-Randweg zwischen Sophienberg und Altenhimmel gewinnt man den besten Eindruck davon. Er wacht gleichsam als Charakterberg über den Mistelbachgrund. In gleichem Maße aber ist er auch das Wahrzeichen des nördlich angrenzenden Hummelgaues. Über dem Bayreuther Talkessel thront der Sophienberg mit seiner sargdeckelförmigen Silhouette, seinen Waldpolstern und Hecken-zeilen.

Auch in der Bayreuther Juralandschaft erstaunt uns die große Fülle an Kleinfor-men und kontrastierenden Naturbildern, die dem ganzen Gebirge eigen sind. Die Alb bringt mit „verhältnismäßig kleinen Mitteln große Wirkungen" hervor (Bölsche). Ihre Schätze lassen sich nicht erschöpfend aufzählen. Es gilt hier das Wort des Rheinländers Karl Immermann, der sagte: „Franken ist wie ein Zau-berschrank; immer neue Schubfächer tun sich auf und zeigen bunte, glänzende Kleinodien, und das hat kein Ende. Wer Deutschlands geheimste jungfräuliche Reize genießen will, muß nach Franken reisen."

Alblandschaft bei Thurnau

273

Rednitzbecken und Albvorland

(Dazu Kartenseiten
11, 12, 18, 19, 24, 25)

In diesem Kapitel wird ein Landstrich vorgestellt, der nicht durch seine geologische Zugehörigkeit begrenzt ist, sondern durch Landschaftscharakter und Verkehrssituation. Der Talzug von Rezat und Rednitz (vom Zusammenfluß mit der Pegnitz an auch Regnitz genannt) bildet die Achse dieses Landes, das seit Urzeiten Durchgangsland und Verkehrsweg von enormer Bedeutung ist. Im Landschaftsbild prägt sich diese Eigenschaft durch starke Besiedelung und Industrialisierung aus. Der Wirtschaftsraum Nürnberg–Fürth–Erlangen stellt den Schwerpunkt der nordbayerischen Wirtschaft dar. Dazu kommen die Städte Bamberg, Forchheim, Schwabach und Roth. Als Wasserstraße wollte schon Karl der Große die Rednitz nutzbar machen (s. S. 239). Im 19. Jh. bestand ein Main-Donau-Kanal („Ludwigskanal"), dessen Kapazität aber bald nicht mehr genügte. Nun ist ein Großkanal („Europakanal") im Bau, der die Industrialisierung der Rednitzfurche weiterhin schnell anwachsen lassen wird.

Zur dichten Besiedelung hat also die Verkehrssituation, nicht die Qualität des Bodens geführt. Die Mitte der Senke ist nämlich von eiszeitlichen Schotter- und Dünensanden meterhoch zu einer „Trugebene" aufgeschüttet, die im Nürnberger Becken eine Breite von 20 km erreicht. Aus den Sanden erheben sich abgetrennte Zeugenberge der Burgsandstein-Stufe, wie z. B. der Nürnberger Burgberg, die Alte Veste in Fürth, der Erlanger Burgberg, der Schmausenbuck und der Glasersberg. Über dem Burgsandstein lagern weich die Feuerletten, während die darauffolgende Rhätschicht als 20 m hohe Steilstufe kenntlich ist. Der Rhät und die daraufliegenden Liasschichten des Schwarzen Jura gelten als Albvorland. Es ist durch große Fruchtbarkeit ausgezeichnet (z. B. in der Kalchreuther „Liasinsel"). Die Senke dagegen mit ihren Sandflächen und Burgsandsteinsockeln bringt hauptsächlich die graue Staudenflur der Sandgrasheiden und ausgedehnte, magere Föhrenwälder hervor. Diese Wälder allerdings haben sehr große Ausdehnung. Berühmt ist der Nürnberger Reichswald, dessen zwei Teile, der S e b a l d e r R e i c h s w a l d und der L o r e n z e r R e i c h s w a l d bedeutende Landschaftsschutzgebiete der Nürnberger Umgebung sind. Beide werden von der Zersiedelung bedroht, denn immer weiter fressen sich neue Bauvorhaben vom Rande her in den Baumbestand. Im Mittelalter rauschten hier gesunde Buchen- und Eichenmischwälder. Denn auch die Sandflur, wenn sie mit Humus angereichert ist, trägt Laubwald. Aber jahrhundertelange Streunutzung beraubte den Waldboden seiner schützenden Schicht. Mangelnde Waldpflege, verminderte Bodenqualität und der wachsende Holzbedarf führten zur Bevorzugung der anspruchslosen, schnellwüchsigen Föhre. Doch auch dieser Baum gedeiht nur in der Form des sog. „Steckerleswaldes", seine überschlank aufgeschossenen Stämme sind vielerorts nur armdick. Man ergreift nun rigoros Bodenverbesserungsmaßnahmen und setzt Mischwaldkulturen, die den Wald gesunden lassen werden.

Er hat einen sehr eigenwilligen Zauber, der Nürnberger Reichswald. Für die Nürnberger ist es ein unerschöpfliches Wandergebiet, dessen Zielpunkte gleichmäßig verstreut sind: B u r g s a n d s t e i n b e r g e (z. B. der Schmausenbuck-Rücken mit Nürnbergs schönem Tiergarten und Aussichtsturm auf der „Gritz", die Ludwigshöhe mit Aussichtsturm und botanischem Garten und die Wendelsteiner Höhen), S a n d s t e i n f e l s e n (Schüsseles-Stein, Froschstein, Ofenloch), Rhätfelsen und kleine F e l s s c h l u c h t e n (z. B. am Nuschelberg, Bitterbachklamm bei Lauf), W a l d w e i h e r (z. B. Stauweiher am Lohengrinweg, Weißensee), Q u e l l e n (Haidbrunnen), Wirtskeller und Weiler. Der zernarbte, verwitterte Sandsteinbrocken „Schüsseles-Stein" im Lorenzer Wald trägt seinen Namen nach einer Vertiefung auf seinem Scheitel, die als kultische Opfer-

Sandspark

Schüsseles-Stein

274

stätte aus vorgeschichtlicher Zeit angesehen wurde, aber nur eine Verwitterungs-
erscheinung ist. Von der Omnibushaltestelle Mohrenbrunn im Süden Nürnbergs
bis zum H o h e n b ü h l wurde ein 5 km langer Waldlehrpfad angelegt. Er
führt durch sieben verschiedene Bodentypen des Oberen Bunten Keupers. Schöne
Alteichen, 200jährige Harzföhren und alle Beimischungen des Kiefernforstes
sind vorhanden (Tannen, Ulmen, Stroben, Rotbuchen, Fichten, Lärchen usw.).
Eine etwa 300jährige Zwillingsföhre markiert die Mitte des Weges. Man berührt
die „Teufelsquelle", den „Zollhausbrunnen" und eine Aussichtskanzel.

*In der
Bitterbachklamm
bei Lauf*

Die F l o r a des Reichswaldes ist keineswegs so karg, wie man angesichts des
mageren Baumwuchses vermuten könnte. Denn nicht überall herrscht die Sandflora, die trotz ihrer Intensität (z. B. in der goldenen Blütezeit des Ginsters oder
in der rosaroten Blütezeit des Heidekrautes) artenarm ist. An zahlreichen Orten
stoßen wir auf M o o r e, Tümpel und Weiher, die sich auf tonigen Einlagerun-
gen des Sandsteins entwickelten. Dort wächst das Horste bildende Blaugras, das
zierliche Seegras, verschiedene Binsenarten, Hahnenfuß, Gilbweiderich, Blutweiderich, Sumpfhornklee, Sumpfschafgarbe, das blaue Kappenhelmkraut, der Teufelsabbiß und die Färberscharte. Zwischen den offenen, wassergefüllten Schlenken
blüht das Moorveilchen, die Moosbeere, die Rauschbeere; das Scheidige Wollgras
zeigt seine Wattebüschel und als untrüglicher Mooranzeiger steht der Rundblättrige Sonnentau. Am Rande der Tümpel und Weiher können wir auch Seltenheiten wie die Gelbe und die Sibirische Schwertlilie, die Sumpfkalla und das Sumpfblutauge entdecken. Ein 75 ha großes Sumpfgebiet wurde unter Naturschutz gestellt: die B r u c k e r L a c h e am westl. Rande des Sebalder Forstes bei Erlangen. Es ist ein Versumpfungsgebiet von großem botanischem Reiz. Hart neben der Sumpfvegetation stehen die ausgesprochenen Sandpflanzen.
Auch der Pilzfreund findet ein großes Angebot im Reichswald. Voran stehen der
Maronen- und Sandröhrling, der Schöne Röhrling und der Kuhpilz, der Eier-
schwamm, der Echte Reizker, der Brätling, daneben Täublinge und Ritterlinge,
aber auch — jedoch seltener — der Steinpilz.
Seit Jahrhunderten ist im Nürnberger Reichswald die Bienenzüchterei, das
Z e i d l e r w e s e n, heimisch, und es hat noch heute seine wirtschaftliche, aber
auch seine naturbewahrende Bedeutung. Ein kulturhistorisches Kuriosum stellt
der „I r r h a i n" des „Pegnesischen Blumenordens" im Reichswald bei Kraftshof
dar. Die 1644 gegründete poetische Vereinigung — sie besteht bis heute — hat 1676
ein Waldstück zu einem Park stilisiert, der mit den Geschmacksvorstellungen der
Zeiten sein Aussehen verändert hat. Zuletzt bot er sich im empfindsam-sentimen-
talen Stil dar. Heute sind die Einrichtungen des „Irrhains" dem Verfall preisge-
geben und überwuchert. Hier nimmt der Waldlehrpfad „Kundmüllersteig" seinen Anfang. Er führt durch alle Baumarten des Reichswaldes: vom Steckerles-
wald über Fichtenwald, Nadel-, Laub-, Mischbestände und alte Eichenbestände bis
zum feuchten Erlen-Bruchwald.

Sumpfblutauge

Unter den Schluchten sind vor allem die der lebendigen S c h w a r z a c h
(LSG) am Südrande des Lorenzer Waldes hervorzuheben. Den Rhätsandstein
durchbricht der Fluß zwischen Rasch und Grünsberg in wildromantischer Klamm
(„Teufelsgraben"), deren Schönheit beim Ort Prackenfels kulminiert. Hinter
Schwarzenbruck bricht sie ihre Schlucht durch den Burgsandstein. Überrascht
steht man zwischen haushohen, mit Engelsüßwedeln und Moosteppichen behan-
genen Felswänden, klaffenden Spalten und Höhlen (Gustav-Adolf-Höhle, Karls-
Höhle). Wabenförmig angeordnet sind die Verwitterungslöcher in der Felswand
des sog. Gitterfelsens. Unterhalb von Wendelstein folgt der Einschnitt in den

Engelsüßwedel

Blasensandstein, den die Schwarzach erst an der Mündung in die Rednitz verläßt. Hier am linken Rednitz-Ufer liegt die Stadt S c h w a b a c h , die alle landschaftlich wertvollen Randgebiete des Stadtkernes zu Landschaftsschutzgebieten erklären ließ, um sie vor Verbauung zu schützen. Voran die Auen an der Rednitz und Schwabach, dann die Wiesen- und Heideflächen am Sandbuck und im Süden der Stadt. Dort liegt auch das geschützte Wäldchen M a i s e l a c h . Ein ähnliches Waldstück („S o o s") steht bei Rednitzhembach unter Landschaftsschutz.

Teilstücke der Rednitzauen sollen künftig auch südlich und nördlich Fürth geschützt werden. Westlich von Fürth beginnt der sog. F ü r t h e r N a t u r - p f a d , ein herrlicher Spaziergang von 23 km Länge. Er führt in die Keuperlandschaft des Rangaues bis weit hinter Cadolzburg hinein. Bis zum Cadolzburger Blick begleiten naturkundliche Hinweistafeln die Wege durch den „Fürther Stadtwald". Man geht auf einem kräftigen, aussichtsreichen Burgsandsteinrücken, der zwar von vielen Steinbrüchen angenagt ist (z. B. Katzensteingebiet), jedoch mit der Alten Veste noch 80 m und mit dem Dillenberg 150 m hoch über seine Umgebung aufragt. Vor allem die Steinbrüche sind dicht überwuchert von Mischwald (Kiefer, Birke, Eiche, Buche, Lärche, Eberesche), Strauchwerk und mannigfaltigen Blüten. An wasserreichen Stellen gedeihen Adlerfarn, Engelsüß, Widertonmoos u. a. Das schönbewaldete Stück um die A l t e V e s t e ist Naturdenkmal.

Die Sandaufschüttungen des Rednitzbeckens tragen nicht nur dürre Föhrenwälder und karge Äcker. Was Bauernfleiß im Verein mit guter Bodendurchfeuchtung hervorbringen kann, zeigen die Gemüsefluren des K n o b l a u c h s - l a n d e s nördl. von Nürnberg. Durch Düngung und sorgsame Pflege ist der dürftige Sandboden in fruchtbares Ackerland verwandelt worden. Die Knoblauchsland-Bauern versorgen die Bevölkerung des Wirtschaftsgroßraumes reichlich mit Frischgemüse. Ihre Spargel- und Meerrettichkulturen sind seit je berühmt. Daneben zieht man Spinat, Salat, Kohl, Zwiebeln, Rüben, Bohnen, Erbsen, Gurken, Sellerie und Petersilie.

Ähnlich wie in der Stadt Schwabach wurden auch in Erlangen die bedeutenderen Erholungsgebiete im Stadtbereich unter Landschaftsschutz gestellt. So die Rednitzauen zwischen Bruck und Bubenreuth, der buschgesäumte Talgrund der E r l a n g e r S c h w a b a c h . der Abhang des Erlanger B u r g b e r g e s (Aussichtsturm), der Erlanger M e i l w a l d und der anschließende B i s c h o f s m e i l w a l d (Aussichtsturm am Rathsberg) sowie das Lehenholz.

Unterhalb von Erlangen steht bei Möhrendorf eine Gruppe von Wetterföhren. Sie sind breit und ausladend gewachsen, aber skurril zerzaust und verkrüppelt. Diese S c h w e d e n f ö h r e n (ND) sollen aus dem 17. Jh. stammen. Völ-

Die Wallensteinföhre bei Kriegenbrunn

Am Europakanal.
Sparschleuse bei Bamberg

lig frei konnte sich die sog. W a l l e n s t e i n f ö h r e (ND bei Kriegenbrunn südwestl. Erlangen) entwickeln, die demgemäß eine ungestörte, haubenartige Krone besitzt. Mit Hilfe von Denksteinen für Gefallene wurde sie zur Denkmalsföhre umgestaltet. Sie gilt als eine der schönsten und ältesten Föhren Frankens.

Zwischen Erlangen und Forchheim haben sich im stark durchfeuchteten Regnitzgrund zahlreiche Weiher erhalten, von denen manche (z. B. das LSG N e u w e i h e r bei Adlitz) in eine idyllische Auenlandschaft eingebettet sind und interessante Sumpfflora aufweisen. In Forchheim stehen die buschreichen T a l a u e n d e r R e g n i t z mit 2 Altwasserarmen und der K e l l e r w a l d mit anschließender Weiherplatte unter Landschaftsschutz. Der Kellerwald ist mit starkwüchsigen Eichen bestockt, die eine größere Zahl von gern besuchten Felsen-Bierkellern beschatten.

Die Rednitz-Regnitz-Furche vereinigt sich im Bamberger Kessel mit dem Obermaintal. In ihrem „Mündungstrichter" liegt auf den Sandfluren der Senke der sog. H a u p t s m o o r w a l d (LSG), ein ausgedehntes Nadelwaldgebiet. Es ist für Bamberg in vielfacher Hinsicht von lebenswichtiger Bedeutung. Hier schöpft die Stadt ihr Trinkwasser, von hier aus werden die Gemüsekulturen des Bamberger Kessels bewässert. Da die 10−15 m mächtigen Sande auf wasserundurchlässigen Schichten lagern, fließt in einem gewaltigen Grundwasserstrom das Sickerwasser der Albhochfläche unter dem Waldboden nach Westen. Darüber hinaus dient das schöne Föhrenwaldrevier den Bambergern als Erholungs- und Wandergebiet. Anziehungspunkte sind die Weiher am Schloß Seehof, der „Teufelsgraben" und der „Kunigundenstein".

Die Siebenhügelstadt Bamberg selbst steht auf felsigem Burgsandsteingelände. Die Sandsteinhänge bei Bug (LSG) wurden wegen ihres Erholungswertes und ihrer reizvollen Aussicht auf die Regnitzauen vor Verbauung gesichert. Von der Auenlandschaft sind T h e r e s i e n - und L u i s e n h a i n (Bad, Botanischer Garten) mit ihren alten Baumbeständen und die Auwaldpartie bei Bughof unter Schutz gestellt.

Weit über das Bamberger Land blickt man von der A l t e n b u r g (LSG), einem romantischen Bergschloß auf hoher Rhätkuppe am Rande der Stadt. Die Flanken des Berges tragen Laubwald und Obstkulturen. Sie sind durch typische Hangschluchten vielfältig gegliedert.

Die Altenburg

Die Keuperlandschaften

In Gestalt der F r a n k e n h ö h e, des S t e i g e r w a l d e s und der H a ß - b e r g e bildet das Keuperbergland eine der großen, deutlich in Erscheinung tretenden Landstufen des süddeutschen Raumes. Die vorgelagerten Gäulandschaften um 150 bis 200 m überragend, streicht sie rund 130 km weit von Süd nach Nord. Mit dem 547 m hohen Birkenberg bei Schnelldorf stellt die Frankenhöhe die höchste Erhebung; der Scheinberg im Südlichen Steigerwald mißt 499 m, die Nassacher Höhe in den Haßbergen 510 m.
Allerdings ist der Gebirgstrauf keineswegs ein geschlossenes Gebilde. Zahlreiche Flüßchen haben ihn angenagt und seine Mauer in einzelne Kuppen, Bergsporne, Zeugenberge und schmale Riedel aufgelöst. Die am Stufenrand entspringenden Bäche haben durch den großen relativen Höhenunterschied ein starkes Gefälle und konnten damit schluchtartige Einschnitte schaffen. Sobald sie die Ebene erreichen, verflacht sich das Tal sofort. Von Westen her dringen mehrere Buchten ein. In ihre drei Bestandteile wird die Keuperstufe durch die sog. Windsheimer Bucht und durch das Maintal bei Zeil geschieden.
Die starke Auflösung ist durch die leichte Verwitterbarkeit der Keupersandsteine bedingt, die den Schichtkörper bedecken. Es folgen untereinander der grobkörnige Burgsandstein (nur in östl. und südl. Randbezirken der Abdachung), der wasserdurchlässige Blasensandstein, die rot-grün-violetten Lehrbergtone (wichtiger Quellhorizont), die Schichten des sog. Bunten Keupers, (mit dem widerstandsfähigen, graugrünen Schilfsandstein, den weichen Estherienschichten und der harten Corbulaplatte) und zuunterst der grauweiße Gipskeuper mit dem Lettenkeuper, der dem Muschelkalk der Gäulandschaften aufliegt.
Stufenrand und Höhen sind überzogen vom dichten Mischwald, in dem Fichte und Föhre vorherrschen. Nur im Steigerwald ist das Verhältnis umgekehrt. Er ist für seinen Reichtum an Buchenwäldern berühmt.
Ganz sacht neigt sich die Stufe des Keuperlandes gegen das Rednitzbecken. Sobald wir die Hochflächenwälder verlassen, nimmt das Land einen sehr viel schlichteren Charakter an. Sanftwellige Höhenzüge sind durch breite und flache Flußtäler gegliedert. Sie zeigen die müden Linien einer „alternden Landschaft". Weil das verwitterte Keupergestein verhältnismäßig leicht transportierbar ist, konnte die Ausräumung der Landschaft schon weit vorschreiten. Da die Neigung der Schichten nach Osten zu doppelt so groß ist wie die Abdachung der Oberfläche, fließen die Bäche von ihrem Oberlauf bis zur Mündung in Rednitz oder Main durch immer jüngere Schichten. Die Täler haben sanft geböschte Hänge und gerundete Talkanten. Ihr Gefälle ist äußerst gering. Die Flüsse schleichen durch weitgestreckte Auen träge dahin und lassen sich ohne Mühe zu einer Kette von Karpfenweihern aufstauen, wie es im Aischgrund vielerorts geschieht. Wenn aber Hochwasser auftreten, dann wird die Talaue im Nu zu einem weiten See.
Der Lauf der Flüßchen mäandert in den flachen Talsohlen abenteuerlich hin und her. Wo die Baum- und Buschrahmung belassen wurde, ergeben sich malerische Bilder von stillem Reiz.
Im Wald haben die Föhren die Vorherrschaft. Die Laubbeimischung verliert sich mehr und mehr, wenn man dem Burgsandstein näher kommt. Auch werden die Bäume nicht größer und kräftiger, sondern im Gegenteil immer schütterer und kleiner. Doch mag diese Wertung den Forstmann stören. Der Besucher des Landes wird in diesen sandigen Föhrenwäldern eine ganz eigene Welt kennenlernen, deren Farbenwerte überraschend schöne Kompositionen ergeben können. Freilich ist es eine verhaltene Schönheit, die entdeckt sein will. Den sandigen Boden des Föhrenwaldes zieren vornehmlich Pflanzen, die mit wenig Wasser auskommen. Der

Katzenpfötchen

Hirtentäschchen

278

Gelbe Mauerpfeffer z. B. speichert das Wasser in seinen fleischigen Blättern; die goldenen Sandstrohblumen, die Katzenpfötchen und Sandruhrkräuter hüllen sich in dichten Haarwuchs, der Thymian rückt zu Polstern zusammen, um das kostbare Naß zu hüten. Und auch die Königskerze, die Silberfingerkräuter und die Habichtskräuter, das Bergsandglöckchen und der Adlerfarn haben ihre erfolgreichen Methoden, sich trotz der kargen Lebensbedingungen zu behaupten. Ginster und Heidekraut, Behaartes Habichtskraut und Preiselbeere gesellen sich hinzu.

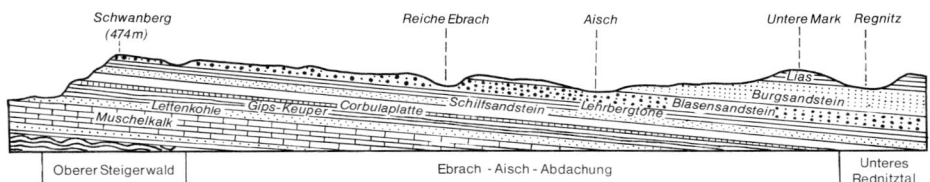

Querschnitt durch die Keuperstufe zwischen Schwanberg und dem Rednitztal bei Forchheim. Nach C.Scherzer

DER STEIGERWALD UND DIE EBRACH-AISCH-ABDACHUNG

Von den drei Keuperbergländern am geschlossensten ausgeprägt ist der Steigerwald. Sein Anstieg erhebt sich am machtvollsten über das Vorland, seine Wälder sind die urtümlichsten, seine Aussichtspunkte die weitreichendsten. Um seinen Fuß (auf den südlich exponierten Gipskeuperlagen) ziehen sich Wein- und Obstgärten, die dem Gebirgsrand eine heitere Note verleihen. Das ist vor allem der Fall im O b e r e n S t e i g e r w a l d , der auch Nördl. Steigerwald genannt wird. Es ist das eigentliche Kerngebiet im Gegensatz zum stärker gerodeten „Vorderen oder Südlichen Steigerwald" südl. des Schwanberges. Über den Weinhängen steigen die dichten Buchenwälder auf. Nur an warmen und trockenen Hangstufen behaupten sich Eichengruppen, während die kühleren Nordseiten der Fichte Raum geben. Vor 200 Jahren trug der Steigerwald 90% Buchenwald mit vielen Alteichen, heute sind es noch 70%. Eine bestimmte Ausbildung des Blasensandsteins im Verein mit dem milden Klima des nahen Maintales und dem Niederschlagsreichtum des als Regenfang wirkenden Stufenrandes erlaubt dieses kräftige Wachstum des hellen Laubwaldes.

(Dazu Kartenseiten 10, 11, 16–18)

Wer die Pflanzenwelt des Steigerwaldes studieren will, muß auf den S c h w a n - b e r g steigen. Dieser am weitesten vorragende Sporn des Stufenrandes verteidigt wie eine Naturbastion den Rückzug der weichenden Keuperstufe. Fast alle Keuperschichten vom Grundgips bis zum Blasensandstein streichen hier aus und zeigen somit die Vegetation der jeweiligen Stufe. Bis zur Hälfte der Höhe klettern die Weinkulturen empor, dann ergreift der Eichenmischwald vom Schwanberg Besitz. Er wuchert über die Bergkrone und durchsetzt die Hochebene des Bergrückens.

Die Gipsbrüche mit ihren Halden am unteren Abhang ermöglichen die Ausbreitung von Trockenrasenvegetation aus den Gäulandschaften. Da finden sich Seltenheiten wie das Kleinblütige Fingerkraut, das Weiße Felsenfingerkraut oder das Immenblatt.

Der westliche Bergvorsprung birgt in seinen Eichen- und Mischwaldbeständen das Silberfingerkraut, den Deutschen Ginster, den Färberginster, den Schafschwingel,

Immenblatt

279

Schwarze Teufelskralle

das Nickende Leimkraut, die Karthäuser- und Pechnelke, die Großblütige Miere, das Schmalblättrige Weidenröschen, das Heidekraut und die Heidelbeere.

Kühlere und feuchtere Nord- und Nordwesthänge begünstigen den Buchenwald, der mit Kostbarkeiten wie Gemswurz, Türkenbund und dem hier seltenen Waldgeißbart aufwarten kann.

Die trockenwarmen Südhänge bringen natürlich die artenreichsten Pflanzengesellschaften hervor, wechselnd gemäß den verschiedenen geologischen Stufen. Die Wälder setzen sich aus einer günstigen Mischung von Trauben- und Stieleiche, Winterlinde, Hainbuche, Feld- und Spitzahorn, Elsbeere, Bergahorn und Rotbuche zusammen. In der Strauchschicht findet man Weißdorn, Schlehe, Kreuzdorn, Haselnuß, Liguster, Hartriegel, Heckenkirsche, Schneeball und Goldregen. Der Boden aber zeigt die Blütenjuwele Immenblatt, Diptam, Ebensträußige Margarite, Blutroter Storchschnabel, Bergjohanniskraut, Rankende Waldrebe, ferner Pfirsichblättrige Glockenblume, Schwalbenwurz, Gelber Fingerhut, Rauher Alant, Akelei sowie die Orchideen Rotes und Weißes Waldvögelein, Purpurorchis, Kuckucksknabenkraut und Zweiblättrige Waldhyazinthe. Für den Laubmischwald charakteristisch sind Buschwindröschen, Seidelbast, Maiglöckchen, Salomonssiegel, Frühlingsplatterbse, Goldnessel, Wolliger Hahnenfuß, Heil- und Waldziest, Ährige und Schwarze Teufelskralle, Sumpfwurz und Nestwurz.

An feuchten Stellen des Plateaurandes glänzt die schöne Iris sibirica. Demgegenüber macht sich der das Schwanbergplateau überdeckende Blasensandstein durch viel kargeren Pflanzenwuchs bemerkbar. Hier wurde vor allem Fichte aufgeforstet, die wenig Unterwuchs erlaubt. Eine Ausnahme macht der schöne S c h l o ß - p a r k , der sich hinter dem Schloß Schwanberg ausbreitet. Er weist ein Mausoleum, einen Obelisken, Wasserbecken und eine große Terrasse auf. Zahlreiche exotische Baum- und Straucharten wie z. B. eine Rhododendronpflanzung, verschiedene Wacholderarten, Zypressen, Douglasfichten, Hemlockstannen, serbische Omorikafichten u. ä. stehen neben einer stattlichen Lindenallee, neben Ahornbäumen und Blutbuchen. Die Aussicht von der Terrasse des Schloßparkes gehört zu den schönsten im Keuperbergland. Über die Weinhänge des Schwanberges geht der Blick auf die Maingäue, die wie ein Teppich aus dem hellen Grün der Wiesen, dem Goldbraun der Felder und den dunklen Tupfen einzelner Wäldchen gewebt erscheinen. Die Stadt Kitzingen liegt breit im Maintal und im Hintergrund blauen Rhön und Spessart.

Berühmte Aussichtswarten am Gebirgsrand des Steigerwaldes sind außerdem der E b e r s b e r g über dem Maintal bei Zell, der G r o ß e K n e t z b e r g über dem schluchtartigen, romantischen B ö h l g r u n d , der vorgeschobene Z a - b e l s t e i n mit seinem Aussichtsturm und der geschichtsreichen Ruine, ferner die weithin sichtbare Vollburg bei Michelau und das benachbarte M u r r l e i n s - n e s t , der F r i e d r i c h s b e r g bei Abtswind, der Schloßberg von C a s t e l l und als unübertroffener Höhepunkt der Schwanberg bei Iphofen. Zabelstein, Vollburg und Schwanberg sind seit vorgeschichtlichen Zeiten besiedelt gewesen und trugen Ringwälle. Südwestl. Birklingen stellt die Ruine Speckfeld einen hervorragenden Aussichtspunkt nach Osten und auf die Hellmitzheimer Bucht dar.

Der Obere Steigerwald besitzt keine Landschaftsschutzgebiete, weil seine schönen, stillen Landschaften zu einem großen N a t u r p a r k zusammengefaßt werden und damit insgesamt den Landschaftsschutzbestimmungen unterliegen.

Durch die Bucht von Hellmitzheim, die den Stufenrand weit nach Osten zurückdrängt, wird der S ü d l i c h e oder V o r d e r e S t e i g e r w a l d vom Nördlichen oder Oberen abgetrennt. Auch der Landschaftscharakter wandelt sich.

Der Schwanberg
über Iphofen

Die Steilstufe besteht nur mehr aus Zeugenbergen und Halbzeugenbergen, die sich trennend zwischen den weiten, von reichem Leben erfüllten Talräumen gehalten haben. Zusammenfassend kann man vom Frankenberg-Iffigheimer Bergrücken und vom Osing-Höhenrücken sprechen, die zwischen dem Scheine-Laimbachgrund, dem Bibartgrund, dem Ehegrund und dem Aischtal (Windsheimer Bucht) aufsteigen.

Durch die starke Zertalung haben die Restberge für das Landschaftsbild an Bedeutung gewonnen. Vor allem der Frankenberg-Iffigheimer-Zug ist mit seinen vielerlei Bergformen höchst anziehend. Als Vorposten wacht der T a n n e n - b e r g − frei von Baumwuchs und bis obenhin mit Wein bestanden (von der Tannenbergwiese auf dem Gipfel gute Fernsicht). Südlich anschließend steigt der K a p e l l b e r g mit dem B u l l e n h e i m e r B e r g (LSG) auf, ein typischer Zeugenberg mit scharfer Stufenabgrenzung nach unten und mit sargdeckelförmigem Umriß. An seinem Südrande wächst die knorrige Hutteneiche, die angeblich Ulrich von Hutten vor 500 Jahren gepflanzt haben soll, deren Namen aber wahrscheinlich auf eine ehemalige Weide, eine „Hutung", zurückzuführen ist. Südöstlich schickt der S c h e i n b e r g (LSG) einen Sporn nach Westen, den das Schloß F r a n k e n b e r g (LSG) krönt. Man genießt hier einen weiten Blick über den Uffenheimer Gau auf Odenwald, Spessart und Rhön in der Ferne. Die landwirtschaftlich genutzten Hänge mit ihren Getreide- und Weinfeldern sind von Obstbäumen, Heckenzeilen und schönen Einzelbäumen, sog. Solitärbäumen gesäumt. Der Laubwald zum Scheinberg hin hat die glücklichste Mischung. Es ist ein Mittelwald mit einigen prachtvollen Eichenexemplaren. Die Sumpfflora des verzauberten S c h e i n b e r g s e e s an der Flanke des Berges ist ein Eldorado für den Botaniker. An die Wildfütterung wird gedacht bei der Anpflanzung von Kastanienzeilen auf sonst nicht verwertbaren Flächen.

Vom Süden her grüßt der populärste Punkt des südl. Steigerwaldes, der H o - h e n l a n d s b e r g (LSG; 498 m). Er verbirgt unter dichtem Laub die Reste einer wilden, geschichtsreichen Burg, die im Markgräfler-Krieg 1553/54 in Schutt und Asche fiel.

Einen weithin sichtbaren Aussichtsturm („Andreas-Därr-Turm") trägt der I f - f i g h e i m e r B e r g. Sein schöner Eichen-Mittelwald setzt sich im östlich anschließenden Rücken des L i m p u r g e r F o r s t e s (LSG) fort.

281

Die A b d a c h u n g d e s O b e r e n S t e i g e r w a l d e s wurde ein „grüner Rechen" genannt, weil am starken „Querholz" des Gebirgskammes bewaldete Riedel als „Zähne" sitzen, die zwischen parallellaufenden Flüssen südostwärts zum Regnitzbecken ziehen. Die Gleichförmigkeit, mit der Aurach, Rauhe Ebrach, Mittelebrach und Reiche Ebrach ihre Täler gestaltet haben, wird nur kurz vor der Regnitzfurche aufgelockert. Hier, in den Mündungsstücken zwischen Aisch und Main, sitzen der Keuperdecke aus Blasen- und Burgsandstein langgestreckte Liaskappen auf: die Altenburg, der Bruderwald, der Distelberger Wald, der Mainbergwald, die Seußling-Schnaid-Zentbechhofener Höhe, der große Untere Mark-Wald sowie der Fürstberg westlich von Forchheim. Es sind Lias-Zeugenberge der Alb, die beweisen, daß der Jura einst über die Rednitz und über das gesamte Keuperland hinweg gegriffen hat. Sie geben dem Regnitzbecken nach Westen seinen grünen Rahmen.

Im Tal der Reichen Ebrach liegen sich Steppach und Pommersfelden gegenüber. Im letzteren steht das Barockschloß Weißenstein, eines der größten Kunstjuwele im Fränkischen Land. Bei Steppach erhebt sich der R e n d e l b e r g. Seine Mischwaldbestände sind ein Vogelparadies geworden. Am Rande des Gebietes steht eine mächtige Eiche mit einem Alter von etwa 600 Jahren.

Zwischen Aischgrund und Regnitztal erstreckt sich eine weite W e i h e r l a n d s c h a f t von großer Eindringlichkeit. Zahllose Teiche bilden eine blitzende Seenplatte. Sie sind umrahmt von schwermütigen Föhrenwäldern, deren Stämme rötlich, deren Kronen blaugrün sich im Wasser spiegeln. Es ist ein wahres Paradies der Pflanzen- und Tierliebhaber. Fauna und Flora der langsamen Flüsse und aufgestauten Teiche im Keuperland sind hier exemplarisch vertreten. Den Uferstreifen bewachsen Schwarzerle, Weide und Faulbaum, dazu der Wilde Schneeballstrauch und der Bittersüße Nachtschatten. Auf lichten Stellen wuchern Gilbweiderich, Beinwell, Baldrian und Zaunwinde. Dem sumpfigen Wasserrand zu bestimmen vornehmlich Seggenarten und Wollgräser das Bild. Schwarzes Kopfried, Moorsimse, Schnabelbinse, Blutweiderich, Sumpfhaarstrang, Giftiger Wasserschierling, Wasserfenchel, Sumpfdotterblume, Wasserminze und Gelbe Schwertlilie gesellen sich hinzu. Dann folgt bereits im Wasser die Zone des Röhrichts mit Schilfrohr, Rohrkolben, Igelkolben, mit Froschlöffel, Zungenblättrigem Hahnenfuß, Pfeilkraut, Schwanenblume, Seesimse, mit Seerose, Teichrose u. v. a.

Vor allem aber ist diese endlose Weiherwelt ein Paradies der Vögel und eines ihrer bedeutendsten Reservate in Deutschland. Über den Wasserflächen stäuben Scharen von Trauerseeschwalben und Lachmöwen, während auf dem Wasser die Entenarten vorherrschen (Reiher-, Tafel-, Krick-, Schell-, Berg-, Schnatter-, Löffel-, Knäk-, Spieß-, Pfeif-, Kolben- und nicht zuletzt Stockente und Säger). Bläß- und Teichhuhn, Haubentaucher und Schwarzhalstaucher zeigen ihre Schwimm- und Tauchkünste. Zwergschnepfen und Rotschenkel. Schaf- und Uferschnepfen, Bekassinen und Strandläufer und besonders auch Störche holen aus den Sumpftümpeln ihre Nahrung. Die meisten der noch rund 80 in Franken brütenden Storchpaare haben in dieser Weiherlandschaft Zuflucht gesucht. Das Vogelkonzert aus dem Schilf ist tausendstimmig. Drossel- und Teichrohrsänger, Zwerg- und Große Rohrdommel, Wachtelkönig, Rohrammer und Wasserralle sind herauszuhören. Vom festeren Ufer antworten ihnen Kiebitz und Lerche, Meise und Fink, Drossel und Specht, Kuckuck und Wendehals. Manchmal schreckt ein Raubvogel die laute Schar. Wanderfalke und Rohrweihe kreuzen hin und wieder auf, Milan und Turm-

Mittelsäger

Haubentaucher

282

falke, Mäusebussard, Sperber und Habicht brüten im umliegenden Waldland. Zwei Ausschnitte dieses Wald- und Wasserparadieses wurden unter Landschaftsschutz gestellt: die G r o ß d e c h s e n d o r f e r W e i h e r , weil durch den Badebetrieb am Großen Bischofsweiher gefährdet, die W e i h e r b e i M o h r - h o f , weil durch Vogelwelt und Pflanzenseltenheiten (Fieberklee, Sumpfblutauge, Wassernabel, Pillenfarn, Frühlingsenzian) besonders ausgezeichnet. Gegen das betriebsame Rednitztal wird das einsame Weiherland durch die großen Waldreviere M a r k w a l d und M ö n a u abgeschirmt. Das letztere ist Landschaftsschutzgebiet. Es erstreckt sich westl. von Erlangen zwischen den Weihertälern von Membach und Kosbach und ist eine bevorzugte Erlanger Wanderlandschaft. Westlich von Dechsendorf hat man die gefährdete natürliche Rahmung eines bedeutenden mittelalterlichen Naturdenkmals unter Schutz gestellt: die K i r c h e n b u r g i n H a n n b e r g soll nicht umbaut werden und ihre Busch- und Baumzier behalten.

*Wehrkirche
in Hannberg*

Die A b d a c h u n g d e s S ü d l . S t e i g e r w a l d e s weist keine grundsätzlich anderen Züge auf. Auch hier liegen zwischen wiesengrünen, feuchten Tälern langgestreckte Bergriedel, die allerdings vorwiegend mit Eichen-Mittelwald bestanden sind. Dieser Waldtypus ist im südl. Steigerwald sehr verbreitet und fast einzigartig in Deutschland. Er besteht aus den formenreichen Stockausschlägen einst gerodeter Bäume, die durch dauernde Brennholznutzung in ihrer Form erhalten blieben. Das Recht der Bauern auf diese Nutzungsform hat die Umforstung zu reinen Fichtenbeständen, wie man sie sonst vom Keuperland her kennt, bis heute verhindern können. Bei Deutenheim im Ehegrund hat sich ein reiner Winterlindenwald gehalten.

Die Flüßchen des südl. Steigerwaldes fließen nicht parallel zur Regnitz, sondern strömen in Form eines Fächers dem Aischgrund zu. Dabei gestalten sie mitunter höchst reizvolle Landschaftsbilder mit ihrem skurrilen Uferbewuchs aus Erlen und Weiden. Alte Hutbäume und prachtvolle Heckenreihen säumen die Feldraine. Doch nicht mehr überall. Mit harter Faust wurden vielerorts Hecken beseitigt, Bäche begradigt, Bäume gefällt. Ein betrübliches Beispiel dafür ist die Regulierung der Ehe bei Sugenheim. Um jährliche Überschwemmungen zu verhindern, hat man den Lauf des Ehebaches „bereinigt". Ein beispielhafter Bewuchs mit Kopfweiden begleitete einst kilometerweit ohne Lücke das Bachbett. Manch seltene Vogelart war hier heimisch, der Fischreichtum war groß in diesem natürlichen Wasserlauf mit seinen zahllosen Schlingen. Doch die Bäume wurden restlos gefällt, das Bachbett schnurgerade ausgebaggert, die Vögel vertrieben, die Fische ihrer natürlichen Umwelt beraubt. Selbst wenn man darangeht, die Ufer neu zu bepflanzen, ist das alte, naturgerechte Landschaftsbild nicht wiederherzustellen.

*Ehebach vor
der Regulierung*

Nicht viel besser erging es der Wacholderheide bei Obernesselbach westl. von Neustadt. Hier wurde ein großer Teil des baumbestandenen Landschaftsschutzgebietes gerodet und in dürftiges Ackerland verwandelt.

Der A i s c h g r u n d bildet als breites Wiesental die Achse der Steigerwald-Südabdachung. Rechts und links schwingen die Hänge sanft zu den Riedeln empor, die z. T. unter Landschaftsschutz stehen (z. B. Kehrenberg, Osing, Kollerberg, Sommersberg, Eulenberg, Ickelheimer Wald und Hohenecker Forst). Um Neustadt an der Aisch sind Landschaftsschutzgebiete geplant für die eingeschnittenen Nebentälchen am Hutsberg, an der Kreuzleiten (schönes Waldbad), bei der Lohmühle und bei den Felsenkellern. Einige Kilometer den stark mäandernden Fluß hinab liegt Höchstadt an der Aisch. Auch hier wurde der Naturgürtel um die alten Felsenkeller unter Schutz gestellt (LSG

*Ehebach nach
der Regulierung*

283

K e l l e r b e r g). Dichte Hecken und alte Eichen säumen die Kelleranlagen. Als weite fruchtbare Lößebene begrenzt die W i n d s h e i m e r B u c h t den Steigerwald im Süden. Um das blanke Städtchen Bad Windsheim (Heilquellen gegen Rheuma, Ischias, Stoffwechselkrankheiten) breiten sich Wiesen und Felder auf Gipskeuper und Lößlehm. Die A i s c h w i e s e n (LSG) südl. des Ortes sind mit Pappeln und lichten Gebüschen durchsetzt. Östl. erhebt sich der G a l g e n b u c k (LSG); von der einstigen Hinrichtungsstätte, die mit einem Kranz von Linden und Kastanien umstanden ist, geht der Blick auf das Städtchen und auf den Stufenrand der Frankenhöhe. Mitten im fruchtschweren Windsheimer Gäu liegen ein paar unbebaute, kurzgrasige Gipshügel. Es sind letzte Reste der fränkischen Heidewiesen, die einst blumenreich und sonnendurchglänzt die ganze Bucht einnahmen. Der K ü l s h e i m e r G i p s h ü g e l ist im Besitz des Botanischen Vereins Nürnberg und blieb vor Zerstörung bewahrt. Aller Blütenzauber der Steppengebiete Südrußlands und Ungarns erscheint im Laufe des Jahres auf diesem Rücken. Wie auf den süddeutschen Heidewiesen blühen Adonisröschen, Küchenschelle, verschiedene Fingerkräuter, Rauhaariges Veilchen, Goldgrüne Zypressenwolfsmilch, Dänischer Tragant, Schopfige Kreuzblume, Ohrlöffelnelke, Steppenwolfsmilch, Purpurschwarzwurzel, Kleines Mädesüß, Kleinblättrige Wiesenraute, Ähriger Ehrenpreis, Aufrechter Ziest, Ästige Graslilie, Goldaster und Steppenhexe. Über allem läßt das Federgras seine langen silbernen Grannen wehen – zauberhaft fremdartig in unserer mitteleuropäischen Landschaft. Weitere botanisch bedeutsame Gipshügel konnte der „Bund Naturschutz in Bayern" zwischen Markt Nordheim und Krautostheim erwerben und sicherstellen.

Bad Windsheim

284

DIE FRANKENHÖHE UND IHRE ABDACHUNG

Trotz der relativ größeren Höhe (bis zu 550 m) erscheinen die Berge der Frankenhöhe doch weniger imposant als die des Steigerwaldes, der nur 499 m erreicht. Das Vorland der Frankenhöhe hat sich nämlich mit dem sog. Fränkischen Schild aufgewölbt, wodurch die Traufhöhe der Keuperstufe stark verringert wurde. Die Scheitelhöhe dieses „Fränkischen Schildes" liegt westl. Rothenburg im Württembergischen. Sie erreicht fast 500 m Höhe.

(Dazu Kartenseiten 16–18, 23, 24)

Im Aufbau gleicht die Frankenhöhe dem Steigerwald. Hier sind jedoch die Zeugenberge und Halbzeugenberge noch stärker isoliert, die Blasensandsteinüberdeckung noch weitgehender abgetragen. Die auf der Frankenhöhe entspringenden Flüsse haben die Hochfläche schon fast bis zum Trauf mit ihren Talwannen ausgewaschen, so daß zwischen ihnen nur schmale Berggrate stehengeblieben sind. Die Quellbäche von Wörnitz, Altmühl und Fränkischer Rezat sind an dem Zerstörungswerk beteiligt. Doch so abträglich die Feststellung auch klingen mag, für das Landschaftsbild ist diese Auflösung ein Gewinn. Denn wie im Südl. Steigerwald sehen wir uns einer höchst abwechslungsreichen Folge von Bergen und Tälern gegenüber, die alle ihre eigenen Züge tragen. Es ist beabsichtigt, große Teile der Frankenhöhe mit dem Vorland um Rothenburg und mit der Abdachung im Bereich von Feuchtwangen und Dinkelsbühl zu einem N a t u r p a r k zusammenzufassen, der auch den Hesselberg einschließen soll.

Wildbad Burgbernheim

Die nördliche Bastion der Frankenhöhe besteht aus den Waldbergen Endseer Berg, Hohe Leite, Schloßberg und Breithart. Burgbernheim ist der Ausgangspunkt für ihre Erkundung.

Der vorgeschobene E n d s e e r B e r g ist ein dichtbewaldeter Zeugenberg, der in seinem Buchen-, Fichten- und Eichen-Mischwald die Reste einer großen Burganlage verbirgt. An botanischen Kostbarkeiten findet man die Türkenbundlilie, die Weiße Schwalbenwurz und das Weiße Waldvögelein.

Steppenheidenflora deckt die freien Schloßberghänge bei Burgbernheim. Sie gewähren einen weiten Blick auf den fruchtbaren Windsheimer Gau. Die um einen Eichenschaft gezimmerte Aussichtskanzel erlaubt allerdings nur eine beschränkte Aussicht auf Burgbernheim. In den Wäldern des Hochplateaus um das Wildbad Burgbernheim (LSG) sammeln sich die Quellwasser der Altmühl. Dichter Laub- und Nadelwald beschattet die Quellrinnsale.

Nach Osten setzt sich die Tafel der Frankenhöhe in der H o h e n S t e i g und dem B ü t t e l b e r g (LSG) fort, wo kräftiger Laubwald den 100 m hohen Abfall überzieht. Nach Norden schiebt sich der waldfreie P e t e r s b e r g (LSG) als idealer Aussichtsberg gegen die Windsheimer Bucht vor. Weinhänge, Obstgärten und die weiten Getreide- und Wiesenflächen der Bucht werden sichtbar. Pappelreihen ziehen entlang der Landstraßen, Dörfer lagern geschlossen im Land. Den Hintergrund schließt der Südliche Steigerwald mit Kehrenberg und Osing ab. Man erkennt den Hohenlandsberg, den Frankenberg und dahinter in blauer Ferne den Schwanberg. Nach Nordosten zu liegt Schloß Hoheneck und rechts weit dahinter die Randhöhen des Aischtales bei Neustadt.

Der Bergsporn von Schillingsfürst

In südlicher Richtung verläuft der Frankenhöhen-Trauf östl. von Rothenburg (Kastanienallee oberhalb Neusitz) nach S c h i l l i n g s f ü r s t , das isoliert auf einem Keupersporn thront. Hier haben die Nebenflüßchen der oberen Tauber das Stufenprofil aufgelöst. Südl. des Gailnauer Berges zieht die Keuperschichtstufe nach Baden-Württemberg.

285

Die A b d a c h u n g d e r F r a n k e n h ö h e nach Osten und Südosten erstreckt sich bis zum Rednitzbecken – nördlich begrenzt vom Aurachgrund, südlich von den Albzügen Hesselberg und Hahnenkamm. Das Bild ist nicht wesentlich verändert gegenüber dem Land an Aisch und Ebrach. Allerdings haben die Flüsse hier die Ausräumung weiter vorangetrieben und wenige 100 m hinter dem Stufenrand bereits bis auf die Gipskeuperschichten eingeschnitten. Die Talwannen sind daher anfangs weit und verengen sich leicht gegen die Rednitzfurche, wo der Blasensandstein und der härtere Burgsandstein zu durchsägen war. Die Rücken der Bergriedel sind den pflanzenarmen Fichtenwäldern vorbehalten, die nur ab und zu von Laubwaldinseln aufgelockert werden. Gegen Osten übernimmt die Föhre den Boden. Ihre Wälder zeigen sich besonders im Frühjahr farbenfreudig, wenn sich der Besenginster goldleuchtend um die Waldränder legt. Die nach Süden gerichteten Hänge der Gipskeuper- und Lehrbergschichten tragen an vielen Stellen kurzrasige Wacholderheiden – die Grundlage für die immer noch verbreitete Schafzucht. Im Talgrund dagegen breiten sich die Auwiesen aus und begleiten die Bäche mit ihrem Schmuck aus Weiden, Erlen und Pappeln.

Wacholderheide

Die Landwirtschaft beschränkt sich auf Roggen-, Kartoffel- und Futterfrüchteanbau, wovon besonders die gelben Rapsfelder zur Blütezeit im Frühjahr auffallen. An Spezialkulturen sind der Tabakanbau im Schwabacher Umland, der Kirschenanbau um Cadolzburg und nicht zuletzt der Hopfenbau um Spalt zu nennen. Die Tierwelt ist dieser bäuerlichen Wald- und Feldlandschaft angepaßt. Ungewöhnliche Arten kommen nicht vor. An Jagdwild gibt es Rehe und Hasen, Fasanen und Rebhühner, Wildenten und Wildtauben. Fuchs, Dachs und Marder werden wegen der Tollwutgefahr immer noch bekämpft und sind in ihrem Bestand sehr zurückgegangen. Eine zahlreiche Vogelwelt erfüllt Wald und Feld mit ihrem Gesang. Die Lerche könnte zum Wappenvogel der Keuperlandschaft ernannt werden.

Die Landschaft der Keuperabdachung atmet eine zurückhaltende Freundlichkeit; Stille und Einsamkeit liegt über dem Bauern- und Waldland. Hier sind noch verschwiegene Winkel zu entdecken, fern von jedem Rummel und Tourismus. Um das unverfälschte Bild auch künftig zu bewahren, hat man im Regierungsbezirk Mittelfranken, zu dem die Frankenhöhe gehört, große Landesteile zu Landschaftsschutzgebieten erklärt oder dafür ausersehen. Vor allem der Waldreviere, der Bachtäler und Weiher hat man sich angenommen. Um Ansbach z. B., dem Mittelpunkt dieses Landstriches, steht der ganze Waldgürtel der Stadt unter Schutz. Da ist der große F e u c h t l a c h w a l d , der S c h ö n f e l d w a l d , die H ö l l m ü h l e (urtümliches Bachtal mit Mühle), der B o c k s b e r g w a l d mit dem S c h e e r w e i h e r (Stausee), ferner der Hürbelrangen, der Buhlsberg und die Waldpartien bei Hennenbach, Röshof, Grüb, am Eichenbach, an der sog. Schwedenschanze, bei Thurndorf und im Herrnwald. Auch der Nadelwald am E c k l e s e e (Schwarzweiher) steht unter Schutz.

Durch Ansbach zieht die F r ä n k i s c h e R e z a t . In ihrem baumgesäumten Bett fließt sie am schönen H o f g a r t e n vorbei gegen Lichtenau. Teile ihres idyllischen Tales von Windsbach abwärts stehen unter Landschaftsschutz. Bei Georgensgmünd verbindet sie sich mit der Schwäbischen Rezat zur Rednitz. Von den engen Seitentälchen sind das idyllische W a t t e n b a c h t a l , das W e r n s b a c h t a l unterhalb Neuendettelsau und das E r l b a c h t a l unterhalb Wolframs-Eschenbach zu nennen.

Hopfenhäuser in Spalt

Doppelallee aus 250jährigen Linden im Hofgarten zu Ansbach

Ebenso wie die Rezat zeigen auch die von Petersaurach herabkommende A u - r a c h, die in Heilsbronn entspringende S c h w a b a c h, die B i b e r t, die Z e n n und die Herzogenauracher A u r a c h Tallandschaften von stillem Reiz, deren schönste Teile unter Schutz stehen.

Bewegtere Formen nimmt die Landschaft zwischen S p a l t und Gunzenhausen an. Hier hat sich noch der Burgsandstein gehalten, dem auf weite Strecken Rhät- und Liasschichten aufliegen (z. B. Höhberg, Mittelberg, Gräfensteinberg, Absberg). Ihrer Form nach sind es Tafelberge mit charakteristischem Sargdeckelumriß. Breit im Blasen- und Burgsandstein ruhend steigen sie mit steilen Hängen in der Feuerlettenschicht bis zur scharfgeschnittenen Rhätkante auf; besonders deutlich der Mäbenberg und der Massenberg bei Spalt. Die Flüßchen konnten daher steilere Täler herausarbeiten. Alle Burgsandsteinflächen und Rhäthänge bedeckt Kiefernwald, die Liasböden nimmt das Ackerland ein. Die Umgebung von Spalt gilt als eines der bedeutendsten deutschen Hopfenbaureviere. Die Stangengerüste der Hopfenäcker bestimmen nachhaltig das Landschaftsbild. Der windgeschützte, warmtrockene Winkel zwischen den Burgsandsteinbergen sowie der bindige Erdboden aus Feuerletten, Sandstein und Liaskalk begünstigen den Wuchs der empfindlichen Hopfenpflanze.

Die meisten Täler und Hügelzüge stehen unter Landschaftsschutz. Herausgegriffen seien das Tal der Fränkischen Rezat, das I g e l s b a c h - und B r o m b a c h - t a l und das B u x b a c h t a l mit seinen Fischweihern. Östl. vom kirschen- und hopfenreichen Ort Kalbensteinberg findet man die romantischen Burgsandsteinschluchten „S c h n i t t l i n g e r L o c h" und „Zigeunerloch". Nördl. von Gunzenhausen liegen 2 vielbesuchte Badeseen, der Eichenberger und der Haundorfer Weiher. Hinter ihnen breitet sich über dem Büchelberg, dem M ö n c h s b e r g und dem Mittelberg der schöne Forst Triesdorf aus. Das B r o m b a c h t a l bei Weißenburg ist wegen der Vollständigkeit und Geschlossenheit seiner Sumpfflora unter Landschaftsschutz gestellt worden. An den Weiher- und Bachufern und in den sumpfigen Waldflecken findet sich Scheidiges Wollgras, Sumpfmoos, Moospreiselbeere, Rundblättriger Sonnentau, Kleines Wintergrün, Sumpfblutauge, Knabenkraut, Waldläusekraut, Wasserschwertlilie, Ästiger Igelkopf, Froschlöffel, Weiße und Gelbe Seerose, Schwimmendes Laichkraut, Wasserlinse, Großer Rohrkolben, Wasserschierling, Sumpfkalla sowie verschiedene Riedgras-, Simsen- und Seggenarten. Es besteht jedoch ein Projekt, wonach ein Staubecken von der Größe des Tegernsees im Brombachtal errichtet werden soll, in das die Altmühlhochwasser abgeleitet werden. Dann muß die Idylle des Tales verschwinden.

Sumpfkalla

Gesondert betrachten müssen wir die Abdachung im Bereich derjenigen Flüsse, die nach Süden zur Donau entwässern: A l t m ü h l und W ö r n i t z. Ihr Gefälle ist viel geringer als das der Rednitz – bzw. Mainzuflüsse; sie konnten sich daher sehr viel weniger eingraben. Das Niveau der Altmühl beim Verlassen des Keuperlandes (bei Treuchtlingen) liegt 410 m hoch, das der Fränkischen Rezat (bei Georgensgmünd) nur noch 340 m. Bei Ornbau beträgt das Gefälle der Altmühl nur einen Meter auf 7 km Länge. Die Flüsse durchziehen ihre Täler deshalb in weiten Schlingen, feuchte Wiesengründe von mehreren Kilometern Breite schaffend. Überschwemmungen sind jedes Frühjahr an der Tagesordnung.

Kaum 2 km hinter ihrem Ursprung verliert die A l t m ü h l ihren jugendlichen Elan bereits in einem Stauweiher und schlängelt sich fortan müde durch die Keuperlandschaft – vorbei an der Burg Colmberg, die auf den Kuhberghöhen sitzt, vorbei an den Städtchen Leutershausen, Herrieden und Merkendorf (Krautanbaugebiet), vorbei an Gunzenhausen – bis sie bei Treuchtlingen den Keuperboden verläßt und, sich verjüngend, zwischen die Felsenwände des Jura eintritt. Es ist geplant, die Altmühlwiesen um Gunzenhausen (Vogelschutzgebiet bei Hirschlach) mit dem nördlich rahmenden Mönchsberg zu einem Erholungszentrum auszugestalten. Kern des Gebietes wird das große Rückhaltebecken zwischen Ornbau und Gunzenhausen sein.

Bei Ornbau nimmt die Altmühl die W i e s e t h auf, deren unberührtes Tal von Weinberg an unter Landschaftsschutz gestellt werden wird. In Bechhofen hat man einen aufgelassenen Judenfriedhof in den Schutz aufgenommen. Die Natur hat von dem Gelände mit den schiefstehenden oder umgestürzten Grabsteinen wieder Besitz ergriffen und es mit ihrem Farbenreichtum überzogen – ein Stimmungsbild wie von dem romantischen Maler Caspar David Friedrich.

Unweit südlich, bereits im Anblick des Hesselberges, erstreckt sich der große Kiefernhorst der H e i d e , der einige der schönsten Waldweiher des Keuperlandes birgt. Besonders der O b e r e und U n t e r e B r u n n w e i h e r (LSG) ziehen viele Wanderer und Badegäste an. Am Südrand der Heide kann man die Spuren des römischen Limes verfolgen. In Dambach bestand ein Kastell.

Die W ö r n i t z entspringt bei Schillingsfürst auf der Frankenhöhe. Ihr schlingenreiches Flußbett nimmt die idyllische Ampfrach auf und zieht durch die Weiherlandschaft um Dinkelsbühl, wo intensive Karpfenzucht betrieben wird. Bei Wittelshofen am Fuß des Hesselberges fließt der W ö r n i t z die Sulzach zu, deren weiden- und schilfgesäumtes Tal vom Kloster Sulz und von Feuchtwangen herbeikommt (LSG geplant). Unterhalb Wassertrüdingen betritt die Wörnitz das Ries.

Storch

DIE HASSBERGE

Das nördliche Drittel unseres Keuperberglandes erstreckt sich zwischen Zeil am *(Dazu Kartenseiten 3, 4, 11)* Main und Königshofen im Grabfeld. Mit dichten Laub- und Nadelwaldhängen streicht der etwa 45 km lange Stufenrand von Südost nach Nordwest. Er erhebt nicht den Anspruch ein Gebirge zu sein, sondern heißt schlicht H a ß b e r g e . Denn so gleichmäßig der rund 200 m hoch aufsteigende Stufentrauf aus der Ferne auch erscheint, es sind doch mehr die Einzelgipfel und Einzelzüge, die sein Bild bestimmen. Das Kernstück des Zuges ist der durch eine Bruchstufe betonte „Große Haßberg" bei Nassach, der mit der N a s s a c h e r H ö h e bis 520 m ansteigt. Als Aussichtspunkt bietet sich der 24 m hohe Turm bei der sog. Schwedenschanze (frühgeschichtl. Ringwall) an. Man blickt den Stufentrauf entlang bis Königsberg, auf die Wälder der Abdachung mit ihren einzelnen Kuppen und auf das Vorland der Haßberge um das Städtchen Hofheim im Nassachgrund. Den Hintergrund schließen die Hochrücken der Rhön ab.

Der nördliche und südliche Teil der Haßberge ist stärker in Halbzeugen- und Zeugenberge aufgelöst. Im Nordwesten erhebt sich der 410 m hohe Judenhügel als äußerster Vorposten. Nach Südosten folgen die Ochsenhöhe, der Große Breitenberg (bei der Ruine Wildberg) und der Laubhügel, nach Osten die lockeren Einzelberge der sog. L e d e r h e c k e mit dem Kleinen Haßberg, dem Büchelberg (Großer Aussichtsturm) und dem Kapellenberg. In den mittleren Haßbergen dominiert der 494 m hohe B r a m b e r g (Burgruine), in den südlichen Haßbergen das K ä p p e l e bei Zeil mit seiner einmaligen Aussicht auf das Maintal und den Haßgau. Der Schloßberg von K ö n i g s b e r g , der Rauch-

Burg- und Kirchenruine Altenstein

Tausendgüldenkraut

*Mainlandschaft bei
der Wallfahrtskirche
Maria Limbach*

berg, der Rappberg und die Hohe Wand sind typische Zeugenberge der Schilf-sandsteinplatte.

Der geologische Aufbau gleicht im Schema den übrigen Keuperländern. Eine Besonderheit der Haßberge aber sind schmale Basalthänge, die in einer 15 km breiten Zone parallel von Süd nach Nord streichen. Die meisten erreichen kaum die Mächtigkeit von einem Meter. Nur an wenigen Punkten tritt dieser tertiäre B a s a l t in Form kleiner Schlote an die Oberfläche. Am B r a m b e r g und am Z e i l b e r g bei Maroldsweisach wird er abgebaut.

Die Abdachung der Haßberge liegt im Einzugsbereich der B a u n a c h , deren Quellbäche die Auflösung der Schichttafeln in Einzelberge weit vorangetrieben haben. Man erkennt, wie berechtigt der Name Haß„berge" ist. Der Fluß kommt aus dem kleinen Baunachsee in den nördlichen Haßbergen. Er nimmt den idyllischen Sambachgraben auf (Jugendherberge beim Sambachshof) und eilt in schlingenreichem Lauf, vorbei an der Kreisstadt Ebern, durch den wiesengrünen Baunachgrund zum Main oberhalb von Bamberg. Als schöne Aussichtspunkte auf den Talgrund und das Waldbauernland umher sind die Burgruinen Altenstein, Lichtenstein, Raueneck und Stiefenberg hervorzuheben. Der Veitenstein auf dem Lußberg ist wegen seiner Felspartien und Höhlen bekannt. Von den kleinen Stauweihern des Tales hat man die verlandenden Teiche bei R e n t w e i n s d o r f wegen ihrer romantischen Lage und ihres Pflanzenreichtums unter Landschaftsschutz gestellt. Für den vermoorten R e u t s e e bei Sulzdorf an der Lederhecke ist aus ähnlichen Gründen Naturschutz beantragt.

Die Vegetation der Haßberge wartet mit keinen Besonderheiten auf. Sie erweist sich aber für eine Keuperlandschaft verhältnismäßig reich, wo Reste der Liasschicht erhalten geblieben sind. So blühen am J u d e n h ü g e l (frühgeschichtl. Fliehburg, aufgelassener jüdischer Friedhof mit 3000 Einzelgräbern) zwischen den Grabsteinen der Gefranste Enzian, der Gelbe Besenginster, die Osterluzei, die Königskerze, das Tausendgüldenkraut, Gelber Fingerhut, Türkenbund und Aronstab, Judenkirsche und Pfaffenhütlein. Am Stufenrand bei Königsberg, auf der „Urwiese" von Unfinden, kommen auch verschiedene Orchideen und die Iris sibirica vor.

Wie im Steigerwald bedecken ausgedehnte Buchenwälder mit ihrer charakteristischen Bodenflora und ihrer artenreichen Vogelwelt den Kamm der Berge. Die beigesellte Fichte wird nach Osten zu von der Föhre verdrängt. Die Ackerfluren auf den nährstoffarmen Keuperböden beschränken sich auf Roggen- und Kartoffelanbau. In den gepflegten Wiesengründen des Baunach- und Itztales blühte früher die Pferdezucht.

Am Südrand der Haßberge, auf den durchwärmten M a i n t a l h ä n g e n zwischen Zeil und Steinbach, wird auch Wein gebaut. Wo die Weinberge aufgelassen sind, siedeln auf kalkreichen Plätzen Steppenheidepflanzen. Das Durchbruchstal des Mains durch die Keuperstufe hat keine eigenwilligen Bergformen geschaffen wie etwa der Juradurchbruch mit dem Staffelstein. Die gleichmäßigen Randhöhen des gut kilometerbreiten Talgrundes sind bereichert durch schmucke Dorfbilder, durch den Bergfried der Wallburg bei Eltmann, durch die dem Landschaftsbild genial eingefügte barocke Wallfahrtskirche Maria Limbach und durch das Käppele von Zeil (Lorettokapelle). Das Berggelände an der Wallburg wurde wegen seiner Tier- und Pflanzenarten unter Landschaftsschutz gestellt. Es handelt sich um ehemalige Weinberge.

290

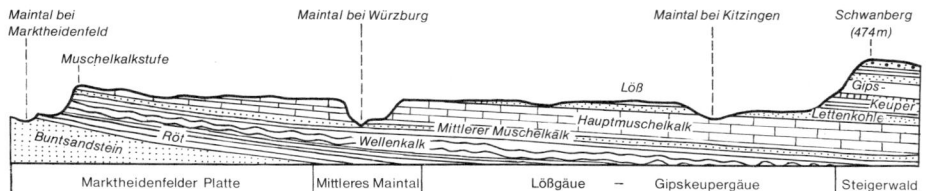

Querschnitt durch die Muschelkalkstufe zwischen Marktheidenfeld und Schwanberg. Nach C. Scherzer

Die fränkischen Gäulandschaften und das mittlere Maintal

Zwischen der kraftvollen Schichtstufe des Keuperberglandes und der östlichen Abdachung von Spessart und Rhön erstrecken sich die weiten Flächen der Gäuplatten mit steil in die Muschelkalkschichten eingeschnittenen Tälern. Auch als Maingäue bezeichnet man ihre sonnendurchglühten Fruchtfluren. Sie schließen sich zu einer Einheit zusammen, die in enger Bindung zum Band des Maines steht. Dazu gehören die Lauer–Wern-Platte, die Marktheidenfelder Platte, der Grabfeldgau, der Hofheimer und Schweinfurter Gau, der Kitzinger und Ochsenfurter Gau, der Uffgau, die Windsheimer Bucht und der Taubergrund. *(Dazu Kartenseiten 3, 4, 9–11, 16, 17)*

Geologisch gesehen entsprechen die Gäulandschaften der M u s c h e l k a l k - s t u f e des Süddeutschen Schichtstufenlandes. Wir können im Westen auch einen ausgeprägten Steilrand feststellen, der zur Röt-Schicht des Buntsandsteins abfällt. Gegen Osten zu neigt sich die Muschelkalkhochfläche unmerklich um rund 150 m. Sie wird bald von einer dicken Schicht des Lettenkohlenkeupers und Gipskeupers überdeckt, dem auf große Strecken fetter Löß und Lößlehm aufliegen. Man setzt die Unterfränkischen Maingäue gern mit der Muschelkalklandschaft gleich, obwohl die vom Muschelkalk eingenommene Fläche (in Bayern ein Streifen von 100 km Länge und einer Breite zwischen 10 und 60 km) im Verhältnis zu den Löß- und Gipskeupergauen kaum den fünften Teil des Landstriches ausmacht. Doch es ist gerade das einprägsamste Fünftel. Es sind die eingeschnittenen Flußtäler mit ihren Rebgärten und Obstterrassen, ihren Felsbastionen und Heidehängen. Der blaugraue Muschelkalkstein ist das Baumaterial aller Mauern, Tore, Häuser und Burgen, die unabdingbar zum Gesamtbild des romantischen Mainfranken gehören. „Mainland – Weinland" ist ein Schlagwort, das auf das Mainland der Gäulandschaften geprägt wurde, auf jene begnadete Talstrecke des Maindreiecks, auf deren Muschelkalkhängen das Gros der köstlichen Frankenweine reift.

Gegenüber diesen heiteren und aktiven, formenreichen und farbenfrohen Tälern bieten das waldreiche Muschelkalkplateau und die fruchtschweren, weitgehend gerodeten Gäuplatten der Hochfläche mit ihrem weitwelligen Relief keine aufregenden landschaftlichen Reize. Ihre Anziehungskraft liegt im kulturellen Reichtum, in den kunstvollen alten Ortsbildern voller Romantik und Idylle.

Wir erkennen also vier unterschiedliche Landschaftsformen: den S t e i l a b - f a l l der Muschelkalkstufe, die M u s c h e l k a l k h o c h f l ä c h e , das eingeschnittene M a i n t a l mit Seitentälern und die L ö ß - u n d G i p s k e u - p e r g ä u e , die den größten Teil des Landes einnehmen.

291

Am Steilabfall und auf der Hochfläche der Muschelkalkstufe

Wie der Keuper- oder Jurastufenrand ist auch der Muschelkalkabfall stark zergliedert in Bergsporne, Zeugenberge und Buchten, die die Mächtigkeit der Stufe verunklären. Zahlreiche Stirnbäche haben enge Schluchten in den Trauf geschnitten. Der Stufenrand wird ausschließlich von der untersten Stufe des Muschelkalkes gebildet, vom widerstandsfähigen W e l l e n k a l k. Er schafft fast vegetationsfreie Felsenhänge, auf denen sich neben wenigen Gräsern und Stauden ein paar kümmerliche Schwarzkiefern halten. Von Lengfurt am Main bis Bad Neustadt an der Saale zieht sich eine ausgeprägte „Gebirgsstirn" hin. Einige der mächtigsten deutschen Burgen krönen den Wellenkalkanstieg: so die Karlsburg bei Karlstadt, die Homburg bei Gössenheim, Schloß Saaleck bei Hammelburg, die Ruine Trimberg und die Salzburg bei Bad Neustadt. Unter Landschaftsschutz stehen vier Ausschnitte des Stufenlandes: bei der Ruine H o m b u r g, am Schloß S a a l e c k, bei M a c h t i l s h a u s e n (Klöffelsberg, Kreuzberg, Wacholderberg) und bei Bad Kissingen.

Die nächsthöhere Schicht, der sog. M i t t l e r e M u s c h e l k a l k (30–60 m mächtig), ist durch starke Verebnung gekennzeichnet. Sein Gestein zerfällt leicht, und das abgespülte Material „veredelt" vielfach die kargen Wellenkalkhänge. Zusammen mit dem bis zu 100 m mächtigen Oberen Muschelkalk bildet sie die M u s c h e l k a l k h o c h f l ä c h e. Der O b e r e M u s c h e l k a l k ist zwar von härterer Konsistenz, seine Landschaftsformen sind aber nur an den etwas kräftiger herausgearbeiteten Rücken kenntlich.

Obst und Wein gedeihen gut, wo wasser- und windgeschützte Hänge vorhanden sind. Denn die Böden des Muschelkalks sind nicht unfruchtbar, aber wasserarm und sehr steinig. Wenn Löß darübergeweht wurde, gedeiht neben Roggen und Gerste auch Weizen. Der Muschelkalk ist stark wasserdurchlässig. Nur wenige Bäche konnten sich bis auf den Grundwasserspiegel einschneiden. Die meisten Wasserläufe versickern bald (z. B. Dürrbach-Tal bei Würzburg). Zudem sind die Niederschlagsmengen sehr gering. Die Muschelkalkplatten liegen im Regenschatten von Spessart und Rhön. Wie in den Jurakalklandschaften der Alb gibt es hier typische Karsterscheinungen: Dolinen, Wasserschlinger und Trockentäler, wie im Jura auch Schafweiden mit zerzausten Föhren und Wacholderbüschen. Dornige Hecken besetzen die Hänge und Steinwälle. Ihre Weiß- und Schlehdornzeilen haben dem Landstrich den Namen „Schlehen- oder Heckengäu" eingetragen. Wo Weingärten auf dem Oberen Muschelkalk angelegt wurden, mußten die unzähligen Steine, die der Rebgarten in jedem Jahr aufs neue hervorbringt, zusammengelesen und aufgehäuft werden. Nun ziehen sich diese riesigen „Steinrutschen", wie die Geröllwälle genannt werden, den Berg hinab. Stellenweise sind sie so ergiebig, daß sie zum Kalkbrennen abgebaut werden. Zumeist tragen sie dichte Hecken aus Heckenrose, Schlehe, Hornstrauch, Brombeere und sind ein rechtes Insekten- und Vogelparadies. Viele aufgelassene Weinberge erkennt man in der Region des Oberen Muschelkalkes an den zurückgebliebenen Steinrutschen.

Große Gebiete deckt der Wald. In ausgedehnte Buchenbestände mischen sich die Föhren. Die größten Waldreviere sind der G u t t e n b e r g e r W a l d und der G r a m s c h a t z e r W a l d, die sich südl. bzw. nördl. von Würzburg erstrecken. Ihnen kommt ein großer Erholungswert für die Großstadtbewohner zu. Nahe am Würzburger Waldfriedhof beginnt ein 5 km langer Waldlehrpfad, der über alle Charakteristika des Würzburger Stadtwaldes Auskunft gibt.

Die Muschelkalkhochfläche wird in die Marktheidenfelder Platte (etwa zwischen

Ruine Homburg

292

Marktheidenfeld und Würzburg) und die Lauer-Wern-Platte (etwa zwischen Hammelburg und Arnstein, Schweinfurt und Bad Neustadt) geschieden. Zwischen Bad Kissingen, Schweinfurt und Haßfurt schiebt sich der Obere Muschelkalk weit nach Südosten. Eine Aufwölbung des Gebietes hob das Gelände zwischen Bruchlinien so stark an, daß der Lettenkohlenkeuper abgetragen wurde. Die Muschelkalkhöhen erreichen heute noch 417 m (im Diepholz) und liegen damit rund 150 bis 200 m über dem Niveau von Main und Wern. Die Geologen sprechen vom „Kissinger Sattel", die Geographen nennen das Gebiet poetischer die „S c h w e i n f u r t e r R h ö n". Schwere Muschelkalkböden, das Fehlen von Löß, die gesteinsbedingten Steilhänge und das rauhere Klima in der Höhenlage lassen hier das Ackerland gegenüber dem Wald zurücktreten. Deshalb kann man auch vielfach die Bezeichnung „Hesselbacher Waldland" hören. Aus dichten Buchenwäldern schicken mehrere steilwandige Täler ihre Bäche hinab zum Main. Es ist eine ungewöhnlich stimmungsvolle Wanderlandschaft am Rande der Großstadt Schweinfurt. Diese Tatsache wurde anerkannt, indem man verschiedene Täler mit ihrer Waldumgebung unter die Landschaftsschutzgebiete aufnahm. Voran den Z e l l e r G r u n d und den W e i p o l t s h ä u s e r G r u n d, den H ö l - l e n b a c h g r u n d, das W o l l e n b a c h t a l, den M ü h l b a c h - und den S t e i n a c h g r u n d. Weiter östlich mündet die W a s s e r n a c h. Ihr langgestrecktes Wiesental ist ausgedehnten Laubmischwäldern eingeschlossen. Der eigenartige Lauf der W e r n ist ebenfalls durch die Aufwölbung der Schweinfurter Rhön bedingt. Die Wern nähert sich in Schweinfurt bereits auf 2 km dem Main. Dann wird sie aber abgelenkt und muß das ganze Maindreieck zwischen Werneck und Wernfeld mit vielen Schlingen in einem interessant geformten Tal durchlaufen, bevor sie den Main endgültig erreicht. Das Tal hatte der Main in Urzeiten eingesägt. Er mußte es aufgeben, als ihn Hebungs- und Senkungsvorgänge zum Umweg über das Maindreieck zwangen. Am Oberlauf der Wern steht der alte Kalkbruch von Kronungen unter Landschaftsschutz.

Frühlingsknotenblume

Der Kissinger Sattel streicht bis zum Saaletal bei Bad Kissingen und bis zum Stufenrand bei Münnerstadt. Auf den Wellenkalkzügen hinter dem zerlappten Trauf bei M ü n n e r s t a d t, wo Michelsberg (Burgruine), Altenberg und Schloßberg (Burgstall Hunburg) über den Saalegrund wachen, hat sich eine reiche, ungewöhnliche Flora halten können. Der Muschelkalk ist hier gleichmäßig vom großen Münnerstadter Wald überzogen. Einige der Wald- oder Heideparzellen sind Naturschutzgebiete: Am H a i n b e r g (oben Turmruine „Blauer Storch") und in der Gemarkung R o t h breitet sich eine besonders schöne Muschelkalk-Wacholderheide aus. Der P o s s e n b e r g und der W u r m b e r g sind für ihre artenreiche Laubwald- und Steppenheideflora bekannt. In den 3 kleinen Schutzgebieten sieht man das Federgras mit seinen fliegenden Grannen, den Diptam, die Traubenhyazinthe, den Rötlichen Klee, den Großblütigen Fingerhut, die Frühlings-Knotenblume u. v. a.
Nicht weit östlich liegt in einem Trockental die sog. G r u n d - oder H o r n - w i e s e, ein schmaler Talgrund mit nahezu reinem Bestand der Traubenhyazinthe. Das nahe H ä u s e r l o h - W ä l d c h e n weist eine selten reiche Mischung fast aller heimischen Laubhölzer in den verschiedenen Wachstumsstufen auf. Die „Schlegelwarte" nordöstl. von Münnerstadt gewährt einen großartigen Rundblick auf den Talkessel, den Stufenrand und die Hochfläche.
Auf der Marktheidenfelder Platte steht eine typische Bergkuppe mit Halbtrockenrasenvegetation und Heckenzeilen (Am V o g e l s b e r g) unter Schutz.

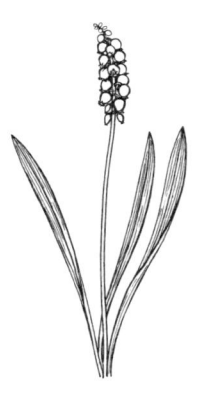

Traubenhyazinthe

293

Das Maintal des Maindreiecks

Der Main ist die Lebensader der Fränkischen Gäulandschaften. Hier liegen die bedeutendsten Städte und Märkte, hier verlaufen die großen Verkehrswege (Mainschiffahrt, Eisenbahn, „Bocksbeutelstraße"), hier reift der berühmte goldgelbe Frankenwein, der in die charakteristischen Bocksbeutelflaschen abgefüllt wird. Groß ist der Gegensatz zwischen dem Bauernland der Gäuplatten und dem Wein- und Häckerland der Mainhänge. Weite, gleichförmige Bodenwellen dort, ein scharf geschnittenes Kastental hier, in dem ein blitzender Strom durch grüne Talauen zieht und Weinterrassen die Naturlandschaft in ein Ornament verwandeln.

Schon durch das K l i m a ist das Mittlere Maintal außergewöhnlich bevorzugt. Liegt bereits die wasserarme Hochfläche im Regenschatten von Spessart und Rhön, so ist das um weitere 100 bis 200 Meter tief eingesenkte Maintal noch trockener. Es gehört zu den regenärmsten Landschaften Deutschlands. Schweinfurt erhält jährlich 544 mm Niederschläge im Durchschnitt, Würzburg 558. Auf einen frühen, sonnigen Frühling folgen ein heißer, schwüler Sommer, ein nebelreicher Herbst und ein milder Winter. Im Hochsommer, wenn die Sonne auf die Weinbergmauern brennt und das Silberband des Mains die flimmernde Glut widerspiegelt, kann man geradezu spüren, wie „die Stille lodert, wenn die Weine kochen" (Friedrich Schnack).

In H a ß f u r t betritt der Main das Gebiet des Muschelkalks, nachdem er die Keuperstufe zwischen den Haßbergen und dem Steigerwald durchbrochen hat. Anfangs hält der Obere Muschelkalk den Fluß zwischen mäßig hohen Hängen gefangen, dann steigen bei Schonungen rechts die steileren Flanken der „Schweinfurter Rhön" auf. Mit dem stolzen Schlosse Mainberg zeigen sich die ersten Weingärten. Ein Stück weit stehen sie und die darüberliegende Hangstirn unter Landschaftsschutz.

Von Schweinfurt an weitet sich eine Talaue, in der der Main dem Senkungsgebiet der „S c h w e i n f u r t e r M u l d e" in südlicher Richtung folgt. Dem Flusse selbst bleibt dabei nicht viel Freiheit. Er ist mit dem Ausbau zum „E u r o p a k a n a l" zwischen feste Dämme eingezwängt und begradigt worden. Früher aber konnte er mutwillig in der breiten Wiesenau dahinsprudeln, wovon noch etliche Altwasser und trockengelegte Schlingen Zeugnis ablegen. Am linken Mainufer in Schweinfurt hat man den S t a d t p a r k mit dem Uferstreifen und mehreren Altwässern (z. B. Vogelschutzgehölz S e n n f e l d e r S e e) unter Landschaftsschutz gestellt; auf dem rechten Ufer die sog. Mainleite (aufgelassene Weinberge). Weitere LSG unterhalb von Grafenrheinfeld sind der versumpfte „ A l t e M a i n ", das Laubwäldchen E l m u ß mit dem Eschensee und der Auenwald gegenüber Garstadt. Alle diese Flecken haben wegen ihrer botanischen Besonderheiten wie auch als Vogelschutzgebiete großen Wert.

Mit den Weingärten bei Wipfeld und den Obstbaumreihen am gegenüberliegenden Ufer kündigt sich die gesegnete Landschaft der V o l k a c h e r M a i n s c h l e i f e an. Der Main hatte hier die tektonische Aufwölbung des „Volkacher Sattels" zu überwinden. In 3 großen Schlingen durchbrach er das Hindernis und schuf dabei eines der großartigsten Landschaftsbilder Mainfrankens. Die Volkacher Mainschleife ist von Wipfeld bis Sommerach unter Landschaftsschutz gestellt – eine notwendige Maßnahme in einer Landschaft, die in ihrem Charakter und in ihrer biologischen Substanz so geschlossen und einmalig ist. Volkach mit seiner Umgebung wird gern das „Herz von Mainfranken" genannt. Die steileren Lagen und alle südgeneigten Hänge nimmt der Weinbau ein. Mit 600 ha Rebfläche

*Maria im Weinberg
bei Volkach*

294

ist es eines der bedeutendsten Weinbaugebiete Frankens. Unter optimalen Bedingungen reifen in Escherndorf der köstliche „Fürstenberg" und der „Lump", in Volkach der „Ratsherr", in Nordheim das „Vögelein", in Sommerach der „Katzenkopf".

Kurze Kerbtälchen, sog. Klingen, gliedern die gleichförmigen Weinterrassen in Abschnitte.

Die flacheren Gleithänge und die Talstrecken sind dem Obstanbau vorbehalten. An erster Stelle gedeihen die Frühzwetschgen. Mit 200 000 Bäumen steht die Mainschleife dem ersten deutschen Zwetschgenanbaugebiet um Bühl im badischen Rheintal wenig nach.

Auf der Bergnase, die in die Mainschleife hineinragt und die Mitte dieses Landstrichs kennzeichnet, steht die uralte V o g e l s b u r g . Der Rundblick auf die Flußschlingen, auf die Umlaufberge und die Prallhänge ist unvergleichlich. Wir stehen auf einem Boden, der schon vor 4000 Jahren besiedelt war. Die Vogelsburg gilt als das älteste Weingut Frankens. Aus dem Mittelalter stammt die H a l l - b u r g , die über dem Prallhang des Kreuzberges dominiert.

Bildstock bei Nordheim vor der Vogelsburg

Die moderne Großschiffahrtsstraße schneidet mit dem Kanal Volkach-Gerlachshausen die Nordheim–Sommeracher-Mainschleife ab. Da aber der normale Wasserstand in der Schleife gewahrt werden muß, um das ausgeglichene Kleinklima für den Weinbau des Talkessels nicht zu gefährden, ist diese Schleife in ihrer landschaftlichen Eigenart wohl am besten gesichert. Es ist der stillste und abgelegenste Winkel im Maintal.

Von nun an begleiten die Weinterrassen das mittlere Maintal bis auf kurze Unterbrechungen wie zum Beispiel das schöne Nadelwaldgebiet „P a r a d i e s" zwischen Schwarzenau und Dettelbach. Dann folgt der Talkessel mit der betriebsamen Stadt K i t z i n g e n , die ein wichtiger Umschlagplatz für die Gemüseerzeugnisse der Anbaugebiete um Mainsondheim, Albertshofen, Etwashausen und Segnitz (Treibhauskulturen) ist.

Die alte Lände in Kitzingen

Bei Marktbreit holt der Main zum Durchbruch durch die Muschelkalkhochfläche aus. Die steilgeschnittenen Hänge werden noch profilierter. Der Weinort F r i c k e n h a u s e n und die stolze Kreisstadt O c h s e n f u r t liegen hier zwischen hohen Talwänden (die Maininsel, Uferteile am Sportplatz und am Bad sind LSG). Wo der Main nordwestwärts umknickt, folgen S o m m e r h a u - s e n und W i n t e r h a u s e n mit ihren Weinlagen. In der Klinge von Sommerhausen (auf dem Wege nach Erlach) ist ein typisches Hangwäldchen im Oberen Muschelkalk unter Landschaftsschutz gestellt, ein anderes auf der L u d - w i g s h ö h e über Winterhausen (Geologische Aufschlüsse).

Mit Eibelstadt und R a n d e r s a c k e r nähern wir uns dem Würzburger Talkessel und damit dem zweiten Höhepunkt des mittleren Maintales. Der H o - h e n r o t b e r g und der M a r s b e r g (LSG) stellen beispielhafte Weinberge aus dem Oberen Muschelkalk vor. Auf der Höhe des M a r s b e r g e s und auf der W i n t e r l e i t e n - Ö d u n g (NSG) setzt sich bereits die kalkliebende Trockenrasenflora fest (mit der echten Küchenschelle, dem Wald-Windröschen, der Bergaster z. B.), die wir unterhalb Würzburg in verschwenderischer Fülle vorfinden werden. Unter den Weinbergen von Randersacker nimmt der H o h b u g mit seiner kuppelartigen Form den beherrschenden Platz ein.

Der Hohbug bei Randersacker

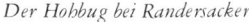

Festung Marienberg in Würzburg

Das weinumschlossene W ü r z b u r g in seiner herrlichen Lage ausführlich zu schildern, ist uns hier nicht möglich. Wir wollen nur auf die glückhafte Einfügung des Stadtorganismus in die Flußweitung hinweisen, auf den stolz herausgehobenen Wellenkalkhorst der Festung Marienberg und auf das waldumschlossene Käppele von Balthasar Neumann. Beide blicken von hoch oben auf die lebendige Stadt, wo der Garten der Residenz einen schönen naturhaften Kontrapunkt zur majestätischen Architektur des Schlosses setzt. Drei der vier größten Weingüter Deutschlands befinden sich in Würzburg, darunter das berühmte Juliusspital. Die Weine der Lagen „Leiste" (am Südhang der Festung), „Stein" und „Harfe", „Schalksberg" und „Lindleinsberg" (am Nordrand der Stadt) sowie „Neuberg" (im Süden Würzburgs) zählen zu den allerbesten Frankens. Von der hohen „Frankenwarte" auf dem Nikolausberg gewinnt man einen guten Überblick über Stadt und Land.

Unterhalb von Würzburg häufen sich hervorragende Naturpunkte des Maintales. In V e i t s h ö c h h e i m lädt einer der schönsten R o k o k o g ä r t e n Deutschlands zum Verweilen ein. Am gegenüberliegenden Ufer hat man zwischen Zell und Erlabrunn die malerischen Uferbepflanzungen unter Landschaftsschutz gestellt. Ebenso die Tallandschaft um Thüngersheim.

Im Rokokogarten
von Veitshöchheim

296

Flußabwärts von Veitshöchheim fallen uns rechts über den sonnendurchwärmten Weingärten felsige Hänge auf. Grauweiße Schaumkalkbänke treten wie Bastionen heraus oder schieben sich, kleine Terrassen bildend, als große Wülste vor. Vereinzelt schimmern weiße Kalkspatadern aus dem gelblich verwitterten Wellenkalk. Die Büschel des Blaugrases, die wilde Anemone und der Berggamander fassen hier Fuß. An der oberen Hangkante gedeiht bereits eine Strauchschicht aus Schlehe und Weißdorn, aus Berberitze und Wildrosen, die allmählich in einen artenreichen Eichen-Elsbeerenwald übergeht. Hier stehen dann Blütenjuwele wie der Diptam, der Purpurblaue Steinsame, der Deutsche Alant, die Echte Zwergmispel, der seltene Purgier-Kreuzdorn, die Ästige Zaunlilie, das Waldvögelein, die Kukkucksblume und die Waldhyazinthe. Seltenheiten sind auch die Erbsenähnliche Platterbse, der Elsässische Haarstrang und die Goldgelbe Bergkronenwicke. Diese Felsenhänge und Wäldchen stellen botanische Kostbarkeiten ersten Ranges dar. Ihre Vegetation ist die der Steppenheide und des Steppenheidewaldes. Hinter Veitshöchheim stehen deshalb die sog. B l a u g r a s h a l d e n und der E d e l - m a n n s w a l d unter Naturschutz.

Die benachbarte H ö h f e l d p l a t t e oberhalb des Weinortes Thüngersheim soll Naturschutzgebiet werden, weil sie durch Steinbruchbetriebe ernsthaft gefährdet ist. Hier breitet sich ein lichter Schwarzkiefernwald aus, der in reicher Auswahl die Pflanzen des Steppenheidewaldes, darunter verschiedene Orchideenarten, zu zeigen hat. Jenseits des Maintals steigt über Erlabrunn der V o l k e n - b e r g mit ganz ähnlicher Vegetation auf. Seine Vorsprünge Pfaffenberg und Espenloh sowie seine Weingärten stehen unter Landschaftsschutz. Ebenso der H a g w a l d mit der Ruine der Karlsburg.

Als vergleichbar wertvolles Naturareal sind die Hänge am Lerchenberg, an der K ü r b i s h ö h e, am Stettener Berg und am K a l v a r i e n b e r g zwischen Retzbach und Karlstadt unter Landschaftsschutz gestellt. Mit ihren Weinhängen, Laubwäldern und Kulturdenkmälern (z. B. Kreuzweg und Kreuzigungsgruppe am Kalvarienberg) zeigen sie die glückliche Verschmelzung von Natur- und Kulturlandschaft.

Am Kalvarienberg

Über Karlstadt steigt die Kuppe des S a u p ü r z e l an, der von einem dichten Waldschopf gekrönt ist, aber mit der kahlen Verebnung an seinem Fuße günstige Bedingungen für die Segelfliegerei schafft.

Zu den einprägsamsten Wellenkalkbastionen, die grau verwittert aus den Weinhängen hervortreten, gehören die Felsbildungen unterhalb Karlstadt. An einer Abrißfläche eines jüngeren Felssturzes übt sich der mainfränkische Bergsteigernachwuchs. Dieser „Klettergarten" trägt den stolzen Namen „Gambacher Dolomiten". Man hat die Hänge zwischen Karlstadt und der Gambacher Steige unter Naturschutz gestellt und ihnen die Bezeichnung G r a i n b e r g - K a l b e n s t e i n gegeben. Aber das NSG wird nach seinem Erforscher auch gern „G r e g o r - K r a u s - P a r k" genannt. Dieser Botaniker hatte hier an Hand der Wellenkalkflora Unterfrankens zum erstenmal eine Pflanzengesellschaft in ihrem biologischen Gesamtzusammenhang gesehen und beschrieben (1911). Seither ist das Gebiet Forschungsobjekt vieler Naturwissenschaftler gewesen. Auf seinem Steilhang breitet sich das größte Vorkommen von Trockenheide- und Trockenwaldvegetation im Maintal aus. Die südwestlichen Schutthalden nimmt das Blaugras mit seiner Pflanzengesellschaft ein. Dazu gehören neben dem seltenen Kalmuthabichtskraut, Berggamander, Schwalbenwurz, Bibernellrose, Ästige Graslilie, Steinmispel, Blutstorchschnabel, Ziest, Quendel, Wiesensalbei, Graues Sonnenröschen, Bergaster, Golddistel, Goldaster, Zypressenwolfsmilch u. a. Die entsprechende Trocken-

Saupürzel

297

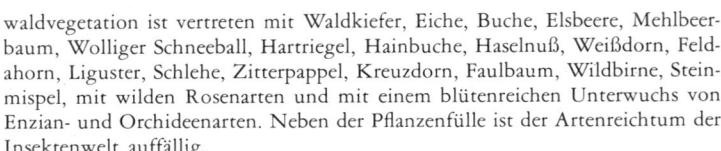

waldvegetation ist vertreten mit Waldkiefer, Eiche, Buche, Elsbeere, Mehlbeerbaum, Wolliger Schneeball, Hartriegel, Hainbuche, Haselnuß, Weißdorn, Feldahorn, Liguster, Schlehe, Zitterpappel, Kreuzdorn, Faulbaum, Wildbirne, Steinmispel, mit wilden Rosenarten und mit einem blütenreichen Unterwuchs von Enzian- und Orchideenarten. Neben der Pflanzenfülle ist der Artenreichtum der Insektenwelt auffällig.

Das Mittlere Maintal ist, im ganzen gesehen, nicht sonderlich reich an Tierarten, denn dieses Kulturland wird vom Menschen so intensiv genutzt, daß den Tieren wenig Ruheplätze übrigbleiben. Das überaus milde Klima lockt aber einige seltene Arten an. Vor allem unter den Vögeln, die hier ein günstiges Brutgebiet vorfinden. So beschenkt die Nachtigall das Maintal und seine Seitentäler mit ihrem Gesang. Die Gartenammer mit ihrem Silberglockenschlag bevorzugt die Zwetschgenplantagen. Das seltene Weißsternige Blaukehlchen ist im ganzen Maintal bis Bamberg hinauf heimisch, kommt aber nirgendwo anders in Franken vor. In den Weingärten halten sich Hänfling, Steinschmätzer und Hausrotschwanz. Reicher erweist sich das Vogelleben in den Altwassern und „Bauen" entlang des Flusses. Hier ist das Reich der Wasser-, Sumpf- und Stelzvögel (z. B. Flußuferläufer, Teichhuhn, Tüpfelsumpfhuhn), der Kiebitze, Rohrsänger und Uferschwalben.

Feldquendel

Frankens Kornkammer

Als kraftvolles Bauernland mit klaren und einfachen Linien stellen sich die Mainfränkischen L ö ß - und G i p s k e u p e r g ä u e dar. Auf den flachen Wellen der Hochfläche liegt ein Mosaik von Feldern, Wiesen und kleineren Wäldchen. Den Boden bildet nicht mehr Kalkgestein, sondern die Tone und Sandsteine des Lettenkohlenkeupers, dem eine Lößschicht aufliegt. Weiter östlich übernimmt der Gipskeuper den Untergrund, der bis zum Trauf des Steigerwaldes reicht. Beide Bodenqualitäten eignen sich hervorragend zum Anbau von Gerste, Weizen, Luzerne, Zuckerrüben und Gemüse.

Unter den Gäulandschaften am meisten bevorzugt ist der O c h s e n f u r t e r G a u. Er gehört neben dem niederbayerischen Gäuboden im Donautal zu den fruchtbarsten Landschaften („Kornkammern") Deutschlands. Auf feinkörnigem Muschelkalk und Lettenkeuperboden lagert eine reichliche Lößschicht, die sich leicht bearbeiten läßt. Auch das günstige Klima im Regenschatten von Spessart und Rhön (mit 600 mm Niederschlag im Jahresdurchschnitt relativ trocken), mit hohen Durchschnittstemperaturen im Sommer (17 Grad) wie Winter (1 Grad), trägt zu den guten Ernten bei. Wald und Wiese treten gänzlich zurück, so daß 95% der nutzbaren Fläche beackert werden können. Unter den Getreidesorten spielt Braugerste die erste Rolle. Mainfranken ist das größte geschlossene Anbaugebiet feuchter Frucht in der Bundesrepublik. Daneben wird intensiver Zuckerrübenanbau betrieben (Zuckerfabrik in Ochsenfurt), mit deren Abfällen (Blätter, Melasse) Rinder und Schweine gemästet werden. Außer den Lößauflagen gibt es auch Sanddünen und Flugsandfelder, vor allem im Bereich des Gipskeupers, auf denen Föhren stocken.

Wo der Lettenkohlenkeuper oder der Gipskeuper keinen Lößmantel tragen, haben sich Reste der angestammten Steppenheidewälder und vereinzelt auch Trockenheidewiesen gehalten. Als Paradebeispiel werden immer wieder die Gipshügel in der W i n d s h e i m e r B u c h t angeführt. Der „Altheimer Gemeindewald" und das „Gräfholz" sind typische Steppenheidewälder, der Külsheimer Gipshügel (s. S. 284) ein typischer Heiderasen.

Am Nikolausturm in Ochsenfurt

298

Die unter Landschaftsschutz stehenden Eichenwälder im U f f g ä u um die Stadt Uffenheim sind – abgesehen von ihrem Erholungswert – wegen ihres Blumenreichtums schutzwürdig. Auch sie besitzen zum Teil Überreste der Sumpfflora. Da kommt die Bergglockenblume vor, der Diptam strömt seinen würzigen Duft aus, die Französische Rose entzückt das Auge, ferner entdeckt man die Bergaster, die Türkenbundlilie, die Akelei, das Immenblatt u. v. a.

Auf dem wasserstauenden Gipskeuper kam es in Mulden zu Vermoorungen und Weiherbildungen. Südlich von Schweinfurt dehnte sich einst zwischen Schwebheim, Grettstadt, Unterspießheim und Sulzheim das botanisch hochinteressante Grettstädter Moor aus. Rasche Kultivierung und Entwässerung ließen aber nur noch geringe Reste davon übrig. Trotzdem ist ihr nasser Grund der berühmte Standort von Pflanzen, die während der Eiszeiten die eisfreie Gebiete bedeckten und heute als zurückgebliebene „Reliktpflanzen" weit von vergleichbaren Pflanzengesellschaften im Alpenvorland oder in Skandinavien getrennt sind. So die sog. G r e t t s t ä d t e r W i e s e n mit ihren Moor-, Wiesen- und Heidepflanzen und das S c h w e b h e i m e r R i e d (LSG und ND). Das Blühen beginnt im Frühling mit der Mehlprimel, der an wenigen Stellen der Frühlingsenzian folgt. Die Blüten des Hohen Veilchens erreichen die Höhe von einem halben Meter. Besonders gejagt und daher schutzbedürftig sind die Orchideen, die hier mit Knabenkräutern, Sumpforchis und Frauenschuh vertreten sind. Man findet aber auch die gelben und blauen Blüten von Schwertlilien, die graublauen Blüten der Akelei und der Teufelskralle, ferner die Kleine Schwarzwurzel, die Sumpfwolfsmilch, die Weißwurz, die Einbeere und den Waldsteinsamen. Die Eigenart des ehemaligen Moorbodens bringt es mit sich, daß auf den benachbarten Feldern Heilkräuter, Kraut, Gurken und anderes Gemüse gebaut werden. Die Landschaft ist ein wahrer „Fränkischer Kräuter- und Gemüsegarten".

*Stufenlinde
in Grettstadt*

Daraus erheben sich einzelne Grundgips-Rippen mit Busch- und Rasenvegetation. Auf den G i p s h ü g e l n b e i S u l z h e i m und im Kalkbruch bei Unterspießheim behaupten sich noch Reste der Trockenheideflora in schöner Geschlossenheit, vergleichbar den süddeutschen Heidewiesen im Voralpenland und den Wellenkalkhängen am Main bei Karlstadt. Auch einige idyllische Moorweiher blieben nördl. von Gerolzhofen bestehen. Die beiden H ö r n a u s e e n und der S c h w a n e n s e e sind als Vogelschutzgehölze zu Naturdenkmälern erklärt worden. Der F o r s t R e u p e l s d o r f mit seinen abwechslungsreichen Mischwaldbeständen dagegen ist als Waldameisen-Schutzgebiet ausgewiesen. Nordöstl. von G r o ß l a n g h e i m steht eine kleine blumenreiche Sumpfwiese unter Naturschutz (ND). Bekannt und damit durch unvernünftige Besucher stark gefährdet ist das stimmungsvolle Z e u b e l r i e d e r M o o r (NSG) nördl. von Kleinochsenfurt. In diesem Flachmoorkomplex hat die Sumpfgladiole oder Sumpfsiegwurz ihren einzigen Standort in Mainfranken. Daneben kommen

Gerolzhofen

299

Die Konstitutionssäule auf dem Sonnenberg im Park zu Gaibach

Kunigundenlinde

Tauberbrücke in Rothenburg

Primeln, Fieberklee, Wollgras, verschiedene Orchideen- und Farnarten sowie zahlreiche weitere Seltenheiten vor. Der benachbarte O c h s e n f u r t e r   F o r s t wurde wegen seiner alten Laubbaumbestände unter Schutz gestellt.

Zwei Kunstgärten im Gäu hat man unter die Naturdenkmäler aufgenommen: den S c h l o ß p a r k v o n W i e s e n t h e i d und die Schönbornhöhe an der K o n s t i t u t i o n s s ä u l e im einstigen „Englischen Garten" zu G a i b a c h. Die F l u ß t ä l e r der Gäuplatten gleichen im Oberlauf flachen Wannen. Entlang der Ufer ziehen sich auch die wenigen Wiesen dieses Landstrichs. Mancher Bach wird von schönem Busch- und Baumbestand begleitet. Unter Landschaftsschutz stehen der I f f b a c h unter- und oberhalb von Ippesheim, die S t e i n a c h mit dem H a r b a c h zwischen Langensteinach und Equarhofen (einschließlich des umliegenden Laubwaldes) sowie die G o l l a c h mit einigen Nebenbächen. Besonders die Gollach trägt einen stolzen Rahmen aus Kopfweiden, Pappeln, Eschen und dichtem Gebüsch.

Sobald sich die Bäche jedoch dem eingetieften Main nähern, beginnen sie in den Oberen Muschelkalk einzuschneiden und erreichen in schluchtartigen Kastentälern ihre Mündung. Die Steinach tritt von Frauental an in ein immer steilwandigeres Tal. Auf einem Vorsprung liegt die Burgruine Brauneck. Die Gollach betritt unterhalb von Aub ein eingetieftes Tal zwischen Wald- und Obstbaumhängen. Die Ruine Reichelsberg erhebt sich über dem Ufer, von einem Vorsprung des „Alten Berges" grüßt die Kunigunden-Kapelle weit ins Land. Es ist eines der ältesten Bauwerke im Ochsenfurter Gau. Noch innerhalb der wehrhaften Umfassungsmauern steht die tausendjährige K u n i g u n d e n l i n d e (ND). Den Stamm, der eine riesige Baumkrone trägt, können kaum 8 Männer umfassen. Ausgrabungsfunde deuten darauf hin, daß hier schon in frühgeschichtlicher Zeit eine Kultstätte bestanden hat.

Bei Bieberehren nimmt das Taubertal die Gollach auf. Etwas unterhalb liegt das Obst- und Weinstädtchen Röttingen. Hier mündet zwischen Kapellenberg und Geißberg die eingeschnittene Rippach in den Taubergrund.

Auch das eingetiefte T h i e r b a c h t a l (LSG) bei Ochsenfurt bietet einen naturbetonten Kontrast zum Kulturland des Maintales und der Ochsenfurter Gäuplatte. Nur ein paar Mühlen schmiegen sich in den Talgrund, über den das alte Karthäuserkloster Tückelhausen wacht. Die bewaldeten Steilhänge sind ein Vogelparadies, in dem mit Glück die Nachtigall erlauscht, die Waldohreule und der Waldkauz aufgeschreckt werden können. Seidelbast, Diptam und verschiedene Orchideen, die hier vorkommen, müssen unbedingt erhalten bleiben.

Unter den in die Muschelkalkfläche eingesägten Flüssen gebührt der T a u b e r entschieden der erste Rang. Ihr Tal ist stark vom Menschen geprägt, und so verbindet man mit ihrem Namen die Vorstellung von romantischen Kunststätten wie Wertheim, Creglingen, Weikersheim und vor allem Rothenburg, das über einem Umlaufsporn des steilwandigen Tales thront. Es besitzt damit ein grüngeschmücktes Podest, wie es nur selten ein Ort aufweisen kann. Der Fluß selbst zieht in schmaler Wiesenau zwischen lückenlosem Uferbewuchs dahin, während die 100 m hohen Steilhänge von Obstbäumen, Buschwerk und Laubwald mit Nadelbeimischung bestanden sind. Die „Romantische Straße" folgt im Talgrund dem kurvenreichen Lauf des Flusses. Die bayerische Strecke der Tauber unterhalb von Rothenburg wurde unter Schutz gestellt, einschließlich der Schluchttäler ihrer Nebenflüßchen (Steinbachtal, Gickelhäuser Bachtal und Neustetter Tal). Damit ist eine der schönsten Naturszenerien deutscher Kulturlandschaft in ihren erhaltenswürdigen Werten anerkannt und gesichert.

300

Das Taubertal

Die Aufwölbung des Kissinger Sattels (die „Schweinfurter Rhön") trennt die mainfränkischen Gäue von den n o r d f r ä n k i s c h e n G ä u l a n d s c h a f - t e n. In ihrem südlichen Teil, im sog. Hofheimer Gau, ist das Gäu auf den etwa 20 km breiten Streifen zwischen der Schweinfurter Rhön und den Haßbergen beschränkt, während sich nördl. davon der weite Grabfeldgau zwischen der Rhön, den beiden Gleichbergen (heute DDR) und dem Vorland des Thüringer Waldes ausbreitet. Mit dem „Henneberger Land" reicht er bis vor die Tore Coburgs. Die Landschaft gleicht derjenigen der Muschelkalkhochfläche, doch um Hofheim, Königsberg und Königshofen lassen fruchtbare, lößbedeckte Gipskeuperwannen einen Vergleich mit den mainfränkischen Lößlandschaften zu.

Unter G r a b f e l d versteht man heute nicht mehr den ganzen Grabfeldgau des Mittelalters, sondern nur noch die fruchtbare Flachlandschaft um Königshofen im Grabfeld, die halbkreisförmig umgeben wird von bewaldeten Höhen und windgeschützt ist durch die Hochrücken der Rhön und des Thüringer Waldes. Auch hier liegt über dem Letten- und Gipskeuper (zahlreiche Steinbrüche) ein fruchtbares Lößpolster, das den Weizen-, Braugersten- und Zuckerrübenanbau begünstigt. Die Fränkische Saale entspringt an der Staatsgrenze bei Alsleben und zieht westwärts mitten durch das Grabfeld.

Landschafts- und Naturschutzgebiete gibt es nicht in den nordfränkischen Gäulandschaften. Eine Ausnahme bildet der E l l e r t s h ä u s e r S e e südlich von Stadtlauringen. Hier wurde ein Bach zu einem 2 km langen Speichersee aufgestaut, der mit seinen Bade- und Sportmöglichkeiten in reizvoller Waldumrahmung zu einem erstrangigen Ausflugsziel geworden ist.

301

Die Buntsandsteinlandschaften

Das Kreuzbergmassiv im Winter

DIE RHÖN UND IHR VORLAND

(Dazu Kartenseiten 2, 3, 9) Weiträumig und vielgestaltig ist das Bild der Rhön. In großgeschwungenen Linien und Formen wechseln baumlose Hochflächen mit dichten Wäldern, basaltene Kuppen mit verschwiegenen Tälern und sanfte Wiesenmatten mit großen Basaltsteinbrüchen. Eine herbe Großzügigkeit liegt über dem Gebirge. Phantastisch ist das Spiel des Lichtes. Helligkeit und Dunkel bekämpfen sich in dieser Landschaft nach eigenen Regeln. Blendende Lichtfülle über grünen Matten verleiht ihr oft eine milde Schönheit und Anmut. Doch sie kann unerwartet schnell vom Gewitterschwarz und Nebelgrau verdrängt werden. Dann sind die weiten Flächen der Hohen Rhön jäh verfremdet und nehmen unvermittelt einen Zug der Härte und des Unheimlichen an.

Der Namen „Rhön" ist vermutlich keltischer Herkunft. Er bedeutet soviel wie „Berg" oder „Gebirge". Das Rhöngebirge erstreckt sich in einer Länge von 90 km zwischen Gemünden am Main und Vacha in Thüringen. Die größte Breitenausdehnung – zwischen Fulda und Meiningen – beträgt 50 km. Grundstock des Gebirges ist die H o h e R h ö n , ein langgestrecktes Gebirgsmassiv von etwa 800 bis 900 m Höhe, dem nach Westen die Wasserkuppe, nach Südwesten das Dammersfeld und nach Süden der Kreuzberg und die Schwarzen Berge angegliedert sind. Das Land südlich der Schwarzen Berge trägt die Bezeichnung „Waldgebirgige Rhön". Aus dem unergründlichen Waldgebiet auf Buntsandstein ragen vereinzelt kleine Basaltkuppen (z. B. Hägkopf, Knörzchen, Büchelberg) auf.

Etwa die Hälfte des Gebirges gehört zu Bayern, der westliche Teil zu Hessen, die nördlichen Ausläufer zu Thüringen.

302

Die B a y e r i s c h e R h ö n , die wir hier allein betrachten wollen, findet ihre Begrenzung im Norden an der Staatsgrenze bei Fladungen, im Nordwesten auf dem Kamm der Hohen Rhön zwischen Querenberg und Schluppwald, im Westen an der unteren Sinn und im Süden an der Fränkischen Saale. Dieser Umgrenzung entspricht auch der „N a t u r p a r k B a y e r i s c h e R h ö n", der rund 1000 qkm umfaßt. Als Symbol für den Park hat man die Silberdistel gewählt. Außer mehreren Gebieten, die schon länger unter Naturschutz stehen, und vielen Naturdenkmalen, die besonders erhaltenswerte Einzelobjekte der Landschaft umfassen, unterliegt nun der ganze Naturpark dem Landschaftsschutzgesetz. Es dürfen keine Veränderungen vorgenommen werden, die die Natur schädigen, den Naturgenuß beeinträchtigen oder die Landschaft verunstalten. Dagegen werden Schritt für Schritt Einrichtungen geschaffen, die den Besucher zum genußreichen Erleben der Naturlandschaft hinführen. Parkplätze mit Liegewiesen, gekennzeichnete Wanderwege, Waldlehrpfade, Unterstandhütten u. a. sollen den Wert der Rhön als Erholungslandschaft steigern. Der „Rhön-Klub" bemüht sich seit Jahrzehnten um eine sinnvolle Erschließung des Gebirges. Im Winter spielt immer mehr der Skisport eine Rolle. Am Kreuzberg und am Arnsberg sind eine Reihe von Skiliften und zwei Sprungschanzen eingerichtet worden. Die der Rhön angemessenste Sportart aber ist zweifellos der Segelflug. Die freien Hochflächen und die günstigen Windverhältnisse haben die „Wasserkuppe" in der Hessischen Rhön zum Segelfliegerzentrum werden lassen. Schon 1911 war die Wasserkuppe Zeuge von ersten Gleitflugversuchen. Seit 1920 wurde sie allmählich zum Mekka der Segelflieger. Sobald Wind und Wetter es einigermaßen zulassen, schweben die weißen Kunstvögel lautlos über der Rhön, aus deren Bild sie nicht mehr wegzudenken sind.

*Segelflieger
über der Rhön*

Seit je verbindet sich mit dem Namen „Rhön" die Vorstellung des „Ungewöhnlichen und Fremdartigen". Das läßt sich aus der geologischen Beschaffenheit und Vegetation des Gebirges erklären. Die Grundlage der Rhön bildet wie im Spessart der Buntsandstein. Darauf liegen Muschelkalk und Lettenkeuper, wie in den anderen fränkischen Schichtstufenlandschaften. Das entscheidende Ereignis der Rhöngeschichte aber waren vulkanische Katastrophen, die gegen Ausgang der Tertiärzeit hereinbrachen. Vulkanische Aschen und Tuffgesteine drangen nach oben und verursachten Spalten und Einbrüche. Ein folgender vulkanischer Stoß ließ flüssige Basalte in Spalten und Schloten aufsteigen und sich teilweise über die Erdoberfläche ergießen oder unterirdische Hohlräume füllen. Damit verbunden war eine kräftige Heraushebung des ganzen Gebietes (Wasserkuppe 950 m), wobei der Sedimentuntergrund in zahlreiche Schollen zerbrach. 500 Durchbruchsschlote der glühenden Basaltlava konnte man feststellen, deren jeder einen Durchmesser von 20 bis 100 m hatte. Die Lavaergüsse flossen vielfach ineinander und vereinigten sich zu geschlossenen Decken, wie vor allem in der Hohen Rhön. Die Abtragung hat mittlerweile kräftig gearbeitet. Mit der Entfernung von der Mitte des Gebirges (Hohe Rhön, Wasserkuppe, Kreuzberg) lösen sich die Decken mehr und mehr auf. Viele Einzelvulkane stehen isoliert, deren Schlotfüllung nun als Kuppe oder Kegel die abgetragene Umgebung überragt (so z. B. die Basaltstiele der „Kuppigen Rhön" in Hessen und der „Waldgebirgigen Rhön"). Der Basalt widerstand der Verwitterung besser als die darunterliegenden Triasschichten, so daß die vulkanischen Ergußgebiete in voller Höhe erhalten blieben, während das stark ausgeräumte Vorland steil abfällt. Der für Bauzwecke sehr geeignete harte Basalt wird in zahlreichen Brüchen abgebaut, die uns einen Blick in das Innere der Lavaschlote werfen lassen. Der erstarrte Basalt sondert sich in erstaunlich regelmäßigen Säulen von 5 bis 6eckigem Querschnitt ab und kann ohne großen Verarbeitungsaufwand aufbereitet werden. Vor allem für Straßenpflaster und Deichbauten (in den Niederlanden), für Straßen- und Bahnschotter wird er viel verwendet. An anderen Stellen steht er frei an oder ist zu „Blockmeeren" zerfallen.

Neben dem Basalt treten auch Phonolith-Gesteine auf, die in der Bayer. Rhön jedoch nur unerhebliche Ausdehnung erreichen.

Kennzeichnend für die Basaltüberdeckung sind wasserundurchlässige Böden, auf denen nasse Wiesen und Moore entstanden. Der Ackerbau spielt auf den Basaltflächen keine Rolle. Dagegen gehören Rinderherden zum Anblick der Rhönlandschaft. Auffallen muß der Mangel an großen Wäldern. Er ist auf die überstarke Rodung früherer Jahrhunderte zurückzuführen. Weite und Größe des Gebirges werden dadurch recht eindringlich sichtbar. Es zeigen sich Bilder, die an idealisierte „heroische Landschaften" der Landschaftsmalerei erinnern.

Arnika

Im Zusammenhang mit dem Vulkanismus der Rhön stehen die heilkräftigen, Kohlensäure-, Kochsalz- und Stahlquellen der berühmten Badeorte an Saale und Sinn.

Die hohe Aufwölbung der Rhön bringt ein kaltes und rauhes Wetter mit sich. Ihre schutzlosen Nordwestflanken werden von frischen Winden und Regenschauern gepeitscht. Über 100 Tage lang liegt jährlich die Schneedecke auf der Hohen Rhön. Ihr Kamm schützt aber die freundlichen Landschaften des Rhönvorlandes um das Saaletal und die fruchtbaren Weiten der Gäuplatten dahinter.

Die F l o r a der Hohen Rhön ist wegen des eigenwilligen Klimas – abgesehen von den Besonderheiten der Moore – nicht besonders reich an Pflanzenarten, doch ihre Zahl färbt Wald- und Wiesenböden recht bunt. Das natürliche Waldkleid der Rhön bestand einst aus Rotbuche und Eiche. Zu Charakterfiguren wurden die windzerzausten Hutbuchen auf den Hochweiden geformt. Mit der Forstwirtschaft seit dem letzten Jahrhundert kamen Kiefer, Fichte und Lärche hinzu. Farne (Adler- und Wurmfarn), Pilze und Beeren begegnen dem Waldwanderer allenthalben.

Das Blühen beginnt im Frühjahr mit dem Waldmeister und der Zwiebeltragenden Zahnwurz, der Weißen Pestwurz, den Maiglöckchen und den Schattenblümchen, den Einbeeren und den Christofskräutern, dem Quirlblättrigen Salomonssiegel und der Trollblume. Die Orchideen sind repräsentativ vertreten mit dem Frauenschuh, dem Weißen und dem Roten Waldvögelein, der Händelwurz, der Kuckucksblume und der Fliegenragwurz. Die Hochweiden legen erst im späten Juni ihr Blütenkleid aus Arnika, Geflecktem Ferkelkraut, Pechnelke, aus Berglein, Nordischem Labkraut, Prachtnelke, Färberscharte und Bergflockenblume an. Im Hochsommer kommen das Garten-Leimkraut, die Felsennelke, die Ästige Zaunlilie, der Blaßgelbe Fingerhut, der Alpen-Milchlattich und die Breitblättrige Glockenblume als Seltenheit hervor. Gegen Herbst zu blühen die kräftigen Stauden des Fuchskreuzkrautes und öffnen sich die silbernen Rosetten der Eberwurz, der Wappenblume der Rhön. Und am Ende des Blütenjahres beschließen der Deutsche, der Gefranste und der Kreuz-Enzian neben der Goldrute und dem Sumpfherzblatt in schönem Akkord den Farbenzauber.

Silberdistel
(Eberwurz)

Die T i e r w e l t der Rhön gleicht im wesentlichen derjenigen der anderen bayerischen Mittelgebirge. Der Hirsch ist kaum mehr zu finden, Wildschweine sind rar, Rehe dagegen häufig. Die Vogelwelt fühlt sich besonders auf sumpfigen Matten, Hochwiesen und Mooren wohl. Da hört man: Feld- und Heidelerche, Baum- und Wiesenpieper, Bekassine, Kiebitz, Wildente, Taucher u. a. Auf fels-

304

besäten Matten tummeln sich zahlreiche Steinschmätzer. An einsamen Stellen soll es sogar Auer- und Haselwild geben. Von den Greifvögeln zeigen sich vereinzelt der Rote Milan und der Wanderfalke.

Auf den Bergen der Rhön

Der H e i d e l s t e i n kann als Mittelpunkt des gesamten Gebirges gelten. Hier erreicht die große geschlossene Basaltdecke der H o h e n R h ö n ihren höchsten Punkt (926 m). Vom Heidelstein aus ziehen die grenzenlosen Matten über das Auf und Ab der Hochfläche. Vereinzelte Basalt- und Phonolithfelsen, neuaufgeforstete Waldstreifen und die braunen Augen kleiner Moore unterbrechen die weiten Rasenflächen und verleihen dem Gebiet seinen unergründlichen Reiz. Weithin kenntlich ist der Heidelstein an seinem 200 m hohen Fernsehsendeturm. Der weitgezogene Rücken nördlich vom Heidelstein heißt das „H o h e P o l - s t e r". Steinübersäte Triften, Matten, Huten und kleine Moore wechseln einander ab. Mit dem Stirnberg steigt es bis 902 m auf. Zu Füßen des Stirnberges sind das K l e i n e und das G r o ß e M o o r als Naturschutzgebiete achtens- und schützenswert. Gemeinsam mit dem Schwarzen Moor stellen sie die wertvollsten Ausschnitte der Rhön-Moorvegetation dar.

Das S c h w a r z e M o o r ist mit 60 ha Fläche das größte der Rhönmoore. Es steht ganz unter Naturschutz. Rotbraun liegt es inmitten der grünen Matten. Am Südrande gesellen sich Weiden, Birken und Zwergkiefern zu kleinen Gruppen. Hell leuchten die Augen der offenen Wasserschlenken. Sonnentau und Fettkraut stehen hier als echte Leitpflanzen der Sumpfflora. Binsen, Seggen, Röhricht und Heidekraut (Rosmarin-, Besen-, Glocken- und Graue Heide) überziehen das Moorrevier. Die Moorheidelbeere gedeiht in Massen. Die Rhönmoore sind typische Hochmoore. Heidekräuter, Wollgräser, Moosbeeren und vor allem die Torfmoose wölben durch ihr Wachstum die Moorfläche vom Rande her uhrglasförmig auf. So erhebt sich das Schwarze Moor in der Mitte um etwa 10 m über seine Umgebung.

Rosmarinheide

Heute bietet zwar die H o c h r h ö n s t r a ß e von Bischofsheim bis Fladungen einen bequemen Zugang in diese Welt der Hochweiden, Moore und Basaltbrüche, aber wer sie nur im Auto durchbraust, dem wird sich der Zauber dieser einzigartigen Landschaft nicht erschließen. Er muß ihn auf Wanderungen erleben und die Gewalt der Einsamkeit verspürt haben, wenn er das Wesen der Rhön begreifen will.

Am Ostrande der Hohen Rhön schieben sich zahlreiche Basaltsporne in die Abdachung zur Saale hinein. Sie bilden mit ihren Waldflanken den oberen Sockel des Gebirges. Naturgemäß bieten sie eine prachtvolle Fernsicht auf den „Besengau", auf die Senken der Streu und der Saale, auf das Vorland des Thüringer Waldes und auf die Haßberge. Als Aussichtspunkte sind die R o t h e r K u p - p e (Aussichtsturm; Skigebiet) und der Gangolfsberg geschätzt, aber die Rhönhöhen bieten fast überall freie Sicht auf ihre schöne Landschaft, weil nur die steilen Flanken von lückenlosem Wald bestanden sind.

Aussichtsturm auf der Rother Kuppe

305

DIE HOHE RHÖN
Maßstab 1:100 000

Der G a n g o l f s b e r g (NSG) besitzt die bizarrsten Basaltgebilde. Wie Bienenwaben liegen die sechseckigen Säulen im Berg. Eine „Teufelskirche" erhebt sich über einem mächtigen Blockfeld aus schwarzen, pfeilerförmigen Basalttrümmern. Nach einem Bergsturz blieb der überhängende Basaltfelsen am „Teufelskeller" zurück. Den Gipfel des Gangolfsberges krönt ein einfacher Aussichtsturm; daneben die Reste der Gangolfskapelle, die laut Legende auf den heiligen Klausner Gangolf zurückgehen soll. In das Naturschutzgebiet eingeschlossen ist auch die E l s b a c h s c h l u c h t am Fuß des Berges, die in jedem Frühjahr von den weißen Tupfen der Frühlingsknotenblumen gemustert wird. Ein neuangelegter Naturlehrpfad erschließt dem Laien die Flora des Gangolfsberges.

Weiter nördlich hat der E i s g r a b e n seine Schlucht in die Basalthänge gerissen. Aus dem Schwarzen Moor herabkommend gischen die braunen Wasser über Basaltquadern und wirbeln durch die Steinkessel des steilwandigen Cañons. Die „Frauenhöhle" öffnet sich auf der Höhe der Eisgrabenwand. Da Höhlen im Basalt sehr ungewöhnlich sind, vermutet man in ihr einen Geheimgang zur ehemaligen Hildenburg auf dem Hillenberg.

Als Naturwunder ersten Ranges galt früher das S t e i n e r n e H a u s am Südhang des Maihügels. Zahllose prismatische Basaltsäulen dringen hier aus dem Boden hervor. Ein großer Steinbruch hat das Naturschauspiel empfindlich beeinträchtigt.

Die bekannteste und am meisten aufgesuchte Erhebung der bayerischen R h ö n ist zweifellos der K r e u z b e r g , der mit 928 m nur um 22 m niedriger ist als der höchste Rhönberg, die Wasserkuppe in Hessen. Er wird der „Heilige Berg der Rhön" genannt, weil eine Gnadenkirche und ein Kloster seit Jahrhunderten alljährlich Tausende von Wallfahrern anziehen. Die Gebäude stammen vom Ende des 17. Jh. Sie schmiegen sich an den Westhang des Berges. Ein Kreuzweg führt zum 26 m hohen Gipfelkreuz. Die 14. Station besteht aus den drei Kruzifixen von Golgatha; sie sind zum Wahrzeichen des Kreuzberges geworden.

Die isolierte Lage des Berges erlaubt eine umfassende Rundsicht. Im Norden erblickt man die Hohe Rhön vom Dammersfeld über Himmeldunkberg zum Heidelstein, davor die Orte Wildflecken und Bischofsheim sowie die schöngelegene Ruine Osterburg; dahinter den Vogelsberg und die Wasserkuppe; im Westen die beiden Auersberge und den Taunusrücken, weiter südlich den Dreistelzberg bei Brückenau mit dem Spessart im Hintergrund; im Süden die Schwarzen Berge; im Osten die Gebirgszüge des Steigerwaldes und des Thüringer Waldes, ganz in der Ferne das Fichtelgebirge.

Die Basaltdecke des Berges wird im Basaltblockfeld „Johannisfeuer" (50 m östl. vom Gipfelkreuz) und an der Kreuzbergstraße (unterhalb des Parkplatzes) sichtbar, wo Basaltsäulen von 28 bis 40 cm Durchmesser zu einer Höhe von 10 m aufsteigen.

Durch den Guckas-Sattel (662 m) wird das Kreuzberg-Massiv deutlich von den S c h w a r z e n B e r g e n geschieden, deren grüne Matten und schattige Mischwälder die Wanderlust wecken. Feuerberg (Kissinger Hütte, Skilift), Totnansberg, Erlenberg und Farnsberg (Würzburger Haus; „Steinernes Meer" am Westhang) sind die Haupterhebungen. Der nordwestl. Vorsprung (Lösershag) und der südliche Vorsprung (Platzer Kuppe) der Schwarzen Berge stehen unter Naturschutz. Der L ö s e r s h a g steigt über dem Sinntal bei Oberbach als markanter Basaltkegel auf, der geologisch wie botanisch viel Bemerkenswertes zu bieten hat. Sein Gipfel ist mit einem urwaldähnlichen Bestand mächtiger Buchen, Eschen, Linden, Bergahorne, Ebereschen, Bergulmen, Salweiden und Heckenkirschen bewachsen.

„Säbelbeinige" Buchen am Osthang des Totnansberges

307

KREUZBERG, SCHWARZE BERGE
UND WALDGEBIRGIGE RHÖN
Maßstab 1 : 100 000

Da er schon einige Jahre keiner forstwirtschaftlichen Nutzung unterliegt, lagern umgestürzte Baumriesen modernd über dem Basaltgeröll. Groteske Baumruinen sind dicht von Zunderschwämmen überwuchert. Die Vegetation zwischen den Basaltbrocken weist vielerlei Moose, Flechten und Farne auf; dazu die seltene Deutsche Hundszunge, ferner die Haselwurz, die Goldnessel, die Zahnwurz, die Scheinmiere, den Kälberkopf, den Seidelbast, den Waldziest, den Märzenbecher, das Mannsknabenkraut, den Waldmeister, den Lerchensporn u. v. a. Südwestl. zieht vom Gipfel 50 m tief eine Basalttrümmerhalde gegen das Sinntal hinab, auf der Ostseite steigen mächtige, gestaffelte Basaltwände hinauf. Am Südostfuß des Lösershags hat sich eine Wacholderheide erhalten, wie sie früher häufig in der Rhön anzutreffen waren, heute aber zunehmend verschwinden (Wacholderheiden in der Flurabteilung Stöck und am Rosengarten unter Naturschutz). Die gut durchfeuchtete „Neuwiese" am Nordhang bringt im Laufe des Jahres einen reichen Blumenflor mit Trollblumen, Sumpfveilchen, Waldstorchschnabel, Wiesenknöterich, Hoher Schlüsselblume, Sumpfpippau, Wollgras und verschiedenen Sumpfmoosarten hervor.

Auch die P l a t z e r K u p p e ist eine Basalt-Erhebung. Das NSG umfaßt hier den prächtigen Rotbuchenwald der Ost- und Südseite. In den höheren Lagen zeigt der Waldboden Waldmeister, Zahnwurz, Wald-Bingelkraut, verschiedene Farne u. a. Die Basaltdecken der Schwarzen Berge werden von mehreren Steinbruchbetrieben ausgebeutet, deren Transportlifte schwarze Striche durch das Landschaftsbild ziehen.

Ein größeres Areal auf dem westlichen Ausläufer der Hohen Rhön ist Sperrgebiet. Es wird vom „Truppenübungsplatz Wildflecken" eingenommen. Dieser umfaßt das sog. Dammersfeld mit der Dammersfeldkuppe (928 m), den schönen Basaltstiel des Eierhauck, die Dreifeldskuppe, einen Teil des Schluppwaldes, die beiden Auersberge und den Ehrenberg, der die Wallfahrtskirche „M a r i a E h - r e n b e r g" trägt. Sie wurde 1731 auf der buchenbestandenen Basaltkuppe erbaut. Von der Kirche führen 252 Stufen in Rosenkranzanordnung hinab zum Marienborn, einer frischen Quelle im Westhang des Berges. Drei Marienstatuen schmücken die Treppenanlage. Obwohl im Sperrgebiet gelegen, ist der Zugang zur Wallfahrtsstätte frei.

Stufen in Maria Ehrenberg

Die Hohe Rhön bildet die Hauptwasserscheide zwischen Rhein und Weser. Nahezu alle im bayerischen Gebirgsteil entspringenden Bäche eilen der Fränkischen Saale zu, gehören also zum Gewässersystem von Main bzw. Rhein.

Aus dem Nordwinkel der Bayerischen Rhön kommt die S t r e u herab. Sie entspringt am 814 m hohen Ellenbogen und betritt oberhalb von Fladungen bayerischen Boden. Hier durchzieht sie einen Talkessel, den die Rhön mit ihren Bergzügen Wurm- und Hammelsberg umschließt. Von rechts fließt der Leubach aus der Hohen Rhön herbei. In der Stadt Fladungen unterrichtet das großartige R h ö n m u s e u m über Land und Leute (Herbarium der Rhönflora, Mineraliensammlung). Den Hammelsberg krönt eine Gangolfskapelle. Der Aufstieg wird mit der Aussicht auf 11 Rhönorte belohnt.

Unterhalb von Heufurt nimmt die Streu den Aschelbach auf, der dem „Schwarzen Moor" entspringt und den wilden Eisgraben in die Flanke der Hohen Rhön gerissen hat. An der Mündung der Bahra in die Streu liegt Nordheim, eine geschichtsreiche Rhönsiedlung zu Füßen der sog. Königsburg. Dieser Bergkegel soll eine Befestigung Kaiser Ottos I. getragen haben.

*Streubrücke
in Nordheim*

Nun wird der Fluß vom Massiv des H e i d e l b e r g e s (gute Rundsicht vom Gipfel) aufgehalten und nach Osten abgelenkt. Wenig weiter liegt Ostheim vor der Rhön in einem weiten Talkessel. Nördlich steht die Ruine Lichtenburg auf einem Vorsprung des langgezogenen „Alten Reichswaldes" (Aussicht vom Bergfried). Bei Stockheim wird die Sulz aufgenommen, ein Bach, der aus großen Wäldern kommt und ein überaus stilles, einsames Tal mit kleinen Dörfern durchmißt. Östlich steigen die Höhen des Kohlberges und der Hohen Schule auf (schöner Blick auf den Ellenbacher Berg und auf die Kirchenruine von Ellenbach).

Die Streu nimmt wieder ihre Nord-Süd-Richtung ein. Sie passiert den wiesengrünen Talkessel von Mellrichstadt, wo der Malbach aus Thüringen mündet. Auf dem höchsten Punkt steht eine Marienkapelle, deren Platz mächtige Linden beschatten. 3 Quellen entspringen an diesen Hängen: die „Teufelsquelle", die „Heiligenbrunnen" und das „Herlesbrönnlä". Es ist ein Landstrich, der durch Wiesen, Baumreihen und Buschzeilen der freien Weite einer Parklandschaft entspricht.

Alt und voll romantischer Winkel wie Mellrichstadt sind auch die folgenden Orte Oberstreu, Mittelstreu und Unsleben. Westlich von Mittelstreu liegt hinter dem Eiersberg der sagenumwobene F r i c k e n h ä u s e r See (1 ha) in einer kreisrunden, vom Wald beschatteten Mulde. Kein Zu- noch Abfluß ist zu sehen. Unterirdisch strömt sein Wasser zur Streu. Bei Unsleben mündet der Elsbach. Er kommt von den Matten des Heidelsteins herab und durchfließt den schönen B e s e n g a u, der wie ein Landschaftsgarten zwischen Hunsrück, Heidel-, Reh- und Schweinberg eingebettet ist.

*Die Kirchenburg
zu Ostheim*

In Heustreu vereinigt sich die Streu mit der F r ä n k i s c h e n S a a l e, die aus dem Grabfeld herbeikommt und von nun an in vielen Schleifen am Fuß des Rhöngebirges entlangzieht. Als erster öffnet sich der Talkessel von B a d N e u s t a d t a. d. S. Das aufstrebende, schmucke Städtchen verdankt seinen guten Ruf als Heilbad 5 eisenhaltigen „Säuerlingen", die im Ortsteil Bad Neuhaus zutage treten. Ihre Wirkung beruht auf 22 heilkräftigen Stoffen, darunter Kohlensäure, Kochsalz, Brom, Phosphor, Schwefel und Lithium. Um die Badeanlagen breitet sich ein gepflegter Kurpark aus. Einen markanten landschaftlichen Akzent gewinnt Neustadt durch die 80 m hoch über dem Tal thronende S a l z b u r g. Sie gilt als die größte deutsche Burganlage. Der Muschelkalksporn, den sie be-

310

Die Salzburg über Bad Neustadt an der Saale

setzt, ist bewaldet. Die Südseite trug einst Rebgärten. Die Aussicht geht auf das Saaletal, auf das Brendtal und zum Kreuzberg. Auch der Nachbarsporn L u i t - p o l d h ö h e (ND) bietet eine lohnende Rundsicht.

Der Neustadter Kessel verdankt seine Weite dem Zusammenfluß von Saale und Brend. Die B r e n d kommt aus der Hohen Rhön am Teufelsberg herab. Unterhalb von Arnsberg und Kreuzberg eilt sie durch das alte Rhönstädtchen Bischofsheim und weiter in einem wiesengrünen Talgrund zur Saale. Ihr Nordufer wird vom Schweinberger Forst, ihr Südufer vom großen Staatsforst Steinach begrenzt. Der geläufige Name der Waldreviere um Neustadt aber heißt „S a l z - f o r s t". Er war seit dem frühen Mittelalter königlicher Bannforst, der zum Königsgut S a l z bei Bad Neustadt gehörte. Die einstige Kaiserpfalz zu Salz hatte von Karl dem Großen bis zu Otto dem Großen manchen kaiserlichen Jäger zu Besuch. Am Kollertshof bei Burgwallbach beginnt der N a t u r l e h r p f a d „Salzforst", der auf 50 Tafeln über die Geschichte des Waldes, über seine Bäume, Büsche und Blumen, über seine Vogel- und Tierwelt unterrichtet. Man sieht einen Fuchsbau und eine „Suhle" (morastiger Wassertümpel, in dem die Wildschweine suhlen), erfährt etwas über die Forellenzucht in den Fischteichen von Burgwallbach und über die Geschichte der Burgruine „Wallpach". Für den Winter ist ein Wildfütterungsplatz vorhanden.

In Schönau an der Brend entstand 1923 das erste R h ö n r a d, das seinerzeit weite Verbreitung fand.

In stetem Hin und Her pendelt die Saale unterhalb von Neustadt — nachdem sie die Lauer aufgenommen hat — durch die Buntsandsteintafel des Rhönvorlandes. Die steilen Prallhänge sind bewaldet, die sanften Gleithänge werden von Wiesen und Feldern eingenommen. In einer Schlinge das kleine stille B a d B o c k l e t mit seinem altfränkischen Kurpark, dem Quellpavillon von 1787 und den Kurgebäuden aus der Biedermeierzeit (kohlensäure- und eisenreiche Stahlquelle). Im benachbarten Aschach besteht ein Vogelkundepfad.

In B a d K i s s i n g e n erreicht der Niveauunterschied zwischen Tal und Berg 180 Meter Höhe (Staffels-Berg). Das berühmte Weltbad liegt in einem Rund grüner Berge. Im Osten rückt der Steilabfall der Muschelkalktafel heran, repräsentiert vom Sinnberg (mit aussichtsreichem „Bismarckturm"), Osterberg, Stationsberg (mit dem Vorsprung der Schloßruine Bodenlaube), Finsterberg, Eiringsberg (frühgeschichtlicher Ringwall) und Scheinberg (Aussicht vom „Wittelsbacher Turm"). Im Westen ziehen sich auf dem Sandsteinplateau riesige Laub- und Mischwälder dahin: der Klaus-Wald und der Auraer Wald, durchzogen von der romantischen Altstraße „Wildfuhr". Am Plateaurand treten der Staffels (Aussicht vom „Ludwigsturm") und der Rempelberg hervor. Mitten im Kissinger Talkessel steigt sanft der bewaldete Hügel des Altenbergs mit Grottenanlagen und hübschen Aussichtspavillons auf.

311

Im Kurpark zu Bad Kissingen

Die Talaue nehmen gepflegte Kurparks und Kureinrichtungen ein, die sich im Stadtpark „Ballinghain" gegen den Finsterberg zu fortsetzen. Nach Norden führen Spaziergänge zu den Salinen und dem Gradierwerk Bad Kissingens sowie in das reizende, vom Bächlein durchplätscherte „Kaskadental" (Lehrpfad). Folgt man dem Tal auf der Straße nach Brückenau, so gelangt man zum ausgedehnten Wildpark K l a u s h o f, wo Rot-, Dam-, Schwarzwild und verschiedene Greifvogelarten in Freigehegen zu beobachten sind. Wer sich über die botanischen Gegebenheiten der Waldgebiete Bad Kissingens orientieren will, findet um den Ludwigsturm auf dem Staffels einen ausgebauten W a l d k u n d e p f a d mit zahlreichen erläuternden Tafeln.

Als typische Steppenheide auf Muschelkalk wurde der steile Höret-Hang südlich von Arnshausen unter Landschaftsschutz gestellt. Er ist zum Teil mit Wacholder, Wolligem Schneeball und Kiefer bestockt.

Zwischen Rempelberg und Eiringsberg durchbricht die Saale einen dichtbewaldeten Buntsandsteinriegel und gelangt auf schwungvollem Umweg nach Aura, wo die Ruine eines nie fertiggestellten Klosters von der Höhe des Steilhanges grüßt. Bald aber erscheint links über dem Saaletal die dominierende Silhouette der T r i m b u r g auf steiler Muschelkalkzunge. Frisches Busch- und Baumwerk steigt vom Tal die Hänge aufwärts. Der Blick von der Burgterrasse läßt uns den ganzen Abwechslungsreichtum des Saaletales überschauen. Wiesen und Felder im Grunde, schroffe und felsige Abhänge am Wellenkalkabfall, Wälder auf den Muschelkalkhöhen, die hier über die Saale nach Norden greifen. Im Westen sind

Schloß Saaleck, die Stadt Hammelburg, der Sodenberg und der Reußenberg mit den Spessarthöhen im Hintergrunde sichtbar. Zwischen Trimberg und Hammelburg tauchen die ersten Weingärten auf, alle südwärts gerichteten Muschelkalkhänge überziehend. Auch die stolze Burg Saaleck gegenüber Hammelburg weist ein eigenes Gewächs auf, den feurigen „Saalecker".

Burg Trimberg

Bald danach mündet das stille, anmutige T h u l b a t a l in die Saale.
Die nächste Landmarke über dem Saaletal ist der S o d e n b e r g , der „Rigi" des Frankenlandes. Seine Krone wird von Basalt gebildet, der aber nahezu abgebaut wurde. Die Kuppe ist von Steinbrüchen zerklüftet, denen auch das einstige Thüngenschloß vom Gipfel zum Opfer fiel. Der breite Rücken des Berges bietet aber noch die weite Fernsicht zur Hohen Rhön im Norden, zu den Haßbergen und dem Steigerwald im Osten und zum Maintal und Spessart im Südwesten.
Von nun an bis Gemünden sägt die Saale ihr Tal in die Buntsandsteinschicht. Die Tallandschaft nimmt immer mehr den Charakter der Spessarttäler an. Der Wald reicht bis zur Sohle des Grundes herab.
Bei Gräfendorf mündet das S c h o n d r a t a l ein. Es stand bereits vor der Einrichtung des Naturparkes auf eine Länge von 22 km unter Landschaftsschutz. Prächtige Laubwälder mit alten Beständen rahmen den Talgrund. Der forellenreiche Fluß rauscht in gewundenem Lauf über Buntsandsteinblöcke dahin durch eine menschenleere Landschaft, in der Hirsch und Reh ihr Revier haben.
In Gemünden nimmt die Saale die Wasser der Sinn auf, wenige Hundert Meter vor ihrer Mündung in den Main. Wenn wir eingangs sagten, die U n t e r e S i n n begrenze die Rhön im Südwesten gegen den Spessart, so stimmt das nur insofern, als die Geographen sich auf diese Begrenzung geeinigt haben. Die Westgrenze des Naturparks „Bayer. Rhön" dagegen verläuft von Gemünden ab entlang der Saale und der Schondra aufwärts zum Ammelsbach und zur Kreisgrenze, bis sie bei Obersinn das Sinntal erreicht. Das zwischen diesen – in beiden Fällen willkürlich gewählten – Grenzen liegende, einsame Laubwaldgebiet, hat man dem Naturpark Spessart angeschlossen, so daß jetzt die Naturparklandschaften von Odenwald, Spessart und Rhön ohne Lücke den ganzen nordwestlichen Teil Unterfrankens einnehmen.
Zu den reizvollsten Tälern der Rhön gehört das O b e r e S i n n t a l. Das Einzugsgebiet des Baches (ND) liegt zwischen Kreuzberg und Arnsberg. Bei Oberbach, unterhalb vom Lösershag, mündet von rechts der Steingraben, dessen Quellen mit seltenen Moosen und Schnecken zum Naturdenkmal erklärt wurden. Bei Riedenburg steigt links der Farnsberg auf. Seine interessanten Felspartien an den Barsteinen, „Teufels-Tintenfaß" und „Teufels-Streusandbüchse", sowie das „Steinerne Meer" sind weitgehend durch Basaltbrüche abgetragen worden.
Weiter unterhalb liegt die schöne Sommerfrische und der Badeort B r ü k - k e n a u (2 Heilquellen) zwischen die Wälder des Sinntales hingebreitet. Das Tal zur Rechten führt zum Volkersberg (scherzhaft „Kleiner Sinai" genannt) hinauf, einen schönen Basaltkegel, der schon seit je eine Kultstätte war und heute ein Franziskanerkloster trägt. Flußabwärts kommt man zum idyllischen B a d B r ü c k e n a u. Berühmtheit erlangte es durch die Gunst König Ludwigs I. von Bayern, der das Bad 26mal zum Kuraufenthalt wählte. Großzügig sind die klassizistischen Kuranlagen in die stille Eichenwald- und Wieseneinsamkeit des Sinntales einkomponiert. Die Umgebung der Badeorte ist durch schöne alte Forste ausgezeichnet. Südlich des Sinngrundes wurden einige Basaltkegel der „Waldgebirgigen Rhön" zu Anziehungspunkten: der D r e i s t e l z b e r g („Krone der südwestl. Rhön") gewährt von seinem 15 m hohen Aussichtsturm eine wun-

Rhönautobahnbrücke über das Sinntal

313

dervolle Sicht, die M e t t e r m i c h trägt über ihrem Buntsandsteinsockel ein wildes Basaltgeröll, der S c h i l d e c k weist Spuren einer Burganlage auf. Neuerdings wurde hier ein Naturlehrpfad eingerichtet.
Unterhalb von Zeitlofs hat man die S c h a c h b l u m e n w i e s e n des Sinngrundes unter Naturschutz gestellt. Die Talgründe der Sinn gelten als die letzten Standorte dieser malerischen Blume in Unterfranken.

Bad Brückenau

DER SPESSART UND DIE UNTERMAINEBENE

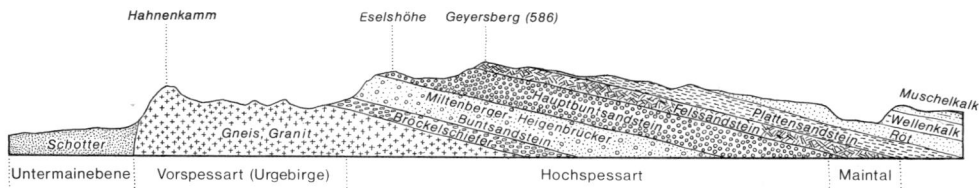

Querschnitt durch den Spessart vom Maintal bei Rothenfels bis zur Untermainebene. Nach C Scherzer.

Der Spessart ist das größte zusammenhängende Waldgebiet Deutschlands – und *(Dazu Kartenseiten 2, 8, 9)* eines seiner geschichtsreichsten dazu. Schon im Nibelungenlied wurde das Lob dieses Waldgebirges gesungen und auf Wolfram von Eschenbach, Christoffel von Grimmelshausen, Friedrich Schlegel, Karl Immermann und Wilhelm Hauff übte der Spessart seinen hintergründigen Reiz. Nicht von ungefähr führt Clemens von Brentano, der Dichter des phantastischen Märchens von „Gockel, Hinkel und Gackeleia", den Leser in den „Spechtswald" („Spechteshart" war der ursprüngliche Name des Spessarts) und die Gebrüder Grimm fanden in ihm das altüberlieferte Erzählgut für ihre Märchensammlung (im Kinzigtal).

Er schien den vergangenen Jahrhunderten unergründlich und unheimlich. Er hat auch heute noch viel Zauberisches an sich, dieser schier grenzenlose Wald – und in der Grenzenlosigkeit welche Vielfalt! Zähe Buchen, mächtige Eichen, dunkle Fichten, buntgemischte Hecken und Sträucher bilden die Substanz. Siedlungsflächen und Wiesengründe sind nur Inseln im Wäldermeer. Wie fein abgestuft sind die Farbnuancen des Grüns im Frühjahr, wie dicht und bergend ist die Schattendecke des Sommerwaldes und wie reich die Farbskala des Laubwaldes im Herbst, wenn vom strahlenden Gold bis zum wehmütigen Braun alle Töne ineinanderspielen. Der Winter verzaubert mit seinen Schneekristallen den erstarrten Wald vollends zu einer Märchenwelt.

Der Main umströmt in weit ausholenden Schleifen und Kurven das Gebirgsviereck und nimmt die vielen schnellen Bäche und Flüßchen auf, die ihm von den Waldhöhen zusprudeln. Es gibt wenige Landstriche, wo Fluß und Gebirge in so inniger Wechselwirkung zueinander stehen. Das Maintal selbst ist gerahmt von den steilen Flanken des Waldgebirges, die bis zu 250 m hoch aufsteigen. Verläßt man es, um in das Gebirgsinnere zu wandern, so sucht und findet der Blick von den Höhen ganz unwillkürlich immer wieder das Band des Flusses mit seiner schmalen Au und den bunten Siedlungen. Das geschäftige Leben pulst in den hübschen Städtchen am blitzenden Strom, während wohltuende Stille in den Tiefen der unermeßlichen Wälder und ihren schlichten, idyllischen Dörfern herrscht. Wer die wohldosierte Verteilung von vitaler Aktivität und ruhiger Besinnung schätzt, ist hier am richtigen Ort.

Natürlich ist der Spessart Landschaftsschutzgebiet, natürlich birgt er auch mehrere Naturschutzgebiete. Aber darüber hinaus ist er der erste bayerische N a t u r - p a r k geworden. Der Erholungswert dieser einzigartigen Landschaft kann heute noch gar nicht ermessen werden. Um so vordringlicher war es, den Naturraum zu bewahren und für die Erholungsuchenden zu erschließen. Eine Aufgabe, der sich der „Verein Naturpark Spessart" mit großer Einsatzfreude gewidmet hat. Viele Rast- und Parkplätze, Lehrpfade, 4000 km Wanderwege, Unterstandshütten, Hinweisschilder, Wegmarkierungen und all die kleinen Hilfen des

315

Wanderers sind bereits geschaffen worden oder befinden sich in Vorbereitung. Der bayerische Spessart füllt das Viereck zwischen den Main-Städten Aschaffenburg, Miltenberg, Wertheim und Gemünden. Im Norden begrenzt ihn die hessische Grenze, im Nordosten das Tal der Sinn. 900 qkm des insgesamt 1165 qkm großen Spessart gehören zu Bayern, 265 qkm zum Land Hessen.

Gemeinhin zählt man den Spessart zu den Buntsandstein-Landschaften, weil seine dichte Walddecke vor allem auf Buntsandstein stockt. Aber der westliche Teil, der sog. Vorspessart, gibt bereits den kristallinen Gebirgssockel frei, dem sonst die Schichtstufenlandschaft aufliegt. Man spricht daher auch vom „kristallinen Spessart" im Gegensatz zum „Buntsandstein"-Spessart.

Als ausgeprägte Bruchstufe steigt der Vorspessart 200 – 300 m aus der Untermainebene auf und stellt eine etwa 10 – 15 km breite Plattform aus Quarzitschiefern, Gneisen und Graniten dar, die aber stark ausgeräumt und zertalt ist. Vor allem im Gebiet der Aschaff und der oberen Kahl hat sich durch die Abtragung eine wechselvolle Kuppenlandschaft mit weit offenen Tälern und nur wenig ausgeprägten Hochflächenresten entwickelt. Wo der Quarzitschiefer vorherrscht, gliedern scharf geschnittene Härtlingszüge rippenartig die einstige Plateaufläche. So vor allem der Zug des Hahnenkamms, der mit unruhig bewegten Umrißlinien seinen Namen rechtfertigt. Von seinem Aussichtsturm (436 m) streift der Blick nach Osten über den Vorspessart und den walddunklen Anstieg des Hochspessart, nach Westen über die weite Fläche der Untermainebene mit ihren rührigen Städten, mit den drei Weinorten Michelbach, Hörstein und Wasserlos und dem strahlenden Band des Stromes. Zeugnis dafür, daß diese Ausguck-Lage schon immer geschätzt wurde, sind 2 vorgeschichtliche Ringwälle und ein Burgstall. Die Kahl und ihre Nebenbäche brechen sich in scharf eingeschnittenen Kerbtälern den Weg zum Main. Ihren Ursprung hat die Kahl am Fuß der Buntsandsteinwälder. Wirtshaus und Forellenstation machen diese „Kahlquellen" zu einer vielbesuchten Ausflugsstätte. Wenn der Bach die Waldhänge verlassen hat, durcheilt er bis Mömbris das Gneis- und Granitgebiet des Spessarts, den sog. Kahlgrund. Es ist ein offener Landstrich. Das kleinwellige Relief, die nur inselhaft auftretenden Wäldchen und die mit zahllosen Obstbäumen bestandenen Fluren erwecken den Eindruck einer heiteren Parklandschaft. Bei Schöllkrippen, dem einstigen Jagdsitz Kaiser Barbarossas, beginnt ein gut geführter Naturlehrpfad, der unterhalb des Reuschberges (hallstattzeitl. Ringwall „Altenburg") durch viele Gesteinsschichten führt: vom Granit und Gneis über Zechstein und Bröckelschiefer bis in die Waldzone des Heigenbrücker und Miltenberger Sandsteines. Gesteine und Vegetation werden auf zahlreichen Tafeln bezeichnet und erläutert. Zwischen Mömbris und Michelbach quert die Kahl den Hahnenkamm in einem grünwandigen Durchbruchstal, um dann in ebener Wiesenau nach Alzenau, Kahl und zum Main zu ziehen.

Dem Kahlgrund vergleichbar ist der benachbarte Einzugsbereich der Aschaff, doch hatte dieser Fluß keine Barriere wie den Hahnenkamm zu überwinden. Sein Tal ist trichterförmig zum Main hin geöffnet. Es ist dadurch noch stärker geglättet, die Abhänge noch sanfter. Die Talweitung bedecken Sande und Löß, der reiche Frucht trägt. Von der blühenden Stadt Aschaffenburg ostwärts, entlang von Bundesstraße, Autobahn und Eisenbahn, wachsen die Industrie- und Siedlungsorte zusehends das Tal hinauf, bis der Wald der Buntsandsteinstufe ihnen – vorläufig noch – Halt gebietet. Eine gute Rundsicht über den Vorspessart um die Stadt Aschaffenburg gewährt der 347 m hohe Stengerts bei Gailbach. Südlich von Aschaffenburg, am Fuße des Kalvarienberges von Maria Frieden (am Fidelio-Haus), liegt

Burg Alzenau

316

das kleine NSG A l t e n b a c h g r u n d. Wo Reichenbach und Altenbach zusammenfließen, entwickelte sich ein stark durchwässerter, humusreicher Talboden mit bemerkenswerten Pflanzengesellschaften. Durch den lichten Mischwald aus Fichten, Kiefern, Eschen, Erlen und Rotbuchen führt ein Waldlehrpfad am Bach entlang. Dort stehen Bitterklee, Blutauge, Sumpffarn, Riesenschachtelhalm, verschiedene Riedgräser, Sumpfhornklee, Sonnentau, Berle und Frühlingswasserstern. Auf erhöhtem Waldboden findet man die Ästige Graslilie, Salbeigamander, Rotes Spörgelkraut, Grünbeerigen Nachtschatten, Brombeeren u. a. Auf sandigen Flächen gedeihen Grasnelke, Kriechweide, Schwarze Flockenblume, Zwerglein, Teesdalie, Tausendgüldenkraut und Sandglocken.

Ästige Graslilie

Über dem kuppigen Vorspessart strebt in einer 200 m hohen Stufe machtvoll die Sandsteintafel des Buntsandstein- oder H o c h s p e s s a r t auf. Einzelne Sporne dieser Stufe ragen jedoch infolge der Zertalung weit in den Vorspessart hinein, stellenweise sogar abgeschnitten von der Sandsteintafel und als Zeugenberge isoliert. Solche Überreste des einst viel weiter nach Westen reichenden Stufenrandes sind u. a. der Klosterberg, der Gräfenberg und der Bischlingsberg.
Der Buntsandstein selbst ist kein gleichförmiges Gestein. Er besteht weder ausschließlich aus Sandstein, noch ist er ausgesprochen bunt. Er ist u. a. stark mit Tonen durchsetzt und zeigt meistens rote oder violette Tönung. Man unterscheidet aufeinanderfolgend die Stufen: Bröckelschiefer, Heigenbrücker- und Miltenberger Sandstein, Hauptbuntsandstein, Felssandstein, Plattensandstein, Röt, und Röt-Tone. Landschaftsbestimmend wirken vor allem der Heigenbrücker-Miltenberger-Buntsandstein (bis zu 250 m stark) und der Felssandstein (10–40 m). Der erstere tritt mit jenem Trauf des Buntsandsteingebirges in Erscheinung, der als „Eselshöhe" von der Hohen Warte bei Mespelbrunn bis vor Gellnhausen in Hessen in einer Höhe von 400 – 500 m hinzieht. Der Felssandstein bildet rund 8 km östl. davon eine zweite Stufe, die sich bis zu 100 m über die erstere erhebt. Sie setzt mit dem Kersberg bei Miltenberg ein, erreicht im Geyersberg mit 586 m den höchsten Punkt des Spessart und schwingt über Weickertshöhe, Hermannskopf und Obere Waldspitze ins Hessische. Diese zweite und höchste Gebirgsstufe ist durch die Härte des Felssandsteins bedingt, der nur langsam verwittert, während der darunterliegende, grobkörnige Hauptbuntsandstein leicht zerfällt und mit dem Zurückweichen des Felssandsteins stark abgetragen wurde.
Die Buntsandsteinschichten neigen sich sanft nach Südosten und mit ihnen die Abdachung des Gebirges. Seine Tafelfläche haben die Abdachungsflüsse in flache, erst an den Talrändern plötzlich steiler abfallende Riedel zergliedert. Die auf ihnen entspringenden Bäche senken sich im Oberlauf nur flach ein, um unvermittelt mit einem Gefällsknick in ein Kastental überzugehen, das schluchtartigen Charakter annehmen kann.
Im Spessart herrscht ein M i t t e l g e b i r g s k l i m a , das noch gemäßigt ozeanisch genannt werden kann. Unter den bayerischen Mittelgebirgen weist der Spessart das mildeste Klima auf. Es bestehen aber große Unterschiede zwischen dem wärmestauenden Maintal und dem niederschlagsreichen kühlen Hochspessart, der sich bis zu 500 m über das Flußniveau erhebt. Trotzdem gilt die Wetterkennzeichnung: „mild und regenfeucht". Es ist die ideale Atmosphäre für den Wald. Dazu kommen die günstigen Böden. Nährstoffarm, aber sandig locker, bieten sie Eichen, Buchen, Kiefern und Fichten gute Standmöglichkeiten. Der Buntsandsteinboden begünstigt den L a u b w a l d. Man darf annehmen, daß der Spessart ursprünglich ein reiner Eichenwald war und daß erst im Laufe des Mittelalters die Buche von außen her vorzudringen begann. Da die Buche ein Schattenbaum ist,

317

Wildschweine

der mit wenig Licht auskommt, die Eiche dagegen viel Helligkeit verlangt, nimmt die Buche den Eichennachwüchsen das zum Gedeihen notwendige Licht weg und läßt sie verkümmern. Ohne menschliches Zutun bliebe in diesem Kampf die Buche Sieger. Vor Beginn der forstwirtschaftlichen Betreuung waren es die Spessartbauern, die den Vormarsch der Buche hemmten. Sie hatten sich in der Jagdfron das Recht gesichert, die Laubstreu des Waldes als Strohersatz zu Streu- und Düngezwecken zu verwenden. Ohne schützende Streu aber leidet der Waldboden und das Wachstum der Eiche wie der Buche stagniert. Seit Karls des Großen Zeiten war der Spessart reines J a g d g e b i e t , ein königlicher „Bannwald" für die Anwohner, die den Wald in keiner Weise nutzen durften, es sei denn, sie dienten den Jagdinteressen. Nicht einmal das Sammeln der reichlich anfallenden Beeren, Eicheln und Bucheln war erlaubt. Dieser Status galt bis in die Neuzeit. Der Spessart blieb als riesiger heimlicher Jagdgrund für hohe Jäger reserviert. Seit dem Mittelalter gehörte der Wald den Fürstbischöfen von Mainz, die ihren Besitz mit großer Strenge rigoros hüteten. Im Wald wurde nur geduldet, wer als Hilfskraft im Forst- oder Jagddienst stand. Mit wachsendem Jagdaufwand wuchsen die kleinen Siedlungen im Wald und mit ihnen die Familien, die ein kümmerliches Dasein fristeten. Der Buntsandsteinboden ist der Getreidefrucht wenig günstig und die Felder waren zu klein, um ausreichend Nahrung hervorzubringen. Ihrer Vergrößerung auf Kosten des Waldes aber widersetzten sich die Fürstbischöfe konsequent. So kam Not über den Spessart. Man gedachte sie mit industriellen Kleinversuchen zu lindern. Vom 15. Jh. an wurden 14 Glashütten in jenen Revieren errichtet, die für die Jagd entbehrlich waren, im 19. Jh. kamen Hammermühlen dazu, die die Kraft der Spessartbäche für ihre Schmieden nutzten. Doch die Glashütten konnten sich nicht halten und von den Hammerschmieden überlebte nur eine, die von den Besitzern bis heute voller Traditionsbewußtsein fortgeführt wird. Beide Betriebsformen fraßen Unmengen von Brennmaterial. Weder Eiche noch Buche konnten in der Geschwindigkeit nachwachsen wie die riesigen Kahlschläge sich ausbreiteten. So führte man von 1772 an die Fichte und die Kiefer ein, die sich vor allem im nördlichen Spessart und an der westlichen Steilstufe festgesetzt haben — auch sie mit starkwüchsigen hohen Prachtexemplaren. Dennoch ist der Spessart im wesentlichen ein Laubwald-Gebirge geblieben. 85% der 60 000 ha großen Spessartwälder sind Laubwald; ⅓ davon Eichenwald. Die Verhältniszahlen im nördlich gelegenen Forstamtsbezirk Heigenbrücken z. B. lauten: 41% Kiefer, 30% Fichte, 24% Buche und Eiche und 5% andere Nadelhölzer;

318

im südl. Forstamtsbezirk Rohrbrunn, dem engeren Jagdgebiet: 62% Buche, 21% Eiche, 9% Fichte, 5% Kiefer und 2% Lärche. Die riesigen A l t e i c h e n aber, die den mittelalterlichen Urwald ausmachten, sind nicht mehr. Nirgends tritt die Eiche allein in ihrem lichten Waldbild auf, weil als unteres Laubstockwerk auch im Eichenwald die Buche geduldet ist. Dennoch können wir von den „größten und ältesten Eichenwäldern Deutschlands" sprechen. In den Forstabteilungen sind sie vorbildlich gepflegt. Im Distrikt „Eichhall" bei Rohrbrunn ragen die Waldriesen hochschäftig und glatt in den Himmel und breiten erst 30 m hoch über dem Waldboden ihre Kronen aus. Einem glücklichen Umstand verdanken die dortigen Exemplare ein gleichmäßiges Alter von rund 300 Jahren. Man nennt sie Furniereichen, weil ihr astfreies Holz zu hauchdünnen Möbelfurnieren verarbeitet werden kann. Ein solcher Baum stellt ein Vermögen dar, für sein Holz werden bis zu 40 000,– DM bezahlt. Prachtvolle Eichen weisen die zwei NSG des Hochspessart auf. Im Hafenlohrtal liegt auf steilem Hang die Forstabteilung M e t z g e r g r a b e n und K r o n e mit wertvollen Furniereichen (das Naturdenkmal „Steinrückeiche" ist 50 m hoch) und bei Rohrbrunn, oberhalb der Haseltalbrücke, die Waldabteilung R o h r b e r g. Hier überlebte ein Rest der ursprünglichen Eichenbestockung des Spessarts. Er wird seit 1928 nicht mehr forstwirtschaftlich genutzt. Etwa 500 Eichen stehen dort. Sie haben ein Alter zwischen 200 und 600 Jahren. Jede davon ein Charakter, wenn auch nicht jede eine Furniereiche. Pittoreske Baumruinen sind darunter, die ihre Äste in bizarren Windungen zum Licht strecken. Die stärkste Eiche mißt in Brusthöhe 140 cm im Durchmesser. Ihr Laubdach hebt sie 30 m hoch. Die sich beigesellenden Buchen entstammen meist den Stockausschlägen gefällter Bäume und haben daher ebenfalls abenteuerliche Formen. Vom Parkplatz an der Haseltalbrücke führt ein schöngelegener Waldlehrpfad zu diesem großartigen Naturschutzgebiet. Von seiner Südspitze hat man einen weiten Blick auf die Waldeinsenkung des Haslochbach-Tales und auf die 70 m hoch dahinschwingende Autobahnbrücke. Als ältester Baum im Spessart gilt die sog. Tausendjährige Eiche in der Abteilung „Dürrwand" bei Rohrbrunn, deren knorrige Äste erst recht ehrfurchtheischend erscheinen.

Haseltalbrücke im Spessart

Bärlapp

Tal bei Weibersbrunn

Wir befinden uns im Herzen des Spessartwaldes. In Rohrbrunn stand das legendäre „Wirtshaus im Spessart", das W. Hauff zum Ausgangspunkt seiner berühmten Räuberromanze gemacht hat. Es mußte der Autobahnraststätte weichen. In Rohrbrunn steht auch das Jagdschlößchen der bayerischen Könige, die im 19. Jh. die Nachfolge der Mainzer Fürstbischöfe angetreten hatten und dieses Kerngebiet des Spessart zum eingezäunten Wildpark machten. Das Gehege von 7000 ha bestand bis 1945. Der weitläufige, wohlgepflegte Löwenstein'sche Wildpark hat heute noch Bestand. Sein Zugang liegt bei Rothenfels.

An jagdbaren T i e r e n leben im Spessart vornehmlich Rotwild, Reh und Schwarzwild. Niederwild ist verbreitet, obwohl der Hase den geschlossenen Wald lieber meidet. Die nichtjagdbare Vogelwelt der Meisen und übrigen Sänger sorgt allenthalben für Musik im Wald. Die Hohltaube kann man hören, den Waldkauz, den Bussard und den Eichelhäher – dazu das Schmettern vom Schwarzspecht, dem Wappenvogel des Spessarts. Der geschützte, aber von Jägern immer noch als Jagdtrophäe geschätzte Auerhahn ist in wenigen Exemplaren vertreten. Er hat damit im Spessart einen seiner letzten Lebensräume in Bayern (neben Alpen, Jura und Bayer. Wald).

Die F l o r a der Spessartwälder ist wegen des Sandbodens nicht sehr artenreich, aber gemäß dem ozeanischen Klima verhältnismäßig üppig. Charakteristisch sind dem Spessart der Adlerfarn, der Wurmfarn und der seltenere Rippenfarn, ferner das Salomonssiegel und die Nestwurz, der Türkenbund und die Trollblume, der Aronstab und die Orber Wicke, die außerhalb des Spessarts nur im Hohen Venn und in Schleswig anzutreffen ist. Wollgräser können uns auffallen, auch der Sonnentau ist an wenigen Stellen vertreten. In versteckten Spalten des Buntsandsteinbodens glüht ganz vereinzelt das Leuchtmoos aus dem Dunkel – in der Vergangenheit oft genug Anlaß zu Gespenstergeschichten. In Baumnähe gedeihen der Sprossende Bärlapp und der Erdstern. Bartflechte und Lungenflechte hängen von Stämmen und Ästen, Lohblüte setzt sich auf Baumstrünken fest. Die Waldblößen überzieht im Frühjahr das Gelb des Rapses. Später folgen das Rot des Weidenröschens, das Gold des Ginsters, das Lila des Straußgrases und das Rotviolett des Roten Fingerhutes. Natürlich sucht man nicht vergebens nach Beeren und Pilzen. Brombeeren, Himbeeren, Heidelbeeren und Preiselbeeren bieten den Bewohnern zusätzliche Nebeneinnahmen. Gut gedeihen auch die Pilze (Steinpilz, Rotkappe, Pfifferling, Maronenröhrling u. a.).

Wenden wir uns nun den Teillandschaften des Hochspessarts zu und folgen einigen Wasserläufen. S p e s s a r t b ä c h e leben nicht lang. Zu groß ist ihr Gefälle von den Höhen des Waldgebirges herab bis zum tief liegenden Main. So eilen sie schnell in ihren eingesägten Tälern dahin und sind bald mit dem „Vater Main" vereint. Ihre Talformen aber spielen die entscheidende Rolle in der Einschätzung der landschaftlichen Schönheit. Der Spessart besitzt als schräggestellte Tafellandschaft keine ausgeprägten Berggipfel. Seine langgestreckten Erhebungen sind dazu noch dicht von Wald überzogen. Daher gibt es auch nur wenige hervorragende Aussichtspunkte. Die Schönheit des Spessarts liegt nicht in den Bergen, sondern in den Tälern und Hängen der Waldflüßchen. Einige davon wollen wir hervorheben:

Als östliche Begrenzung des Spessarts gegen die Rhön hat man sich auf das Tal der S i n n zwischen Obersinn und Gemünden geeinigt. Dieser „Grenzfluß" zwischen den Gebirgen entspringt dem Inneren der Rhön und durchläuft von Obersinn an den sog. Sinngrund. Er erweist sich als ein Tal mit steilen, meist bewaldeten Hängen und einem 300–500 m breiten, brettebenen Talboden, in dem die

320

Sinn in vielen Mäandern dahinrauscht. Der Wiesengrund beiderseits der busch- und baumbesetzten Ufer bringt Mitte Mai die eigenwillig karierten Blüten der geschützten Schachblume hervor. Es ist der einzige Standort dieser Pflanze in Unterfranken. Die Anziehungskraft der Sinn liegt in dem anmutigen Wiesental und den schmucken Ortschaften. In Burgsinn passieren wir das Neue und das Alte Schloß (Wasserburg), in Rieneck die Stammburg der Rienecker Grafen sowie den mit Kreuzwegstationen versehenen Herrgottsberg und erreichen in Gemünden zusammen mit der Fränkischen Saale den Main. Rechts und links des Sinngrundes breiten sich die riesigen Forste – fast wie im inneren Hochspessart. Auch hier überwiegt der Laubwald. In Burgsinn beginnt der aufschlußreiche Waldlehrpfad „Gresselwald", der auf 7 km Länge so manche Frage über den Forst an Ort und Stelle beantworten kann.

Burg Rieneck

Die L o h r hat zwei Arme. Der Lohrbach kommt von Lohrhaupten im Hessischen herab und durchfließt das Fuhrmannsdorf Frammersbach, der andere Lohrarm entspringt oberhalb des Luftkurortes Heigenbrücken, der auch als Wintersportplatz gilt. Es ist ein günstiger Ausgangspunkt für Spessartwanderungen. An der Kurzerrainhöhe östl. des Ortes beginnt der 7 km lange Naturlehrpfad „Bächlesgrund". In südl. Richtung trifft man auf jenen Höhenweg, der als Eselsweg seit dem Mittelalter bekannt ist. Er verläuft über 40 km weit immer nur auf den Firsten der Bergriedel und steigt nicht über 400 m hinab. Auf diesem Pfad haben Eselskarawanen das Salz der Orber Quellen zum Main bei Miltenberg und an die großen Handelswege getragen. Am Eselsweg liegt auch der Aussichtspunkt des „Pollasch" (Gefallenen-Denkmal des Spessartbundes), wo der Blick von etwa 400 m Höhe nach Westen über den Stufenrand der Eselshöhe hinunter in das Laufach- und Aschafftal gleitet. 2½ km südl. kommt man an einen Stern der Spessartwanderwege, den „Siebenweg", der die Wahl in sieben Richtungen frei läßt. Es gibt noch 2 weitere historische Höhenwege im Spessart. Die schon seit der Jungsteinzeit benutzte „Birkenhainer Straße" geht von Hanau durch das Kinzigtal, benutzt ein Stück weit den Eselsweg und zweigt an der Landesgrenze wieder ab in Richtung Zollberg bei Gemünden. Der zweite, der „Heunweg", zweigt vom Eselsweg bei Rohrbrunn ab und zieht über Geiersberg und Bischbrunn hinunter zur Mainschleife bei Urphar, wo sie am sog. Himmelreich einen schönen Aussichtspunkt erreicht. Verwiesen sei auch auf den neugeschaffenen „Mainhöhen-Ringweg", der auf den Main-Randhöhen mit immer wechselnden Ausblicken ins Tal von Aschaffenburg über Miltenberg und Wertheim bis nach Gemünden um das gesamte Mainviereck herumführt.

Doch kehren wir ins Lohrtal zurück. Hinter Heigenbrücken reicht der Wald bis zur Talsohle herab und es herrscht bis auf wenige Rodungsinseln (Neuhütten, Krommenthal) Siedlungsleere. Von links mündet der Aubach, ein menschenleeres Waldtal, das von der einsamen Dorfsiedlung Wiesen herabkommt. In Partenstein (4 km langer Naturlehrpfad) vereinigen sich die Lohrarme zum munteren Flüßchen. In stiller Busch- und Wiesenaue zieht es dahin bis zum Städtchen Lohr am Main.

In das Herz des Spessarts führt das H a f e n l o h r t a l. Der Bach kommt aus verschiedenen Quellmulden von Weibersbrunn und Rothenbuch herab. In Rothenbuch erinnert das viereckige Jagdschloß an die Mainzer Fürstbischöfe. Es war eine Kernzelle der Spessartkultivierung. 2 km nordwärts steht die „Bildbuche" am 3 km langen Waldlehrpfad. Einsame Mühlen (z. B. Steinmühle), Sägewerke und Wirtshäuser unterbrechen das wiesengrüne Flußtal, dessen bedeutendste rhythmische Gliederung die Dämme sind, mit deren Hilfe die Flößer einst den notwen-

Mühle bei Rothenbuch

*Wasserschloß
Mespelbrunn*

digen Wasserstand zum Transport ihrer Holzblöcher erreichten. Kurz vor Windheim passiert die Hafenlohr das Forsthaus Hubertushöhe, wo die Wildschweinfütterung für den Wildpark der Fürsten Löwenstein vorgenommen wird. Im Hafnerzentrum Hafenlohr erreicht die Bach sein Ziel: den Main.

Das Gesicht all der Bäche der Buntsandsteintafel gleicht sich, aber jeder hat seine Eigenheiten, deren Unterscheidung dem Temperament und dem Blick des entdeckenden Wanderers vorbehalten bleiben muß. Da gibt es noch den Haslochbach, der aus dem Haslochgrund unterhalb der Haseltal-Autobahnbrücke herabkommt und den letzten Eisenhammer „Zwieselmühle" treibt, ferner den Faulbach, den Heubach und die E l s a v a , die man sich jedoch näher ansehen sollte. Dieser Fluß entspringt in einer schmalen Lichtung des dichten Laubwaldes und durchfließt die Rodungsinsel von Hessenthal und Mespelbrunn. Hier mündet ein Nebentälchen, in dem aufsteigend man zum romantischen Wasserschloß M e s - p e l b r u n n gelangt, das sich traumverloren im See spiegelt. Es ist das meistbesuchte und auch bedeutendste Kulturdenkmal des Inneren Spessarts. Hinter Heimbuchenthal passiert die Elsava den Höllen-, den Neuhammer und den Hobbacher Hammer, drei alte Hammermühlen, die den jungen Fluß längst aus ihrem Dienst entlassen haben. Von links fließt ihr der Dammbach zu. Er kommt aus dem schönen Tal unterhalb von Rohrbrunn herab, wobei er das klare Bächlein des waldverhangenen Essiggrundes aufnimmt. Vor seiner Mündung in die Elsava berührt er den Ort Wintersbach, von dem eine Fahrstraße zur Geißhöhe führt, einem der wenigen Aussichtspunkte, die freie Rundsicht über die Spessartwälder gewähren (Aussichtsturm). Der Elsava folgend kommen wir bald zum Taleinschnitt von Aulenbach, in dem das malerische Wasserschloß Oberaulenbach liegt. Die nächste Talsenkung leitet zur Schloßruine Wildenstein, die höchst stimmungsvoll im Walde steht, sowie zum 600 ha großen Wildschweingehege der Grafen Erbach, in dem 300 Wildschweine gehalten werden. Um 15.30 Uhr strömen die Schaulustigen zur Fütterung der Schweine herbei. Die Tiere haben im Fütterungsbereich den Waldboden bis zum blanken Buntsandsteinfels freigescheuert.

Hinter Eschau knickt der Elsavalauf rechtwinkelig nach Westen um. Ihre buschgesäumten Ufer ziehen gegen das ehem. Kloster Himmelthal, in dessen idyllischem Hof ein 3 km langer Naturlehrpfad seinen Anfang nimmt. Er beginnt mit der Uferbegrünung der Elsava durch Efeu, Erle, Weide, Holunder, Waldrebe, Pfaffenkäppchen und führt an Waldrandhecken vorbei in den Mischwald hinein, der einen Grundbestand von Traubeneichen und Rotbuchen aufweist. Dazu gesellen sich Hainbuche, Esche und Aspe, Linde, Feld- und Bergahorn, sowie die Nadelbäume Kiefer, Fichte, Weißtanne, Douglasie und Lärche. Ein besonderes Erlebnis für den Botaniker sind die Elsbeerbäume in langschäftigen Hochstämmen, wie sie anderswo nur selten anzutreffen sind. Nachdem die Elsava Himmelthal verlassen hat, rücken die Waldhänge noch einmal nah an das Flußbett heran. Aber hinter dem Ort Rück entlassen sie den Fluß in die Talweitung des Mains bei Elsenfeld.

Ein eigenes Talbild ergibt auch der S u l z b a c h , der sich aus Roßbach und Sodener Bach zusammenfügt. Vor allem das Sodener Bachtal hat steile Flanken und schmale Fluren. Es ist der Höhe total vom Wald umschlossen. Oberhalb des Ortes liegt die mittelalterliche Ruine Sodenburg inmitten einer vorgeschichtl. Fliehburg. Der folgende Taleinschnitt gehört der Aschaff (s. S. 316).

Wenden wir uns nun dem Haupttal des Spessarts zu, in dem alle Bäche enden, dem M a i n. Zwischen Gemünden und Kahl rahmt das Mainviereck den Spessart

322

ein. Es ist das Durchbruchstal des Flusses durch die Buntsandsteintafel. Im wesentlichen ein hochwandiges und flachsohliges Tal, dessen Hänge der Wald überzieht. Aber an vielen Stellen hat der Fluß durch seinen pendelnden Lauf das Tal auch eigenwilliger modelliert. Hier versteilte er einen Prallhang, dort glättete er einen Gleithang sanft mit seinen Anschwemmungen. Auch bedeckt der Wald keineswegs sämtliche Hänge, sondern nur die steilen Flanken. Immer wieder leuchten die roten Halden von Buntsandsteinbrüchen aus den Talhängen. Das Maintal ist seit Urzeiten von Menschen besiedelt. Der Boden in diesem klimatisch bevorzugten Gebiet ist daher an allen flachen Uferteilen von Kulturen oder Wiesen eingenommen. Der einst stärker verbreitete Weinbau wird noch bei Homburg (Kalmutwein), Bürgstadt, Großheubach und Klingenberg betrieben. In den aufgelassenen Weingärten dagegen blühen nun alljährlich im Frühjahr die prächtigsten Obstbäume. So ist bereits durch die landwirtschaftlichen Kulturen für Abwechslung gesorgt. Hinzu kommen die pittoresken Städtchen im Schmuck ihrer kunstvollen Fachwerkbauten und so manches Schloß, so manche Burgruine.

*Weinhänge
bei Klingenberg*

Das Bett des Flusses, der einst regellos über die ganze Talweitung pendelte, ist heute durch Dämme eingeengt, sein Lauf im Zuge der Schiffbarmachung reguliert. Dabei ging natürlich die angestammte Ufervegetation zugrunde. Nur wenige Reste des einstigen schmalen Auwaldes hielten sich. Man hat vielerorts Korb- und Mandelweiden gepflanzt, die zu kräftigen Weidenstrünken ausgewachsen sind. An einigen Stellen des Flußlaufes haben sich Buhnenfelder mit Resten ursprünglichen Pflanzenwuchses erhalten (Weiden, Schilf, Rohr, Seggen). Diesem Uferbewuchs ist zu danken, daß die Vogelwelt des Mains nicht ausgewandert ist. Immerhin brüten hier noch einige Wasservogelarten (Teichhühner, Flußuferläufer, Zwergreiher, Wasserralle, Bekassine und Stockente) sowie Rothänflinge, Gold- und Rohrammern, Grauammern, Weiße Bachstelzen, Dorngrasmücken, Amseln, Rotrückenwürger und Braunkehlchen. Ein Juwel, das allein dem Maintal vorbehalten ist, kommt jedes Jahr im Frühling wieder an den Fluß: das weißsternige Blaukehlchen, dessen Gesang an den der Nachtigall erinnert. Von den Durchzüglern sind vor allem die Lachmöven zu nennen, die in großen Schwärmen einfallen. Eine der letzten G r a u r e i h e r k o l o n i e n wurde am Salzberg zwischen Gemünden und Lohr unter Naturschutz gestellt.

Es ist in unserem Rahmen unmöglich, nun alle Attraktionen des Mainvierecks aufzuführen und jeden der malerischen Orte und Burgen zu nennen, die so entscheidend das Landschaftsbild mitprägen. Wir wollen uns auf einige von Natur herausragende Punkte beschränken. Eingangs verdient die Scherenburg-Ruine in Gemünden wegen ihrer prachtvollen Aussicht auf Stadt und Fluß Erwähnung. Danach zieht der Main ein Stück weit wortwörtlich d u r c h den Spessart. Denn nicht überall stimmt das Flußtal exakt mit der Spessartgrenze überein. Hier am Ortsrand greift der Buntsandstein-Spessart über den Fluß und bildet auf der linken Uferseite einen 60 km langen Höhenzug zwischen Gemünden und Lengfurt. Von Hofstetten bis gegen Rothenfels gehört dieser Bergzug zum Naturpark Spessart. Er zeigt im wesentlichen den gleichen Laub- und Mischwaldcharakter wie die gegenüberliegende Mainseite. Der bedeutendste Punkt dieser Naturlandschaft ist der R o m b e r g (NSG) bei Lohr. Einst ein Umlaufberg, vom Main umzogen und später abgeschnürt, erhebt er sich inmitten der Rodungsbucht des Stadtteils Sendelbach. Der Boden ist sandig (Dünensand) und nicht sonderlich nährstoffreich, das Regenwasser versickert schnell. Doch klimatisch ist der Romberg besonders bevorzugt. Sein Westhang stellt eine echte Wärmeinsel dar. Im Mittelalter wurden seine Hänge landwirtschaftlich genutzt, zuletzt mit Weinbau.

*Ehem. Schloß in
Lohr*

Aber der Nutzen war offenbar gering, zu Beginn dieses Jahrhunderts hat man es vollends aufgegeben. Nun eroberte die Natur den Romberg zurück. Eine urtümliche Waldsteppe mit außergewöhnlicher Vegetation und Fauna entwickelte sich neu. Den Strauch- und Mittelwald bestimmen Föhre, Hain- und Rotbuche, Schlehe und Weißdorn, Wacholder und Haselnuß. Daneben aber gibt es Faulbaum und Kreuzdorn, Feldahorn, Pfaffenkäppchen, Kirschen, Birken, wilde Apfel- und Birnbäume, Heckenrosen und Brombeeren u. v. a. – insgesamt 30 verschiedene Holzarten. Den Waldboden bedecken Besenheide, Besenginster, Efeu u. a. Überaus malerisch und abwechslungsreich sind die Formen der Gehölze. Sie wachsen als Zwillings- und Drillingsstämme, als Stelzen und Tore, in Ypsilon-, Harfen- und Kandelaberformen. Föhren und Buchen sind darin besonders einfallsreich. Den wärmebegünstigten West- und Südhang beherrscht die Steppenvegetation. Wo Pflanzen in dem sterilen Sand Fuß fassen konnten, steht nun Silbergras, Zackenmoos, Behaartes Habichtskraut, Thymian, Mannstreu und Zypressenwolfsmilch. Was die Forscher und Naturliebhaber aber vor allem zum Romberg hinzieht, das ist die unglaubliche Fülle seltener Insekten. Man hat bisher an die tausend Arten festgestellt – mit zahllosen Einzeltieren jeder Art. Es ist die Kleintierwelt der sonnendurchglühten Steppe, die bereichert wird durch jene Tiere, die der Weiherfauna am Fuß des Hanges zugehören. Myriaden von Bienen, Wespen, Heuschrecken, Schmetterlingen, Libellen, Ameisenlöwen, Käfern, Ameisen, Würmern, Spinnen (darunter 5 Tarantelarten und Zebraspinnen) bewohnen den Romberg. Ein Glanzstück ist der Bienenwolf, den man in unserem Gebiet nur noch auf dem Kaiserstuhl im Rheintal findet. Diese Grabwespenart lähmt Honigbienen durch einen Stich in das Nervensystem und nährt mit der Beute ihre Brut, die sie in Erdhöhlen aufzieht. Aber auch Eidechsen, Schildkröten (aus Griechenland hier ausgesetzt), Nattern, Kreuzkröten sowie Laub-, Teich- und Flußfrösche, Teich- und Kammolche (aus dem Weiher) finden eine angemessene Umwelt. Und in den Sandgruben wohnen Kolonien zwitschernder Uferschwalben.

Vom Romberg genießt man einen schönen Blick auf den halbkreisförmigen Talkessel von Lohr, das sich gern „Tor zum Spessart" nennt. Unterhalb von Lohr liegt Rothenfels, die kleinste Stadt Bayerns, darüber die Burg mit Frankens größter Jugendherberge – eines der schönsten Bilder im Spessart. Auch die Kreisstadt Marktheidenfeld liegt in einem weiten Talkessel mit glücklich verteilten Obstbaumgruppen und Buschreihen.

Rothenfels

Mainschleife bei Urphar

Eine klassisch ausgebildete Schleife macht der Main bei Urphar. Hier steigt der umflossene Bergsporn 100 m über dem Mainbett auf. Danach schließt sich das schöngefügte Landschaftsbild um Wertheim an, wo das berühmte Taubertal ins Maintal mündet. Nach Hasloch und Faulbach taucht Stadtprozelten mit der aussichtsreichen Henneburg, einer der bedeutendsten fränkischen Burgruinen, auf. Die Reste sind vorbildlich instandgehalten (malerische Burggaststätte). Von dem bald darauf folgenden Ort Fechenbach zweigt die Straße nach Mönchberg ab, die wegen ihrer günstigen Ausblicke gern befahren wird. Weiter flußabwärts öffnet sich die durchsonnte Talweitung, in der Bürgstadt, Miltenberg und Kleinheubach liegen – lauter klingende Namen im Reisehandbuch. Sie zählen, da südlich des Mains gelegen, bereits zum Odenwald, der hier in machtvollen Berghängen seinen nördlichen Abschluß findet. Vom Zwinger der Mildenburg herab sieht man den Fluß zwischen Wannenberg und Rühlesberg als breites Band daherströmen. Behutsam an den Häusern des Städtchens Miltenberg vorbeigleitend entschwindet er hinter Laudenbach in eleganter Kurve zwischen den verklingenden Bergen. Oberhalb von Großheubach steht die Wallfahrtsstätte Kloster Engelberg, von deren Aussichtsterrasse dieser Talkessel in ganzer Ausdehnung zu überschauen ist. Hier schwingt sich der Eselsweg auf die Höhe des Langenberges, von wo er bis gegen Bad Orb zog. Das Rokokoschloß von Kleinheubach ist von einem gepflegten Landschaftspark umgeben.

Miltenberg

Auch weiterhin bleibt das Maintal waldgesäumt. Es nimmt Klingenberg mit der Klingenburg auf, das Städtchen Wörth, die Orte Erlenbach, Elsenfeld und Obernburg. Danach aber öffnet sich das Tal. Die linken Buntsandsteinhänge mit der Tal- und Berglandschaft von Mömlingen weichen allmählich zurück, der Strom wird in die U n t e r m a i n e b e n e entlassen. Er bleibt aber auf der rechten Seite noch dem Spessartrand verbunden. Kurz vor Aschaffenburg passiert er den Bischberg mit dem lohnenden Aussichtsturm Ludwigshöhe. Dann paradiert er am stolzen Renaissance-Schloß von A s c h a f f e n b u r g und am blumenstrotzenden Pompejanum König Ludwigs I. vorbei. Die Stadt ist reich an Grünanlagen. Sie besitzt im S c h ö n t a l eine von Friedrich von Sckell im klassizistischen Landschaftsstil vorbildlich angelegte Parkanlage und weiter östlich das Wäldchen der Fasanerie. Aber die größte landschaftliche Attraktion stellt zweifellos der Park von S c h ö n b u s c h (LSG) dar, den Kurfürst Friedrich von Erthal seit 1776 im Stil englischer Gärten einrichten ließ. Hier konnte Sckell eine der größten Landschaftspark-Anlagen Süddeutschlands schaffen. Kleine, geschmackvolle Pavillons und ein klassizist. Schlößchen sind über den Park verteilt. Der Irrgarten aus dichter Feldahornhecke ist bis heute ein Gaudium der Jugend. Als Mittel- und Zielpunkt steht in seinem Inneren ein Ginkgo-biloba-Baum (Fächerblattbaum). An exotischen und südeuropäischen Bäumen findet man im Park außerdem den Mammut-, den Trompeten-, den Götterbaum, die Edelkastanie, die Libanon-Zeder, die Colorado-Tanne u. v. a. Von Aschaffenburg führt eine Akazien- und Lindenallee nach Schönbusch. Aber nicht nur für Aschaffenburg, sondern für das ganze Untermaingebiet bis nach Frankfurt und Darmstadt ist der Park seit je ein beliebtes Ausflugsziel. Darüber hinaus ist Schönbusch Vogelschutzgebiet. Wenn man weiß, wie sich an schönen Tagen Tausende von Besuchern auf den Parkwegen drängen, so ist doch erstaunlich zu hören, daß 92 Vogelarten den Park bewohnen, wovon 75 regelmäßig hier brüten. Es liegt an dem abwechslungsreichen Bewuchs aus Laub- und Nadelgehölz, der vom 30 m hohen Waldriesen bis zur Dornenhecke die Naturarchitektur des Parkes formt, es liegt an den Gewässern, an den Lichtungen und Rasenflächen, die den Vögeln so gute Lebensbedingungen ge-

Schloß Aschaffenburg

Der Englische Landschaftspark
Schönbusch bei Aschaffenburg

währleisten, daß selbst Besuchermassen sie nicht ernsthaft stören können. Die Meisen stellen mit 6 Arten die größte Bewohnerzahl, aber auch andere Sänger sind zahlreich vertreten. Den Kuckuck gibt es, den Schwarzen Milan, den Mäusebussard und Turmfalken ebenso wie Waldkauz, Steinkauz, Schleiereule und Waldohreule. Gefährdet durch freilaufende Hunde und Katzen sind jedoch die Frei- und Bodenbrüter wie Fasan, Rebhuhn, Stockente und Grünfüßiges Teichhuhn. Natürlich fehlt nicht im großen Teich der stolze Schwan.

Mit Aschaffenburg setzt die industrielle Betriebsamkeit des Untermaingebietes ein. Die ebenen Schotter- und Sandfluren bieten den Fabriken günstige Standorte. Fluß, Autobahn, Straße und Eisenbahn schaffen die bestmöglichen Verkehrsverbindungen. In Kahl arbeitet das erste Atomkraftwerk Deutschlands. Die Naturlandschaft ist demgemäß in der Defensive. Ein Naturdenkmal ersten Ranges ist in dieser vom Menschen stark überformten Landschaft der L a n g e S e e von Großwelzheim. Mitten im einförmigen Kiefernforst zwischen Großwelzheim und Kahl blieb er als 700 m langer Rest einer abgeschnürten Mainschleife zurück und entwickelte sich zu einem einzigartigen Pflanzen- und Tierparadies. Sein Nordteil ist versumpft und stellt eines der letzten Moore in Unterfranken dar. Für die Botaniker und Zoologen ein einmaliges Geschenk. Wir müssen uns hier versagen, all die Pflanzen, Insekten und Wassertiere aufzuzählen, die es dort gibt. Angemerkt aber sei, daß von den 80 Libellenarten, die in Deutschland auftreten, 60 hier zu finden sind, daß ferner der Medizinische Blutegel hier lebt und der „Blaue Frosch", der in ganz Nordbayern sonst nicht vorkommt. Die in allen Blau-Tönen auftretenden Männchen tragen vielfach eine schwarze Zeichnung auf Rücken und Schenkeln. Die Weibchen sind spangrün.

Schwan

326

Im übrigen aber weicht der Wald zurück, die Naturlandschaft ist angeschlagen. Einen Ausgleich schufen die ausgebeuteten Braunkohlen- und Sandgruben um Kahl. Sie füllten sich mit klarem Grundwasser und bilden ausgedehnte Seen mit besten Bade- und Wassersportmöglichkeiten; Campingplatz und Restaurant wurden angelegt. Das Areal wandelt sich unversehens zu einer Erholungslandschaft, zumal immer noch Forste im Hintergrund stehen und im Osten der dunkle Anstieg des Hahnenkammes zu einem Sprung in den Spessart lockt.

Schwarzerle

Rotbuche

Sommerlinde

Stieleiche

Feldahorn

Fichte

Kiefer

Lärche

Bäume des Spessarts

SPESSART
Maßstab 1 : 100 000

DER BAYERISCHE ODENWALD

(Dazu Kartenseiten 8, Nebenkarte Bayer. Odenwald)

Ohne erkennbaren Unterschied scheint sich südlich des Mains die Buntsandsteinlandschaft der Spessartwälder fortzusetzen. Die stark zertalte Landtafel um das Städtchen Amorbach als Zentrum wird jedoch zum Odenwald gezählt. Der Main bildet die strenge Grenze. Der Landschaftscharakter aber gleicht dem des Hochspessarts. Die Täler sind still und zurückhaltend, und der ganze Reiz der Landschaft liegt ebenfalls in den Hängen und Sohlen der Tallandschaften.

Wir befinden uns im nordöstlichen Zipfel des Odenwaldes, der auch „Hinterer Odenwald" genannt wird. Dieser bayerische Anteil am berühmten Odenwald wurde gleichfalls zum N a t u r p a r k erklärt. Er ist dem großen Naturparkrevier O d e n w a l d - B e r g s t r a ß e angeschlossen, dessen Schwerpunkt im hessischen Odenwald, das heißt in den zum Main und Neckar gekehrten Landschaften liegt. Der bayer. Odenwald ist daher weniger bekannt, weniger besucht und weniger erschlossen. Auch den Sagen- und Märchenruhm des Vorderen Odenwaldes besitzt er nicht. Er hat aber viel Ursprungsnahes und Unverfälschtes bewahrt und blieb wie der Spessart ein Raum für den Individualisten, der bereit ist, sich einer Landschaft hinzugeben und ihren stillen Zauber in weiten Wanderungen für sich zu entdecken.

Ganz unhistorisch ist aber auch dieser Teil des Odenwaldes nicht. Immerhin setzte der römische Grenzwall, der Limes, bei Miltenberg wieder ein, nachdem er zwischen Krotzendorf und Miltenberg durch den Main ersetzt war. Die Mauerreste einiger Wachthäuser sind in südlicher Richtung gegen Walldürn hin noch zu verfolgen. Doch bereits vor den Römern war der Talkessel von Miltenberg umkämpftes Siedlungsgebiet. Hier hat der Main in seinem Durchbruchstal den höchsten Buntsandsteinkamm durchsägt. Mehrere Flußtäler (Erfa, Mudbach, Rüdenauer Bach, Heubach) münden in diesen steilwandigen Talkessel. So konnten sich Bergsporne von 250 m Höhe herausmodellieren, die strategisch hervorragende Bedeutung besaßen. Auf dem mächtigen Bürgstadter Berg ist ein quadratkilometergroßer, vorgeschichtlicher Ringwall zu besichtigen. Die dort herausgewitterten Buntsandsteinblöcke werden als Heunesteine, Heunesäulen und Heunefässer bezeichnet. Sie sollen von Riesen geschaffen worden sein. Auf dem Schloßberg oberhalb von Miltenberg hatten keltische Siedler einen Ringwall angelegt. Auch auf dem Haineberg bestand möglicherweise eine Fliehburg. Dort lagern 9 mächtige Säulen, die im 11. Jh. für den Willigis-Dom in Mainz gearbeitet worden waren und aus unbekannten Gründen liegengeblieben sind.

Im Süden unseres Odenwald-Revieres, hoch im Walde über dem Mudautal, sitzt eine Burgruine auf steilem Bergsporn. Mit den leeren Augen ihrer Fensteröffnungen blickt sie in das Waldtal hinab. Sie war einst das Urbild der Burg „Monsalväsche" in Wolfram von Eschenbachs „Parzifal". Der Dichter hatte einen Teil seines Epos auf dieser Burg verfaßt, deren Namen W i l d e n b e r g er in das mittelalterliche Französisch übertrug. Die Ruine zeigt bis heute Reste feinster romanischer Kunstformen, vor allem in den Fensteröffnungen. Ihr mächtiger Bergfried kann bestiegen werden.

Mittelpunkt des ganzen Landstriches ist das schöne Städtchen A m o r b a c h , das neben seiner barocken Pfarr- sowie Abteikirche und dem in feinen klassizistischen Formen ausgestatteten Schloß eine „Landschaftsperle" besonderer Art besitzt: seinen Schloßpark. So klein er ist, so vollkommen hat der Gartenkünstler Friedrich Ludwig von Sckell ihn im Englischen Gartenstil angelegt.

In Amorbach strömen alle Flüßchen des bayer. Odenwaldes zusammen, so daß sein idyllischer Talkessel nach 7 Richtungen offen ist. Wenn man auf obstbestandenem Hang den Gotthardsberg mit seiner Ruine besteigt, so hat man vom

Amorbach

330

Blick von Wildenberg ins Mudautal

Bergfried einen großartigen Rundblick in alle 7 Talweitungen hinein. Die Talachse bildet das vom Süden hereintretende und nach Norden zum Main hin entwässernde M u d b a c h t a l. Von Westen strömt der O h r e n b a c h herbei. Er kommt aus einem stillen Tal, wo saftige Wiesen und Waldhänge aus Kiefer, Buche und Fichte das Bild beherrschen. Als nächster fließt der klare O t t e r - b a c h herein. An seinem Ufer steht das uralte Quellheiligtum Amorsbrunn, dessen Wasser im Glauben des Volkes den Kindersegen förderte. Im Otterbachtal kommt auch in vielen Kehren die sog. Nibelungenstraße von Eulbach herab (Wisentgehege der Grafen von Erbach). Der Name wurde ihr gegeben, weil sie mitten durch das einstige Jagdrevier der Nibelungen läuft und dabei viele Orte berührt, welche an die Nibelungensage erinnern. Typisch für den Odenwald sind die „Zwei-Bild-Stöcke", deren einer am Parkplatz dieser Straße vor Boxbrunn zu sehen ist.

Zwei-Bildstock bei Boxbrunn

Menschenleer erscheint das Waldland im Süden, wo der Mudbach mit dem Gabelbach sich vereint, dem hinter Kirchzell wiederum Waldbach, Dörnbach und Breitenbach zuströmen. Am Ursprung des Breitenbaches blinken die „D r e i S e e n", alte Flößerstauweiher, die man im Odenwald Wööge nennt. Hier hat sich eine Sumpfflora mit Wollgrasbulten entwickelt, die es sonst weit und breit nicht gibt. In der Nähe verläuft der alte Heerhag, eine mittelalterliche Grenzlinie der Mainzer Erzbischöfe gegen die Grafen von Erbach.

Östlich des Mudbaches fließt der S a u b a c h aus dem Tal von Zittenfelden herbei. Dort entspringt eine „Siegfriedsquelle", die sehr idyllisch gelegen ist (ND), aber mit dem Nibelungenhelden Siegfried nur den Namen teilt. Nach Südosten öffnet sich das H a m b r u n n e r T a l mit der alten Wallfahrtsstraße nach Walldürn; ostwärts das zum Spaziergang einladende R e u e n t h a l e r T a l. Dem Naturpark Odenwald angeschlossen hat man auch das linksmainische Ufer zwischen Kleinheubach und Großwallstadt. Hier waren vor allem die bewaldeten Maintalhänge zu schützen und eine bäuerlich stille Landschaft (um Mömlingen und Eisenbach), die zu den geheimen Reserven unserer strapazierten Naturlandschaft gehören.

331

VERZEICHNIS DER NATURSCHUTZGEBIETE IN BAYERN

VERZEICHNIS DER LANDSCHAFTSSCHUTZGEBIETE, NATURLANDSCHAFTEN, FLÜSSE UND SEEN

LITERATURHINWEISE

Das Bayerland. München 1929–42, seit 1952 u. d. T. *Bayerland.*

Behm, H. W., und Böttcher, J., Deutsche Naturschutzgebiete. Weimar 1936

Benker, G., Heimat Oberpfalz. Regensburg 1965

Bezzel, E., Vogelparadiese in Bayern. Garmisch-Partenkirchen 1970

Blätter für Naturschutz und Naturpflege, hg. vom Bund Naturschutz in Bayern. München 1918 ff. Seit 1971 u. d. T. *Blätter für Natur- und Umweltschutz.*

Bleibrunner, H., Beiträge zur Heimatkunde von Niederbayern. Landshut 1967

Doposcheg, J., Berge und Pflanzen in der Landschaft Werdenfels. Garmisch 1938

Ebers, E., Die Eiszeit im Landschaftsbilde des bayerischen Alpenvorlandes. München (1934)

Engelhardt, W., Umweltschutz. München (1974)

Friedlein H. und Weidinger W., Bayerisches Naturschutzgesetz. Taschenkommentar. München (1973)

Geologica Bavarica, hg. vom Bayer. Geologischen Landesamt. München 1949 ff.

Gradmann, R., Süddeutschland. 2 Bde. Stuttgart 1931

Hegi, G., Alpenflora. München 1969

Huber, J., Landschaft, Tiere und Pflanzen. Schwäbische Heimatkunde. Kempten 1949

Jahrbuch des Vereins zum Schutze der Alpenpflanzen und -tiere. München 1937 ff.

Kraus, O., Zerstörung der Natur – unser Schicksal von morgen? Nürnberg 1966

Kronberger, K., Die Naturschutzgebiete im Regierungsbezirk Oberfranken. Bericht der Naturwiss. Gesellschaft Bayreuth 1953/54

Kronberger K., Die Landschaftsschutzgebiete im Regierungsbezirk Oberfranken. Bericht der Naturwiss. Gesellschaft Bayreuth 1955/57

Kuhn, O., Geologie von Bayern. München, Basel, Wien 1964

Natur und Landschaft, hg. von der Bundesanstalt für Vegetationskunde, Naturschutz und Landschaftspflege. Bad Godesberg 1953 ff.

Naturschutzgebiete, Landschaftsschutzgebiete, Nationalparke, Naturparke in Bayern. Gesamtausgabe. Bearbeitung H.-D. Kleine u. a. München: Bayerisches Landesamt für Umweltschutz 1975

Nell, D., Naturschutz in Niederbayern. Niederbayer. Hefte 14. Regensburg 1966

Nüßlein, F., Jagdkunde. München, Basel, Wien 1968

Priehäußer, G., Bayerischer und Oberpfälzer Wald. Essen 1965

Rocznik, K., Wetter und Klima in Bayern. Nürnberg 1960

Rudolph, E., Naturschutz in Oberbayern. München 1975

Rückert, L., Oberbayern, Land und Leute. Essen 1960

Scherzer, C., u. a., Franken, Bd. 1. Nürnberg 1962

Scherzer, H., Erd- und pflanzengeschichtliche Wanderungen durchs Frankenland. 1. Bd. Wunsiedel 1920; 2. Bd. Nürnberg 1922

Scherzer, H., Geologisch-botanische Wanderungen durch die Alpen. 3 Bde. München 1927–36

Schriftenreihe Naturschutz und Landschaftspflege, hg. vom Bayer. Landesamt für Umweltschutz. Seit 1970 erschienen 6 Hefte

Schneider, J., Röhn-Führer. Fulda 1963

Stockinger, W., Naturpfade-Wanderungen Baden-Württemberg und Bayern. Stuttgart 1969

Weinzierl, H., Natur in Not. 1. Teil München 1966, 2. Teil München 1976

Wurm, A., Geologie von Bayern. Bd. 1, Berlin 1961

Seitenübersicht der Karten von Bayern 1:250 000

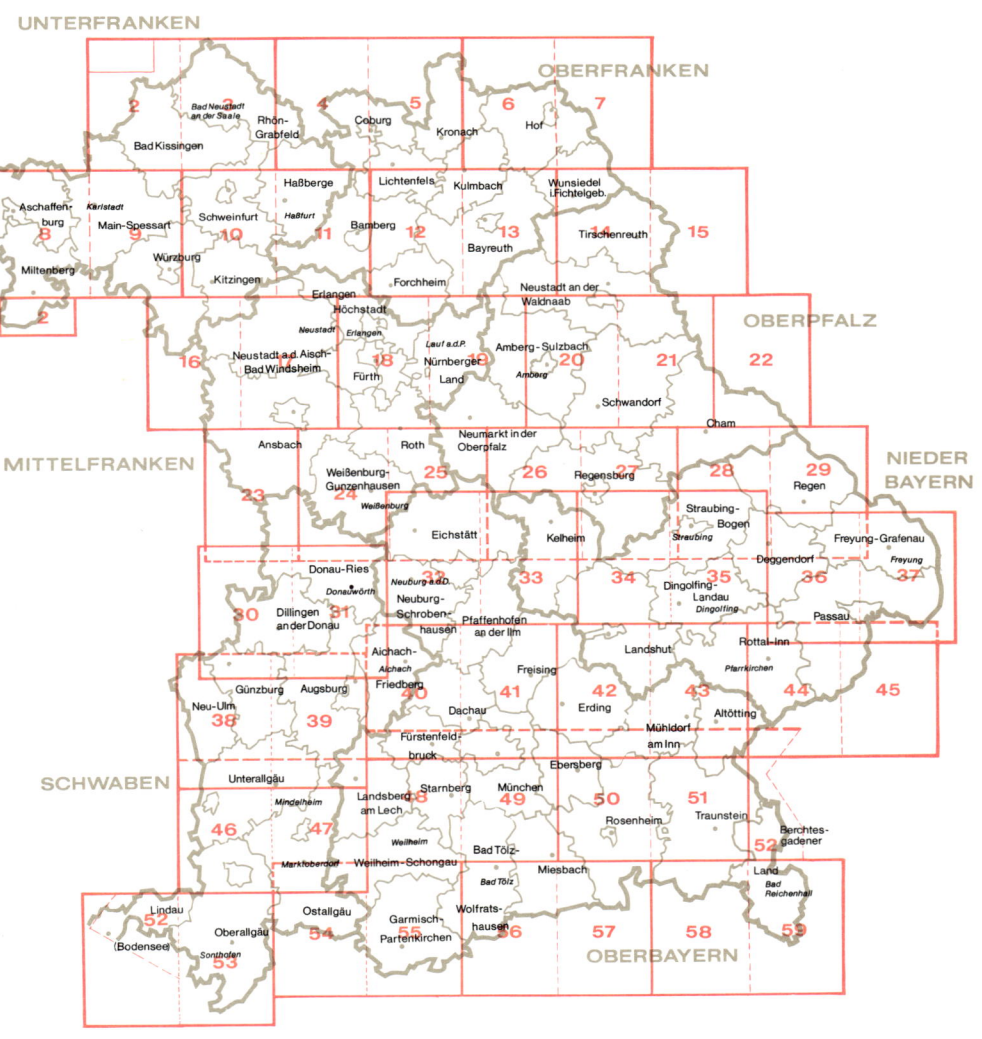

Nebenkarte Bayer. Odenwald

Zeichenerklärung

	Autobahn mit Anschlußstellen
	Autobahn im Bau
2	Bundesstraße
	Staatsstraße
	Kreisstraße
	Sonstige Nebenstraße, Weg
	Eisenbahn
	Bergbahn, Seilschwebebahn
	Landesgrenze
	Regierungsbezirksgrenze
	Stadt- und Landkreisgrenze
	Nationalpark
	Naturschutzgebiet (N.S.G.)
	Landschaftsschutzgebiet
	Wald

Campingplatz	
Jugendherberge	
Kirche, Kapelle	
Schloß, Burg	
Ruine	
211 Höhenpunkt	
Höhle	

(1112) Paß mit Höhenangabe

↓ Fluß schiffbar

Funk-, Sendeturm

Aussichtsturm

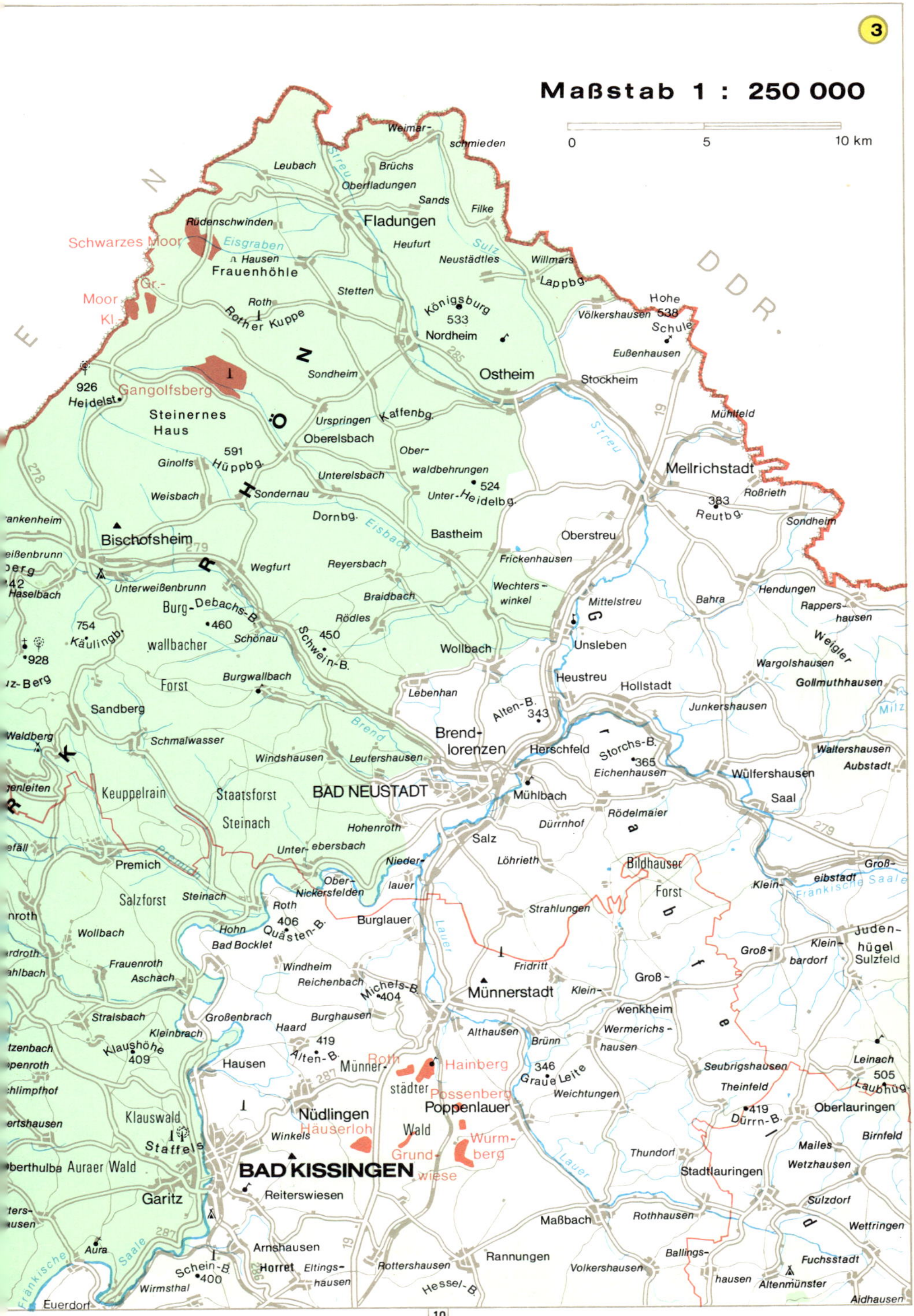
Maßstab 1 : 250 000
0
5
10 km
Weimar-
schmieden
Leubach
Brüchs
Oberfladungen
Sands
Filke
Fladungen
Rüdenschwinden
Schwarzes Moor
Eisgraben
Hausen
Frauenhöhle
Heufurt
Sulz
Neustädtles
Willmars
Lappbg.
Stetten
Gr.-
Moor
Kl.-
Roth
Rother Kuppe
Königsburg
533
Nordheim
Hohe
538
Schule
Völkershausen
Eußenhausen
DDR.
Sondheim
Ostheim
Stockheim
926
Heidelst.
Gangolfsberg
Steinernes
Haus
Urspringen
Kaffenbg.
Oberelsbach
Ober-
waldbehrungen
591
Hüppbg.
Ginolfs
Unterelsbach
Streu
Mühlfeld
Mellrichstadt
Roßrieth
383
Reutbg.
Sondheim
Weisbach
Sondernau
Unter-Heidelbg.
524
Dornbg.
Eisbach
Bastheim
Oberstreu
Bischofsheim
Wegfurt
Reyersbach
Frickenhausen
Wechters-
winkel
Mittelstreu
Bahra
Hendungen
Rappers-
hausen
Unterweißenbrunn
Haselbach
Burg-
Debachs-B.
460
Braidbach
Rödles
754
Käulingb.
wallbacher
Schönau
450
Schwein-B.
Wollbach
Unsleben
Weigler
Wargolshausen
Gollmuthhausen
Forst
Burgwallbach
Heustreu
Hollstadt
Lebenhan
Alten-B.
343
Junkershausen
Milz
Sandberg
Brend
Brend-
lorenzen
Herschfeld
Storchs-B.
365
Eichenhausen
Waltershausen
Aubstadt
Schmalwasser
Windshausen
Leutershausen
Wülfershausen
Saal
Keuppelrain
Staatsforst
Steinach
BAD NEUSTADT
Mühlbach
Hohenroth
Dürrnhof
Rödelmaier
Salz
Unter-
ebersbach
Nieder-
lauer
Löhrieth
Bildhäuser
Forst
Groß-
eibstadt
Klein-
Fränkische Saale
Premich
Ober-
Nickersfelden
Salzforst
Steinach
Roth
406
Quästen-B.
Burglauer
Lauer
Strahlungen
Juden-
hügel
Sulzfeld
Wollbach
Hohn
Bad Bocklet
Groß-
Klein-
bardorf
Frauenroth
Aschach
Windheim
Reichenbach
Michels-B.
404
Fridritt
Münnerstadt
Klein-
Groß-
wenkheim
Stralsbach
Großenbrach
Haard
Burghausen
Althausen
Wermerichs-
hausen
Kleinbrach
Klaushöhe
409
419
Alten-B.
Brünn
346
Graue Leite
Leinach
505
Laubhüg.
Hausen
Münner-
städter
Roth
Hainberg
Possenberg
Seubrigshausen
Theinfeld
Weichtungen
419
Dürrn-B.
Oberlauringen
Nüdlingen
Häuserloh
Poppenlauer
Wald
Klauswald
Winkels
Staffels
Grund-
wiese
Wurm-
berg
Thundorf
Lauer
Mailes
Birnfeld
Wetzhausen
Auraer Wald
BAD KISSINGEN
Stadtlauringen
Garitz
Reiterswiesen
Sulzdorf
Maßbach
Rothhausen
Wettringen
Aura
Saale
Fränkische
Arnshausen
Rannungen
Ballings-
hausen
Fuchsstadt
Schein-B.
400
Horret
Eltings-
hausen
Rottershausen
Volkershausen
Hessel-B.
Altenmünster
Wirmsthal
Euerdorf
Aidhausen

10

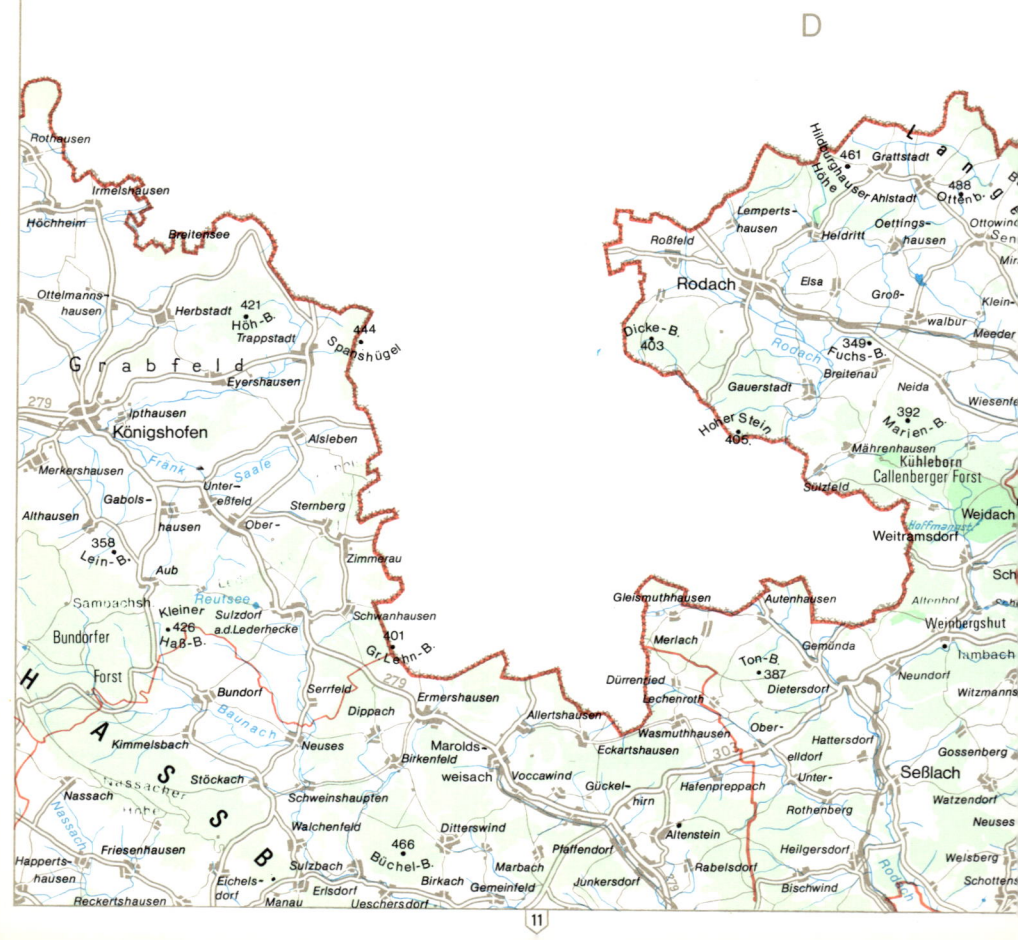

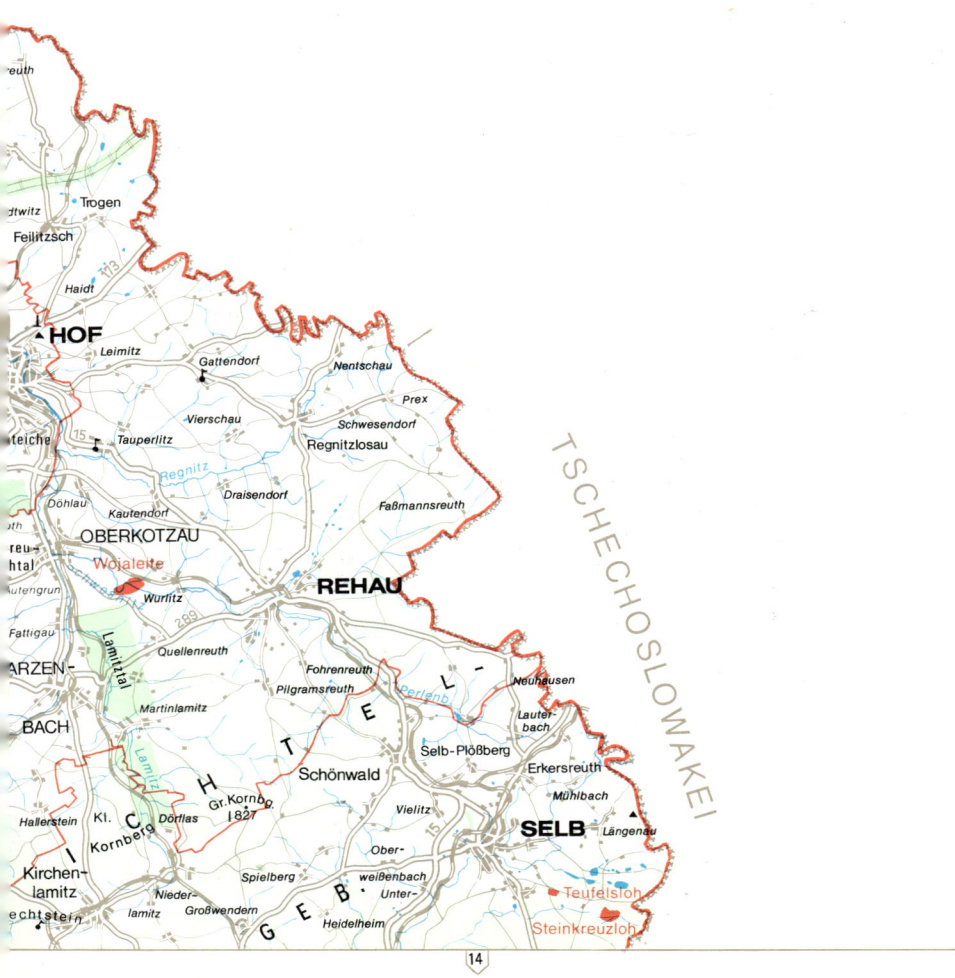

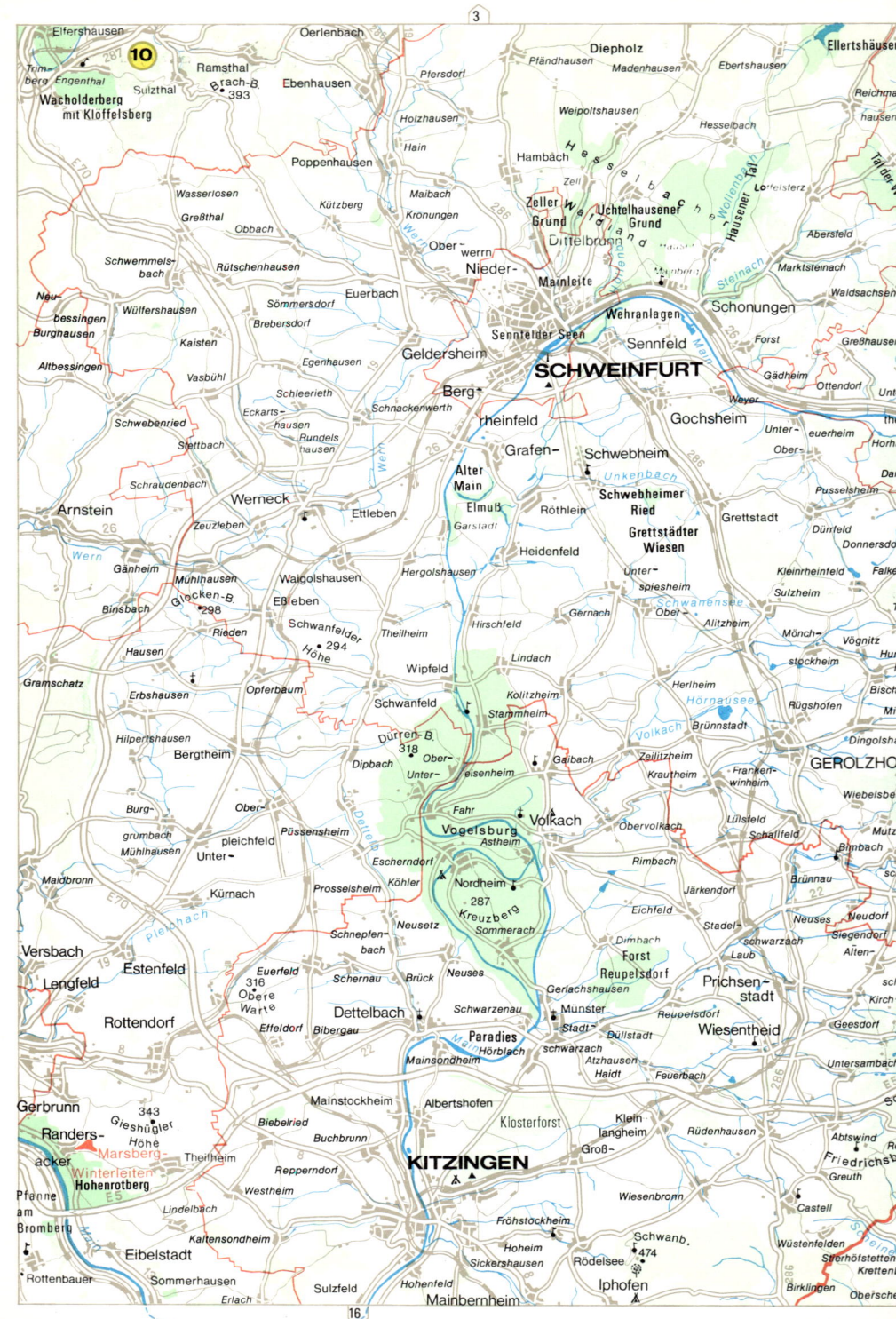

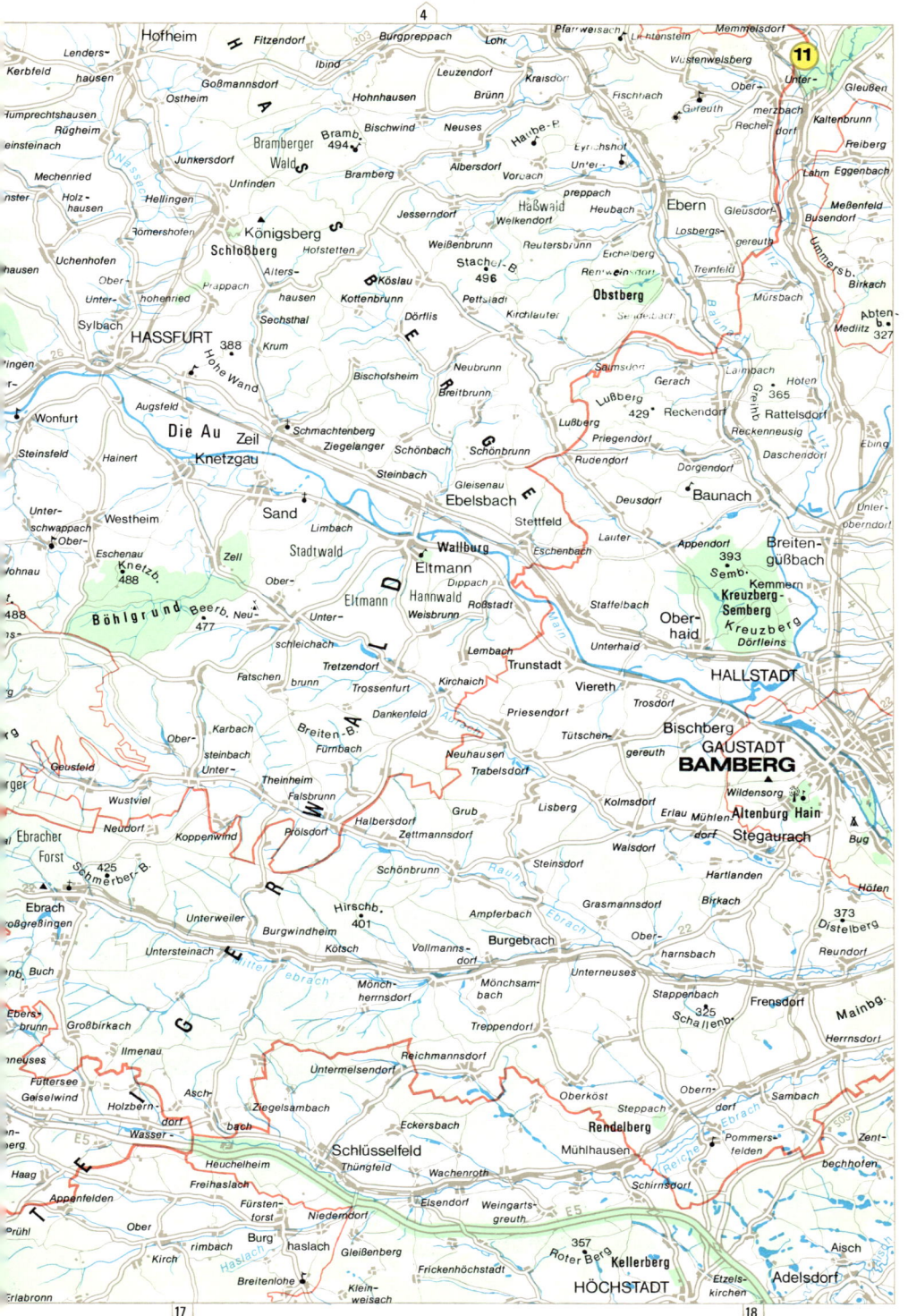

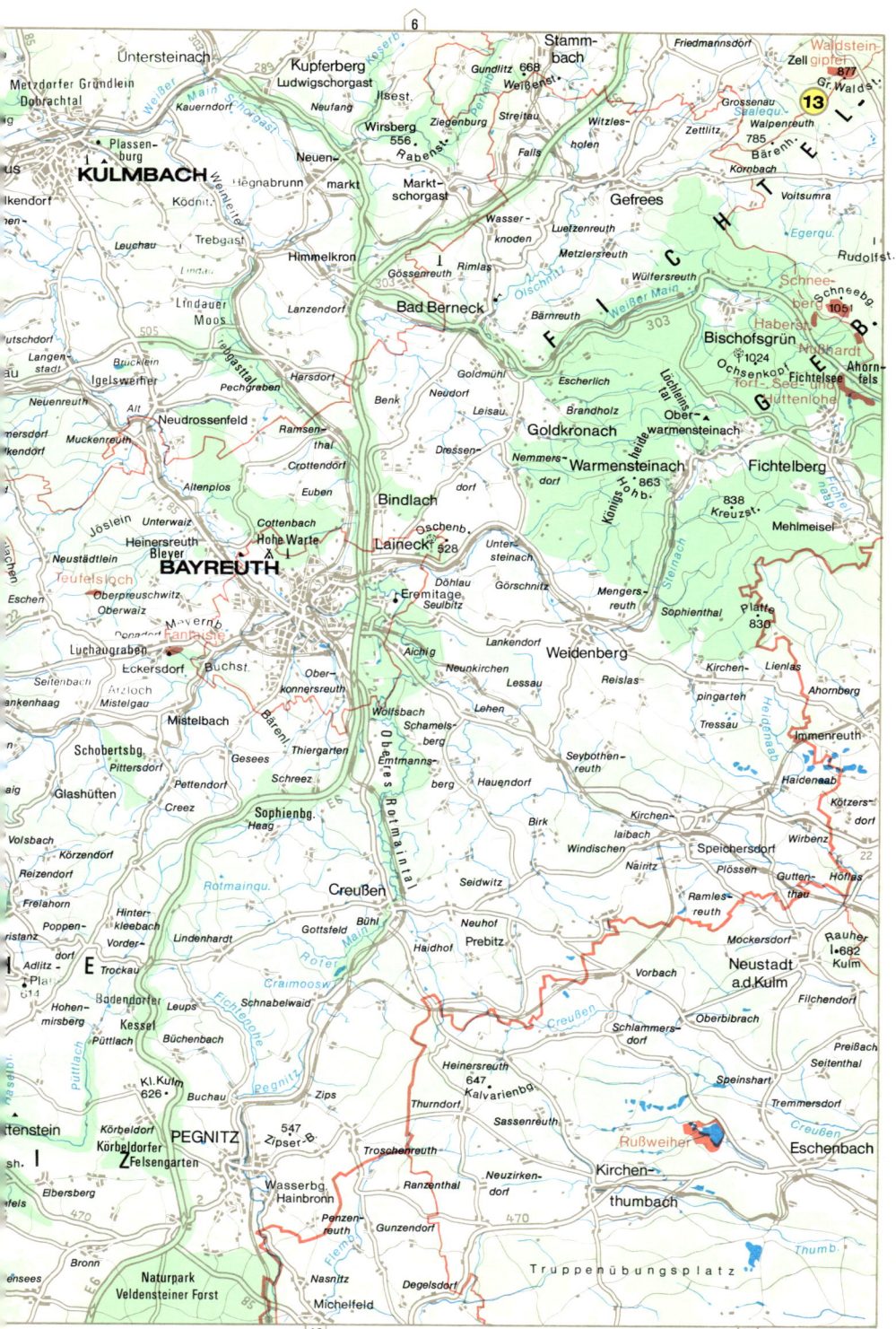

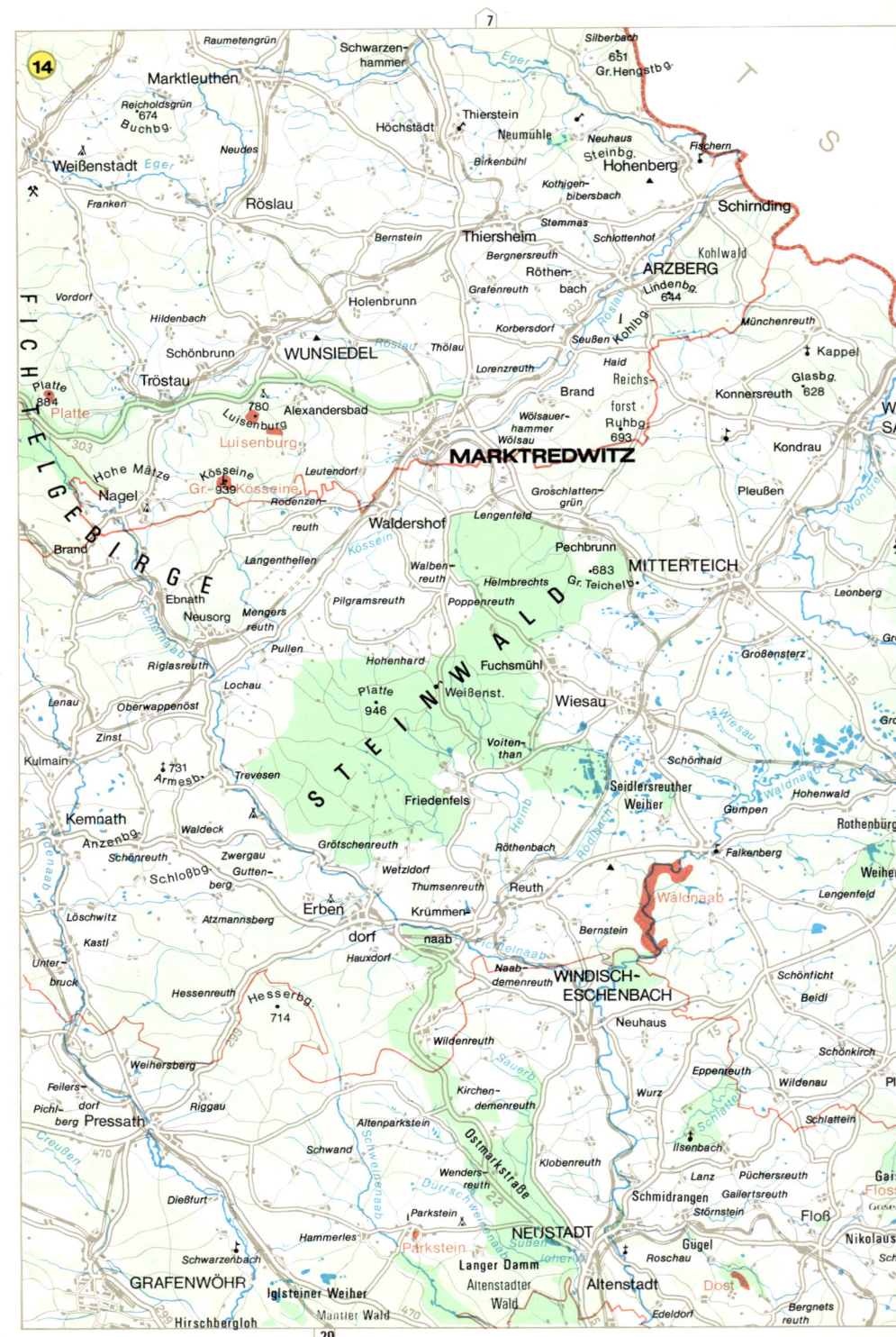

Querenbach

Neualbenreuth

Tillenbg.
939

reuth

Ottengrün

744
Birkenbg

Rosall

Hochwald

W

Pilmersreuth

Mähring

Poppenreuther-B.
781

Wondreb

Großkonreuth

atzersreuth

Dippersreuth

HENREUTH

Griesbach

enbach

Ellenfeld

Bärnau

R

han

Thanhausen

Bürgerwald

90
Entenbühl

senbürg · Schellenbg.

Waldkirch

Neudorf

Georgen- berg

Zott

H E C H O S L O W A K E I

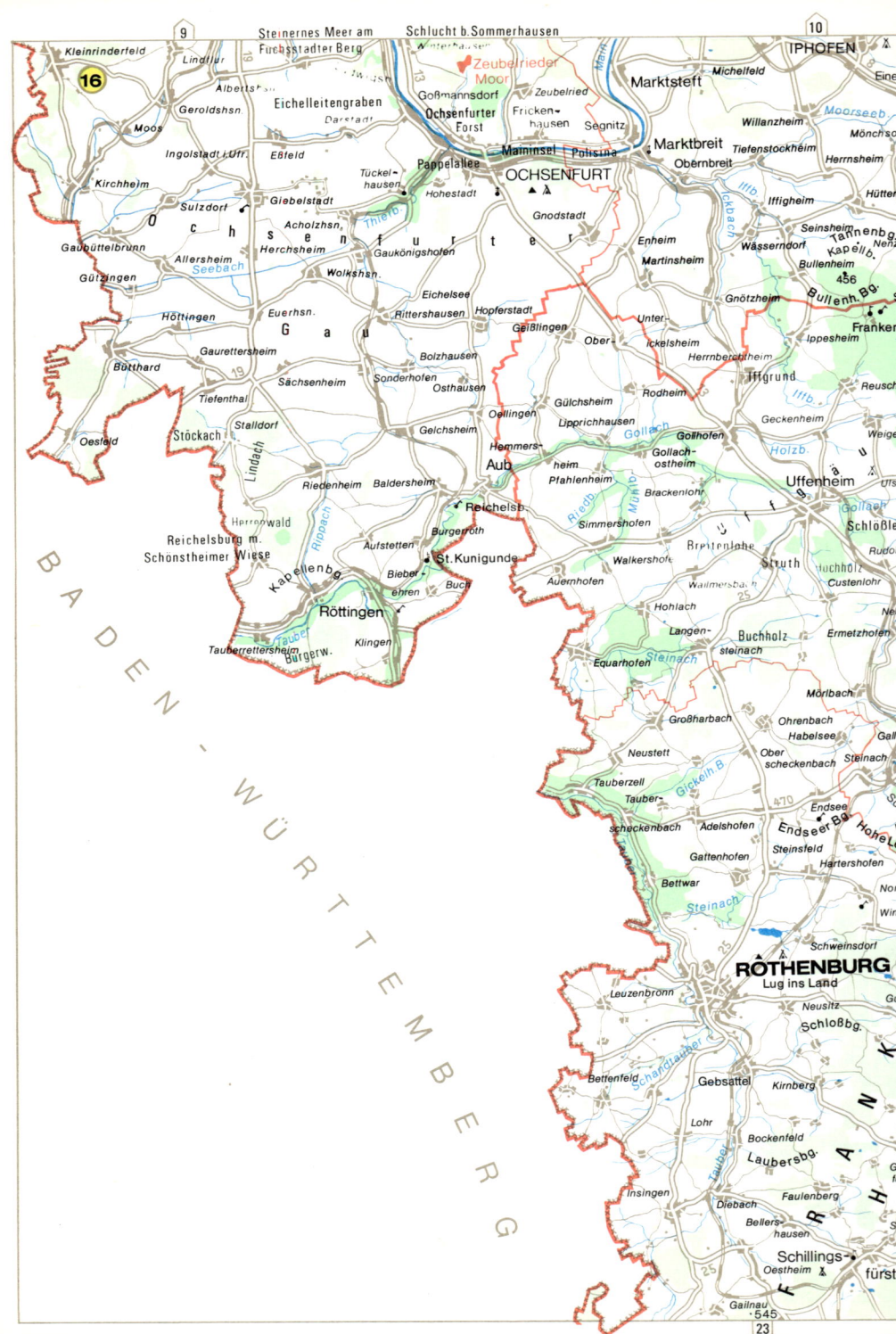

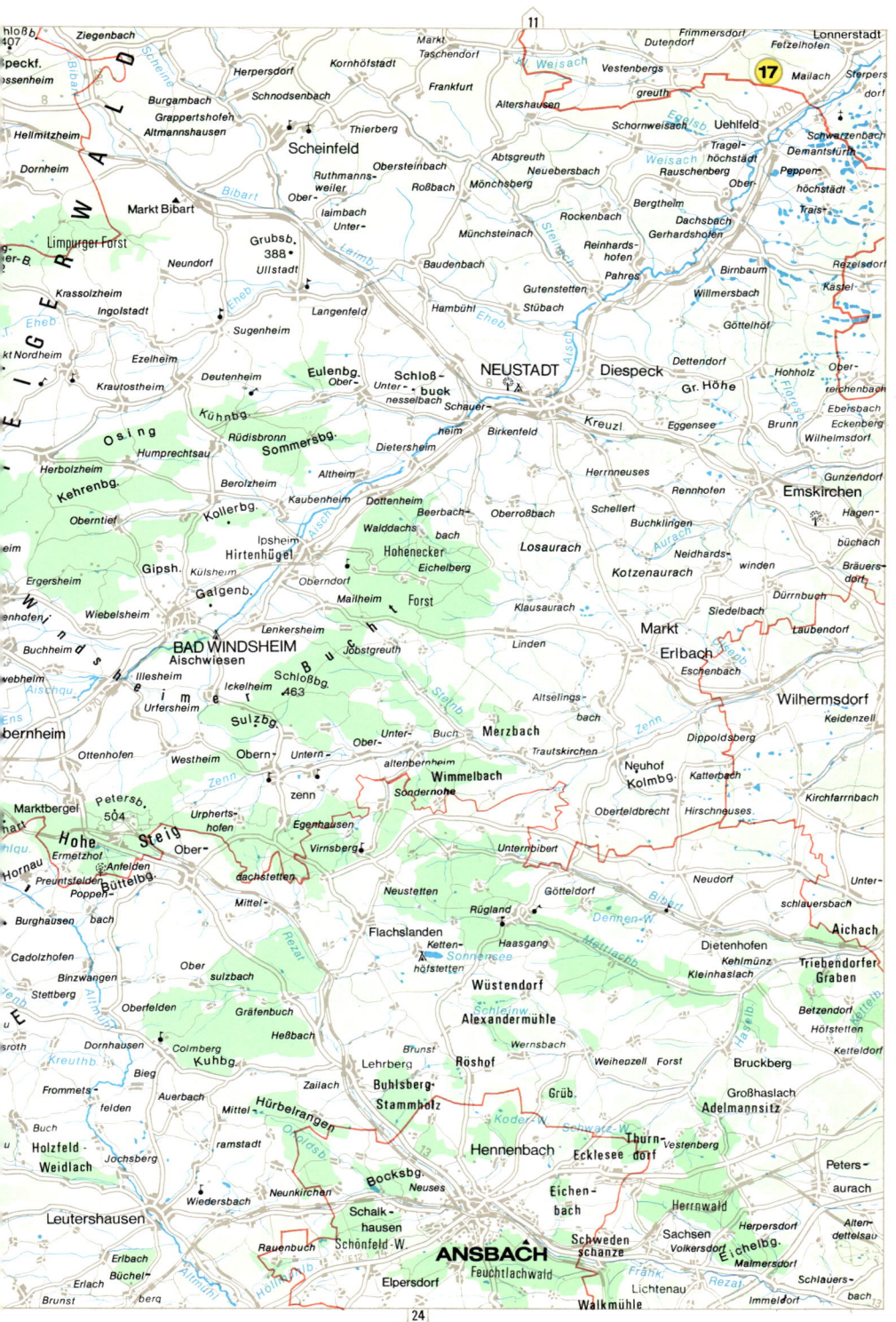

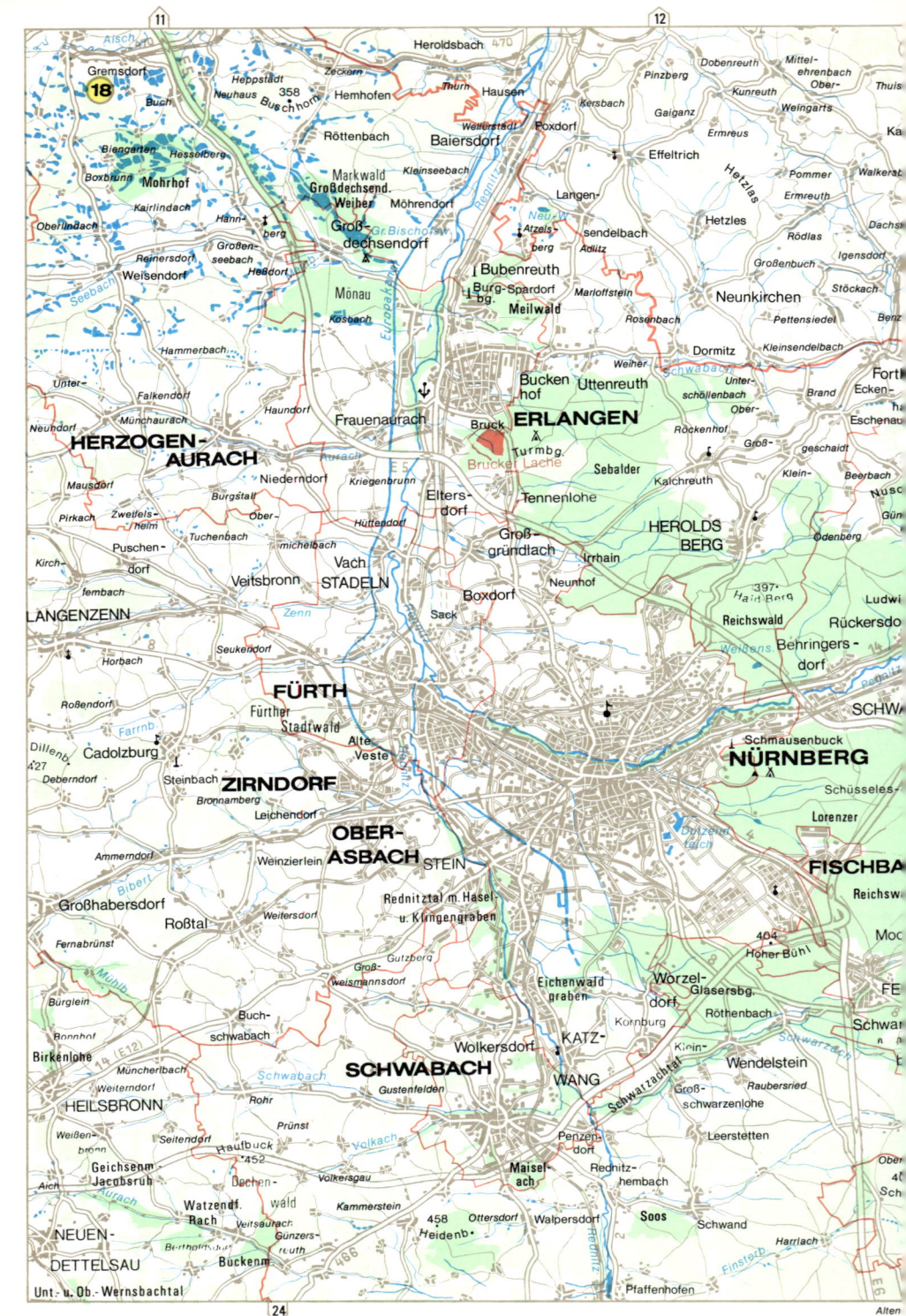

13

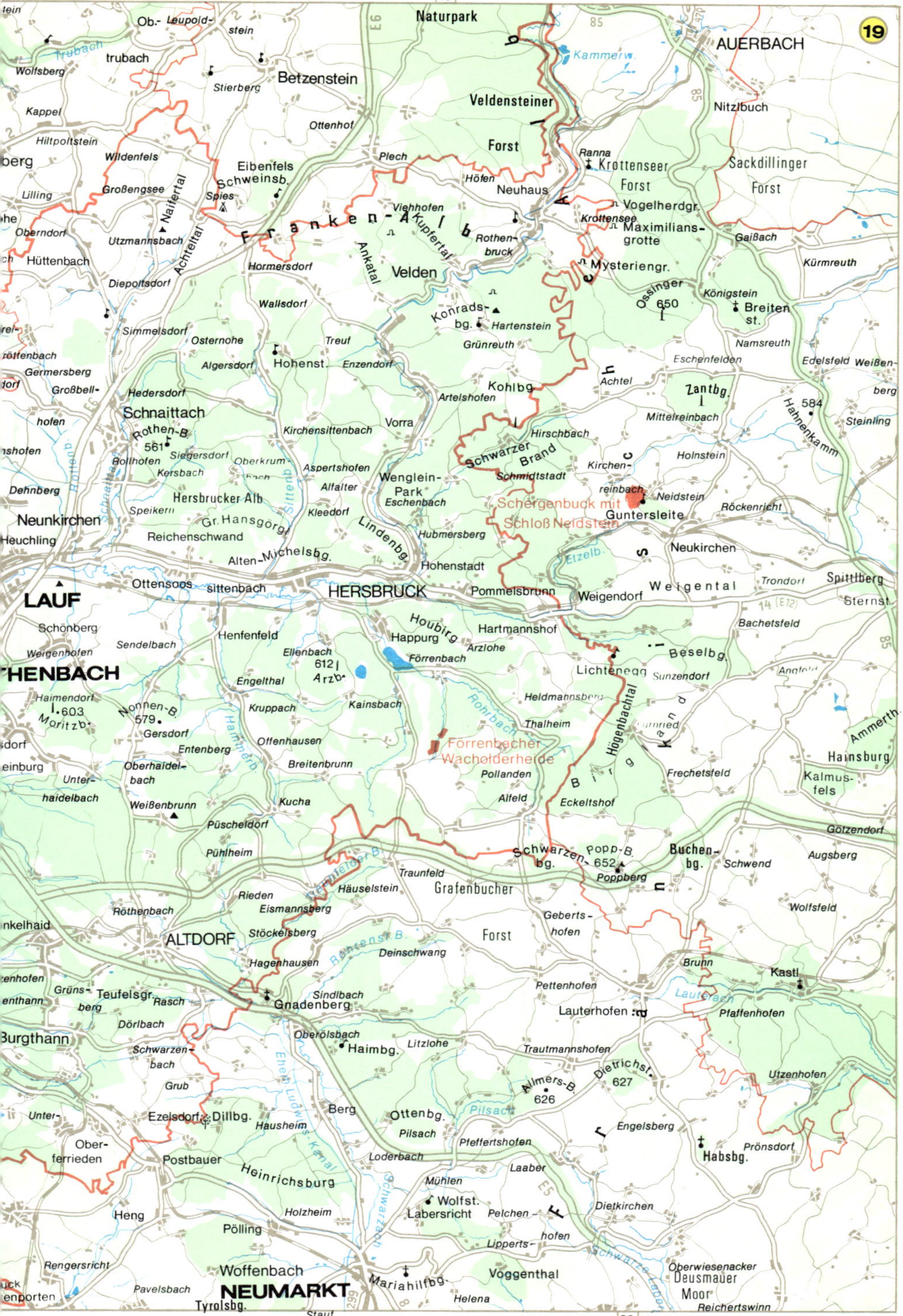
Naturpark
Veldensteiner
Forst
AUERBACH
Kammerw.
Nitzlbuch
Sackdillinger
Forst
Ob.-
Leupold-
stein
trubach
Trubach
Wolfsberg
Stierberg
Betzenstein
Kappel
Ottenhof
Hiltpoltstein
Wildenfels
Eibenfels
Schweinsb.
Spies
Plech
Höfen
Neuhaus
Ranna
Krottenseer
Forst
Lilling
Großengsee
Naifertal
Vogelherdgr.
Krottensee
Maximilians-
grotte
Oberndorf
Utzmannsbach
Achtertal
Franken-Alb
Viehhofen
Kupfertal
Rothen-
bruck
Gaißach
Kürmreuth
Hüttenbach
Hormersdorf
Ankatal
Velden
Mysteriengr.
Diepoltsdorf
Wallsdorf
Konrads-
bg.
Hartenstein
Ossinger
650
Königstein
Breiten
st.
Simmelsdorf
Osternohe
Treuf
Grünreuth
Namsreuth
Germersberg
Algersdorf
Hohenst.
Enzendorf
Eschenfelden
Edelsfeld
Weißen-
berg
Großbell-
hofen
Hedersdorf
Schnaittach
Artelshofen
Kohlbg.
Achtel
Zantbg.
Mittelreinbach
584
Steinling
Hahnenkamm
Rothen-B.
561
Kirchensittenbach
Vorra
Hirschbach
Siegersdorf
Rollhofen
Oberkrum-
bach
Schwarzer
Brand
Kirchen-
reinbach
Holnstein
Kersbach
Aspertshofen
Wenglein-
Park
Schmidtstadt
Dehnberg
Alfalter
Eschenbach
Neidstein
Röckenricht
Hersbrucker Alb
Sittenb.
Schergenbuck mit
Schloß Neidstein
Guntersleite
Speikern
Kleedorf
Neunkirchen
Gr. Hansgörgl
Lindenbg.
Hubmersberg
Heuchling
Reichenschwand
Neukirchen
Alten-Michelsbg.
Etzelb.
Hohenstadt
Trondorf
Spittlberg
LAUF
Ottensoos
sittenbach
HERSBRUCK
Pommelsbrunn
Weigendorf
Weigental
Sternst.
Schönberg
Houbirg
Hartmannshof
Henfenfeld
Happurg
Bachetsfeld
Sendelbach
Arzlohe
Weigenhofen
Ellenbach
612
Förrenbach
Beselbg.
Arzb.
Lichtenegg
Sunzendorf
HENBACH
Engelthal
Haimendorf
603
Moritzb.
Nonnen-B.
579
Kruppach
Kainsbach
Heldmannsberg
Gersdorf
Rohrbach
Thalheim
Högenbachtal
Ammerth.
Entenberg
Offenhausen
Förrenbacher
Wacholderheide
Hainsburg
Oberhaidel-
bach
Breitenbrunn
Pollanden
Frechetsfeld
Kalmus-
fels
Unter-
haidelbach
Kucha
Alfeld
Eckeltshof
Weißenbrunn
Püscheldorf
Götzendorf
Pühlheim
Schwarzen-
bg.
Popp-B.
652
Poppberg
Buchen-
bg.
Schwend
Augsberg
Traunfeld
Häuselstein
Grafenbucher
Forst
Rieden
Eismannsberg
Röthenbach
Geberts-
hofen
Wolfsfeld
ALTDORF
Stöckelsberg
Deinschwang
Hagenhausen
Brunn
Kastl
Grüns-
berg
Teufelsgr.
Rasch
Gnadenberg
Sindlbach
Pettenhofen
Lauterach
Lauterhofen
Pfaffenhofen
Dörlbach
Burgthann
Oberölsbach
Haimbg.
Litzlohe
Trautmannshofen
Schwarzen-
bach
Grub
Allmers-B.
626
Dietrichst.
627
Utzenhofen
Unter-
Ezelsdorf
Dillbg.
Hausheim
Berg
Ottenbg.
Pilsach
Engelsberg
Ober-
ferrieden
Postbauer
Pfeffertshofen
Loderbach
Habsbg.
Prönsdorf
Heinrichsburg
Mühlen
Laaber
Ludwig-Kanal
Heng
Holzheim
Wolfst.
Labersricht
Pelchen-
hofen
Dietkirchen
Pölling
Lipperts-
Rengersricht
Woffenbach
Mariahilfbg.
Voggenthal
Oberwiesenacker
Deusmauer
Moor
Pavelsbach
NEUMARKT
Helena
Reichertswinn
Tyrolsbg.
Stauf

26

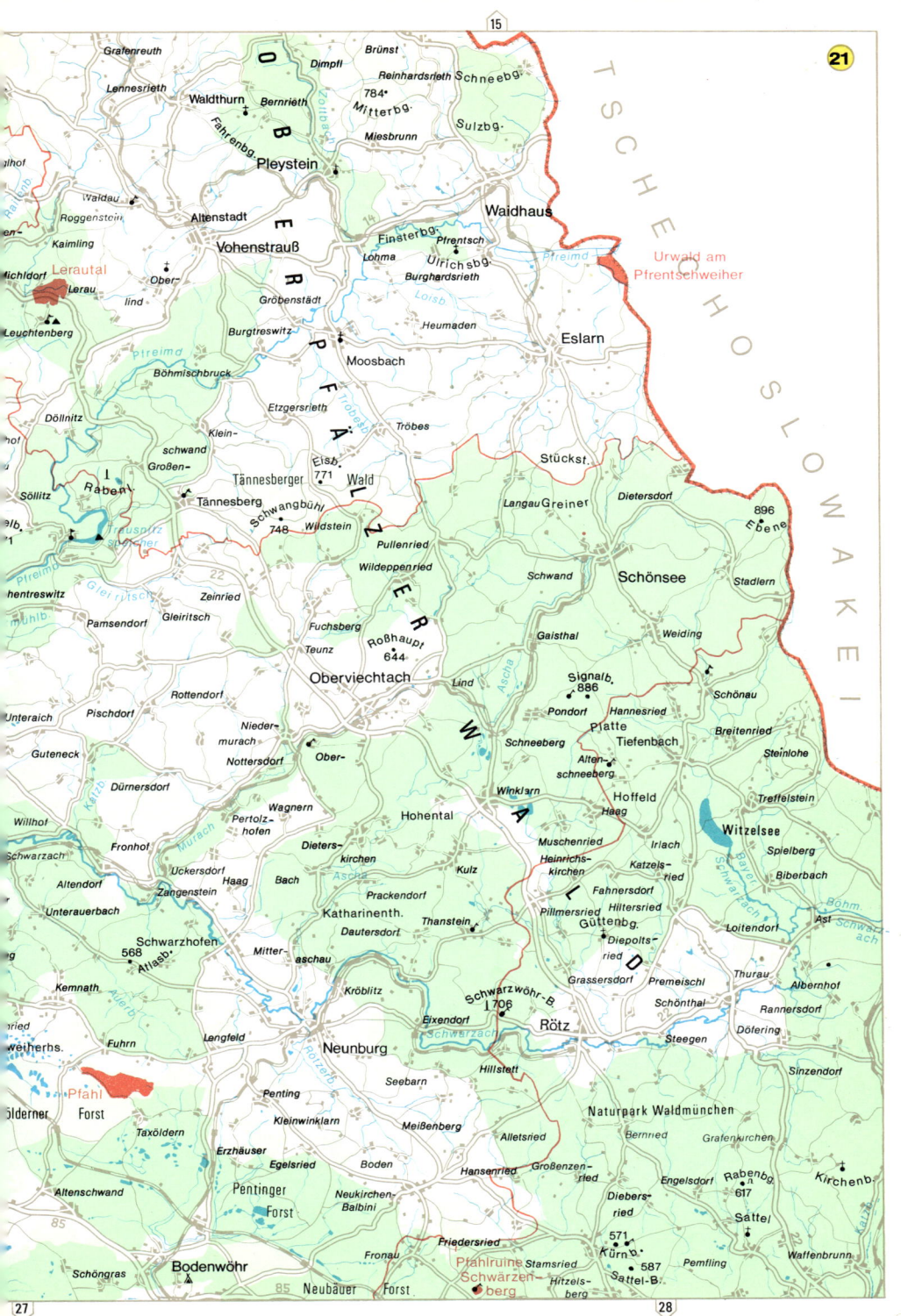

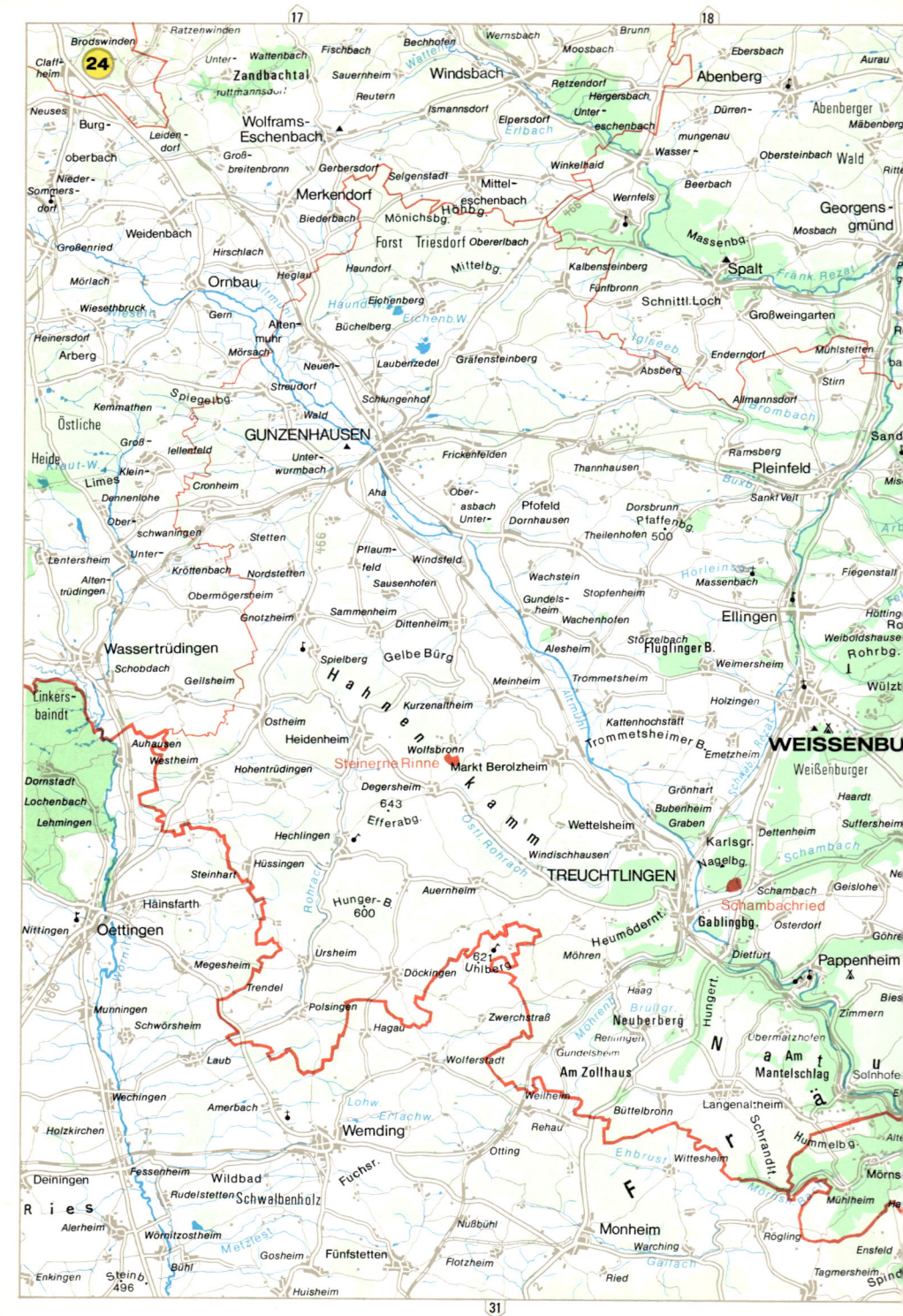

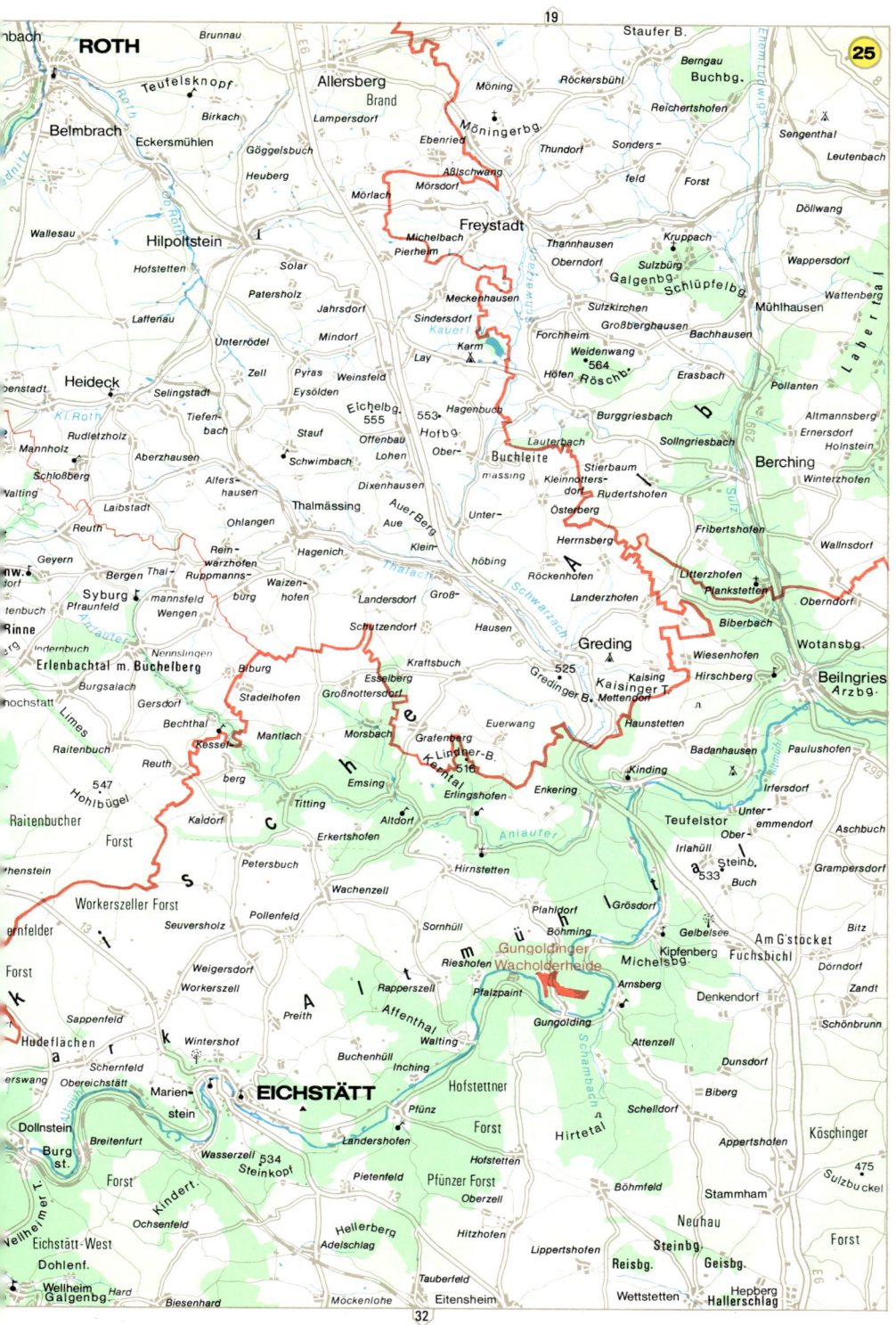

T S C H E C H O S L O W A K E I

Fahrenbg. 893

Engelshütt

Lambach

Haibühl

Gr. Osser 1293

Künisches

Lam

Arrach

sberg

Lohberg • Zwercheck

Geb.

1133

r. Riedelst.

Ödriegel 1156

Schwarzeck 1238

rndorf

Brennes-Sattel

Arnbruck

Plattenr. Hochst.

Enzian 1285

Kl.- 1384,

Kl. Arber

Gr. Arber 1456

Johannisruh

Bayerisch Eisenstein 941

Ruckowitzhäng- Langschachten

Lackenbg. 1337

Drachselried

elsbg.

Arbersee

Arbersee

Hochbg.

Mittelsteighütte

hönau

Gr.- Rieslochschlucht

Hans- Watzlik- Wald

Kl.- Falkenstein

gen

Knogelbg. 708

Hochzellbg. 1208

Hochfall

Hahnenr.

1312 Gr.-Gr. Falkenst.

Höllbachg'spreng

Gr.-

thal

Bodenmais

Silberbg. 955

Rotfilz

Böbrach

Bischofshaube

Hennenkobel

965

Rabenstein

Spiegelh.

1265

Kiesruck

Teisnach

982 Kronbg.

Brandten

Klautzenbach

Riesbg. 934

Lindberg

Filze und Hochschachten

Langdorf

ZWIESEL

Schonen

Zwieselbg.

rsdorf

Bärnzell

Frauenau

Kl. Regen

Bärenloch

Kühbg. 870

876

Gr.- Rachel

Kl. Rachel 1399

REGEN

Ruhmannsfeldener Leite

March

Rinchnachmündt

Hollerriegel

1453 Gr. Rachel Rachelsee

Zachenberg

Oberneumais

Nationalpark Bayer Wald

marienberg

Pfahl bei der Ruine Weißenstein

Kasberg

Rinchnach

Moorwald

Bocksbg. 872

Föhrauer Filz

ergern

Habischried

Teufelstisch 901

Ellerbach

Schlag

Gsenget 1042

Eschenb.

Spiegelau

I

1121 Einödriegel

St. Hermann

Hochdorf

Klingenbr.

Steinkl.

R

Bischofsmais

Kirchdorf

Großer Filz

Breitenauriegel 1114

Zell

Gr. Ohe

Grafling

Dreitannenr.

Steinbg. 920

Tote Au

Kirchberg

Abtschlag

Ober- kreuzberg

713

Rehbg.

Großarmschlag

Alberting

Greising

Saulochschlucht

Rusel

Eppenschlag

Hartmannsreit

W

917 Hausst.

Leopolds- wald

Raindorf 880 Fürb.

Grafenau

Ruselstr.

Kanzel

A

Innernzell

Schön- berg

Schlag

Mietraching

Schaufling

Lalling

Hunding

Schöfweg

Sonnenwald

Kirchberg

Eberhards- Nendinach

Urlading

L

942

reuth

DEGGENDORF

Heng Ohe

Nabin

Brotjacklriegel Aschenst. 1016

Solla

Schartenkirchl. u. Solla

Haus

Deggenau

Auerbach

Oberaign Grattersdorf

D

Wittenbach Ohe

33

b. Ottmaring Dietfurt Thonlohe 8
499 Wolfs-B. Painten
Töging 499 Mühlbach Otterzhofen Paintener Haugenried Eichhofen
worth Griesstetten Painten 514 Kasperl Schönhofen
Vogelthal Perletzhofen Aichkirchen Forst Viehhausen
fen Meihern Jachenhausen
Amtmannsdorf Zell Neulohe
Eglofsdorf Altmühl- münster Schaitdorf Emmerth.G.
Wolfsbuch Eggersberg Riedenburg
Thann Baiersdorf Frauenforst
Aberl-B. Prunn Burg-Brunn Galgental Ihrlerstein
-503 Klamm- Buch Essing Schulerloch KELHEIM
Schafshill u. Kastlhänge Klausen- Lehnp. Kelheimwinzer
Hexenagger höhle Ludwigshain Befreiungshalle 344 Hernsaal
Berghausen Hienheimer Forst Weltenburger Enge Saal
Neuen- hinzenhausen Stausacker Weltenburg 463
Königsb. Altmannstein Tettenwang Limes Staubing Kirchen-B.
538 Kochb. Hagenhill Laimerstadt Mitterfecking
Forst Mendorf Hienheim Thaldorf Sippen-
Bettbrunn Arresting Holzharlanden Reißing auer Moos
Mindelstetten Lobsing Eining Teuerting Einmuß
Kalkofen- Hüttenhausen Pullach Sandharlanden Arnhofen Großmuß
Nesselbg. Unter- Irnsing Bad Gögging
Ober- Hiendorf Forchheim Heiligenstädter ABENSBERG
dolling Ettling Marching Moos
Theißing Pforring Ober- Offenstetten
Neustadt ulrain Biburg Salling-
Demling Oberhartheim Altdürnbuch Hörlbach berg
Wackerstein Gaden Kirchdorf
Weinbg. Menning Dünzing Mühlhausen
Demlinger Schwaig
Steinbruch Wöhr Siegenburg
Groß- Vohburg Münchmünster Geibenstetten Nieder-
mehring Hartacker Train umelsdorf Wildenberg
Westen- Rockolding Dürnbucher Forst
hausen Ilmendorf
Ernsgaden Unterw. Mitterstetten
Nöttinger Viehweide Oberw. Forstmoos Appersdc Maria Brünnl lauterbach
und Bädertäfel Riedmoos Berghausen St Anton
CHING Nötting Engelbrechts- Aiglsbach Walkershofen Niederhorn-
Geisenfeld münster Lindkirchen wangenbach bach
Feilenmoos Gaden Unter- Attenhofen Holz-
Geisenfeldwinden Zell pindhart hausen
Feilen- Unter- Ober- Ebrantshausen Poetzmes Pfaffendorf
forst Parleiten mettenbach Holzmanns- Leibersdorf Rainerts-
Hög Nieder- Rottenegg hausen MAINBURG hausen
Langenbruck Königsfeld lauterbach Ober- Sandelzhausen Obersüssbach
St.Kastl Ober- empfenbach
Fahlenbach Gosselts- Haller Großgunders- au
Rohr- Burgstall hausen Steinbach hausen Volkenschwand
bach Wolnzach
Rohr Gebronts-
Waal hausen

41 42

28
35
29
36
43
44
Weihern
Brandmoos
Rattiszell
Haibach
Bayerischer Wald
Wörther
Forst
Falkenfels
Hasel-
bach
Landasberg
St.Englmar
Predigtstuhl
1024
Allersdorf
908
Geißbg.
Saulburg
Ascha
Zinzendorf
Donaurandhänge
Obermieth-
nach
Pillnach
Dachsberg
Neukirchen
Obermühl-
bach
Mitterfels
Hirschenst.
1095
Pondorf
Oberzeitldorn
Bärnzell
Steinach
Kapfelberg
Gaishausen
Steinburg
Perasdorf
Münster
1050
Rauher Kulm
Kirchroth
Buch- und Helmbg.
Agendorf
Hunderdorf
Aholfing
Ober-
motzing
Nieder-
Windberg
Kößnach
Kinsach
Bogenb.
Parkstetten
Ober-
alteich
Unter-
zeitldorn
Hornstorf
Reibersdorf
BOGEN
Bogen-
berg
Bogenberg
Degernbach
Schwarzach
Bernried
Rain
Atting
Albertsried
Penzenried
Kagers
Niederwinkling
Buchberg
Ittling
STRAUBING
Alburg
Amselfing
Schambach
Irlbach
Offenberg
Oberharthausen
Waltendorf
Aiterhofen
Feldkirchen
Geltolfing
E5 (8)
Straßkirchen
Donau
Maria-
Steinkirchen
Natternbg.
Pönning
Nieder-
harthausen
Gäuboden
posching
Stephans-
Mitterharthausen
Wolferkofen
Aiterach
Paitzkofen
Salching
Nieder-
schneiding
Metting
Oberpiebing
Rotters-
dorf
Michaelsbuch
Schloßberg
Ober-
schneiding
Grafling
Altenbuch
PLATTLING
Obersunzing
Eschlbach
Großen-
pinning
Leiblfing
Pielweichs
Otzing
Hankofen
Reißing
Haidenkofen
Puchhausen
Haidlfing
Haunersdorf
Hailing
Dickerlberg
Reißinger B.
Lailling
Wallersdorf
Neu-
tiefenweg
Hüttenkofen
Isar
Tunzenberg
Mengkofen
Ganacker
Nied.-
Ober-
pöring
Tunding
Ottering
Waibling
Neusling
Pilsting
Köllnb.
Ettling
Ramsdorf
Groß-
köllnbach
Thürn-
thenning
LANDAU
Zeholfing
Frammering
Wallerfing
Moosthenning
Rosenau
Nieder-
höcking
Mamming
Usterling
Oberhöcking
Kammern
Gottfrieding
Adldorf
Vils
DINGOLFING
Bubach
Reichersdorf
Exing
Rengers-
dorf
Eichen-
dorf
Teisbach
Metten-
hausen
Aufhausen
Indersbach
Nieder-
hausen
Haunersdorf
Kammerau
Frauenbiburg
Griesbach
Englmannsberg
Ober-
hausen
Sattlern
11
20
8

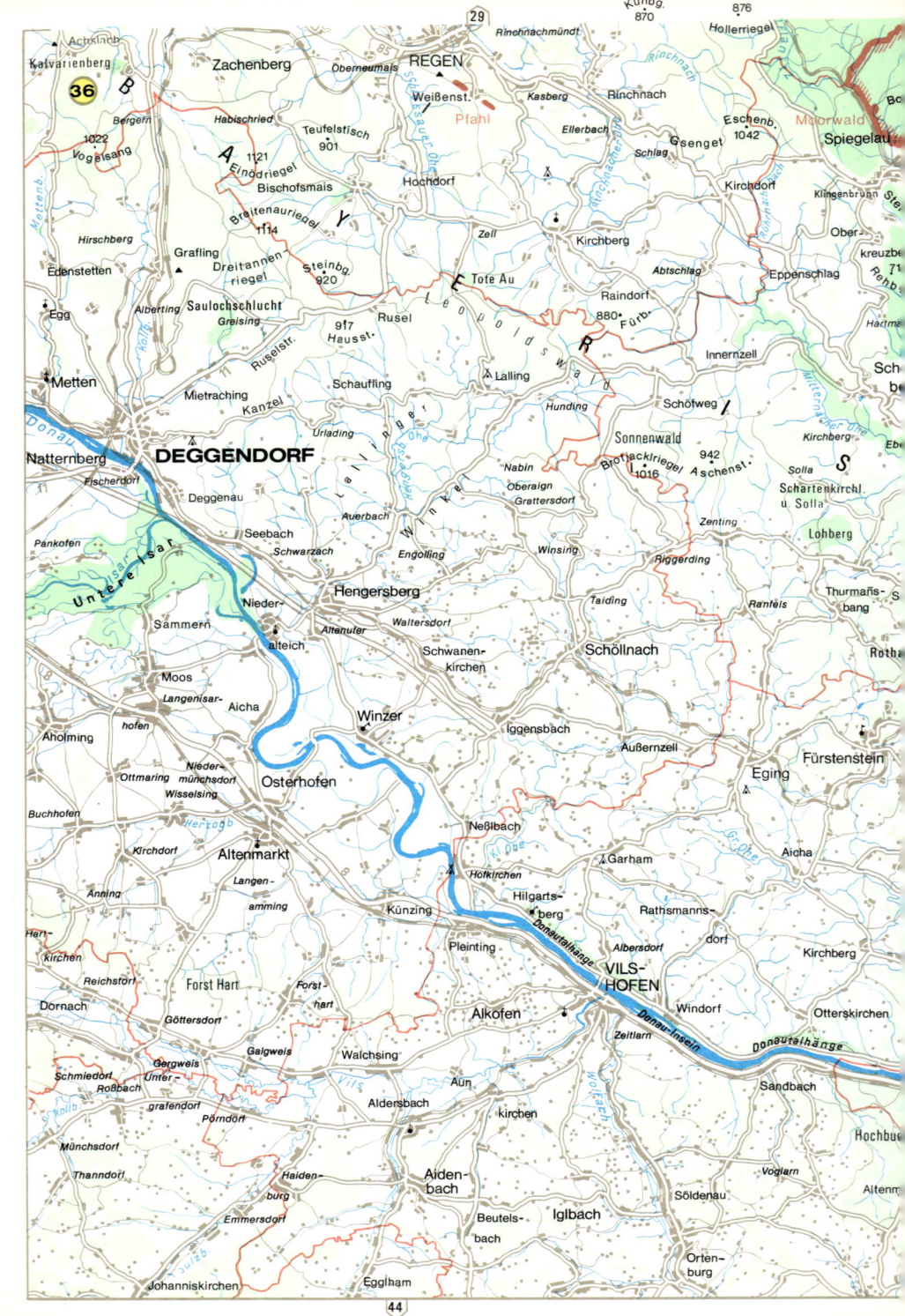

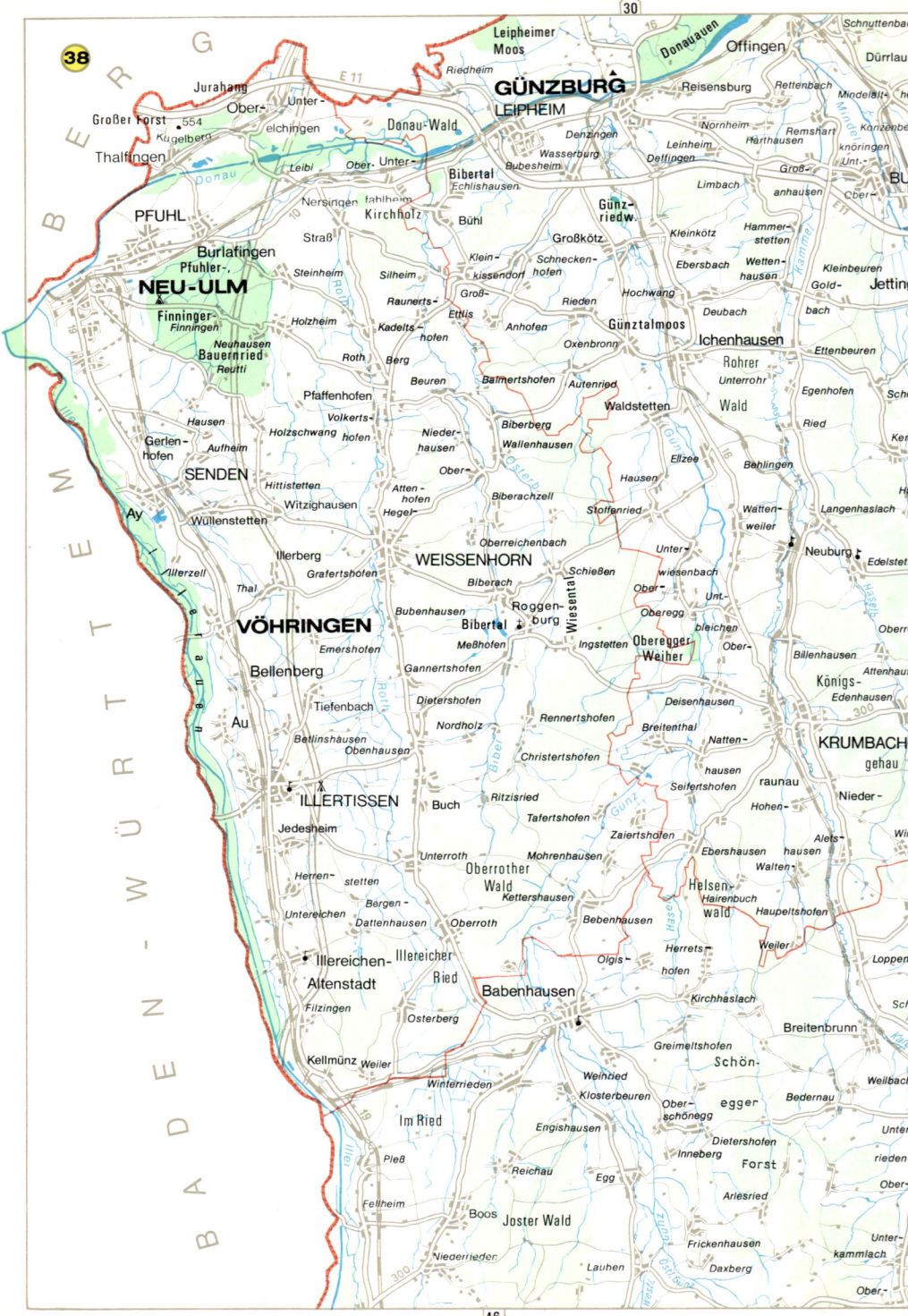

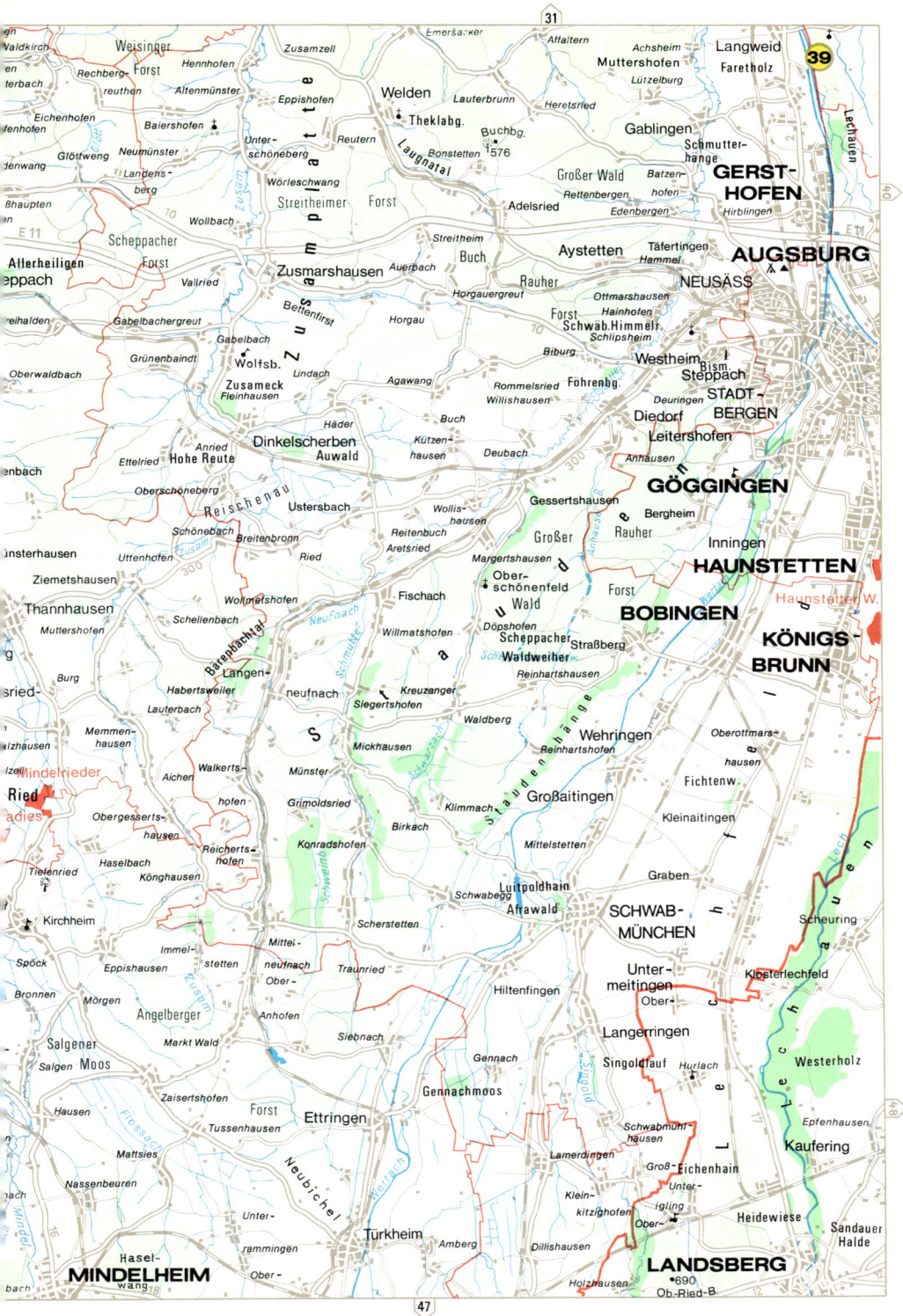

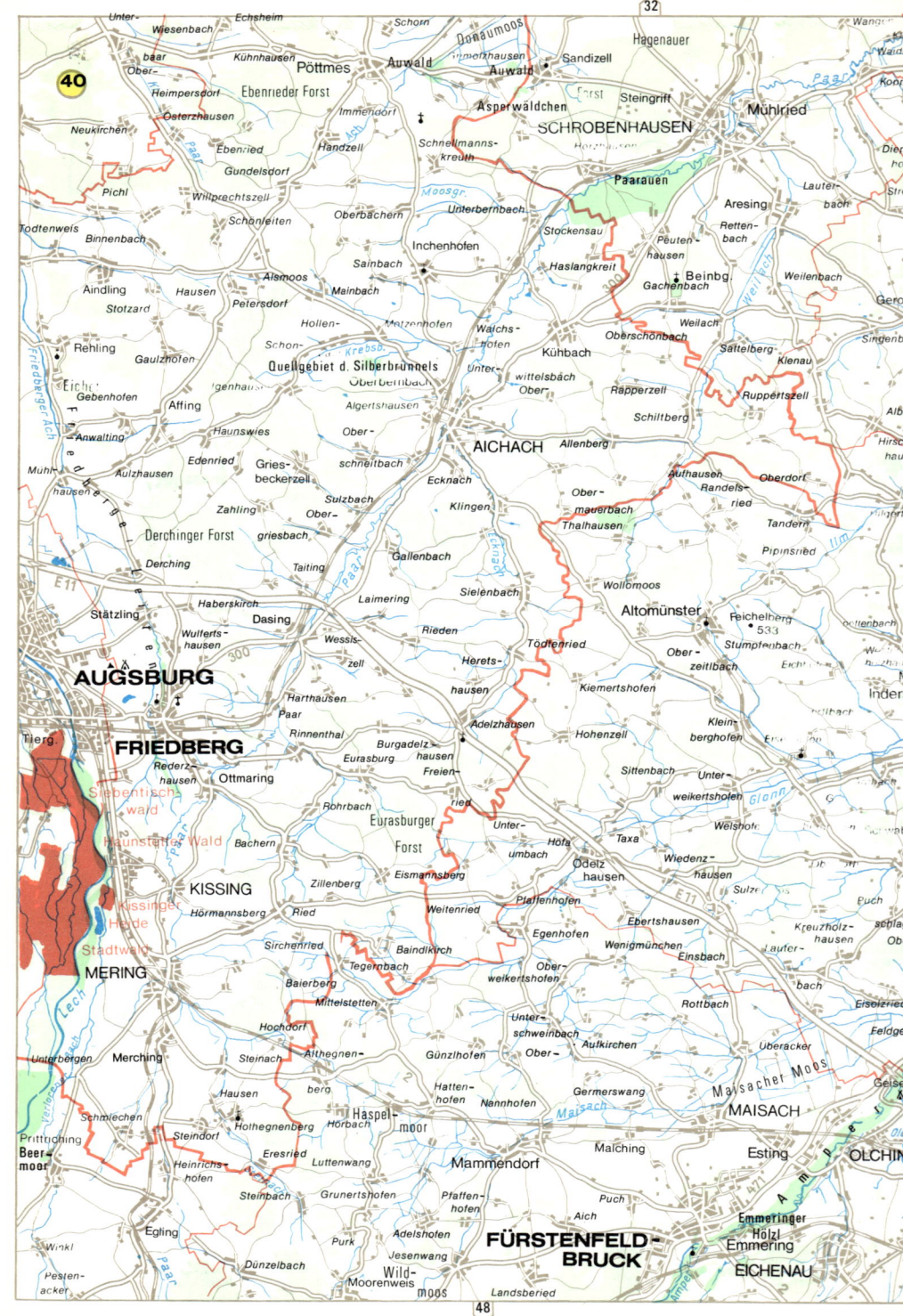

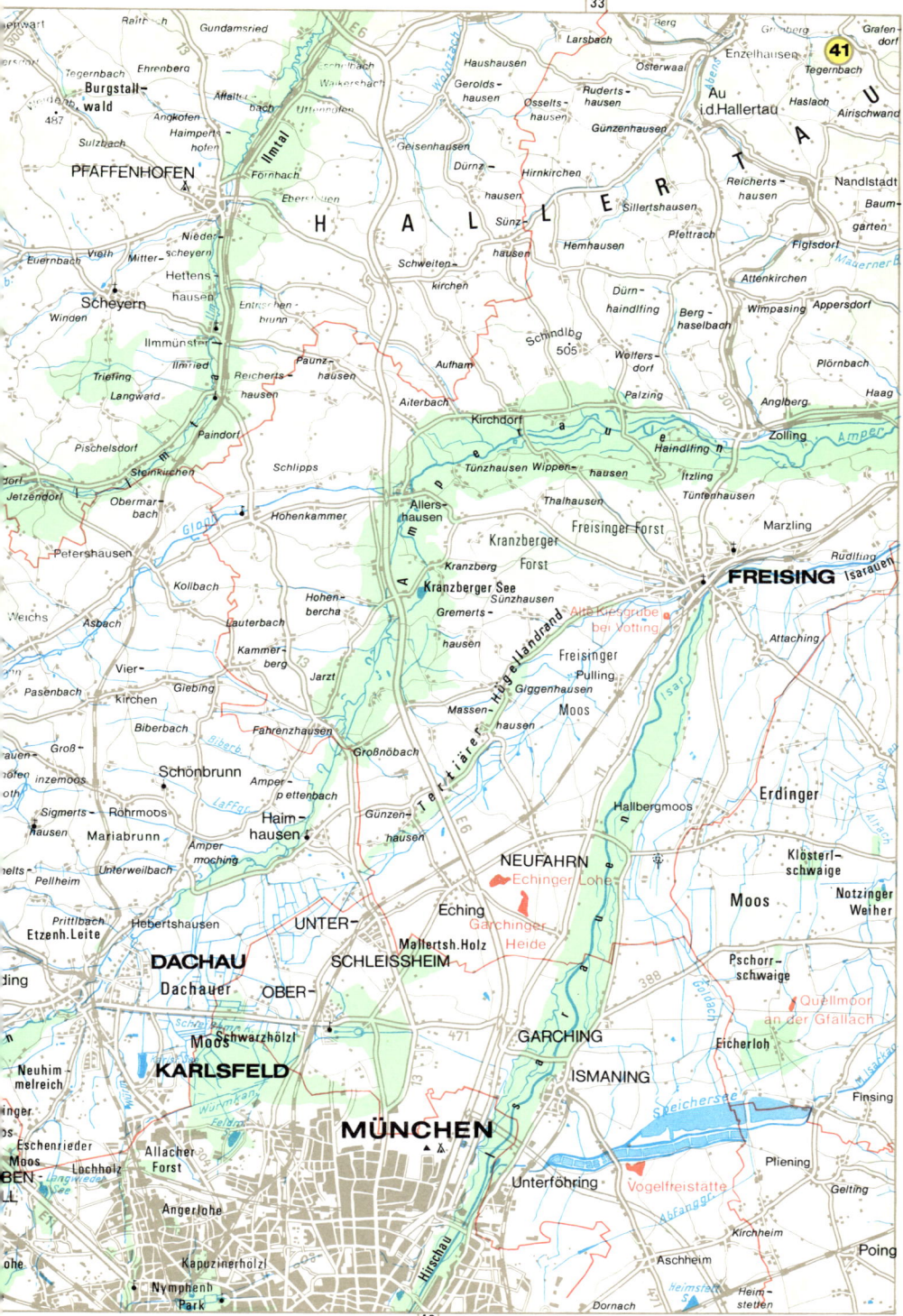

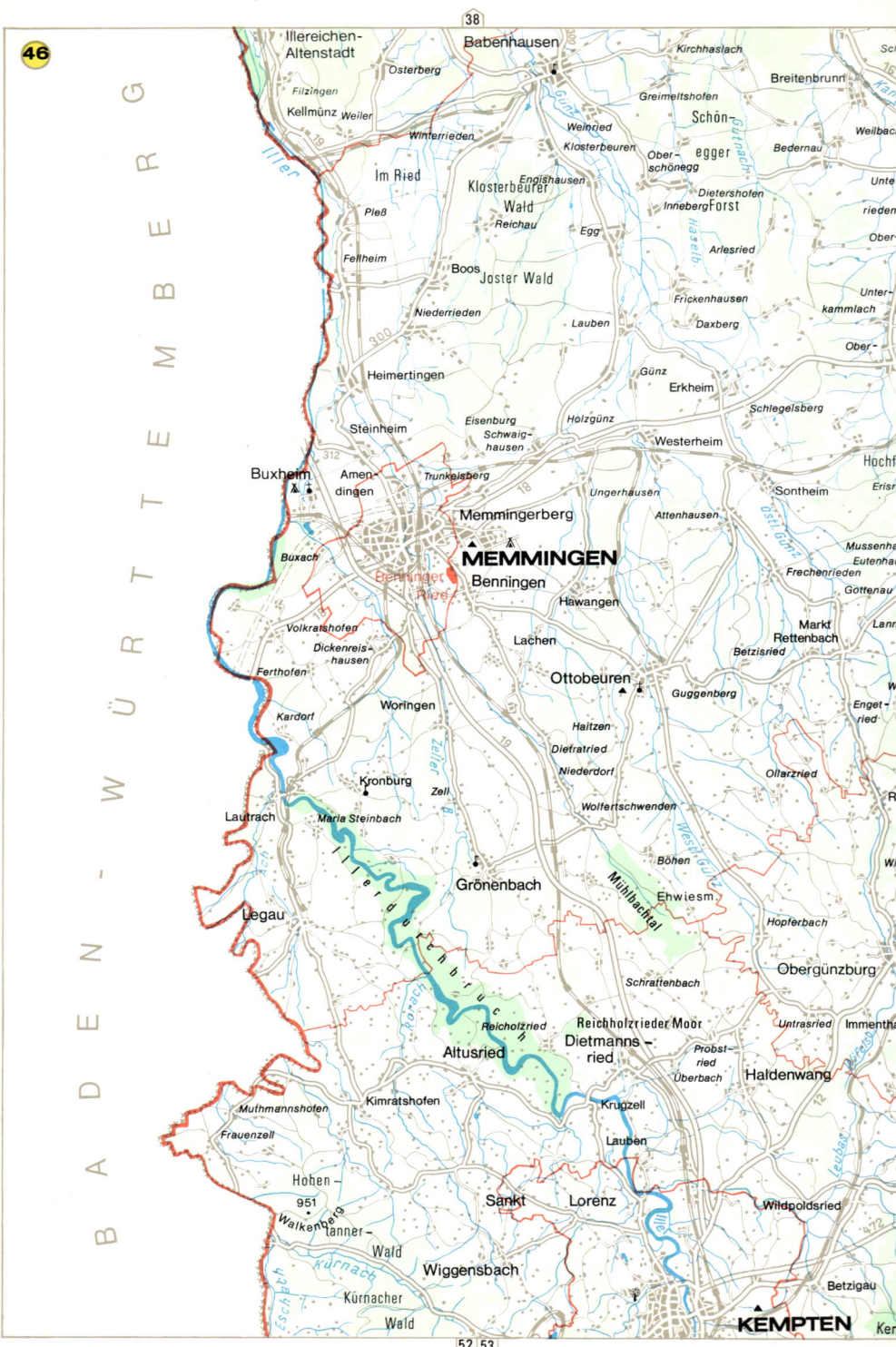

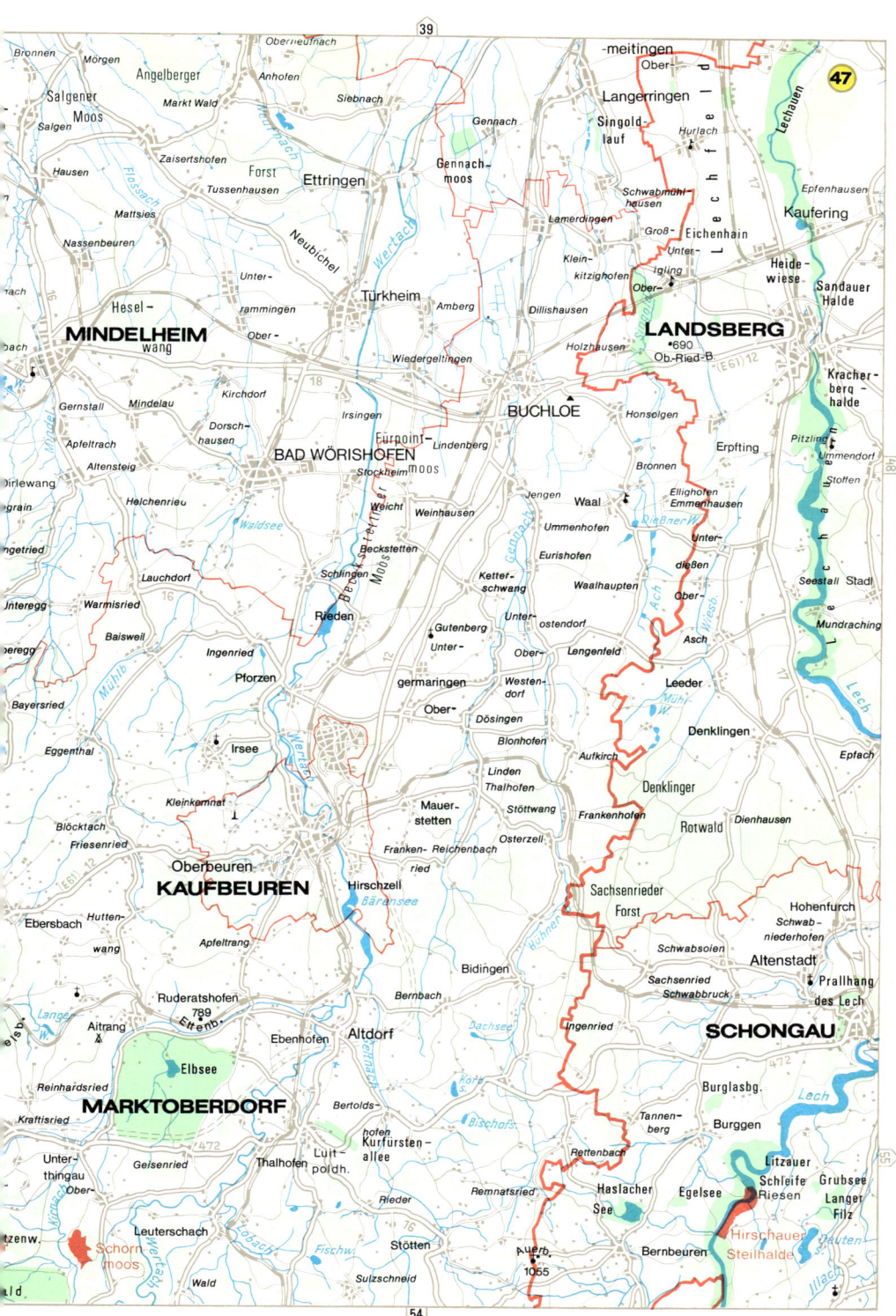

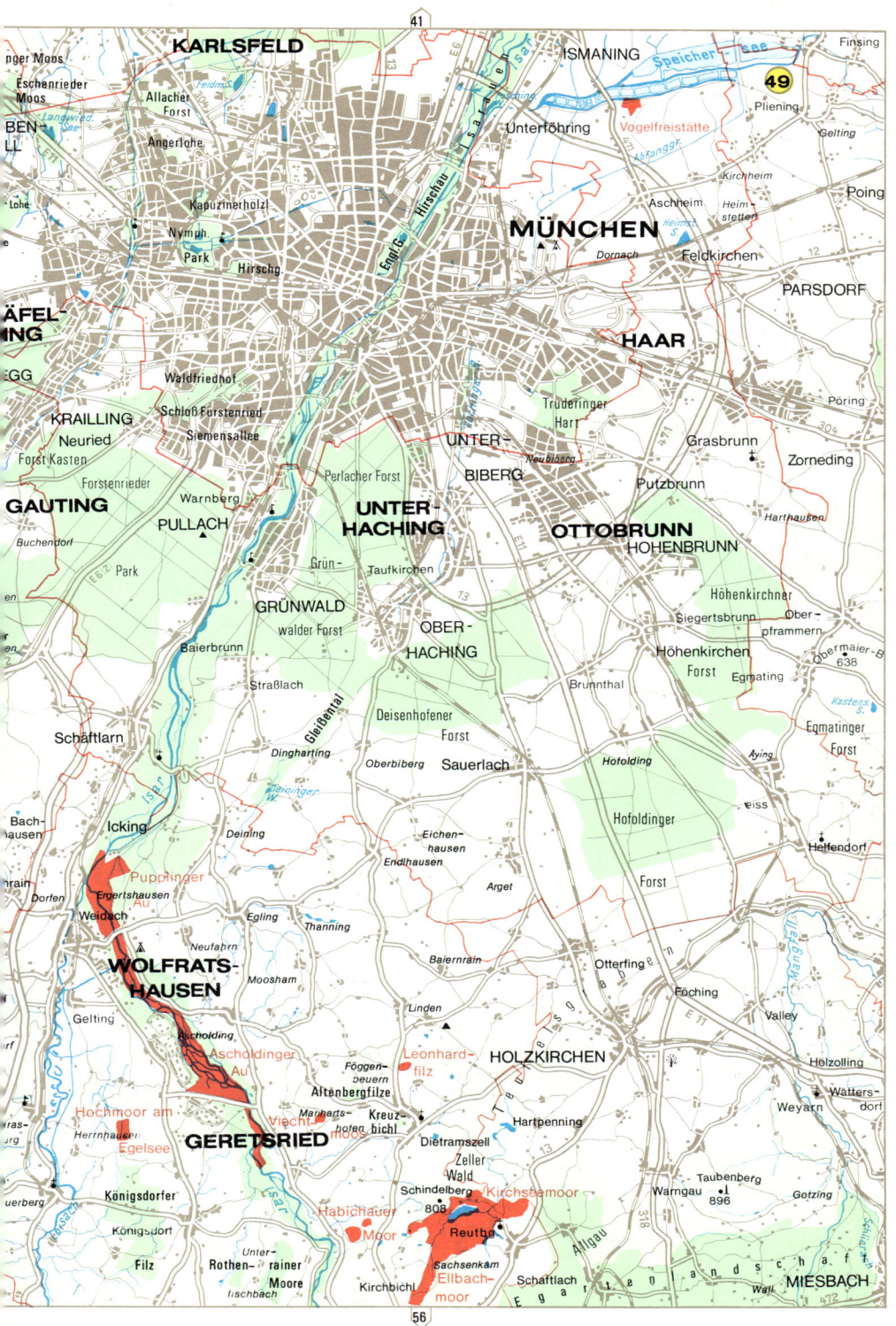

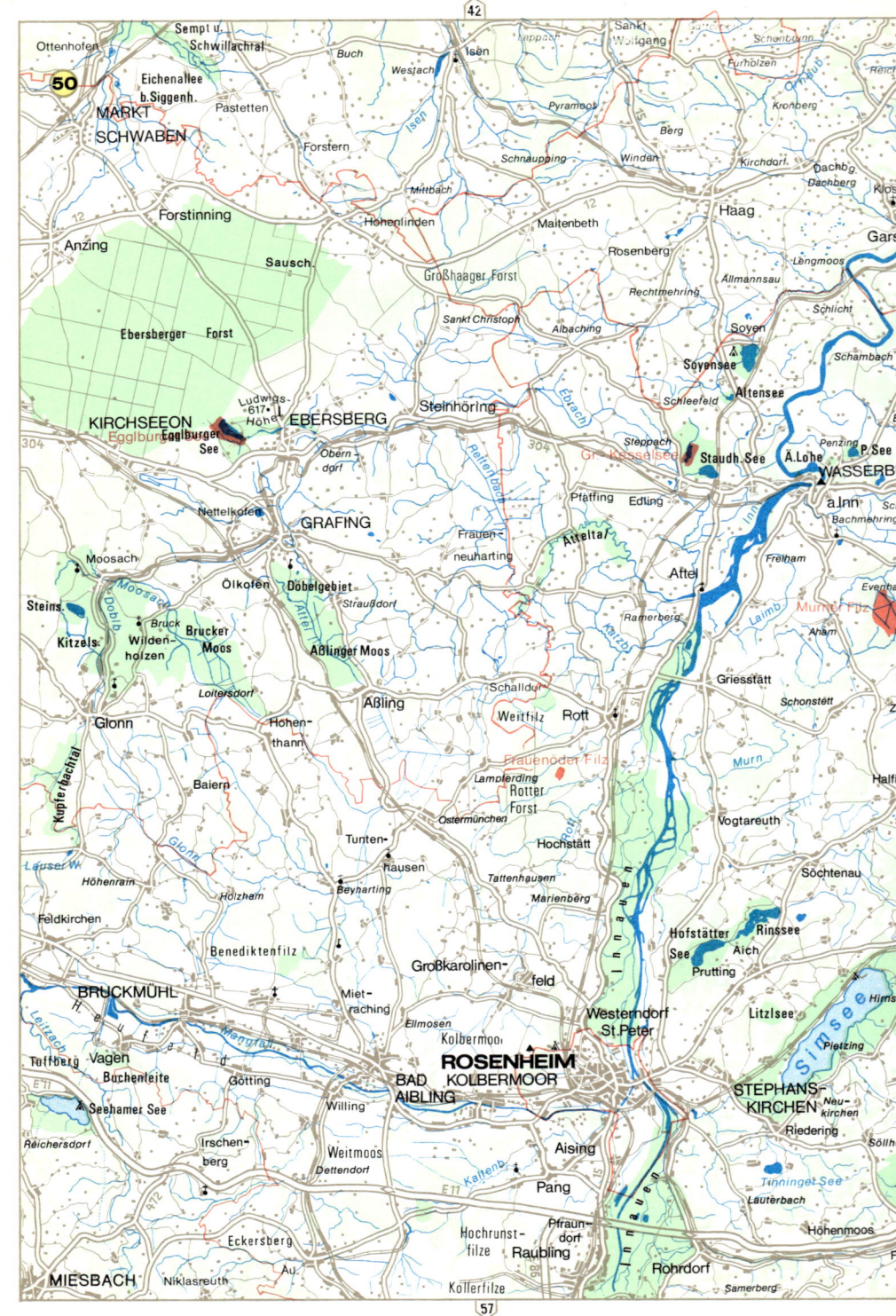

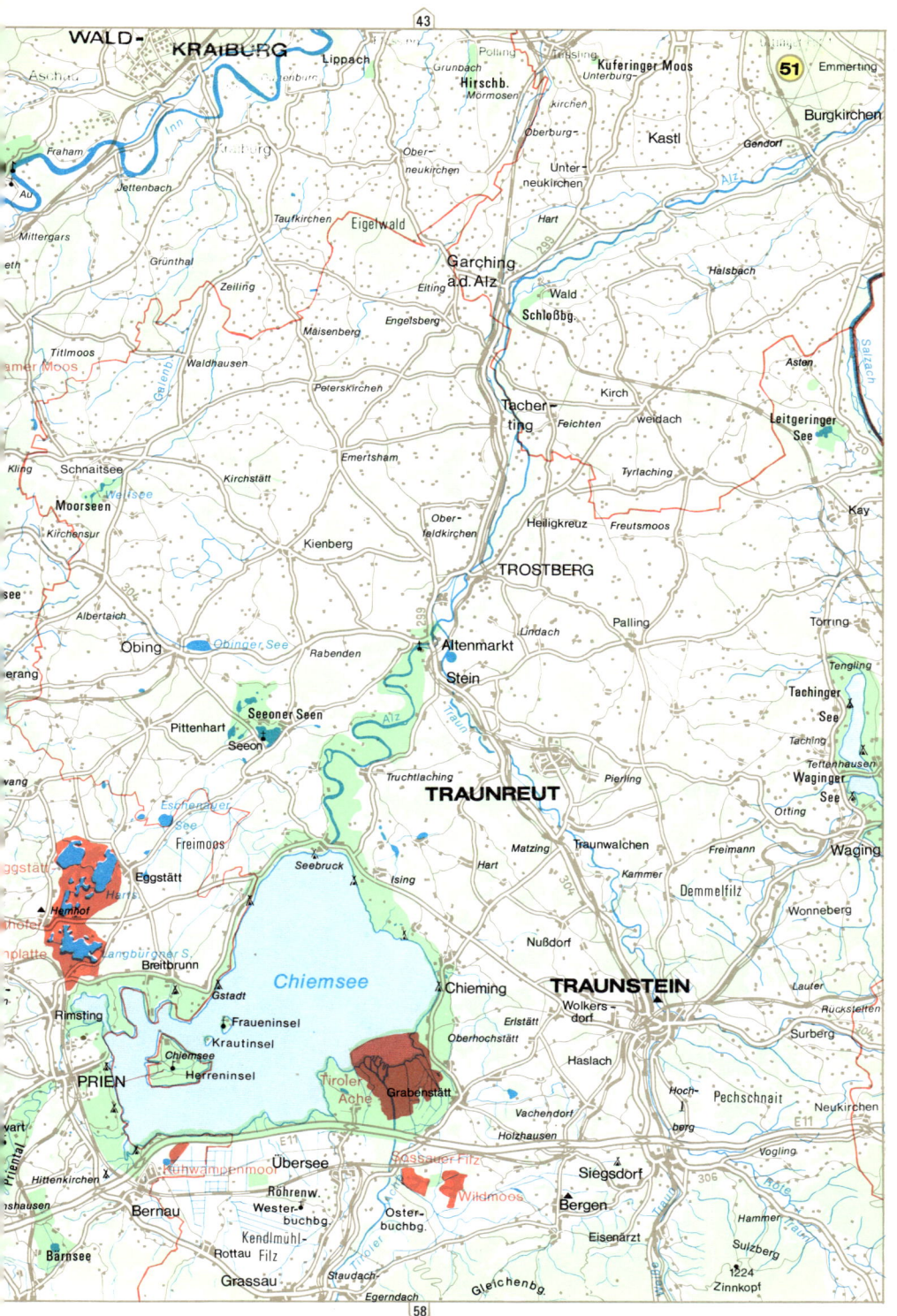

52

Mehring
BURG-HAUSEN

Hechenbg.

Raitenhaslach

ÖSTERREICH

Tittmoning

Ponlachgr.

Kirchheim

Pietling

Fridolfing

Lampo-
Waginger ding
See

Kirch-
anschöring

Petting

Leobendorf

Schönramer Haarmoos

Weidsee Fitz
Ringham

Weit moos

Holzhausen

Abtsdorfer
See

Schönramer
Moor

Saaldorf

Weildorf

Teisen-
dorf

Ober
teisendorf

Freidling Roßdorf

Teisenberg
•1333
Gr. Kachelstein

Teisenbergk.

Aufham

Frillensee

Höglwörth

Anger

Laufen

Surheim

Naglerwald

Perach M. **FREILASSING**

AINRING
Ainringer M.
Ulrichshögel
Högl

Piding

Breitenmoos

SALZBURG

ÖSTERREICH

Wohm

brechts

Maria-Thann

Opfenbach

Heimenkirch
Röth

LINDENBERG

Hergens
weiler

Niederstaufen

Rohrach
bg. Scheidegg

Rickenbachtobel

Findl. v. Eth.

Simm

Unter-
reitnau

Ober-
reitnau

Weißensberger W.
Sigmarszell

Weißensberg

Weiler

Nonnenhorn
Hege

Wasserburger
Bucht
Wasserburg

Bodolz Hoyerbg.

Bösen
reutin

Hagspielmoor

Oberr

Scheffau

Par

Zechwald

**LINDAU /
Bodensee**

Bodensee

Ö
S
T
E

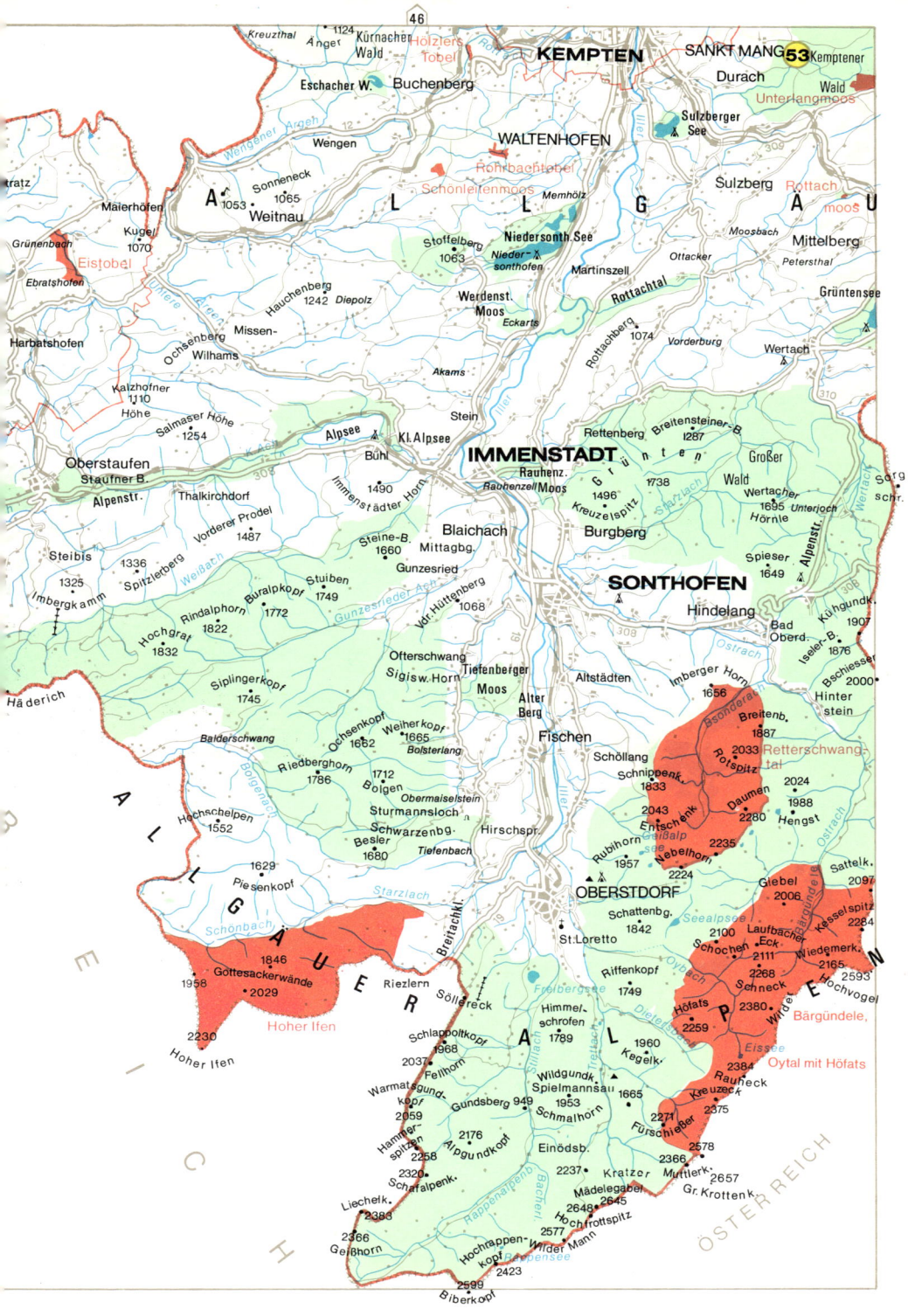

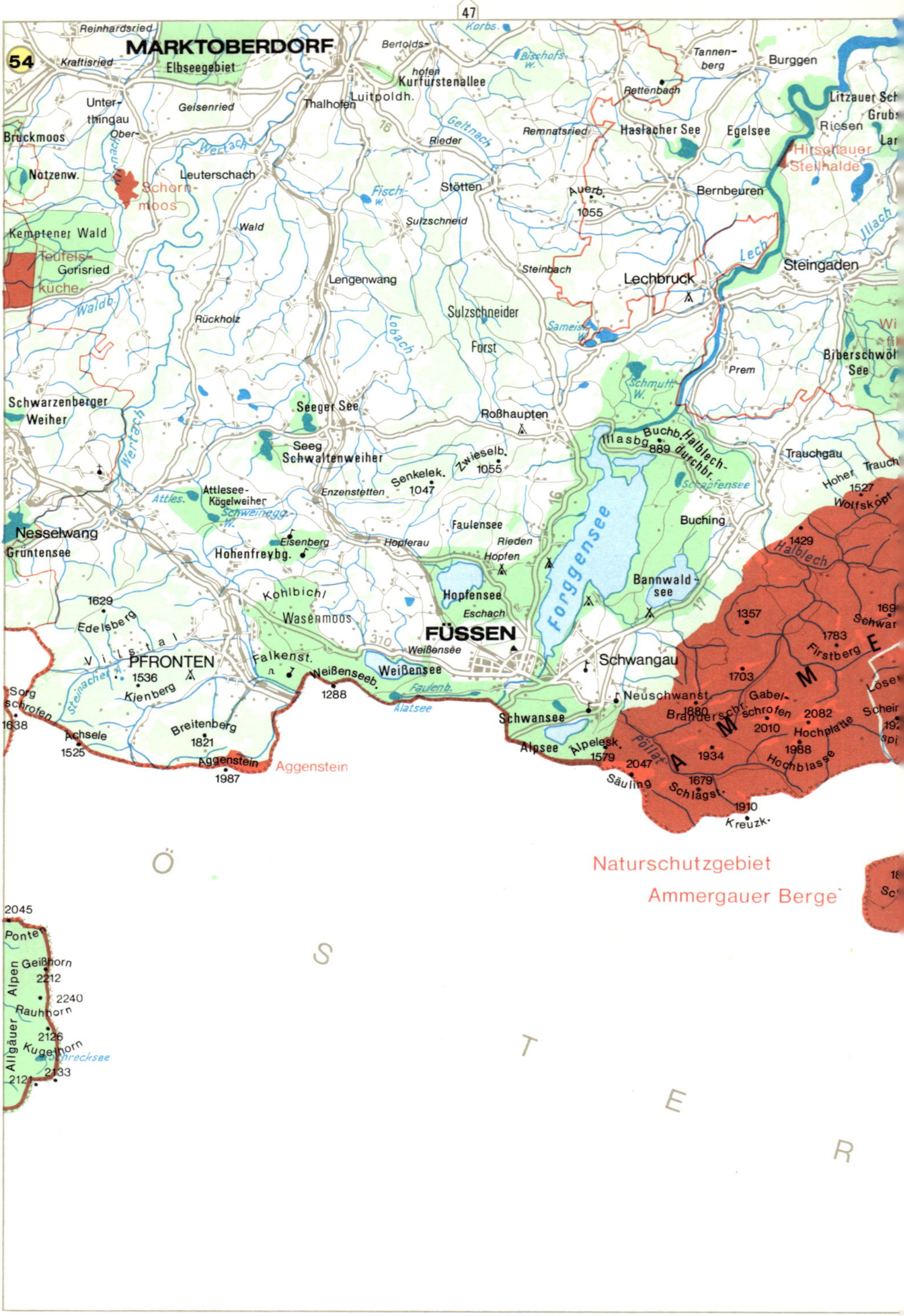

54

Reinhardsried
Kraftisried
MARKTOBERDORF
Elbseegebiet
Bertolds-
hofen
Bischofs-
W.
Tannen-
berg
Burggen

Unter-
thingau
Ober-
Gelsenried
Thalhofen
Luitpoldh.
Kurfürstenallee
Geltnach
Rieder
Remnatsried
Haslacher See
Rettenbach
Egelsee
Litzauer Sch
Grub
Riesen
Lar

Bruckmoos
Notzenw.
Wertach
Schorn-
moos
Leuterschach
Fisch-
W.
Stötten
Sulzschneid
Auerb.
1055
Bernbeuren
Hirschauer
Steilhalde

Kemptener Wald
Teufels-
kuche
Gorisried
Waldb
Wald
Lengenwang
Rückholz
Sulzschneider
Forst
Steinbach
Lechbruck
Steingaden

Lobach
Sameis
Schmutt
W.
Prem
Biberschwöl
See
Wi

Schwarzenberger
Weiher
Seeger See
Roßhaupten
Buchb.
Halblech
durchbr.
889
Trauchgau
Hoher
1527
Wolfsköpf
Trauch

Seeg
Schwaltenweiher
Enzenstetten
Senkelek.
1047
Zwieselb.
1055
Illasbg.
Sessensee

Nesselwang
Grüntensee
Attlesee-
Kögelweiher
Schweinegg
W.
Attles
Eisenberg
Hohenfreybg.
Hopferau
Faulensee
Rieden
Hopfen
Buching
Halblech
1429

Kohlbichl
Wasenmoos
1629
Edelsberg
Hopfensee
Eschach
Weißensee
Bannwald-
see
1357
1783
Firstberg
169
Schwar
E
M

Vilstal
PFRONTEN
Falkenst.
FÜSSEN
Forggensee
Schwangau
1703
Gabel-
schrofen
2082
Scheir
19

1536
Kienberg
Weißenseeb.
Weißensee
Faulenb.
Neuschwanst.
Branderschr
1880
2010
Hochplatte
M

Sorg
schrofen
1638
Achsele
1525
Breitenberg
1821
1288
Alatsee
Schwansee
Alpsee
Neuschwanst.
1934
Hochblass
A
M
S

Aggenstein
1987
Aggenstein
Alpelesk.
1579
2047
1679
Schlags.
1910
Kreuzk.
Säuling

Ö

Naturschutzgebiet
Ammergauer Berge

18
Sc

S

2045
Ponte
Geißhorn
2212
2240
Rauhhorn
2126
Kugelhorn
Allgäuer
Alpen
2121
2133
Schrecksee

T

E

R

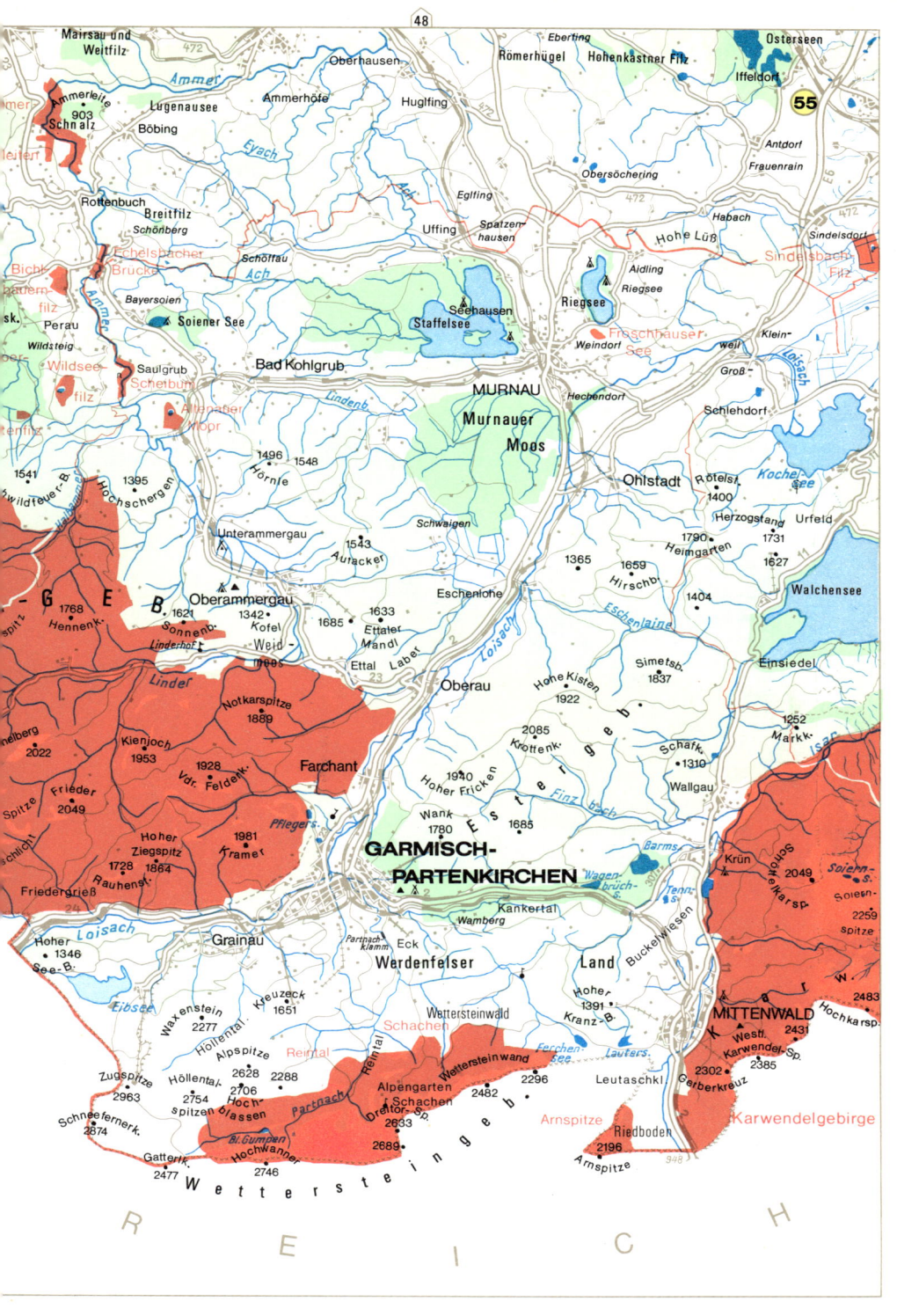

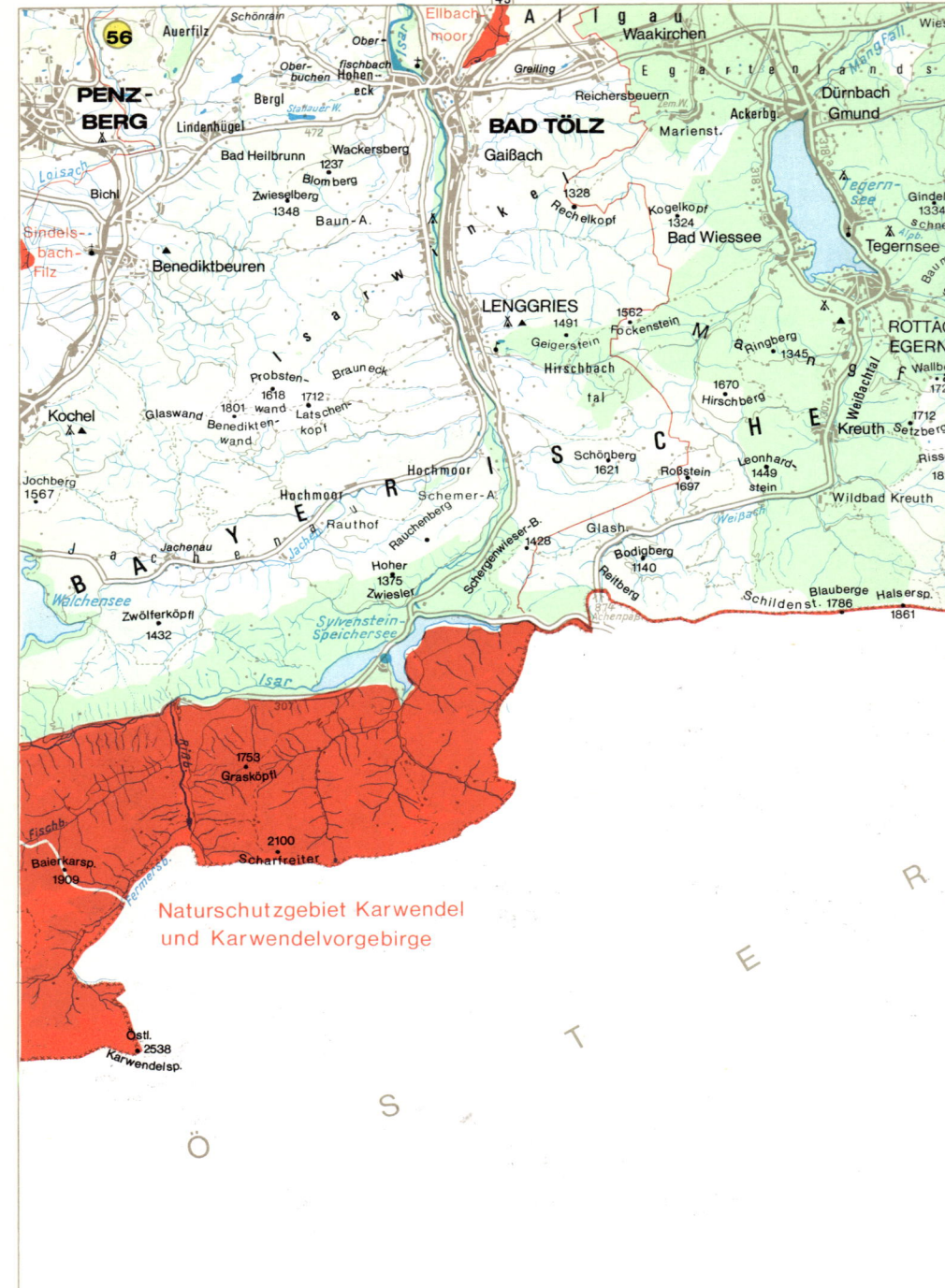

Naturschutzgebiet Karwendel und Karwendelvorgebirge

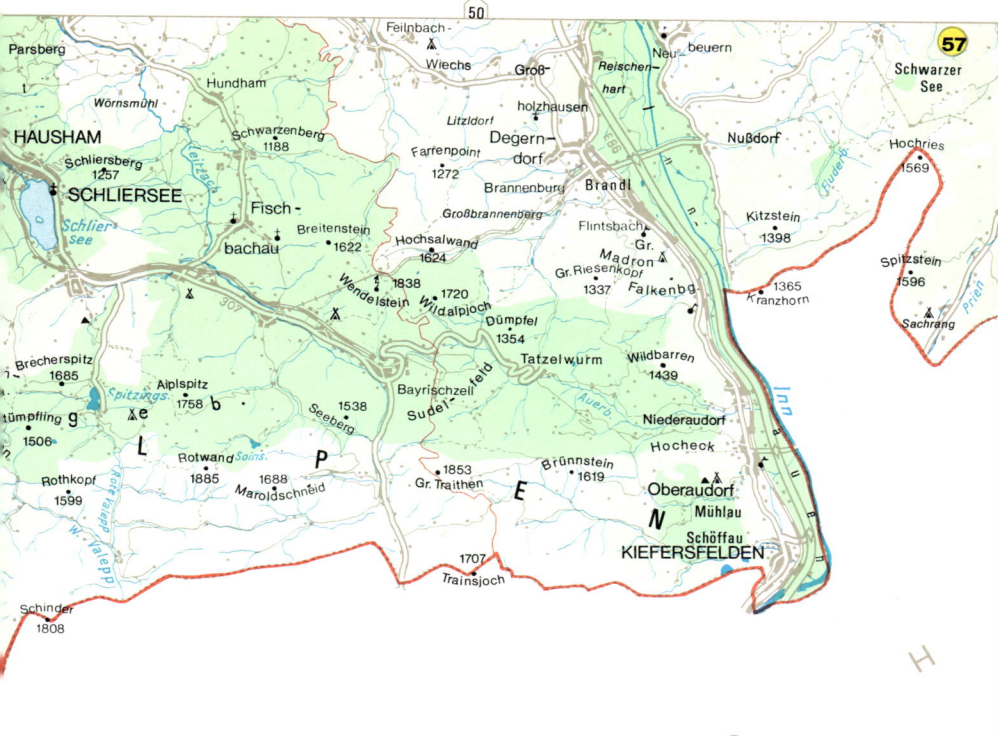

50

57

Parsberg

Feilnbach

Wiechs

Neu-beuern

Reischen-hart

Schwarzer See

Hundham

Groß-

Schwarzenberg 1188

Wörnsmühl

Litzldorf

holzhausen

Nußdorf

Hochries 1569

HAUSHAM

Schliersberg 1257

Farrenpoint

Degern-dorf

SCHLIERSEE

Fisch-

Brannenburg

Brandl

Kitzstein 1398

Großbrannenberg

Flintsbach

Spitzstein 1596

Breitenstein 1622

bachau

Hochsalwand 1624

Gr. Madron

Kranzhorn 1365

1838

Wendelstein

1720

Wildalpjoch

Gr. Riesenkopf 1337

Falkenbg.

Sachrang

Dümpfel 1354

Brecherspitz 1685

Tatzelwurm

Wildbarren 1439

Aiplspitz 1758

Bayrischzell

Spitzings

Seeberg

1538

Niederaudorf

tümpfling

e

Sudel-feld

Hocheck

1506

Rotwand 1885

Soins.

Gr. Traithen

Brünnstein 1619

Rothkopf 1599

Maroldschneid 1688

Oberaudorf

Mühlau

Schöffau

KIEFERSFELDEN

1707

Trainsjoch

Schinder 1808

R E I C H

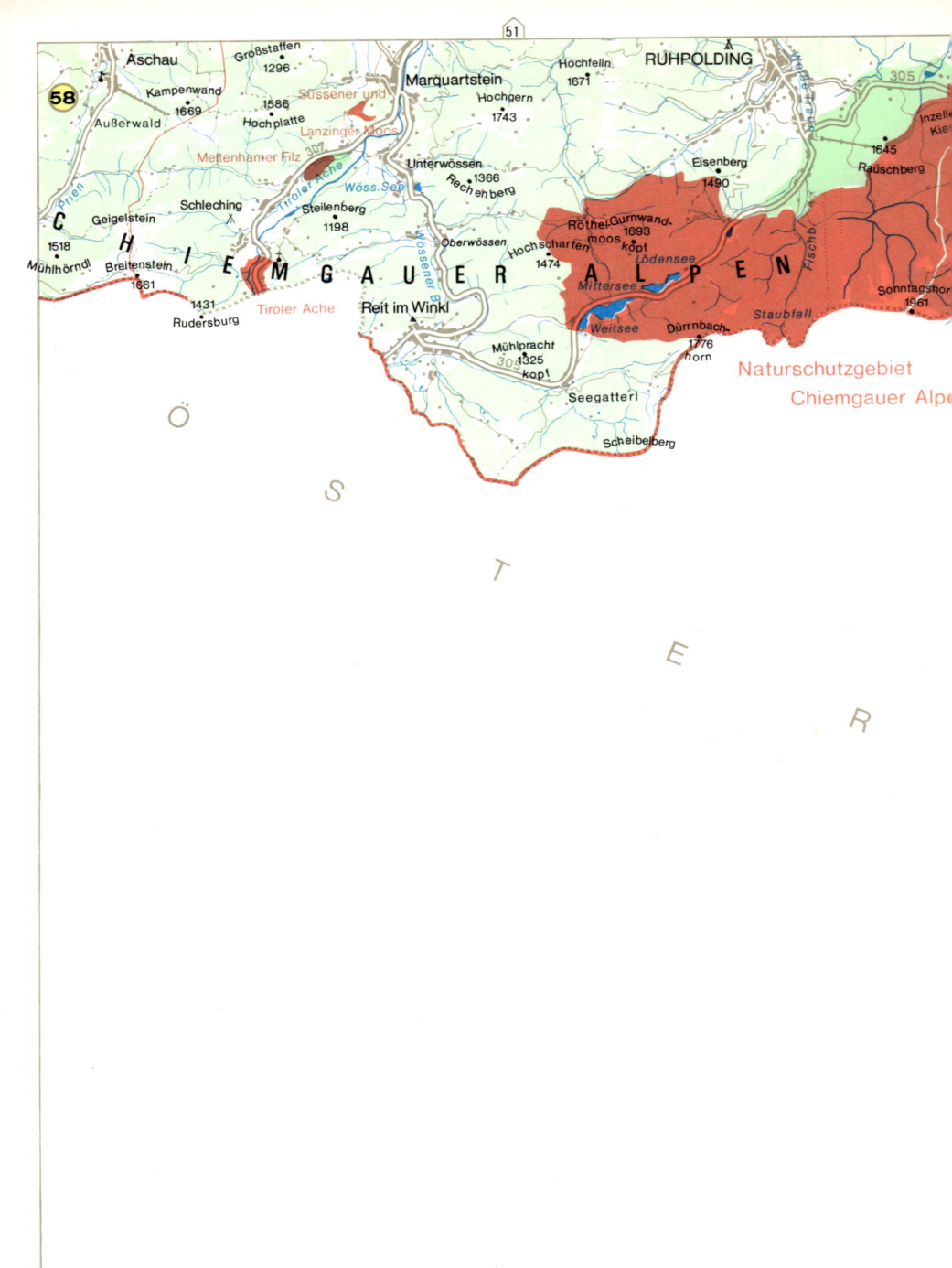

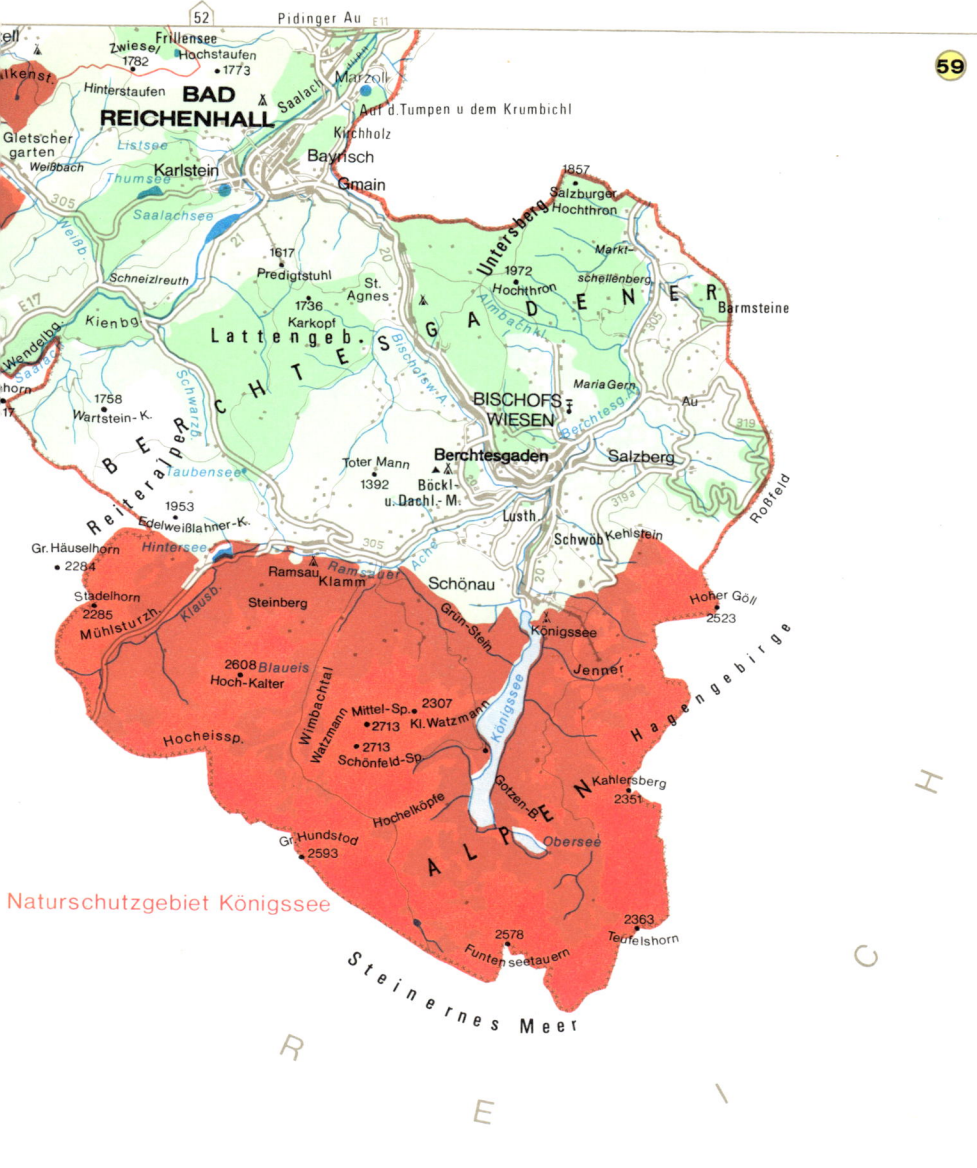

Naturschutzgebiet Königssee

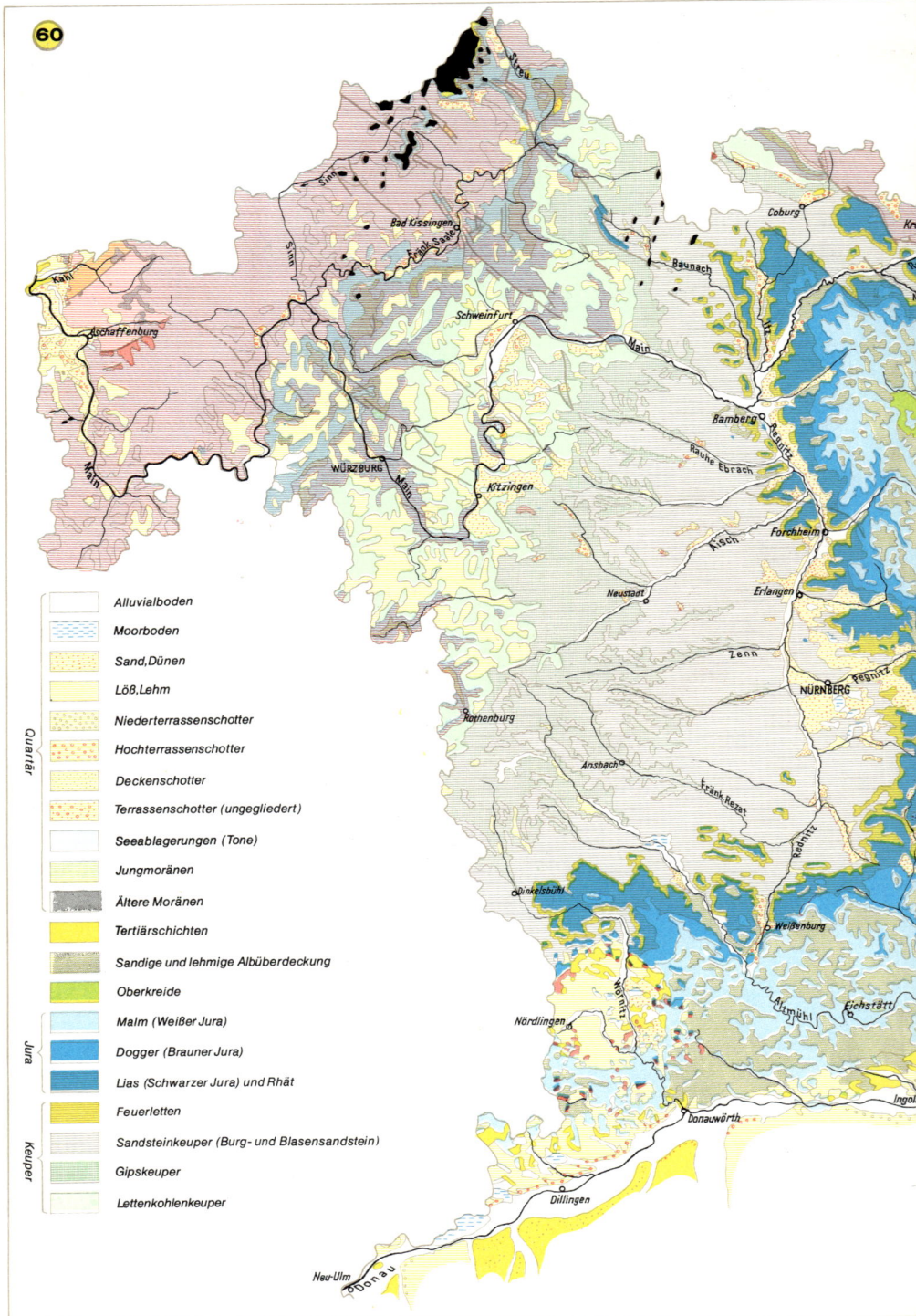

60

Quartär
- Alluvialboden
- Moorboden
- Sand, Dünen
- Löß, Lehm
- Niederterrassenschotter
- Hochterrassenschotter
- Deckenschotter
- Terrassenschotter (ungegliedert)
- Seeablagerungen (Tone)
- Jungmoränen
- Ältere Moränen
- Tertiärschichten
- Sandige und lehmige Albüberdeckung
- Oberkreide

Jura
- Malm (Weißer Jura)
- Dogger (Brauner Jura)
- Lias (Schwarzer Jura) und Rhät

Keuper
- Feuerletten
- Sandsteinkeuper (Burg- und Blasensandstein)
- Gipskeuper
- Lettenkohlenkeuper

Geologische Karte von Nordbayern

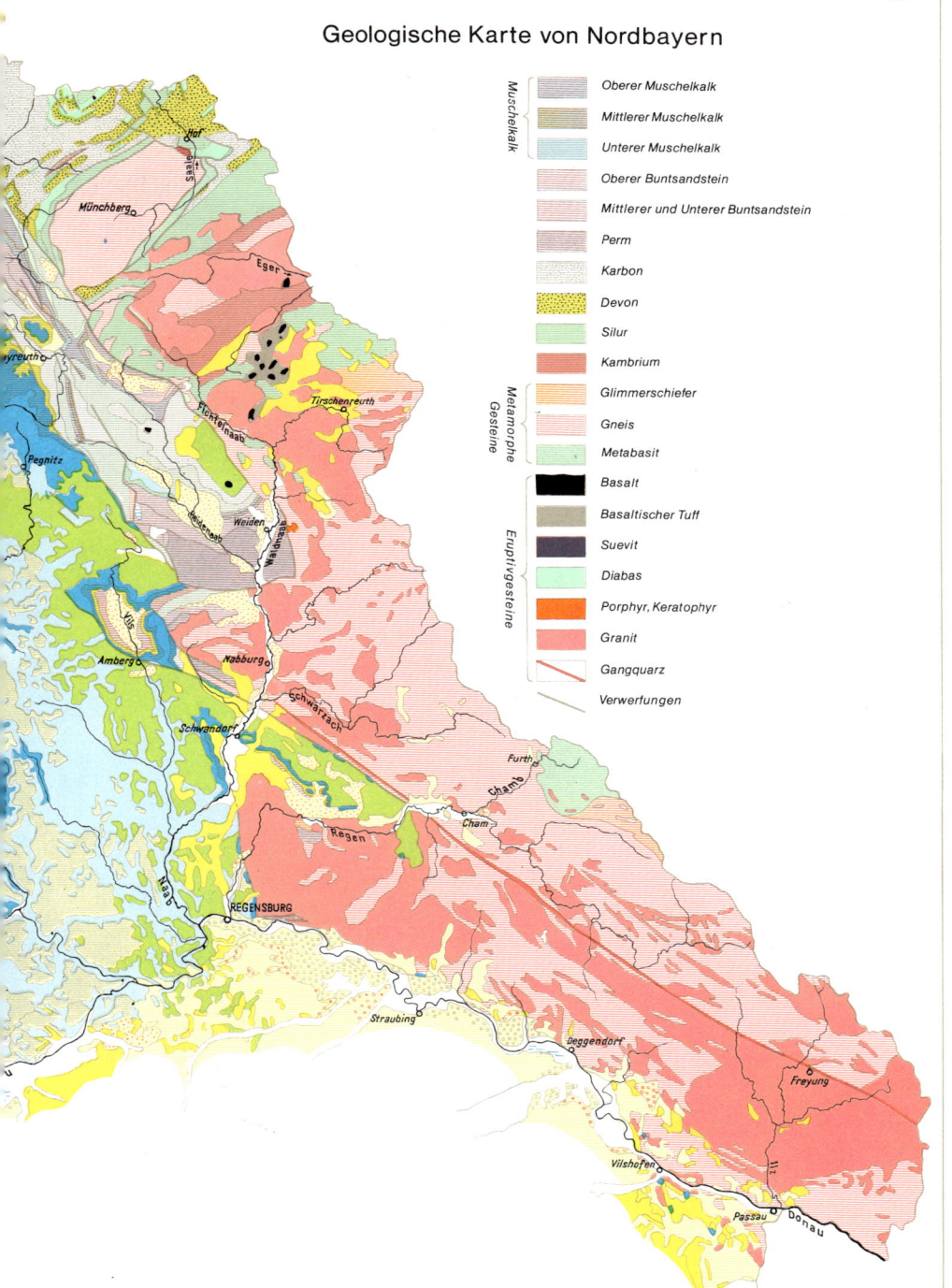

Muschelkalk
- Oberer Muschelkalk
- Mittlerer Muschelkalk
- Unterer Muschelkalk

- Oberer Buntsandstein
- Mittlerer und Unterer Buntsandstein
- Perm
- Karbon
- Devon
- Silur
- Kambrium

Metamorphe Gesteine
- Glimmerschiefer
- Gneis
- Metabasit

Eruptivgesteine
- Basalt
- Basaltischer Tuff
- Suevit
- Diabas
- Porphyr, Keratophyr
- Granit
- Gangquarz
- Verwerfungen

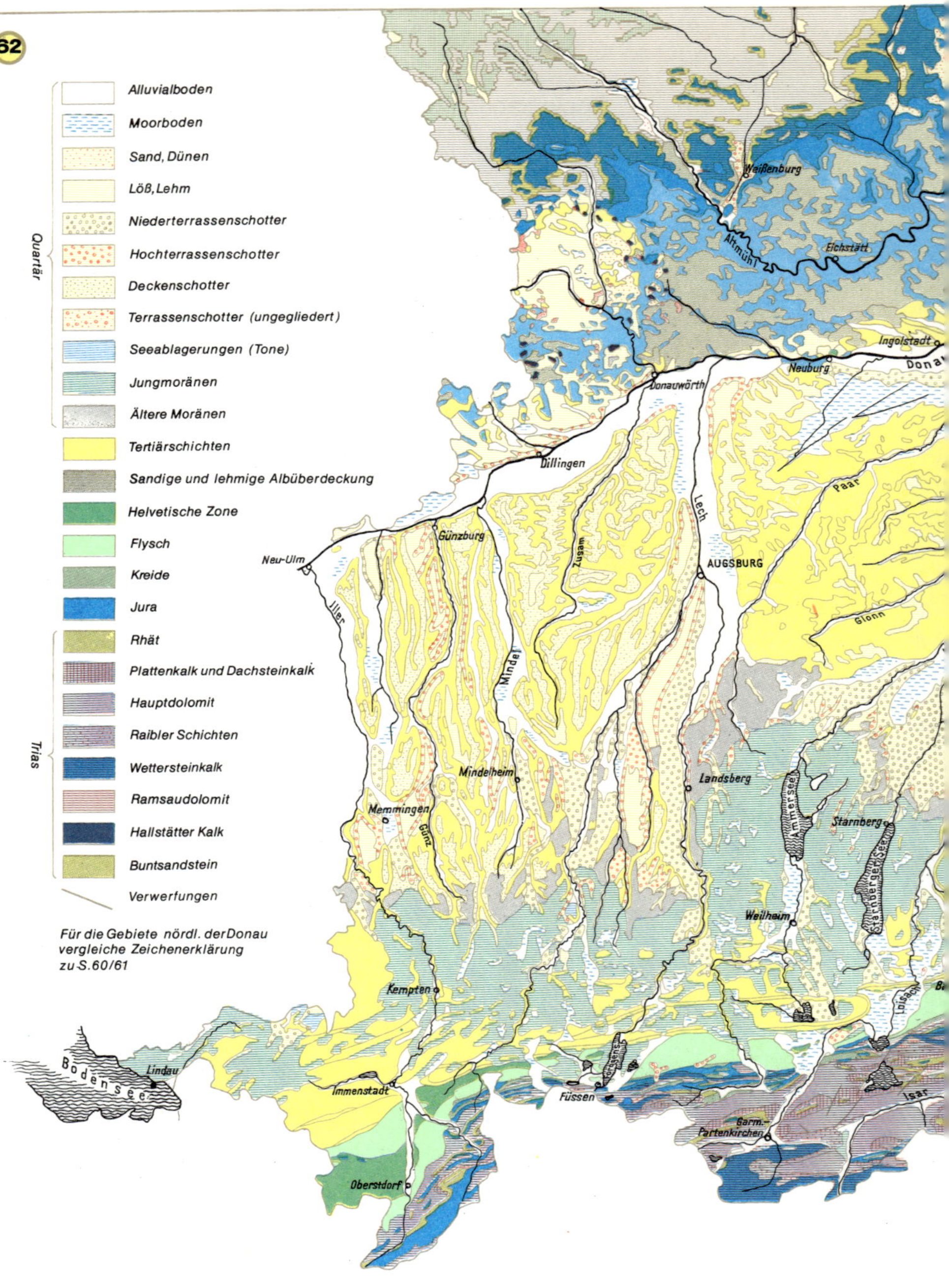
Quartär
Alluvialboden
Moorboden
Sand, Dünen
Löß, Lehm
Niederterrassenschotter
Hochterrassenschotter
Deckenschotter
Terrassenschotter (ungegliedert)
Seeablagerungen (Tone)
Jungmoränen
Ältere Moränen
Tertiärschichten
Sandige und lehmige Albüberdeckung
Helvetische Zone
Flysch
Kreide
Jura
Trias
Rhät
Plattenkalk und Dachsteinkalk
Hauptdolomit
Raibler Schichten
Wettersteinkalk
Ramsaudolomit
Hallstätter Kalk
Buntsandstein
Verwerfungen
Für die Gebiete nördl. der Donau vergleiche Zeichenerklärung zu S. 60/61
Weißenburg
Altmühl
Eichstätt
Ingolstadt
Donau
Neuburg
Donauwörth
Dillingen
Lech
Paar
Günzburg
Neu-Ulm
Zusam
AUGSBURG
Glonn
Iller
Mindel
Mindelheim
Landsberg
Ammersee
Starnberg
Memmingen
Günz
Starnberger See
Weilheim
Kempten
Loisach
Bodensee
Lindau
Immenstadt
Forggensee
Füssen
Isar
Garm.-Partenkirchen
Oberstdorf

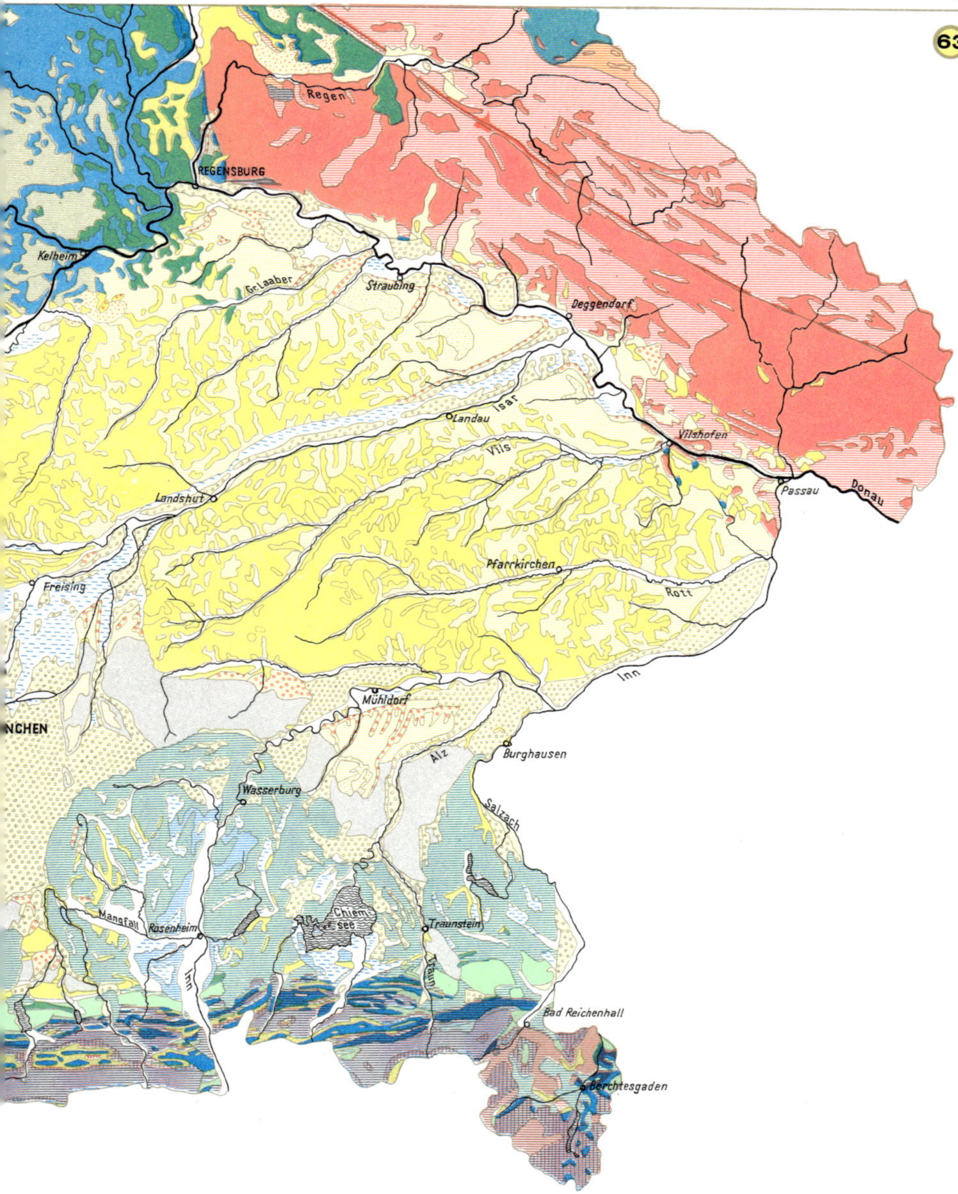

Geologische Karte von Südbayern

0 10 20 30 40 50 km

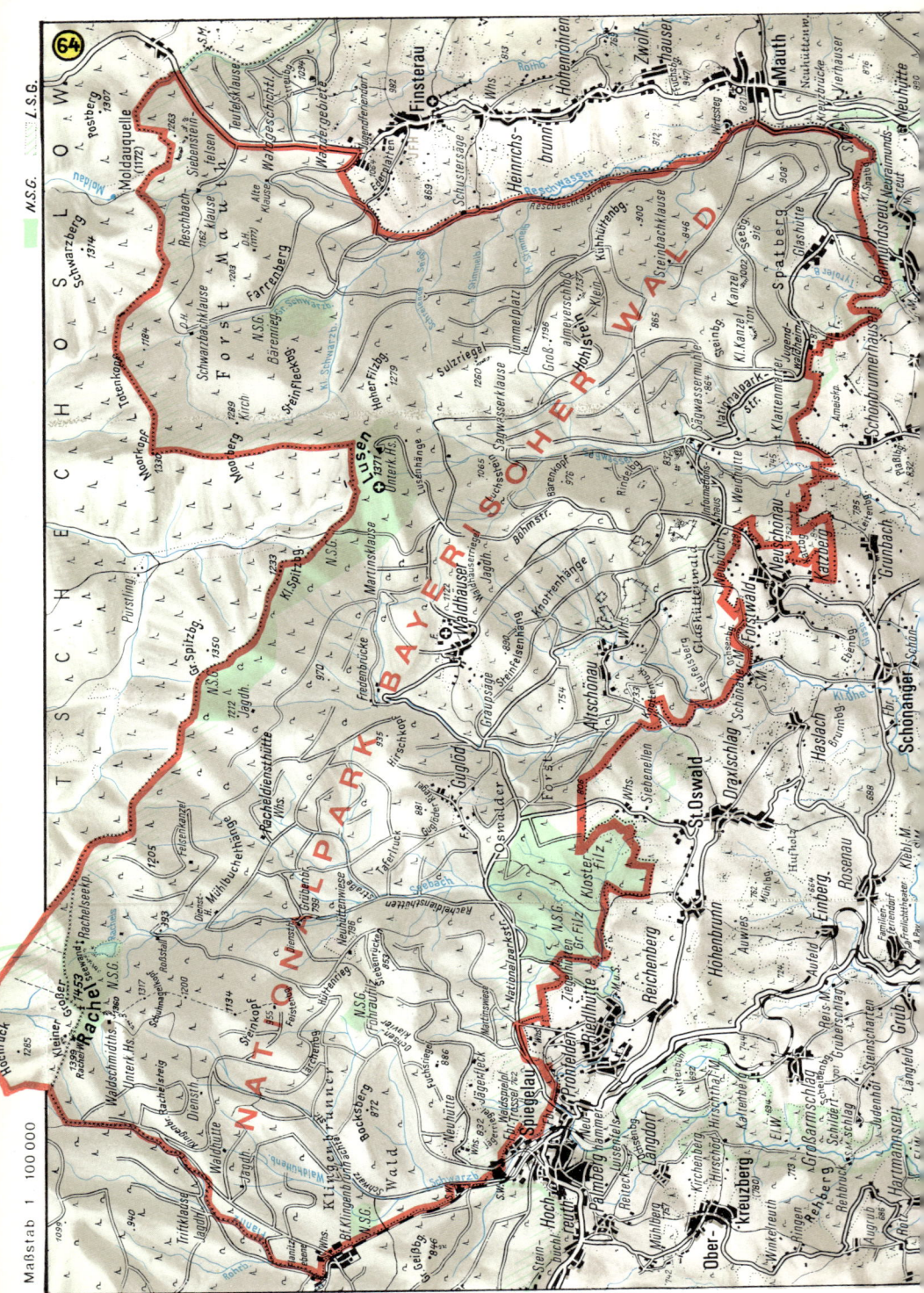